Frank Deppe

SOZIALISMUS

Geburt und Aufschwung – Widersprüche und Niedergang – Perspektiven

Frank Deppe ist emeritierter Professor für Politikwissenschaft an der Philipps-Universität Marburg. Er ist Mitglied im Redaktionsbeirat von »Z. Zeitschrift Marxistische Erneuerung« und Mitherausgeber des Zeitschriftenprojekts »Sozialismus.de«. Im VSA: Verlag erschien unter anderem sein vierbändiges Hauptwerk in fünf Büchern: »Politisches Denken im 20. Jahrhundert« (Neuauflage 2016). Im Jahr 2017 erschien von ihm »1917 | 2017. Revolution und Gegenrevolution« und 2018 schrieb er über »1968: Zeiten des Übergangs. Das Ende des ›Golden Age‹, Revolten & Reformbewegungen, Klassenkämpfe & Eurokommunismus«.

Frank Deppe

SOZIALISMUS

Geburt und Aufschwung – Widersprüche und Niedergang – Perspektiven

VSA: Verlag Hamburg

www.vsa-verlag.de

Umschlagfoto (Ausschnitt): 2011 judigrafie/Photocase Addicts GmbH
Druck und Buchbindearbeiten: CPI books GmbH, Leck
ISBN 978-3-96488-116-8

Inhalt

Einleitung

Am 26. Oktober 1991 wurde durch Beschluss des Obersten Sowjets die »Union der Sozialistischen Sowjetrepubliken« (UdSSR) aufgelöst, die am 30. Dezember 1922 gegründet worden war. Zur gleichen Zeit löste sich die von der Sowjetunion geführte »sozialistische Staatengemeinschaft« – mit der Militärorganisation des Warschauer Paktes und dem »Rat für gegenseitige Wirtschaftshilfe« (RGW) – auf. Bereits am 3. Oktober 1990 war die Existenz der Deutschen Demokratischen Republik (DDR) beendet worden. In Ost- und Südosteuropa begann die krisenhafte Transformation zu kapitalistischen Produktions- und Eigentumsverhältnissen sowie der Umbau des politischen Systems zur parlamentarisch-repräsentativen Demokratie. In ehemaligen Teilrepubliken der Sowjetunion brachen Bürgerkriege aus und es etablierten sich autoritäre Regime. Zwischen 1992 und 1995 zerfiel die Sozialistische Republik Jugoslawien; bis zum Ende des Jahrzehnts eskalierten die Konflikte der verselbständigten Republiken untereinander in einem Krieg, in den die NATO mit einem Angriff auf Serbien intervenierte. In der Karibik geriet das sozialistische Kuba und in Südostasien Vietnam und Nordkorea, deren Wirtschaften eng mit den sozialistischen Ländern verbunden waren, in tiefe Krisen.

Schon im Frühjahr 1989 hatte sich in Beijing eine Protestbewegung gegen das Regime der Kommunistischen Partei Chinas entwickelt. Der Protest ging zunächst von Studenten aus, wurde dann aber auch von Arbeitern unterstützt. Am 3. und 4. Juni 1989 schlug die Armee die Bewegung gegen das Regime auf dem Platz des Himmlischen Friedens gewaltsam nieder. Am 9. Juni 1989 dankte Deng Xiaoping, der »Vater« der Reformpolitik in China seit 1978, der Volksarmee in einer Rede vor führenden Offizieren für ihren Einsatz, mit dem sie den Übergang der von Unzufriedenheit geprägten Proteste in eine »konter-revolutionäre Rebellion« verhindert hätten und betonte, dass nur unter dieser Bedingung die Fortführung der Reformpolitik möglich sei (Deng 1994: 294-299). Die chinesischen Kommunisten lehnten das politische Reformkonzept von Gorbatschows »Perestroika« ab. Sie hatten sich für ökonomische Reformen durch Marktöffnungen (zum Weltmarkt) und individuelle Reichtumsentwicklung geöffnet, verlangten aber gleichzeitig die Stärkung der Partei und des sozialistischen Staates.

In der welthistorischen Zäsur der Jahre 1989–1991 ging die Nachkriegsepoche der Systemkonkurrenz zu Ende. Diese war durch eine »bipolare Ordnung« – zwei Systeme mit je einer Führungsmacht (USA und UdSSR) – charakterisiert. Die Systeme unterschieden sich in ihrer Eigentums- und

Wirtschaftsordnung sowie in ihren politischen Systemen: Privateigentum und Profiterzielung gegen Staatseigentum, Markt gegen staatliche Planung, parlamentarische Demokratie und Mehrparteiensystem gegen die »Diktatur des Proletariats« bzw. Einparteienherrschaft. Die globale militärische Konfrontation der Systeme bildete die Basis einer Sicherheitslogik, die zwangsläufig zur beständigen Modernisierung der konventionellen und atomaren Waffensysteme und damit zu einer überbordenden Steigerung der Rüstungsausgaben führte. Gleichzeitig tobte ein ideologischer Krieg zwischen »Freiheit« und »Totalitarismus«, so das herrschende Bewusstsein im Westen, wo in den Hochphasen des Kalten Krieges, in den 1950er Jahren, der Schlachtruf »Lieber tot als rot!« skandiert wurde.[1]

Die Zäsur der Jahre 1989–1991 wurde von den Anhängern des Westens als eine Stunde des Triumphes wahrgenommen. Der Hauptgegner – die Sowjetunion und mit ihr der Anspruch der kommunistischen Parteien, in einer »Epoche des Übergangs vom Kapitalismus zum Sozialismus im Weltmaßstab« zu wirken – war geschlagen. Dass die »sanften Revolutionen« in den meisten Fällen zur gewaltfreien Ablösung des alten Regimes führten, war für die Sieger ein weiterer Beleg für den langfristigen Niedergang sowie für die innere Schwäche und Auszehrung der sozialistischen Systeme.

Der konservative Journalist und Zeithistoriker Joachim Fest, Verfasser u.a. von Biografien über Adolf Hitler und Albert Speer, Mitherausgeber der *Frankfurter Allgemeinen Zeitung*, proklamierte schnell das »Ende des utopischen Zeitalters«. Der »Traum« vom Sozialismus sei endgültig »zerstört« und zu einem »Stoff für Historiker« geworden. »Der Marxismus kehrt nach blutigen Ausflügen wieder ins British Museum zurück.« (Fest 1991: 113) Zwei Jahre zuvor hatte der US-amerikanische Politikwissenschaftler Francis Fukuyama das »Ende der Geschichte« diagnostiziert. In zwei Etappen habe sich ein Prozess des Scheiterns der totalitären Systeme vollzogen – zuerst des Faschismus, danach des Kommunismus. Damit sei der Weg frei für eine liberale Demokratie, die die folgenden Prinzipien anerkennt: die Grundrechte als Schutz- und Teilhaberechte, die Rechtsstaatlichkeit sowie die freie Marktwirtschaft. Für Fukuyama bezeichnete die »liberale Demokratie« – also das Modell des US-amerikanischen Kapitalismus – das Endstadium der Geschichte (Fukuyama 1990). Den Anhängern der sogenannten »realistischen Schule« unter den Neokonservativen war selbstverständlich bewusst, dass die Geschichte der Staaten des Westens durch gewaltige innere Widersprüche und Klassengegensätze sowie auf dem Feld der internationalen Politik durch Kämpfe und Kriege um die Machtverteilung in der globalen Ordnung

[1] Joseph Goebbels, der Propagandaminister des Dritten Reiches, hatte schon seit der Schlacht um Stalingrad die deutschen Soldaten an der Ostfront mit dieser Losung zum Kampf antreiben wollen.

bestimmt war und dass diese Widersprüche erneut in den Vordergrund treten werden. Der britische Historiker Paul Kennedy hatte schon kurz vor der großen Wende von 1989 den »Aufstieg und Niedergang der großen Mächte« als das innere Entwicklungsgesetz der Weltgeschichte seit dem Jahr 1500 dargelegt. Und John J. Mearsheimer, hyperrealistischer Politikwissenschaftler aus den USA, hatte im Sommer 1990 in einem viel diskutierten Artikel die These vertreten, dass die Weltpolitik nach dem Ende der Bipolarität in Europa auf einen Zustand der anarchischen Konkurrenz und des Kampfes der Großmächte zurückfallen werde, wie er 100 Jahre zuvor zum August 1914 geführt hatte (Mearsheimer 1990).

Dass mit dem Siegeszug des »Neoliberalismus« im letzten Viertel des 20. Jahrhunderts zugleich jene stabilisierenden »Fesseln« des Kapitalismus beseitigt wurden, die ihm im Ergebnis der Kämpfe der Arbeiterbewegung und in der Systemkonkurrenz mit den sozialistischen Staaten angelegt worden waren, beunruhigte in den Jahren des Umbruchs nur wenige. Immerhin gab es erste Warnungen, dass die Frage der sozialen Gerechtigkeit und die Zunahme der Kriegsgefahr im Zentrum einer neuen Periode der sozialen Unsicherheit und der politischen Spannungen auf dem Felde der internationalen Politik die These vom »Ende der Geschichte« schnell falsifizieren würde (Deppe 1991).

Für Perry Anderson, Gründer und Mitherausgeber von *New Left Review* und einer der bedeutendsten Historiker und Theoretiker des Marxismus am Ende des 20. Jahrhunderts, stand die politische Krise der sozialistischen Staaten und Parteien in einem engen Zusammenhang mit einem langfristigen Verfall der Legitimation und Attraktivität sozialistischer Ziele und Werte, namentlich bei den Angehörigen der subalternen Klassen. »Gleichheit, die nach dem Zweiten Weltkrieg immerhin eine rhetorische Rolle im öffentlichen Leben spielte, auch wenn sie in Wirklichkeit radikal abgewehrt wurde, gilt derzeit weder als möglich noch als wünschenswert. Ja, für den gesunden Menschenverstand unserer Tage sind alle Ideen, die einst den Glauben an den Sozialismus ausmachten, bloß noch tote Hunde. Das Zeitalter der Massenproduktion ist von einer Nach-Fordschen Ära abgelöst worden. Die Arbeiterklasse gilt als verblassende Erinnerung an die Vergangenheit, Kollektiveigentum als Garantie für Tyrannei und Ineffizienz; substanzielle Gleichheit als unvereinbar mit Freiheit... Keine der Strömungen, die in diesem Jahrhundert als Herausforderer des Kapitalismus antraten, hat zur Stunde noch Kampfgeist oder eine Massenbasis.« (Anderson 1993: 141, 143)

Der britische Politikwissenschaftler Ralph Miliband – einer der führenden Köpfe der Neuen Linken (Newman 2002) – gab seinem letzten Buch, das im Jahr 1994 erschien, den Titel »Sozialismus für ein skeptisches Zeitalter«. Darin vertrat er allerdings die Hoffnung, dass die wesentlichen Werte des Sozialismus – Demokratie, Gleichheit und Kooperation – auch in der Zukunft

»die bestimmenden Prinzipien der sozialen Organisation« sein werden. »Die Mehrheit der Menschheit lebt in Ländern, in denen ein wilder Kapitalismus herrscht, wo wohlfahrtsstaatliche Sicherungen minimal oder nicht-existent sind, wo Trinkwasser ein Luxus ist, der den Massen verwehrt bleibt, und wo die sanitären Bedingungen entsetzlich sind, wo die Arbeitslosigkeit einen großen Teil der Bevölkerung betrifft. Wo eine große Zahl der Kinder schon im Alter von sechs oder sieben Jahren arbeiten muss, wo die Raten der Kindersterblichkeit extrem hoch sind, wo Kinderprostitution alltäglich ist usw. usf.« (Miliband 1994: 194) Der Historiker Donald Sassoon konstatierte am Ende seiner umfangreichen Arbeit über »Ein Jahrhundert Sozialismus in Westeuropa« die tiefe Krise der sozialdemokratischen und kommunistischen Parteien. »Das Schicksal und die wahrscheinliche Zukunft des westeuropäischen Sozialismus«, so schlussfolgerte er, »kann nicht von der des europäischen Kapitalismus getrennt werden.« Er fügte hinzu: »Das sozialistische Projekt, wie immer es definiert wird, mag verschwinden, während die sozialistischen Parteien überleben.« (Sassoon 1996: 776) Er mag dabei an die unter Tony Blair erfolgreiche Labour Party in den 1990er Jahren gedacht haben, die sich demonstrativ von ihrer sozialistischen Tradition und Programmatik abwandte. 20 Jahre später demonstrierten Jeremy Corbyn und seine Anhänger, dass die fortbestehende organisatorische Hülle der Partei – einschließlich ihrer Stammwähler aus den unteren Gesellschaftsklassen – mit einer erneuerten sozialistischen Programmatik (»For the Many, not the Few«) gefüllt werden kann. Bei den Unterhauswahlen von 2017 erreicht Labour mit einem Zuwachs von fast zehn Prozentpunkten einen Anteil von 40% der Stimmen.

Drei Jahrzehnte nach dem Triumph des Kapitalismus und Liberalismus wird im öffentlichen Diskurs wieder intensiv über Sozialismus diskutiert – als »rote Gefahr« auf der einen, als politisches Projekt zur Überwindung der Krisen und der sozialen Ungleichheit im globalen Finanzmarkt-Kapitalismus auf der anderen Seite. Unter der Überschrift »Millennial Socialism« (»Sozialismus im neuen Jahrtausend«) stellte der *Economist*, die führende Wirtschaftszeitung der westlichen Welt, in seiner Ausgabe vom 14.2.2019 eine Renaissance des Sozialismus in den Zentren des alten Kapitalismus fest. »Nach dem Zusammenbruch der Sowjetunion im Jahr 1991 schien es, als ob die große ideologische Schlacht des 20. Jahrhunderts zu Ende sei. Der Kapitalismus hatte gewonnen – Sozialismus wurde zum Synonym für wirtschaftliches Scheitern und politische Unterdrückung. Er dümpelte weiter in randständigen Versammlungen, in gescheiterten Staaten und mit der prallen Liturgie der chinesischen Kommunistischen Partei. Heute, 30 Jahre danach, ist der Sozialismus wieder in Mode gekommen… Der Sozialismus stürmt zurück, weil er eine scharfsinnige Kritik an dem formuliert, was in den westlichen Gesellschaftern schiefgelaufen ist. Während Politiker von der Rechten oftmals die Schlacht um die Ideen aufgegeben haben und sich auf Chauvinismus und Nostalgie zurückziehen, konzentriert sich die Linke auf soziale Ungleichheit, die Umwelt und darauf, wie die Macht für die Bürger von den Eliten zurückgewonnen werden kann. Obwohl die wiedergeborene Linke einige Dinge richtig angeht, geht allerdings ihr Pessimismus hinsichtlich der modernen Welt zu weit. Ihre Politik leidet unter der Naivität gegenüber Staatshaushalten, Bürokratien und der Geschäftswelt.«

Das Zentralorgan des (in der Schweiz beheimateten) Finanzmarkt-Kapitalismus, die *Neue Zürcher Zeitung*, empörte sich am 20. Juli 2019 über die »neue Lust am Sozialismus«. Obwohl dieser im 20. Jahrhundert »kolossal« gescheitert sei, übe er auf einmal wieder – vor allem auf junge Menschen – eine starke Anziehungskraft aus. Die Dogmatiker der Linken »genießen bei Wahlen wieder Sympathien«. Bei Meinungsumfragen betonen viele – vor allem junge – Menschen, dass »sozialistische Ideale von großem Wert … für die Gesellschaft« sind. »51 Prozent der Amerikaner zwischen 18 und 29 Jahren haben nach Gallup eine positive Meinung zum Sozialismus.« Über Klassenkampf und Systemkrieg wird sogar in TV-Shows geredet. Der »Frust« der jungen Leute »in Bezug auf den Kapitalismus (ist) durchaus verständlich, erst recht im Nachgang zur Finanzkrise« – außerdem gibt es sicher auch »unanständige Manager«. Aber, der Sozialismus – das kann man bei Friedrich August von Hayek nachlesen (so der Autor) – ist auf jeden Fall die falsche und grundgefährliche Antwort. Deshalb gilt es, den Verlockungen der sozialistischen Ideologie zu widerstehen![2]

Der Ergebnisse der britischen Unterhauswahlen vom Dezember 2019 werden diesen Autor erfreut haben: Jeremy Corbyn und sein sozialistisches Programm hatten eine deutliche Niederlage gegenüber der Konservativen Partei unter Boris Johnson hinnehmen müssen. Dabei spielte der Austritt des Landes aus der EU (»Brexit«) eine wichtige Rolle, weil traditionelle Stammwähler der Labour Party aus den Arbeiterstimmbezirken des Nordens für Johnson stimmten (Deppe 2020). Zuvor hatte die Labour Party – im Unterschied zu den meisten sozialdemokratischen Parteien auf dem Kontinent – unter Corbyn eine Linkswende erlebt, die vor allem von jungen Menschen unterstützt wurde. In den USA erzielte der Sozialist Bernie Sanders mit seinem Programm einer »politischen Revolution« Erfolge bei den Vorwahlen

---

[2] In der *Frankfurter Allgemeinen Sonntagszeitung* vom 27. Juni 2021 wurde ein Buch des deutsch-britischen Ökonomen Kristian Niemietz hoch gelobt. Sein Titel: »Sozialismus. Die gescheiterte Idee, die niemals stirbt« (München 2021). Diese Schrift befasst sich vor allem mit den Intellektuellen, die immer wieder – »mit erstaunlicher Regelmäßigkeit« – den Sozialismus bewundern. Hier wird eine These aufgewärmt, die schon die konservative Geschichtsschreibung in Bezug auf die Arbeiterbewegung und den Sozialismus geleitet hatte: Die Arbeiter hätten sich immer nur für die Verbesserung ihrer »Lage« interessiert; der Sozialismus hingegen als Utopie sei eine Erfindung deklassierter und frustrierter Intellektueller aus dem Bürgertum gewesen.

für den Präsidentschaftskandidaten der Demokratischen Partei; er erreichte dabei noch bessere Resultate als fünf Jahre zuvor im Wettbewerb mit Hilary Clinton – und wieder waren es überwiegend junge Menschen, die ihm zujubelten. Sanders verlor schließlich gegen den Kandidaten des Parteiestablishments, Joe Biden, der 2020 die Wahl gegen Donald Trump gewann. Seine Politik der »ersten 100 Tage!« ließ deutlich gewachsenen Einfluss von linken Kräften in der Demokratischen Partei und ihrem Umfeld erkennen.

Dass der Sozialismus gerade in den USA einen Aufschwung erleben sollte, wäre drei Jahrzehnte zuvor noch als ein Witz erschienen.

Das hat sich gründlich geändert. Im Jahr 2019 veröffentlichte der Gründer der – sehr erfolgreichen – Zeitschrift *Jacobin*, Bashkar Sunkara, ein umfangreiches »Socialist Manifesto«, ein »Plädoyer für radikale Politik im Zeitalter extremer Ungleichheit«. Der Text holt weit aus. Der Weg des Sozialismus beginnt mit den Anfängen der Arbeiterbewegung und des Sozialismus im Gefolge der industriellen Revolution im späten 18. Jahrhundert und endet schließlich im 21. Jahrhundert in Amerika (Sunkara 2019: 159ff.). Die Konstruktion dieses langen Zyklus der Moderne ist keineswegs aus einer abstrakt-geschichtsphilosophischen Fortschrittsidee abgeleitet. Für Sunkara gibt es heute »in Großbritannien und den USA erstaunliche Gelegenheiten für sozialistische Politik … um erfolgreich zu sein, muss die Linke nicht nur ein Narrativ für die Opposition gegenüber den ökonomischen Eliten entwerfen, sondern sie muss auch Siege erringen, die es ermöglichen, ein Netzwerk von Institutionen auszubauen, um das Kapital herauszufordern« (ebd.: 213). Auf die Frage, warum sie sich als Sozialistin bezeichne, gab die für die demokratische Partei ins Repräsentantenhaus gewählte Alexandria Octavio-Cortez eine sehr einfache Antwort: »Für mich bedeutet Sozialismus: die Garantie einer allgemeinen und grundlegenden Sicherung der Würde. Damit bestätigt sich der Wert der Aussage, dass das Amerika, auf das wir stolz sind und das wir erstreben, ein Land ist, in dem alle Kinder einen Zugang zu einer würdevollen Erziehung haben – ein Land, in dem kein Mensch zu arm ist, um die Medizin zu erhalten, die er zum Leben braucht.«

Die Wiederauferstehung des Sozialismus fügt sich ein in einen weltweiten Aufschwung von sozialen und politischen Protestbewegungen. Die *Süddeutsche Zeitung* (28./29.12.2019) sah die »Welt in Aufruhr« und zählte die lange Liste der Städte und Staaten auf, in denen vor dem Ausbruch der Corona-Pandemie Hundertausende auf die Straße gegangen waren, um »gegen korrupte Eliten« und »soziale Ungleichheit« zu protestieren. In einigen Ländern hat sich eine neue Bewegung der Jungen – der »Millenials« – auf den Weg gemacht, steht an der Spitze des Aufruhrs und mischt die bestehenden Organisationen der alten Linken (Parteien und Gewerkschaften) kräftig auf. In vielen Ländern sind allerdings gleichzeitig rechtsextreme populistische Autokraten auf dem Vormarsch, die sich die Unzufriedenheit breiter Bevölkerungsschichten, gelegentlich auch das Versagen von linken Regierungen, zunutze machen. Die Proteste werden durch lang angestaute Enttäuschungen über die herrschende Politik angetrieben; dazu kommt die Angst vor dem sozialen Abstieg.

Die weltweiten Protestbewegungen des Jahres 2019 sind außerordentlich heterogen, geprägt durch den je spezifischen ökonomischen, sozialen, kulturell-religiösen und politischen Kontext. Der Aufschwung rechtspopulistischer Bewegungen sowie die Siege von nationalistischen, rassistischen Politikern der politischen Rechten (von Trump bis Bolsonaro, von Orbán bis Kaczynski) adressieren die Ohnmacht bzw. die Wut, die in diesen Bewegungen zum Ausdruck kommt. Auf der anderen Seite appellieren die sozialistischen Politiker, die ihre Kritik an den herrschenden Verhältnissen mit Kapitalismuskritik verbinden, an die subalternen Klassen, die Herrschaft der Eliten und Oligarchen zu beenden. In dieser »neuen Unübersichtlichkeit« reflektiert sich zugleich die »grundlegende Veränderung der Welt« seit der Großen Krise von 2008 (Tooze 2018). Der Zyklus der neoliberalen Hegemonie (Deppe 2016), der in den 70er Jahren des vergangenen Jahrhunderts seine Aufstiegsphase und in den 90er Jahren seinen Höhepunkt – erlebte, war seit der Jahrhundertwende in eine Phase des Niedergangs eingetreten und endete nach 2008 – vor allem auch als Resultat der Krisenbewältigungsstrategien des Westens – zunehmend in Konstellationen der sozialökonomischen, ökologischen und politischen Krise (Deppe 2019).

Die Krise von 2008 war der Wendepunkt – Globalisierung ist reflexiv geworden. Die Widersprüche und Krisen, die der globale Finanzmarktkapitalismus produziert und reproduziert, schlagen mehr und mehr auf die Metropolen des Kapitals, von denen die Globalisierung ausging, zurück. Auf der ideologischen Ebene schafft diese »multiple« Krise die Rahmenbedingungen sowohl für die Propaganda der Rechtspopulisten als auch für politische und soziale Bewegungen, die sich auf sozialistische Ziele beziehen und dabei auf Resonanz stoßen.[3] Panitch und Gindin (2018: 11f.) stellen diesen Zusammenhang zwischen den Krisen des globalen Kapitalismus und der neoliberalen Politik auf der einen und der neuen »sozialistischen Herausforderung« in den Mittelpunkt: »Die Delegitimierung des Neoliberalismus hat der radikalen Sache des Sozialismus wieder etwas an Glaubwürdigkeit zurückgege-

[3] Auf der Ebene der (globalen) wissenschaftlichen und intellektuellem Diskurse reflektiert sich diese Wende in doppelter Weise: Auf der einen Seite widmen sich prominente Vertreter sozialwissenschaftlicher Disziplinen einer Debatte über das »Ende des Kapitalismus« (Streeck 2013; Wallerstein u.a. 2014); auf der anderen Seite finden sich – von Honneth (2015) bis Dörre/Schickert (2019) und Dieter Klein (2019) – Beiträge zu einer erneuerten Sozialismus-Debatte. Daneben überraschen Beiträge zu »dem alltäglichen Kommunismus, der unserem alltäglichen Kapitalismus unterliegt und ihn faktisch überhaupt erst ermöglicht.« (Streeck 2019: 7)

ben. Die Überwindung des Kapitalismus ist notwendig, um die kollektiven, demokratischen, egalitären und ökologischen Bestrebungen der Menschheit zu realisieren. In der ersten Dekade des Milleniums stand die kapitalistische Globalisierung im Zentrum der oppositionellen Bewegungen. Die zweite Dekade wurde durch ›Occupy‹ eröffnet und dann durch die Anti-Austeritäts-Bewegungen in Griechenland und Spanien bestimmt. Diese beleuchteten auf dramatische Weise die erhebliche Ungleichheit zwischen den Klassen im Kapitalismus. Allerdings enthüllten die nach Aufstand riechenden Protestbewegungen ohne revolutionäre Wirkungen schnell die Grenzen einer Politik, die stets außerhalb des Staates verbleibt.«

Zehn Jahre nach dem »Big Crash« von 2008 erschüttert die Corona-Pandemie das kapitalistische Weltsystem. Von Februar 2020 bis Juni 2021 wurden 4 Millionen Tote registriert; Handel und Produktion brachen infolge der Lockdown-Maßnahmen erneut ein. Vor allem im privaten Dienstleistungssektor – vom Tourismus, über die Gastronomie bis zur Kultur – nahmen Insolvenzen und Arbeitslosigkeit zu. Die Ungleichheit zwischen Arm und Reich, zwischen den Staaten des Nordens und des Südens spitzte sich weiter zu. Vor allem die Defizite eines Gesundheitssystems, das durch die neoliberalen Privatisierungsmaßnahmen der vergangenen Jahrzehnte schwer beschädigt wurde, unterstützten die Forderungen nach einem Ausbau der universellen Daseinsvorsorge durch den Staat und nach einer gewaltigen Expansion der Staatsausgaben mit dem Ziel, sowohl die Arbeitslosigkeit als auch den Klimawandel zu bekämpfen und gleichzeitig einen Umbau der Wirtschaft voranzutreiben, der den öffentlichen Sektor und die Infrastruktur stärkt, gesellschaftlichen Bedürfnissen Vorrang vor den privaten Profitinteressen der Großkonzerne und des Finanzsektors zu gewähren. Für sozialistische Kräfte bestätigt die Pandemie die Notwendigkeit struktureller, antikapitalistischer Reformen. Die Politiker und Ideologen des herrschenden Blocks mussten unter dem Druck der Krisenfolgen mit neoliberalen Dogmen der Austeritäts- und Wettbewerbspolitik brechen. Noch ist völlig offen, wie nach dem offiziellen Ende der Pandemie die Erholung der nationalen und globalen Wirtschaft verlaufen wird und wie diese Widersprüche – zusammen mit der aufgestauten Wut in weiten Bevölkerungskreisen – im politischen Raum ausgetragen werden.

Die weltweite Debatte über die Wiederauferstehung des Sozialismus wirft natürlich viele Fragen auf. Zuerst wird immer wieder empirisch zu prüfen sein, ob die These von der »*Dritten* Welle« des Sozialismus (Brie 2016) – nach der *ersten* Welle seiner »Geburt« und seines Aufstiegs im »langen 19. Jahrhundert« (1789–1914) und einer *zweiten* Welle, die durch Aufstieg und Niedergang des realen Sozialismus in globalen Dimensionen (1917–1989/91) charakterisiert wird – tatsächlich zu halten ist. Dabei wäre schon zu hinterfragen, ob die beiden ersten Wellen die Geschichte des Sozialismus angemessen wiedergeben: Immerhin gab es in jeder Welle bisher eigene Wellenbewegungen, die oftmals wichtige Weichenstellungen beinhalteten. Der Begriff des »Zyklus« könnte besser geeignet sein, die äußert dramatische und widersprüchliche Geschichte des Sozialismus zu charakterisieren. Die zyklische Bewegung der Kapitalakkumulation und der Krisenprozesse (»lange Wellen«) als auch der Klassenkämpfe und der Kräfteverhältnisse zwischen den Klassen bildet gleichsam die Grundstruktur dieser Geschichte. Darin ist auch die Frage enthalten, wie die Geschichte des Sozialismus in den verschiedenen Zyklen als eine Folge von Lernprozessen begriffen werden muss. Diese werden einerseits immer wieder durch die sich – im Zuge der Entwicklung des Kapitalismus – wandelnden Handlungs- und Kampfbedingungen im Klassenkampf notwendig. Auf der anderen Seite beinhalten diese Lernprozesse in der Geschichte des Sozialismus auch die Verarbeitung von Niederlagen und Fehlern. Dazu gehört das Lernen aus gescheiterten praktischen Versuchen, Ökonomie, Gesellschaft, Staat und Kultur jenseits des Privateigentums und der Profitproduktion, der Lohnarbeit und der Ausbeutung und jenseits einer staatlichen Organisationsform zu gestalten, die der Sicherung des Systems der Klassenherrschaft dient. Von den »kommunistischen Gemeinden« in Amerika im frühen 19. Jahrhundert bis zu den Weltmächten Sowjetunion und Volksrepublik China mussten immer wieder Schlussfolgerungen aus den praktischen Erfahrungen – aus Erfolgen, Widersprüchen und Zusammenbrüchen sozialistischer Systeme – gezogen werden. Die KP Chinas weist z.B. immer wieder darauf hin, dass die Erfolge, die das Land seit der Einleitung der Reformen im Jahr 1978 erzielte, auch aus einer gründlichen Analyse von Strukturdefiziten des sowjetischen Modells und des Scheiterns der Gorbatschowschen Perestroika resultieren.

Die Wellenbewegungen, in denen der Sozialismus immer wieder seine Ansprüche auf die Gestaltung der Zukunft geltend gemacht hat, können im 20. Jahrhundert nicht von den Krisen, Kriegen und Katastrophen getrennt werden, die die bürgerlich-kapitalistische Gesellschaft in globalen Dimensionen erschütterten. Die Menschheitskatastrophen der beiden Weltkriege, dazwischen die Große Weltwirtschaftskrise und schließlich der Faschismus, der sich selbst als Rettung der bürgerlichen Ordnung vor dem Bolschewismus begriff, haben jeweils am Ende der großen Kriege 1917/18 und 1944/45 neue »Wellen« des Sozialismus – verbunden mit der Hoffnung vieler Menschen auf eine Welt ohne Militarismus und Faschismus – ausgelöst. Im 21. Jahrhundert – nach dem Ende der Systemkonkurrenz und des »realen Sozialismus« – nimmt nicht nur die Kriegsgefahr zu. Die Krisenpotenziale des globalen Finanzmarkt-Kapitalismus und die zunehmenden ökologischen Risikopotenziale deuten ganz neue Katastrophenperspektiven an.

Für die Anhänger der bestehenden Herrschaftsverhältnisse erscheint der wieder erstarkende Sozialismus auch deshalb als Gefahr, weil sie spüren, dass diese Potenziale nicht durch die Funktionsmechanismen der kapitalistischen Produktionsweise und ihrer Marktmechanismen bewältigt werden können. Daraus folgt jene Unsicherheit, die Journalisten z.B. beim Weltwirtschaftsgipfel in Davos seit geraumer Zeit konstatieren. In dem Maße, wie das Bewusstsein von den globalen Risiken zunimmt, wächst auch die Erkenntnis, dass der herrschende Block über keine angemessenen Antworten zur humanen und gerechten Lösung solcher Risiken findet. Der Niedergang der Demokratie in den kapitalistischen Staaten des Westens reflektiert diese Unsicherheit der Eliten als Kontrollverlust (Ketterer/Becker 2019; Z-Redaktion 2020). Am rechten Rand des herrschenden Blocks erstarken freilich jene Kräfte, die seit den Anfängen des Sozialismus diesen mit Gewalt ausrotten möchten. Auch ein Donald Trump führte seinen Wahlkampf gegen den »Sozialismus«. Die Blutspur des Antisozialismus und Antikommunismus beschränkt sich keineswegs auf jene Epochen, in denen im 20. Jahrhundert proletarische Revolutionen aufbrachen. Vor allem in Deutschland waren es Angehörige der exekutiven Staatsapparate (Militär, Polizei, Justiz), die in der Novemberrevolution nach 1918, in der gewaltsamen Niederwerfung der Rätebewegung und der Räterepubliken – schließlich in den Gewaltexzessen der deutschen Faschisten gegen Angehörige der sozialistischen und kommunistischen Arbeiterbewegung ihrem Hass auf den Sozialismus freien Lauf ließen.[4]

Die »dritte Welle« reflektiert sich schon in manchen aufgeregten Warnungen vor der »roten Gefahr« sowie im wissenschaftlichen und kulturellen »Überbau«. Im Kontext der realen politischen und gesellschaftlichen Kräfteverhältnisse der Klassen bewegt sie sich allerdings in einem frühen, embryonalen Stadium. Die Beschäftigung mit diesem »Stadium« hat mich al-

[4] Seitdem in Deutschland die rechtsnational-völkische AfD im Bundestag sitzt, kann sich diese Mentalität der Freikorpsmörder auch wieder offen artikulieren. Der Abgeordnete Stephan Brandner (AfD) verkündete jüngst von der Tribüne des Parlamentes: »Ich stelle meine wichtigste Botschaft an den Anfang der Rede... Der Sozialismus in all seinen Schattierungen ist eine zutiefst verbrecherische und menschenverachtende Ideologie, eine Ideologie, die noch niemals und nirgendwo auf dieser Erde Gutes bewirkt hätte und dies auch niemals tun wird, eine Ideologie, die immer und stets, wenn sie Staatsideologie war, verbrannte Erde hinterlassen hat, eine zugrunde gerichtete Umwelt hinterlassen hat, ermordete, gebrochene, drangsalierte und schikanierte Menschen zum Ergebnis hatte... Meine Damen und Herren, die DDR mit ihrer Staatspartei SED, deren Fortsetzer und Profiteure heute hier als Die Linke immer noch sitzen, war die zweite verbrecherische sozialistische Diktatur auf deutschem Boden, die rote Diktatur nach der braunen Diktatur. Die Spitzel- und Drangsalierungstruppen der SED – vulgo Die Linke – rekrutierten sich aus den Spitzel- und Drangsalierungstruppen der NSDAP und der Gestapo... Die Stasi ist immer noch präsent und regiert in Deutschland wieder mit... Die Linke, die so tut, als hätte sie Menschenrechte, Demokratie und Freizügigkeit erfunden: In Wahrheit waren Sie die letzte Partei in Deutschland, die auf Flüchtende mit Maschinenpistolen hat schießen lassen wie auf Karnickel. Sie sollten sich schämen und ausziehen aus diesem Bundestag. Sie haben hier nichts verloren.« (Deutscher Bundestag, 19. Wahlperiode, Protokoll 115. Sitzung, S. 140)

lerdings nicht veranlasst, im Stile eines Manifestes die »Wiedergeburt« des Sozialismus zu feiern oder an Prognosen über künftige Siege zu arbeiten. Ich habe mich vielmehr noch einmal der Geschichte des modernen Sozialismus seit dem frühen 19. Jahrhundert zugewandt, um einerseits den Zusammenhang mit der Krisengeschichte der bürgerlich-kapitalistischen Gesellschaft, andererseits die Wellen und Zyklen, Aufstieg und Niedergang verschiedener Wege und Erfahrungen in dieser Geschichte in den Blick zu nehmen. Die Geschichte ist notwendig voller Widersprüche – und deshalb widerlegt sie immer sowohl lineare Geschichtskonzeptionen vom gleichsam unaufhaltsamen Aufstieg des Sozialismus als auch alle Versuche, die Vielfalt dieser Wege auf ein allgemeingültiges »Modell« zu reduzieren. Sozialistische Ideen und deren praktische Umsetzung haben sich von Anfang an auf vielfältige Weise ausdifferenziert – und in jeder geschichtlichen Epoche konfigurieren sich die Kräfte, Programme und Strategien im Kampf für den Sozialismus neu.

Die Rekonstruktion der Geschichte im ersten und zweiten Kapitel sollte nicht als der Versuch missverstanden werden, eine kurze Geschichte des Sozialismus vorzulegen. Es geht immer um ausgewählte Kapitel und Problemstellungen aus dieser Geschichte. Dabei soll zum einen deutlich werden, dass Sozialismus in verschiedenen Varianten stets die Rolle der »Fundamentalopposition« in einer Gesellschaft mit kapitalistischer Produktionsweise spielen muss. Zum anderen führt das Verhältnis von theoretischer Kritik und praktischer Umsetzung in Gesellschaft und Politik auf ein weites Feld von Widersprüchen. Diese müssen einerseits anerkannt werden. Andererseits müssen sie von den Akteuren sozialistischer Politik auch mit dem Ziel ihrer Aufhebung bzw. Überwindung bearbeitet werden. Die Auswertung der Erfahrungen des 20. Jahrhunderts der »Extreme« (Hobsbawm) lehrt zumindest, dass die Bearbeitung solcher Widersprüche auf dem Feld der Eroberung der Staatsmacht und der »Zurücknahme der Staatsgewalt in die Gesellschaft« (Engels) immer auch darüber entscheidet, ob der Weg »Klasse – Partei – Staat« (der keine theoretische Erfindung, sondern durch die Struktur der kapitalistischen Gesellschaft und ihres politischen Systems objektiv vorgegeben ist) in einer historischen Sackgasse endet oder zu Verhältnissen beiträgt, in denen demokratische Rechte und Freiheiten auf der einen mit sozialer Gerechtigkeit, Schutz der Umwelt und der Natur und entwickelter Formen der Selbstverwaltung verbunden sind.[5]

[5] Die Arbeit an diesem Manuskript wurde im Juni 2021 abgeschlossen. Die Übersetzungen aus dem Englischen habe ich mithilfe von https://de.pons.com>text-übersetzung vorgenommen und bearbeitet.

Kapitel 1
»Die Menschen sind und bleiben von Geburt frei und gleich an Rechten. Soziale Unterschiede dürfen nur im gemeinen Nutzen begründet sein.«

Erklärung der Menschen- und Bürgerrechte (von 1789, Präambel, Artikel 1, Paris 20. August 1789).

1. Geschichte und Begriff des Sozialismus

Der sozialistische Journalist und Historiker Max Beer verfasste nach dem Ersten Weltkrieg eine fünfbändige »Allgemeine Geschichte des Sozialismus und der sozialen Kämpfe«. Die 7. Auflage – mit »Ergänzungen von Dr. Hermann Duncker«[1] – erschien 1931 in der Berliner »Universal Bücherei für alle«. Diese populärwissenschaftliche Darstellung verfolgte für ein breites Publikum die Entwicklung des Sozialismus vom Altertum über das Mittelalter bis – gleichsam als Krönung – zur Dritten (»Kommunistischen) Internationale, die nach der Oktoberrevolution 1919 in Moskau gegründet worden war, nach. In den ersten Sätzen der Einleitung unterschied Hermann Duncker zwischen der *Geschichte* und dem *Begriff* des Sozialismus. »Die Geschichte des Sozialismus beginnt mit der Geschichte der Menschheit... Der Begriff des Sozialismus ebenso wie der des Kommunismus zur Bezeichnung einer auf dem Gemeineigentum an den Produktionsmitteln ausgebauten Wirtschaft und Gesellschaft bildet sich freilich erst etwa gleichzeitig mit Beginn der proletarischen Bewegung zu Anfang des 19. Jahrhunderts.« (Beer 1931: 9)

Der Begriff der *allgemeinen* Geschichte des Sozialismus leitet sich (bei Beer) aus einem geschichtsphilosophischen Verständnis des Historischen Materialismus ab, das in der Periode der II. Internationale – vor allem über die Schriften von Karl Kautsky als ihrem führenden »Marxismus«-Interpreten – die Geschichte als eine quasi naturgesetzliche Abfolge von Gesellschaftsformationen begriff, die a) durch die Eigentums- und die darauf beruhenden Klassenverhältnisse sowie b) durch die Dynamik der Klassenkämpfe be-

[1] Hermann Duncker (1874–1960) war einer der bedeutendsten Lehrer – auch »Wanderlehrer« – der deutschen Arbeiterbewegung. Nach 1919 schloss er sich der KPD an. In der DDR wurde er Rektor der Gewerkschaftshochschule »Fritz Heckert« in Bernau.

stimmt wird. Daraus leitet sich eine lineare Konzeption des geschichtlichen Fortschritts ab, der sich mit dem Ende der bürgerlich-kapitalistischen Ordnung, mit dem Sieg der proletarischen Revolution und des Sozialismus bestätigt und vollendet. In den Schriften von Josef Stalin wurde diese (auch vom Fortschrittsdenken der Aufklärung und durch die Philosophie Hegels beeinflusste) Geschichtsphilosophie zum Dogma der kommunistischen Weltbewegung erhoben, die bis weit in die zweite Hälfte des 20. Jahrhunderts ihre Kämpfe in dem Bewusstsein führte, in der Epoche des weltgeschichtlichen Übergangs vom Kapitalismus zum Sozialismus zu leben und zu wirken.

Dieser allgemeine Begriff der Menschheitsgeschichte bezog sich unter anderem auf die ersten Sätze des »Manifestes der kommunistischen Partei«, das Karl Marx und Friedrich Engels am Vorabend der Revolution von 1848 verfasst hatten: »Die Geschichte aller bisherigen Gesellschaft ist die Geschichte von Klassenkämpfen. Freier und Sklave, Patrizier und Plebejer, Baron und Leibeigener, Zunftbürger und Gesell, kurz, Unterdrücker und Unterdrückte standen in stetem Gegensatz zueinander, führten einen ununterbrochenen, bald versteckten, bald offenen Kampf, einen Kampf, der jedes Mal mit einer revolutionären Umgestaltung der ganzen Gesellschaft endete oder mit dem gemeinsamen Untergang der kämpfenden Klassen. ... Die aus dem Untergang der feudalen Gesellschaft hervorgegangene moderne bürgerliche Gesellschaft hat die Klassengegensätze nicht aufgehoben. Sie hat nur neue Klassen, neue Bedingungen der Unterdrückung, neue Gestaltungen des Kampfes an die Stelle der alten gesetzt. Unsere Epoche, die Epoche der Bourgeoisie, zeichnet sich jedoch dadurch aus, dass sie die Klassengegensätze vereinfacht hat. Die ganze Gesellschaft spaltet sich mehr und mehr in zwei große feindliche Lager, in zwei große, einander direkt gegenüberstehende Klassen: Bourgeoisie und Proletariat.« (MEW 4: 462f.)

Gut zehn Jahre später (1859) ergänzte Marx im Vorwort zur »Kritik der Politischen Ökonomie«: »Eine Gesellschaftsformation geht nie unter, bevor alle Produktivkräfte entwickelt sind, für die sie weit genug ist, und neue höhere Produktionsverhältnisse treten nie an die Stelle, bevor die materiellen Existenzbedingungen derselben im Schoß der alten Gesellschaft selbst ausgebrütet worden sind. Daher stellt sich die Menschheit immer nur Aufgaben, die sie lösen kann, denn genauer betrachtet wird sich stets finden, dass die Aufgabe selbst nur entspringt, wo die materiellen Bedingungen ihrer Lösung schon vorhanden oder wenigstens im Prozess ihres Werdens begriffen sind. In großen Umrissen können asiatische, antike, feudale und moderne bürgerliche Produktionsweisen als progressive Epochen der ökonomischen Gesellschaftsformation bezeichnet werden. Die bürgerlichen Produktionsverhältnisse sind die letzte antagonistische Form des gesellschaftlichen Produktionsprozesses, antagonistisch nicht im Sinn von individuellem Antagonismus, sondern eines aus den gesellschaftlichen Lebensbedingungen der

Individuen hervorwachsenden Antagonismus, aber die im Schoß der bürgerlichen Gesellschaft sich entwickelnden Produktivkräfte schaffen zugleich die materiellen Bedingungen zur Lösung dieses Antagonismus. Mit dieser Gesellschaftsformation schließt daher die Vorgeschichte der menschlichen Gesellschaft ab.« (MEW 13: 9)

Klassengesellschaften zeichnen sich durch die ungleiche Verteilung von Reichtum, Macht, Lebenschancen und Ansehen zwischen der Masse der »Subalternen«, die den Reichtum der Gesellschaft durch ihre Arbeit produzieren und reproduzieren, und einer herrschenden Klasse bzw. eines »herrschenden Blocks« von Klassenkräften aus. Dazu gehören diejenigen, die über die Produktionsmittel (Grund und Boden, Maschinen und Werkzeuge, Roh- und Hilfsstoffe) als Eigentum oder Lehen verfügen und sich das »Mehrprodukt« des von den arbeitenden Massen geschaffenen Reichtums aneignen. Hinzu kommen diejenigen, die die politisch-militärische Macht ausüben und die Rechtsverhältnisse nach ihren Interessen gestalten sowie schließlich jene, die im Interesse dieser Herrschaftskonstellation ideologische und religiöse Dienste leisten und in den später so bezeichneten »ideologischen Staatsapparaten« (Althusser) wirken.

Auf dem Boden des Klassenantagonismus entstehen auf der einen Seite immer wieder Ideen, die sich kritisch mit den herrschenden Verhältnissen auseinandersetzen und deren Veränderung einfordern. Deren Produzenten gehören in der Regel der Oberschicht der Gebildeten an, die lesen und schreiben können und von körperlicher Arbeit befreit sind. In der Antike sind es Philosophen, die als Lehrer in den Akademien und öffentlichen Debatten wirken. Der frühe chinesische Staat stützte sich auf die Schriftgelehrten, die die Lehren des Konfuzius anwendeten. Dort, dort wo die Weltreligionen (Christentum, Islam, Buddhismus) die Kulturen ganzer Epochen bestimmen, sind diese Ideologen in der Regel mit den Institutionen der Religion – im christlichen Mittelalter z.B. als Priester oder Mönche – verbunden. Erst mit dem Beginn der Neuzeit, mit der Herausbildung von Elementen der frühbürgerlichen Gesellschaft (vorwiegend in den Städten) ab 1500, nimmt die Bedeutung der in den weltlichen Institutionen tätigen Ideologen – Schulen und Universitäten, Buchproduktion, Verlagswesen, später Zeitungen usw. – zu.

Auf der Seite der beherrschten Mehrheit, die in den Agrargesellschaften als Sklaven, Leibeigene, Fronbauern etc. im Zustand der Unfreiheit und oft in materiellem Elend leben, kommt es immer wieder zu Auflehnung und Widerstand gegen die Herrschenden. Deren Formen sind vielfältig – von individuellem Protest und Flucht bis hin zu lokal oder regional begrenztem Aufruhr, von Gewaltexplosionen und Revolten (Meutereien) bis hin zu Massenbewegungen – sei es der Sklaven (Spartakus), der Stadtplebejer oder vonseiten der Bauern, die mitunter einen revolutionären Charakter annehmen, weil sie das herrschende Regime und seine Träger mit Gewalt beseitigen wollen, inspiriert oder angeführt von Ideologen, die die allgemeine Kritik an den herrschenden Verhältnissen mit einem Programm zur Verbesserung der Lage derer verbinden, die diese Bewegungen tragen. Die Legitimation des Widerstandes wird von Anfang an immer auch durch den Rekurs auf naturrechtliche Überlegungen zu einem vor-zivilisatorischen Naturzustand der Gleichheit zwischen den Menschen oder durch den christlichen Grundsatz (»Zehn Gebote«) begründet, dass vor Gott alle Menschen gleich seien. Solche Bewegungen werden durch Wut und Empörung über Elend, Willkür und Ungerechtigkeit sowie durch die Forderung nach Freiheit und Gerechtigkeit, nach der Anerkennung von sozialen und politischen Rechten und der Überwindung von Ungleichheit zwischen den Menschen angetrieben. Die Eigentumsfrage – das Eigentum am Boden, an Werkzeugen, an Menschen, aber auch die Verfügung über Geld – wird dabei immer wieder neu gestellt: als Frage der gerechten Verteilung des gesellschaftlichen Reichtums und der Schätze der Natur oder als Programm der Beschränkung oder gar der Aufhebung der Eigentumsprivilegien. Der Anspruch auf Gerechtigkeit ist allerdings niemals nur sozialökonomisch begründet, sondern impliziert stets auch die Forderung nach politischen Rechten sowie nach der Anerkennung der Menschenrechte und der Menschenwürde. Schließlich definiert sich die Kraft solcher Bewegungen durch den Glauben an die Möglichkeit einer zukünftigen Ordnung der Freiheit, Gerechtigkeit und Gleichheit ohne Privateigentum. Allerdings sind die wichtigsten der frühen Sozialutopien – von Plato über Morus bis hin zu den radikalen Aufklärern wie Rousseau und Morelly im 18. Jahrhundert – nicht im Kontext realer sozialer Bewegungen entstanden. Es waren philosophische Konstruktionen von Angehörigen der Oberschicht, die unter anderem darauf hofften, dass ein der christlichen Moral oder der Vernunft der Aufklärung verpflichteter Monarch den Mut zu Reformen aufbringen würde. In der langen Geschichte zwischen der Antike und dem Jahr 1789, in dem mit der Französischen Revolution der Anspruch »Freiheit – Gleichheit – Brüderlichkeit« in die moderne Welt getragen wurde, kam es nur in wenigen Ausnahmeperioden zu Verbindungen zwischen utopischem Denken und sozialen Bewegungen, die Freiheit und Gerechtigkeit einklagten.

In den Perioden, in denen der Niedergang einer Gesellschaftsformation (Sklavenhaltergesellschaft, Feudalismus) sich abzeichnete, reagierten die herrschenden Klassen in der Regel mit verstärktem politischen und ökonomischen Druck auf die Subalternen. Daraus entstanden Bewegungen und Kämpfe, die den Übergang zu einer neuen Formation beschleunigten. Dennoch blieben diese Bewegungen – auch dann, wenn sie von charismatischen Führungsfiguren geführt wurden, die sich in das historische Gedächtnis der subalternen Klassen eingeprägt haben – lokal oder regional sowie zeitlich beschränkt, auch weil die Aufstände der Sklaven oder der Bauern in der Regel mit äußerster Brutalität niedergemetzelt wurden. Der politische Raum, in den Bewegungen eindringen, sich organisieren und institutionalisieren, existierte in der frühen Neuzeit erst in den Städten, die ihre Freiheit gegen die Feudalherrscher errungen hatten. Erst der Kampf um die innerstädtische Verfassung (und Machtverteilung) schuf den politischen Raum, in dem sich der Klassenkampf zwischen den städtischen Oligarchien und den Unterschichten entfalten konnte. Und erst später mit der Konstituierung des Nationalstaates und der Durchsetzung des allgemeinen Wahlrechts im 19. und 20. Jahrhundert konnte sich ein politischer Raum entwickeln, in dem sich dauerhaft Interessen der Subalternen im politischen System artikulieren konnten. Damit entstand aber auch eine neue Widerspruchkonstellation: Der gesellschaftliche Druck der Bewegungen erwies sich immer wieder als Voraussetzung für deren Eindringen in das politische System; ließ dieser Druck nach, tendierten deren Repräsentanten im politischen System häufig dazu, die Logik und die Regeln des politischen Betriebes zu akzeptieren und sich damit von ihrer einstigen »Basis« zu entfernen.

Die Darstellungen der allgemeinen Geschichte des Sozialismus als Menschheitsgeschichte z.B. bei Max Beer (1931) oder im 1. Band der von Jacques Droz (1972/74) herausgegebenen Geschichte des Sozialismus behandeln »utopisch-eschatologische« (so Droz) bzw. »kommunistische oder sozialistische« (so Beer) Ideen und Lehren seit der Antike. Sie konzentrieren sich auf jene Perioden der Geschichte, in denen sich progressive Ideen mit Bewegungen der Unterklassen gegen die bestehenden Herrschaftsverhältnisse verbinden. In der Epoche der städtisch-plebejischen Aufstände und der Bauernkriege in Europa zwischen dem 14. und 16. Jahrhundert predigten u.a. Joachim de Fiore und Thomas Münzer von dem kommenden Reich Gottes auf Erden. In England, wo die »ursprüngliche Akkumulation des Kapitals« (MEW 23: 24. Kapitel) seit dem 15. Jahrhundert die Bauern aus der kapitalistisch betriebenen Landwirtschaft vertrieb (»sheep eat men«), hatte schon Thomas Morus (1513) seine »Utopia« als Modell einer Gesellschaft beschrieben, die ohne Privateigentum die Gleichheit zwischen den Menschen und damit ein glückliches Leben ermöglichen sollte. Dabei hatte er scharfe Kritik an den in England herrschenden Verhältnissen geübt: »Ist das etwa nicht ein ungerechter und undankbarer Staat, der so viel Gunst verschwendet an die sogenannten Edelleute, an Juweliere und sonstige Angehörige dieser Menschenklasse, die aus Tagedieben oder bloßen Schmarotzern und Angehörigen unnützer Luxusgewerbe besteht, dagegen den Bauern, Köhlern, Tagelöhnern, Fuhrleuten und Schmieden, ohne die überhaupt kein Staat bestehen könnte, gar keine Fürsorge verwendet, sondern zuerst ihre Arbeit während ihrer besten Lebensjahre ausnützt und dann, wenn sie endlich, durch Alter und Krankheit gebeugt, an aller Notdurft Mangel leiden, ihnen aufs schnödeste vergilt, uneingedenk so vieler durchwachter Nächte, so vieler und so großer Dienstleistungen, indem er sie in jammervollster Armut sterben lässt?

… Wenn ich daher alle unsere Staaten, die heute irgendwo in Blüte stehen, im Geiste betrachte und darüber nachsinne, so stoße ich auf nichts anderes, so wahr mir Gott helfe, als auf eine Art Verschwörung der Reichen, die den Namen und Rechtstitel des Staates missbrauchen, um für ihren eigenen Vorteil zu sorgen.« (Morus 1964: 150f.)

In der englischen Revolution des 17. Jahrhunderts formulierte Gerrard Winstanley das Programm der »Digger«. Diese verbanden die Forderungen der Leveller (»Gleichmacher«) mit der Vision einer neu zu errichtenden Gesellschaftsordnung. Sie gelten auch als Vorläufer des Anarchismus und Agrarsozialismus, denn sie forderten eine gemeinschaftliche Bewirtschaftung des Bodens. Privateigentum war für Winstanley Ausdruck der Ungleichheit: »Solange die Regierungen sagen, ihnen gehöre das Land, und damit den Grundsatz des Privateigentums, des ›mein‹ und ›dein‹ unterstützen, wird der gemeine Mann nie Freiheit genießen. … So haben sie manche auf den Thron der Tyrannei gesetzt, während andere auf dem Schemel des Elends verderben. Macht ein Ende dem Einhegen und Umzäunen gleich welcher Dinge auf Erden und dem Wort: ›Dies gehört mir‹.« (zit. n. Droz 1974, Band 1: 126) In seiner Schrift »The Law of Freedom« (1652) setzte sich Winstanley für eine Kollektivierung der Landwirtschaft ein. »Jeder sollte den Ertrag seiner Arbeit in für alle einzurichtende Vorratshäuser bringen und von dort alles, was er für sich und die Fortsetzung seiner Arbeit brauchte, entnehmen. Das Gesamtsystem sollte auf dem Grundsatz ›Jedem nach seinen Bedürfnissen‹ beruhen.« (ebd.: 127; Klenner 1983)

Ein Jahrhundert später radikalisierte Jean-Jacques Rousseau (1712–1778) die Kritik an einer menschlichen Zivilisation, die auf dem Privateigentum beruht. Der zweite Teil seines Diskurses »Über die Ungleichheit unter den Menschen« (1754) beginnt mit dem Satz: »Der erste, welcher ein Stück Landes umzäunte, es sich in den Sinn kommen ließ zu sagen: Dieses ist mein, und einfältige Leute fand, die es ihm glaubten, der war der wahre Stifter der bürgerlichen Gesellschaft. Wie viele Verbrechen, Kriege, Morde, wie viel Elend und Greuel hätte der dem Menschengeschlecht erspart, der die Pfähle herausgerissen, den Graben zugeschüttet und seinen Mitmenschen zugerufen hätte: ›Glaubt diesem Betrüger nicht; ihr seid verloren, wenn ihr vergesst, dass die Früchte allen gehören, der Boden aber niemandem‹. … Die Usurpationen der Reichen, die Räubereien der Armen, die zügellosen Leidenschaften aller erstickten das natürliche Mitleid und die noch schwache Stimme der Gerechtigkeit und machten so die Menschen geizig, ehrsüchtig und böse. Zwischen dem Recht des Stärkeren und dem Recht des ersten Besitznehmers erhob sich ein fortwährender Konflikt, der nur mit Kämpfen und Mord und Totschlag endete. Die entstehende Gesellschaft machte dem entsetzlichsten Kriegszustande Platz...« (Rousseau 1960: 66, 77) Im *Contrat Social* (1762) formulierte Rousseau jenen Schlachtruf, der bald aufgegriffen wurde: »Der Mensch ist frei geboren, und überall liegt er in Ketten.« (Ebd.: 236) Dazu entwickelt Rousseau ein Modell der »Volkssouveränität« und der »direkten Demokratie«, das die traditionellen Formen politischer Herrschaft – vom Absolutismus bis zur konstitutionellen Monarchie und repräsentativen Demokratie – radikal infrage stellt.

Wenige Jahre später, nach dem 14. Juli 1789, wurde in der Französischen Revolution diese Kritik an der alten Ordnung und ihren ökonomisch-sozialen, politischen und kulturellen Fesseln für die Masse der Bevölkerung in die Losung »Freiheit – Gleichheit – Brüderlichkeit« übersetzt. Am 26. August 1789 verabschiedete die Assemblée Nationale in Paris die »Erklärung der Menschen- und Bürgerrechte«. Deren Artikel 1 lautet: »Die Menschen werden frei und gleich an Rechten geboren und bleiben es. Gesellschaftliche Unterschiede dürfen nur im allgemeinen Nutzen begründet sein.« Schon am 4. Juli 1776 war mit der Unabhängigkeitserklärung der USA verkündet worden: »Alle Menschen sind gleich geschaffen; sie sind von ihrem Schöpfer mit unveräußerlichen Rechten ausgestattet; dazu gehören Leben, Freiheit und das Streben nach Glück.«

In der Französischen Revolution wurde jedoch bereits der Widerspruch zwischen Freiheit und Gleichheit, zwischen der politischen und der sozialen Revolution ausgetragen – und auf die Resultate dieser Auseinandersetzungen beziehen sich die großen ideologischen und politischen Strömungen, die die folgenden beiden Jahrhunderte prägen sollten: der Konservatismus als Philosophie der Gegenrevolution und der Verteidigung des Ancien Regimes, der Liberalismus als das politische und ökonomische Denken der aufstrebenden Bourgeoisie und der Sozialismus in seinen verschiedenen Ausgestaltungen als Programm der Freiheit und Gleichheit im Interesse der subalternen Klassen. Die Verfassung von 1792 (die nie in Kraft trat) setzte Maßstäbe für die Konstitutionalisierung der Volkssouveränität. Die Jakobiner waren 1793 bereit, die Instrumente der Diktatur und des Terreurs zu benutzen, um die feudalen Macht- und Eigentumsverhältnisse zu brechen und die Konterrevolution im Inneren sowie in Form der Invasion fremder Truppen mit militärischer Gewalt zu besiegen. Die Sansculotten und die Hébertisten forderten, dass die individuellen Freiheitsrechte und der Schutz vor staatlicher Willkür durch die Überwindung der Polarisierung von Reichtum und Armut, durch die Verwirklichung von sozialer Gleichheit vervollständigt werden müssten. In diesem Sinne wollten die Verschwörer um Gracchus Babeuf 1795 das Volk zum Aufstand rufen und eine Diktatur errichten, die das individuelle Eigentum abschaffen und eine neue Güter- und Arbeitsgemeinschaft schaffen sollte. »Der Plan einer Gütergemeinschaft, den Babeuf hier vorbrachte, war der erste Ausfluss revolutionärer Ideologien zur Frage der neuen Gesellschaft, die aus der Revolution selbst hervorgegangen waren. Durch den Babouvismus wurde der Kommunismus, der bis dahin nur utopische Träumerei war, zu einem in sich schlüssigen ideologischen System erhoben. Mit der Verschwörung der Gleichen trat er in die Geschichte der politischen Kämpfe ein.« (Soboul, in Droz 1974, Band 1: 330) Babeuf begriff die gesamte Revolution als einen »offenen Krieg zwischen den Reichen und den Armen«, und er begriff sie – auch im Blick auf den vorläufigen Sieg der besitzenden Klassen – als Botschaft für die Zukunft, die sein Schüler Buonarroti 1828 in seinem Werk über Babeufs »Verschwörung für die Gleichheit« (»Conspiration pour l'egalité, dite de Babeuf«) wie folgt zusammenfasste: »Die Französische Revolution ist nur der Vorbote einer anderen, noch viel größeren, viel feierlicheren Revolution, die die letzte sein wird«: die Verwirklichung der »wahren Gleichheit« (vgl. Deppe 1970: 39-42).

2. Die Vor-Geschichte des modernen Sozialismusbegriffes zwischen 1789 und 1848

Der Begriff des Sozialismus gehört nach Wolfgang Schieder (1984: 923) in die Kategorie der »zukunftsorientierten Bewegungsbegriffe«. Diesen, wie auch dem Liberalismus und Konservatismus, ist es eigentümlich, dass sie sich nicht definieren lassen: »alle Begriffe, in denen sich ein ganzer historischer Prozess semiotisch zusammenfasst, entziehen sich der Definition. Definierbar ist nur das, was keine Geschichte hat«, so Friedrich Nietzsche in der »Genealogie der Moral«. Im geschichtlichen Prozess entfaltet sich eine außerordentliche Vielfalt von Varianten des Denkens und des praktischen Handelns, die sich als »sozialistisch« bezeichnen oder bezeichnet werden. »Sozialismus« als eine »real existierende« bzw. zukünftige Gesellschafts- und Staatsordnung war im 20. Jahrhundert eine prägende Auffassung. Hinzu kommt die Programmatik politischer Organisationen, die im politischen System die Interessen der subalternen Klassen artikulieren und das Ziel einer neuen Ordnung postulieren. Als »sozialistisch« wird aber auch bis in die Gegenwart – vor allem von den Anhängern der wirtschaftsliberalen Orthodoxie (z.B. F.A. von Hayek) – die Herausbildung und Anerkennung der staatlichen Regulierung der Märkte, der Eigentumsverhältnisse, der Konjunktur und der Verteilungsverhältnisse bezeichnet. Als Klassenkompromiss sollen diese die kapitalistische Ordnung durch die Anerkennung von Forderungen der sozialistischen Arbeiterbewegung (z.B. Elemente der Sozialstaatlichkeit bzw. der Wirtschaftsplanung und -regulierung, von öffentlichem Eigentum usw.) stabilisieren. Die reiche Vielfalt von Formen und Varianten reflektiert sich auch in den Kombinationen des Sozialismusbegriffes mit anderen – auch antisozialistischen – ideologischen Strömungen und Bewegungen (z.B. National-Sozialismus, preußischer Sozialismus, christlicher Sozialismus etc.). Allerdings bildet sich in jeder Epoche eine bestimmte Struktur heraus, aus der – über die Kraft von

Ereignissen, Bewegungen und Organisationen, von Siegen und Niederlagen des Sozialismus – eine hegemoniale Deutungsmacht entsteht, die das jeweils vorherrschende bzw. dominante Sozialismusverständnis prägt.

Schließlich ist der politische Sozialismusbegriff ein Kampfbegriff und daher normativ hoch aufgeladen. Er definiert sich aus der Kritik an den herrschenden Eigentums- und Machtverhältnissen. Er nimmt in Anspruch, die Interessen der Unterklassen – der Ausgebeuteten und Unterdrückten – zu vertreten. Und er mobilisiert seine Anhänger nicht nur in den täglichen Kämpfen um ihre Arbeits- und Lebensbedingungen, sondern ebenso mit der Vision einer »freien Assoziation« ohne Elend, Kriege und Klassenherrschaft (Fülberth 2010: 6-13). Die Geschichte und Kultur des Sozialismus ist voller Emotionen und Leidenschaften. Sie betrauert die zahlreichen Opfer des Klassenkampfes und beschwört die Hoffnungen auf die zukünftige Befreiung. »Brüder (und Schwestern), zur Sonne, zur Freiheit! Brüder zum Lichte empor! Hell aus dem dunklen Vergangenen, leuchtet die Zukunft hervor« – diese Arbeiterhymne wird bis heute zusammen mit der »Internationale« immer noch mit Leidenschaft vorgetragen.[2]

Seit den 20er Jahren des 19. Jahrhunderts bezeichneten sich in England die Anhänger von *Robert Owen* (1771–1858) als »Socialists«. 1838 beschlossen sie bei einem Kongress, sich fortan als solche und nicht mehr bloß als »Anhänger Owens« zu bezeichnen. Sie pflegten Kontakte zu den Anhängern von Henri de Saint-Simon und Charles Fourier in Frankreich, den sie als »Father of Socialism in Paris« bezeichneten (Schieder 1984: 934f.). Robert Owen kritisierte die gesellschaftlichen Verhältnisse, in denen die Arbeiter ausgebeutet werden, im Elend und in kultureller Verelendung gehalten werden. »Als Typ des modernen Unternehmers bewies er anhand eines praktischen Beispiels (›New Lanark‹), wie die Rationalisierung der Produktionsmethoden, verbunden mit der Sorge für das Wohl der Arbeiter, gleichzeitig hohe Profite, Aufhebung des Elends und soziale Eintracht sichern konnte.« (Droz 1974, Band 2: 32) Seine Fabrik wurde zum »Mekka der Reformer«, die davon überzeugt waren, dass die Arbeiter durch Bildung und gesicherte Ar-

[2] Am Ende eines jeden Parteitages der britischen Labour Party wird bis heute die Parteihymne »The Red Flag« gesungen. Die ersten Strophen lauten:

»The people's flag is deepest red,
It shrouded oft our martyred dead
And ere their limbs grew stiff and cold,
Their hearts' blood dyed its every fold.

So raise the scarlet standard high,
Beneath its shade we'll live and die,
Though cowards flinch and traitors sneer,
We'll keep the red flag flying here.«

beits- und Lebensverhältnisse zugleich »zivilisiert« werden. Später engagierte sich Owen in der Gewerkschafts- und Genossenschaftsbewegung, beteiligte sich an der Gründung »kommunistischer Gemeinden in den USA und wirkte schließlich bis zu seinem Tod als Propagandist einer neuen moralischen Ordnung, der mehr und mehr quasi-religiöse Botschaften vom »guten Leben« jenseits von Egoismus und dem Streben nach individuellem Reichtum verbreitete (Brie 2014).

Der deutsche Sozialwissenschaftler *Lorenz von Stein* (1815–1890) hatte sich zu Forschungszwecken einige Zeit in Paris aufgehalten und publizierte 1842 sein erstes Buch über »Sozialismus und Kommunismus im heutigen Frankreich«. Dieser Text machte die verschiedenen Quellen des sozialistischen Denkens der Zeit, aber auch die Linie eines auf revolutionäre Praxis orientierten Babouvismus bekannt. Diese wurde nach 1830 von Louis Auguste Blanqui fortgesetzt. Die jungen Intellektuellen in Europa (namentlich in Deutschland in der Zeit des sogenannten »Vormärz«[3]) setzten sich kritisch mit der idealistischen Philosophie (vor allem Hegels) auseinander. Politisch wurden sie – oftmals zur Flucht nach Paris oder London gezwungen – mit den repressiven Maßnahmen der spätfeudal-absolutistischen Monarchien gegen die »Demokraten«, mit den besonders »rückständigen« Verhältnissen in Deutschland (bzw. in Preußen) sowie mit den Anfängen der kapitalistischen Industrialisierung und der Lage der arbeitenden Klasse (in England, aber auch in Frankreich oder in Preußen) konfrontiert. In diesem Kontext wurden sie auch auf die sozialistischen und kommunistischen Bestrebungen ihrer Zeit aufmerksam, die von den Herrschenden als radikale Demokratiebewegung gefürchtet wurden (Rosenberg 1962).

Der junge *Friedrich Engels* (1820–1895) verbrachte die Zeit zwischen November 1842 und August 1844 in Manchester, wo er seine kaufmännische Ausbildung in der Baumwollspinnerei Ermen & Engels, die seinem Vater und dessen Partner gehörte, vollenden sollte. Er hatte zuvor Karl Marx kennengelernt und korrespondierte regelmäßig mit ihm. In ihrem ersten gemeinsamen Werk »Die heilige Familie« (MEW 2: 3ff.) setzen sie sich von junghegelianischen Positionen der »kritischen Kritik« und dem »Kultus des abstrakten Menschen« ab, begriffen die »Nationalökonomie« als Wissenschaft der modernen Gesellschaft des Privateigentums, in der der Antagonismus von Privateigentümern und Proletariat, also der Klassenkampf, diese Ordnung über sich selbst hinaustreibt: »Das Proletariat vollzieht das Urteil, welches das Privateigentum durch die Erzeugung des Proletariats über sich selbst verhängt,

[3] Die Revolution von 1848 begann in Deutschland – nach der Februar-Revolution in Paris – im März 1848 mit Barrikadenkämpfen in Berlin. Die Intellektuellen des Vor-März – darunter auch die jungen Karl Marx und Friedrich Engels – lehnten sich gegen die besonders reaktionären politischen Verhältnisse in Deutschland auf, forderten die Republik und die Einheit Deutschlands.

wie es das Urteil vollzieht, welches die Lohnarbeit über sich selbst verhängt, indem es den fremden Reichtum und das eigene Elend erzeugt.« (MEW 2: 37) Hier erwähnen Marx und Engels die »sozialistischen Schriftsteller«, die dem Proletariat diese weltgeschichtliche, »historische Mission« zuschreiben. Noch in den Bahnen eines von Hegel inspirierten geschichtsphilosophischen Fortschrittsdenkens schreiben sie: Das Proletariat »kann sich nicht selbst befreien, ohne seine eigenen Lebensbedingungen aufzuheben, ohne alle unmenschlichen Lebensbedingungen der heutigen Gesellschaft, die sich in seiner Situation zusammenfassen, aufzuheben... Es handelt sich nicht darum, was dieser oder jener Proletarier oder selbst das ganze Proletariat als Ziel sich einstweilen vorstellt. Es handelt sich darum, was es ist und es diesem Sein gemäß geschichtlich zu tun gezwungen ein wird.« (MEW 2: 38)

In seiner Schrift »Die Lage der arbeitenden Klasse in England« (1845) verarbeitete der 25 Jahre alte Engels die Erkenntnisse, die er über den entwickelten Stand der kapitalistischen Produktionsverhältnisse, die Arbeits- und Lebensbedingungen des industriellen Proletariats sowie über die Entwicklung der Klassenkämpfe und des theoretischen wie praktischen Sozialismus seiner Zeit gewonnen hatte. Da Engels bis zum Ende des Jahrhunderts lebte und gerade in seiner letzten Lebensphase an der Gründung sozialistischer Arbeiterparteien und an der Bildung und Entwicklung der II. Internationale beteiligt war, verfügen wir über Texte, in denen er sich – auch kritisch – mit seinen frühen Einschätzungen und Prognosen über die Entwicklung des Sozialismus auseinandergesetzt hat. In der Einleitung zur »Lage der arbeitenden Klasse« stellt er die industrielle Revolution in England seit dem Ende des 18. Jahrhunderts und die Entstehung des industriellen Proletariats dar, dessen Zahl – neben dem Ackerbauproletariat und dem Handwerksproletariat – immer mehr zunimmt und sich in der Region zwischen den Großstädten Liverpool und Manchester (in den Grafschaften Yorkshire und Lancashire) konzentriert. Innerhalb von 60 bis 80 Jahren hatte sich England in ein Land verwandelt »wie kein anderes, mit einer Hauptstadt von dreieinhalb Millionen Einwohnern, mit kolossalen Fabrikstädten, mit einer Industrie, die die ganze Welt versorgt und die fast alles mit kompliziertesten Maschinen macht, mit einer fleißigen, intelligenten, dichtgesäten Bevölkerung, von der zwei Drittel durch die Industrie und den Handel in Anspruch genommen werden und die ... eine ganz andere Nation mit anderen Sitten und anderen Bedürfnissen bildet...« (MEW 2: 250).[4] Engels konstatiert die »lächelnde Sorglosigkeit« der

[4] Der konservative Politiker Benjamin Disraeli (1804–1881), nach 1868 zwei Mal Premierminister unter Königin Victoria, beklagte sich 1845 in einem Roman darüber, dass in den neuen industriellen Großstädten »zwei völlig unterschiedliche Nationen« existieren, »zwischen denen es keine Kommunikation und keine Sympathien gibt; die so wenig voneinander über ihre jeweiligen Gewohnheiten Gedanken und Gefühle wissen, als ob sie Einwohner verschiedener Planeten wären... Diese beiden Nationen (innerhalb einer

englischen Mittelklasse/Bourgeoisie angesichts des »tiefen Grolls der ganzen Arbeiterklasse von Glasgow bis London gegen die Reichen, von denen sie systematisch ausgebeutet und dann gefühllos dem Schicksal überlassen wird«. Dieser »Groll«, so schließt die Einleitung, »muss in einer Revolution ausbrechen…, gegen die die erste französische und das Jahr 1794 ein Kinderspiel sein wird« (MEW 2: 252).

Trotz des revolutionären Enthusiasmus besticht die Arbeit von Engels vor allem als eine empirisch orientierte Sozialstudie, die später auch zum Vorbild für soziologische Studien zur Lage der Arbeiterklasse (»soziale Frage«) bzw. der Armutsforschung wurde. Das Wachstum der Arbeiterklasse im Gefolge der industriellen Revolution, die inneren Fraktionen der Klasse und ihre Arbeits- und Wohnverhältnisse in den Armutsbezirken der Großstädte werden detailliert beschrieben. Die Konkurrenz der Arbeiter untereinander – als der »vollkommenste Ausdruck des in der modernen bürgerlichen Gesellschaft herrschenden Krieges aller gegen alle« (MEW 2: 306) – ist die »schärfste Waffe der Bourgeoise gegen das Proletariat«. Am schärfsten wirkt diese – religiös und nationalistisch überformte – Konkurrenz zwischen den englischen und den irischen Arbeitern. Der irischen Einwanderung widmet Engels ein eigenes Kapitel, da die Iren in den Industriebezirken eine eigene Unterschicht der Arbeiterklasse bilden. Sie fliehen vor den sozialen Folgen der Massenarmut, die die britische Herrschaft in Irland konserviert hat. Die »Große Hungersnot« (Great Famine) zwischen 1845 und 1847 kostete einer Million Menschen das Leben, eine weitere Million musste emigrieren.[5]

Ausführlich geht Engels auf die Folgen der schweren Arbeitsbedingungen und der Armut für die Gesundheit der arbeitenden Menschen ein. Dazu

Nation) werden durch unterschiedliche Aufzucht gebildet, sie ernähren sich durch unterschiedliches Essen und sie werden von unterschiedlichen Gesetzen regiert. Es sind die Reichen und die Armen.« (Hunt 2009: 87)

[5] 1870 schrieb Marx in einem Brief über das »Geheimnis der Ohnmacht der englischen Arbeiterklasse«: »Und das wichtigste! Alle industriellen und kommerziellen Zentren Englands besitzen jetzt eine Arbeiterklasse, die in zwei feindliche Lager gespalten ist, englische proletarians und irische proletariens. Der gewöhnliche englische Arbeiter hasst den irischen Arbeiter als einen Konkurrenten, welcher den standard of life herabdrückt. Er fühlt sich ihm gegenüber als Glied der herrschenden Nation und macht sich eben deswegen zum Werkzeug seiner Aristokraten und Kapitalisten gegen Irland, befestigt damit deren Herrschaft über sich selbst. Er hegt religiöse, soziale und nationale Vorurteile gegen ihn. Er verhält sich ungefähr zu ihm wie die poor whites zu den niggers in den ehemaligen Sklavenstaaten der amerikanischen Union. Der Irländer pays him back with interest in his own money. Er sieht zugleich in dem englischen Arbeiter den Mitschuldigen und das stupide Werkzeug der englischen Herrschaft in Irland. Dieser Antagonismus wird künstlich wachgehalten und gesteigert durch die Presse, die Kanzel, die Witzblätter, kurz, alle den herrschenden Klassen zu Gebot stehenden Mittel. Dieser Antagonismus ist das Geheimnis der Ohnmacht der englischen Arbeiterklasse, trotz ihrer Organisation. Es ist das Geheimnis der Machterhaltung der Kapitalistenklasse. Letztre ist sich dessen völlig bewusst.« (MEW 32: 668f.)

kommt der moralische Verfall, der vor allem unter den Verschuldeten, Kranken, Obdachlosen zunimmt: Alkoholismus und Kleinkriminalität sind die vorherrschenden Formen des abweichenden Verhaltens in der industriellen »Abstiegsgesellschaft«. Auf dieser Grundlage breitet sich religiöses Sektierertum aus. »Wer an die Wiederauferstehung glaubte, der Alkoholiker, der kleine Gangster, der Verrückte, der Tramp oder der ehrgeizige kleine Unternehmer – alle wandten ihre Augen von den kollektiven Lebensbedingungen und blieben (mit Ausnahme des Letzteren) apathisch gegenüber den Möglichkeiten kollektiven Handelns.« (Hobsbawm 1962: 249)

In einem eigenen Kapitel analysiert Engels die Entwicklung der »Arbeiterbewegungen« in England (MEW 2: 430-455). Die Empörung der Arbeiter über ihre Lage und ihre Opposition gegen die »Tyrannei der Besitzenden« haben in England einen »offenen sozialen Krieg« hervorgebracht, einen Prozess des Klassenkampfes eingeleitet, der – so Engels – »verschiedene Phasen« durchläuft.[6] Die erste, »roheste Form dieser Empörung war das Verbrechen«, Diebstahl als »die ungebildetste, bewusst roheste Form der Protestation« (ebd. 432). Darauf folgten Akte der Zerstörung der Maschinen – die blinde Wut (z.B. der Weber und Drucker) gegen die Zerstörung der handwerklichen Produktion blieb jedoch letztlich ohne Wirkung. Ab 1824 entwickelten sich legale Assoziationen, die Trade Unions, die die Aufgabe haben, Löhne zu regulieren. Mit den Gewerkschaften wird die Konkurrenz unter den Lohnarbeitern aufgehoben. Sie entwickeln eine kollektive Macht, die sich vor allen in den Streikbewegungen manifestiert. Allerdings sind die Gewerkschaften in diesen frühen Jahren starken Schwankungen unterworfen – und auch die Streikbewegungen enden oftmals in Niederlagen, begleitet von Disziplinarmaßnahmen der Arbeitgeber und der staatlichen Sicherheitsorgane gegen die Streikenden und ihre Führer. Diese Verbindungen und ihre Kämpfe tragen allerdings auch dazu bei, »den Hass und die Erbitterung der Arbeiter gegen die besitzende Klasse zu nähren« (ebd. 437).

1838 verabschiedete ein Londoner Arbeiterkomitee eine »Peoples‘ Charta«, die sechs Forderungen zur Reform des Wahlrechts enthielt – an der Spitze die Forderung nach dem »allgemeinen Stimmrecht für jeden mündigen Mann, der bei gesundem Verstande und keines Verbrechens überführt ist« (ebd.: 444f.). Der Kampf entwickelt sich im ganzen Land und die Bewegung übernimmt – neben den politischen Forderungen zum Wahlrecht – mehr und mehr soziale Forderungen zur Verbesserung der Lage der arbeitenden Menschen, bis hin zur Aufhebung des Privateigentums. »›Politische Macht unser Mittel, soziale Glückseligkeit unser Zweck‹, das ist jetzt der deutlich ausge-

[6] Dieses »Modell« für die Entwicklung der sozialistischen Arbeiterbewegung wird von Marx und Engels auch in weiteren Schriften bis zum Kommunistischen Manifest beibehalten (Elend der Philosophie, MEW 4: 180ff., Manifest, MEW 4: 470ff.).

sprochene Wahlspruch der Chartisten.« (Ebd.: 451) Mit der Radikalisierung der Chartistenbewegung vollzog sich eine »ganz entschiedene Trennung des Proletariats von der Bourgeoisie« (ebd.: 449) und eine Annäherung an die Positionen des Sozialismus, wie er von Robert Owen und seinen Anhängern vertreten wurden. Engels war davon überzeugt, dass »der durch den Chartismus hindurchgegangene, von seinen Bourgeoisie-Elementen gereinigte, echt proletarische Sozialismus, wie er sich schon jetzt bei vielen Sozialisten und bei vielen Chartistenführern, die fast alle Sozialisten sind, entwickelt, ... eine bedeutende Rolle in der Entwicklung des englischen Volkes übernehmen wird« (ebd.: 452). Engels' Schlussfolgerung: »Die Verschmelzung des Sozialismus mit dem Chartismus, die Reproduktion des französischen Kommunismus auf englische Weise wird das nächste sein und hat teilweise schon angefangen. Dann erst, wenn dies bewerkstelligt, wird die Arbeiterklasse wirklich die Herrscherin von England sein – die politische und soziale Entwicklung wird inzwischen vorwärtsgehen und diese neuentspringende Partei, diesen Fortschritt des Chartismus begünstigen.« (Ebd. 453)

Engels entwickelt in der »Lage der arbeitenden Klasse« ein Sozialismuskonzept, das an die folgenden historischen, gesellschaftlichen und politischen Voraussetzungen gebunden ist: die industrielle Revolution und die Entstehung des industriellen Proletariats auf der einen und die ökonomische und politische Herrschaft der Bourgeoisie über die Arbeits- und Lebensbedingungen der Lohnarbeiter auf der anderen Seite. Dies erzeugt Empörung, Wut und Widerstand aufseiten der Ausgebeuteten und Unterdrückten, führt zu kollektiven Formen des proletarischen Kampfes, schließlich zu politischen Bewegungen, die neben der Forderung nach politischen und sozialen Reformen die Eigentumsfrage, d.h. die Überwindung des Privateigentums an den Produktionsmitteln durch Gemeineigentum stellen. Das Proletariat konstituiert sich als handelnde Klasse.

Die Begriffe »Sozialismus« und »Kommunismus« sind bis weit ins 19. Jahrhundert mit dem Namen von Denkern, mit zahlreichen Projekten alternativer Produktions- und Lebensformen, aber auch mit Ansätzen des kollektiven Handelns und der Organisation verbunden.[7] Diese unterliegen freilich einer

[7] Im Vorwort zur 4. deutschen Ausgabe des »Manifestes« im Jahr 1890 begründete Engels, warum er sich mit Marx für den Begriff »Kommunismus« entschieden hatte: »Unter Sozialisten verstand man 1847 zweierlei Art von Leuten. Einerseits die Anhänger der verschiedenen utopistischen Systeme, speziell die Owenisten in England und die Fourieristen in Frankreich, die beide schon damals zu bloßen, allmählich aussterbenden Sekten zusammengeschrumpft waren. Andererseits die mannigfaltigsten sozialen Quacksalber, die mit ihren verschiedenen Allerweltheilmitteln und mit jeder Art von Flickarbeit die gesellschaftlichen Missstände beseitigen wollten, ohne dem Kapital und dem Profit am geringsten wehe zu tun. In beiden Fällen: Leute, die außerhalb der Arbeiterbewegung standen ... Derjenige Teil der Arbeiter dagegen, der von der Unzulänglichkeit bloßer politischer Umwälzungen überzeugt, eine gründliche Umgestaltung der Gesellschaft forderte, ... nann-

starken Fluktuation. In England z.B. werden Aufschwung und Niedergang der Gewerkschaften seit den 20er Jahren durch den Verlauf des Konjunkturzyklus (und darin eingeschlossen der Arbeitslosigkeit) bestimmt (Vester 1970). Die Bewegung der Chartisten flaute nach dem Höhepunkt Anfang der 1840er Jahre ab und verlief sich nach 1848 in sektiererischen Streitereien. In den meisten Staaten Europas werden im Zeitalter der Restauration (nach 1813) Demokraten, Sozialisten und Kommunisten verfolgt bzw. außer Landes getrieben. Revolutionäre treffen sich in Geheimgesellschaften. Die Forderung nach Koalitionsfreiheit und nach Wahlrechtsreformen steht bei den demokratischen Bewegungen im Vordergrund. Diese sind allerdings in einigen Ländern (z.B. Deutschland, Polen, Italien, in den spätfeudalen Großreichen der Russen, der Habsburger und der Osmanen) mit der nationalen Frage konfrontiert, die oftmals die demokratische und soziale Frage überlagert bzw. mit dieser sich amalgamiert.

Für Marx und Engels bleibt entscheidend, dass sich die proletarische Klassenbewegung mit den Ideen des Sozialismus verbindet, die von den frühsozialistischen Denkern des – wie Marx und Engels später formulieren werden – »utopischen Sozialismus« formuliert werden. Dabei tritt der Kampf um Demokratie, d.h. um die Veränderung der politischen Macht- und Kräfteverhältnisse zwischen den Klassen ins Zentrum. Erst durch diese Verbindung konstituiert sich der Sozialismus als »Partei«, die von der Bourgeoisie als ihr Hauptgegner anerkannt und bekämpft wird. Dabei sind von Anfang an drei Strömungen zu unterscheiden: a) die Theoretiker (meist bürgerlicher Herkunft und Lebensweise) und b) die Praktiker, die sich in Projekten alternativer Lebensformen, vor allem aber in den demokratischen und sozialen Kämpfen der Zeit engagieren. Von den Reformern setzen sich c) die Revolutionäre ab, die (nach dem Vorbild der Jakobiner und Babouvisten) die Veränderung der Gesellschaft und der Eigentumsverhältnisse durch die gewaltsame Eroberung der politischen Macht erreichen wollen und dabei den Gedanken einer »Aufklärungsdiktatur« im Interesse der breiten Volksmassen propagieren (Brie 2016). Erst im letzten Drittel des Jahrhunderts wird für die Parteien (nicht alle!) der II. Internationale die Aneignung des »wissenschaftlichen Sozialismus« von Marx und Engels zum bestimmenden Kriterium für den modernen Sozialismusbegriff.

England tritt bis zum Ende des Jahrhunderts in die Periode des sogenannten »viktorianischen Zeitalters« ein, die durch die Weltherrschaft des British Empire gekennzeichnet ist und auch auf die Lage, vor allem aber auch

te sich damals kommunistisch.« (MEW 22: 58) Dabei gab es in Frankreich wiederum zwei Strömungen: den utopischen Kommunismus Cabets und die revolutionäre Tradition des Babouvismus, die von Blanqui fortgeführt wurde und in der Revolution von 1848 den Kommunismus repräsentierte (Deppe 1970).

auf das Bewusstsein der britischen Arbeiter einwirkt.[8] Der Klassengegensatz war nicht aufgehoben, der Klassenkampf nicht stillgestellt, vollzog sich aber in weniger radikalen Formen als vor 1848. Mit der Gründung der Internationalen Arbeiterassoziation (1864) wurde aus London ein neuer Abschnitt der Sozialismusgeschichte eingeleitet. Diese Geschichte folgt allerdings nicht exakt jener Linie eines kontinuierlichen Aufschwungs, der für Marx und Engels vor 1848 selbstverständlich schien. Vor allem der Übergang von der gesellschaftlichen Formierung der Klasse zur politischen Organisation und zum Kampf um die Macht im Staat folgt keinem einheitlichen Muster. Die nationalen Unterschiede – im 19. Jahrhundert noch der ungleichzeitige Prozess der Nationalstaatsbildung in Europa – sind hier bedeutsam.

Von der Februarrevolution des Jahres 1848 gingen die europäischen Revolutionsbewegungen aus, die sich in der Tradition von 1789 bzw. von 1792 begriffen. Massenbewegungen forderten den Sturz der Monarchien, eine Wahlrechtsreform mit allgemeinen Wahlen für eine verfassunggebende Versammlung, Koalitionsfreiheit und soziale Reformen sowie – u.a. in Ungarn, Tschechien, Polen und Norditalien – nationale Unabhängigkeit. In Frankreich wurden der Sozialismus und der Bezug auf die »Arbeiterfrage« zum zentralen Thema. Der »Block der revolutionären Kräfte«, der sich zum Sturz der Monarchie formiert hatte, brach schnell auseinander. Dadurch wurden erstmals die bürgerlich-liberalen Kräfte, die die Republik unterstützten und die Kapitalisten repräsentierten, und die sozialistischen und kommunistischen Kräfte, die sich auf die Arbeiterklasse bezogen, organisatorisch (auch nach Parteien) getrennt. Dazu kam die konservative Partei (»National«), die mit der katholischen Kirche und den reaktionären Kräften auf dem Lande verbunden war und die nach wie vor zahlreichen Anhänger der Monarchie repräsentierte. Die Linke verstand als sich radikal-demokratische »Arbeiterbewegung«. Sie war in zwei Flügel gespalten. Der reformistische Flügel setzte sich für die Koalitionsfreiheit, Gesetze zur Begrenzung der Arbeitszeit, für ein Recht auf Arbeit sowie für Maßnahmen zur Unterstützung der Arbeitslosen ein. Der revolutionäre Flügel verband die Befreiung des Volkes mit der Überwindung des Privateigentums und der Zerschlagung der repressiven Apparate des Staates. Die äußerste Linke plädierte für eine Aufklärungsdiktatur, die in einer Übergangsperiode, in der materielles Elend und kulturelle Unmündigkeit (z.B. Analphabetismus) beseitigt werden, die Voraussetzungen für die Selbstregierung des Volkes schaffen sollte.

Im Ergebnis der Wahlen für die französische Nationalversammlung und der gewaltsamen Niederschlagung von Arbeiterprotesten war die Linke weit-

[8] Im zweiten Band seiner Geschichte das langen 19. Jahrhunderts, der die »Blütezeit des Kapitals« (1980: 45ff.) umfasst, hat Eric Hobsbawm den Übergang in eine neue Epoche beschrieben, die durch »einen beispiellosen wirtschaftlichen Aufschwung« gekennzeichnet war.

gehend geschlagen. Marx hat in seinen sogenannten »Frankreich-Schriften« den Niedergang der Revolution bis zum Sieg des Louis Bonaparte analysiert, der sich dann im Dezember 1852 zum Kaiser Napoleon III. ausrief. Vorher hatten bei einem Plebiszit zur Wiederherstellung des Kaisertums 7.824.000 Franzosen mit Ja, 253.000 mit Nein gestimmt. Die Revolution war beendet. Die Organisationen und Publikationen der Linken und der Arbeiter wurden verboten, ihre Repräsentanten verfolgt, inhaftiert, oder auf die »Inseln, wo der Pfeffer wächst«, deportiert. Der Sozialismus bzw. der Kommunismus war aber nunmehr zum »Gespenst« geworden, das die herrschenden Klassen (Aristokraten wie Liberale) und die herrschende Politik permanent verfolgen sollte. In der zweiten Hälfte des Jahrhunderts lösten sich – nicht nur in Frankreich – Phasen, die das »Gespenst« vertreiben oder liquidieren sollen, mit Phasen ab, in denen das Gespenst mehr oder wenig überraschend, mehr oder weniger kraftvoll in die Wirklichkeit eintritt. Die realen Klassenkämpfe – soziale Unruhen, punktuelle Aufstände, Streikbewegungen, politische Demonstrationen der Arbeiter – entwickelten eine eigene Dynamik, die auf die Konjunkturen des Sozialismus im politischen Feld einwirkten. Mit der Gründung der Internationalen Arbeiterassoziation 1864, der Ersten Internationale, wurde in London ein Zeichen gesetzt, das über die nationalen Grenzen hinausstrahlte und die herrschenden Klassen in den kapitalistischen Staaten herausforderte, am sichtbarsten in der Pariser Kommune von 1871.

Allerdings war die Arbeiterklasse von Frankreich bzw. von Paris, dem Zentrum der Revolutionen, mit dem industriellen Proletariat, das Engels in der »Lage der arbeitenden Klasse« analysiert hatte, überhaupt nicht zu vergleichen. »Im Jahre 1848 waren die Arbeiter Frankreichs eine kleine Minderheit der Gesamtbevölkerung« (Rosenberg 1962: 69). Erst viel später gab es in Frankreich ein industrielles Proletariat im Bergbau, der Textilindustrie, der Schwerindustrie und in den verarbeitenden Industrien rund um Paris. Eric Hobsbawm zufolge wurden in der gesamten Periode die Ideen des Sozialismus (soziale Gerechtigkeit und Gleichheit) und des Jakobinismus (Legitimation revolutionären Handelns auf dem Boden der Erklärung der Menschenrechte) von einem »Block sozialer und kultureller Kräfte« vertreten, die er als »labouring poor« bezeichnet. Zu diesen gehörten in den Städten Handwerker, Arbeiter aus Handwerksbetrieben, kleine Gewerbetreibende, Dienstpersonal und Manufaktur-Arbeiter. In England dagegen war um 1848 der Anteil der Industriearbeiter an den »labouring poor« wesentlich höher. »Die Arbeiterbewegung dieser Periode war daher – weder in ihrer Zusammensetzung noch nach ihrer Ideologie und Programmatik – eine streng proletarische Bewegung, d.h. eine Bewegung von Industrie- bzw. Fabrikarbeitern. Sie beschränkte sich noch nicht einmal auf die lohnabhängig Arbeitenden. Es war eher eine gemeinsame Front aller Kräfte und Tendenzen, die die (vorwiegend städtischen) arbeitenden Armen repräsentierte. Eine solche Front bestand schon lange, aber seit der Französischen Revolution waren ihre Führungsgruppen von der liberalen und radikalen Mittelklasse inspiriert. ... Das Neue an der Situation nach 1815 war, dass sich die gemeinsame Front zunehmend sowohl gegen die liberale Mittelklasse als auch gegen die Könige und Aristokraten richtete – und, dass ihre Einheit jetzt durch das Programm und die Ideologie des Proletariats hergestellt wurde, obwohl die Klasse der Industrie- und Fabrikarbeiter erst in Ansätzen existierte und politisch im Ganzen auch nicht reifer war als andere Sektionen der arbeitenden Armen... Die Menschen, die sich in Paris im Jahr 1848 gegen die Bourgeoisie erhoben, waren immer noch die Einwohner des alten, von Handwerkern geprägten Faubourg Saint-Antoine und noch nicht – wie in der Kommune von 1871 – die Menschen aus dem proletarischen Belleville.« (Hobsbawm 1962: 258f.) In der Geschichte des Sozialismus formierte sich der Block der »labouring poor« bzw. der »Subalternen« (Gramsci), der sich durch Fraktionen aus anderen Klassen (Landarbeiter und Kleinbauern, Kleinbourgeoisie, Bourgeoisie) ergänzt, immer wieder neu und reflektierte dabei die spezifischen Bedingungen der Epoche wie des jeweiligen Landes.

Das »Zeitalter der Doppel-Revolution«, wie Eric Hobsbawm die Epoche zwischen der industriellen Revolution in Großbritannien, der politischen Revolution von 1789 in Frankreich und den europäischen Revolutionen von 1848 genannt hat, ist auch die Geburtsstunde des modernen Sozialismus, der sich als theoretische und praktische Kritik der Wirtschaftsordnung des Privateigentums versteht und zugleich das Programm einer sozialistischen Gesellschaft der Zukunft vertritt, in der die Klassenwidersprüche der bürgerlich-kapitalistischen Gesellschaftsordnung aufgehoben sein sollen. Die Betrachtung der Entwicklung des Sozialismus in diesem Zeitraum wirft freilich eine Reihe von Fragen auf, die für die weitere Geschichte des Sozialismus – bis in die Gegenwart – immer wieder neu gleichsam auf der Höhe der Zeit und vor dem Hintergrund einer kritischen Reflexion von gescheiterten »Modellen« und Niederlagen des Sozialismus gestellt und praktisch bearbeitet werden müssen.

Vor 1848 waren Marx und Engels davon überzeugt, dass sich die Entwicklung zum Sozialismus in einem drei- oder vier-Phasen-Modell des »Aufstiegs« von der individuellen Reaktion auf Armut und Ausbeutung bis zur politischen Organisation, die den Sturz der alten Ordnung herbeiführen kann, vollzieht. Die proletarische Partei wurde so von Parteihistorikern nicht nur der Leninschen Tradition als Kulminationspunkt im Prozess der Klassenformierung bestimmt. Der Bezug auf das »Manifest« von Marx und Engels, damit auf die Erfahrungen der Entstehungsgeschichte der Arbeiterbewegung (mit ihrer Vielzahl von Organisationen, Geheimgesellschaften, Bruderschaften, Clubs, Gewerkschaften, Genossenschaften und Kampagnen) war jedoch nicht überzeugend; denn in England ging der Aufschwung des Chartismus bald in eine Verfallsperiode über, und in Frankreich war die linke »Partei« (Reform) gerade nicht radikal antikapitalistisch. Es dominierten dagegen noch lange andere Formen der proletarischen Selbsthilfe und Assoziation (Genossenschaften und Clubs). Der Parteibegriff des »Manifestes« kann daher auch nicht im Sinne der modernen politischen Parteien begriffen werden. Dieser entsteht mit der Durchsetzung des Parlamentarismus (in den konstitutionellen Monarchien) und der Erweiterung des Wahlrechts bis zum Ende des Jahrhunderts. Er bezeichnet im Jahr 1847 eher Interessengruppen, die gegen andere Interessengruppen agieren – also: das Proletariat als »Partei« gegen die Bourgeoisie, oder: innerhalb des Proletariats diejenigen Kräfte, die sich für die proletarische Revolution einsetzen. Die Mystifizierung des Parteibegriffs, die im Gefolge der Oktoberevolution – vor allem unter Stalin – einsetzte, war den Theoretikern des Sozialismus in dieser frühen Periode noch fremd.

Beim Vergleich der Entwicklung in England und in Frankreich lässt sich schon früh erkennen, dass die Entwicklungsbedingungen des Kapitalismus in den verschiedenen Ländern keineswegs nach dem Muster eines linearen Aufstiegs verlaufen. Stand und Tempo der Industrialisierung folgen auch in Westeuropa dem Muster einer deutlich ungleichzeitigen Entwicklung. England steht – vor allem zwischen 1848 bis 1875 – im Zenit der industriegesellschaftlichen Entwicklung, daher auch im Zentrum des Marxschen »Kapital« (1867). Frankreich bleibt hingegen in der Entwicklung des industriellen Proletariats zurück, während nach 1871 im Deutschen Reich ein rasanter Aufschwung der Industrialisierung erfolgt, allerdings unter der politischen Führung einer spätfeudal-absolutistischen Elite. Während Frankreich bis zur Pariser Kommune Vorbild für revolutionäre Volksbewegungen in der jakobinischen Tradition der Großen Revolution von 1789 bleibt, wird danach die deutsche Sozialdemokratie zum Vorbild und zur treibenden Kraft einer neuen Sozialistischen Internationale, die 1889 in Paris gegründet wurde. In dieser Ungleichzeitigkeit ist dann auch der Wechsel der Zentren des internationalen Klassenkampfes von einem Land zum anderen begründet, der den verschiedenen Epochen des Sozialismus ihr jeweiliges Profil verleiht.

Dazu kommt, dass bei solchem Wechsel unterschiedliche Fraktionen der Arbeiterklasse eine führende Rolle in den Klassenauseinandersetzungen einnehmen. Die Anhänger des Historischen Materialismus tendierten immer wieder dazu, die objektiven Bedingungen und Widersprüche, die die Epoche des Formationswechsels von der bürgerlich-kapitalistischen zur sozialistischen Gesellschaft bestimmen und die Marx im Vorwort zur »Kritik der Poltischen Ökonomie« (1859) auf einer sehr hohen Abstraktionsstufe verallgemeinerte hatte, in den Vordergrund zu stellen und dabei z.B. die spezifischen nationalen Bedingungen, insgesamt aber die Vermittlungen solcher Bedingungen auf der Ebene des subjektiven Bewusstseins und der politischen Auseinandersetzungen im Klassenkampf als ein eigenständiges Terrain der Theoriebildung und der Analyse zu vernachlässigen. Daraus resultieren Schwächen der politischen Theorie des Marxismus, die in verschiedenen Perioden immer wieder als »Krise des Marxismus« beklagt wurden. Gramsci versuchte später, im Begriff des »historischen Blockes« das Ineinandergreifen von Basis und Überbau zu begreifen, das dann – im Blick auf die Politik und Strategie der kommunistischen Partei – konkrete historische Analysen sowie eine genau Einschätzung des Kräfteverhältnisses der Klassen erforderte (vgl. Hall 1989: 56-91).

Rosa Luxemburg hatte in ihrer »Massenstreikbroschüre«, die sich mit der russischen Revolution des Jahres 1905 befasste und die Rolle der Massenstreikbewegungen zwischen 1903 und 1905 würdigte, den Dogmatikern (und Pragmatikern) in der deutschen Sozialdemokratie entgegengehalten, dass die Geschichte der sozialen Kämpfe selbst immer wieder scheinbar sichere, alte Erkenntnisse infrage stellt: »Madame Geschichte dreht den bürokratischen Schablonenmenschen, die an den Toren des deutschen Gewerkschaftsglücks grimmige Wacht halten, lachend die Nase.« (Luxemburg1906; GW 2: 117) An anderer Stelle schrieb sie: »Die kapitalistische Entwicklung verläuft nicht in einer hübschen, geraden Linie, sondern im schroffen blitzähnlichen Zickzack.« (Ebd.: 153) Marx hatte schon im Vorwort zum »18. Brumaire des Louis Bonaparte« (1852), in der Analyse der Niederlage der Sozialisten und Demokraten, den Weg der proletarischen Revolution als einen Lernprozess charakterisiert, der in extremen Wellen von Abwärts-, Vorwärts- und Rückwärtsbewegungen sich vollziehen wird: »Proletarische Revolutionen ... wie die des 19. Jahrhunderts kritisieren beständig sich selbst, unterbrechen sich fortwährend in ihrem eignen Lauf, kommen auf das scheinbar Vollbrachte zurück, um es wieder von neuem anzufangen, verhöhnen grausam-gründlich die Halbheiten, Schwächen und Erbärmlichkeiten ihrer ersten Versuche, scheinen ihren Gegner nur niederzuwerfen, damit er neue Kräfte aus der Erde sauge und sich riesenhaft ihnen gegenüber wieder aufrichte, schrecken stets von neuem zurück vor der unbestimmten Ungeheuerlichkeit ihrer eigenen Zwecke, bis die Situation geschaffen ist, die jede Umkehr unmöglich macht ...« (MEW 8: 118)

3. Die Große Transformation 1789–1848: »Schwellenzeit«

Um die Frage zu beantworten, welche Determinanten zusammenwirken, um die Arbeiterbewegung und den Sozialismus als dauerhafte geistig-kulturelle und politisch-praktische Strömungen (neben Liberalismus und Konservatismus) hervorzubringen, reicht es nicht aus, nur den Zusammenhang zwischen der Entwicklung des Kapitalismus, des industriellen Proletariats und den sozialen und politischen Kämpfen der Zeit zu betrachten. Beim »Zeitalter der Revolution« (Hobsbawm) handelt es sich eine jener welthistorisch außergewöhnlichen Perioden, in denen langfristige Transformationsprozesse sich verdichten, gleichsam aus den Unterschichten der langen und langsam voranschreitenden geschichtlichen Bewegungen an die Oberfläche der Alltagserfahrungen der Menschen und der sozialen und politischen Kämpfe treten, damit auch im Bewusstsein und Handeln der politischen Akteure verarbeitet werden. Auch wenn solche Zuspitzungen national bzw. regional beschränkt sind, so strahlen sie doch weit über diesen Rahmen hinaus aus. Das Alte, das untergeht, und das Neue, das in die Welt tritt, werden als Maßstäbe wahrgenommen, die auch dann, wenn zu Hause noch Grabesruhe herrscht, die eigene Zukunft antizipieren. Die Kraft der Impulse, die in solchen Perioden entfesselt wird, wirkt weit in die Zukunft hinein und bleibt im historischen Bewusstsein der handelnden Akteure in den nachfolgenden Epochen lebendig. Daraus folgt, dass solche Perioden sich durch eine hohe Dynamik und innere Spannung auszeichnen, die nicht nur im Bereich der politischen und sozialen Auseinandersetzungen, sondern ebenfalls auf dem Felde der Ideologieproduktion (als Selbstbeschreibung von Gesellschaft, ihrer Geschichte und Zukunft) ausgetragen werden. Mit anderen Worten: Die Erfahrung der Transformation und des Umbruchs ergreift die verschiedensten Lebensbereiche. Sie begründet einen »revolutionären Geist«, der ein ganzes Zeitalter der »Geburt der modernen Welt« durchdringt und ganz verschiedene Erscheinungsformen erzeugt.[9]

[9] Friedrich Engels hat in der Vorrede zur »Dialektik der Natur« (MEW 20: 312) ein prächtiges Tableau der Epoche der Renaissance und der frühbürgerlichen Revolutionen im 15. und 16. Jahrhundert – als einer Epoche des Umbruchs und als »Schwellenzeitalter« – gezeichnet: »Es war die größte progressive Umwälzung, die die Menschheit bis dahin erlebt hatte, eine Zeit, die Riesen brauchte und Riesen erzeugte, Riesen an Denkkraft, Leidenschaft und Charakter, an Vielseitigkeit und Gelehrsamkeit. Die Männer, die die moderne Herrschaft der Bourgeoisie begründeten, waren alles, nur nicht bürgerlich beschränkt. Im Gegenteil, der abenteuernde Charakter der Zeit hat sie mehr oder weniger angehaucht. Fast kein bedeutender Mann lebte damals, der nicht weite Reisen gemacht, der nicht vier bis fünf Sprachen sprach, der nicht in mehreren Fächern glänzte. Leonardo da Vinci war nicht nur ein großer Maler, sondern auch ein großer Mathematiker, Mechaniker und Ingenieur, dem die verschiedenen Zweige der Physik wichtige Entdeckungen verdanken; Albrecht Dürer war Maler, Kupferstecher, Bildhauer, Architekt und erfand außerdem ein System der Fortifikation, das schon manche der weit später durch Montalembert und die neuere deutsche Befestigung wieder aufgenommenen Ideen enthält. Machiavelli war Staatsmann, Geschichtsschreiber, Dichter und zugleich der erste nennenswerte Militärschriftsteller der neueren Zeit. Luther fegte nicht nur den Augiasstall der Kirche, sondern auch den der deutschen Sprache aus, schuf die moderne deutsche Prosa und dichtete Text und Melodie jenes sieggewissen Chorals, der die Marseillaise des 16. Jahrhunderts wurde. Die Heroen jener Zeit waren eben noch nicht unter die Teilung der Arbeit geknechtet, deren beschränkende, einseitig machende Wirkungen wir so oft an ihren Nachfolgern verspüren. Was ihnen aber besonders eigen, das ist, dass sie fast alle mit-

Marx und Engels attestieren im ersten Abschnitt des »Manifestes« der Bourgeoisie eine »höchst revolutionäre Rolle«. Diese wirkt nicht nur durch die Revolutionierung von Produktion und Verkehr. Die Bourgeoisie »zerstört auch, wo sie zur Herrschaft gekommen, ... alle feudalen, patriarchalen, idyllischen Verhältnisse... Alles Ständische verdampft, alles Heilige wird entweiht, und die Menschen sind endlich gezwungen, ihre Lebensstellung, ihre gegenseitigen Beziehungen mit nüchternen Augen anzusehen.« (MEW 4: 464f.) Eric Hobsbawm (1962: 359f.) spricht vom »Zeitalter der Superlative«. Die Statistik erlebt eine Blüte, um die Fortschritte der Zeit zu quantifizieren und zu dokumentieren. Weltweit verdichten sich Kommunikation und Verkehr. »Die Weltbevölkerung war größer als jemals... Große Städte wuchsen schneller als je zuvor. Die industrielle Produktion erreichte astronomische Werte: In den 1840er Jahren wurden ungefähr 640 Millionen Tonnen Kohle aus dem Inneren der Erde gebrochen. Sie wurden nur noch übertroffen durch die noch außergewöhnlicheren Zahlen für den internationalen Handel, der sich seit 1780 vervielfacht hatte, um ein Volumen im Wert von 800 Millionen Pfund Sterling zu erreichen und noch viel mehr in den weniger stabilen Währungen. Die Wissenschaften triumphierten wie niemals zuvor; nie war das Wissen weiter verbreitet. Mehr als vier Tausend Zeitungen informierten die Bürger der Welt und die Zahl der jährlich in Großbritannien, Frankreich, Deutschland und den USA produzierten Bücher lag im fünfstelligen Bereich.« (Ebd.)

Der deutsche Philosoph Hegel (1952: 15f.) stellte 1807 in der »Vorrede« zur »Phänomenologie des Geistes« diesen widersprüchlichen – ja schmerzhaften – Prozess des Umbruchs zu einer neuen Ordnung ins Zentrum. Dabei bezog er sich auf die Ereignisse nach 1789 – und auch später noch hat er die Revolution, den »Blitz«, als einen »herrlichen Sonnenaufgang« bezeichnet. Es sei »nicht schwer zu sehen«, schrieb er, »dass unsre Zeit eine Periode der Geburt und des Übergangs zu einer neuen Periode ist. Der Geist hat mit der bisherigen Welt seines Daseins und Vorstellens gebrochen und steht im Begriffe, es in die Vergangenheit hinab zu versenken, und in der Arbeit seiner Umgestaltung. Zwar ist er nie in Ruhe, sondern immer in fortschreitender Bewegung begriffen. Aber wie beim Kinde nach langer stiller Ernährung der erste Atemzug jene Allmählichkeit des nur vermehrenden Fortgangs abbricht – ein qualitativer Sprung –, und jetzt das Kind geboren ist, so reift der sich bildende Geist langsam und stille der neuen Gestalt entgegen, löst ein Teilchen des Baus seiner vorhergehenden Welt nach dem anderen auf, ihr Wanken wird nur durch einzelne Symptome angedeutet; der Leichtsinn wie die Langeweile, die im Bestehenden einreißen, die unbestimmte Ahnung ei-

---

ten in der Zeitbewegung, im praktischen Kampf leben und weben, Partei ergreifen und mitkämpfen, der mit Wort und Schrift, der mit dem Degen, manche mit beidem.«

nes Unbekannten sind Vorboten, dass etwas anderes im Anzuge ist. Dies allmähliche Zerbröckeln, das die Physiognomie des Ganzen nicht verändert, wird durch den Aufgang unterbrochen, der, ein Blitz, in einem Male das Gebilde der neuen Welt hinstellt... Allein eine vollkommene Wirklichkeit hat dies Neue so wenig als das eben geborene Kind; und dies ist wesentlich nicht außer Acht zu lassen. Das erste Auftreten ist erst seine Unmittelbarkeit oder sein Begriff. So wenig ein Gebäude fertig ist, wenn sein Grund gelegt worden, so wenig ist der erreichte Begriff des Ganzen das Ganze selbst ... Der Anfang des neuen Geistes ist das Produkt einer weitläufigen Umwälzung von mannigfaltigen Bildungsformen, der Preis eines vielfach verschlungenen Weges und ebenso vielfacher Anstrengung und Bemühung.«

Da für Hegel Bewusstsein und Gegenstand, Geist und Geschichte als Totalität nicht länger getrennt sind, reflektiert er im Begriff des »Geistes« den Gesamtzusammenhang eines Epochenbruchs. Objektive – langfristige – ökonomische, gesellschaftliche, technologische Prozesse wirken mit politischen Umbrüchen und Veränderungen im »Überbau« – in der Kultur, im philosophischen Denken und im Wissenschaftssystem zusammen. Der Übergang von der agrarischen Feudalordnung mit dem System der spätabsolutistischen Staaten in Europa zur bürgerlichen Industriegesellschaft mit kapitalistischer Produktionsweise und Staaten mit einer Verfassung der repräsentativen Demokratie vollzieht sich – ungleichmäßig – über einen langen Zeitraum, für den oftmals das Jahr 1500 als Scheitelpunkt angegeben wird. In den bürgerlichen Revolutionen – zuerst in England im 17. Jahrhundert – empören sich die überwiegend ländlichen Volksmassen über ihre elende wirtschaftliche Lage, über Verhältnisse der Leibeigenschaft und politischen Rechtlosigkeit sowie über ihre kulturelle Unmündigkeit. Diese Bewegungen werden von Ideen inspiriert und von politischen Personen geführt, die den Anspruch der Aristokratie und des Gottesgnadentums als Legitimation der politischen Herrschaft radikal infrage stellen, das Ideal der Volkssouveränität propagieren und bereit sind, die Ansprüche auch mit Gewalt durchzusetzen bzw. gegen die Angriffe der herrschenden Gewalt zu verteidigen. Dabei wird für die bürgerliche Klasse die Machtfrage zentral: Die Privilegien der Aristokratie müssen gebrochen, die Interessen des Privateigentumes rechtlich-politisch geschützt werden (auch vor willkürlichen Eingriffen des Staates) und die Institutionen des Staates so beschaffen sein, dass die Vertreter der bürgerlichen Interessen dort Mehrheiten bilden und – wie in England nach 1688 – den Monarchen an die Beschlüsse parlamentarischer Mehrheiten binden können (konstitutionelle Monarchie).

Die Transformationsprozesse der »longue durée« betreffen die ökonomischen und sozialen Umwälzungen, die im Gefolge der industriellen Revolution in England, der die kapitalistischen Transformation in der Landwirtschaft (»ursprüngliche Akkumulation«) vorausging, konkrete Gestalt annehmen, damit zugleich die Herausbildung eines neuen Systems der Klassenherrschaft, das durch den Interessengegensatz von Kapital und Arbeit bestimmt wird: die Verwertung des Kapitals (Erzielung von Profit) als bestimmendes Prinzip der Eigentumsordnung auf der einen – die Lohnarbeit als das bestimmende Prinzip der Verausgabung der Arbeitskraft zur Reproduktion des Lebens auf der anderen Seite. Daraus folgt der Zwang zur Akkumulation, d.h. zu Wachstum. Die kapitalistische Produktionsweise ist im Gegensatz zu den stagnieren Gesellschaften des agrarischen Feudalismus höchst dynamisch. Daraus erwachsen die spezifischen sozialen und politischen Konflikte und Kämpfe, die die Voraussetzungen für die Herausbildung des Sozialismus als soziale, politische und ideologische Kraft in der entwickelten kapitalistischen Gesellschaft bilden.

In diesem langfristigen Prozess bildet sich mit der Philosophie des Rationalismus und der Aufklärung im 17. und 18. Jahrhundert das neue Denken in der bürgerlichen Gesellschaft heraus. Im Bereich des politischen Denkens hatte Niccolò Machiavelli schon Anfang des 16. Jahrhunderts das auf die Erwerbung bzw. Bewahrung von staatlicher Macht gerichtete Handeln von den Schranken der Moral und der Religion zu emanzipieren gesucht (Deppe 2014). Damit vollzieht sich ein Bruch mit der Religion als dem dominanten ideologischen Herrschaftsapparat der Feudalgesellschaft. Die Religionskritik erwächst aus der Anerkennung der subjektiven Erkenntnisfähigkeit der Welt und der Geschichte durch die individuelle Vernunft. Diese Fähigkeit, den eigenen Interessen gemäß vernünftig zu denken und zu handeln, wird potenziell allen Menschen zugeschrieben, wie immer diese auch durch religiöse Vorurteile, mangelnde Bildung und irrationale Neigungen daran gehindert werden. Daraus folgt dann schließlich die Anerkennung der Gleichheit unter den Menschen, die schon in den Volksbewegungen des ausgehenden Mittelalters als religiöser Grundsatz akzeptiert wurde, nach dem Gott »alle Menschen gleich geschaffen« habe. In den Erklärungen der Menschenrechte, die 1776 in den USA und dann 1789 in Paris mit der Befreiung a) von der englischen Kolonialherrschaft und der Errichtung einer föderalen Republik und b) mit dem Sturz der Monarchie in Frankreich verkündet wurden, stand dieser Grundsatz an erster Stelle. Die Unabhängigkeitserklärung vom 4. Juli 1776 postulierte, dass »alle Menschen gleich geschaffen sind; dass sie von ihrem Schöpfer mit gewissen unveräußerlichen Rechten ausgestattet sind; dass dazu Leben, Freiheit und das Streben nach Glück gehören.« Dazu gehörte auch das Recht auf Revolution!

Die ersten beiden Artikel der »Erklärung der Menschenrechte«, die die Französische Revolution im Juli 1789 eröffneten, lauteten: »Die Menschen sind und bleiben von Geburt frei und gleich an Rechten. Soziale Unterschiede dürfen nur im gemeinen Nutzen begründet sein.« Damit sollte begründet werden, dass die neue Ordnung – im Unterschied zum Zeitalter des Gottesgnadentums der absolutistischen Monarchen – auf den Prinzipien der Gleichheit und Souveränität der vernünftigen Bürger beruhen müsse. Der revolutionäre Kampf um die neue Ordnung war als Mittel begriffen, um die objektive Tendenz des geschichtlichen Fortschritts – als progressive Realisierung der Vernunft – durchzusetzen. Das war der gewaltige Anspruch, der in die folgenden Jahrhunderte hineingetragen wurde. Das war der »Blitz«, der mit der Explosion der Revolution in die Geschichte einschlug – und diese Praxis wiederum war bestimmt durch das Eingreifen der Volksmassen in die Politik.[10]

Das war seit 1789 die eigentlich neue Qualität der Transformation des Politischen, die von Ideologen des Konservatismus – von Edmund Burke wie später von den konservativen Historikern der Revolution – als die Krankheit und Krise der Moderne identifiziert wurde. Der Eingriff der Massen – für Edmund Burke in seiner Kampfschrift gegen die Französische Revolution (1790): »the swinish multitude« – in die Politik markiert einen neuen Abschnitt der Menschheitsgeschichte, der die gesellschaftlichen und politischen Herrschaftsverhältnisse mit dem Anspruch der Universalität der Menschenrechte konfrontiert. Für das konservative Denken erfüllt sich dieser Anspruch mit der Herrschaft des Mobs und mit dem Terrorismus der Guillotine. Der Sozialismus hingegen führte den Gleichheitsanspruch der bürgerlichen Revolution als Kritik der – aus der Großen Transformation und der Revolution hervorgehenden – Herrschaftsordnung der bürgerich-kapitalistischen Gesellschaft fort. Deshalb wurde er von den Konservativen als das gefährlichste Krankheitssymptom der Moderne angesehen und angegriffen. Der von Carl Schmitt bewunderte spanische Diplomat Donoso Cortés, der 1848 die Revolution in Paris erlebte, sah die Notwendigkeit, dass der Untergang der Alten Ordnung und der Sieg des Sozialismus nur noch durch äußerste Gewalt, durch »ein Blutbad« zu verhindern sei (vgl. Arias 1998). Damit war – als Reaktion auf die Entstehung des modernen Sozialismus – früh der Gedanke eines »Weltbürgerkrieges« ausgesprochen, der bis ins 20. Jahr-

[10] Rüdiger Safranski (2001: 220) hat in seinem Buch über »Schopenhauer und die wilden Jahre der Philosophie« diesen »Bruch« eindrucksvoll beschrieben: »Die Französische Revolution ist die Krisis der ›alten‹ Politik. Die Gesellschaft zerbricht das absolutistische Monopol und nimmt die Politik in sich zurück. Damit wandelt sich der Bereich des Politischen. Politik wird zu Angelegenheit des ganzen Menschen und der Massen. Der abgemagerte Politikbegriff des Spätabsolutismus gehört nun der Vergangenheit an, die Politik wird fortan von Affekten und Ambitionen überflutet, die sich zuvor im gesellschaftlichen Bereich und im individuellen seelischen Innenraum aufgestaut haben: Freiheit, Gleichheit, Brüderlichkeit – das soll jetzt und hier politisch herstellbar sein. Politik ist machbares Leben. Politik wird zu einem Unternehmen, in das sich alles, was man auf dem Herzen hat, investieren lässt.«

hundert die Gewalttaten der Gegen-Revolution und – im Extrem – des Faschismus leitete.[11]

Die Entwicklung des Sozialismus seit dem frühen 19. Jahrhundert war zunächst dadurch bestimmt, dass – seit der Restauration nach 1815 – die konservativ-spätabsolutistischen Kräfte des Alten Regimes in den meisten europäischen Staaten weiterregierten und Demokraten wie Sozialisten verfolgten. Der Aufstieg Preußens und nach 1871 des von Preußen dominierten Deutschen Reiches verstärkte bis zum Ende des Jahrhunderts mit dem Übergang zum Imperialismus diese Widersprüche, die mit dem Aufstieg der Industrialisierung und der sozialistischen Arbeiterbewegung auf der einen und der Konservierung der ökonomischen und politischen Macht der »ostelbischen Junker« auf der anderen Seite verbunden waren. Das heißt: Die großen Gegensätze – zwischen Agrar- und Industriegesellschaft, zwischen Gottesgnadentum und Republik bzw. Demokratie, zwischen Gleichheit und Hierarchien, zwischen Religion und Aufklärung – bestanden fort und bestimmten das Feld der politischen Auseinandersetzungen in den Staaten, als auch bis zum Ersten Weltkrieg die Auseinandersetzungen zwischen den Staaten (z.B. zwischen dem Deutschen Reich und Großbritannien bzw. Frankreich). Der Rekurs auf vormoderne Ideologeme hat nach dem Ersten Weltkrieg, wie Ernst Bloch im Jahr 1934 richtig gesehen hatte (»Erbschaft dieser Zeit«),[12] auch die faschistische Politik der Massenbeeinflussung, die sich zugleich modernster Technologien bediente, geprägt. Marxisten, die sich für die entwickelten kapitalistischen Gesellschaften auf den gleichsam »reinen« Antagonismus von Arbeiterklasse und (Monopol-)Bourgeoisie konzentrierten, haben die politische Bedeutung dieser Überlagerung von Elementen der traditionalen und der modernen Gesellschaftsformation auf der Ebene des ideologischen Klassenkampfes oftmals unterschätzt.

Frühsozialistische Theoretiker hatten die Rolle der Gewalt (und des Staates als Gewaltapparat im Dienst der bestehenden Herrschaftsverhältnisse) unterschätzt. Sie glaubten an die Überzeugungskraft ihrer Argumente oder an die Wirkungsmacht (klassenübergreifender) humanistischer oder religiöser Überzeugungen. Mit der Durchsetzung der kapitalistischen Warenproduktion und der freien Lohnarbeit schien »außerökonomischer Zwang« weitgehend überflüssig. Die frühen Theoretiker des ökonomischen und po-

---

[11] Der späte Ernst Nolte (2011) hat diese Linie der Legitimation von extremer Gewalt in der Auseinandersetzung mit Liberalismus und Sozialismus/Bolschewismus fortgeführt.

[12] »Die Nazis haben die Ungleichzeitigkeit … mit größter Schwindelhaftigkeit ausgenutzt, aber sie hatten auch die gleichzeitigen ökonomischen Verhältnisse für sich, nämlich das mächtige deutsche Monopolkapital, das durch den Sozialismus bedroht war. Schwindelhaft betrogen sie die dumpfe antikapitalistische Sehnsucht, die aus der Ungleichzeitigkeit stammte, und nahmen auch scheinrevolutionäre Parolen zum Zwecke des Betrugs auf.« (Ernst Bloch, Erbschaft dieser Zeit, zit. n. Münster 2004: 184)

litischen Liberalismus seit Adam Smith wiesen daher dem Staat eine »Nachtwächterfunktion« zu. Die Ausbeutung der Arbeitskraft geschah nicht durch Zwang (wie bei den Sklaven und Leibeigenen), sondern auf der Basis des äquivalenten und freiwilligen Austausches von Arbeitskraft gegen Lohn. Marx sprach im »Kapital« von einem Idealtypus des Verhältnisses, das die gewaltfreie Unterordnung der Arbeitskraft unter die Herrschaft des Kapitals beinhaltet. Mit der Verallgemeinerung der kapitalistischen Produktionsweise entsteht eine Arbeiterklasse, die »aus Erziehung, Tradition, Gewohnheit die Anforderungen jener Produktionsweise als selbstverständliche Naturgesetze anerkennt... Für den gewöhnlichen Gang der Dinge kann der Arbeiter den Naturgesetzen der Produktion überlassen bleiben, d.h. seiner aus den Produktionsbedingungen selbst entspringenden, durch sie garantierten und verewigten Abhängigkeit vom Kapital... Der stumme Zwäng der ökonomischen Verhältnisse besiegelt die Herrschaft des Kapitalisten über den Arbeiter. Außerökonomische, unmittelbare Gewalt wird zwar immer noch angewandt, aber nur ausnahmsweise. Für den gewöhnlichen Gang der Dinge kann der Arbeiter den ›Naturgesetzen der Produktion‹ überlassen bleiben, d.h. seiner aus den Produktionsbedingungen selbst entspringenden, durch sie garantierten und verewigten Abhängigkeit vom Kapital.« (MEW 23: 765) Die Gewalt resultiert zunächst daraus, dass die Vertreter der alten herrschenden Klassen nicht freiwillig auf ihre Privilegien verzichten und als »Gegenrevolution« – im Extremfall mit militärischer Gewalt – auf die Forderungen der Demokraten und des Sozialismus reagieren. Mit dem Übergang zum Imperialismus am Ende des 19. Jahrhunderts werden die Gewaltapparate des Staates auch für die Durchsetzung der Interessen des imperialistischen Staates auf dem Feld der Weltpolitik und der Weltwirtschaft ausgebaut; gleichzeitig wird diese Gewalt gegen die Arbeiterbewegung eingesetzt, die im Übergang zum 20. Jahrhundert mit ihren Massenorganisationen (Partei/Gewerkschaften/Genossenschaften) die sozialistische Überwindung des Kapitalismus als ihr Ziel und die proletarische Revolution als Weg dahin bezeichnet. Dem deutsche Kaiser Wilhelm II. war Ende 1905 vor dem Hintergrund der sogenannten »Marokkokrise« und angesichts der revolutionären Ereignisse in Russland klar geworden, »dass wir wegen unserer Sozialdemokraten kein Mann aus dem Lande nehmen konnten, ohne äußerste Gefahr für Leben und Besitz der Bürger. Erst die Sozialdemokraten abschießen, köpfen und unschädlich machen, wenn möglich per Blutbad und dann Krieg nach außen; aber nicht vorher und nicht à tempo!« Ein Jahr zuvor hatte er in einer Staatsministersitzung erregt ausgerufen: »Ich habe Rache zu nehmen für 1848!« (Zit. nach Fischer 1979: 20)

Kehren wir zu den Anfängen zurück. Wolfgang Abendroth hat in seiner »Sozialgeschichte der europäischen Arbeiterbewegung« (1965: 32) darauf hingewiesen, dass das »eigenständige Denken und Handeln der Arbeiterbewegung … aus Versuchen hervorgegangen ist, das bürgerlich-demokratische Denken zu seinen Konsequenzen zu führen, es auf die Probleme der Wirtschaftsgesellschaft anzuwenden und die unmenschliche Verschlechterung des Lebensstandards in der Epoche der Frühindustrialisierung und den nachfolgenden Krisen zu überwinden«. Eine wichtige Rolle für die Entwicklung des Sozialismus in England spielte Thomas Paine (1737–1806), dessen Schrift »Die Rechte des Menschen« E.P. Thompson (1968: 99) als einen »Gründer-Text« (»foundation-text«) der englischen Arbeiterbewegung bezeichnet hat.[13] Paine war kein Sozialist, aber seine radikale Verteidigung der Gleichheit, der Menschenrechte und des Freidenkertums – verbunden mit der scharfen Kritik an den herrschenden Verhältnissen der Ungleichheit, vor allem an den Privilegien der Aristokraten – beeinflussten noch lange Zeit »die wichtigste Linie des britischen Arbeiterklassen-Radikalismus im 19. Jahrhundert« (ebd.: 105).

In den Kämpfen bis 1848 zerbrach allerdings das Bündnis zwischen den bürgerlichen Liberalen und den »plebejischen Volksmassen«, die die Massenbasis der bürgerlichen Revolutionen gebildet hatten. Diese wurden nun zum handelnden Subjekt des Sozialismus in Theorie und Praxis. Um zu verstehen, warum und wie der Sozialismus (ideologisch und politisch) bis zum Ende des 19. Jahrhunderts immer stärker werden konnte und sich zum Hauptgegner der Liberalen und Konservativen (die mit dem Übergang zum Imperialismus immer näher aneinanderrückten) entwickelte, bedarf es einer weiteren Betrachtung der Gründungsperiode, in der die Rede von der »working class« sich nicht nur auf die Herausbildung des industriellen Proletariats, sondern auch – wie Engels in der »Lage der arbeitenden Klasse in England beschrieben hatte – auf die Konstitution eines kollektiven Handlungssubjekts bezieht. Marx hatte schon vor 1848 zwischen der »Klasse an sich« und der »Klasse für sich« unterschieden. Die Herrschaft des Kapitals schafft für die Masse der Arbeiter »eine gemeinsame Situation, gemeinsame Interessen«.

[13] Paine ging 1774 nach Amerika, nahm am Krieg für die Unabhängigkeit teil und veröffentlichte dort eine Schrift gegen die Sklaverei. 1787 kehrte er nach England zurück, wo er die Französische Revolution von 1789 begeistert begrüßte. Seine Schrift über die Menschenrechte erschien in den Jahren 1791/1792. Darin griff er den Konservativen Edmund Burke scharf an. Da ihm in England Verfolgung drohte, ging er nach Frankreich und wurde dort Abgeordneter der Nationalversammlung; dem Todesurteil von Robespierre entging er per Zufall. In seiner Schrift »Age of Reason« (»Zeitalter der Vernunft«) vertrat er eine dezidierte Religionskritik. 1802 kehrte er nach New York zurück, wo er 1806 starb. Dort hatten ihm die Puritaner die Religionskritik übelgenommen. Paine war bürgerlich-radikaler Populist. Seine Schriften erreichten für die damalige Zeit extrem hohe Auflagen und wurden nicht nur von seinen Gegnern und im bürgerlichen Lager gelesen. Sie waren auch Grundlagentexte für jene Intellektuellen, die mit Robert Owen bald als Sozialisten bezeichnet wurden. Ihre Botschaften wirkten auch in den proletarischen Milieus gegen die Versuche der britischen Regierungen nach 1792, den Einfluss des Jakobinismus in England zu unterdrücken.

Erst mit der Bildung von Organisationen, die die Konkurrenz untereinander aufheben (Gewerkschaften) und im Kampf »Klasse gegen Klasse«, der ein »politischer Kampf« ist, »konstituiert sich diese Masse als Klasse für sich selbst« (MEW 4: 180f.), die sich ihrer »historischen Mission« bewusst geworden ist. Im »18. Brumaire« hat Marx dann – am Beispiel der Parzellenbauern, die er als die zahlreichste Klasse der französischen Gesellschaft und als die politische Basis der bonapartistischen Diktatur bezeichnete, den Begriff und Prozess der Klassenformierung etwas genauer bestimmt. Es handelt sich um eine »ungeheure Masse« von Menschen, »deren Glieder in gleicher Situation leben, aber ohne in mannigfache Beziehung zueinander zu treten«. Ihre »Produktionsweise isoliert sie »voneinander..., statt sie in wechselseitigen Verkehr zu bringen«. »Insofern Millionen von Familien unter ökonomischen Existenzbedingungen leben, die ihre Lebensweise, ihre Interessen und ihre Bildung von denen der anderen Klassen trennen und ihnen feindlich gegenüberstellen, bilden sie eine Klasse. Insofern nur lokaler Zusammenhang unter den Parzellenbauern besteht, die Dieselbigkeit ihrer Interessen keine Gemeinsamkeit, keine nationale Verbindung und keine politische Organisation unter ihnen erzeugt, bilden sie keine Klasse.« (MEW 8: 198)

Der Prozess der Klassenformierung zum Handlungssubjekt setzt also nicht nur die objektiven Determinanten (Klassenlage/Lohnarbeit) voraus. Es bedarf der Kommunikation untereinander, »mannigfaltiger Beziehungen«, nationaler Verbindungen und der »politischen Organisation«. Aus der Erfahrung der Kämpfe und der Kommunikation untereinander, später durch das sozialistische Presse- und Bildungswesen, entsteht Klassenbewusstsein. Die »Klasse an sich« ist kein kollektives Handlungssubjekt.

Die Klassenkämpfe verlaufen in der Regel äußerst diskontinuierlich mit unterschiedlichen regionalen Schwerpunkten; dabei sind stets nur Teile bzw. Fraktionen der Klasse involviert. Nationale oder gar international gleich verlaufende Klassenerhebungen – in den Revolutionen von 1848 oder 1918/19 – sind äußerst selten. Die Junghegelianer Marx und Engels lebten vor 1848 in der Erwartung einer Fortsetzung der Großen Revolution von 1789 als »soziale Revolution«. Sie begriffen den Klassenkampf als Motor der Geschichte der Gesellschaftsformationen, der ein historisches Gesetz des Fortschritts exekutiert. Die Arbeiterklasse sei aufgrund ihrer subalternen Lage, aber zugleich als Produktivkraft des gesellschaftlichen Reichtums gezwungen, die »historische Mission« der Befreiung der Menschheit zu erfüllen (Hegels »Weltgeist« im Hintergrund). Jede Krise des Kapitalismus und jeder Teilsieg des Sozialismus – auch nach enormen Rückschlägen – wurde daher als Durchsetzung dieser Gesetzmäßigkeit interpretiert. Im 20. Jahrhundert wurden vor allem in der kommunistischen und leninistischen Tradition die Existenz und das Wirken der revolutionären Partei als Repräsentant und Führer der Arbeiterklasse gedeutet. Mit der Partei komme die Klasse »zu sich selbst«

– das Proletariat konstituiere sich als Klasse durch die Anrufungen durch die Partei! Da aber schon einfache historische Kenntnisse genügen, um zu der Erkenntnis zu gelangen, dass bedeutende Teile der Arbeiterklasse den Anrufungen revolutionärer Parteien nicht folgen, scheint es notwendig, noch einmal – am Beispiel der Konstitutionsperiode des modernen Sozialismus in England – das Verhältnis von Klassenformierung, Klassenbewusstsein und politischer Organisierung etwas genauer zu betrachten, als es in den linearen Modellen (auch bei Marx und Engels vor 1848) vom Aufstieg und Fortschritt (von den spontanen Widerstandshandlungen und Protestformen bis zum organisierteren Kampf um die Staatsmacht und um eine neue Eigentumsordnung) zunächst angedacht wurde.

Die große Untersuchung des Historikers E.P. Thompson über »The Making of the English Working Class« zwischen 1790 und 1830 endet mit der These, dass der Prozess der Klassenformierung in England zu diesem frühen Zeitpunkt, also vor der Gründung politischer Organisationen der Arbeiterbewegung, zu einem ersten Abschluss gekommen sei. Schon im Vorwort erläuterte er den schwer übersetzbaren Begriff des »Making«. Klasse ist ein »historisches Phänomen«: »Ich betrachte sie nicht als eine ›Struktur‹ und auch nicht als eine ›Kategorie‹, sondern als etwas, was sich tatsächlich in den zwischenmenschlichen Beziehungen ereignet... Klasse geschieht (happens), wenn einige Menschen im Ergebnis gemeinsamer Erfahrungen (überkommen oder geteilt) die Identität ihrer Interessen zwischen ihnen selbst und gegen andere Menschen, deren Interessen von den ihren verschieden oder auch entgegengesetzt sind, fühlen und artikulieren.« (Thompson 1968: 9f.) Im Klassenbewusstsein werden diese Erfahrungen kulturell verarbeitet: als Teil von Traditionen, Werte-Systemen, Ideen und institutionellen Formen. Es gibt aber keine Gesetzmäßigkeit, wie sich – in verschiedenen Zeiten und an verschiedenen Orten – aus solchen Erfahrungen Klassenbewusstsein entwickelt.

Thompson kritisiert die Konzentration auf das mit der Textilindustrie verbundene Industrieproletariat. In den Kämpfen der Zeit spielten andere Fraktionen der Klasse – über das ganze Land verteilt – eine wichtige Rolle. »In vielen Städten bestand der eigentliche Kern, aus dem die Arbeiterbewegung Ideen, Organisation und Führung ableitete, aus Schuhmachern, Webern, Sattlern und Geschirrmachern, Buchhändlern, Druckern, Bauarbeitern, kleinen Handwerkern und dergleichen. Das ausgedehnte Gebiet des Radical London zwischen 1815 und 1850 bezog seine Stärke nicht aus der Schwerindustrie (der Schiffbau ging zurück und die Ingenieure machten erst im späten Jahrhundert ihren Einfluss geltend), sondern aus der Vielzahl kleinerer Gewerke und Berufe.« (Ebd.: 212) Die Formierung der Klasse manifestierte sich in einem Klassenbewusstsein, dessen Inhalt durch die Identität der Interessen zwischen allen diesen verschiedenen Gruppen der arbeitenden Menschen sowie durch deren Gegensatz zu den Interessen anderer Klassen bestimmt war. Sie manifestierte sich darüber hinaus »im Anwachsen entsprechender politischer und industrieller Organisationsformen.« Bis 1832 gab es starke und selbstbewusste Institutionen der Arbeiterklasse – Gewerkschaften, Bildungs- und Religionsbewegungen, politische Organisationen, Zeitschriften, etc. –, gemeinsame intellektuelle Traditionen, gemeinschaftliche Muster und eine gemeinsame Struktur des »Fühlens« (»a working-class structure of feeling«). Das heißt: »Die Formierung (making) der Arbeiterklasse ist eine Tatsache sowohl der politischen und kulturellen als auch der ökonomischen Geschichte.« (Ebd.: 212f.) Die Klassenbewegung erzeugt eigene Formen der Artikulation und des Kampfes. Wenn zu bestimmten Zeiten von »class unrest« die Rede ist, dann ist damit die Zunahme von wirtschaftlichen und politischen Streiks, von Demonstrationen, auch von Wahlerfolgen der Linken, oder gar von »riots« (Aufruhr) und anderen Formen der Gewaltanwendung (z.B. gegen Polizeistationen oder gegen Finanzämter), in denen sich die Wut von Menschengruppen aus den subalternen Klassen artikuliert, gemeint. Solche Explosionen verlaufen in der Regel ebenfalls diskontinuierlich und folgen keinem vorgegebenen Schema.

Die Formierung der Klasse vollzog sich in den sozialen Bewegungen, politischen Debatten und Auseinandersetzungen der Zeit. Sie ging einher mit der Ausbildung einer Klassenkultur der Arbeiterbewegung, die nicht nur auf der Erfahrung der Lohnarbeit und des Arbeitsprozesses selbst beruhte, sondern mit den Alltagserfahrungen in den Wohngemeinden verbunden war. Das dichotomische Bewusstsein, das die Welt »von unten« von der Welt »da oben« unterschied und entgegensetzte, bildete die eine Säule des Klassenbewusstseins. Die andere ruhte auf der Erfahrung der Solidarität in den proletarischen Lebenswelten, nicht nur in der Abwehr von Gewalt und Demütigung vonseiten der herrschenden Klasse und ihres Staates, sondern auch in der Erfahrung der Kämpfe, der Bildung kollektiver Organisationen und der genossenschaftlichen, wechselseitigen Hilfe bei der Bewältigung zahlreicher Alltagsprobleme. Dieser Geist der Solidarität als Merkmal des proletarischen Klassenbewusstseins prägte auch eine Kultur des historischen Bewusstseins, in dem Siege gemeinsamen Handelns gefeiert, Niederlagen beklagt, Helden vergangener Kämpfe verehrt und deren Opfer betrauert wurden. Diese Kultur wurde weniger durch historisch-akademische Studien als vielmehr durch Volkstheater, Sänger, Journalisten der Arbeiterpresse und auch durch Prediger vermittelt. Sie beinhaltete auch Elemente eines Personenkultes gegenüber Führungspersönlichkeiten, auf die die Hoffnungen der Subalternen zur Überwindung des Elends projiziert wurden. Schließlich war der Stolz der Arbeiter auch darauf gegründet, dass sich in diesen Geist der Solidarität nicht nur das Gegenprinzip zum kapitalistischen Wettbewerb, zum Individualismus und zur Philosophie der Utilitaristen artikulierte, sondern auch Organisationsprinzipien einer neuen, höheren Gesellschaftsordnung sich andeuteten, auf deren Durchsetzung der Kampf der Arbeiterklasse in letzter Instanz gerichtet war. Es war diese Verbindung zwischen der objektiven Klassenlage und der Formierung einer Klassenkultur, die die Kraft und den Zukunftsoptimismus der sozialistischen Arbeiterbewegung seit ihrer Gründungsperiode ausmachte. Die Studie von E.P. Thompson hatte so wesentlich dazu beigetragen, die Relevanz der kulturellen und politischen Determinanten bei der Formierung der englischen Arbeiterklasse angemessen zu würdigen.[14] Im Anschluss daran bezeichnete Michael Vester (1970) die »Lernprozesse« *in* der Klasse als Medium der Entwicklung von Klassenbewusstsein und sozialistischen Orientierungen, die eben nicht von »außen«, durch Intellektuelle, oder »von oben«, durch das Zentralkomitee einer Partei, in die Klasse »hineingetragen« werden. Zu diesen Lernprozessen gehört auch die Aneignung von theoretischen Erkenntnissen über die kapitalistische Produktionsweise und über die Begründungen einer sozialistischen Alternative bzw. Zukunftsperspektive.

4. Neuanfang nach der Niederlage?

Demokraten und Sozialisten erlebten in den europäischen Revolutionen von 1848 Niederlagen. In Frankreich ließ sich Louis Bonaparte 1852 zum Kaiser ausrufen; in Preußen begann der Aufstieg von Bismarck, der mit der Reichsgründung unter der Führung der preußischen Monarchie im Jahr 1871 den Höhepunkt seiner Macht erlebte. In Wien scheiterte die demokratische Bewegung. Darüber hinaus wurden im Reich der Habsburger die nationalen Unabhängigkeitsbewegungen der Ungarn, Tschechen und Italiener ebenso unterdrückt wie die der Polen durch den russischen Zarismus und die preußische Regierung. Auf der Iberischen Halbinsel herrschten ökonomisch die Briten, kulturell die katholische Kirche, während eine spätfeudale Landaris-

[14] Perry Anderson (1965: 34f.) hat allerdings schon früh auf eine Spezifik dieses Prozesses der Formierung eines »Klassenbewusstseins fast ohne hegemonische Ideologie« aufmerksam gemacht: »eine korporative Klasse versucht, ihre eigene Position innerhalb einer als gegeben akzeptierten Gesellschaftsordnung zu verteidigen und zu verbessern ... eine hegemoniale Klasse versucht, die Gesellschaft zu transformieren«. Das erinnert an die Leninsche Unterscheidung von »trade-unionistisch« und »politisch«. »Die Intensität ihres korporativen Klassenbewusstseins, verwirklicht in und durch eine ausgeprägte, hermetische Kultur, hat die Entstehung einer universellen Ideologie in der englischen Arbeiterklasse blockiert.« Dazu gehört nach Anderson auch, »dass es bis zum Ende des 19. Jahrhunderts nicht gelang, dass sich eine bedeutende Gruppe von Intellektuellen dem Proletariat angeschlossen hätte«. Der starke Einfluss der Gewerkschaften auf die Labour Party hat allerdings bis in die Zeit nach dem Zweiten Weltkrieg verhindert, dass diese dem Godesberger Weg der deutschen Sozialdemokratie gefolgt ist.

tokratie sowohl die Industrialisierung des Landes verhinderte als auch reaktionäre, aber höchst instabile, immer wieder umstrittene politische Herrschaftsverhältnisse sicherte. Aufstände der unterdrückten Bauern blieben regional begrenzt. In England schließlich verfiel – auch unter dem Eindruck des Scheiterns der revolutionären Bewegungen auf dem Kontinent – nach 1848 die sozialistische Bewegung des Chartismus. »Die neue, bis zum Ende des Jahrhunderts dauernde Phase der Klassenkämpfe hatte nicht mehr den Revoltecharakter, der die Kampfjahre von 1792 bis 1848 ausgezeichnet hatte.« (Vester 1970: 393)

Die britische Arbeiterbewegung organisierte sich in Gewerkschaften und Genossenschaften; politisch wurde sie zeitweilig durch die Liberale Partei (»Whigs«) im Unterhaus vertreten, die sich für Sozialreformen einsetzte. Gleichzeitig war die Nation in zwei Klassenkulturen gespalten – die der britischen Oberschicht und der Elite, die das British Empire verwaltete auf der einen, die der »working people« auf der anderen Seite, die aufgrund ihrer Lebensbedingungen, ihrer Sprache und Kultur eigene Gemeinschaften (vor allem auf der kommunalen Ebene) bildeten (»two nations«). Die Gewerkschaften verfolgten einen eher wirtschaftsfriedlichen Kurs, um auf dem Wege von Verhandlungen Verbesserungen bei den Löhnen, der Gestaltung der Arbeitsbedingungen und bei sozialen Sicherungen zu erreichen. Am Beispiel der englischen Fabrikgesetzgebung von 1833 bis 1864 hat Karl Marx im 1. Band des »Kapital« (MEW 23: 294ff.) den Kampf um den Normalarbeitstag und die Durchsetzung des Zehnstundengesetzes (1. Mai 1848) als einen großen Erfolg der englischen Arbeiterbewegung gewürdigt, der auch deshalb möglich wurde, weil Teile der Bourgeoisie im Unterhaus das Gesetz unterstützten – sei's aus moralischen, ökonomischen oder auch aus militärischen Gründen.[15] In der »Inauguraladresse« der Internationalen Arbeiter-Assoziation (IAA, 1864) hatte Marx die Bedeutung des Kampfes um die gesetzliche Beschränkung der Arbeitszeit – und damit die »Zehnstundenbill« – mit deutlichen Worten gefeiert: Es geht dabei um die »Streitfrage zwischen der blinden Herrschaft der Gesetze von Nachfrage und Zufuhr, welche die politische Ökonomie der Mittelklasse bildet, und der Kontrolle sozialer Produktion durch soziale Ein- und Vorsicht, welche die politische Ökonomie der Arbeiterklasse bildet. Die Zehnstundenbill war daher nicht bloß eine große praktische Errungenschaft, sie war der Sieg eines Prinzips. Zum ersten Mal erlag die politische Ökonomie der Mittelklasse in hellem Tageslicht der politischen Ökonomie der Arbeiterklasse.« (MEW 16: 11) Im Vorwort zur ersten englischen Ausgabe des »Kapital« im Jahr 1886, also nach dem Tod von

[15] Vonseiten führender Militärs wurde beklagt, dass der schlechte Gesundheitszustand der aus dem Proletariat kommenden Rekruten einen negativen Einfluss auf die Kampfkraft und Einsatzfähigkeit der Armee ausübt.

Karl Marx, vertrat Friedrich Engels die Auffassung, dass Marx durch sein »lebenslanges Studium der ökonomischen Geschichte und Lage Englands« zu dem Schluss gelangt sei, »dass, zumindest in Europa, England das einzige Land ist, wo die unvermeidliche soziale Revolution gänzlich mit friedlichen und gesetzlichen Mitteln durchgeführt werden könnte«. Allerdings habe er kaum erwartet, dass »die herrschenden Klassen Englands ... sich ohne ›proslavery rebellion‹ dieser friedlichen und gesetzlichen Revolution unterwerfen (würden)« (MEW 23: 40).

Nach 1848 haben sich Marx und Engels von ihrer – am Vorbild der französischen Entwicklung nach 1789 orientierten – Revolutionstheorie entfernt, die 1871 noch einmal durch den Aufstand der Pariser Kommun reanimiert schien. Marx bezeichnete sie als die »erste Regierung der Arbeiterklasse«. In London arbeitete Marx im British Museum am »Kapital«. In den politischen Auseinandersetzungen im Exil wandte er sich gegen die »ultralinken« Anhänger der »permanenten Revolution« (in der Endphase des Bundes der Kommunisten). Die Vertiefung der ökonomischen Analyse und die damit verbundene Begründung der historischen Tendenz der kapitalistischen Produktionsweise rückt nicht so sehr die subjektiven Faktoren (der Revolutionsbereitschaft im Proletariat), sondern die »objektive« Tendenz der antagonistischen Vergesellschaftung, die durch die Kapitalakkumulation und den Klassenkampf vorangetrieben wird, in den Vordergrund. Nach Karl Korsch (1967: 183) »entspricht die neue Form der materialistischen Theorie ... der neuen Form des Klassenkampfes, der sich in dieser Periode auf einer breiteren Grundlage als eine nicht mehr unmittelbar, sondern nur noch in seinem endlichen Ergebnis auf die soziale Revolution gerichtete Bewegung der in gewerkschaftlichen und politischen Organisationen zusammengeschlossenen Arbeiterklasse entwickelte«.

Damit wird ein Widerspruch bzw. eine Streitfrage thematisiert, die nicht nur die Interpreten des Marxschen Werkes sondern auch die Geschichte des modernen Sozialismus bis in die Gegenwart bewegt. In welchem Verhältnis steht die Analyse der »geschichtlichen Tendenz der kapitalistischen Akkumulation« (MEW 23: 792ff.) zu den sogenannten »politischen Schriften«, in denen Marx und Engels die Arbeiterklasse als »revolutionäres Subjekt« auf dem Felde der praktischen Politik anerkennen. Allerdings behandeln diese Schriften durchgängig Ereignisse (1848; 1871), in denen die revolutionären Kräfte Niederlagen erlitten. Der Kapitalismus konnte hinlängliche ökonomische, politische und ideologische Gegenkräfte mobilisieren, die den Sieg sozialistischer Kräfte verhinderten. Friedrich Engels hat im letzten Jahrzehnt seines Lebens (1885–1895) den Aufstieg der deutschen Sozialdemokratie als eine »Siegesstraße« gefeiert, dabei jedoch die Gegenkräfte, die mit dem Übergang zum Imperialismus mobilisiert werden, ebenso unterschätzt wie die inneren Spaltungs- und Differenzierungsprozesse in der Arbeiterbewegung selbst. Die Kräfte, die sich auf die Praxis revolutionärer Umwälzungen durch die Massenaktionen des Proletariats beziehen, blieben in der Minderheit. Auf den Marxismus bezogen sich auch diejenigen Kräfte, die den Zusammenbruch des Kapitalismus und den Übergang zum Sozialismus als einen objektiven Prozess betrachteten, der durch »revolutionäre Ungeduld« oder »Sektierertum« nur gestört werden kann, weil er die herrschenden Klassen zur Anwendung von Gewalt animiert. Dieser Streit zwischen Objektivismus und Subjektivismus, zwischen »Ökonomismus« und (politischem) »Voluntarismus« wird immer dann wieder ausgetragen werden, wenn geschichtliche Konstellationen heranreifen, in denen auf der einen Seite die Krisentendenzen des Kapitalismus sich zuspitzen, die ideologische Hegemonie der Bourgeoisie erodiert und auf der anderen Seite die Kämpfe der Subalternen an Kraft gewinnen. Allerdings folgen solche Krisenprozesse nicht einer linearen Logik, sondern wechseln sich mit Perioden ab, in denen das Kräfteverhältnisse der Klassen sich wiederum zugunsten der Hegemonie des bürgerlichen »Blocks an der Macht« verschiebt.

Die Entwicklung des Sozialismus nach 1848 und die darin eingeschlossenen Veränderungen gegenüber der Epoche seiner »Geburt« im Kontext der industriellen und der politischen Revolutionen in England und Frankreich wird durch die Dynamik der Entwicklung des Kapitalismus in der zweiten Hälfte des 19. Jahrhunderts sowie durch die damit verbundenen politischen Veränderungen bestimmt. Diese fordern die sich formierende Arbeiterbewegung nicht nur auf der Ebene der direkten Konfrontation zwischen Kapital und Arbeit, auf der Ebene des Arbeits- und Produktionsprozesses, sondern auch auf der Ebene des Staates heraus.

- Großbritannien – die Werkstatt der Welt – erlebte im 19. Jahrhundert seit den späten 40er Jahren einen gewaltigen wirtschaftlichen Aufschwung. Die neue »lange Welle der Prosperität« (Schumpeter) hielt bis Anfang der 70er Jahre an. Sie wurde angetrieben durch den Eisenbahnbau, der eine gewaltige Ausdehnung der Produktion von Eisen und Stahl nach sich zog und die Voraussetzung für die »gigantische Expansion der Weltwirtschaft« in dieser Periode für die Industrialisierung mehrerer Länder (darunter Deutschland und die USA an der Spitze) sowie für den »wirklich weltweiten Fluss von Gütern, Kapital und Menschen« sorgte (Hobsbawm 1980: 64). Das British Empire erstreckte sich über die ganze Welt; seit 1851 demonstrierten die Weltausstellungen in London und Paris die Dynamik und Blüte des industriellen Kapitalismus, die zugleich durch die Expansion des Bank- und Kreditwesens – verbunden mit dem Goldrausch – angetrieben wurde. Die Weltsicht des Bourgeois war durch das Denken in Kategorien des Fortschritts und der Vernunft, aber auch des Individualismus und der Konkurrenz bestimmt. Das Selbstbewusstsein der Bourgeoisie manifestierte sich in gigantischen Bauprojekten wie dem Suezkanal sowie in Eisenbahnhöfen, die wie Kathedralen wirkten, und neobarocken Opernhäusern, in denen italienische Opern dargeboten wurden. Wissenschaft und Forschung wurden in den Dienst dieser Dynamik genommen, nicht nur bei der Erzeugung von Stahl, sondern auch bei der Entwicklung neuer Erkenntnisse und Verfahren für den späteren Aufbau der Chemie- und Elektroindustrie, für die Telegrafie, die Entwicklung synthetischer Farbstoffe, Maschinenbau usw. Dieser Boom dauert bis zum Beginn der 70 Jahre, als der Übergang zur weltweiten Großen Depression einsetze, die erst am Ende des Jahrhunderts in einen neuen Aufschwung überging. Die Entwicklung der Klassenkämpfe, der Arbeiterbewegung und des Sozialismus vollzog sich auf der Basis dieser »langen Wellen«.

■ »Die Mitte des 19. Jahrhunderts markiert den Beginn der größten Völkerwanderung in der Geschichte ... 1846–1875 verließen beträchtlich mehr als 9 Millionen Menschen Europa, der weitaus größte Teil von ihnen wanderte in die Vereinigten Staaten aus.« (Hobsbawm 1980: 240ff.) Armut und politische Repression, aber auch die Hoffnung auf ein besseres Leben in der neuen Welt waren die Antriebskräfte der Migration. Je mehr sich die kapitalistische Produktionsweise ausbreitete, umso mehr tendierte diese dazu, nicht nur in Krisenperioden einen Bevölkerungsüberschuss zu produzieren, der nicht in den einheimischen Verwertungsprozess integriert wurde, der Sozialhilfe zur Last fällt, vielleicht auch zur Rebellion neigt, und deshalb durch das »Ventil« der Migration in die kolonialen Räume exportiert werden musste. So wurden einerseits Traditionen und Elemente des Sozialismus in Europa nach Übersee exportiert (z.B. nach Argentinien, Neuseeland oder New York und Chicago). Auf der anderen Seite wurden diejenigen, die sich als Farmer in den britischen Kolonien – z.B. in Südafrika – niederließen, Teil des rassistischen, kolonialen Herrschaftssystems, in dem die schwarze Bevölkerungsmehrheit ausgebeutet und unterdrückt wurde. Der Zusammenhang zwischen dem Kolonialsystem und den Lebensbedingungen der Arbeiterklasse in den Metropolen wurde zunächst kaum beleuchtet. Friedrich Engels hatte 1885 die These vertreten, dass »das Aussterben des Owenismus und des Sozialismus« nach 1845 in England mit »Englands Industriemonopol« in der Weltwirtschaft zusammenhängt. Solange dieses Monopol »dauert, hat die englische Arbeiterklasse bis zu einem gewissen Grad teilgenommen an den Vorteilen dieses Monopols«, die vor allem von einer »privilegierten Minderheit eingesackt wurden«. »Mit dem Zusammenbruch des Monopols wird die englische Arbeiterklasse diese bevorrechtigte Stellung verlieren ... und das ist der Grund, warum es in England wieder Sozialismus geben wird.« (MEW 21: 197) Diese Problematik wird erst im 20. Jahrhundert ins Zentrum sozialistischer Politik und Programmatik treten.

■ In der zweiten Hälfte des 19. Jahrhunderts veränderte sich das politische Feld, auf dem die Kämpfe um die »soziale Frage« ausgetragen wurden. Es entstand ein politischer Raum der Öffentlichkeit mit einem politischen System, in dessen Zentrum der Staat steht. Auf diesem Felde konkurrierten bzw. kämpften die Akteure (Parteien, Wirtschaftsverbände und andere Lobbygruppen, Medien) um Einfluss auf die Zusammensetzung der Parlamente und die Gesetzgebung. Dabei blieb in den jeweils nationalen Verfassungen – in dieser Periode – die Rolle des Parlaments als »Volksvertretung« und als Legislative unterschiedlich gewichtet. In den meisten Ländern bestanden weiterhin Beschränkungen des allgemeinen Wahlrechts und die Macht des Parlamentes gegenüber der Exekutive blieb eingeschränkt! Die Gründung des Deutschen Reichs im Jahr 1871 und davor die Gründung des italienischen Nationalstaats im Jahr 1861 veränderten die politische Landschaft Europas. In den Vielvölkerreichen Ost- und Südosteuropas (Österreich-Ungarn, Russland, Osmanisches Reich) forderten Unabhängigkeitsbewegungen verstärkt nationale Selbständigkeit. In der Folge der Reichsgründung entwickelte sich Deutschland zu einem Machtfaktor in Mitteleuropa, der über mächtige ökonomische und militärische Ressourcen verfügte und bis zur Jahrhundertwende auf wichtigen Feldern mit Großbritannien gleichzog. Die spätfeudal-absolutistischen Kräfte, die die Monarchie beherrschten, mussten dabei Zugeständnisse an die bürgerlichen Kräfte, aber auch an den Druck der Arbeiterbewegungen von unten machen. Daher kam es in vielen Staaten zu Wahlrechtsänderungen – z.B. zur Ausweitung des allgemeinen Wahlrechts (auf Männer) bei der Wahl zum deutschen Reichstag, dessen Befugnisse gegenüber der Krone und der Exekutive (Bismarck) freilich begrenzt blieben. Im Rahmen von Zugeständnissen an den ökonomischen Liberalismus wurde Protektionismus abgebaut, die Gewerbe- und Koalitionsfreiheit durchgesetzt und damit die Bildung von Gewerkschaften legalisiert. In der Gewerbeordnung des Norddeutschen Bundes von 1869 hieß es u.a.: »Die Beziehungen zwischen dem selbständigen Handel- oder Gewerbetreibenden und seinem Gesellen, Gehilfen oder Lehrling werden durch freien Vertrag geregelt.« Damit waren die Voraussetzungen für den Abschluss von Tarifverträgen geschaffen, gegen die sich die Kapitalvertreter allerdings noch immer zur Wehr setzten, um ihre Rechte nach dem individuellen Arbeitsvertrag zu verteidigen. Gleichzeitig wurden in allen Staaten, in denen die Industrialisierung voranschritt, Anstrengungen für Bildungsreformen unternommen, um die Quote der Analphabeten zu senken und die Zahl der Techniker und Ingenieure zu erhöhen.

Friedrich Engels blickte 1892 im Vorwort zur deutschen Neuausgabe der »Lage der arbeitenden Klasse« (1846) auf die Veränderungen zurück, die sich in dem vorangegangenen halben Jahrhundert vollzogen hatten. In der Boom-

Periode der transnationalen Entwicklung des Kapitalismus nach 1848 und der öffentlichen Anerkennung der »sozialen Frage« (bzw. der »Arbeiterfrage«) hatte im politischen Lager der liberalen Bourgeoisie – unterstützt durch Interventionen vonseiten der großen Kirchen – die Bereitschaft zugenommen, sozialpolitische Reformen auf den Weg zu bringen, um die »soziale Frage« als Klassenfrage zu entschärfen. Angesichts von Seuchen und Pandemien war die Politik gezwungen, sich um Fragen der Gesundheitspolitik und der Hygiene – vor allem in den großen Städten – zu kümmern. »Mit der Zeit kam (auch) ein neuer Geist über die Fabrikanten... sie lernten, unnötige Streitereien zu vermeiden, sich mit dem Bestand und der Macht der Trade Unions abzufinden... die größten Fabrikanten, früher Heerführer im Kampf gegen die Arbeiterklasse, jetzt die ersten waren im Aufruf zu Frieden und Harmonie.« (MEW 2: 639) Im Deutschen Reich wurde unter Bismarck die Notwendigkeit von Sozialreformen (Kranken-, Alters- und Arbeitslosenversicherung) anerkannt; gleichzeitig sollte mit dem »Sozialistengesetz« (»Gesetz gegen die gemeingefährlichen Bestrebungen der Sozialdemokratie«, 1878 bis 1890) der Aufstieg der sozialdemokratischen Partei, die bei den Reichstageswahlen Erfolge erzielte, gebremst werden. Die Politik von »Zuckerbrot und Peitsche« scheiterte. Gleichwohl war im Deutschen Reich die Politik sozialpolitischer Reformen eingebunden in das Selbstverständnis eines autoritären »preußischen Staatssozialismus« auf der einen und in ein System des Betriebspatriarchalismus (»Herr-im-Hause-Standpunkt«), der namentlich von den Eigentümern der Großbetreibe der Schwerindustrie (Kohle und Stahl) vertreten wurde. Die Unternehmenshierarchie und der Arbeitsprozess waren quasimilitärisch organisiert; gleichzeitig sollten die Arbeiter – wie einst die Leibeigenen bzw. Knechte im Feudalismus – von ihren Herren geschützt und für Leistung wie Wohlverhalten belohnt werden: durch firmeneigene Wohnhäuser sowie durch betriebliche Sozialleistungen. Solche Gratifikationen sollten zugleich einen Damm gegen den zunehmenden Einfluss der freien Gewerkschaften und der sozialistischen Arbeiterbewegung und ihrer Organisationen bilden. Im großen Bergarbeiterstreik von 1889 wurden diese obrigkeitlichen Herrschaftsverhältnisse durchbrochen. Der Streik wurde zum Ausgangspunkt für den Durchbruch der Gewerkschaftsbewegung im Ruhrbergbau (Tenfelde 1977). Auch der Erlass des Arbeiterschutzgesetzes vom 1. Juni 1891 war durch diesen Streik beeinflusst worden. Es enthielt neben Regelungen zum Frauenschutz, eingeschränkter Nachtarbeit und Kinderschutz auch Bestimmungen für eine 24-stündige Sonntagsruhe für alle Arbeiter in Fabriken, Werkstätten, Bergwerken, auf Baustellen und Werften.

Während in der Folge der Niederlagen der Arbeiterbewegungen in den Revolutionen von 1948 und des nachfolgenden ökonomischen Booms auch auf dem Felde des Klassenkampfes eine Periode der relativen Ruhe einsetzte, schritt die Arbeit auf dem Feld der theoretischen Kritik der herrschenden Verhältnisse und der Fundierung sozialistischer Perspektiven voran. In Frankreich hatte der von Marx scharf kritisierte *Pierre-Joseph Proudhon* (1809–1865) mit der Schrift »Was ist das Eigentum?« schon 1840 einen Klassiker des Frühsozialismus verfasst. In der Revolution von 1848 spielte er eine wichtige Rolle. 1850 wurden seine »Bekenntnisse eines Revolutionärs« auch in deutscher Sprache herausgegeben; 1851 erschien sein Buch »Idée générale de la révolution en XIX siècle«. Proudhon lehnte den Kampf um politische Macht ab. Er vertrat Ideen der Selbstorganisation und Selbstverwaltung von Genossenschaften und unterstützte das Prinzip des Föderalismus. Seine Ideen inspirierten die französischen Gewerkschaften in ihrer Gründungsperiode. Der Russe *Michail Bakunin* (1814–1876) wirkte in den 60er und 70er Jahren in Westeuropa. Sein radikaler Anarchismus (»Sozialismus und Freiheit«, »Gott und der Staat«, »Staatlichkeit und Anarchie«), der die Revolution auf die Zerstörung des Staates und der Religion als Voraussetzung für die Emanzipation der Arbeiterklasse fokussierte, wirkte vor allem im südeuropäischen Raum. Im Konflikt mit Marx und Engels, die den Kampf um die politische Macht als die zentrale Aufgabe der Arbeiterbewegung begriffen, griff er diese als Repräsentanten eines (preußisch-deutschen) »Staatssozialismus«, als Anhänger einer neuen Diktatur über die Arbeiterklasse an. Sehr viel populärer als Bakunin war der russische Fürst und Anarchist Kropotkin, der seit 1876 nach seiner Flucht aus einem Gefängnis in Russland in Westeuropa wirkte. Zu den Gegnern des Anarchismus gehörte aber auch der legendäre *Louis-Auguste Blanqui* (1805–1881), der 1867/68 im Pariser Gefängnis seine »Instruktionen für den Aufstand« niederschrieb, um einer neuen jungen Generationen von kommunistischen Revolutionären die für die Machtergreifung notwendigen militärischen Kenntnisse zu vermitteln. Er bewegte sich immer noch in der Tradition des Babouvismus, der die Errichtung einer Erziehungsdiktatur anstrebte, um das Volk zu bilden, die Kirche zu entmachten und gleichzeitig eine Veränderung der Eigentumsverhältnisse einzuleiten (Deppe 1970).

Die Anhänger dieser »Vordenker« waren in der Internationalen Arbeiterassoziation (IAA), der Ersten Internationale, präsent, die im September 1864 in London von einer Versammlung, an der 2.000 Menschen teilnahmen, gegründet wurde. Im Generalrat waren britische Gewerkschafter sowie Emigranten u.a. aus Deutschland, Italien, Polen vertreten, unter ihnen auch Friedrich Engels und Karl Marx, der die ersten programmatischen Texte verfasste (MEW 16: 5-16). Im ersten Satz der »Inauguraladresse« sprach Marx vom »in den Annalen der Geschichte beispiellosen Fortschritt von Industrie und Handel« in der Periode 1848 bis 1864, nicht nur in England, sondern auch auf dem Kontinent. Das Elend des industriellen Proletariats wie der Ackerbaubevölkerung bestätigten die »Wahrheit, erwiesen für jeden vorurteilsfreien Geist ..., dass keine Entwicklung der Maschinerie, keine chemische Entdeckung, keine Anwendung der Wissenschaft auf die Produktion, keine Verbesserung der Kommunikationsmittel, keine neuen Kolonien, keine Auswanderung, keine Eröffnung von Märkten, kein Freihandel, noch alle diese Dinge zusammen genommen, das Elend der arbeitenden Massen beseitigen können, sondern dass umgekehrt, auf der gegenwärtigen falschen Grundlage, jede frische Entwicklung der Produktivkräfte der Arbeit dahin streben muss, die sozialen Kontraste zu vertiefen und den sozialen Gegensatz zuzuspitzen«. (MEW 16: 9)

Die »große Pflicht der Arbeiterklassen« sei es, »politische Macht zu erobern«, um die »Emanzipation der Arbeiterklasse«, d.h. zuvorderst die Aufhebung der »ökonomischen Unterwerfung des Arbeiters unter den Aneigner der Arbeitsmittel«, einzuleiten. Dazu müssen sich die Arbeiter in den verschiedenen Ländern zusammenschließen, sich durch das Band der Solidarität organisieren. Die Macht ihrer »Zahl« werde aber nur ins Gewicht fallen, »wenn Kombination sie vereint und Kenntnis sie leitet« (MEW 16: 12). Die »Mitglieder der Internationalen Assoziation ... sollen ... alle ihre Kräfte aufbieten zur Vereinigung der zerstreuten Arbeitergesellschaften ihrer betreffenden Länder in nationale Körper, repräsentiert durch nationale Zentralorgane« (MEW 16: 16). Der Generalrat sollte diese Arbeit unterstützten und vorantreiben. Bis zu ihrer Auflösung (1876) fand jährlich (u.a. in Brüssel, Den Haag oder in Genf) ein Kongress statt. Kongresse wurden freilich mehr und mehr durch die Auseinandersetzung der verschiedenen Strömungen, vor allem zwischen den Anhängern von Marx und Bakunin, bestimmt. Die IAA nahm auch zu Ereignissen der internationalen Politik Stellung. Der Gründungkongress sandte eine Solidaritätsadresse an den US-amerikanischen Präsidenten Abraham Lincoln, der den Kampf der Nordstaaten gegen die »Sklavenhalter« des Südens anführte (MEW 16: 18-20). Er kündige Widerstand gegen Kriege im Interesse der Herrschenden und gegen die »barbarische Macht« des russischen Zarismus an. Die IAA verfügte über deutsche Emigranten auch in den USA über Stützpunkte; nach 1870 hatte sie Sektionen in fast allen großen Städten des Landes (Debouzy 1976: 24). Dass Marx und Engels 1872 in der Auseinandersetzung mit den Anhängern Bakunins darauf hinwirkten, den Sitz der IAA nach New York zu verlegen, war taktischen Überlegungen geschuldet und nahm deren Auflösung von 1876 vorweg. Gleichwohl war den »Vordenkern« des Sozialismus in Europa schon zu dieser Zeit die Bedeutung der Entwicklung des Kapitalismus im Nordosten der USA – frei von Beschränkungen vor-moderner Traditionen – durchaus bewusst.

1871 verfasste Marx die »Adresse des Generalrates der IAA« nach der blutigen Niederschlagung der »Pariser Kommune«, die zwischen März und Mai 1871 sowohl den preußischen Truppen als auch der konservativen französischen Regierung Widerstand geleistet hatte. Für Marx war ihr »wahres Geheimnis dies: sie war wesentlich eine Regierung der Arbeiterklasse, das Resultat des Kampfes der hervorbringenden gegen die aneignende Klasse, die endlich entdeckte politische Form, unter der die ökonomische Befreiung der Arbeit sich vollziehen konnte« (MEW 17: 342). Marx mokierte sich auch über den »polizeigefärbten Bourgeoisverstand«, der sich die IAA als eine »Art geheimer Verschwörung« vorstellt, »deren Zentralbehörde von Zeit zu Zeit Ausbrüche in verschiedenen Ländern befiehlt«. Marx hielt dagegen, dass solche »Ausbrüche« auf »dem Boden der modernen Gesellschaft emporwachsen. Die Regierungen ... müssten (schon) die Zwangsherrschaft des Kapitals über die Arbeit niederstampfen – also die Bedingung ihres eigenen Schmarotzerdaseins.« (MEW 17: 362)

Die »Verherrlichung der Kommune ... als Vorbote einer neuen Gesellschaft« durch Marx war jedoch kaum mit jener Sozialismusvorstellung zu vereinbaren, die die Formierung der industriellen Arbeiterklasse und Arbeiterbewegung im nationalen Rahmen als Voraussetzung für den erfolgreichen Kampf um den Sozialismus – als Resultat der kapitalistischen Entwicklung selbst – anerkannte und dabei die Bildung von nationalen Parteien und den Kampf um die Macht als die vorrangigen Ziele vorgab. Die Kommune dagegen schloss vielmehr jene Tradition der – auf die Hauptstadt Paris konzentrierten – Volksaufstände und Revolutionen in Frankreich ab, die im Jahr 1789 eingeleitet worden war. Dazu siegte die Kommune im Hinterland des deutsch-französischen Krieges, der das Ende der Herrschaft von Napoleon III. besiegelte und im September 1870 die Proklamation der Dritten Republik auslöste. Nach 1875 begann in verschiedenen Ländern – neben den Gewerkschaften als den »ursprünglichen Organisationen« der Arbeiterbewegung – die Entwicklung von politischen Arbeiterparteien, die sich zum Sozialismus bekannten, an Wahlen teilnahmen und in die Parlamente eindrangen. Die »lange Welle« der Prosperität war nunmehr in eine »lange Welle« von Stagnation und Krisen übergegangen, die erst Ende des Jahrhunderts von einem neuen Aufschwung abgelöst wurde. Gleichzeitig schritt in Europa und den USA die Entwicklung der Industrie – darunter auch von neuen Industriezweigen wie der Chemischen Industrie und der Elektroindustrie – voran. Die quantitative Ausdehnung der Arbeiterklasse war von zahlreichen Konflikten, Streiks und Repressionsmaßnahmen vonseiten der Regierungen begleitet.

Allerdings wurde die Erinnerung an die Kommune und die Marxsche Schrift über den »Bürgerkrieg in Frankreich« neu entdeckt, als sich fast 50 Jahre später – am Ende des Ersten Weltkriegs – in Russland und im Deutschen Reich der Zusammenbruch der alten Ordnung abzeichnete und eine machtvolle Rätebewegung aus der Arbeiterklasse und den geschlagenen Armeen entstand. Die am Marxismus orientierten Revolutionäre mussten sich mit der Frage beschäftigen, welche politische Form die aus einer erfolgreichen proletarischen Revolution hervorgehende Staatsgewalt – als die auf die Rätebewegung gegründete »Diktatur des Proletariats« – anzunehmen habe. W.I. Lenin widmete sich dieser Fragestellung in der Schrift »Staat und Revolution«, die er im Juli 1917 zwischen der Februar- und der Oktoberrevolution verfasste. In den Auseinandersetzungen am Ende des Krieges stießen die zwei – nunmehr offen gegeneinander stehenden – Auffassungen von Marx und Engels über den Prozess der Transformation vom Kapitalismus zum Sozialismus aufeinander: der organisch-friedliche Weg, der in der großen Krise des Kapitalismus durch die sozialdemokratische Massenparteien im Rahmen einer demokratischen Verfassung und mit einer starken Arbeiterbewegung in der Zivilgesellschaft angeführt wird – oder die Politik des revolutionären Bruchs, die auf die Erringung der Staatsmacht, die Zerschlagung des alten Staatsapparates und die Errichtung einer Diktatur des Proletariats als Übergangform ausgerichtet ist. Nach 1917 vollzog sich an dieser Differenz die weltweite Spaltung zwischen der sozialdemokratischen und der kommunistischen Bewegung, der II. und der III. Internationale. Allerdings war schon am Anfang klar, dass die leninistische Linie, die in Russland zunächst erfolgreich war, sich vor allem in solchen Regionen und Ländern anbot, in denen sich die kapitalistischen Produktionsverhältnisse, die Industrialisierung und die demokratischen Verhältnisse, damit auch die Entwicklung der industriellen Arbeiterklasse und der Arbeiterbewegung sich auf einem niedrigen Niveau bewegten. In den entwickelten kapitalistischen Ländern und Regionen hingegen wurden durch die partiellen Erfolge sozialistischer Reformpolitik auf den Gebieten der Arbeits- und Lebensbedingungen sowie der sozialen Sicherungen aber auch aufgrund der Produktivkraftentwicklung und von Strukturveränderungen in der Arbeiterklasse Prozesse der Modifikation des Klassenbewusstseins durch Akzeptanz der herrschenden Verhältnisse und der zunehmenden Integration der alten Arbeiterbewegung in den Herrschaftsmechanismus des sozialstaatlich regulierten Kapitalismus einbezogen. Mit der »Institutionalisierung des Klassenkampfes« (Theodor Geiger) wurde die Sozialismusperspektive aufgegeben.

Diese Problematik wird im folgenden Kapitel genauer zu betrachten sein; ihre Wurzeln liegen jedoch schon in der Gründungsperiode des modernen Sozialismus. Erfolge im Kampf um Reformen und die Verbesserung der Arbeits- und Lebensbedingungen – dazu noch günstige konjunkturelle Bedingungen (mit niedrigen Arbeitslosenzahlen und Reallohnsteigerungen) tendieren stets dazu, dass sowohl auf der Ebene des Massen- und Klassenbewusstseins als auch auf der Ebene der Politik das Ziel der sozialistischen Gesellschaft und der »Befreiung der Arbeiterklasse« in den Hintergrund tritt.

5. Der Weg zur Massenpartei der Arbeiterklasse

Die Jahrzehnte zwischen 1875 und dem frühen 20. Jahrhundert gelten als eine Erfolgsgeschichte des Sozialismus; in dieser Periode entstanden Massenorganisationen (Parteien und Gewerkschaften) der Arbeiterklasse, die sich zum Sozialismus und (viele von ihnen) zum »Marxismus« bekannten. Friedrich Engels, der 1895 – zwölf Jahre nach Karl Marx – in London starb, war der vielfach bewunderte »General« der neuen Internationale, die sich am 14. Juli 1889 in Paris zu einem Arbeiterkongress versammelte – also genau 100 Jahre nach dem Sturm auf die Bastille und der Eröffnung der Großen Französischen Revolution. Die Entwicklung des Sozialismus und der Arbeiterbewegung in diesem Jahrhundert war bis 1848 weitgehend auf Frankreich und England beschränkt gewesen. Die Kämpfe verliefen ungleichzeitig; die Entwicklung von Organisationen der Arbeiterklasse war höchst instabil. In Paris kamen hingegen ca. 400 Delegierte von Arbeiterorganisationen aus 19 europäischen Ländern sowie aus Argentinien und den USA zusammen, darunter führende Köpfe und Theoretiker der nationalen Verbände und Bewegungen, die bis ins kommende Jahrhundert eine wichtige Rolle spielen sollten.[16]

Der Kongress beschloss Resolutionen zu den folgenden Fragen: eine internationale Arbeitsschutzgesetzgebung, d.h. gesetzliche Regelung des Arbeitstages, von Frauen- und Kinderarbeit; Abschaffung der stehenden Heere und allgemeine Volksbewaffnung; eine Internationale Kundgebung für den 8-Stunden-Tag zum 1. Mai 1890, der der Solidarität mit den US-amerikanischen Arbeitern gewidmet sein sollte, die nach einer Demonstration für den 8-Stunden-Tag auf dem Haymarket von Chicago hingerichtet worden waren.

Die revolutionäre Prognose des »Kommunistischen Manifestes« (von 1847) und die Empfehlungen der IAA von 1864, den politischen Kampf und die Organisierung der Arbeiterbewegung voranzutreiben, schienen sich jetzt in die Praxis umzusetzen. Nach Julius Braunthal (1974, Band 1: 203f.) war die »Zweite Internationale« die »Verkörperung des sozialistischen Optimismus, der Vorstellung vom unvermeidlichen Zusammenbruch der kapitalistischen Gesellschaftsordnung und vom unwiderstehlichen Siegeslauf des Sozialismus und seiner zwangsläufigen Erfüllung in der nahen Zukunft. ›Ich bin überzeugt‹, erklärte August Bebel auf dem Erfurter Parteitag der deutschen

[16] »In einer Atmosphäre offener Begeisterung hatten sich die Delegierten ...versammelt: Keir Hardie aus England, Wilhelm Liebknecht, Bebel, Bernstein, Vollmar, Clara Zetkin aus Deutschland, Jules Guesde, Lafargue, Vaillant, Longuet aus Frankreich, Anseele, Vandervelde aus Belgien, Andrea Costa, Cipriani aus Italien, Victor Adler aus Österreich, Domela Nieuwenhuis aus Holland, Pablo Iglesias aus Spanien, Plechanow aus Russland.« (Kriegel 1976: 14) Zur Entwicklung in den einzelnen europäischen Ländern vgl. Abendroth 1965: 51ff. sowie die Bände IV bis IX der von Jacques Droz herausgegeben Geschichte des Sozialismus sowie Braunthal 1974, Band 2, S. 99-200.

Sozialdemokratischen Partei im Jahr 1891 – nur zwei Jahre nach der Erneuerung der Internationale –, ›die Verwirklichung unserer Ziele ist so nahe, dass wenige in diesem Saale sind, die diese Tage nicht erleben werden‹. Es war diese Siegeszuversicht, die der sozialistischen Bewegung in der Zeit der Zweiten Internationale einen eigenartigen Schwung der Begeisterung verlieh.« Doch der optimistische »Schwung« hielt nicht lang; das Jahr 1914, der Beginn des Ersten Weltkriegs, brachte eine tiefe Krise und Spaltung der Internationale zum Vorschein.

»Die deutsche Sozialdemokratie blieb die ganze Periode hindurch ›Modell‹-Partei « (Droz 1975 Band 4: 18; Sunkara 2019: 51ff.). Nach der Gründung des Deutschen Reichs im Jahr 1871 und der Vereinigung der beiden Hauptströmungen der Arbeiterbewegung (Gotha 1875) begann der Aufschwung der Partei. Bismarck wollte diesen durch das »Sozialistengesetz« (1878–1891) blockieren, während er gleichzeitig mit seiner Sozialpolitik den Einfluss der Sozialdemokratie auf die Arbeiterklasse zu neutralisieren suchte. Verboten wurden sozialistische, sozialdemokratische, kommunistische Vereine, Versammlungen und Schriften, »deren Zweck der Umsturz der bestehenden Staats- und Gesellschaftsordnung« sei. Viele Anhänger sahen sich verfolgt und mussten emigrieren. Die Parteiarbeit selbst wurde in den Untergrund bzw. ins Ausland verlagert. Trotz massiver Repression war die Kandidatur und Wahl sozialdemokratischer Politiker als Privatpersonen jedoch weiterhin möglich. Die Zahl der sozialdemokratischen Wähler stieg von 125.000 (3,2%) im Jahr 1871 auf 1, 8 Millionen (23,2%) in 1893 und schließlich auf 4,3 Millionen (34,7%) in 1913.[17] 1913 zählte die Partei 1,1 Millionen Mitglieder. August Bebel (1840 bis 1913) wurde als Vorsitzender verehrt. Er hatte schon im Parlament des Norddeutschen Bundes vor 1871 dieses in eine »Tribüne des Klassenkampfes« verwandelt. Sein Bild zierte die »gute Stube« vieler Arbeiterwohnungen. Darüber hinaus war die deutsche Partei auf dem Gebiet der Vermittlung und Weiterentwicklung der Lehren von Marx und Engels als führend anerkennt. Karl Kautsky, der Chefredakteur der Theoriezeitschrift »Neue Zeit« war der Kopf der »Marx-Orthodoxie« der II. Internationale; Eduard Bernstein hatte mit Friedrich Engels in London am zweiten und dritten Band des Marxschen »Kapital« gearbeitet. August Bebel hatte 1879 das Buch »Die Frau und der Sozialismus« veröffentlicht. Zwischen 1892 und 1923 war Clara Zetkin die Herausgeberin der »Gleichheit. Zeitschrift für die Interessen der Arbeiterinnen, Frauen und Mädchen des werktätigen Volkes«, eine sozialdemokratische Frauenzeitschrift, die von 1892 bis 1923 erschien. Neben der proletarischen Frauenbewegung war die Arbeiterjugend-

[17] Zahlreiche Angaben in diesem Abschnitt sind entnommen aus dem – bis heute wertvollen – Handbuch zur Geschichte der deutschen Arbeiterbewegung 1869–1917, 2 Bände, 1987 herausgegeben von dem DDR-Historiker Dieter Fricke aus Jena.

bewegung – z.B. die Naturfreunde-Bewegung ab 1895 – ein wichtiger Teil jener Kräfte der Arbeiterbewegung, die in der Zivilgesellschaft um Anerkennung und Hegemonie kämpften.

Die Stärke der deutschen Sozialdemokratie gründete allerdings nicht nur auf ihren Wahlerfolgen und den organisatorischen Leistungen der Partei. Ihre Stärke beruhte gerade darauf, dass sie »seit der Jahrhundertwende ... eine ›relativ reine Klassenpartei‹« war (Wehler 1995: 1046), was nicht ausschloss, dass unter ihren Mitgliedern, Wählern und Anhängern auch Menschen aus anderen Klassen, Intellektuelle, »Akademiker«[18] zu finden waren. Darüber hinaus war die Partei Triebkraft und politischer Ausdruck eines Prozesses der »Klassenformierung«, der weit über das politische Feld hinausging und die Alltagserfahrung der arbeitenden Menschen bestimmte. Für die Entwicklung des Klassenbewusstseins der Arbeiter spielte die sozialdemokratische Presse, ihre Verlagshäuser sowie ihre Bildungseinrichtungen eine wichtige Rolle. Die Klasse konstituierte sich nicht nur von unten – aus der Erfahrung von Arbeit und Alltagsleben, sondern auch durch die beständige Anrufung durch die Partei, die in Anspruch nahm, die Klasse zum Ziel der Befreiung zu führen. Die der SPD verbundenen freien Gewerkschaften schafften bis zum Beginn des 20. Jahrhunderts den »Durchbruch« zu Massenorganisationen (Ritter/Tenfelde 1975).

Die Verbände der sogenannten freien, sozialistischen Gewerkschaften zählten 1913 ca. 2,5 Millionen Mitglieder. Sie mussten immer wieder zum Mittel des Streiks greifen, um Lohnerhöhungen, Tarifverträge, sozialpolitische Reformen usw. durchzusetzen. Darüber hinaus gab es noch das weite Feld der sogenannten Kulturorganisationen der deutschen Arbeiterbewegung: Sportvereine, Theatergruppen, die Freidenker, die Abstinenzler und Esperanto-Gruppen, die teilweise mehr als eine Million Mitglieder zählten. Schließlich hatte sich auch die Genossenschaftsbewegung ausgeweitet – an der Spitze die Konsumvereine, die später durch Wohnungsbaugenossenschaften (»Neue Heimat«) und eigene Bank- und Versicherungsinstitute (»Volksfürsorge«) ergänzt wurden. »Arbeiterbewegung« war demzufolge immer mehr als die Bewegung von Partei(en) und Gewerkschaften. Ihre Kraft resultierte aus der Verbindung der politischen Kämpfe und der kollektiven Organisation im Betrieb mit konkreten Formen der Lebenshilfe und der Solidarität im Alltag, in den Arbeiterwohnbezirken der Großstädte bzw. in den Arbeiterwohngemeinden. Diese proletarischen Lebenswelten als Klassengemeinschaft gegen die bürgerliche Ordnung stärkte nicht nur das Selbstbewusstsein vieler Arbeiter, sondern galt ihnen auch als Antizipation

[18] Die Zeitschrift »Der sozialistische Akademiker« wurde später in »Sozialistische Monatshefte« umbenannt und war das führende Organ der sogenannten »Revisionisten«, der Anhänger von Eduard Bernstein.

der konkreten Utopie einer vom Zwang des Profits, der Ausbeutung und der Konkurrenz befreiten sozialistischen Gesellschaftsordnung. In den »Liedern der Arbeiterbewegung« (Adamek 2013), die in dieser Zeit entstanden, fand dieses Selbstbewusstsein – zusammen mit dem »Prinzip Hoffnung«, als der konkreten Utopie der proletarischen Emanzipation, einen kulturellen Ausdruck. Solche Merkmale der Klassenidentität verstärkten sich in dem Maße, wie die sozialistische Arbeiterbewegung und ihre Angehörigen von »oben«, durch den Staat, durch die »herrschenden Meinung«, durch die Angehörigen der oberen Gesellschaftsklassen als »Feinde«, als »vaterlandslose Gesellen diskreditiert wurden, denen nur mit dem Mittel der Repression beizukommen sei. Der Sozialdemokratie »stand die geballte Macht einer feindseligen Regierung und Verwaltung im Verein mit dem Block fast aller anderen Parteien und Interessenverbände gegenüber« (Wehler 1995: 1050).

Die deutsche Sozialdemokratie gab sich 1891 – nach dem Fall des Sozialistengesetzes, der als Triumph der Partei gefeiert wurde – beim Erfurter Parteitag ein neues Programm, das sich offen zu den Lehren von Marx und Engels bekannte. Die ersten Abschnitte lauten:

»Das Privateigentum an Produktionsmitteln, welches ehedem das Mittel war, dem Produzenten das Eigentum an seinem Produkt zu sichern, ist heute zum Mittel geworden, Bauern, Handwerker und Kleinhändler zu expropriieren und die Nichtarbeiter – Kapitalisten, Großgrundbesitzer – in den Besitz des Produkts der Arbeiter zu setzen. Nur die Verwandlung des kapitalistischen Privateigentums an Produktionsmitteln – Grund und Boden, Gruben und Bergwerke, Rohstoffe, Werkzeuge, Maschinen, Verkehrsmittel – in gesellschaftliches Eigentum und die Umwandlung der Warenproduktion in sozialistische, für und durch die Gesellschaft betriebene Produktion kann es bewirken, dass der Großbetrieb und die stets wachsende Ertragsfähigkeit der gesellschaftlichen Arbeit für die bisher ausgebeuteten Klassen aus einer Quelle des Elends und der Unterdrückung zu einer Quelle der höchsten Wohlfahrt und allseitiger harmonischer Vervollkommnung werde.

Der Kampf der Arbeiterklasse gegen die kapitalistische Ausbeutung ist notwendigerweise ein politischer Kampf. Die Arbeiterklasse kann ihre ökonomischen Kämpfe nicht führen und ihre ökonomische Organisation nicht entwickeln ohne politische Rechte. Sie kann den Übergang der Produktionsmittel in den Besitz der Gesamtheit nicht bewirken, ohne in den Besitz der politischen Macht gekommen zu sein.

Diesen Kampf der Arbeiterklasse zu einem bewussten und einheitlichen zu gestalten und ihm sein naturnotwendiges Ziel zu weisen – das ist die Aufgabe der Sozialdemokratischen Partei.

Die Interessen der Arbeiterklasse sind in allen Ländern mit kapitalistischer Produktionsweise die gleichen. Mit der Ausdehnung des Weltverkehrs und der Produktion für den Weltmarkt wird die Lage der Arbeiter eines jeden

Landes immer abhängiger von der Lage der Arbeiter in den anderen Ländern. Die Befreiung der Arbeiterklasse ist also ein Werk, an dem die Arbeiter aller Kulturländer gleichmäßig beteiligt sind. In dieser Erkenntnis fühlt und erklärt die Sozialdemokratische Partei Deutschlands sich eins mit den klassenbewussten Arbeitern aller übrigen Länder.

Die Sozialdemokratische Partei Deutschlands kämpft also nicht für neue Klassenprivilegien und Vorrechte, sondern für die Abschaffung der Klassenherrschaft und der Klassen selbst und für gleiche Rechte und gleiche Pflichten aller ohne Unterschied des Geschlechts und der Abstammung. Von diesen Anschauungen ausgehend bekämpft sie in der heutigen Gesellschaft nicht bloß die Ausbeutung und Unterdrückung der Lohnarbeiter, sondern jede Art der Ausbeutung und Unterdrückung, richte sie sich gegen eine Klasse, eine Partei, ein Geschlecht oder eine Rasse.«[19]

Friedrich Engels hat kurz vor seinem Tode im Jahr 1895 zur Neuausgabe der Marxschen Schrift »Klassenkämpfe in Frankreich« aus dem Jahr 1850 eine ausführliche Einleitung verfasst (MEW 22: 509ff.). Darin blickt er auf die Entwicklung der Arbeiterbewegung und des Sozialismus im zu Ende gehenden Jahrhundert zurück und reflektiert auch eigene Fehleinschätzungen. Inzwischen war klar geworden: Die französischen Revolutionen im Gefolge von 1789 (bis zur »Kommune«) waren »Minoritätenrevolutionen« in einem Land, in dem der »Stand der ökonomischen Entwicklung ... damals noch bei weitem nicht reif war für die Beseitigung der kapitalistischen Produktion« (ebd.: 515). Durch die Expansion der industriellen Revolution auf dem Kontinent haben sich »die Bedingungen geändert für ... den Klassenkampf. Die Zeit der Überrumpelungen, der von kleinen bewussten Minoritäten an der Spitze bewusstloser Massen durchgeführten Revolutionen ist vorbei. Wo es sich um eine vollständige Umgestaltung der gesellschaftlichen Organisation handelt, da müssen die Massen selbst mit dabei sein, selbst schon begriffen haben, worum es sich handelt, für was sie mit Leib und Leben eintreten... Das hat uns die Geschichte der letzten 50 Jahre gelehrt. Damit aber die Massen verstehen, was zu tun ist, dazu bedarf es langer, ausdauernder Arbeit; und diese Arbeit ist es gerade, die wir jetzt betreiben, und das mit einem Erfolg, der die Gegner zur Verzweiflung bringt.« (Ebd.: 523) Die »Kampfweise des Proletariats« hatte sich verändert.

---

[19] Friedrich Engels (MEW 22: 227-234) lobte den Programmentwurf: »die starken Überreste der Tradition – spezifisch lassalleanischer wie vulgärsozialistischer – sind im wesentlichen beseitigt«. Er kritisierte allerdings, dass bei den »politischen Forderungen« die Kritik des deutsch-preußischen Absolutismus zu schwach geblieben sei und dass man auf »die Forderung der Konzentration aller politischen Macht in den Händen der Volksvertretung« verzichtet habe – offenbar aus »Opportunismus«, aus »Furcht vor einer Erneuerung des Sozialistengesetzes«.

Die Sozialdemokratie nutzte nun das »Wahlrecht« und verwandelte es in ein »Werkzeug der Befreiung«, soweit im Ergebnis der Wahlen die Macht und Kraft der Partei nicht nur im Reichstag, sondern auch in anderen »Staatseinrichtungen« – z.B. Landtage, Gemeinderäte, Gewerbegerichte – zunahm. »Und so geschah es, dass Bourgeoisie und Regierung dahin kamen, sich weit mehr zu fürchten vor der gesetzlichen als vor der ungesetzlichen Aktion der Arbeiterpartei, vor den Erfolgen der Wahl als vor denen der Rebellion.« (Ebd.: 519) Engels war offenbar davon überzeugt, dass es nunmehr – im Rahmen einer Verfassung – die Möglichkeit eines friedlichen und legalen Übergangs zum Sozialismus geben könne. Die »Hauptaufgabe« der Partei sah er darin, das Wachstum der Masse ihrer proletarischen Anhänger »ununterbrochen in Gang zu halten, bis es dem gegenwärtigen Regierungssystem von selbst über den Kopf wächst, … bis zum Tag der Entscheidung« (ebd.: 524). Was an diesem Tag geschehen soll bzw. wird, ließ Engels offen; seit dem »Manifest« hatte er mit Marx die Auffassung vertreten, dass die Arbeiterklasse die politische Macht als Voraussetzung für die gesellschaftliche Umwälzung übernehmen muss. Eher beiläufig fügte er hinzu, dass angesichts der Erfolge des Sozialismus auf gesetzlichem Wege der herrschenden Klasse nichts anderes bliebe, »als selbst diese ihnen so fatale Gesetzlichkeit zu durchbrechen« (ebd.: 525), dabei einen preußischen General zitierend, der den Weg der Gegen-Revolution wie folgt beschrieb: »Bruch der Verfassung, Diktatur, Rückkehr zum Absolutismus, des Königs Wille ist das oberste Gesetz!« (Ebd.: 526)

Die Arbeiterbewegung muss also auch gerüstet sein, auf die »bonapartistische« Antwort auf die »rote Gefahr«, d.h. im Extremfall auf einen Militärputsch von rechts zu reagieren (Brunkhorst 2018). Engels war sich solcher Gefahren bewusst. Der Optimismus und Legalismus seines »politischen Testaments« aus dem Jahr 1895 wurde freilich wenig später von den Anhängern des Reformismus und Pragmatismus in der Partei und in den Gewerkschaften gegen die Vertreter des linken Flügels gewendet. Rosa Luxemburg hat sich daher beim Gründungsparteitag der KPD – am Ende des Ersten Weltkrieges, ein Jahr nach der Oktoberrevolution in Russland und mitten in der deutschen Novemberrevolution – kritisch auf dieses »Testament« bezogen. In ihrer Rede zur Programmdebatte in der neuen Partei ging sie darauf ein: »Jene Vorrede, die Friedrich Engels im Jahre 1895 zu den ›Klassenkämpfen in Frankreich‹ geschrieben hat, … war eine wichtige geschichtliche Urkunde unserer Arbeiterbewegung… Parteigenossen, ich gehe auf die Fragen ein nicht aus bloßem historischem Interesse, sondern es ist eine rein aktuelle Frage und eine historische Pflicht, die vor uns steht, indem wir unser Programm heute auf den Boden stellen, auf dem einst 1848 Marx und Engels standen. Mit den Veränderungen, die die historische Entwicklung inzwischen herbeigeführt hat, haben wir die Pflicht, ganz klar und bewusst eine Revision vorzunehmen gegenüber der Auffassung, die in der deutschen Sozialdemokratie bis zum Zusammenbruch am 4. August maßgebend war. Diese Revision soll hier offiziell vorgenommen werden.« (Luxemburg 1918; GW 4: 490f.)

Von weiten Teilen der Mitglieder und Anhänger der Sozialdemokratie wurde der politische Optimismus von Friedrich Engels am Ende des 19. Jahrhunderts freilich geteilt. Damit verbunden war ein geschichtsphilosophischer Determinismus, der sowohl den Zusammenbruch des Kapitalismus als auch den Übergang zum Sozialismus als einen quasi- naturgesetzlichen Prozess verstehen wollte. Im »wissenschaftlichen Sozialismus« von Marx und Engels sah man diese »Naturnotwendigkeit« fälschlicherweise begründet.

6. Geburt und Aufschwung des Sozialismus – Dialektik von Einheit und Spaltung, von Bewegung und Organisation

Geburt und Aufstieg des modernen Sozialismus vollziehen sich vor dem Hintergrund einer »Doppelrevolution« (Hobsbawm): der industriellen Revolution und der von England ausgehenden, bald den Kontinent und Nordamerika erfassenden kapitalistischen Produktionsweise auf der einen und der politischen, bürgerlichen Revolution auf der anderen Seite, die mit der Erklärung der Menschenrechte den Sturz der alten feudal-absolutistischen Herrschaftsverhältnisse herbeiführen und – dem Anspruch der Aufklärung folgend – das geistig-ideologische Herrschaftsmonopol der Religion und der Kirchen brechen wollte. Im Gefolge der industriellen Revolution entstand das industrielle Proletariat, das sich zunächst überwiegend aus der armen Bauernschaft – der größten Klasse der spätfeudalen Agrargesellschaft – rekrutierte. Die Transformation der Landwirtschaft vollzog sich unter dem Druck a) der Entwicklung der Industriegesellschaft, und b) der Herausbildung eines Weltmarktes für Agrarprodukte im 19. Jahrhundert. Dieser Prozess verlief auf der nationalen Ebene allerdings äußerst ungleichmäßig und ungleichzeitig. In England ging die »ursprüngliche Akkumulation« der industriellen Revolution voraus. Die landbesitzende Gentry war eng mit dem Handelskapital und der Aneignung von Reichtum und Vermögen aus dem British Empire verbunden. In Deutschland bildeten die ostelbischen Großgrundbesitzer eine Säule des von Bismarck geführten herrschenden Blocks nach 1871; gleichzeitig vollzog sich eine kapitalistische Transformation der Landwirtschaft (Produktion für den Markt; Anwendung von Maschinen und wissenschaftlichen Anbaumethoden). »Die größte deutsche Arbeiterklasse ... war das sechs bis siebeneinhalb Millionen Köpfe zählende Landproletariat«, das sich nicht wie das Industrieproletariat organisieren durfte (Wehler 1995: 1268). In Frankreich war im Gefolge der Jakobinerherrschaft die Klasse der kleinen Parzellenbauern entstanden, immer wieder bereit zur Rebellion gegen Paris, aber auch verfügbar für eine antisozialistische und antidemokratische politische Propaganda, die den Geist der Grande Nation von Napoleon Bonaparte beschwor. In Italien schließlich bestanden im Süden (wie auf der Iberischen Halbinsel) nach wie vor quasi-feudale Eigentums- und Herrschaftsverhältnisse auf dem Lande, während sich im Norden – neben den industriellen Zentren – ein Landproletariat auf den großen Gütern der Po-Ebene gebildet hatte, das zunehmend in die Klassenauseinandersetzungen eingriff. In Russland schließlich war zwar erst 1861 die Leibeigenschaft aufgehoben worden; 23 Millionen leibeigene Bauern wurden befreit, die 34 Prozent der damaligen Bevölkerung ausmachten. Am Anfang des 20. Jahrhunderts bildeten die armen Bauern und das Landproletariat nach wie vor die große Mehrheit der Bevölkerung, die unter äußerst elenden und kulturell zurückgebliebenen (z.B. Analphabetismus) Verhältnissen lebte. Im Jahr 1906 stellte Werner Sombart die Frage »Warum gibt es in den Vereinigten Staaten keinen Sozialismus?« Seine Antwort: Die Millionen Proletarier aus Europa, die in die USA einwandern und dort zunächst an der Ostküste in dem sich rapide entwickelnden industriellen Kapitalismus arbeiten, haben immer noch ein Ideal: sie wollen selbständige Farmer im Mittleren Westen werden. Erst wenn diese Kolonisierung abgeschlossen ist und die Binnenmigration zum Erliegen kommt, wird es – so Sombart – auch in den USA Sozialismus geben. Diese unterschiedlichen Verhältnisse beeinflussten einerseits die Prozesse der Nationalstaatsbildung und der bürgerlichen Revolution in den verschiedenen Ländern. Gleichzeitig wurde die Entwicklung der Arbeiterbewegung und des Sozialismus natürlich herausgefordert, auf das Elend der Bevölkerung auf dem Lande einzugehen, ihre Bedeutung für den Sozialismus zu begreifen und daraus Überlegungen für strategische Bündnisse im Kampf gegen den Kapitalismus, später gegen Imperialismus, Faschismus und Krieg abzuleiten. Bei Marx und Engels und ihren Schülern, die sich auf das Industrieproletariat als den progressiven Kern der Arbeiterklasse konzentrierten, bleiben diese Fragen hingegen unterbelichtet. Sie werden erst im Übergang ins neue Jahrhundert in den Vordergrund treten.

Es gibt Historiker der Arbeiterbewegung, die die Geburt und Entwicklung des Sozialismus in Frankreich und England, dann die Herausbildung sozialistischer Massenparteien (mit dem Modell-Deutsches Reich/SPD) als eine Linie des Aufstiegs darstellen, in der sich die reale Klassenbewegung mit der Aneignung der Geschichtsphilosophie und der theoretischen Kritik des Kapitalismus durch Marx und Engels verbindet. Diese lineare Konstruktion muss sich nicht nur mit der bald einsetzenden Krise und Spaltung der II. Internationale – namentlich der deutschen Sozialdemokratie – im Ersten Weltkrieg auseinandersetzen. Sie muss auch zur Kenntnis nehmen, dass die Entwicklung der Arbeiterbewegung und des Sozialismus in den verschiedenen Ländern Europas bis zur Jahrhundertwende keineswegs einem einheitlichen Muster folgen. Jacques Droz (Band IV 1975: 18-22) benennt vier Typen des

Sozialismus, die sich sowohl durch ihre Beziehung zum Marxismus als auch durch Unterschiede im Verhältnis von Klassenbewegung und Organisation (Partei, Gewerkschaften, Genossenschaften) unterscheiden.

- Die *deutsche Sozialdemokratie* galt – wie bereits betont – als »Modell« einer marxistischen Arbeiterpartei,[20] geprägt durch die Erfahrungen des Sozialistengesetzes (bis 1891) und die Feindseligkeit des herrschenden Blocks. Sie legte großen Wert auf Parteidisziplin und verfocht zunächst einen Vorrang des politischen gegenüber dem ökonomischen Kampf, d.h. auch einer Führungsrolle der Partei gegenüber den Gewerkschaften. Nach der Jahrhundertwende wurde dieser Anspruch vonseiten der stärker gewordenen Gewerkschaftsführungen, die über einen Apparat von »Gewerkschaftsbeamten« verfügten, infrage gestellt (Mannheimer Abkommen, 1906).
- Im französischen Sozialismus war der Marxismus nicht tief verwurzelt. Die verschiedenen Strömungen, die sich auf die revolutionären und utopischen Traditionen des 19. Jahrhunderts bezogen, hatten sich immer wieder heftig bekämpft. Die Sozialistische Partei – als Sektion der Internationale (SFIO) – wurde erst 1905 gründet. Stark blieb der Einfluss anarchistischer Traditionen, der sich in der Genossenschafts- und Gewerkschaftsbewegung manifestierte. Die Anarcho-Syndikalisten spielten in der Gewerkschaft CGT (und ihrer Gründungscharta von Amiens, 1906)[21] eine wichtige Rolle. Sie lehnten die organisatorische Trennung von Partei und Gewerkschaften ebenso ab wie den Führungsanspruch der Partei sowie den Kampf um Parlamentssitze und die politische Macht im Rahmen der bürgerlichen Legalität. Als Mittel der Revolution zum Sturz der alten Ordnung betrachteten sie den Generalstreik. In Italien und Spanien hatten sich die Ideen des Anarchosyndikalismus in der Arbeiterbewegung ebenfalls weit verbreitet. In Spanien hatte die 1910 gegründete – sich zum Anarchismus bekennende – Gewerkschaft CNT während des Bürgerkrieges nach 1936 allein in Katalonien – seinerzeit die Hochburg des revolutionären Syndikalismus – zwischen 1,5 und 2 Millionen Mitglieder.

---

[20] Die Entwicklung der Sozialistischen Partei in Österreich-Ungarn folgte weitgehend diesem Modell. Im Vielvölkerstaat wurden die Theoretiker der Partei allerdings früh mit der Herausforderung konfrontiert, die Bedeutung der nationalen Frage zu diskutieren. Der Historiker Hans Mommsen hat sich intensiv mit dieser Problematik auseinandergesetzt. (Mommsen 1963)

[21] Dieses Dokument wird mit den folgenden Worten eingeleitet: »Die CGT umfasst – außerhalb aller politischen Schulen – alle Arbeiter, die sich der Notwendigkeit des Kampfes für das Verschwinden der Lohnarbeit und der Unternehmerherrschaft bewusst sind. Der Kongress ist der Auffassung, dass diese Erklärung eine Anerkennung des Klassenkampfes einschließt, der auf dem Gebiet der Wirtschaft alle Arbeiter zusammenschließt, die gegen alle – materiellen wie moralischen – Formen der Ausbeutung und Unterdrückung revoltieren, die von der Klasse der Kapitalisten gegen die Arbeiterklasse ins Werk gesetzt werden.«

- In Großbritannien war die Arbeiterbewegung durch die Gewerkschaften und deren Kämpfe dominiert. Bis zum Ende des Jahrhunderts entwickelte sich unter den ungelernten Arbeitern, die in die Kämpfe eintraten, eine Strömung des revolutionären Syndikalismus, während die Vertreter der Facharbeiter mit der Liberalen Partei zusammengearbeitet hatten. Die Labour Party wurde 1900 gegründet. In ihr spielten (z.T. bis heute) die Gewerkschaften als kollektive Mitglieder eine führende Rolle. Ideologisch war die Partei von der Fabian Society beeinflusst, der zahlreiche Intellektuelle angehörten. Deren Sozialismuskonzept richtete sich nicht auf die gewaltsame proletarische Revolution, sondern auf die Stärkung eines kommunalen Sozialismus und der »industriellen Demokratie«.
- In Russland schließlich, das im folgenden Jahrhundert zum Zentrum eines weltrevolutionären Prozesses werden sollte, war der Sozialismus zunächst nicht mit einer Arbeiterbewegung verbunden, sondern wurde von Intellektuellen und Angehörigen der oberen Klassen, die sich gegen das zaristische Regime, die elende Lage der Volksmassen und die kulturelle Rückständigkeit des Landes auflehnten, zur Kenntnis genommen. Er entwickelte sich in der Straflagern und Gefängnissen sowie in der westeuropäischen Emigration, wohin die ersten Anhänger des Anarchismus und Sozialismus geflohen waren, Zeitschriften herausgaben und erste Organisationen bildeten, die sich im Rahmen der II. Internationale positionierten. Die Entwicklung des Kapitalismus in Russland wurde für die sich zum Marxismus öffnenden Revolutionäre mehr und mehr zum Bezugspunkt ihrer strategischen Debatten. Die Sozialdemokratische Arbeiterpartei Russlands (SDAPR) wurde 1898 in Minsk gegründet und bekannte sich zum Marxismus. 1903 spaltete sich die Partei, die immer in der Illegalität und Emigration operieren musste, in Menschewiki und Bolschewiki. In der Russischen Revolution von 1905 setzten die Massenstreiks der Arbeiter sowie die Bildung von Arbeiterräten (Sowjets) in Petersburg und Moskau Zeichen, die auch außerhalb des Landes zur Kenntnis genommen werden mussten.

Die Geschichte des modernen Sozialismus, die mit der Entwicklung der kapitalistischen Produktionsweise und der Arbeiterbewegung verbunden ist, zeichnet sich also keineswegs durch eine Tendenz zur Uniformität aus, deren soziale Basis ein Prozess der Homogenisierung der Klassenerfahrung und der grenzüberschreitenden Parallelisierung der Klassenkämpfe bildet. Die Klasse ist stets in verschiedene Fraktionen und Sektionen gegliedert – nach Qualifikation und Ausbildung, Inhalt der Tätigkeiten, regionalen und/oder religiösen Sondereinflüssen etc. Der geschichtliche Prozess der Klassenformierung beinhaltet immer wieder Veränderungen in der Zusammensetzung der Klasse, der Bedeutung von Klassenfraktionen für die ökonomischen und politischen Kämpfe der Arbeiterbewegung (Silver 2003). Die »Einheit« der

Klasse wird nicht sozialökonomisch erzeugt. Sie steht vielmehr im Zentrum eines politischen Projektes, das durch die Anrufung der allgemeinen und gemeinsamen Interessen – vor allem auf dem Felde des politischen Kampfes (z.B. um Demokratie, gegen Faschismus und Krieg) – hergestellt werden soll (Deppe 1981). Die Gründungsgeschichte der sozialistischen Arbeiterbewegung belegt aber auch, dass es in ihr keine objektive (gesellschaftlich determinierte) Tendenz zur ideologischen Vereinheitlichung und Homogenisierung gibt. Vielmehr entwickelt sich in diesem ersten Jahrhundert eine Vielfalt von politischen und ideologischen Strömungen – nicht nur zwischen den Staaten, sondern auch in den Organisationen der nationalen Arbeiterbewegung (Parteien, Gewerkschaften) selbst. Die deutsche Sozialdemokratie differenzierte sich mehr und mehr in Strömungen und Richtungen aus. Spätere organisatorische Spaltungsprozesse wurden in solchen innerparteilichen Konflikten bereits angedeutet. Idealtypisch schälten sich drei Grundströmungen heraus, die sich vor 1914 noch alle auf das Ziel des Sozialismus bezogen. Sie artikulierten unterschiedliche Erfahrungen im Klassenkampf und vertraten unterschiedliche Fraktionen der Arbeiterklasse.

Erstens: Die Kräfte des Reformismus, die sich auf die Arbeit in den Parlamenten und in den Gewerkschaften konzentrieren, um auf diesem Wege die Arbeits- und Lebensbedingungen der Lohnabhängigen zu verbessern und demokratische Reformen (z.B. des Wahlrechts) durchzusetzen. In dieser Strömung wird dann ideologisch auch die Revision des Marxismus als Lehre von der proletarischen Revolution, wie sie Eduard Bernstein in seiner Schrift am Ende des Jahrhunderts (1898) vorgenommen hatte, begrüßt. Bernstein kritisierte die Revolutionstheorie von Marx und die Vorstellungen über den Zusammenbruch des Kapitalismus, bekannte sich jedoch zum Ziel des Sozialismus, der im Ergebnis einer Kette von Reformen entstehen würde. Seine Positionen wurden vor allem in den Parlamentsfraktionen und Gewerkschaftsvorständen geteilt. Der »abenteuerliche Radikalismus« der revolutionären Linken bedrohe die Partei in ihrer legalen Existenz, ein neues Sozialistengesetz müsse unbedingt verhindert werden, lautete das Credo.

Zweitens: Die Vertreter einer »Marx-Orthodoxie«, die die Notwendigkeit einer Stärkung der Arbeiterbewegung und der Politik der Reformen unter den Bedingungen einer relativen Stabilität des Kapitalismus und des alten Regimes mit einer Perspektive der revolutionären Zuspitzung der ökonomischen Krisenprozesse und der Klassenkämpfe verbinden. Karl Kautsky – der »Vordenker« dieser Richtung – hatte in seiner Schrift »Der Weg zur Macht« (1909) den Umschlag von einer relativ friedlichen und prosperierenden Entwicklungsphase des Kapitalismus in eine Periode neuer Kämpfe und revolutionärer Umwälzungen diagnostiziert.

Drittens: Eine revolutionäre Strömung, die nicht nur die Illusionen und Anpassungstendenzen (»Opportunismus«) der beiden anderen Strömungen kritisierte, sondern davon ausging, dass mit den Widersprüchen und Krisen des Kapitalismus auch die Arbeiterklasse selbst gezwungen sein wird, mit Massenaktionen und Massenstreiks in die politischen Auseinandersetzungen einzugreifen. In diesen tritt dann für die Partei die Frage der Ergreifung der politischen Macht gegen die Konterrevolution und der notwendigen Eingriffe in die gesellschaftlichen Eigentums- und Machtverhältnisse ins Zentrum. Rosa Luxemburg, die solche Positionen in ihrer Schrift »Sozialreform oder Revolution« (1899), in der sie sich mit dem Revisionismus von Eduard Bernstein auseinandersetzte, und in ihren Beiträgen zur »Massenstreikdebatte« vertreten hatte, wurde von Lenin als Anhängerin einer »Spontaneitätstheorie« kritisiert, die die Bedeutung der revolutionären Partei vernachlässige. Das traf keineswegs zu; allerdings betrachtete sie die Arbeiterklasse als ein Handlungssubjekt, dessen Interventionen in den Gang der Geschichte freilich niemals genau vorausgesagt werden können. Während sich die Anhänger des Reformismus auf das überwiegend »trade-unionistische Bewusstsein« der Arbeiterklasse beriefen, konnten sich die Anhänger des revolutionären Flügels auf Massenaktionen und Streikbewegungen der Arbeiterklasse beziehen, die sich in der revolutionären Krise am Ende des Ersten Weltkrieges noch einmal zuspitzen sollten.

Mit der Bildung der sozialistischen Massenparteien und anderer Organisationen der Arbeiterbewegung im politischen Raum entstehen Herausforderungen und Widerspruchskonstellationen, die immer wieder neue Antworten erfordern und dabei auch die Schwächen einer Theorie offenbaren, die das politische Feld – mit seiner eigenen Materialität und seinen Gesetzen – in seiner Bedeutung für die Entwicklung des Sozialismus im Geiste des Geschichtsdeterminismus bzw. des Ökonomismus und Klassenreduktionismus übersehen. Das Verhältnis von Partei und Bewegung wird stets mit neuen Fragen konfrontiert. Wirken die Bewegungen aus der Klasse als Druck und Korrektur für die Entwicklungen in der Partei? Oder übernimmt die Partei die Kontrolle über die Bewegungen, versucht, deren Spontaneität zu begrenzen und selbst zu entscheiden, wann die Massen aufgerufen werden, sich in die politischen Auseinandersetzungen einzubringen? In den sich herausbildenden Partei- und Gewerkschaftsbürokratien besteht nicht nur ein Gegensatz zwischen »Pragmatikern« und »Theoretikern«, sondern auch ein Eigeninteresse am Bestand und dem Funktionieren der Organisation selbst, in der Partei- und Parlamentskarrieren für hauptberufliche Politiker eröffnet werden. Die Statthalter dieser Logik wiederum fürchten nicht nur spontane Aktionen aus der Klasse, sondern auch die Aktivitäten der revolutionären Strömungen in der Partei. Es bleibt eine immer wieder neu zu bearbeitende Frage, wie mit solchen Widersprüchen umgegangen werden muss. Werden sie als »normal« akzeptiert und im Rahmen einer offenen innerparteilichen Auseinandersetzung um strategische Orientierungen, die demokratischen Regeln folgt, ausgetragen? Führen sie zu organisationspolitischen Spaltungen, oder werden sie mit Gewalt unterdrückt bzw. der Diktatur einer zentralistischen Führung unterworfen?

Solche Fragen berühren nicht nur die praktische Politik, sondern auch die Bedeutung einer politischen Theorie des Marxismus. Insbesondere die von Stalin (1924) verordnete Verabsolutierung des »Leninismus« als der »politischen Theorie des Marxismus« des 20. Jahrhunderts wurde z.B. von Ralph Miliband als »schrecklich verarmte Angelegenheit« bezeichnet. Dem lag freilich zugrunde, dass es bei »Marx, Engels und ihren prominentesten Nachfolgern keine systematische Theoretisierung der Politik« gibt (Miliband 1977: 2f.). Zwar haben die Verlaufsformen des Klassenkonfliktes, die Verteidigung und Stabilisierung der alten Ordnung als Reaktion auf die Herausforderungen durch die Arbeiterbewegung und den Sozialismus, die Beziehungen von Klasse und Partei sowie schließlich auch das Verhältnis von Reform und Revolution in den politischen Debatten und Auseinandersetzungen stets eine wichtige Rolle gespielt. Doch sie wurden nur selten als Themen einer Herrschaftsanalyse und Strategiedebatte begriffen, die jenseits von geschichtsphilosophischem Optimismus, Ökonomismus und Klassenreduktionismus die eigeständige Bedeutung der Politik für die Entwicklung der Arbeiterbewegung und des Sozialismus anerkennt. Die Parteien (und andere Organisationen) operieren als Handlungssubjekte auf dem politischen Feld, das sich (in den entwickelten kapitalistischen Staaten) überhaupt erst in der Folge der Erweiterung der parlamentarischen Demokratie (auch in den konstitutionellen Monarchien) sowie im Ergebnis der Wahlrechtsreformen und schließlich der Durchsetzung des allgemeinen Wahlrechtes im frühen 20. Jahrhundert konfiguriert.

Dieses Feld wird durch die Verfassung und die Rechtsordnung strukturiert. In seinem Zentrum stehen die Staatsmacht und das Parlament, dessen Vertreter in allgemeinen Wahlen bestimmt werden. Darauf beziehen sich die Parteien und die Interessenverbände. In einem weiteren Umfeld der politischen Öffentlichkeit begleiten und beeinflussen die Medien, Wissenschaftsinstitutionen, aber auch zivilgesellschaftliche Vereinigungen wie Religionsgemeinschaften, Clubs, Vereine die Kämpfe, die um ideologische Hegemonie und im politischen Feld um die Verteilung der politischen Macht, allgemeiner um die Kräfteverhältnisse zwischen den Klassen ringen. Die konkrete Analyse der Kräfteverhältnisse zwischen den Klassen, ihre Determinanten und ihre historische Dynamik zu bestimmen und daraus strategische Schlussfolgerungen für den Klassenkampf abzuleiten, gehört zu den zentralen Aufgaben einer am Marxismus orientierten Politik – theoretisch wie praktisch; denn der Rekurs auf die »allgemeinen Wahrheiten« des Historischen Materialismus und der Kritik der politischen Ökonomie, auf die »historische Tendenz der kapitalistischen Produktionsweise« sowie auf geschichtsphilosophische Leitsätze über die »historische Mission des Proletariats« sind wenig hilfreich, um die Kräfteverhältnisse der Klassen im politischen Feld zugunsten der Arbeiterklasse zu verändern. Dass Lenin von Gegnern wie Anhängern als Machiavelli des 20. Jahrhunderts bewundert wurde, war vor allem darauf zurückzuführen, dass er die Fähigkeit zur historisch-konkreten Analyse der widerspruchsvollen Dynamik von Herrschafts- und Kräfteverhältnissen mit der »marxistischen Orthodoxie« zu vermitteln wusste und dabei stets den Primat der praktischen Politik hervorhob.

Politik ist nicht nur Ideologie, Bewusstseinsform, das Reich des »politischen Verstandes, der an die Allmacht des Willens glaubt, ... und dabei unfähig ist, die Quelle sozialer Gebrechen zu entdecken« – so der junge Marx (MEW 1: 402). Das politische Feld besitzt vielmehr eine eigenständige ökonomisch-finanzielle und institutionelle Materialität, die den Akteuren Regeln gibt und damit auf deren innere Verfassung zurückwirkt. Politik kostet Geld und ist insofern immer auf die materiellen Ressourcen der Gesellschaft angewiesen. Die Herausbildung des – relativ autonomen – politischen Feldes und seiner institutionellen Verfasstheit ist das Ergebnis der bürgerlichen Revolutionen bzw. der Kämpfe der sozialistischen Arbeiterbewegung des 19. Jahrhunderts für die Demokratie.

Auf die konkrete Ausgestaltung des politischen Feldes wirken freilich spezifische Traditionen einer nationalen politischen Kultur ein. Gerade daraus erklärt sich wiederum zum Teil jene Vielfalt der Sozialismuskonzepte, die sich dann in den nationalen Formationen der Arbeiterbewegung reflektieren. Diese Differenzen sind eben nicht Ausdruck falschen Bewusstseins oder falscher Theorien, die auf der Ebene von Parteibeschlüssen und Lernprozessen zu überwinden sind, sondern Manifestationen von spezifischen Bedingungen und Deutungen des Klassenkampfes, die als notwendig anerkannt werden müssen.[22] Die Defizite in der Entwicklung einer politischen Theorie des Marxismus wurden immer dann offenkundig, wenn die sich auf Marx (später auf den Marxismus-Leninismus) beziehenden Positionen die Abweichungen von ihrer »Linie« als »Verrat« bzw. als Folge der Korruption durch den Klassengegner diffamierten.

Bis zum Beginn des 20. Jahrhunderts werden die ideologischen Unterschiede sowie die Gewichtungen zwischen dem ökonomischen (gewerkschaftlichen) und politischen Kampf zwischen den nationalen sozialistischen Par-

[22] Marx hatte schon 1872 beim Haager Kongress der IAA von der Bedeutung der Vielfalt nationaler Kulturen beim Übergang zum Sozialismus gesprochen. Dabei betonte er die Differenz zwischen den demokratischen und den autokratischen politischen Systemen: »Wir wissen, dass man die Institutionen, die Sitten und die Traditionen der verschiedenen Länder berücksichtigen muss, und wir leugnen nicht, dass es Länder gibt, wie Amerika, England, ... vielleicht noch Holland.., wo die Arbeiter auf friedlichem Wege zu ihrem Ziel gelangen können. Wenn das wahr ist, müssen wir auch anerkennen, dass in den meisten Ländern des Kontinents der Hebel unserer Revolution die Gewalt sein muss; die Gewalt ist es, an die man eines Tages appellieren muss, um die Herrschaft der Arbeit zu errichten.« (MEW 18: 160)

tien in Europa durch die ungleiche Entwicklung der Demokratie nach 1789 und 1848 bestimmt. Dort, wo über Wahlrechtsreformen, Anerkennung der Koalitionsfreiheit und Verfassungsreformen im Sinne der konstitutionellen Monarchie die Position des Parlamentes gestärkt wurde und gleichzeitig die »soziale Frage« durch Parteien der herrschenden Klasse als politische Herausforderung zur Verteidigung der alten Ordnung anerkannt wurde, wurden früh in den Arbeiterparteien und Gewerkschaften jene Kräfte gestärkt, die auf dem Wege von Verhandlungen und Kompromissen gesetzliche Verbesserungen der sozialen Lage der Arbeiterklasse durchsetzen wollten, dabei im Parlament Koalitionen mit bürgerlich-liberalen Kräften suchten und die revolutionäre Rhetorik auf Festtagsreden zurücknahmen. In England kam es seit den 60er Jahren zur Zusammenarbeit von Gewerkschaften und Liberaler Partei. In Frankreich wurde der Sozialist Alexandre Millerand (1859–1943) im Jahr 1899 zum ersten Mal – gegen den Willen seiner Partei – Minister. Er neigte mehr und mehr konservativen Anschauungen und der politische Rechten zu; 1904 wurde er aus der Sozialistischen Partei ausgeschlossen. »Millerandismus« war zu einem Schimpfwort in der sozialistischen Arbeiterbewegung geworden. Im Deutschen Reich war die Sozialdemokratie mit einem reaktionären politischen Regime konfrontiert, das sich über die führende Stellung des Militärs in der Gesellschaft, über die Militarisierung der Arbeitsdisziplin, des Bildungswesens und der Kultur in die Alltagserfahrung der Arbeiterklasse eingeschrieben hatte. Unter Bismarck wurde das Bündnis zwischen Großkapital (der sich rasch entwickelnden Schwerindustrie) und ostelbischem Großgrundbesitz geschmiedet, das in der Sozialdemokratie ihren wichtigsten innenpolitischen Feind sah. Diese Machtkonstellation, die noch durch das Drei-Klassen-Wahlrecht in Preußen abgesichert war, wurde bis zum Ende des Jahrhunderts durch den Übergang zum Imperialismus gefestigt. Der Aufbau der Kolonialreiche, die Konkurrenzkämpfe auf dem Weltmarkt, der Anspruch des Deutschen Reichs auf eine Führungsrolle in der Weltpolitik, verbunden mit Aufrüstung und Kriegsvorbereitung forderte die Sozialdemokratie zu einer konsequenten Oppositionshaltung heraus, die auch im Bewusstsein ihrer Mitglieder das Bekenntnis zum Marxismus als notwendig und richtig erscheinen ließ. Allerdings gab es auf der Ebene der Länder des Reichs mit einer stärker liberalen Tradition z.B. im Südwesten (in Baden und Württemberg) in den regionalen Parlamenten schon früher Kooperation und Vereinbarungen der sozialdemokratischen Fraktionen mit den Liberalen.[23]

[23] Im Jahr 1905 kam es bei den Wahlen zur zweiten Kammer der Ständeversammlung im Großherzogtum Baden zu einer ersten Wahlabsprache zwischen Demokraten, Nationalliberalen und Sozialdemokraten gegen die Dominanz der katholischen Zentrumspartei. Nach 1909 wurde eine inhaltliche sozial-liberale Zusammenarbeit vereinbart. Vonseiten der Gesamtpartei – besonders von ihrem linken Flügel – wurden diese Koalitionen heftig kritisiert.

Die Stellung der sozialistischen Arbeiterbewegung in der politischen Kultur der jeweiligen Länder wurde auch dadurch beeinflusst, welche Beziehungen sich zwischen den Arbeiterparteien und den Intellektuellen im weiteren Sinne (Schriftsteller, Künstler, Wissenschaftler, Journalisten) entwickeln würden. Im frühen 19. Jahrhundert waren die Theoretiker des Sozialismus meist Angehörige des Bürgertums, die die Menschenrechte und die Ideen der französischen Revolution vertraten und oft zur Emigration gezwungen wurden. In Ländern mit einer mehr liberalen und republikanischen Tradition kam es mitunter schon früher zu Kontakten zwischen Intellektuellen, Universitätsprofessoren, Künstlern mit der sozialistischen Arbeiterbewegung ihres Landes. Auch unter den Studenten der Universitäten breiteten sich – wenn auch in kleinen Zirkeln – sozialistische Ideen aus. Im Deutschen Reich wurden Dozenten, die sich zum Sozialismus bekannten oder Sympathien für ihn zu erkennen gaben, aus dem Dienst entfernt.

Die verschiedenen nationalen Wege zur Demokratie waren auch mit den Auseinandersetzungen um die nationale Frage verbunden. In Italien war die radikaldemokratische Bewegung des Risorgimento eine führende Kraft im Kampf für die Einheit; in Deutschland hatte die bürgerliche Demokratie schon 1848 vor dem preußischen König kapituliert. In Ost- und Südosteuropa hingegen kämpften die nationalen Unabhängigkeitsbewegungen gegen die autokratischen Regime des Zarenreiches, des Habsburger und des Osmanischen Reiches. Die Sozialisten mussten sich (meist in der Illegalität) mit der Frage auseinandersetzen, wie das Selbstbestimmungsrecht der Völker mit der Zielsetzung des proletarischen Internationalismus zu vermitteln sei. Der Nationalismus wurde als bürgerlich-reaktionäre Ideologie kritisiert; der Nationalstaat galt als Institution der bürgerlichen Klassenherrschaft. Gleichzeitig war die Forderung nach dem Selbstbestimmungsrecht eine unverzichtbare Kraft im Kampf zum Sturz der autokratischen Herrschaft. So entstanden recht kontroverse Positionen am linken Flügel der Arbeiterbewegung. J.W Stalin hatte in Wien 1912 die Schrift »Der Marxismus und die nationale Frage« verfasst, in der er die Auffassung vertrat, dass die Bolschewiki das Selbstbestimmungsrecht der Völker im Kampf gegen den russischen Zarismus anerkennen müssen. Daran hielten sie sich auch noch in der Oktoberrevolution 1917, was Rosa Luxemburg als Vertreterin der polnischen Sozialdemokratie – in ihren kritischen Bemerkungen zur russischen Revolution – als eine falsche Politik geißelte.

Die frühen Defizite auf dem Gebiet einer politischen Theorie des Marxismus fassen sich darin zusammen, dass mit der Konzentration auf den Klassenkampf und die repressiven Staatsapparate sowie in der Erwartung der »großen Krise« (»Kladderadatsch«) die Stabilität der bürgerlichen Herrschaft sowie die Dynamik der kapitalistischen Produktionsweise im Umgang mit ihren Krisen unterschätzt wurde. Das betraf die Frage nach den subjektiven Bewusstseinsformen, die der Entwicklung des Klassenbewusstseins entgegenstehen und die bürgerliche Herrschaft internalisiert haben. Dass gerade Marx im »Kapital« die Mystifizierung der Ausbeutung und der Klassenherrschaft durch die Formen des Äquivalententausches als wesentliche Bedingung für die Stabilität bürgerlicher Herrschaft analysiert hatte, wurde erst spät – z.B. von Georg Lukács in »Geschichte und Klassenbewußtsein« (1923) – thematisiert, freilich in der Überzeugung, dass die Herrschaft des »verdinglichten Bewußtseins« im Klassenkampf durch die proletarische Revolution selbst aufgehoben werde. Darin wiederum reflektierte sich die Erfahrung der revolutionären Periode (1917–1923) am Ende des Ersten Weltkrieges. Dass die Unterklassen nach wie vor durch die Religion und den Nationalismus als Untertanen der herrschenden Ordnung ansprechbar und mobilisierbar sind, wurde unterschätzt.

Innerhalb des politischen Feldes bildeten sich – als Reaktion auf die »soziale Frage« und auf den Aufstieg der sozialistischen Arbeiterbewegung im letzten Drittel des 19. Jahrhunderts – vielfältige Mechanismen und Institutionen zur »Verteidigung der alten Ordnung« (Miliband 1977: 43ff.) heraus, die mit einer partiellen Anerkennung der Arbeiterbewegung, mit der Bereitschaft zu Sozialreformen und zu Klassenkompromissen verbunden waren. Ökonomen, die im Zeitalter der »Neoklassik« noch Außenseiter waren, dachten darüber nach, dass Lohnerhöhungen (die Steigerung des Massenkonsums) für die Lohnabhängigen die Nachfrage steigern könnten und damit nicht nur das Elend der Arbeiterklasse reduzieren, sondern auch antizyklisch wirken.[24] Wenn der Staat die Aufgabe der Sozialreform (z.B. Krankenversicherung, Alterssicherung, Arbeitslosenversicherung oder der Bildungsreform) übernimmt, muss die Arbeiterpartei zu Bündnissen mit bürgerlichen Kräften bereit sein, die ihrerseits Klassenkompromisse nur eingehen, wenn die Gegenseite auf ihre radikale bzw. revolutionäre Rhetorik verzichtet. Zusammen mit der Ausweitung der Staatsfunktionen im Bereich der Regulierung der Wirtschaft und der Sozialpolitik entstanden mit dem Wachstum der Großstädte zahlreiche neue

[24] In seiner Schrift »Imperialismus« (1902) begriff der liberale britische Ökonom John Atkinson Hobson (1858–1940) die Suche nach neuen Kapitalanlagemöglichkeiten als Ursache des Imperialismus: Unterkonsumtion der breiten Masse bei gleichzeitigem Kapitalüberschuss bei einer kleinen Minderheit führe zu Kapitalexport. »Überall erscheinen übergroße Produktionskräfte, übergroße Kapitalien, die nach Investition verlangen. Sämtliche Geschäftsleute geben zu, dass der Zuwachs an Produktionsmitteln in ihrem Lande die Zunahme der Konsumption übertrifft, dass mehr Güter hervorgebracht als mit Gewinn abgesetzt werden können, dass mehr Kapital vorhanden ist, als lohnend angelegt werden kann. Diese ökonomische Sachlage bildet die Hauptwurzel des Imperialismus... Imperialismus ist das Bestreben der großen Industriekapitäne, den Kanal für das Abfließen ihres überschüssigen Reichtums dadurch zu verbreitern, dass sie für Waren und Kapitalien, die sie zu Hause nicht absetzen oder anlegen können, Märkte und Anlagemöglichkeiten im Ausland suchen.« (Hobson 1902, zitiert nach Askani/Wagener 1996: 183)

Aufgaben auf der Ebene der Kommunalpolitik (Wohnungen, Gesundheitswesen, Bildung, Verkehr), auf die sich die Forderungen der sozialistischen Partien erstreckten. So begann ein Prozess der Integration der einstmals antagonistischen Kräfte in das politische System. Das schließt auch Rechtsverhältnisse zur Regulierung der Arbeitsbeziehungen ein. Im Zentrum steht dabei zunächst einmal der Tarifvertrag als Instrument zur Regulierung der Löhne und der Arbeitsbedingungen (z.B. der Arbeitszeit). Das setzt die Koalitionsfreiheit und die Entstehung handlungsfähiger Gewerkschaften voraus, auf die die Kapitalisten mit eigenen Verbänden reagieren (Neumann 1978: 161ff.). Auch in den jungen Gewerkschaften des späten 19. Jahrhunderts gab es starke linke Kräfte, die den Tarifvertag als Instrument der Klassenkollaboration, vor allem aber die Festlegung auf die »Friedenspflicht« ablehnten. Auch erste gesetzliche Regelungen für die Einrichtung von Arbeiterausschüssen in den Betrieben (später: Betriebsräte) waren auf beiden Seiten umstritten. Die Unternehmer mussten gezwungen werden, Gesetze zu akzeptieren, die die Vertretung der Belegschaftsinteressen z.B. durch Arbeiterausschüsse ermöglichten. Der Geist der »Sozialpartnerschaft« wurde erst dann beschworen, als die Macht und Anerkennung der Gewerkschaften durch die Verfassung die Arbeitgeber zur Kooperation bzw. zum Kompromiss zwang.

Die Institutionalisierung des Klassengegensatzes, die mit solchen Formen der Konfliktregulierung verbunden ist, war am Ende des 19. Jahrhunderts erst ansatzweise – unterschiedlich in den einzelnen Ländern – entwickelt. Erst nach dem Ersten Weltkrieg wurden Elemente eines Klassenkompromisses in die Verfassungen eingearbeitet, die im Ergebnis der revolutionären Bewegungen nach 1917 entstanden waren. Diese Tendenz zur Dämpfung des Klassenkonflikts durch dessen Regulierung, die die Anerkennung der Arbeiterbewegung – auf der Ebene des Wahlrechtes und des Parlamentarismus sowie auf der Ebene der Anerkennung der Gewerkschaften – einschloss, wurde durch eine zweite Tendenz verstärkt, die sich in den Organisationen der sozialistischen Arbeiterbewegung in dem Maße verstärkte, wie diese mehr Stimmen bei den Wahlen und mehr Mitglieder gewannen, die dann durch einen wachsenden Apparat von hauptamtlichen Funktionären betreut wurden. Der Soziologe Robert Michels (1876–1936) veröffentlichte 1911 seine Studie zur »Soziologie des Parteiwesens«, die er als einen Beitrag zur Demokratiedebatte seiner Zeit begriff. Er war in Marburg zwischen 1903 und 1907 Mitglied der deutschen Sozialdemokratie. Danach lebte er in Turin, war Mitglied der italienischen Sozialistischen Partei Italiens in Turin mit Verbindungen zu den anarchosyndikalistischen Theoretikern.

Michels war mit Max Weber befreundet. Die Soziologie verstand sich als »Wirklichkeitswissenschaft«, die sich empirisch (frei von Werturteilen) mit gesellschaftlichen Phänomenen befasst und mit neuen Disziplinen wie der Psychologie und Massenpsychologie sowie der Erforschung sozialer und politischer Organisationen verbunden ist. Sie erschließt Einblicke in die soziale Wirklichkeit, die auf den ersten Blick mit der Marxschen Philosophie, der Kritik der politischen Ökonomie und der Klassenanalyse nichts zu tun hatten. Allerdings sind diese als Material für die politische Theorie des Marxismus bei der Analyse der Herrschaftsverhältnisse der bürgerlich-kapitalistischen Gesellschaft und ihrer widersprüchlichen Entwicklungsdynamik unverzichtbar. Die empirisch orientierten Sozialwissenschaften lösten sich von der Vorherrschaft der Philosophie und lieferten Wissen über die Gesellschaft und die Politik, die für die handelnden Akteure im Bereich der Wirtschaft, der Gesellschaft und der Politik immer wichtiger wurden. Die Marxisten in den sozialistischen Parteien der Arbeiterbewegung mussten lernen, dass – auf dem Boden des historischen Materialismus und der Kritik der politischen Ökonomie als den Basiswissenschaften – eine politische Soziologie anerkannt werden musste, die mit ihren konkreten Analysen nicht nur Erkenntnisse über die Herrschaftsverhältnisse, über die Kräfteverhältnisse der Klassen und die subjektiven Bewusstseinsformen in der Arbeiterklasse vermittelt, sondern auch über die sozialökonomische Lage und Zusammensetzung der Arbeiterklasse, über die Entwicklung der Organisationen und der Politik der Arbeiterbewegung selbst, über die komplexen Beziehungen zwischen Klasse und Partei. Eine marxistisch orientierte politische Soziologie unterscheidet sich von den positivistischen Vertretern des Fachs gerade darin, dass sie die Vermittlung zwischen den Basisstrukturen der kapitalistischen Gesellschaft und ihren empirisch orientierten Einzelanalysen reflektiert und diese zugleich auf die Herausforderungen des Klassenkampfes und die Ziele des Sozialismus bezieht.[25]

Die Parteiideologen des Marxismus (vor allem des Marxismus-Leninismus) lehnten die Soziologie und die Politikwissenschaft, die als akademische Disziplinen am Ende des 19. Jahrhunderts in den USA aufblühten, als bürgerliche Ideologie und Herrschaftswissenschaften ab. Dabei entgingen ihnen Erkenntnisse der Organisationssoziologie von Robert Michels, mit der er auf die Gefahren der Verselbständigung der Organisation gegenüber ihrer Klassenbasis und die damit verbundene Herausbildung von oligarchischen Herrschaftsstrukturen in den proletarischen Massenparteien hinwies. Da Robert Michels im Jahr 1924, als er die zweite deutsche Auflage seines Buches he-

[25] In diesem Sinne hat Wolfgang Abendroth (1967: 9f.-10) die marxistische Politische Wissenschaft als politische Soziologie bestimmt: »Als politisch soll nicht nur der Staat und öffentliche Gewalt und das auf sie unmittelbar bezogene Verhalten, sondern jede gesellschaftliche Aktivität gelten, die die Struktur der Gesellschaft (und also die Machtverteilung der sozialen Gruppen in der Gesellschaft) sei es verändern, sei es durch Machtgebrauch stabilisieren will. Staat und öffentliche Gewalt sind Institutionen der Gesellschaft; politisches Verhalten ist eine spezifische Form sozialen Verhaltens. Politische Wissenschaft ist daher selber eine besondere Disziplin der Wissenschaft von der Gesellschaft, politische Soziologie.«

rausgab, in Italien Anhänger von Mussolini und des Faschismus geworden war, schien es leicht, seine Kritik vonseiten der Linken zu ignorieren, zumal er seine Studie als fundamentale Kritik der Parteiendemokratie betrachtete, die quasi naturgesetzlich die Tendenz bzw. das Gesetz zur Oligarchisierung, d.h. zu einer Form der bürokratischen Herrschaft der Parteiapparate über die Massen hervorbringt. Die Entwicklung der SPD vor 1914 diente ihm dabei empirisch als Beispiel.[26] Der italienische Faschismus, der vom Anarchosyndikalismus beeinflusst war, ging (wie auch Max Weber) von der Kritik am Parlamentarismus, der repräsentativen Demokratie, sowie an der Parteiendemokratie aus. Er artikulierte den Anspruch, dass das »Volk« (nicht die Klasse) durch einen Führer und eine Führungselite geeint und geführt wird. Die »Massen« – so die Botschaften der jungen »Massenpsychologie« (z.B. von Gustave le Bon) – haben das Bedürfnis, sich einer Führung (bzw. einem Führer) zu unterwerfen, von ihm angerufen und aufgerufen zu werden. Die Legitimation der Führung reproduziere sich im täglichen Plebiszit, auf Straßen und Plätzen. Die Überlegenheit des Faschismus gegenüber dem Sozialismus – so Michels später[27] – beruhe einerseits darauf, dass er sich auf das Volk (und seine dynamischen Elemente, die Jugend) bezieht. Andererseits artikuliert er sich durch eine aristokratische Geistes- und Kulturelite,[28] während die Arbeiterbewegung – neben einigen wenigen bedeutenden Führern– nur Interessenorganisationen hervorbringe, die durch die Institutionalisierung des Klassenkampfes (vor allem über die Parlamente) gelähmt werden, während die bürokratische Organisation des Parteiapparates eine Oligarchie erzeugt, die sich zur Herrschaft über die Klasse verselbständigt.

Für Michels führen gerade die Erfolge der Sozialdemokratie bei den Wahlen und der Mitgliederentwicklung dazu, dass ihr revolutionärer Anspruch zerstört wird. »Anstatt dass die Partei mit wachsender Kraft und Stärke ihrer Organisation an revolutionärer Dynamik gewinnt, können wir heute die geradezu entgegengesetzte Beobachtung machen: es besteht eine innere Beziehung zwischen dem Wachstum der Partei und dem Wachstum an Vorsicht und Ängstlichkeit in ihrer Politik... Die Organisation wird zum einzigen Lebensnerv« (Michels 1957: 346). Der Verzicht auf den »Antimilitarismus« und die Zurückweisung der »Generalstreiktaktik« dienen als Beweise für das neue »Verantwortungsgefühl« der Partei. Diese »verliert ihren revolutionä-

[26] Er bezieht sich auch stets auf die Entwicklung in Frankreich, Italien und Großbritannien – allerdings nimmt der Bezug auf die deutsche Sozialdemokratie den breitesten Raum ein.

[27] Carl Schmitt hatte in seiner Schrift »Die geistesgeschichtliche Lage des heutigen Parlamentarismus« (1923) diese Kritik des liberalen Begriffes der Volkssouveränität und der Parteiendemokratie vertieft.

[28] Das ist allerdings eine Besonderheit des italienischen Faschismus, in dessen Vorgeschichte die Kulturströmung des Futurismus, die politischen Theorien von Pareto, Mosca und Sorel eine wichtige Rolle spielte.

ren Schwung, sie wird träge und schwerfällig, faul nicht nur im Handeln sondern auch im Denken... Nun sind drei Millionen Arbeiter (1907!), mehr als man jemals erhofft, ja zur völligen Besiegung des Gegners für notwendig erachtet hatte, organisiert, eine Bürokratie ist ins Leben gerufen worden, die an Pflichtbewusstsein, Pünktlichkeit und hierarchisch abgestuftem Gehorsam mit der des Staates selbst wetteifert, die Kassen sind gefüllt, ein Komplex finanzieller und psychischer Interessen ist über das ganze Land konstituiert.« (Ebd.: 347)

Michels verzichtet auf die Analyse der inneren Auseinandersetzungen in der deutschen Sozialdemokratie, die besonders in der »Massenstreikdebatte« – nach der Russischen Revolution von 1905 – an Schärfe gewinnen, und er ignoriert auch den Beginn einer neuen Periode von Klassenkämpfen, die am Ende des Weltkrieges ihren Höhepunkt erreichen wird. Seine Thesen über das Verhältnis von Masse und Führung haben mit der Kritik der kapitalistischen Produktionsweise und der Klassengesellschaft nichts zu tun. Stattdessen orientiert er sich an der »politischen Wissenschaft« der »neuen Machiavellisten« (Deppe 2014: 440ff.), die – wie Gaetano Mosca und Vilfredo Pareto – gesellschaftliche Hierarchien zwischen Führenden und Geführten, den Klassenkampf zwischen ihnen, die Herrschaft und Zirkulation von Eliten als gleichsam ewige Naturbedingung und quasi »ehernes« Naturgesetz der Entwicklung von Gesellschaft – als Kern ihrer politischen Ordnung und deren Veränderung – betrachten. Michels ist davon überzeugt, dass die »Lehre von der politischen Klasse ... marxistisch unanfechtbar« sei: »Die Formel von der Notwendigkeit der Ablösung einer herrschenden Schicht durch eine andere und das von ihr abgeleitete Gesetz der Oligarchie als der vorbestimmten Form menschlichen Zusammenlebens in größeren Verbänden wirft die materialistische Geschichtsauffassung keineswegs über den Haufen, ersetzt sie nicht, sondern ergänzt sie nur ... (durch jene) andere Lehre, wonach die Klassenkämpfe in die Schaffung einer neuen Oligarchie, die sich mit der alten amalgamiert, ausmünden.« (Ebd.: 366f.)

Die Studie von Michels beschrieb durchaus zutreffend die Tendenz, dass erfolgreiche sozialistische Massenparteien ihre revolutionäre Programmatik und Politik schrittweise aufgeben, wenn sie sich in den Parlamenten – allgemeiner in den Institutionen des bürgerlichen Staates – festsetzen, eigene »Beamten«-Apparate ausbilden und mehr und mehr die Regeln des politischen Betriebs der bürgerlichen Demokratie als Bedingung für eine erfolgreiche Reformpolitik akzeptieren. Die Ent-Mobilisierung der Klasse durch politische Repräsentation (»Stellvertreterpolitik«) wird zur Funktion der Integration der Arbeiterpartei in das System der parlamentarisch-repräsentativen Demokratie. Dabei war Michaels bewusst, dass nur das konsequente Festhalten an der innerparteilichen Demokratie gegen diese Tendenz wirken kann. Im Ergebnis der »Oligarchisierung« wird allerdings die – in den Statuten oft formal noch beibehaltene – demokratische Verfassung der Organisation (Wahl der Ämter und Delegierten, offener Meinungsaustausch in der Presse, Anerkennung der Opposition) immer weiter eingeschränkt. Die Organisation verselbständigt sich gegenüber der eigenen Klassenbasis und ihren Bewegungen. Den sich stets erneuernden Widerspruch zwischen der Stärkung innerparteilicher Demokratie und der Notwendigkeit eines disziplinierten, straff zentralistisch geführten Parteiapparates, um die Angriffe gegen die Arbeiterklasse, den Sozialismus und auch die Partei selbst abzuwehren, hat er nicht weiter reflektiert. Eher verstand der seine These vom ehernen Gesetz der Oligarchisierung als Illustration zu der These von Max Weber, der mit den Fortschritten der Demokratisierung, der Etablierung der Parteiendemokratie eine Tendenz zur Bürokratisierung vermutete, die schließlich das bürgerliche Massenindividuum in einem »stählernen Gehäuse der Hörigkeit« gefangen halte.

In der Geschichte des Sozialismus ist das Verhältnis von politischer Organisation und sozialer Bewegung immer wieder von Neuem – unter unterschiedlichen historisch-politischen Bedingungen – Thema politischer und wissenschaftlicher Debatten geworden. Klassenbewegungen und Klassenformierung sind wesentliche Voraussetzungen für den Erfolg politischer Organisationen. Es gibt immer wieder geschichtliche Perioden, in denen die Intensität der Kämpfe von sozialen Bewegungen »von unten« sich zuspitzt. Massenstreiks und Großdemonstrationen scheinen die alte Ordnung zu erschüttern und erzeugen unvermeidlich Illusionen über die Möglichkeit der Veränderung der Machtverhältnisse in Gesellschaft und Staat. So stellt sich in den sozialen Bewegungen – meist als Reaktion auf den Abschwung der spontanen Kämpfe – die Frage nach der Notwendigkeit politischer Organisation. Soziale Bewegungen und politische Organisationen bedingen einander, agieren jedoch in unterschiedlichen Räumen: Bewegungen artikulieren gesellschaftliche Widersprüche. Sie agieren – wie Gramsci später formulieren sollte – in der Zivilgesellschaft und sie sind unverzichtbar für den Prozess der Klassenformierung; sie beeinflussen die öffentliche Meinung und die gesellschaftlichen Kräfteverhältnisse der Klassen. In Bewegungen spielt die Spontaneität, die »Basisorientierung«, eine Kultur der »Offenheit« und Solidarität eine zentrale Rolle. In der politischen Organisation der Partei, im Kampf um die politische Macht bedarf es angesichts der Macht der repressiven und ideologischen Staatsapparate der – quasi-militärischen – Disziplin, der Geschlossenheit und der Fähigkeit, Allianzen zu bilden, um mehrheitsfähig zu werden, oder in Perioden des Zusammenbruchs der alten Ordnung an der Spitze bewaffneter Volkskräfte die »Machtfrage« in der Revolution zu stellen. Daraus entstehen notwendigerweise Konflikte zwischen den beiden Sphären, den gesellschaftlichen Bewegungen und den politischen Organisationen, die sich bis in die Gegenwart immer wieder neu konfigurieren. Die politische Organisation der Partei hat allerdings auch die Aufgabe, in den Perioden des Abschwungs der gesellschaftlichen Kämpfe oder auch der Angriffe gegen den Sozialismus als Faktor der Stabilisierung zu wirken, bis hin zum Schutz für die Verfolgten. Für die Entwicklung des Sozialismus zu einer gesellschaftlichen, ideologischen und politischen Macht im Verlauf des 19. Jahrhunderts war allerdings der Prozess der Klassenformierung eine entscheidende Voraussetzung für die spätere Herausbildung der sozialistischen Massenparteien. Diese Beziehung bleibt allerdings voller Widersprüche, die sich schon in der Vielfalt der Organisationsmodelle der sozialistischen Arbeiterbewegung der II. Internationale am Ende des 19. Jahrhunderts dargestellt hatten.

In der Geschichte des Sozialismus begegnet uns auch immer wieder das spannungsreiche Verhältnis von Intellektuellen zu den Organisationen der Arbeiterbewegung.[29] Es gab nicht wenige Intellektuelle aus bürgerlichem Hause, die sich für den Sozialismus, die Revolution und die Arbeiterbewegung – auch aus jugendlichem Hass auf die eigene Klasse – begeisterten. Oft traten sie – in bewegten Zeiten oder gar vor-revolutionären Perioden – als Sprecher links- bzw. ultraradikaler Strömungen auf. Sobald aber die Kraft solcher Bewegungen sich erschöpfte oder Niederlagen zu verarbeiten waren, erklärten sie ihr persönliches Scheitern als Führer von Massenbewegungen mit der Macht der Organisation oder auch der Trägheit bzw. Unberechenbarkeit der Klasse selbst. Wie Michels verarbeiteten viele dieser »Revolutionäre« ihr subjektives Scheitern, ihre verletzte Eitelkeit, indem sie sich politisch nach rechts bewegten und Sozialismus wie Kommunismus bekämpften. Der junge Marx hatte diesen Widerspruch, an dem sich Intellektuelle immer wieder abarbeiten müssen, deutlich benannt: »Die Revolutionen bedürfen … eines passiven Elementes, einer materiellen Grundlage. Die Theorie wird in einem Volke immer nur so weit verwirklicht, als sie die Verwirklichung seiner Bedürfnisse ist… Es genügt nicht, dass der Gedanke zur Verwirklichung drängt, die Wirklichkeit muss sich selbst zum Gedanken drängen.« (MEW 1: 386)

[29] Die Vita von Robert Michels liefert dafür ein anschauliches Beispiel. Er stammte aus einer bürgerlichen Kaufmannsfamilie, nach dem Studium, das er 1900 mit der Promotion abschloss, trat er zuerst der italienischen SP, dann in Marburg der SPD bei. Hier engagierte er sich vor Ort und nahm als Delegierter an zwei Parteitagen (1903/1904) teil. Er stritt für Positionen, die vom italienischen Anarchosyndikalismus beeinflusst waren, aber keine Mehrheiten fand. Er galt als linksradikal und wurde – als ihm in Marburg die Habilitation verweigert wurde – ein Opfer der Politik der Berufsverbote in Preußen. 1907 ging er als Privatdozent nach Turin, verließ bald die Sozialistische Partei und kam über den Anarchosyndikalismus zum Faschismus. 1914 übernahm er eine Professur in Basel, lebte und lehrte weiterhin in Turin. 1928 wurde er auf den Lehrstuhl für Nationalökonomie und Kooperationswesen an der faschistischen Universität von Perugia berufen; Mussolini soll selbst dafür gesorgt haben.

Die richtigen Erkenntnisse aus der Studie von Michels waren auch Gegenstand von Debatten in der Arbeiterbewegung selbst, in denen einige Teilnehmer eine erste »Krise des Marxismus« am Übergang ins neue Jahrhundert diagnostizierten. Am rechten Flügel der sozialistischen Bewegung verband sich die Ablehnung der marxistischen Revolutionstheorie mit dem Glauben an die immanenten Tendenzen der Kapitalakkumulation zur Vergesellschaftung durch die Kapitalkonzentration und die Interventionen des Staates – Ausweitung staatlichen Eigentums und sozialpolitischer Eingriffe. Auf diesem Wege sollte durch Demokratisierung und Reformpolitik ein friedlicherer und legaler Übergang zum Sozialismus möglich sein. Der linke Flügel formierte sich nicht nur in der Auseinandersetzung mit diesen Kräften, indem er sich auf die realen Klassenbewegungen bezog, die etwa seit 1903 in Westeuropa, dann in der Russischen Revolution von 1905 aufflammten. Gleichzeitig wurde begriffen, dass der Kapitalismus in eine neue Entwicklungsperiode eingetreten sei. Der Imperialismus beruht auf einer neuen Stufe der Kapitalkonzentration und Kapitalmacht. Er konfrontiert die sozialistische Bewegung sowohl auf der Ebene der Innen- als auch der Außenpolitik mit neuen Herausforderungen (bis hin zur Gefahr eines Weltkrieges). Der Bezug auf das angebliche »Testament« des alten Engels musste zurückgewiesen werden. Letztlich erforderte dies die Bereitschaft zur organisatorischen Spaltung. In den Parteien der II. internationale vollzog sich diese Spaltung allerdings ungleichzeitig. Die Spaltung der russischen Sozialdemokratie im Jahre 1903 in Menschewiki und Bolschewiki wurde von den führenden Köpfen der Intentionale wohl als typisches »Emigrantentheater« in einer Minipartei ignoriert. Erst im Ersten Weltkrieg – in der »Ur-Katastrophe des 20. Jahrhunderts« und der bürgerlichen Welt – wurde die Überwindung der »Krise des Marxismus« mit der notwendigen Abspaltung des linken Flügels zur Kommunistischen Internationale (1918) vollzogen. Im Zusammenhang der krisenhaften und dramatischen Entwicklung des Kapitalismus und der Klassenkämpfe in diesem »Jahrhundert der Katastrophen« (Hobsbawm) wurden immer wieder »Krisen des Marxismus« ausgerufen, in denen sich die Widersprüche konzentrierten, die die Geschichte des Sozialismus (in Theorie und Praxis) notwendig begleiten.

Kapitel 2
Klasse, Partei, Staat – realer Sozialismus im 20. Jahrhundert

1. Das Zeitalter der Katastrophen

Der Sozialismus am Anfang des Jahrhunderts

Zu Beginn des 20. Jahrhunderts präsentierte sich die sozialistische Bewegung selbstbewusst und siegesgewiss. Entsprechend war die Stimmung auf dem Internationalen Sozialistenkongress im September 1900 in Paris, an dem fast 800 Delegierte aus 21 Staaten teilnahmen, darunter knapp 50 Delegierte aus Deutschland. Punkt 3. der Tagesordnung des Kongresses betraf die »notwendigen Bedingungen für die Befreiung der Arbeit: a) Organisation und Betätigung des Proletariats als Klassenpartei; b) politische und wirtschaftliche Enteignung der Bourgeoisie, c) Vergesellschaftung der Produktionsmittel« (Fricke 1987: 811). Die Parteien bzw. Sektionen der Internationale, die 1889 in Paris gegründet worden war, waren unterschiedlich stark – nach Mitgliederzahlen und Wahlergebnissen, die auch vom Industrialisierungsgrad des jeweiligen Landes und des Anteils der Industriearbeiter an der Gesamtbeschäftigung bestimmt wurden.[1] Für viele war die deutsche Sozialdemokratie Vorbild. Sie hatte sich bis zur Jahrhundertwende zu einer Massenpartei entwickelt. Am Anfang ihres Erfurter Programms stand die Kritik des Kapitalismus, die sich am »Kommunistischen Manifest« (von Marx und Engels) orientierte. Danach folgte ein Blick in die Zukunft: »Die ökonomische Entwicklung der bürgerlichen Gesellschaft führt mit Naturnotwendigkeit zum Untergang des Kleinbetriebes, dessen Grundlage das Privateigentum des Arbeiters an seinen Produktionsmitteln bildet. Sie trennt den Arbeiter von seinen Produktionsmitteln und verwandelt ihn in einen besitzlosen Proletarier, indes die Produktionsmittel das Monopol einer verhältnismäßig kleinen Zahl von Kapitalisten und Großgrundbesitzern werden.« Der Klassenkampf zwischen »Ausbeutern und Ausgebeuteten, zwischen Bourgeoisie und Proletariat« wird in allen Industrieländern immer »erbitterter« geführt. Die So-

[1] In Großbritannien, Belgien und Deutschland lag der Anteil der Industriearbeiterschaft zwischen 40% und 45%, in Frankeich bei 30% und in Italien bei 27 %; bei den nationalen Wahlen bis 1914 erzielten die Sozialisten in Belgien, Finnland, Deutschland, Norwegen und Schweden die besten Ergebnisse mit deutlich über 30% (Sassoon 1996: 10).

zialdemokratie fordert als »Endziel«: »Nur die Verwandlung des kapitalistischen Privateigentums an Produktionsmitteln – Grund und Boden, Gruben und Bergwerke, Rohstoffe, Werkzeuge, Maschinen, Verkehrsmittel – in gesellschaftliches Eigentum und die Umwandlung der Warenproduktion in sozialistische, für und durch die Gesellschaft betriebene Produktion kann es bewirken, dass der Großbetrieb und die stets wachsende Ertragsfähigkeit der gesellschaftlichen Arbeit für die bisher ausgebeuteten Klassen aus einer Quelle des Elends und der Unterdrückung zu einer Quelle der höchsten Wohlfahrt und allseitiger harmonischer Vervollkommnung werde.« Diese Umwandlung der Eigentumsordnung führe zur »Befreiung nicht bloß des Proletariats, sondern des gesamten Menschengeschlechts, das unter den heutigen Zuständen leidet. Aber sie kann nur das Werk der Arbeiterklasse sein, weil alle anderen Klassen, trotz der Interessenstreitigkeiten unter sich, auf dem Boden des Privateigentums an Produktionsmitteln stehen und die Erhaltung der Grundlagen der heutigen Gesellschaft zum gemeinsamen Ziel haben.« Die Sozialdemokratische Partei müsse diesen Kampf »gestalten und ihm *sein naturnotwendiges Ziel* weisen«. Dabei erklärt sich »die Sozialdemokratische Partei Deutschlands ... eins mit den klassenbewussten Arbeitern aller übrigen Länder«. Die Sozialdemokratie »bekämpft in der heutigen Gesellschaft nicht bloß die Ausbeutung und Unterdrückung der Lohnarbeiter, sondern jede Art der Ausbeutung und Unterdrückung, richte sie sich gegen eine Klasse, eine Partei, ein Geschlecht oder eine Rasse«.
Das Programm ist zweigeteilt. Nach der grundsätzlichen Kritik an der kapitalistischen Wirtschafts- und Gesellschaftsordnung mit dem Ziel einer neuen Ordnung, die auf der Umwandlung der Eigentumsverhältnisse beruht, folgen im zweiten Teil Forderungen, die die Parteien und Gewerkschaften innerhalb und außerhalb der Parlamente vertreten sollen: Erweiterung der Demokratie, Forderungen auf dem Gebiet der politischen Kultur, der Bildung, der Sozialreformen. Die politischen Forderungen enthielten natürlich auch eine Kampfansage gegen das Drei-Klassen-Wahlrecht für den preußischen Landtag, die dann in der Massenstreikdebatte nach 1905 ins Zentrum geriet. Schließlich wird die Einführung des 8-Stunden-Tages gefordert, die beim Gründungskongress der Internationale in Paris 1889 im Mittelpunkt stand und den Beschluss zur Feier des 1. Mai als Kampftag für den 8-Stunden-Tag und der internationalen Solidarität inspiriert hatte. Das Erfurter Programm umreißt Positionen und Ziele des von den Parteien der II. Internationale vertretenen Sozialismus, die auch im kommenden Jahrhundert – in vielfältigen Variationen – in den Programmen sozialistischer Organisationen vertreten wurde.

Die sozialistische Arbeiterbewegung war am Vorabend des neuen Jahrhunderts – in den europäischen Ländern mit kapitalistischer Produktionsweise – als stabile Gegenkraft zum herrschenden Block im politischen Feld angekommen. Bei den Wahlen zwischen 1918 und 1920 erzielten sozialistische und Arbeiter-Parteien in Europa die folgenden Stimmenergebnisse: Österreich 40,8%, Belgien 36,6%, Dänemark 32,2%, Finnland 38,0%, Frankreich 21,2%, Deutschland (SPD und USPD) 45,5%, Niederlande 22,0%, Italien 32,3%, Norwegen 31,6%, Schweden 29,7%, Großbritannien 21,4% (Sassoon 1996: 43). Die Gründungsgeschichte im 19. Jahrhundert war – sehr ungleichzeitig zwischen den Staaten – geprägt von den Folgen der industriellen Revolution mit der Entstehung des Industrieproletariats, von der Empörung über Ausbeutung, soziale Ungleichheit, politische Diskriminierung und Unterdrückung. Die Erklärung der Menschenrechte sowie die Forderungen der bürgerlichen Revolution bildeten den Rahmen, in dem sich a) Reformprozesse im politischen System (Verfassungsordnungen, Wahlrechtsreformen, Koalitionsfreiheit) und b) die Formierung (»Making«) der Arbeiterklasse vollzog, die sich als Akteur (z.B. über Streiks und politische Demonstrationen) sowie als autonome, gesellschaftliche Kraft konstituierte. Über ihre Kämpfe und Lernprozesse bildeten sich eigene Organisationsformen heraus: ein breites Netz von proletarischen Sport- und Kulturorganisationen, die Genossenschaften als Formen der wirtschaftlichen und kulturellen Selbstverwaltung, die Gewerkschaften als kollektive Interessenvertretung der Lohnarbeit im Arbeitsprozess und auf dem Arbeitsmarkt sowie schließlich – zum Ende des Jahrhunderts – die politische Partei, die sich im dem politischen Feld (auch durch Wahlkampagnen, ihre journalistischen Interventionen usw.) als Klassenkraft etabliert und dabei zwangsläufig mit der Frage der Eroberung der politischen Macht konfrontiert wird. Die Staatsmacht zu erobern bzw. auf sie Einfluss zu nehmen, um die Lage der Arbeiterklasse zu verbessern, wird nunmehr zum Ziel der sozialistischen Bewegung, wobei schon früh Differenzen über die Wege deutlich werden, die dabei einzuschlagen sind. Die Verbindung der Bewegung mit der Staatsmacht über die Rolle der Parteien im politischen Feld eröffnet Wege eines »realen Sozialismus«, erzeugt aber zugleich neue Widerspruchskonstellationen, die u.a. zur Folge haben können, dass der emanzipatorische Anspruch des Sozialismus auf der programmatisch-ideologischen Ebene überhöht wird, während er sich gleichzeitig bei den subalternen Klassen diskreditiert. Die Kraft, die die sozialistische Bewegung aus dem Prozess der Klassenformierung und der damit verbundenen Klassenkämpfe gewonnen hatte, erschöpft sich dabei immer mehr, während über die Partei Machtpositionen im politischen Feld und im Staatsapparat gehalten werden.

Gleichzeitig wird der herrschende Block in den jeweiligen Ländern mit der Frage konfrontiert, ob der Sozialismus als reale Kraft im politischen Feld mit dem Mittel der politischen Gewalt im Interesse der Aufrechterhaltung der alten Ordnung niedergehalten werden muss, oder ob Strategien der Integration der Arbeiterklasse und ihrer Organisationen zur »Rettung« bzw. Stabilisierung der herrschenden Ordnung entwickelt werden müssen. Sowohl auf der Ebene der Produktion (und der materiellen Lebensbedingungen der Arbeiterklasse) als auch auf der Ebene der Gesellschaft mit ihren Klassenhierarchien und auf der Ebene der Politik erfordert das die Bereitschaft zur Anerkennung der Demokratie und der »sozialen Frage«, zum »Klassenkompromiss« und auch zu Koalitionen mit moderaten Kräften der Arbeiterbewegung (»Sozialliberalismus«). Im zweiten Teil der konkreten Tagesforderungen des Erfurter Programms wird daher schon das Feld umschrieben, auf dem solche strategischen Neuorientierungen erprobt werden. Diese Prozesse verlaufen höchst widersprüchlich und werden durch eine Vielzahl von national und historisch spezifischen Faktoren bestimmt.

Die Resultate des Klassenkonflikts werden nicht nur durch die Intentionen ihrer jeweiligen Führungsgruppen, sondern vor allem durch die ökonomische und politische Krisengeschichte der bürgerlich-kapitalistischen Gesellschaften selbst bestimmt, die ihrerseits auf die Entwicklung der Kräfteverhältnisse der Klassen einwirken. Daraus ergeben sich unterschiedliche strategische Wege und Ziele, die das »Zeitalter der Extreme« (Hobsbawm) als ein Jahrhundert des Sozialismus ausweisen.[2] Diese Wege sind durch die Strukturen und Widersprüche des »kapitalistischen Weltsystems« (Wallerstein) wiederum miteinander verbunden:

- Sozialistische Politik in den entwickelten kapitalistischen Staaten des Westens;
- der Aufbau des Sozialismus in der Sowjetunion nach der Oktoberrevolution des Jahres 1917, der sich nach 1945 auf das sozialistischen Staatensystem ausweitet;
- der Kampf gegen Kolonialismus und Imperialismus, der sich als Teil der weltweiten Bewegung für den Sozialismus versteht. In und nach den großen Kriegen des Jahrhunderts – vor allem nach dem Sieg der Revolution in China im Jahr 1949 – verändern diese Bewegungen den »globalen Süden« und zunehmend die gesamte Welt.

Die außerordentliche Kraft und universelle Wirkung des Sozialismus und seiner Visionen einer neuen Welt und Weltordnung faszinierte den aus Österreich stammenden Sozialisten Julius Braunthal (1891–1972), der 1961 eine Geschichte der Internationale in drei Bänden vorlegte. Braunthal musste nach 1934 emigrieren; ab 1938 lebte und arbeitete er in der britischen Emigration für die Sozialistische Internationale, die nach dem 2. Weltkrieg neu gegründet wurde. Am Schluss des 3. Bandes bilanzierte er die Geschichte der »Internationalen« seit dem Ende des 19. Jahrhunderts als die einer »Weltbewegung (des Sozialismus) ..., für die keine soziale Bewegung in der Geschichte der

[2] Vgl. dazu den von Joachim Becker und Rudy Weissenbacher herausgegebenen Band »Sozialismen. Entwicklungsmodelle von Lenin bis Nyerere« (2009), in dem die Entwicklung sozialistischer Modelle in der Welt des 20. Jahrhunderts analysiert werden.

Menschheit eine Analogie bietet; keine hatte in der Vergangenheit universalen Charakter. Die Geschichte kennt auch keine geistige oder religiöse Bewegung, die eine ganze Menschheit in allen ihren Rassen und Kulturen ergriffen hätte. Es gibt keine Philosophie oder Weltanschauung, die geistiges Gemeingut der Völker geworden wäre, und keine der großen Religionen wurde eine die ganze Menschheit umfassende Weltreligion. Die sozialistische Idee aber hat alle Kulturkreise durchdrungen, bewegt das Denken aller Rassen, ist das Gesellschaftsprinzip von Staaten geworden, in denen ein Drittel der Menschheit lebt. Sie wirkt als Dynamik im Prozess der Umwandlung der hochkapitalistischen Gesellschaftsordnung Europas wie der vorkapitalistischen Gesellschaftsordnung der von der Kolonialherrschaft befreiten Völker Asiens und Afrikas. Mit dem Sozialismus ist zum ersten Mal in der Geschichte eine die Welt umfassende geistige und soziale Bewegung in Erscheinung getreten.« (Braunthal 1974, Band 3: 565) Als gemeinsame Idee aller sozialistischen Bewegungen dieser Epoche bezeichnet Braunthal die »Idee einer klassenlosen Gesellschaft von Freien und Gleichen, emanzipiert von jeder Form ökonomischer und politischer Versklavung« (ebd.: 566).

Knapp 25 Jahre später hat sich in der Bilanz des »kurzen 20. Jahrhunderts« von Eric Hobsbawm das Pathos des Austromarxisten Braunthal verflüchtigt. Die drei großen Stränge der Entwicklung des Sozialismus im 20. Jahrhundert – die Sozialdemokratie, der Kommunismus und die antiimperialistischen Befreiungsbewegungen, die sich als sozialistisch verstanden – sind implodiert oder haben sich von ihren sozialistischen Wurzeln losgesagt. Der Schock über den Zusammenbruch des »realen Sozialismus« um die Sowjetunion, aber auch der Niedergang und die Auflösung der italienischen Kommunistischen Partei (PCI) und anderer Parteien in Westeuropa sitzt tief. Die antiimperialistischen Befreiungsbewegungen, die mit einem sozialistischen Programm zur Unabhängigkeit und Entwicklung ihrer Länder – z.B. in der arabischen Welt – angetreten waren, sind vielfach in Militärdiktaturen erstarrt, die das Elend der Volksmassen perpetuieren und damit den Aufstieg des islamischen Fundamentalismus befördert haben.

Anfang der 1990er Jahre hatte Hobsbawm (1998) die Bedeutung der sogenannten Deng-Xiaoping-Reformen in der Volksrepublik China noch nicht erkannt. So folgerte er: Die Welt hat »ihre Orientierung verloren« und ist »in Instabilität und Krise geschlittert« (ebd.: 503). Für ihn wird die Welt »vom gigantischen ökonomischen und technisch-wissenschaftlichen Prozess der Kapitalismusentwicklung« (ebd.: 719) bestimmt und umgewälzt. Aus dieser Dynamik entstehen immer wieder gewaltige Krisen und Katastrophen. Die Kräfte der Kritiker und Gegner des Kapitalismus sind schwach wie nie zuvor im 20. Jahrhundert. So endet das Buch des Historikers Hobsbawm mit einer verhaltenen Hoffnung darauf, dass »die Menschheit« sich gegen die Katastrophe der Zerstörung der Welt zur Wehr setzen wird: »Wenn die Menschheit eine erkennbare Zukunft haben soll, dann kann sie nicht darin bestehen, dass wir die Vergangenheit oder Gegenwart lediglich fortschreiben. Wenn wir versuchen, das dritte Jahrtausend aus dieser Grundlage aufzubauen, werden wir scheitern. Und der Preis für dieses Scheitern, die Alternative zu einer umgewandelten Gesellschaft (»changed society« im Orginal), ist Finsternis.« (Ebd.: 720)

Damit stellt sich Hobsbawm in die Tradition eines Programms der – über den Kapitalismus hinausweisenden – Gesellschaftsveränderung, das allerdings sehr vage bleibt. Der Historiker weiß wohl, dass dazu die Formierung eines Blockes sozialer und politischer Kräfte notwendig ist, die diese Aufgabe bewältigen können. Die Sozialisten am Anfang des Jahrhunderts waren davon überzeugt, dass dieser Wandel quasi-naturgesetzlich vollzogen werde. Donald Sassoon (1996: 776) verfolgt in seiner Aufarbeitung der 100-jährigen Geschichte des Sozialismus und der Linken in Westeuropa die – durch die ökonomische Akkumulation, durch die Krisen und die Katastrophen des Kapitalismus sowie durch die Klassenkämpfe angetriebene – wechselseitige Determination und Abhängigkeit zwischen dem westeuropäischen Sozialismus und dem europäischen Kapitalismus. Die »Krise der sozialistischen und sozialdemokratischen Tradition in Westeuropa ist nicht die Krise einer Ideologie, die durch die überlegene politische und organisatorische Macht ihrer Gegner besiegt wurde – wie es beim Kommunismus der Fall war. Sie ist vielmehr integraler Bestandteil einer fin-de-siècle-Umwälzung, die den Planeten in hoher Geschwindigkeit mit weitreichenden Folgen umbaut.« Die Renaissance des Sozialismus (auf den »Trümmern« der »alten Sozialismen«) nach der Jahrtausendwende ist auf jeden Fall als eine Antwort auf die Folgen dieser Umwälzung zu begreifen, die die Niederlagen der alten Arbeiterbewegung in den Kapitalmetropolen Westeuropas vollendet hatte.

Imperialismus und Krieg/Revolution und Gegenrevolution

Um die Geschichte von Aufstieg und Niedergang des Sozialismus besser zu verstehen, müsse – wie Sassoon zu Recht bemerkt – die extrem widersprüchliche Entwicklung des Kapitalismus – die Krisen der Kapitalakkumulation ebenso wie die Veränderungen im Herrschaftssystem – in den Blick genommen werden. Vor 1914 hatte der Kapitalismus in den USA und in Europa eine lange Welle des Wachstums, der Expansion und des Aufschwungs neuer Industrien (Metallverarbeitung, Elektro- und Chemieindustrie) erlebt. Kurz vor Beginn des Weltkrieges ging diese in eine lange Welle der Stagnation – von Krisen, Kriegen und Katastrophen – über, die bis nach dem Zweiten Weltkrieg anhielt.

In dieser Periode stießen sowohl die Interessengegensätze zwischen den imperialistischen Staaten als auch die Klasseninteressen von Kapital und Arbeit offen aufeinander und wurden vielfach gewaltsam ausgetragen. Der Niedergang des British Empire setzte sich fort, während die USA als Heimat des »Fordismus« ihren Aufstieg als Weltmacht fortsetzten.

Für die Historiker vollzog sich im letzten Drittel des 19. Jahrhunderts der Übergang zum »imperialen Zeitalter« (Hobsbawm 1989), das durch die herausragende Stellung des Britischen Empires, die nachholende kapitalistische Entwicklung im Deutschen Reich und in den USA sowie durch die zunehmende Bedeutung der »Weltpolitik« als Konkurrenzkampf im Staatensystem« (Wehler 1995: 978) – verbunden mit Aufrüstung und Kriegsvorbereitung – charakterisiert war. Das liberale Denken wurde durch Nationalismus, Sozialdarwinismus und Rassismus (»Überlegenheit des weißen Mannes«) abgelöst. Der imperialistische Machtstaat wurde im Denken und Handeln des herrschenden Blocks, in dem sich die ökonomischen Interessen der Bourgeoisie mit den politischen Interessen der militärischen Führungsgruppen verbinden, aufgewertet. In der sozialistischen Arbeiterbewegung erschienen erste Studien über den Imperialismus nach 1910 (Deppe u.a. 2004; Deppe u.a. 2011). Im Mittelpunkt stand die Frage, welche Veränderungen in der Struktur und Funktionsweise des Kapitalismus sich seit dem Marxschen »Kapital« (1867) vollzogen hatten und welche Schlussfolgerungen daraus für die Politik der Arbeiterbewegung, d.h. für die Sozialismusperspektive, gezogen werden mussten. Die Prozesse der Kapitalzentralisation und die Rolle des Finanzkapitals bei der Monopolisierung und der Expansion nach außen (Kolonialismus, Kapitalexporte) wurde einerseits als Reaktion des Kapitalismus auf die »Überakkumulation« auf der einen, die »Unterkonsumtion« der Arbeiterklasse auf der anderen Seite zurückgeführt. Für Rosa Luxemburg (1913; GW 5: 364) war der Imperialismus die »Schlussperiode in der geschichtlichen Bahn des Kapitals«, der »politische Ausdruck des Prozesses der Kapitalakkumulation in ihrem Konkurrenzkampf um die Reste des noch nicht mit Beschlag belegten nichtkapitalistischen Weltmilieus« (ebd.: 391). Kolonialismus, Schutzzollpolitik und Militarisierung sind die wichtigsten Merkmale dieser Politik, wobei sich die Rüstungsindustrie selbst als »ein erstklassiges Akkumulationsfeld des Kapitals« erweist (ebd.: 410). So wird eine Spirale angetrieben, die nach außen die Macht- und Interessenkonflikte der imperialistischen Staaten bis zum Krieg verschärft; zugleich werden nichtkapitalistische Produzenten an der Peripherie enteignet, während in den Zentren den Vertretern der einfachen Warenproduktion die »Produktivkräfte« geraubt und die Arbeiterklasse in ihrer Lebenshaltung herabgedrückt wird. So »verwandelt sich die Tagesgeschichte der Kapitalakkumulation auf der Weltbühne in eine Kette fortlaufender politischer und sozialer Katastrophen und Konvulsionen, die (zusammen mit den Wirtschaftskrisen) … die Rebellion der Internationalen Arbeiterklasse gegen die Kapitalherrschaft zur Notwendigkeit machen werden, selbst ehe sie noch ökonomisch an ihre natürliche selbst geschaffene Schranke gestoßen ist«. (Ebd.: 411)

Mit dem Übergang zum Imperialismus musste sich der Begriff der systemischen Krise verändern und zum Begriff der Katastrophe erweitern. Die Dominanz der kapitalistischen Produktionsweise reflektierte sich im 19. Jahrhundert darin, dass der ökonomische Krisenzyklus (als Konjunkturzyklus wie als »lange Welle«) – mit den periodischen Einbrüchen der Konjunktur, Finanzkrisen an den Börsen, Unternehmenszusammenbrüchen und dem Ansteigen der Arbeitslosigkeit – die spätfeudalen Agrarkrisen (die es nach wie vor als Hungerkatastrophen z.B. in Irland oder in Indien gab)[3] abgelöst hatte. In den Vorarbeiten zum »Kapital« findet sich bei Marx eine Passage, die erkennen lässt, dass dieser dem Kapitalismus eine immanente Tendenz zur Verschärfung dieser Krisen, dann auch deren Ausweitung zur sozialen Katastrophe sowie zu einer »politischen Krise« des Staates – allgemeiner des Herrschaftssystems – zuschreibt. »The highest development of productive power together with the greatest expansion of existing wealth will coincide with depreciation of capital, degradation of the labourer, and a most straightened exhaustion of his vital powers. These contradictions lead to explosions, cataclysms, crises, in which by momentaneous suspension of labour and annihilation of a great portion of capital the latter is violently reduced to the point, where it can go on. Diese Widersprüche, of course, führen zu Explosionen, Krisen, worin momentane Aufhebung aller Arbeit und Vernichtung von großem Teil von Kapital es gewaltsam wieder auf den Punkt zurückführen, worin es is enabled fully employing its productive powers without committing suicide. Yet, these regularely occurring catastrophes lead to their repetiton on a higher scale, and finally to its violent overthrow. Es sind in der entwickelten Bewegung des Kapitals Momente, die diese Bewegung aufhalten, anders als durch Krisen; so z.B. die beständige Entwertung eines Teils des existierenden Kapitals: die Verwandlung eines großen Teils von Kapital in capital fixe, das nicht als Agent der direkten Produktion dient; unproduktive Vergeudung einer großen Portion des Kapitals etc.« (Marx 1953: 636).

Friedrich Engels kam in seinen letzten Jahren immer wieder auf die zunehmende Gefahr eines großen europäischen Krieges zurück. Ihm war bewusst, dass sich im Zuge der zunehmenden Konkurrenz zwischen den Staaten (um Weltmacht und Marktanteile), der militärischen Aufrüstung, aber auch als Reaktion der herrschenden Klasse auf die innere Herausforderung durch den Sozialismus, die immanente ökonomische Krisentendenz der ka-

---

[3] Mike Davis zeigt in seiner Studie über »The Making of the Third World« (2017: 6ff.), dass die Hungernöte, die im letzten Viertel des 19. Jahrhunderts u.a. in Indien, China und Brasilien Millionen Opfer forderten, mit der Integration dieser Länder in den von Großbritannien beherrschten freien Weltmarkt zusammenhingen. »Millionen starben, nicht außerhalb des modernen Weltsystems, sondern genau in dem Prozess, in dem sie mit Gewalt in seine ökonomischen und politischen Strukturen hineingezwungen wurden. Sie starben im Goldenen Zeitalter des liberalen Kapitalismus.« (Ebd.: 9)

pitalistischen Produktionsweise zur politischen Katastrophe eines drohenden »Weltkrieges« zwischen den führenden Staaten steigern musste. Im Jahr 1887 entwickelte er am Ende eines Textes, den er als Einleitung zum Buch eines Kampfgefährten aus der 48er Revolution geschrieben hatte, die Dystopie eines kommenden Weltkrieges als Menschheitskatastrophe: »Und endlich ist kein andrer Krieg für Preußen-Deutschland mehr möglich als ein Weltkrieg, und zwar ein Weltkrieg von bisher nie gekannter Ausdehnung und Heftigkeit. Acht bis zehn Millionen Soldaten werden sich untereinander abwürgen und dabei ganz Europa so kahlfressen, wie noch nie ein Heuschreckenschwarm. Die Verwüstungen des Dreißigjährigen Krieges zusammengedrängt in drei bis vier Jahre und über den ganzen Kontinent verbreitet: Hungersnot, Seuchen, allgemeine, durch akute Not hervorgerufene Verwilderung der Heere wie der Volksmassen; rettungslose Verwirrung unsres künstlichen Getriebs in Handel, Industrie und Kredit, endend im allgemeinen Bankerott; Zusammenbruch der alten Staaten und ihrer traditionellen Staatsweisheit, derart, dass die Kronen zu Dutzenden über das Straßenpflaster rollen und niemand sich findet, der sie aufhebt; absolute Unmöglichkeit, vorherzusehen, wie das alles enden und wer als Sieger aus dem Kampf hervorgehen wird; nur ein Resultat absolut sicher: die allgemeine Erschöpfung und die Herstellung der Bedingungen des schließlich Siegs der Arbeiterklasse. – Das ist die Aussicht, wenn das auf die Spitze getriebene System der gegenseitigen Überbietung in Kriegsrüstungen endlich seine unvermeidlichen Früchte trägt.« (MEW 21: 350f.)

Karl Kautsky, nach dem Tod von Engels der anerkannte Vordenker des »Marxismus« der II. Internationale, veröffentlichte 1909 eine Schrift mit dem Titel »Der Weg zur Macht«. Darin wollte er nachweisen, dass nunmehr eine relativ friedliche und dynamische Periode der kapitalistischen Entwicklung – also eine »lange Welle« der Expansion – in eine neue Periode von Krisen, Kriegen und revolutionären Klassenkämpfen übergeht. Die Arbeiterklasse, die ihre Siege der vergangenen Jahre unter den Bedingungen der relativen Prosperität und des Friedens errungen hatte, musste sich daher auch von den friedlichen Methoden des Kampfes verabschieden: »Sicher ist nur die allgemeine Unsicherheit. Sicher, dass wir in eine Periode allgemeiner Unruhe, steter Machtverschiebungen eingetreten sind, die, wie immer ihre Formen und ihre Dauer auch sein mögen, nicht eher mehr in einem Zustande länger dauernder Ruhe enden kann, als bis das Proletariat die Kraft erlangt hat, die Kapitalistenklasse politisch und ökonomisch zu expropriieren und damit eine neue Ära der Weltgeschichte zu inaugurieren... Als Marx und Engels das ›Kommunistische Manifest‹ schrieben, sahen sie als das Kampffeld der proletarischen Revolution nur Westeuropa vor sich. Heute ist es die ganze Welt geworden. Heute werden die Schlachten im Befreiungskampfe der arbeitenden und ausgebeuteten Menschheit nicht nur an der Spree und der Seine geschlagen, sondern auch am Hudson und Mississippi, an der Newa und den Dardanellen, am Ganges und Hoangho … Glücklich jeder, der berufen ist, an diesem erhabenen Kampfe und herrlichen Siege teilzunehmen!« (Kautsky 1909: 104) Aus der Führung der Gewerkschaften gab es Versuche, die Veröffentlichung des Buchs zu verhindern, denn die Prognose von Kautsky widersprach dem Selbstverständnis eines Apparates, der sich auf die Durchsetzung von Tarifverträgen und Sozialgesetzen konzentrierte. Zu einem Bruch mit Kautsky kam es allerdings nicht; denn dieser vertrat in den Jahren bis zum Beginn des Großen Krieges in der Auseinandersetzung mit dem linken, revolutionären Flügel der Partei immer wieder die Auffassung, dass die deutsche Sozialdemokratie zwar eine »revolutionäre«, aber keine »Revolution machende« Partei der Arbeiterklasse sei. Während Rosa Luxemburg für die Unterstützung von Massenstreiks zur Durchsetzung politischer Forderungen (z.B. Aufhebung des Drei-Klassen-Wahlrechts in Preußen) plädierte, sprach er sich für eine »Ermattungsstrategie« aus, die den Gegner schwächt, ohne die Gefahr eines Gegenschlags (z.B. Verbot der Partei) zu riskieren.

Gleichwohl sollte Kautsky mit seinem Hinweis auf die bevorstehenden Krisen und Katastrophen Recht behalten. Der Erste Weltkrieg (1914 bis 1918) eröffnete das Zeitalter eines »dreißigjährigen Krieges«, der erst mit dem Sieg der Anti-Hitler-Koalition über den deutschen Faschismus im Mai 1945 endete. Dieser Krieg wurde aufgrund der gewaltigen Menschenopfer, der Verwüstungen, des Einsatzes modernster Vernichtungstechnologien (Tanks, Gas, Flugzeuge) als die »Ur-Katastrophe« des neuen Jahrhunderts erfahren.[4] Die Entfesselung der Gewalt als Medium der Politik bestimmte nicht nur das Handeln der Staaten als »Raubtiere« (Friedrich Naumann), sondern wirkte auch auf der subjektiven Ebene über die Kriegserfahrung in den politischen Auseinandersetzungen der Nachkriegszeit fort. Eine ganze Generation wurde nicht nur sozial, sondern auch moralisch entwurzelt. Der Anspruch der bürgerlichen Welt auf Fortschritt und Vernunft, aber auch auf die Rationalität des Diskurses als Medium der Konfliktbearbeitung, der das liberale Denken des 19. Jahrhunderts bestimmt hatte, brach ebenso zusammen wie der politische und militärische Führungsanspruch aristokratischer Eliten. Die Folgen des Krieges wirken bis in die Gegenwart nach:

[4] Adam Tooze (2015: 3) zitiert am Anfang seiner Studie über den »Großen Krieg und die Neuordnung der Welt, 1916–1931« den britischen Premierminister Lloyd George aus Jahr 1915. 1918 vertrat dieser Großbritannien in Versailles: »Es ist die Sintflut, es ist eine Erschütterung der Natur … es bringt unerhörte Veränderungen im sozialen und industriellen Gefüge. Es ist ein Wirbelsturm, der die Zierpflanzen der modernen Gesellschaft entwurzelt... Es ist ein Erdbeben, das die Felsen des Lebens in Europa aufwirft. Es ist eine jener seismischen Störungen, bei denen Nationen in einem einzigen Band vorwärts sprunghaft oder rückwärts fallen.«

- Der Zusammenbruch der spätfeudalen Großreiche im Osten und Südosten Europas: das Osmanische Reich, die Habsburger Monarchie, das russische Zarenreich. Aus der Auflösung dieser Reiche entstanden einerseits die kommunistische Sowjetunion (als Vielvölkerstaat), andererseits eine Vielzahl neuer Staaten, die sich in den folgenden Jahrzehnten durch politische Instabilität, vor allem aber auch durch das Elend der Volksmassen und durch den dominanten Einfluss westlicher Großmächte auszeichneten.
- Obwohl Großbritannien zu den Siegermächten zählte, setzte sich der Niedergang des Empire in der Weltwirtschaft und Weltpolitik fort, während die USA ihre Machtpositionen kontinuierlich ausbauten.[5] In der Periode der »rivalisierenden Imperialismen« (Cox 1987: 151ff.) kämpfte vor allem der deutsche Imperialismus darum, die Niederlage von 1918 zu revidieren. Im Fernen Osten bereitete der Aufstieg Japans, der die Macht Russlands, Chinas, schließlich der europäische Kolonialmächte herausforderte, neue Kriege vor.
- Im Ergebnis des Ersten Weltkrieges kündigte sich auch schon das Ende der großen Kolonialreiche an, das die europäischen Mächte (Großbritannien, Frankreich, Belgien, Niederlande, am Rande auch Deutschland und Italien) im letzten Drittel des 19. Jahrhunderts ausgebaut, gefestigt und ausgebeutet hatten.[6] Im Krieg verheizten diese Mächte nicht nur die einheimische Arbeiterklasse, sondern auch die kolonisierten Schwarzen aus Nordafrika oder Maoris aus Neuseeland. Am Ende des Krieges hatte US-Präsident Woodrow Wilson das Selbstbestimmungsrecht der Völker verkündet. Gleichzeitig waren sie Zeugen der Oktoberrevolution in Russland, die die Befreiung der »Völker des Ostens« proklamierte, sowie der revolutionären Bewegungen in anderen Staaten Europas. In Paris hielt sich am Ende des Krieges der (später sogenannte) Ho Chi Minh (1890–1969) aus der französischen Kolonie Indochina (Vietnam) auf. Er wurde Mitglied der Kommunistischen Partei Frankreichs und später Führer der Befreiungsbewegung, die 1954 die Franzosen und in den frühen 70er Jahren die USA besiegte. In Frankreich befanden sich zu dieser Zeit auch die beiden Chinesen Zhou Enlai (1898–1976) und Deng Xiaoping (1904–1997) – beide neben Mao führende Persönlichkeiten der chinesischen Revolution

[5] »Vor dem Hintergrund des Zusammenbruchs der alten Ordnung, die der Erste Weltkrieg verkörperte, war es nicht nur Woodrow Wilsons internationalistische Rhetorik, sondern auch die entscheidende Rolle der US-Finanzwirtschaft und -Industrie im Ausgang des Krieges, die die herausragende Rolle der USA im globalen Kapitalismus vorhersagte.« (Panitch/Gindin 2012: 45)

[6] Spanien hatte seine letzten Kolonien in Lateinamerika im Jahr 1898 nach einem verlorenen Krieg in Cuba, in dem die USA die Bewegung gegen die Kolonialherren mit einer Intervention unterstützten, verloren. Portugal konnte seine Kolonien in Afrika (Angola, Mozambique, Guinea-Bissau) bis in die 70er Jahre des 20. Jahrhunderts halten.

und nach 1949 der VR China. Deng leitete nach dem Tod von Mao 1978 die Epoche der Reformen und des Aufstiegs der VR China ein. Schließlich verließ der Inder Mahatma Gandhi (1869–1948) im Jahr 1914 Südafrika, wo er als Anwalt gewirkt hatte, um nach Indien zurückzukehren und den Kampf für die Unabhängigkeit seines Landes, dem »Kronjuwel« des British Empire, aufzunehmen. Er wurde bei den Feiern zur Unabhängigkeit im Jahr 1948 von einem fanatisierten Hindu erschossen.

- In den Staaten, die den Krieg verloren hatten (Deutsches Reich, Österreich-Ungarn, Russland), wurden am Ende des Krieges – im Ergebnis revolutionärer Bewegungen – die autokratischen Monarchien gestürzt. Der Übergang zu demokratischen Verfassungen (bzw. zur Diktatur des Proletariats in Russland) war mit heftigen inneren Auseinandersetzungen verbunden. Vor allem das Deutsche Reich wurde durch den Vertrag von Versailles durch die westlichen Siegermächte gezwungen, Gebiete abzutreten und erhebliche Reparationsleistungen zu leisten, die das Land politisch und wirtschaftlich schwächten. Daraus ergab sich, dass die ökonomische und soziale Katastrophe der Weltwirtschaftskrise nach 1929 mit der Massenarbeitslosigkeit den Aufschwung des Faschismus begünstigte, der unter der Losung »Rache für Versailles« Zustimmung bei den Massen fand und nach der Machtübertragung im Jahr 1933 unverzüglich damit begann, den Zweiten Weltkrieg vorzubereiten und schließlich im September 1939 zu eröffnen.[7] Auch die im Kontext der Auflösung des Habsburger Reiches sowie des Osmanischen Reiches und der Gründung der modernen Türkei abgeschlossenen Verträge schufen auf dem Balkan oder im Nahen Osten Staaten bzw. Satellitenregime, deren Grenzen im Interesse der imperialistischen Mächte (Frankreich, Großbritannien) und der Ölfirmen künstlich gezogen wurden. Die Staatsgründungen waren oft mit Massenvertreibungen großer Bevölkerungs- und Religionsgruppen verbunden (z.B. Griechen, die aus der Türkei vertrieben wurden, und umgekehrt) und erzeugten nationalistischen bzw. religiösen Hass, der z.T. bis in die Gegenwart anhält.
- Mitten im »dreißigjährigen Krieg« stürzte die kapitalistische Wirtschaft in die bisher schwerste Weltwirtschaftskrise, die 1929 im Oktober durch den Zusammenbruch der New Yorker Börse eingeleitet wurde. Die Wirtschaft der europäischen Staaten war durch den Krieg geschwächt. Die Staaten Europas – nicht nur das Deutsche Reich, sondern auch die Siegermächte

[7] Der junge britische Ökonom John Maynard Keynes, der als Berater in Versailles bei der britischen Delegation zugegen war, verließ die Konferenz aus Protest und veröffentlichte schon 1919 ein Buch mit dem Titel »Die Folgen des Friedensvertrages«, in dem er die These vertrat, dass die wirtschaftliche Knebelung und die Demütigung Deutschlands durch den Versailler Vertrag in letzter Instanz den Weg zu einem Zweiten Weltkrieg eröffne.

Großbritannien und Frankreich – waren durch Schulden belastet, vor allem beim US-amerikanischen Finanzkapital. »Die Vereinigten Staaten waren eine Macht wie keine andere. Sie hatten sich plötzlich als neuartige ›Supermacht‹ herausgebildet, die die Kontrolle über die Finanz- und Sicherheitsbelange der anderen großen Staaten der Welt ausübten.« (Tooze 2015: 6) Dort waren im Ergebnis des Booms der 20er Jahre a) eine Agrarkrise, b) spekulative »Blasen« (Wohnungsmarkt, Börsenkurse) und c) Überakkumulation in den industriellen Sektoren des »Fordismus« (um die Automobilindustrie) entstanden. Der Börsencrash löste den Zusammenbruch der Wirtschaft aus. Er griff schnell auf Europa und andere Regionen über, trieb die Arbeitslosigkeit in die Höhe und erzeugte Massenelend. Die Krise wurde durch die Politik der Regierungen verschärft und verlängert, die – der neoklassischen Ideologie folgend – durch Reduzierung der Staatsausgaben (»Sparpolitik«) und durch protektionistische Maßnahmen (»beggar-my-neighbour-policy«) auf die Krise reagierten. Erst mit dem Übergang zur Kriegswirtschaft im Zweiten Weltkrieg (schon vorher in Deutschland mit der forcierten Aufrüstungspolitik des Faschismus) wurde auch in den USA die Krise überwunden und der Übergang zu einer neuen »langen expansiven Welle« des Nachkriegskapitalismus (»Golden Age«) vorbereitet. Jetzt aber hatte sich – auch durch die Entwicklung des Sozialismus und der Sowjetunion in den ersten Jahrzehnten des Jahrhunderts – die Welt erneut radikal verändert.

Im Zeitalter der Katastrophen schien sich die Prognose des Zusammenbruchs des Kapitalismus, die die sozialistische Arbeiterbewegung vor 1914 inspiriert hatte, zu bestätigen. Die Zeit war »reif« für die proletarische Revolution, für die Ergreifung der politischen Macht und damit auch für den Aufbau einer neuen Wirtschafts-, Gesellschafts- und Staatsordnung, also für den Aufbau des Sozialismus. Die Arbeiterklasse – so sahen es die Theoretiker des Marxismus der II. Internationale – ist das Subjekt dieser Transformation. Sie bringt mit ihren Massenaktionen (Streikbewegungen, Massenversammlungen etc.) die alte Ordnung zum Einsturz. Da die Krise der alten Ordnung den Klassenkampf verschärft, muss die politische Partei der Arbeiterklasse im politischen Feld bereit und in der Lage sein, die »Machtfrage« zu stellen, die Staatsmacht (als eine Übergangsdiktatur) auszuüben, um erste Maßnahmen zur Veränderung der Eigentumsordnung, zur Lösung der sozialen Krisen und für eine Außenpolitik des Friedens zu ergreifen. Der Krieg zerstörte jedoch nicht nur die Illusionen über den quasi-naturgesetzlichen, friedlichen Übergang zum Sozialismus, sondern auch die Glaubwürdigkeit der Politik der sozialistischen Parteien, vor allem aber über ihre Bekenntnisse zum proletarischen Internationalismus und zum gemeinsamen Kampf gegen die Kriegsgefahr, die noch kurz vor Beginn des Krieges feierlich erneuert worden waren.

Die II. Internationale zerbrach im August 1914, als die deutsche Sozialdemokratie sich an die Seite der Krieg führenden kaiserlichen Regierung stellte. Auch Sozialisten in Frankreich und Großbritannien unterstützten die Politik ihrer nationalen Regierungen. Die nationalistische und patriotische Propaganda, die jetzt z.B. in Deutschland von der Führung der Partei und der Gewerkschaften betrieben wurde, schien auch große Teile der Arbeiterklasse in den jeweiligen Ländern zu beeinflussen. Begeistert und gefeiert zogen Massen junger Menschen in den Krieg. Die sozialistischen Parteien waren jetzt zwischen den Krieg führenden Staaten und – in diesen – in Unterstützer und Gegner des Krieges bzw. der Kriegspolitik ihrer Regierungen gespalten. Die Opposition gegen die Mehrheitslinie blieb zunächst schwach. Ihre Sprecher – wie z.B. Rosa Luxemburg und Karl Liebknecht in der SPD – waren verzweifelt. Rosa Luxemburg verfasste im Jahr 1915 einen Text über die »Krise der Sozialdemokratie«, der 1916 in Zürich unter dem Pseudonym »Junius« erschien. Im Anhang wurden »Leitsätze« formuliert, in denen zur Gründung einer neuen Internationalen aufgerufen wurde. Die ersten Abschnitte der »Leitsätze« lauteten:

»Eine größere Anzahl von Genossen aus allen Teilen Deutschlands hat die folgenden Leitsätze angenommen, die eine Anwendung des Erfurter Programms auf die gegenwärtigen Probleme des internationalen Sozialismus darstellen.

- 1. Der Weltkrieg hat die Resultate der vierzigjährigen Arbeit des europäischen Sozialismus zunichte gemacht, indem er die Bedeutung der revolutionären Arbeiterklasse als eines politischen Machtfaktors und das moralische Prestige des Sozialismus vernichtet, die proletarische Internationale gesprengt, ihre Sektionen zum Brudermord gegeneinander geführt und die Wünsche und Hoffnungen der Volksmassen in den wichtigsten Ländern der kapitalistischen Entwicklung an das Schiff des Imperialismus gekettet hat.
- 2. Durch die Zustimmung zu den Kriegskrediten und die Proklamation des Burgfriedens haben die offiziellen Führer der sozialistischen Parteien in Deutschland, Frankreich und England (mit Ausnahme der Unabhängigen Arbeiterpartei) dem Imperialismus den Rücken gestärkt, die Volksmassen zum geduldigen Ertragen des Elends und der Schrecken des Krieges veranlasst und so zur zügellosen Entfesselung der imperialistischen Raserei, zur Verlängerung des Gemetzels und zur Vermehrung seiner Opfer beigetragen, die Verantwortung für den Krieg und seine Folgen mitübernommen. …
- 5. Der Weltkrieg dient weder der nationalen Verteidigung, noch den wirtschaftlichen oder politischen Interessen irgendwelcher Volksmassen, er ist lediglich eine Ausgeburt imperialistischer Rivalitäten zwischen den kapitalistischen Klassen verschiedener Länder um die Weltherrschaft und um das Monopol in der Aussaugung und Unterdrückung der noch nicht vom

Kapital beherrschten Gebiete. In der Ära dieses entfesselten Imperialismus kann es keine nationalen Kriege mehr geben. Die nationalen Interessen dienen nur als Täuschungsmittel, um die arbeitenden Volksmassen ihrem Todfeind, dem Imperialismus, dienstbar zu machen. ...

■ 9. Der Imperialismus als letzte Lebensphase und höchste Entfaltung der politischen Weltherrschaft des Kapitals ist der gemeinsame Todfeind des Proletariats aller Länder. Aber er teilt auch mit den früheren Phasen des Kapitalismus das Schicksal, die Kräfte seines Todfeinds in demselben Umfange zu stärken, wie er sich selbst entfaltet. Er beschleunigt die Konzentration des Kapitals, die Zermürbung des Mittelstands, die Vermehrung des Proletariats, weckt den wachsenden Widerstand der Massen und führt so zur intensiven Verschärfung der Klassengegensätze. Gegen den Imperialismus muss der proletarische Klassenkampf im Frieden wie im Krieg in erster Reihe konzentriert werden. Der Kampf gegen ihn ist für das internationale Proletariat zugleich der Kampf um die politische Macht im Staate, die entscheidende Auseinandersetzung zwischen Sozialismus und Kapitalismus. Das sozialistische Endziel wird von dem internationalen Proletariat nur verwirklicht, indem es gegen den Imperialismus auf der ganzen Linie Front macht und die Losung: ›Krieg dem Kriege‹ unter Aufbietung der vollen Kraft und des äußersten Opfermutes zur Richtschnur seiner praktischen Politik erhebt.« (Zitiert nach Luxemburg 1916; GW 4: 43ff.)

Im September 1915 trafen sich im Schweizer Ort Zimmerwald 37 Gegner der »Burgfriedenspolitik« aus verschiedenen Ländern, um die Sozialistische Internationale neu zu organisieren. Als Parteien waren die italienische Sozialistische Partei sowie die russischen Sozialdemokraten – in Menschwiki und Bolschewiki gespalten – u.a. durch W.I. Lenin, Grigori J. Sinowjew, Karl Radek und Leo Trotzki vertreten. Unter den 37 Teilnehmer:innen befanden sich zehn Vertreter:innen des linken Flügels der deutschen Sozialdemokratie (darunter Georg Ledebour, Ernst Meyer und Bertha Thalheimer). Das »Zimmerwalder Manifest« wurde von Leo Trotzki verfasst. Darin heißt es am Schluss: »Proletarier! Seit Ausbruch des Krieges habt ihr eure Tatkraft, euren Mut, eure Ausdauer in den Dienst der herrschenden Klassen gestellt. Nun gilt es, für die eigene Sache, für die heiligen Ziele des Sozialismus, für die Erlösung der unterdrückten Völker wie der geknechteten Klassen einzutreten durch den unversöhnlichen proletarischen Klassenkampf. Aufgabe und Pflicht der Sozialisten der kriegführenden Länder ist es, diesen Kampf mit voller Wucht aufzunehmen, Aufgabe und Pflicht der Sozialisten der neutralen Staaten, ihre Brüder in diesem Ringen gegen die blutige Barbarei mit allen wirksamen Mitteln zu unterstützen.« (Trotzki 1915) Lenin fügte – um sich von den pazifistischen Strömungen der Linken abzugrenzen – einen Zusatz hinzu, in dem die Verwandlung des imperialistischen Weltkrieges in den nationalen, revolutionären Bürgerkrieg zur Hauptaufgabe der Linken erklärt wurde.

Die Spaltung der sozialistischen Arbeiterbewegung vertiefte sich im Verlauf des Krieges. Am 6. April 1917 gründeten die Gegner des Krieges und der Burgfriedenspolitik in der SPD in Gotha die »Unabhängige Sozialdemokratische Partei Deutschlands«. Zur gleichen Zeit intensivierten sich die Proteste gegen den Krieg. Der Aprilstreik 1917 war eine Massenbewegung, in der sich ein Protest gegen die unzureichende Lebensmittelversorgung artikulierte. Er schloss direkt an die Lebensmittelkrawalle im »Steckrübenwinter« von 1916/17 an. Der USPD gehörten Anhänger des Reformismus (wie z.B. Eduard Bernstein) und des Pazifismus ebenso an wie die Anhänger des revolutionären Sozialismus um Rosa Luxemburg. Die revolutionäre Welle, die am Ende des Krieges – vor allem in denjenigen Staaten, die einer militärischen Niederlage entgegengingen – aufschlug, wurde durch die beiden Revolutionen in Russland – im Februar und Oktober 1917 – bestimmt. Der zaristische Staat und seine Armee brachen zusammen und es bildeten sich Arbeiter- und Soldatenräte (Sowjets). Nach den Wahlen zu einer verfassunggebenden Versammlung (Duma) und einer gescheiterten Gegenrevolution durch die Armee siegte der von den Bolschewiki geführte Aufstand, der den von Lenin geführten Rat er Volksbeauftragten etablierte. Lenin berief sich in seiner 1917 verfassten Schrift »Staat und Revolution« auf die Frankreich-Schriften von Marx, um die von den Bolschewiki geführte Räterepublik als »Diktatur des Proletariats« zu charakterisieren. Die Revolution löste einen überaus brutalen Bürgerkrieg als auch Interventionen der Westmächte gegen das revolutionäre Russland aus. Sie wirkte am Ende des Krieges auch auf die Klassenbewegungen in Westeuropa ein.[8] In Deutschland bezog sich der letzte politische Massenstreik im Januar 1918 bereits direkt auf die Oktoberrevolution in Russland. Neben dem Frieden wurde jetzt auch eine Demokratisierung der autoritären Strukturen des deutschen Kaiserreiches gefordert. Die »revolutionären Obleute« – mit einem Schwerpunkt in der Berliner Rüstungsindustrie – waren die treibenden und orientierenden Kräfte in diesen Massenbewegungen. Sie unterstützten den linken Flügel der USPD.

Die russischen Revolutionäre waren davon überzeugt, dass mit dem Ende des Krieges und dem Sieg der Oktoberrevolution eine neue Phase eines weltrevolutionären Prozesses eröffnet worden war. In dieser muss nicht nur der Klassenkampf zwischen Kapital und Arbeit, sondern auch der Kampf zwischen »Reformisten« und »Revolutionären« ausgetragen werden. Dieser entscheidet darüber, welche Kräfte die politische Führung der Arbeiterklasse und bei der Bildung eines Blockes revolutionärer sozialer und politischer Kräfte erlangen. In diesem Geiste wurde im März 1919 der Gründungskon-

[8] Als am 16. Februar 1917 in Turin die Nachricht von der russischen Februarrevolution eintraf, nahmen die im Gange befindlichen Lohnkämpfe rasch politische Dimensionen an. Auf einer Streikversammlung brachen die Arbeiter spontan in den Ruf aus: »Fare come in Russia!« (»Machen wir es wie in Russland!«)

gress der Kommunistischen Internationale (KI) einberufen; 1922 umfasste die KI 66 Parteien mit insgesamt 1,2 Millionen Mitgliedern. Im September 1920 berief sie einen »Kongress der Völker des Ostens« nach Baku ein. An ihm nahmen Delegierte der Völker im Osten und Südosten Russlands, aber auch aus Indien, Korea und anderen Regionen Asiens teil (Studer 2020: 100ff.). Von diesem Kongress ging die Botschaft aus, dass die Befreiung von Kolonialherrschaft und Imperialismus Bestandteil des weltrevolutionären Prozesses ist, dessen Zentrum in den entwickelten kapitalistischen Staaten des Westens liegt. Schon hier kündigte sich freilich die Überzeugung an, dass dieser globale Kampf durch die Selbstbehauptung der Russischen Revolution eine wichtige Stütze erhalten habe.

Eric Hobsbawm hat im »Zeitalter der Extreme« (1998: 78f.) diesen »Geist der Zeit« als Folge der Kriegskatastrophe eindringlich beschreiben. Die Welt der bürgerlichen Ordnung war an ihre Grenzen gelangt. »Nur die USA tauchten aus den Weltkriegen in beinahe dem gleichen Zustand wieder auf ... nur etwas gestärkt. Für alle anderen Staaten bedeutete das Ende des Krieges: Umsturz. Die alte Welt war ganz offensichtlich zum Untergang verdammt... Die Menschheit wartete auf eine Alternative. Und eine dieser Alternativen war 1914 durchaus bekannt. Sozialistische Parteien, die auf die Unterstützung der sich ausbreitenden Arbeiterklasse in ihren Ländern bauten und vom Glauben an die historische Unvermeidlichkeit ihres Sieges durchdrungen waren, boten in den meisten Ländern Europas diese Alternative an. Und es sah so aus, als brauchten die Völker nur ein Signal, um sich zu erheben und den Kapitalismus durch Sozialismus zu ersetzen und damit die sinnlosen Leiden des Krieges schließlich in etwas Sinnvolleres zu verwandeln: die blutigen Geburtswehen und Konvulsionen einer neuen Welt... Die Russische oder genauer die bolschewistische Revolution vom Oktober 1917 war bereit, der Welt dieses Signal zu geben. Deshalb war sie für dieses Jahrhundert ein ebenso zentrales Ereignis wie es die Französische Revolution von 1789 für das 19. Jahrhundert gewesen war.« Allerdings: »die faktischen Auswirkungen von 1917 waren bei weitem größer und anhaltender als die von 1789. Die Oktoberrevolution brachte die gewaltigste Revolutionsbewegung der modernen Geschichte hervor. Ihre Ausdehnung über die Welt ist seit dem Siegeszug des Islam in seinem ersten Jahrhundert ohne Parallele geblieben.« (Ebd.)

Den russischen Revolutionären war jedoch gleichzeitig bewusst, dass die Ergebnisse der Oktoberrevolution nur dann gesichert werden konnten, wenn die Revolution in einem entwickelten kapitalistischen Staat in Europa siegen würde. Dabei konzentrierte sich das Interesse der Revolutionäre auf das Deutsche Reich, denn dort brach in der Kriegsniederlage das alte Regime der (spätabsolutistischen) preußischen Monarchie zusammen. Gleichzeitig war die deutsche Arbeiterbewegung die stärkste Kraft der II. Internationale. Vor der Ausrufung der Republik am 9. November 1918 hatte sich in der Armee, in den Betrieben und auf kommunaler Ebene nach russischem Vorbild eine mächtige Bewegung der Arbeiter- und Soldatenräte gebildet. Die provisorische Regierung, der »Rat der Volksbeauftragten«, setzte sich aus Vertretern der SPD und der USPD zusammen. Das Schicksal der Novemberrevolution entschied sich früh, nachdem die SPD-Führung unter Friedrich Ebert, Philipp Scheidemann und Gustav Noske sich für die Kooperation mit der Obersten Heeresleitung sowie mit bürgerlich-demokratischen Kräften zur Niederschlagung der Revolution und zur Durchsetzung der parlamentarischen Republik entschlossen hatte. Die SPD distanzierte sich von der Oktoberrevolution und den Bolschewiki. Sie war bereit, auf die Forderungen der Rätebewegung nach Sozialisierung einzugehen, legte sich aber schließlich darauf fest, dass der Weg zum Sozialismus (zu dem sie sich nach wie vorbekannte) nur im Rahmen der republikanischen Verfassung und über Mehrheiten im Ergebnis von allgemeinen Wahlen zu beschreiten sei.

Die SPD repräsentierte in der Revolution und bei den ersten Wahlen zur Nationalversammlung nach wie vor die Mehrheit der Arbeiterklasse, vor allem nachdem sie sich 1922 wieder mit der »Rest-USPD« vereint hatte. Der linke Flügel der Arbeiterbewegung, der mit den »revolutionären Obleuten« und in der Rätebewegung über starke Positionen in der Klasse verfügte, war bei der Gründung der Kommunistischen Partei Deutschlands (KPD) Ende Dezember 1918 im politischen Feld schwach. Erst in den Auseinandersetzungen Anfang der 20er Jahre (Kapp-Putsch, Ruhrkämpfe, lokale Räterepubliken etc.) verlor die MSPD zunehmend an Rückhalt in der Arbeiterklasse und die KPD entwickelte sich nach der Vereinigung mit dem linken Flügel der USPD 1922 zu einer Massenpartei. Bis 1923 war die Niederlage der Revolution in Deutschland besiegelt. Die Arbeiterbewegung und die Klasse waren gespalten. Das Bündnis der SPD mit den Gegnern der Revolution, die Morde an Rosa Luxemburg und Karl Liebknecht sowie das Wüten der Reichswehr und der Freikorps in den Arbeiterstädten und -regionen des Landes – stets vom »Bluthund« Noske« als Reichswehrminister legitimiert (Gietinger 2018) – hatte die Spaltung zwischen Sozialdemokraten und Kommunisten vertieft, Hass auf beiden Seiten erzeugt, der bis zum Ende der Weimarer Republik im Jahr 1933 für die Niederlage der – einst so mächtigen – deutschen Arbeiterbewegung gegenüber Hitler und dem Faschismus verantwortlich war.[9]

[9] Das Drama dieser Spaltung wurde schon am 13. Januar 1920 offenkundig, als im Reichstag das Betriebsrätegesetz diskutiert und verabschiedet wurde. Vor dem Reichstag demonstrierten mehr als 100.000 Berliner Arbeiter, deren Betriebe stillstanden. Nach Handgreiflichkeiten eröffnete die paramilitärische Sicherheitspolizei mit Maschinengewehren und Karabinern das Feuer. 42 Tote und weit mehr als 100 Verletzte blieben auf dem Platz. Das Betriebsrätegesetz war – im Vergleich zur Zeit vor 1918 – zweifellos eine Errungenschaft der Novemberrevolution. Der Protest der Arbeiter richtete sich freilich

Auch in Italien entwickelte sich nach dem Ende des Krieges im Norden des Landes eine Rätebewegung, die sich an dem russischen Vorbild orientierte. Die italienische Regierung war erst 1915 an der Seite der Alliierten gegen Deutschland und Österreich in den Krieg eingetreten; der Sozialist Benito Mussolini wandelte sich zum Befürworter des Krieges und wurde aus seiner Partei, dem PSI, ausgeschlossen. Im Isonzotal und in den Trientiner Dolomiten machten die Armeen ähnliche Erfahrungen mit einem verlustreichen Stellungskrieg wie die deutschen und französischen Armeen bei Sedan. Am Ende des Krieges gehörte Italien zu den Siegern, litt jedoch unter den Folgen des Krieges: Inflation, Absturz der Reallöhne, Anstieg der Arbeitslosigkeit. Ab 1917 kam es zu Hungerdemonstrationen, Ladenplünderungen und politischen Massenstreiks. In den Jahren 1919 und 1920 (»biennio rosso«) entwickelte sich aus den Betrieben eine Rätebewegung, die Betriebsbesetzungen organisierte. Parallel zu den Kämpfen der Arbeiter entwickelte sich seit 1919 auch eine Bewegung auf dem Lande: Besitzlose Bauern besetzten Land von Großgrundbesitzern und forderten eine durchgreifende Landreform. Am 1. Mai 1919 erschien die erste Ausgabe der Wochenzeitschrift »Ordine nuovo« (»neue Ordnung«), deren einziger, nomineller Herausgeber der junge Antonio Gramsci aus Turin war. Die Zeitschrift propagierte das Rätemodell nach sowjetischem Vorbild. Zu ihren Autoren gehörten neben Antonio Gramsci auch Palmiro Togliatti, Umberto Terracini und Angelo Tasca. Sie bildeten nach der Gründung der Kommunistischen Partei Italiens (PCI) im Jahr 1921 deren »führende Gruppe« (Togliatti 1977), die die Partei bis in die Zeit nach dem Zweiten Weltkrieg prägen sollte. Die »rote Welle« wurde freilich in den Jahren 1921 und 1922 durch eine »schwarze Welle« besiegt. Die von Fabrik- und Grundbesitzern finanzierten und von Mussolini geführten Fasci di combattimento (mit ihren »Schwarzhemden«) griffen die streikenden Arbeiter, die Landbesetzer, die Büros der Linken an; von April 1919 bis September 1920 wurden mehr als 320 Arbeiter getötet. Im Juli/August 1922 scheiterte ein Generalstreik, der von der Führung des PSI und der Gewerkschaften nur halbherzig unterstützt wurde und von den faschistischen Trupps in den großen Städten mit Gewalt aufgelöst wurde.[10] Die »schwarze Welle« endete mit dem »Marsch auf Rom«; am 30. Oktober 1922 ernannte der König Mussolini zum Ministerpräsidenten. Die faschistische Diktatur unter seiner Führung endete im Jahr 1943, als Mussolini nach der Landung der Alliierten in

gegen die Entmachtung der Räte, die mit diesem Gesetz – mit Zustimmung der MSPD und der Gewerkschaftsführung – sanktioniert wurde.

[10] Gramsci schrieb im März 1924 in »Ordine Nuovo«: »Die Katastrophe des Generalstreiks vom August 1922 hatte nur ein Ergebnis: er drückte die Industriellen und die Krone an die Seite des Faschismus und löste die Entscheidung Mussolinis zum Staatsstreich aus.« (Zit. n. Spriano 1976: 215)

Sizilien vom faschistischen »Großrat« und vom König abgesetzt und verhaftet wurde.

Mit dem »Fall Italien« zeichnete sich eine neue Herausforderung für die sozialistische und kommunistische Arbeiterbewegung ab, die natürlich auch noch eine Folge der »Ur-Katastrophe« des Großen Krieges war. Auch aus Sicht der herrschenden Klassen war der Krieg – unterschiedlich in einzelnen Ländern – in eine revolutionäre politische Krise übergegangen. Daher mussten die Anhänger des untergegangenen Regimes, die Unternehmer, Großgrundbesitzer und die führenden Militärs, Zugeständnisse machen, um die Gefahr der »roten Revolution« klein zu halten. Dazu gehörte die Republik (mit der Weimarer Reichsverfassung) ebenso wie Zugeständnisse an die Gewerkschaften – z.B. der Acht-Stunden-Tag nach dem sogenannten Stinnes-Legien-Abkommen im November 1918 (Deppe/König 2018). Im Kampf gegen die Revolution formierten sich nunmehr bürgerliche und kleinbürgerliche Kräfte, die nach dem Krieg vom Abstieg bedroht waren – desillusioniert, perspektivlos und gewaltbereit. Aus ihnen rekrutierten sich die militärischen bzw. paramilitärische Formationen (wie die Freikorps), die nunmehr im Osten Europas, vor allem aber im Deutschen Reich gegen die »rote Gefahr« antraten. Sie verachteten die Demokratie und die »Roten« (auch die Sozialdemokraten), die sie für die Kriegsniederlage verantwortlich machten (»Dolchstoßlegende«). Viele von ihnen waren offen für die antisemitische Propaganda, die vor allem in Deutschland die »Juden« für die Kriegsniederlage, den Versailler Vertrag und den Bolschewismus verantwortlich machten. Neu war jetzt die Dialektik von Revolution und Gegenrevolution, die den Kampf für die Verteidigung der Alten Ordnung aufnahm, aber dabei auch den Liberalismus, die Menschenrechte und die Demokratie als Feinde definierte. Zur Rettung der kapitalistischen Wirtschaftsordnung musste nicht nur die sozialistische Arbeiterbewegung vernichtet, sondern die demokratische Verfassung durch ein autoritäres Führersystem ersetzt werden. Das Ziel der Gegenrevolution war aber nicht nur die Sowjetunion, sondern jene demokratischen und sozialen Reformen, die im Ergebnis der Auseinandersetzungen am Ende des Krieges durchgesetzt worden waren. Der Aufstieg von faschistischen Massenbewegungen und von autoritären Regimen in der Zwischenkriegsperiode – vor allem in und nach der Weltwirtschaftskrise nach 1929 – erreichte mit der Machtübertragung an Hitler im Januar 1933 und mit der Errichtung der faschistischen Diktatur im Deutschen Reich seinen Höhepunkt. Die sozialistische Arbeiterbewegung im »Westen« erlitt schwere Niederlagen. Im Kampf gegen Krieg und Faschismus mussten die Parteien der Linken und ihre Vordenker bereit sein, alte strategische Dogmen zu überwinden. Kurz vor dem Zweiten Weltkrieg waren unzählige Opfer dieser Gegenrevolution zu beklagen; die Zahl der zum Tode Verurteilten bzw. der zu Tode Geprügelten und Gefolterten war hoch; Tausende litten in Zuchthäusern und Konzentrationslagern. Nicht alle konnten als Emigranten in Großbritannien, Schweden, in den USA oder selbst in Schanghai aufgenommen werden; viele Antifaschisten – Spanienkämpfer z.B. – wurden in Frankreich nach dem Beginn des Krieges von den deutschen Besatzern interniert und von dort in deutsche Konzentrationslager überführt, wo viele von ihnen ermordet wurden. Der Zweite Weltkrieg steigerte noch einmal die Erfahrung der Katastrophen, die die imperialistischen Machtstaaten und die bürgerliche Welt des Kapitalismus (bzw. des Antisozialismus oder inzwischen des Antikommunismus) in ihrem Kampf ums Überleben produzierten.

Realer Sozialismus

In der von Karl Marx verfassten »Inauguraladresse« der 1864 in London gegründeten Internationalen Arbeiterassoziation wird es als die »große Pflicht der Arbeiterklassen« bezeichnet, »politische Macht zu erobern« (MEW 16: 12). Die Parteien der II. Internationale verstanden sich als Organe der Arbeiterklasse im politischen Feld, die nicht nur um Anerkennung bei Wahlen, sondern nach der politischen Macht streben, um ihre Ziele – von den Reformen des Tages über den Kampf gegen reaktionäre Angriffe auf die Arbeiterklasse bis zum sogenannten »Endziel« – durchzusetzen. Am Ende des Weltkrieges entstanden unterschiedliche Konstellationen, in denen die sozialistischen Parteien (von denen sich bald kommunistische Parteien nach links abgespalten hatten) die Macht übernahmen bzw. an der Ausübung der politischen Macht beteiligt wurden. Sozialistische Politik wurde praktisch und real; der Dreischritt Klasse – Partei – Staat, der stets umstritten war (insbesondere im Hinblick auf den Staat), ging in die dritte Phase über.

In den folgenden Abschnitten werden verschiedene Varianten der Umsetzung sozialistischer Programmatik in reale Politik vorgestellt und diskutiert: die Entwicklung in der Sowjetunion nach der Oktoberrevolution; die sozialdemokratische Politik in der Zwischenkriegsperiode (am Beispiel der Verfassungen nach 1918, des »roten Wien« und des schwedischen »Volksheimes«) und schließlich die Errichtung von »befreiten Gebieten« in China, nachdem die Kommunisten nach einem Massaker in Schanghai 1927 gezwungen waren, die Städte zu verlassen und sich »aufs Land« zurückzuziehen.

Der sowjetische Sozialismus

Sidney und Beatrice Webb (1859–1947; 1858–1943) waren höchst angesehene Repräsentanten des Sozialismus in Großbritannien. Sie gehörten zu den Gründern der Fabian Society und der London School of Economics. Ideologisch waren sie »Reformisten« in der Labour Party; zum Leninismus und zur Oktoberrevolution hatten sie eine kritische Distanz gewahrt. Im Jahr 1932 verbrachten sie – inzwischen im Alter von fast 75 Jahren – zwei Monate in der Sowjetunion. In der kapitalistischen Welt wütete die Weltwirtschaftskrise seit 1929 mit Massenarbeitslosigkeit, Elend und dem Aufstieg des Faschismus. In der Sowjetunion waren nach dem Ende des Bürgerkrieges und der Periode der sogenannten Neuen Ökonomischen Politik seit dem Ende der 20er Jahre mit dem ersten Fünfjahr-Plan und der Kollektivierung der Landwirtschaft erste Schritte für den Aufbau eines sozialistischen Wirtschaftssystems eingeleitet. Nach dem Tod von Lenin hatte J.W. Stalin nach 1924 den Machtkampf an der Spitze der Partei für sich entschieden; bis 1928 wurde Leo Trotzki entmachtet und zur Emigration gezwungen. Danach wurde die sogenannte »rechte Opposition« um Bucharin ausgeschaltet. Die Losung vom »Sozialismus in einem Lande« stand durchaus im Widerspruch zu den weltrevolutionären Ideen der Bolschewiki. Unter Stalin wurde sie als Orientierung für die Politik des Regimes (und der Kommunistischen Internationale) ausgegeben. Das »Modell« der Oktoberrevolution sowie die Parteidiktatur der KPdSU – zur »Diktatur des Proletariats« erhöht – wurde zum Vorbild und Maßstab für die anderen Parteien erhoben. 1927 verkündete Stalin, dass die »Anerkennung dieses »Modells« und die Verteidigung der Sowjetunion zu den obersten Pflichten eines jeden Kommunisten in der Welt gehöre. Anfang der 30er Jahre zeichnete sich bereits die Wende zur terroristischen Ausschaltung der innerparteilichen Opposition, zur Vernichtung der alten »revolutionären Garde« (Kamenew, Sinowjew, Radek, Bucharin, schließlich auch Trotzki) und zu den Massendeportationen in die Lager des Gulag – vor allem im Gefolge der Kollektivierung der Landwirtschaft – ab.

Die Webbs wollten diese »neue Zivilisation« gründlich studieren. Sie konzentrierten sich dabei vor allem auf die ökonomische und soziale Entwicklung sowie auf das Funktionieren der zentralen Planung. Sie kritisierten den Mangel an Demokratie und Freiheitsrechten, würdigten aber auch neue Formen der Basisdemokratie und Selbstverwaltung, die mit der Rolle der »Sowjets« und der »Dorfkomitees« verbunden waren. 1935 erschien die erste Auflage ihres umfangreichen Buches: »Soviet Communism: A New Civilization?« Während des Zweiten Weltkrieges folgten weitere Auflagen, bei denen das Fragezeichen im Titel des Buches entfernt wurde. Eine Broschüre, die im Jahr 1936 den großen Text zusammenfasste, endete mit den folgenden Sätzen: »An dieser Stelle hören wir, wie der interessierte Leser fragt: wird sich der sowjetische Kommunismus ausbreiten? Wird sich diese Zivilisation, mit ihrem Verzicht auf den Anreiz des Profitmachens, der Beseitigung der Arbeitslosigkeit, der Planung der Produktion für die Bedürfnisse der Gesellschaft und der konsequenten Liquidation der Großgrundbesitzer und der Kapitalisten auf andere Länder ausdehnen? Unsere Antwort darauf lautet: ja! Aber wie, wann, wo, mit welchen Modifikationen und ob als Ergebnis einer gewaltsamen Revolution oder durch eine friedliche Durchdringung, oder selbst durch eine bewusste Nachahmung – das sind Fragen, die wir nicht beantworten können.« (Webb 1935: 30)

Zuvor hatten die Autor:innen noch darauf hingewiesen, dass die Stärke der UdSSR nicht nur auf ihren ökonomischen Leistungen beruhe. »Die echten Feinde des sowjetischen Kommunismus warnen uns davor, dass dieser – trotz der von ihnen behaupteten mechanisierten Ineffizienz – es geschafft hat, über eine gut ausgerüstete, hoch disziplinierte und extensiv mechanisierte Rote Armee mit mehr als 1 Million Soldaten zu verfügen, auch über die größte Luftflotte von Bombern…« (ebd.: 29f.). Die »neue Zivilisation« – so Sidney und Beatrice Webb – zeichne sich durch Verhältnisse der sozialen Gleichheit aus, die die gesamte Gesellschaft durchdringen: Dieses Prinzip »geht viel weiter als zur Gemeinschaft in der Arbeit und der Freizeit, zu gemeinsamer Schule und Spiel, mit einer konstanten Annäherung an eine deutliche Gleichheit der Einkommens- und Ausgabenstandards. Ehemänner und Ehefrauen, Eltern und Kinder, Lehrer und Gelehrte, wie Freunde unterschiedlichen Geschlechts, … Betriebsleiter und Fabrikarbeiter, Administratoren und Schreibkräfte, sogar Armeeoffiziere und einfache Bürger leben in einer Atmosphäre sozialer Gleichberechtigung und Freiheit von Unterwürfigkeit und Unterlegenheit. Noch einzigartiger ist die Abwesenheit von Vorurteilen hinsichtlich Hautfarbe oder Rasse.« (Ebd.: 11).

Das Buch wurde stark nachgefragt, aber auch heftig kritisiert. Vor allem die Anhänger von Leo Trotzki, der im Auftrag Stalins schließlich im mexikanischen Exil 1940 ermordet wurde, bezeichneten das Buch als eine üble – im besten Fall: naive – Propagandaschrift.[11] Die beiden Webbs hielten allerdings an ihrer Solidarität mit der Sowjetunion – vor allem während des Zweiten Weltkriegs und nach dem Überfall der deutschen Wehrmacht – fest. Es gab in den 30er Jahren in Großbritannien – gerade unter den Studierenden der Eliteuniversitäten – zahlreiche Sympathisanten der Sowjetunion, der Volksfront in Frankreich sowie der Republikaner und der »internationalen Brigaden« im spanischen Bürgerkrieg. Eric Hobsbawm (2002: 100ff.) berichtet in seiner Autobiografie vom »roten Cambridge« dieser Jahre sowie von den Aktivitäten der jungen Kommunisten gegen Faschismus und Krieg. Es war die Zeit,

[11] Im Vorwort zu seiner Schrift »Die verratene Revolution« (1957: 6/7) erwähnte Leo Trotzki auch das »Fabierpaar Webb«: »Ihrem Typus nach zerfallen die Publikationen der ›Freunde der Sowjetunion‹ in drei Hauptkategorien. Dilettantischer Journalismus beschreibenden Genres, mehr oder weniger ›linke‹ Reportagen bilden die Hauptmasse der Artikel und Bücher. Daneben, wenn auch mit größeren Prätentionen, reihen sich die Publikationen des humanitären, pazifistischen und lyrischen ›Kommunismus‹. An dritter Stelle steht die ökonomische Schematisierung im Geiste des altdeutschen Kathedersozialismus. Louis Fisher und Duranty sind hinreichend bekannte Vertreter des ersten Typus. Der verstorbene Barbusse und Romain Rolland vertreten am besten die Kategorie der humanitären »Freunde«: nicht von ungefähr schrieb jener, bevor er an Stalin heranging, eine Lebensbeschreibung Christi, und der andere eine Biografie Gandhis. Schließlich, der konservativ-pedantische Sozialismus fand seine hervorstechendsten Vertreter in dem rastlosen Fabierpaar Webb.«

in der sich einige dieser jungen Menschen entschieden, für den sowjetischen Geheimdienst als Spione zu arbeiten.[12] Sie verachteten die Politik der konservativen Regierung unter Chamberlain, die im Spanischen Bürgerkrieg die Republik verriet und bei der Münchener Konferenz im September 1938 Hitlers »Expansionspolitik« (nach Osten) akzeptierte.

Auch unter den Ökonomen dieser Zeit gab es nicht wenige, die – schon vor John Maynard Keynes – angesichts der Dramatik der Weltwirtschaftskrise nach 1929 für Staatsinterventionen (im Bereich der Sozial- und Beschäftigungspolitik) sowie für eine antizyklische Konjunkturpolitik plädierten und dabei auf positive Beispiele aus der Sowjetunion verwiesen. Die 30er Jahre waren eine Periode der forcierten, nachholenden Industrialisierung. »Tausende neuer – teils gigantischer – Betriebe entstanden und die meisten alten Werke und Fabriken waren mit moderner Ausrüstung ausgestattet worden... Fast die gesamte Industrie war elektrifiziert ... die Sowjetunion hatte dem Produktionsumfang nach Frankreich, England und Deutschland überholt und nahm somit den ersten Platz in Europa und – nach den USA – den zweiten Platz in der Welt ein.« (Lorenz 1972: 341f.) Die jungen Führer der sich in der Zwischenkriegsperiode formierenden antikolonialen Befreiungsbewegungen bewunderten die Leistungen in der Sowjetunion beim Aufbau des Sozialismus. Sie bewiesen, dass es möglich war, sich aus Unterentwicklung und Rückständigkeit zu befreien und die mit der Abhängigkeit vom Weltmarkt und den imperialistischen Mächten verbundenen Zwänge zu überwinden.

Otto Bauer war bis 1934 stellvertretender Vorsitzender der Sozialistischen Partei Österreichs und einer der führenden Theoretiker des »Austromarxismus« (Albers 1983). In der Emigration veröffentlichte er 1936 ein Buch mit dem Titel »Zwischen den Weltkriegen«. Darin skizzierte er am Schluss für die Zeit nach dem Sieg über den Faschismus das Programm eines »integralen Sozialismus«, einer neuen Einheit zwischen Reformsozialisten und revolutionären Kommunisten. Die Voraussetzungen dafür könnten im gemeinsamen Kampf gegen Faschismus und Krieg geschaffen werden. Dabei gilt es, »über die erstarrten Anschauungen des demokratischen Sozialismus und des Kommunismus hinwegschreitend, einen integralen Sozialismus zu entwickeln, der die geschichtlich gewordenen Besonderheiten und Beschränkungen beider zu überwinden vermag, um beide in sich aufzunehmen...« (Bauer 1976: 296 und 324). Der Erfolge der Sowjetunion beim Aufbau des Sozialismus müssten ebenso anerkannt werden wie die Errungenschaften des Reformsozialismus (z.B. im »Roten Wien«). Die Reformisten hätten versagt, als es darum

[12] Die »Cambridge Five« waren ein Spionagering des sowjetischen Geheimdienstes; sie wurden in den 1930ern am Trinity College der Universität Cambridge angeworben. Sie gelangten zu hohen Positionen im britischen Geheimdienst und versorgten die Sowjetunion während des Krieges – aber noch nach 1945 im Kalten Krieg – mit Informationen.

ging, den Faschismus zu verhindern; die Leninisten hingegen errichteten in der Sowjetunion eine Diktatur, die in einem diametralen Gegensatz zum demokratischen Gehalt des Sozialismus steht. Die Hoffnungen von Otto Bauer, der 1938 in Paris starb, haben sich – langfristig betrachtet – nicht erfüllt.

Am Ende des Krieges (1944/45) schien sich jedoch mit dem Sieg der »Anti-Hitler-Koalition« für einen kurzen Zeitraum der Traum vom »integralen Sozialismus«, der die Spaltungen aus der Zeit des Ersten Weltkrieges und der Oktoberrevolution überwindet, zu verwirklichen. 1945 lebte der Geist der Einheit auf: »Es konnte keinen Zweifel darüber geben, dass die Zukunft mit dem Sozialismus verbunden war. Der Faschismus und das Nazi-Regime waren der nackte Ausdruck kapitalistischer Gewalt gewesen. Zu ihrer Zerstörung hatte das Mutterland des Sozialismus, die UdSSR, einen entscheidenden und nicht in Frage zu stellenden Beitrag geleistet. Zwischen 1944 und 1946 befand sich das Ansehen der Sowjetunion auf seinem höchsten Punkt. Planung und Kollektivierung, kommunistische Führung unter Stalins Aufsicht hatten die Überlegenheit des sowjetischen Systems demonstriert. Im Rest von Europa hatte die Depression der 30er Jahre den Beweis, dass der Kapitalismus nur Arbeitslosigkeit und Elend anbieten konnte, während er in Italien und Deutschland Monster produziert hatte, geliefert.« (Sassoon 1996: 93). In Italien kandidierten die Sozialisten bei den Wahlen zu einer verfassunggebenden Versammlung im Jahr 1946 unter dem Parteinamen PSIUP (Italienische sozialistische Partei der proletarischen Einheit. Pietro Nenni (1891–1980), der langjährige Vorsitzende der italienischen Sozialisten, ging in den 1970er Jahren in einem Interview auf dieses Projekt eines »integralen Sozialismus« am Ende des Krieges ein: »Der Geist war zutiefst auf die Einheit gerichtet (›unitario‹). Der erste Aufruf zur Einheit begann mit der Losung: eine Klasse, ein Ziel, eine Partei (›una è la classe, una la meta, uno deve essere il partito‹). Es war unsere Absicht, die Spaltung der schmerzhaften Epoche der Jahre 1921/22 zwischen Kommunisten und Reformisten zu überwinden.« (Nenni 1977: 761f.)

Soziale Demokratie

Im Februar 1919 trafen sich in Bern knapp 100 Delegierte sozialdemokratischer Parteien, um nach dem Ende des Krieges und der Spaltung der Internationale nicht nur kritische Bilanz zu ziehen, sondern auch die Möglichkeiten der Fortführung der II. Internationale auszuloten (Braunthal 1974, Band 2: 169ff.). Dabei waren Vertreter des rechten wie des linken Flügels, z.B. der MSPD und der USPD aus Deutschland. Vor allem zwischen den deutschen und den französischen Sozialisten kam es zu heftigen Auseinandersetzungen in der Bewertung der Kriegsschuldfrage und der Schuld, die die Parteien durch die Unterstützung der Kriegspolitik ihrer Regierungen auf sich geladen hatten. Kurt Eisner von der USPD, seit November 1918 Ministerpräsident von Bayern, bekannte in seiner Rede vom 4. Februar 1919: »Parteigenossen! Darin sind wir alle einig: Wir wollen unsere Schuld sühnen, indem wir auf dem Wege zum Sozialismus vorwärtsschreiten. Und nun reichen Sie uns die Hand! Verbünden wir uns gegen Ihre Feinde, die auch die unsern sind!« Eisner wurde am 21. Februar 1919 in München von einem rechtsradikalen Attentäter, Graf von Arco, erschossen. Dieser wollte durch die Tat seine »nationale Gesinnung« beweisen.

Auf der Berner Konferenz vertraten die Vertreter der deutschen MSPD, »dass das deutsche Proletariat das alte, für den Krieg verantwortliche System gestürzt und zerstört habe«. Sie bekundeten ihren Willen, »all ihre Kraft dem Aufbau der durch den Krieg zerrütteten Welt zu widmen und im Geist und im Dienst der Internationale gemeinsam mit den Sozialisten aller Länder im Völkerbund den Sozialismus zu erkämpfen« (ebd.: 171). Die Partei von Friedrich Ebert und Gustav Noske, die sich bereits kompromisslos auf die gewaltsame Niederschlagung der Revolution in Deutschland eingelassen hatte und dabei die Politik fortsetzte, die sie im Ersten Weltkrieg eingeschlagen hatte, war für die Rettung bzw. Neugründung der sozialistischen Internationale allerdings wenig geeignet. Die Mehrheit der Konferenz stimmte einer Resolution zu, die der Vorsitzende der schwedischen sozialdemokratischen Partei, Hjalmar Branting (1860–1925), entworfen hatte.

Branting war – nach einem Wahlerfolg seiner Partei im Jahr 1920 – zwischen 1920 und 1925 Ministerpräsident in Schweden. Seine Resolution rückte die Bedeutung der Demokratiefrage ins Zentrum: »Eine vom Sozialismus fortschreitend bestimmte Neugestaltung der Gesellschaft lässt sich nicht durchführen und erst recht nicht erhalten, wenn sie nicht in den von der Demokratie errungenen und weiterentwickelten freiheitlichen Grundsätzen fest verankert ist. Diese Grundsätze sind: Freiheit der Rede, der Schrift und Versammlungen, allgemeines Wahlrecht, verantwortliches parlamentarisches System. Eine wirklich sozialistische Entwicklung (ist) … nur in Verbindung mit der Demokratie möglich.« (Ebd.: 173)

Dass nunmehr Sprecher von sozialistischen Arbeiterpartien als Minister oder gar als Ministerpräsidenten auftraten, ließ schon die tiefgreifenden Veränderungen im politischen System erkennen, die sich nach dem Ende des Krieges in Europa vollzogen hatten. Mit dem Sturz der Monarchien in zahlreichen Ländern wurden demokratische Verfassungen verabschiedet, in denen elementare Forderungen der sozialistischen Bewegungen des vergangenen Jahrhunderts Eingang gefunden hatten. Die Weimarer Reichsverfassung vom 11.8.1919 z.B. erklärt im Artikel 1 das Deutsche Reich zur »Republik«, in der die »die Staatsgewalt vom Volke ausgeht«. Sie enthielt einen Abschnitt zum »Wirtschaftsleben«, in dem einerseits das Privateigentum, die Vertragsfreiheit und der freie Markt geschützt werden, aber gleichzeitig an Ziele der Gerechtigkeit und der Menschenwürde für alle gebunden sein sollen. »Eigentum verpflichtet. Sein Gebrauch soll zugleich Dienst sein für das Gemeine Beste... Eine Enteignung kann zum Wohle der Allgemeinheit und auf gesetzlicher Grundlage vorgenommen werden. Sie erfolgt gegen angemessene Entschädigung...« (Art. 153). Grundbesitz kann enteignet werden (Art. 155); ebenso können »für die Vergesellschaftung geeignete private wirtschaftliche Unternehmungen in Gemeineigentum überführt werden« (Art. 156). Für die Gewerkschaften und Arbeitgeberverbände gilt die »Vereinigungsfreiheit« (Art. 159). Im Bereich der Gesundheit, der Arbeitsfähigkeit, des Mutterschutzes, und des Alters soll durch das Reich ein »umfassendes Versicherungswesen« geschaffen werden (Art. 161). Der Artikel 165, der die Grundlage für das Betriebsrätegesetz von 1920 bildete, hat u.a. folgenden Wortlaut: »Die Arbeiter und Angestellten sind dazu berufen, *gleichberechtigt* in Gemeinschaft mit den Unternehmern an der Regelung der Lohn- und Arbeitsbedingungen sowie an der gesamten wirtschaftlichen Entwicklung der produktiven Kräfte mitzuwirken«. Dies erfolgt in Arbeiterräten, die auch auf der Ebene der Bezirke und des Reichs zu bilden sind. Sie »wirken bei der Ausführung der Sozialisierungsgesetze« mit.

In den Artikeln zum »Wirtschaftsleben« wirken die Auseinandersetzungen mit der Rätebewegung sowie der Kampf um die Sozialisierungen in der Novemberrevolution nach. Die Geschichte der Weimarer Republik war stets von den Kämpfen zwischen Kapital und Arbeit um die gesetzliche Ausgestaltung dieser sozialen Rechte bestimmt. Bis zum Ende der 1920er Jahre siegten jedoch die Gegner einer demokratischen Verfassung. Sie stellten insbesondere die sozialen Grundrechte infrage. Seit 1933 gingen sie mit Gewalt und Terror gegen die Organisationen und Repräsentanten der Arbeiterbewegung vor. In Schweden dagegen errang die sozialdemokratische Partei im politischen Feld eine starke Position. Seit den Wahlen von 1932 verfügte sie über eine Mehrheit im Parlament und prägte – zusammen mit den sozialdemokratischen Gewerkschaften – durch ihre Politik bis weit über das Ende des Zweiten Weltkrieges hinaus den schwedischen Wohlfahrtsstaat, der zum Modell für den »sozialdemokratischen Wohlfahrtsstaat« wurde (Esping-Anderson 1990). Die Partei und die Gewerkschaften hatten die Forderung nach einer sozialistischen Umwälzung (inklusive Sozialisierung) aufgegeben und suchten zuerst einen Kompromiss mit der Bourgeoisie. Die Gewerkschaften einigten sich mit den Arbeitgeberverbänden auf ein Abkommen (1938) für Kollektivverhandlungen, das die wechselseitige Anerkennung und das Bekenntnis zu Wachstum und Vollbeschäftigung als Basis für den Aufbau sozialstaatlicher Institutionen einschoss. Gleichzeitig verbündete sich die regierende Sozialdemokratie seit 1933 mit der Agrarpartei, die die gut organisierten Landwirte und deren Forderung nach einer protektionistischen Agrarpolitik vertrat. Das schwedische Modell zielte auf Vollbeschäftigung, auf Gleichheit auf hohem Niveau, auf die Ent-Kommodifizierung (Ent-Privatisierung) der sozialen Dienstleistungen, die vom Staat als universale Rechte (für alle) zur Verfügung gestellt und dem Wirken des Marktes entzogen sind. Die Kosten für Kindererziehung, für die Alterssicherung, aber auch im Bereich des Gesundheitswesens, der Bildung, des Wohnungsbaus wurden über Steuern finanziert. Die hohen Sozialleistungen führten zu einer hohen Steuerbelastung, die von der Mehrheit lange Zeit als Bedingung für den universalistischen Charakter des Wohlfahrtsstaates akzeptiert wurde. Die Gewerkschaften waren auch auf der betrieblichen Ebene durch Institutionen der Partizipation anerkannt und übten ihre Macht bei der Lohnfindung sowie bei der Umsetzung von Programmen der »Humanisierung der Arbeit« aus. In der Spätphase des Modells, das auch von anderen sozialdemokratischen Parteien in Skandinavien verfolgt wurde, versuchten die Gewerkschaften, Einfluss auf die Investitions- und Industriepolitik zu gewinnen,[13] um auf die strukturellen Veränderungen auf dem Weltmarkt, die technologischen Innovationen und die Strukturveränderungen auf dem Arbeitsmarkt zu reagieren.[14]

---

[13] Sunkara (2019: 111ff.) bewertet das »schwedische Modell« (vor allem den Rehn-Meidner-Plan) überaus positiv, obwohl seit den 1970er Jahren die Krise und der Niedergang des Modells bereits deutlich erkennbar waren: »In den von Sozialdemokraten geprägten hochentwickelten Gesellschaften haben sich wichtige Siege der Arbeiterklasse als dauerhaft erwiesen, und die Menschen genießen Schutz vor den extremsten Formen von Armut und Unsicherheit.« (Ebd.: 126) Für die USA wären Ergebnisse dieser sozialdemokratischen Politik in der Tat eine »politische Revolution« (Bernie Sanders).

[14] Als Beispiel für die praktische Umsetzung sozialdemokratischer Politik könnte auch Neuseeland – einst britische Kolonie, seit 1947 souveräner Staat – herangezogen werden. Zwischen 1935 und 1988 regierte dort die Labour Party, die eng mit den Gewerkschaften verbunden war. Schon zum Ende des 19. Jahrhunderts hatte sich dort – in den Häfen, den Bergwerken und unter den Matrosen – eine Arbeiterbewegung gebildet, die von der britischen Arbeiterbewegung, aber auch von radikalen syndikalistischen Strömungen aus den USA beeinflusst war. Schon 1890 war die Liberale Partei an die Regierung gekommen, die das britische »Lib-Lab-Modell« vertrat und sich für Sozialreformen im Interesse der Arbeiter einsetzte. Seit den 30er Jahren regierte die Labour Party 50 Jahre lang in enger Zusammenarbeit mit der New Zealand Federation of Labour (FOL). Ein Sprecher der Regierung erklärte im Jahr 1948, als die Regierung die UNO-»Erklärung der universellen Menschenrechte« unterzeichnete: »Die Erfahrung in Neuseeland hat uns gelehrt, dass die Durchsetzung des Rechts auf persönliche Freiheit unvollständig ist, es sei denn, es bezieht sich auch auf die sozialen und wirtschaftlichen Rechte des einfachen Menschen. Über die Tyrannei von Entbehrung und Not kann es keine Meinungsverschiedenheiten geben. Es gibt keine Diktatur, die schlimmer ist als der Hunger. Und wir haben in Neuseeland festgestellt, dass der Einzelne nur mit sozialer Sicherheit im weitesten Sinne seine volle Größe erreichen kann. Deshalb ist es verständlich, warum wir das Recht auf Arbeit, das Recht auf einen Lebensstandard, der Gesundheit und Wohlbefinden angemessen ist, und das Recht auf Sicherheit im Falle von Arbeitslosigkeit, Krankheit, Witwenschaft und Alter betonen. Auch die Tatsache, dass der einfache Mensch ein soziales Wesen ist, verlangt, dass er das Recht auf Bildung, das Recht auf Erholung und Freizeit und das Recht auf freie Teilnahme am kulturellen Leben der Gemeinschaft hat. Diese sozialen und wirtschaftlichen Rechte können dem einzelnen die normale Lebensbedingung geben, die für die größere Freiheit

Die Kommunisten betrachteten Moskau als ihr »Mekka«. Dorthin pilgerten Arbeiterdelegationen aus vielen Ländern, um das Zentrum der Weltrevolution um den Kreml (in dem Stalin saß) ehrfürchtig zu erblicken und die Erfolge beim Aufbau des Sozialismus zu bestaunen. Sozialdemokraten hingegen betrachteten das »rote Wien« zwischen 1919 und 1934 als die Musterstadt sozialdemokratischer Reformpolitik, als ein Beispiel des praktischen Sozialismus.[15] Die SPÖ verfügte bei den Wahlen über eine absolute Mehrheit. Der Großstadt Wien war seit 1920 der Status eines Bundeslandes zuerkannt. Das »rote Wien« musste sich in Österreich stets in einem »schwarzen«, von der christlich-sozialen Partei und der katholischen Kirche beherrschten Umfeld behaupten. Nach dem Ende des Krieges, dem Ende der Monarchie und dem Zusammenbruch des Habsburger Reiches musste die linke Stadtregierung ihre Hauptaufgabe darin sehen, die Wohnungsnot, die Arbeitslosigkeit und das Elend zu bekämpfen. Das Genossenschaftswesen der Arbeiterbewegung war eine Säule der städtischen Ökonomie – von den Konsumläden bis zur Arbeiterbank. Noch heute sind die Wiener Gemeindebauten – darunter der Karl-Marx-Hof – berühmt. Vor 1934 wurden ca. 60.000 Wohnungen gebaut, deren Mieten nach sozialen Kriterien gestaffelt waren. In diesen Anlagen – mit breiten Grünflächen – gab es Gemeinschaftseinrichtungen (wie Kindergärten, Küchen, Sportanlagen, Arztpraxen, Lesehallen usw.). Dazu kam eine Sozial-, Gesundheits- und Bildungspolitik, die darauf ausgerichtet war, die Lage und Entwicklungschancen der unteren Volksklassen zu verbessern. Die »Volksbildung« im Geiste des Sozialismus und des historischen Materialismus wurde ausgebaut und gefördert. Dazu kamen die zahlreichen Vereine der Arbeiterbewegung (Sportvereine, Kulturgruppen, Selbsthilfegruppen). Im Jahr 1931 fand in Wien die Arbeiterolympiade statt, bei der 25.000 Sportler aus verschiedenen Nationen zusammenkamen. Im Rahmen dieser Olympiade gab es auch kulturelle Veranstaltungen – u.a. ein Massenfestspiel mit 3.000 Athleten, das die Entwicklung der Arbeiterbewegung und den Zusammenbruch des Kapitalismus darstellen sollte. Am Ende dieser Aufführung krachte ein in der Mitte des Stadions aufgestellter Kapitalistenkopf in sich zusammen. Das Spiel wurde mit dem Absingen der Internationale beendet.

Die Klassenkultur der Arbeiterbewegung profitierte natürlich auch davon, dass Wien zu dieser Zeit noch eines der bedeutenden kulturellen und intellektuellen Zentren Europas war. Von hier aus gingen – in der Musik, der Malerei, der Literatur, in den Wissenschaften (von der Psychoanalyse bis zur

---

sorgen. In Neuseeland erkennen wir die Rolle des Staates für die Realisierung dieser Ziele an« (nach Franks/Nolan 2011: 49f.).

[15] In seiner Studie über die Kommunalpolitik von SPD und KPD in der Weimarer Republik hat Georg Fülberth (1985) auch die »roten Kommunen« im Deutschen Reich behandelt.

Ökonomie) – bedeutende Innovationen (für einige sogar »Revolutionen«) aus, die von bürgerlichen Intellektuellen getragen wurden, von denen ein Teil sich zur sozialistischen Arbeiterbewegung bekannte.[16] Die Geschichte des »roten Wien« wurde zunächst in den Jahren 1933/34 gewaltsam beendet. Der christlich-soziale Kanzler Dollfuss errichte bis zum Jahre 1934 eine Diktatur, die das Parlament, das Verfassungsgericht, die freie Presse ausschaltete und schließlich – nach vereinzelten bewaffneten Auseinandersetzungen – auch die Organisationen der Arbeiterbewegung verbot und deren Führer in die Emigration zwang. Als Hitler, der seine Jugend in Wien verbracht hatte, 1938 den »Anschluss« Österreichs an das Reich verkündete und in Wien von riesigen Menschenmassen begeistert empfangen wurde, war das »rote Wien« durch die Gewalt der Faschisten zur Geschichte geworden. Otto Bauer hatte zu Recht darauf hingewiesen, dass sich der Terror der Faschisten nicht nur gegen die »bolschewistische Gefahr« richtete, sondern auch gegen die von den Sozialdemokraten ins Werk gesetzten Reformen (Demokratisierung, Sozialpolitik, Wirtschaftsdemokratie), die er als eine mindestens ebenso gefährliche Bedrohung der auf die Privilegien des Privateigentums begründeten Gesellschaftsordnung begriffen hatte.

Befreite Gebiete

Die Kommunistische Partei Chinas wurde 1921 gegründet. Sie konzentrierte sich zunächst auf die Kämpfe der Arbeiterklasse in den Großstädten. Sie war ein Bündnis mit der regierenden Kuomintang-Partei unter Chiang Kaishek eingegangen, der enge Beziehungen zur Kommunistischen Internationale pflegte. Dieses Bündnis brach 1927 auseinander. Nach Streikbewegungen in Schanghai wurde – nicht nur dort – eine Welle der Gewalt gegen die Streikenden, gegen die Gewerkschaften und die KPCh entfesselt. Gegen den Widerstand von Teilen der Partei und vor allem von Stalin und der KI zog sich Mao mit seinen Anhängern »auf das Land« zurück, um dort die Basis für eine »bäuerlichen Revolution« zu schaffen. Er selbst hatte in seinen Reden

[16] Die Soziologin und Sozialpsychologin Marie Jahoda (1907–2001) stammte aus einer bürgerlichen Familie. Sie wurde in den 1920er Jahren Aktivistin im Verband sozialistischer Mittelschüler und heiratete 1926 Paul Lazarsfeld, damals Vorsitzender des Verbandes. Nach 1934 arbeitete sie illegal für die »Revolutionären Sozialisten«. 1932 veröffentlichte sie mit Hans Zeisel und Paul Lazarsfeld die klassische Studie »Die Arbeitslosen von Marienthal«. Sie emigrierte 1937 zuerst nach England, dann in die USA, wo sie in New York an der New School of Social Research lehrte und u.a. mit T. W. Adorno bei der Studie »Authoritarian Personality« (1950) zusammenarbeitete, allerdings eine kritische Distanz zu Adorno und seinen philosophischen Auffassungen bewahrte. Paul Lazarsfeld war in den USA einer der prominenten – empirisch orientierten – Soziologen, der aber auch Kontakte zu Max Horkheimer hatte. Marie Jahoda kehrte 1958 nach England zurück und heiratete einen Politiker der Labour-Party. Ihre Lebenserinnerungen tragen den Titel: »Ich habe die Welt nicht verändert« (Jahoda 2002).

und Schriften dieser Jahre stets die herausragende Bedeutung der armen Bauern für den Erfolg der Revolution in China hervorgehoben (Deppe 2016/2a: 496ff.). In der Provinz Kiansi errichteten die Kommunisten eine »chinesische Sowjetrepublik« – ein »befreites Gebiet« mit einer eigenen, revolutionären Verwaltung, deren Hauptaufgabe auch im Aufbau einer »roten Armee« bestand. In einem ersten Schritt wurden die Ländereien der Großgrundbesitzer an die Besitzlosen und Kleinbauern verteilt. Dazu wurden zahlreiche Maßnahmen ergriffen, um die Lebensbedingungen des Volkes durch die Errichtung von Krankenstationen, Aufbau von Schulen, Kampf dem Analphabetismus, Ausbildung von Spezialisten, Bau von Straßen usw. zu verbessern. Gegen diese Sowjetrepublik unternahm die Kuomintang-Regierung vier »Vernichtungsfeldzüge«, gegen die sich die Rote Armee erfolgreich behaupten konnte. Erst im fünften Feldzug von 1933/34 – mit neuen Waffen und deutschen Militärberatern[17] – zeichnete sich eine Niederlage der Roten Armee ab. Sie reagierte darauf mit dem legendären »Langen Marsch« (Oktober 1934 bis Oktober 1935), der die Reste der Roten Armee aus dem im Südosten Chinas gelegenen Kiangsi nach Shensi im Nordwesten des Landes führte. Hier entstand eine neue Sowjetrepublik, von der aus bald – nach der Invasion japanischer Truppen – der gemeinsame Kampf mit der Kuomintang-Regierung gegen Japan geführt wurde. Nach dem Sieg im Jahr 1945 entbrannte erneut der Bürgerkrieg – jetzt mit massiver Unterstützung vonseiten der USA für Chiang Kai-shek. Dieser endete 1949 mit dem Sieg der Roten Armee und der Gründung der Volksrepublik China.

Die »befreiten Gebiete« der 1930er Jahre waren natürlich durch den Bürgerkrieg im Lande und die Feldzüge der Kuomintang bestimmt. Schon 1928 schrieb Mao Zedong über die »Volksmacht in kleinen roten Gebieten«, die sich gegen die »Ausrottungsfeldzüge« der Regierung behaupten. Welche Politik war dabei zu verfolgen? »Die Agrarrevolution im Gebiet unserer selbständigen Macht vertiefen; durch die Armeeparteiorganisationen den örtlichen Parteiorganisationen bei ihrem Wachstum helfen und durch die regulären Truppen bei der Entfaltung der örtlichen bewaffneten Kräfte behilflich sein… Dank der politischen Erziehung besitzen alle Soldaten der roten Armee Klassenbewusstsein, haben sie Grundkenntnisse erworben über die Bodenaufteilung, die Schaffung der politischen Macht, die Bewaffnung der

[17] Dazu gehörte u.a. Generaloberst von Seeckt (1866–1936). Er war von 1920 bis 1926 Chef der Heeresleitung der Reichswehr, der sich beim Kapp-Putsch 1920 geweigert hatte, die Reichswehr gegen die Putschisten einzusetzen. Zwischen 1933 und 1935 hielt er sich mehrere Male in China als Militärberater von General Chiang Kai-shek auf. Er war ein fanatischer Gegner der Demokratie und des Sozialismus. Von den Faschisten wurde er vor und nach 1933 verehrt. An der Seite der chinesischen Kommunisten war als Militärexperte der Komintern (KI) der Deutsche Otto Braun tätig. »Er war der einzige Nichtchinese, der am berühmten Langen Marsch der chinesischen Kommunisten teilgenommen hatte, bevor er wieder nach Moskau und später in die DDR zurückkehrte.« (Hobsbawm 1989: 101)

Arbeiter und Bauern usw.« (Mao 1968: 72, 89). Bei der Verteidigung der »roten Gebiete« verschmolz die Partei mit der Roten Armee, die nicht nur eine militärische, sondern auch eine zentrale gesellschaftliche und politische Erziehungsfunktion übernahm. Die Rote Armee vermochte »deshalb durchzuhalten, weil abgesehen von der Rolle, die die Partei spielt, in ihren Reihen die Demokratie verwirklicht wurde. Die Offiziere misshandeln nicht die Soldaten, Offiziere und Mannschaften genießen gleiche Behandlung; die Soldaten haben das Recht, Versammlungen abzuhalten und ihre Meinung auszusprechen; mit den lästigen Ehrenbezeugungen wurde Schluss gemacht; die Wirtschaftsführung ist öffentlich.« (Ebd.: 91) Die Rote Armee rekrutierte – zumal in den Randgebieten des Landes – überwiegend arme Bauern, für die die Aufteilung des Bodens, aber auch der Kampf gegen den Analphabetismus und die medizinische Versorgung, vor allem aber ihre Anerkennung als Subjekte der Revolution und der Emanzipation von Unterdrückung und Rückständigkeit ein hohes Niveau der Motivation bei der militärischen Verteidigung und Ausdehnung der »roten Gebiete« bildeten. Die Rote Armee wurde daher im Befreiungskrieg zur zentralen Institution der Ausbildung einer »Avantgarde«, die nach dem Sieg Führungsfunktionen im Prozess der Umwälzung und Erneuerung von Staat und Gesellschaft übernehmen konnte. Für den Partisanenkrieg (jenseits der »Stützpunktgebiete«), dessen Probleme Mao ausführlich im Zusammenhang des Kampfes gegen die japanische Aggression behandelte (Mao 1968: 83 ff.), waren die revolutionären Errungenschaften in den »befreiten Gebieten« eine entscheidende Erfolgsbedingung; denn sie schafften die Grundlage dafür, dass der »Revolutionär ... im Volk schwimmt wie ein Fisch im Wasser«.

Diese Erfahrungen der chinesischen Revolution wurden im und nach dem Zweiten Weltkrieg in den antikolonialen und antiimperialistischen Befreiungsbewegungen aufgegriffen und weiterentwickelt. In Vietnam bezog sich die 1941 gegründete »Liga für die Unabhängigkeit« (Viet Minh) unter der Führung von Ho Chi Minh im langen Kampf um die Befreiung des Landes von französischer Kolonialherrschaft und japanischer Besatzung bis 1944 auf die Lehren von Mao Zedong. Dass die USA – die mächtigste Militärmacht der Welt – in den 1970er Jahren den Krieg gegen Nord-Vietnam und die Partisanen des Vietminh im Süden schmählich verlor, war auch darauf zurückzuführen, dass der Leiter der Volksarmee des Viet Minh, General Giap (1911–2013), 1941 aus der französischen Haft nach China geflohen war und dort am Aufbau der von der KPCh geführten Guerillastreitkräfte im Kampf gegen die Japaner teilgenommen hatte. Er wurde vor allem dafür bewundert, wie er im Krieg gegen die USA die Taktiken des Partisanenkrieges mit der strategischen Offensive regulärer Streitkräfte kombinierte.

In seinem Manifest »Die »Verdammten der Erde«, das 1961 mit einem Vorwort von Jean-Paul Sartre in Paris erschien, postulierte Frantz Fanon, der Arzt, der aus der Karibik stammte und am Befreiungskampf der FNL in Algerien teilnahm: »Der kolonisierte Mensch befreit sich in und durch die Gewalt!« Aber: »Die (Befreiungs-)Armee ist niemals nur eine Kriegsschule, sondern eine Schule der Staatsbürgerbildung (civisme), eine politische Schule.« (Fanon 1961: 64, 149) Zu dieser Zeit verfasste in Kuba Ernesto Che Guevara seine Schrift »Der Partisanenkrieg«, in der er die Erfahrungen der kubanischen Revolution für Lateinamerika, bzw. für die Dritte Welt verallgemeinern wollte. 1956 war die kleine Gruppe der Revolutionäre um Fidel Castro mit der Granma – von Mexiko kommend – an der kubanischen Küste gelandet und hatte sich gegen heftige Angriffe der Armee von Batista in die Berge Sierra Maestra durchgeschlagen. Dort bauten sie einen Stützpunkt, einen »revolutionären Focus« auf. Sie gewannen die Unterstützung durch die bäuerliche Bevölkerung im Stützpunkt durch Maßnahmen im Bereich der medizinischen Versorgung, Bildung und Kultur. Auf diese Weise konnten sie eine Armee aufbauen, die überwiegend aus Bauern bestand, aber bis zum Sieg im Jahr 1959 hoch motiviert in die Kämpfe gegen die Truppe des Diktators Batista gingen. Guevara schrieb 1961 als Industrieminister des revolutionären Kuba: »1. Die Volkskräfte können einen Krieg gegen die Armee gewinnen. 2. Nicht immer muss man warten, bis alle Bedingungen für die Revolution gegeben sind; der aufständische Brennpunkt (›Focus‹) kann sie schaffen. 3. Im unterentwickelten Amerika müssen Schubplatz des bewaffneten Kampfes grundsätzlich die ländlichen Gebiete sein.« Diese Lehren »lassen sich auf jedes beliebige Land unseres Kontinents anwenden, in dem ein Partisanenkrieg sich zu entwickeln beginnt« (zit. n. Deppe 2016/3.2: 326). Guevara scheitere allerdings bei dem Versuch, 1967 in Bolivien – zusammen mit 25 Mitkämpfern – einen solchen Krieg zu eröffnen.

Wege des Anarchismus

In der zweiten Hälfte des 19. Jahrhunderts – also in der Entstehungsperiode der sozialistischen Arbeiterbewegung – spielte die geistige und politische Strömung des Anarchismus eine bedeutende Rolle. Die Anhänger des Franzosen Pierre-Joseph Proudhon (1809–1865) oder des Russen Michail A. Bakunin (1814–1876) bildeten in der IAA (um 1870) die Mehrheit gegenüber den Anhängern von Marx und Engels. Die Anarchisten differenzierten sich stets in verschiedene Strömungen aus. Anhänger der Gewaltlosigkeit standen oftmals Befürwortern von Aktionen gegen Staatsführer, Großgrundbesitzer oder Fabrikanten gegenüber. Eine Zeit lang wurde Anarchismus – nicht nur im zaristischen Russland oder in Italien – mit Bombenattentaten und konspirativer Tätigkeit identifiziert. Die Anarchisten vertraten gemeinsam das Ideal der »gegenseitigen Hilfe« (»mutualité«), das in der Genossenschaftsbewegung – Landkommunen, Kredit-, Produktions- und Konsumgenossenschaften etc. – praktiziert wird. Darüber hinaus entsprachen die frühen Gewerkschaftsgründungen ihrem Ideal von wechselseitiger Unterstützung und solidarischem Handeln. Die freie Gesellschaft sollte sich in kleinen Einheiten nach dem Prinzip der Selbstverwaltung organisieren. Schon in der IAA zeichnete sich ab, dass ihr Einfluss im Bereich der romanischen Länder (französische Schweiz, Frankreich, Italien und Spanien) stärker war als in Mittel- und Nordeuropa.

Von den Marxisten unterschieden sie sich hauptsächlich in der Bewertung der »Staatsfrage«: Sie lehnten den »politischen Kampf« der Klasse, der zur Eroberung der Staatsmacht führen sollte, ab und betrachteten den Zentralstaat – in seiner autoritären wie in seiner bürgerlich-liberalen Fassung – als ihren Hauptgegner. Ihr individualistischer Freiheitsbegriff war dem Begriff des Staates und seiner Rechtsordnung radikal entgegengesetzt. Bakunin griff Marx als einen (preußisch gefärbten) »Staatssozialisten« an, dessen Sozialismus auf eine »despotische Beherrschung der Volksmassen durch eine neue und sehr eng begrenzte Aristokratie der wahren oder vorgeblich gebildeten Gelehrten« hinauslaufe (Guérin 1967: 24). Die Anarchisten setzen sich für den Föderalismus als politisches Ordnungsprinzip ein: von der unteren Ebene der selbstverwalteten Kommunen bis hin zur Struktur des Staates als Föderation der »freien Kommunen« – so hatte es die Pariser Kommune von 1871 unter dem Einfluss der Proudhonisten proklamiert.

Immer wieder sympathisierten rebellische Intellektuelle und Künstler, bei denen sich der individuelle Freiheitsdrang mit der Kritik an Kapitalismus und Imperialismus, aber auch an den Massenorganisationen der Arbeiter verband, mit anarchistischen Ideen. Nach der Jahrhundertwende nahm der Einfluss des revolutionären Syndikalismus – vor allem in den romanischen Staaten – zu. Die französische Gewerkschaft CGT lehnte in ihrer Charte d'Amiens (1906) die organisierte Trennung des gewerkschaftlichen und des politischen Kampfes der Arbeiterklasse ab. Sie kritisierte die Teilnahme der sozialistischen Parteien an Wahlen zu den Parlamenten der bürgerlichen Demokratie und bekannte sich zum politischen Generalstreik als dem Ziel und Mittel des Kampfes für die Zerstörung und Überwindung der kapitalistischen Ordnung und die Herstellung der freien Gesellschaft. In Frankreich – wie auch in Italien – stützten sich die Anarchosyndikalisten auch auf die Ideen von Georges Sorel (»Über die Gewalt«, 1907) und seiner Schüler, von denen einige allerdings bald Bündnisse mit den rechten nationalistischen Kräften eingingen, die unter Mussolini im Faschismus heimisch wurden (Deppe 2016/1a: 216ff.). An den Rätebewegungen am Ende des Weltkrieges nahmen viele Anarchosyndikalisten teil. Sie begrüßten die Revolution in Russland, wehrten sich aber bald gegen den Einfluss der am Leninismus orientierten Kräfte der KI. In Sowjetrussland gab es nach der Revolution in der Ukraine eine anarchistische Bewegung (unter Führung von Nestor Machno), die im Bürgerkrieg an der Seite der Roten Armee kämpfte. Nach dem Ende des Bürgerkrieges wurde die Bewegung, die ein freies Leben praktizieren wollte, durch die Bolschewiki unterdrückt.

In Spanien erreichte der Anarchosyndikalismus seinen größten Einfluss. Der Gewerkschaft CNT »gehörten (schon) 1918 mehr als 1 Million Mitglieder an. Die meisten Anhänger hatte sie im Industriegebiet in Katalonien; nicht ganz so stark war sie in Madrid und Valencia. Unter den armen Bauern und Landarbeitern von Andalusien war hingegen die Tradition eines dörflich-kommunalen, auf den Ort beschränkten genossenschaftlichen Denkens noch lebendig« (Guérin 1967: 103). Während des Bürgerkriegs kam es in den Regionen, in denen die CNT einen großen Einfluss ausübte, zu Land- und Betriebsbesetzungen, verbunden mit der Errichtung von Räten der Arbeiterselbstverwaltung. Während des Bürgerkrieges entwickelte sich aber auch eine Konfrontation zwischen den – von Sozialisten und Kommunisten unterstützten – Kräften der Volksfront, die die Republik gegen die Franco-Faschisten verteidigten, und den anarchistischen Kräften, die im Bürgerkrieg zugleich Elemente der sozialen Revolution durchsetzen wollten. Die CNT war – gegen ihre ideologischen Grundpositionen – während des Krieges zeitweilig in der Regierung Caballero vertreten. Die Kommunisten bekämpften die Anarchisten ebenso wie die katalonische »Vereinigte marxistische Arbeiterpartei« (Partido Obrero de Unificación Marxista (POUM), in der sich Kritiker des Stalinismus (zur Zeit der Prozesse in Moskau) wie auch Anhänger von Leo Trotzki zusammengefunden hatten. Aufgrund der Waffenlieferungen aus der Sowjetunion verfügten die Kommunisten über eine starke Position. Einer der Köpfe der Anarchisten, Buenaventura Durruti (1896–1936), war im Krieg ein bekannter Kommandeur einer anarchistischen Miliz, der 1936 bei den Kämpfen um Madrid erschossen wurde. Nach dem Sieg Francos wurden die Anarchisten erschossen, verfolgt und ins Exil gedrängt.[18] In der Transicion nach dem Tod von Franco (1975) kam die CNT aus der Illegalität zurück, erreichte aber niemals mehr den Einfluss, den sie vor 1938 in Spanien hatte. Daniel Guérin, Sympathisant des Anarchismus, stellt am Schluss seines Buches fest: »Die Niederlage der spanischen Revolution hat den Anarchismus seines einzigen und unvergleichlichen Stützpunkts in der Welt beraubt. Das Urteil, das die Geschichte über ihn gesprochen hat, war hart und in mancher Hinsicht ungerecht.« (Guérin 1967: 123)

Die Ideen des Anarchismus – der Anti-Etatismus, das Programm der Selbstverwaltung und des Genossenschaftswesens, die Kritik von autoritären Herrschaftsverhältnissen (»Ni Dieu, ni Maître«) – wurde bis zum Ende des 20. Jahrhunderts immer wieder in verschiedenen sozialen Bewegungen

[18] Der deutsche Anarchosyndikalist Augustin Souchy – ein Freund des Schriftstellers Erich Mühsam, der von den Nazis 1934 im KZ Oranienburg gequält und umgebracht wurde – veröffentlichte 1955 ein Buch mit dem Titel »Nacht über Spanien«.

lebendig.[19] Dabei hat sich auch ein z.T. rechtsradikaler, ultra-libertärer »Anarchismus« zu Wort gemeldet, dessen Anhänger in den USA nicht nur die Zentralregierung von Washington ablehnen; einige beziehen sich auch auf die Schrift des Amerikaners Henry David Thoreau (1817–1862) »Über die Pflicht zum Ungehorsam gegen den Staat«, wenn sie sich weigern, Steuern zu bezahlen. Auch das Recht, Waffen zu tragen, leiten sie daraus ab. Linke bzw. linksradikale soziale Bewegungen, die von Angehörigen der gebildeten Mittelklassen bestimmt werden und in denen – wie in den Bewegungen des Jahres 1968 – Intellektuelle eine führende Rolle spielen, werden immer wieder auf Grundpositionen des Anarchismus, vor allem auf die Ideen des freiheitlichen Individualismus und des Anti-Etatismus zurückgreifen und sich dabei von den kollektivistischen Vorstellungen des auf das industrielle Proletariat bezogenen Sozialismus und Marxismus abgrenzen. Im Scheitern solcher Bewegungen an den realen Machtverhältnissen und ihren Gewaltpotenzialen werden aber auch die inneren Schwächen der Ideologie und Politik des Anarchismus offenbar.

Der reale Sozialismus und die marxistische Theorie

Die sozialistische Arbeiterbewegung berief sich am Anfang des Jahrhunderts siegesgewiss auf die Lehren von Karl Marx und Friedrich Engels, die dem Kampf für den Sozialismus eine wissenschaftliche Begründung gegeben hatten. Im »Kapital« hatte Marx die Grundstruktur der kapitalistischen Produktionsweise als ein System der Ausbeutung, das dem Zwang zur permanenten und erweiterten Akkumulation unterliegt, analysiert und dabei die historischen Grenzen dieser Produktionsweise als Basis der bürgerlich-kapitalistischen Gesellschaftsordnung nachgewiesen (MEW 23: 789ff.). Zugleich hatten Marx und Engels ihre wissenschaftliche Arbeit mit der Praxis des Klassenkampfes und der Entwicklung der Arbeiterbewegung verbunden und für die jeweiligen Etappen dieses Kampfes strategische Schlussfolgerungen gezogen. Mit dem Übergang ins neue Jahrhundert waren jedoch – sowohl in der Entwicklung des Kapitalismus als auch auf dem Felde des Klassenkampfes – neue Herausforderungen entstanden. Die Imperialismusanalysen der Theoretiker der Arbeiterbewegung (u.a. Rudolf Hilferding, Rosa Luxemburg, Nikolai I. Bucharin, W.I. Lenin) hatten die Herausbildung der großen Konzerne und Aktiengesellschaften (Monopole), die (koloniale) Expansion, neue Konflikte auf dem Felde der Weltpolitik und schließlich den imperialistischen Weltkrieg als neue Formen der kapitalistischen Krise bzw. Katastrophe

[19] David Graeber (1961–2020) galt als der theoretische Kopf der Occupy-Wall-Street-Protestbewegung des Jahres 2011 gegen den globalen Finanzmarktkapitalismus wie das American Empire. Graeber analysierte in seinen Büchern u.a. die Geschichte und Rolle des Geldes in der Menschheitsgeschichte. Er war Anhänger des Anarchismus und übernahm insbesondere dessen Kritik am Staat und am Kollektivismus.

in den Mittelpunkt gestellt. Die Spaltung der sozialistischen Arbeiterbewegung bis zum Ende des Ersten Weltkrieges war auch eine Folge der unterschiedlichen, ja gegensätzlichen strategischen Konsequenzen, die aus diesen Analysen gezogen wurde.

W.I. Lenin hatte schon mit seinen Beiträgen zur inneren Debatte in der russischen Sozialdemokratie (SDAPR) am Anfang des Jahrhunderts auf sich aufmerksam gemacht. In seiner Schrift »Die Einwicklung des Kapitalismus in Russland« (1897 in der Verbannung geschrieben) wollte er nachweisen, dass sich Russland auf dem Wege der kapitalistischen Industrialisierung befinde und dass in der Folge eine Arbeiterklasse entstehen werde, auf die sich die Politik der Sozialdemokratie zu beziehen habe. Etwas größere Aufmerksamkeit wurde allerdings seinen Arbeiten zuteil, die er seit 1902 in den inneren Auseinandersetzungen – und damit im Prozess der Spaltung zwischen Bolschewiki und Menschewiki – zur Rolle der revolutionären Partei verfasste. Mit dem Sieg der Oktoberrevolution und mit Stalins Interpretation des Marxismus-Leninismus wurde dieser »neue Parteitypus« für die gesamte kommunistische Bewegung als verbindlich vorgegeben.

In Russland hatte die Sozialdemokratie vor 1905 in einem Land operiert, in dem sich der Kapitalismus entwickelte, das aber wesentlich durch die Dominanz spätfeudaler Verhältnisse in der Landwirtschaft charakterisiert war. Dazu kam, dass die Partei unter dem Zarismus in der strengsten Illegalität arbeiten musste – fast alle Aktivisten nahmen Verbannung und Haft auf sich, oder mussten nach Westen emigrieren. Lenin hatte schon 1902 die Partei der Bolschewiki als eine Avantgarde von Berufsrevolutionären bestimmt, deren Aufgabe darin besteht, die Arbeiterklasse auf den Kampf um die politische Macht zu orientieren und zu führen. Die Arbeiterklasse kann – so seine These – aus sich heraus, nur ein »trade-unionistisches«, also ein gewerkschaftliches Bewusstsein entwickeln; spontanistisches Aufbegehren gegen Ausbeutung und Unterdrückung unterliege dabei stets der Gefahr, dass das Feuer des Protestes rasch wieder verglimmt. »Das politische Klassenbewusstsein kann dem Arbeiter nur von außen gebracht werden«, aus dem Gesamtzusammenhang der Klassenbeziehungen und ihrer Beziehungen zum Staat (Lenin 1902 – LW 5: 436). Die Massenorganisationen der Arbeiter sind die Gewerkschaften; der politische Kampf und der Kampf für die Revolution müsse hingegen von »Berufsrevolutionären« geführt werden. »Diese Organisation muss notwendigerweise nicht sehr umfassend und möglichst konspirativ sein.« (Ebd.: 468) Lenin postulierte: »1. Keine einzige revolutionäre Bewegung kann ohne eine stabile und die Kontinuität wahrende Führerorganisation Bestand haben; 2. je breiter die Masse ist, die spontan in den Klassenkampf hinein gezogen wird, die die Grundlage der Bewegung bildet und an ihr teilnimmt, umso dringender ist die Notwendigkeit einer solchen Organisation und umso fester muss diese Organisation sein … 3. eine solche Organisation muss hauptsächlich aus Leuten bestehen, die sich berufsmäßig mit revolutionärer Tätigkeit befassen« (ebd.: 480f.) – eine solche Organisation müsse straff nach den Prinzipien des »demokratischen Zentralismus« geführt werden, wobei die Entscheidungen das Ergebnis demokratischer Debatten sein müssen; ihre Umsetzung habe allerdings ohne Widerspruch bis in die untersten Einheiten der Partei zu erfolgen. Nur auf diese Weise kann die Partei als effektive Kraft in den politischen Kämpfen handeln! Als Lenin diese Überlegungen formulierte, konzedierte er stets, dass dieses Parteikonzept den Bedingungen des illegalen Kampfes und der Rückständigkeit seines Landes geschuldet war. Unter Stalin wurde diese »Parteitheorie« für die Parteien der Kommunistischen Internationale für verbindlich erklärt.

Es war schon vor der Russischen Revolution von 1905 Rosa Luxemburg, die Lenins Trennung zwischen der Klasse bzw. der »Masse« und der Partei, zwischen Klasse und Avantgarde, zwischen dem Klassenbewusstsein der Revolutionäre und dem trade-unionistischen Bewusstsein der Arbeiter kritisiert hatte. Auch wies sie damit verbundene Vorstellungen über den Zentralismus in der Parteiorganisation zurück. Diesem »rücksichtlosen Zentralismus« erscheint »das Zentralkomitee als der eigentlich aktive Kern der Partei, alle übrigen Organisationen lediglich als seine ausführenden Organe« (Luxemburg 1904; GW 1/2: 425f.). Ihre Schrift »Organisationsfragen der russischen Sozialdemokratie« (1904) endet mit einer deutlichen Infragestellung einer solchen »Majestät des Zentralkomitees« der Partei: »das einzige Subjekt, dem jetzt eine Rolle des Lenkers zugefallen« ist, ist das »Massen-Ich der Arbeiterklasse…, das sich partout darauf versteift, eigene Fehler zu machen und selbst historische Dialektik lernen zu dürfen … sagen wir doch unter uns offen heraus: Fehltritte, die eine wirklich revolutionäre Arbeiterbewegung begeht, sind geschichtlich unermesslich fruchtbarer und wertvoller als die Unfehlbarkeit des allerbesten ›Zentralkomitees‹.« (Ebd.: 444)

In seiner Bilanz des »kurzen 20. Jahrhunderts« hat Eric Hobsbawm Lenins »neuen Parteityps« hingegen als eine« gewaltige Innnovation für die Gesellschaftskonstruktion« dieses Jahrhunderts – »vergleichbar nur mit der Begründung der christlichen Klosterkultur und anderer Orden des Mittelalters« – bezeichnet (Hobsbawm 1998: 103). »Selbst kleine Organisationen konnten dadurch unverhältnismäßig starke Wirkungskraft entfalten, denn mehr noch als militärische Disziplin und Zusammenhalt gelang es der ›Partei‹, von ihren Mitgliedern ein außerordentliches Maß an Hingabe und Selbstaufopferung und die vollständige Konzentration auf die unbedingte Ausführung aller Parteibeschlüsse einzufordern. Sogar gegnerische Beobachter waren davon tief beeindruckt.« (Ebd.: 103f.)

W.I. Lenin hatte in seiner Schrift den Imperialismus als den »Vorabend der sozialen Revolution des Proletariats« bezeichnet (Lenin 1917d – LW 22: 198). Er beruht auf der »Herrschaft der Monopole und des Finanzkapitals«, die nach außen drängen und im Kampf um die »Aufteilung der Welt« ihre Armeen aufrüsten und sich auf den großen Krieg vorbereiten (ebd.: 273). Der Staat müsse die Herrschaft der Monopole sichern, deren Expansion nach außen militärisch abstützen und die »rote Gefahr« im Inneren unterdrücken, denn »politisch ist Imperialismus überhaupt Drang nach Gewalt und Reaktion« (ebd.). Im Zentrum des Monopolkapitalismus ermöglichten es die Monopolprofite, »einzelne Schichten der Arbeiter … zu bestechen (z.B. durch höhere Löhne, F.D.) und sie auf die Seite der Bourgeoisie des betreffenden Industriezweiges oder der betreffenden Nation gegen alle übrigen hinüberzuziehen«. Nach ihm entsteht »so der Zusammenhang von Imperialismus und Opportunismus, der sich am frühesten und krassesten in England auswirkte« (ebd.: 306f.). Lenin zitiert in diesem Zusammenhang Friedrich Engels, der von einer »Verbürgerlichung« des englischen Proletariats gesprochen hatte (ebd.: 288f.). Er spricht von der Notwendigkeit einer »staatsmonopolistischen Regulierung« der Ökonomie und erwähnt »Fäulnistendenzen«, die vor allem mit der Rolle des Finanzkapitals und der Banken sowie des »Rentnerstaates« (Bucharin) verbunden sind.[20]

Lenin verfasste die Schrift über den Imperialismus 1916/17 im Züricher Exil. Er bezog sich darin nur einmal auf das »Kapital« von Marx. Dieser habe den Kapitalismus der freien Konkurrenz analysiert. Allerdings habe Marx »bewiesen, … dass die freie Konkurrenz die Konzentration der Produktion erzeugt, diese Konzentration aber auf einer bestimmten Stufe ihrer Entwicklung zum Monopol führt«, als dem bestimmenden Merkmal des »neuen Kapitalismus« (ebd.: 204). Welche Bedeutung dieser Wandel für die Wert- und Preisbestimmung, den Profit, für den Verlauf der Krisenprozesse (tendenzieller Fall der Profitrate, Überakkumulationskrisen usw.) hat, wird bei Lenin nicht untersucht. Seine Analyse bleibt eher empirisch-deskriptiv – selbst da, wo er von der Entstehung eines »ungeheuren ›Kapitalüberschusses‹« in den fortgeschrittenen kapitalistischen Ländern spricht (ebd.: 245). In der Schrift »Staat und Revolution«, die Lenin zwischen der Februar- und der Oktoberrevolution des Jahres 1917 in seinem finnischen Versteck in der Nähe von St. Petersburg verfasste, geht er allerdings sehr ausführlich auf die Schriften von Friedrich Engels über den Staat sowie auf die politischen Schriften von Karl Marx ein – besonders auf die »Frankreich-Schriften« zwischen 1850 und 1871. Lenin will für die kommende proletarische Revolution die »Staatsfrage« klären. In seinen »Aprilthesen« hatte er für die Bolschewiki die Notwendigkeit des Überführens der bürgerlich-demokratischen Revolution (mit dem Sturz des Zarismus) in den proletarischen Kampf um die Eroberung der »Staatsmacht« durch die Bolschewiki begründen wollen (Lenin 1917a – LW 24: 3ff.). Den Staat beschreibt er in »Staat und Revolution« als Organ der Klassenherrschaft (Lenin 1917b – Le-

[20] Zu den Grenzen und Widersprüchen der Leninschen Imperialismusanalyse vgl. Deppe 2016/1a: 314ff.

nin Werke 25: 400). Mit der Aufhebung der Eigentumsordnung der Bourgeoisie im Gefolge der proletarischen Revolution werde der Staat »absterben«, so eine berühmte Formulierung von Friedrich Engels (ebd.: 407ff.). Die Aufgabe der Revolution sei es, die mächtig angewachsene Staatsmaschinerie zu »zerschlagen«. Die Pariser Kommune – so Marx im »Bürgerkrieg in Frankreich« – habe als »Diktatur des Proletariats« versucht, sich dieser Aufgabe zu stellen. Lenin wertet verstreute Bemerkungen von Marx (z.B. in einem Brief an Weydemeyer vom 5. März 1852 oder in der Kritik des Gothaer Programms, die erst nach seinem Tode veröffentlicht wurde) über die »Diktatur des Proletariats« auf und zieht daraus die Schlussfolgerung: »ein Marxist ist nur, wer die Anerkennung des Klassenkampfes auf die Anerkennung der Diktatur des Proletariats erstreckt«. (Ebd.: 424) Marxismus wird hier als absoluter Wahrheitsanspruch begriffen[21] und auf – nicht einmal systematisch ausgearbeitete und theoretisch abgeleitete – Begriffe der politischen Analyse übertragen, wobei auch Lenin klar sein musste, dass mit dem Begriff »Proletariat« (als Industrieproletariat) weder die Pariser Kommune von 1871 noch die Russische Revolution des Jahres 1917 angemessen zu begreifen war.

In ihren politischen Einschätzungen und Prognosen haben sich Marx und Engels oftmals geirrt, wie auch Lenin, der 1917 die Ereignisse in Russland in den Zusammenhang einer »Weltrevolution« stellte. Dabei verschwieg er, dass Marx und Engels – vor allem für entwickelte kapitalistische Staaten mit demokratischer Tradition – stets von der Möglichkeit eines friedlichen Übergangs zum Sozialismus gesprochen hatten und sich dabei keineswegs auf die politische Form eines Übergangsregimes festgelegt hatten. Lenin hingegen entwickelt aus der zutreffenden Kritik der formalen Gleichheit, die die bürgerlich-parlamentarische Demokratie auszeichnet, die Überzeugung, dass die als Räterepublik organisierte »Diktatur des Proletariats« eine neue Qualität einer »Volksdemokratie« darstellt. Sie unterdrückt »die Ausbeuter, die Kapitalisten«, realisiert aber zum ersten Mal eine »gewaltige Erweiterung des Demokratismus ... für die Armen, für das Volk« (ebd.: 475). Der »wahrhaft demokratische Staat ... (ist) der Staat der Sowjets, der Arbeiter- und Soldatendeputierten« (ebd.: 484). Im letzten Kapitel polemisiert Lenin gegen die »Opportunisten« im Westen, die sich gegen die »Diktatur des Proletariats« stellen. Immer wieder richtet sich seine Kritik gegen Karl Kautsky. Die Ereignisse sowohl in Russland als auch die Rätebewegungen in andere europäischen Staaten nach 1917 – vor allem in Deutschland – haben einerseits Lenins Überlegungen zu einem alternativen Modell der »Volksherrschaft« (in der Tradition des politischen Denkens seit Rousseaus Konzept der »direkten Demokratie«) bestätigt; auf der anderen Seite zeichnete sich die Rätebewegung

[21] In einem Text über die »Drei Quellen und Bestandteile des Marxismus« (1913) schrieb Lenin (LW 9: 3): »Die Lehre von Marx ist allmächtig, weil sie wahr ist.«

durch zahlreiche Widersprüche, Diskontinuitäten und Schwächen aus, die immer wieder die Frage nach der Bedeutung der politisch konzentrierten Zusammenfassung ihrer Forderungen in der Auseinandersetzung mit der Konterrevolution um die Beherrschung der Staatsmacht aufwarf. Diese Schwächen waren Lenin in seinen Schriften nach 1918 wohl bewusst.

Das Manuskript von »Staat und Revolution« blieb unvollendet. Lenin wollte noch die Erfahrungen der »russischen Revolutionen von 1905 und 1917« auswerten (ebd.: 507). Der reale Prozess der Revolution erzwang seine Rückkehr in die Politik – ein Brief vom September 1917 trug die Überschrift: »Die Bolschewiki müssen die Macht ergreifen« (Lenin 1917c – LW 26: 1ff.). Hier ging es ihm jetzt um die praktische Anwendung der Lehren, die er aus den Textstellen von Marx und Engels gezogen hatte. Beim Studium des Textes fällt allerdings auf, dass Lenin bei der »Behandlung der Diktatur des Proletariats« zwar die Sowjets der Arbeiter- und Soldatendeputierten erwähnt, dass aber die Rolle der revolutionären Partei, die für Lenin schließlich eine entscheidende Rolle bei der Führung und Orientierung der Massenkämpfe zu spielen hat, überhaupt nicht vorkommt. Damit blendet er eine entscheidende Problematik aus, die in den Revolutionen nach 1917 ins Zentrum rückte: In der deutschen Novemberrevolution konnten die Anhänger der jungen KPD bzw. des linken Flügels der USPD keine Mehrheiten unter den Räten gewinnen. Auf der anderen Seite vertraten unter den »linken Kommunisten« dieser Jahre nicht wenige die Auffassung, dass sich im Prozess der Revolution mit der Errichtung der Räterepublik auch die Funktion der Partei als »Stellvertreter der Klasse« überholt habe. Die Entwicklungen in Sowjetrussland – vom Kriegskommunismus der Bürgerkriegsjahre bis hin zu den ersten Schritten beim Aufbau des Sozialismus – war allerdings dadurch charakterisiert, dass die Partei mehr und mehr mit dem Staat (der sich »Diktatur des Proletariats« nannte) verschmolz und sich schließlich die Räte (Sowjets) unterwarf, die formal als Organisationsprinzipien des Staates (von den Betrieben und den Kommunen bis auf die nationale Ebene) beibehalten wurden.

Nach dem Tod von Lenin (1924) verkündete Stalin die – vor allem von Leo Trotzki kritisierte – These vom »Sozialismus in einem Lande« und erhob Lenin zum »Klassiker« neben Marx und Engels. Der Weg der Bolschewiki – das Konzept der Avantgardepartei, die Trennung von den »Opportunisten«, die revolutionäre Machtergreifung und die Errichtung der Diktatur des Proletariats – wurde zum Vorbild für die weltrevolutionäre Bewegung erhoben. Im »Marxismus-Leninismus« wurden jetzt Grundsätze festgeschrieben, die schließlich die Theorie in ein Instrument zur Legitimation der absoluten Herrschaft der Partei (sowie ihres Generalsekretärs Stalin) verwandelten.[22]

[22] In der Schrift »Fragen des Leninismus« (1924) hatte Stalin dekretiert: »Der Leninismus ist der Marxismus der Epoche des Imperialismus und der proletarischen Revolu-

Die Partei wurde Staatspartei. Diese Politik konzentrierte sich auf den Aufbau der Wirtschaft und des Sozialismus in der Sowjetunion sowie auf die Abwehr der Angriffe von außen und von innen. Die gewaltigen Anstrengungen, die das Volk für den Kurs der Partei zu leisten hatte, wurden durch die Ausweitung des Terrors in den 1930er Jahren gestützt. Die Arbeitslager des Gulag füllten sich; gleichzeitig wurde in den Schauprozessen gegen Sinowjew, Kamenew, Bucharin, Rykow und Radek – also gegen die »alte bolschewistische Garde um Lenin« – die Partei von der Spitze her »gesäubert«. Da der Kampf für den Sozialismus ein Kampf ums Überleben war, galten die Kritiker in den eigenen Reihen als die schärfsten Feinde. Noch in den 1920er Jahren wurden Fragen der Entwicklung des Sozialismus in der Sowjetunion – etwa das Verhältnis von Landwirtschaft und Industrialisierung –, aber auch Fragen der Politik und Taktik der Kommunistischen Internationale (z.B. in China und Indien) in der Partei und der KI (sowie in ihren Publikationsorganen) diskutiert. Die Autoren bedeutender wissenschaftlicher Beiträge zur marxistische Rechtstheorie oder zur Ökonomie des Sozialismus – Jewgeni Preobraschenski (»ABC des Kommunismus«, mit N. Bucharin, 1920; »Die neue Ökonomik« 1926) oder Jewgeni Paschukanis (»Allgemeine Rechtslehre und Marxismus«, 1929) wurden 1937 erschossen. David B. Rjazanow, Leiter des Marx-Engels-Instituts in Moskau, das ab 1924 die erste Marx-Engels-Gesamtausgabe (MEGA) herauszugeben begann, wurde 1938 erschossen.

1923 erschienen in Deutschland zwei Bücher, die sich – in der kritischen Auseinandersetzung mit dem Geschichtsdeterminismus der II. Internationale und mit der Politik der Sozialdemokratie – als Beiträge zur Erneuerung eines revolutionären Marxismus verstanden. Perry Anderson (1978) hat sie später als Gründungsdokumente eines »westlichen Marxismus« bezeichnet: »Geschichte und Klassenbewusstsein« von Georg Lukács (1885–1971) sowie »Marxismus und Philosophie« von Karl Korsch (1886–1961). Beide waren Mitglieder der KPD, Anhänger der Oktoberrevolution und bewunderten Lenin. Lukács entwickelte in dem Aufsatz »Verdinglichung und das Bewusstsein des Proletariats« den Zusammenhang zwischen der – von Marx im »Kapital« analysierten – Form des Warentausches (als Äquivalententausch) und

tion. Genauer: Der Leninismus ist die Theorie und Taktik der proletarischen Revolution im Allgemeinen, die Theorie und Taktik der Diktatur des Proletariats im Besonderen. Marx und Engels wirkten in der vorrevolutionären Periode (wir meinen vor der proletarischen Revolution), als es noch keinen entwickelten Imperialismus gab, in der Periode der Vorbereitung der Proletarier zur Revolution, in jener Periode, als die proletarische Revolution praktisch noch keine unmittelbare Notwendigkeit war. Lenin dagegen, der Schüler von Marx und Engels, wirkte in der Periode des entwickelten Imperialismus, in der Periode der sich entfaltenden proletarischen Revolution, als die proletarische Revolution bereits in einem Lande gesiegt, die bürgerliche Demokratie zerschlagen und die Ära der proletarischen Demokratie, die Ära der Sowjets, eröffnet hatte. Deshalb ist der Leninismus die Weiterentwicklung des Marxismus.«

der Mystifizierung (»Fetisch«) der diesem zugrunde liegenden gesellschaftlichen Verhältnisse im Bewusstsein der Produzenten, die im Arbeitsprozess durch Prozesse der Rationalisierung sowie durch fortschreitende Bürokratisierung verstärkt werden. Im revolutionären Klassenkampf sowie im Klassenbewusstsein der Arbeiter wird dieser Zusammenhang aufgebrochen, wird die Theorie praktisch. Der »wissenschaftliche Sozialismus« von Marx war nach diesem Verständnis »der theoretische Ausdruck eines revolutionären Prozesses« (Korsch), in dem sich das Proletariat selbst als identisches Subjekt-Objekt erzeugt und erkennt. Lukács lebte in den 1930er Jahren in Moskau und hatte das Glück, den Stalinschen Terror zu überleben. Er hatte sich von »Geschichte und Klassenbewusstsein« distanziert. Karl Korsch wurde schon 1926 als Anhänger der »linken Opposition« und als Kritiker der »Stalinisierung« der KPD und der Komintern aus der KPD ausgeschlossen. Später emigrierte er in die USA. Seine Schriften standen auf dem (kommunistischen) Index der »verbotenen Bücher«.

Einen Tiefpunkt erreichte die stalinistische Verkürzung des Marxismus-Leninismus im sogenannten »Kurzen Lehrgang« der »Geschichte der Kommunistischen Partei der Sowjetunion (Bolschewiki)«, der im Jahr 1938 vom ZK der KPdSU gebilligt worden und in den folgenden Jahren als Schulungsmaterial für die Kommunistischen Parteien in der ganzen Welt verbindlich war. Im letzten Abschnitt wurde die Annahme der neuen Verfassung der UdSSR sowie die »Liquidierung der Überreste der bucharinistisch-trotzkistischen Spione, Schädlinge und Landesverräter« verkündet (Kurzer Lehrgang 1945: 419ff.). Die erste Schlussfolgerung des Lehrgangs lautete: »Die Geschichte der Partei lehrt vor allem, dass der Sieg der proletarischen Revolution, der Sieg der Diktatur des Proletariats unmöglich ist ohne eine revolutionäre Partei des Proletariats, eine Partei, die vom Opportunismus frei, gegen Paktierer und Kapitulanten unversöhnlich, gegenüber der Bourgeoisie und ihrer Staatsgewalt revolutionär ist.« (Ebd.: 427) Diese Deformation des Sozialismus war in den großen Widerspruch zwischen den gewaltigen Anstrengungen beim Aufbau des Sozialismus in einem industriell unterentwickelten Agrarstaat auf der einen und dem Druck der globalen Gegenrevolution, der in den 1930er Jahren mit dem Sieg der faschistischen Regime in Europa – vor allem in Deutschland nach 1933 – noch einmal enorm zugenommen hatte, auf der anderen Seite eingebettet. Von den Folgen des Terrorregimes, das die Zivilgesellschaft mit einem lähmenden Schleier der Angst und Anpassung überzog, konnte sich der sowjetische Kommunismus – auch nach dem Sieg des Jahres 1945, der Ausweitung seines Machtbereichs und der offiziellen Abrechnung mit dem System der »Stalin-Herrschaft« (Chruschtschow 1956, XX. Parteitag) – niemals erholen. Auch in den individuellen Biografien von Kommunisten konnte dieser Widerspruch zwischen individuellem Heldentum im Kampf für den Sozialismus, gegen Faschismus und

Krieg und den Verbrechen des Stalin-Regimes (über die auch nach dem XX. Parteitag nicht gesprochen werden durfte) nicht aufgelöst werden.[23]

Nach dem Scheitern der Revolution im Westen und mit der Etablierung des Stalin-Regimes in der Sowjetunion wurde nur zu deutlich, dass bestimmte staatstheoretische Fragen des Marxismus neue Antworten erforderten. Die Entwicklung in der Sowjetunion (»Entwicklungsdiktatur«) dementierte natürlich die These von Friedrich Engels über das »Absterben des Staates«, wenn diesem mit der Vergesellschaftung der Produktionsmittel die materielle Basis entzogen wird. Leo Trotzki hat in zahlreichen Schriften den Charakter des Stalinschen Regimes mit dem Begriff des Thermidors zu charakterisieren versucht. Die historische Vorlage: 1795 wurde in Paris die Herrschaft der Jakobiner beendet, Robespierre und seine Anhänger wurden hingerichtet; die bürgerlichen Errungenschaften der Revolution sollten bewahrt, der Einfluss der radikalen Volkskräfte, die für die Gleichheit kämpfen, sollte hingegen ausgeschaltet werden; so wurden die Weichen für die Diktatur des Direktoriums und die kommende Herrschaft des Empereur Napoleon gestellt. Trotzki bezeichnete den Sieg Stalins in der Auseinandersetzung mit der linken Opposition in der Partei und den Übergang zum Terrorregime der 1930er Jahre als den sowjetischen Thermidor. Dieser bewahrt – vor allem im Ausbau der sozialistischen Wirtschaftsordnung – wesentliche Bestandteile der Errungenschaften der Revolution. In seiner Schrift »Verratene Revolution« (1957: 87ff.) schrieb er: »Opfer der ersten reaktionären Welle sind in der Regel die Pioniere, Urheber, Initiatoren, die in der Angriffsperiode der Revolution an der Spitze der Massen standen; dagegen treten an die erste Stelle Leute zweiten Kalibers, im Bunde mit gestrigen Feinden der Revolution.« Gleichzeitig etabliert sich ein bonapartistisches Regime unter der Führung von Stalin, der wesentlich von der Staatsbürokratie (also der Staatsexekutive) gestützt wird. Trotzki definierte den sowjetischen »Thermidor« als »Sieg der Bürokratie über die Massen«. Er und seine Anhänger waren davon überzeugt, dass die sowjetische Arbeiterklasse sich in einer weiteren Revolution

[23] Zu den abstoßendsten Maßnahmen des Stalin-Regimes im Jahr 1939 – in der Zeit des Hitler-Stalin-Paktes – gehörte auch die Übergabe deutscher Kommunisten, die nach 1933 in die Sowjetunion geflüchtet waren und dort wegen angeblicher Spionage zu Lagerhaft verurteilt wurden, an die deutsche SS. Diese überstellte sie in ihre Konzentrationslager. Der Roman über die Familie Ruge (Ruge 2011) behandelt das Schicksal einer deutschen kommunistischen Familie, die nach 1933 in die Sowjetunion emigriert war. Der Großvater des Autors wurde mit der SS ausgetauscht. Sein Vater, Wolfgang Ruge, kam später in Lagerhaft und konnte erst 1956 in die DDR ausreisen. Dort wirkte er als Historiker mit dem Spezialgebiet »Weimarer Republik«, wurde Nationalpreisträger und erhielt den Vaterländischen Verdienstorden in Silber sowie die Ehrendoktorwürde der Universität Jena. Erst nach der »Wende« konnte er über Stalinismus, Lenin und seine Jahre in der Sowjetunion schreiben.

von diesem System der bürokratischen Herrschaft befreien werde.[24] Die IV. Internationale, die 1938 in seinem Namen gegründet wurde, blieb auf kleine Gruppen von Anhängern – zum Teil hoch qualifizierte Intellektuelle – in verschiedenen Ländern beschränkt. Bis in die Gegenwart leidet sie unter den zahlreichen Spaltungen zwischen verschiedenen Fraktionen, die sich oftmals heftig bekämpfen. Nach dem Ende der Sowjetunion spielt allerdings die zum Teil von den herrschenden, antikommunistischen Kräften und Diensten instrumentalisierte Frontstellung zwischen den Anhängern der KPdSU und der IV. Internationale keine Rolle mehr. So bieten sich Chancen einer gemeinsamen Aufarbeitung der historischen Bedeutung der russischen Oktoberrevolution für den Sozialismus des 21. Jahrhunderts.

In den entwickelten kapitalistischen Staaten des Westens mussten nach dem Weltkrieg und der Oktoberrevolution allerdings auch einige zentrale Aspekte der politischen Theorie des Marxismus und des bürgerlichen Staates neu durchdacht und strategisch neu bewertet werden. Der Kampf für die Republik war in der Arbeiterbewegung der II. Internationale als selbstverständlicher Ausgangs- und Durchgangspunkt für die Große Transformation gedacht worden – und Marx und Engels hatten immer wieder auch mit Blick auf die angelsächsische Welt von der Möglichkeit eines friedlichen und legalen Übergangs zum Sozialismus gesprochen. Für die deutsche Sozialdemokratie war nach 1918 die Verteidigung der Republik und ihrer Verfassungsordnung zum deutlichsten Unterscheidungsmerkmal gegenüber den Kommunisten bzw. dem Leninismus geworden. Die Krise der Demokratie und der parlamentarischen Regime in Europa (Barth 2016; Gerwarth u.a. 2012) sowie die Siege des Faschismus vor allem in Italien und Deutschland zwangen allerdings zur Erkenntnis, dass Kapitalismus und Demokratie keineswegs zusammengehören, sondern dass die Etablierung autoritärer Formen bürgerlicher Herrschaft notwendige Elemente der Verteidigung der »alten Ordnung« gegen ökonomische Krisen (Weltwirtschaftskrise) und gegen den Aufschwung der sozialistischen Arbeiterbewegung bilden. Die in den Debatten der Arbeiterbewegung vertretenen Faschismustheorien (Bauer u.a. 1967; Kühnl 1990) griffen auch auf die Marxsche Analyse des »18. Brumaire des Louis Bonaparte« zurück. Angesichts der Herausforderung durch die »rote Gefahr« einer proletarischen Revolution verzichtet die Bourgeoisie auf die Ausübung der politischen Macht, um ihre ökonomisch-gesellschaftliche Klassenmacht zu sichern. Die Diktatur eines »Führers« stützt sich einerseits auf die Macht der staatlichen Exekutive (vor allem die repressiven Staatsapparate) sowie auf eine Massenbasis bei nicht-proletarischen subalternen Klassenfrak-

[24] Der seit 1939 in England lebende – später in Cambridge lehrende – großartige Historiker Isaac Deutscher (Autor der Biographien von Leo Trotzki und Josef Stalin) veröffentlichte 1967 – unter dem Titel »Die unvollendete Revolution« – Vorlesungen zum 50. Jahrestag der Oktoberrevolution, in denen er diese Position erneut begründete.

tionen (»Parzellenbauern«) und sozialen Absteigern und Abenteurern, die durch Krieg, Revolution und Wirtschaftskrisen enteignet wurden. Ideologisch wird dieser reaktionäre Block durch die Fixierung auf einen Führer, durch Nationalismus, Rassismus, Antisemitismus sowie den Hass auf Marxismus und Liberalismus zusammengehalten. Die Unterscheidung zwischen der Staatsform (parlamentarische Demokratie) und der Staatsmacht (System der Staatsapparate) wurde im 20. Jahrhundert mit dem Ausbau der Instrumente des Interventionsstaates und damit der Staatsbürokratie immer wichtiger. Zugleich zeigt sich darin, dass die Kritik am Widerspruch zwischen formaler Gleichheit und gesellschaftlicher Ungleichheit, die Lenin im Anschluss an Marx in »Staat und Revolution« wiederholte, völlig unzureichend war, um den Charakter der politischen Herrschaft der Bourgeoisie und die Antworten der Arbeiterbewegung auf die politische Krise der alten Ordnung angemessen zu begreifen. Gleichzeitig warf der Faschismus als Massenbewegung neue Fragen einer politischen Klassenanalyse auf. Auf der einen Seite wurde der Faschismus – vor allem dann, wenn er sich erfolgreich an der Macht behauptet hatte, auch von Teilen der Arbeiterklasse unterstützt. Die völkische Anrufung des »deutschen Arbeiters« und seiner Bedeutung für die Nation, die Repression gegen die Linke und sozialpolitische Zugeständnisse sowie die Mobilisierung für den kommenden Krieg förderten die Akzeptanz des Regimes. Auf der anderen Seite waren die Erfolge faschistischer Massenbewegungen mit neuen Formen politischer Mobilisierung, mit der Anwendung von Erkenntnissen der Massenpsychologie und der Nutzung der neuen Medien der Massenkommunikation (Film, Rundfunk, Presse, Werbung) verbunden. Im Kampf der sozialistischen Arbeiterbewegung gegen den Faschismus musste nicht nur eine Politik breiter Bündnisse unter Einschluss bürgerlicher Kräfte entwickelt werden; in der Folge mussten auch Auffassungen über die einzelnen Etappen der proletarischen Revolution sowie über die »Diktatur des Proletariates« revidiert werden. Der Kopf der italienischen Kommunisten, Antonio Gramsci (1891–1937), war seit November 1926 bis kurz vor seinem Tod, in Gefängnissen des faschistischen Staates inhaftiert. Er durfte – auch angesichts seines schwachen Gesundheitszustandes – dort lesen und schreiben. Teile seiner »Gefängnishefte« (Gramsci 1991ff.; Deppe 2007) wurden erst nach dem II. Weltkriege von seinem Freund Palmiro Togliatti veröffentlicht. Die politischen Texte kreisen um die Frage nach dem Scheitern der »bolschewistischen Revolution im Westen« (Deppe 2016/2b), wobei er immer wieder auf die Besonderheiten der italienischen Nationalgeschichte seit der Renaissance und der Nord-Süd-Spaltung des Landes zurückkommt. Dabei stellt er nicht nur den Reduktionismus von Stalins »Leninismus-Definition« infrage, sondern auch wesentliche Bestandteile der Revolutionstheorie von Lenin selbst, den Gramsci allerdings sehr bewunderte. Seine berühmte Unterscheidung zwischen dem »Osten« (1917) und dem »Westen« beruht auf der Erkenntnis, dass in den Gesellschaften mit entwickelter kapitalistischer Produktionsweise und demokratischen Traditionen die Verteidigung der alten Ordnung auf – durch den Staat, aber wesentlich auch durch private Institutionen in der Zivilgesellschaft – wesentlich komplexere Herrschaftsverhältnisse und -mechanismen zurückgreifen könne als im Osten. Der Ansturm auf die Staatsmacht am Ende des Weltkrieges sei daher gescheitert. »Im Osten war der Staat alles, die Zivilgesellschaft war in ihren Anfängen und gallertenhaft; im Westen bestand zwischen Staat und Zivilgesellschaft ein richtiges Verhältnis und beim Wanken des Staates gewahrte man sogleich eine robuste Struktur der Zivilgesellschaft. Der Staat war also nur ein vorgeschobener Schützengraben, hinter welchem sich eine robuste Kette von Festungen und Kasematten befand: von Staat zu Staat mehr oder weniger, aber gerade dies verlangt eine genaue Erkundung nationaler Art.« (Gramsci 1991ff.: 847)

Im Jahr 1931 berichtete er in einem Brief über seine Studien zur Geschichte der italienischen Intellektuellen: »Diese Studie hat auch ihre Auswirkungen auf gewisse Bestimmungen des Staatsbegriffes, der normalerweise als politische Gesellschaft (oder Diktatur bzw. Zwangsapparat zur Ausrichtung des Volkes auf den jeweiligen Typus der Produktion und Wirtschaft) verstanden wird und nicht als ein Gleichgewicht zwischen politischer Gesellschaft … und Zivilgesellschaft … oder als Hegemonie einer sozialen Gruppe über die gesamte Nation vermittels der sogenannten privaten Institutionen wie Kirche, Gewerkschaften, Schulen usw.« (Zit. n. Deppe 2016/2b: 224f.). Daraus leitete Gramsci seine Kritik am »Bewegungskrieg« (als Kern der Strategie der proletarischen Revolution) und sein Plädoyer für einen langwährenden »Stellungskrieg« ab, in dem die sozialistischen Kräfte der Arbeiterbewegung die Hegemonie in der Zivilgesellschaft erringen müssen, bevor sie in der Lage sind, die Machtfrage auf der Ebene des staatlichen Kernbereiches zu stellen. Diese strategischen Überlegungen, die einen Bruch mit leninistischen Dogmen und die Öffnung zu neuen theoretischen Fragestellungen sozialistischer Transformationsperspektiven betrafen, wurden erst durch die neuen – nationalen und internationalen Kräfteverhältnisse zwischen Kapitalismus und Sozialismus in die politische Praxis übertragen. Falls es gelungen wäre, Gramsci in den 1930er Jahren durch einen Gefangenenaustausch aus dem Gefängnis zu befreien und in die Sowjetunion zu entlassen, wäre er keineswegs vor den Verfolgungen durch Stalin sicher gewesen.

Die Sozialdemokratie verstand sich nach wie vor als Klassenpartei auf dem Boden des Marxismus, die den demokratischen Sozialismus als Ziel erkämpfen will. In ihrem Heidelberger Programm (1925) kritisierte sie das »kapitalistische Monopolstreben« sowie den zunehmenden Einfluss des »Finanzkapitals« auf die »Staatsmacht«, um »auswärtige Gebiete als Absatzmärkte, Rohstoffquellen und Stätten für Kapitalanlagen« zu beherrschen. »Das Ziel der Arbeiterklasse kann nur erreicht werden durch die Verwandlung des kapitalistischen Privateigentums an den Produktionsmitteln in gesellschaftliches Eigentum … Dann erst wird die Gesellschaft aus der Unterwerfung unter blinde Wirtschaftsmacht und aus allgemeiner Zerrissenheit zu freier Selbstverwaltung in harmonischer Solidarität emporsteigen… Als Mitglied der Sozialistischen Arbeiter-Internationale kämpft die SPD in gemeinsamen Aktionen mit den Arbeitern aller Länder gegen imperialistische und faschistische Vorstöße und für die Verwirklichung des Sozialismus.« (Zit. n. Abendroth 1964: 112/113) Rudolf Hilferding – vor 1914 als Autor des Werkes »Das Finanzkapital« hoch angesehen – war einer der führenden Denker zuerst der SPÖ, dann der USPD/SPD, der beim Heidelberger Programm mitgeschrieben hatte. Er gehörte zwei Reichsregierungen als Finanzminister an. Nach 1925 vertrat er die Theorie des organsierten Kapitalismus. Der durch die Monopole (und ihre Verbindung mit den Banken) beherrschte Kapitalismus, so Hilferding, löst die Periode der »freien Konkurrenz« ab. Zugleich »wächst die bewusste Ordnung und Lenkung der Wirtschaft«, die deren innere Krisentendenzen zu überwinden sucht. Es handelt sich objektiv um einen Prozess der Vergesellschaftung unter kapitalistischer Leitung. Der Übergang zum Sozialismus müsse jetzt auf der Ebene des Staates und der Politik erfolgen: durch eine Politik der Sozialreformen als Versicherung gegen Alter, Invalidität und Arbeitslosigkeit sowie durch die Umsetzung des – vor allem von den Gewerkschaften vertretenen – Programms der »Wirtschaftsdemokratie«. Für die Gewerkschaften hatte eine Gruppe von Autoren, der auch Hilferding angehörte, 1928 die Schrift »Wirtschaftsdemokratie« verfasst, die dann auf dem Kongress des ADGB als Programm übernommen wurde. Drei Elemente der Gesellschaftsreform bestimmen das Programm: 1. die »Demokratisierung des Bildungswesens«, 2. die »Demokratisierung des Arbeitsverhältnisses« (betriebliche und überbetriebliche Mitbestimmung sowie die staatliche Sozialgesetzgebung), 3. eine »Demokratisierung der Wirtschaftsführung« (durch wirtschaftliche Selbstverwaltungskörper, Ausweitung der öffentlichen Betriebe und den Ausbau der genossenschaftlichen Selbsthilfeorganisationen der Arbeiterbewegung, z.B. der Konsumgenossenschaften). (Deppe 2016/2c: 302-307)

Das Programm von Hilferding wurde in der sogenannten »Stabilisierungsperiode« der Weimarer Republik (1924–1928) formuliert und beruhte auf zwei Prämissen: 1. Der »organisierte Kapitalismus« hat die dem Kapitalismus der freien Konkurrenz immanenten Krisentendenzen, die »Anarchie des freien Marktes« überwunden, und 2. die Durchsetzung von Wirtschaftsdemokratie und Sozialismus durch die Sozialdemokratie und die Gewerkschaften erfolgt auf dem Wege der Gesetzgebung im Parlament. Die SPD musste also Wahlen gewinnen, um ihre Ziele zu erreichen; sie musste aber auch bereit sein, Koalitionen mit bürgerlichen Parteien einzugehen, sofern die Wahlergebnisse dazu zwingen. Beide Prämissen wurden schnell hinfällig: Im Ergebnis der Reichstagswahlen 1928, bei denen die SPD Stimmenzuwächse verbuchte, wurde unter Führung der SPD (Reichskanzler Hermann Müller, SPD) eine Große Koalition mit DDP, Zentrum, BVP und der weit rechts stehenden DVP gebildet – also mit Parteien, die antisozialistisch und allenfalls auf dem Gebiet der Sozialpolitik (z.B. Arbeitslosenversicherung) kompromissbereit waren.[25] Mit dem Absturz in die Weltwirtschaftskrise ab 1929, dem Anstieg der Massenarbeitslosigkeit und dem Aufstieg der NSDAP löste sich auch die These von der Überwindung der Krisenanfälligkeit des Kapitalismus auf. Die Partei konzentrierte sich darauf, durch Anpassung an die Verfassung und die Diktatur des Reichspräsidenten (Art. 48) sowie durch die kompromisslose Ablehnung von Bündnissen mit den Kommunisten den Faschismus aufzuhalten. Diese wiederum schwächten die antifaschistische Frontbildung u.a. dadurch, dass sie die Sozialdemokratie als »sozialfaschistisch« und partiell als ihren Hauptgegner definierten. Nach der sogenannten »ultralinken Wende« beim VI. Weltkongress der KI vertraten sie die Auffassung, dass das kapitalistische System in eine definitive »Todeskrise« eingetreten sei und dass – wie schon 1918 – die Sozialdemokratie mit ihrem Einfluss auf die Arbeitermassen das Haupthindernis auf dem Weg zur proletarischen Revolution bilde. Die verheerende Niederlage der stolzen deutschen Arbeiterbewegung im Jahr 1933 war die Folge dieser Spaltungen, die ein gemeinsames Vorgehen, einen gemeinsamen Aufruf an die Arbeiterklasse zum offenen Kampf gegen den Faschismus verhinderten.

In den Debatten der Austromarxisten war schon früher – im Zusammenhang der Erfahrungen mit der Kriegswirtschaft im Ersten Weltkrieg, dann aber in den Verfassungsdebatten im Gefolge des Sturzes der Monarchie – die Frage nach der Transformation des Staates im Kampf um die Durchsetzung der politischen und sozialen Demokratie aufgeworfen worden. Karl Renner[26] vom rechten Flügel der Partei hatte schon 1916 den »Sozialismus« als die »bewusste Herrschaft der organisierten Gesellschaft über die Ökonomie« bezeichnet. Mit der Durchsetzung der Demokratie, so seine These, herrsche die Kapitalistenklasse nach wie vor über die Ökonomie – der Staat hingegen, die »Gesamtorganisation der Gesellschaft«, diene »vorwiegend dem Prole-

---

[25] Die SPD hatte den Wahlkampf u.a. mit der Losung »Kinderspeisung statt Panzerkreuzer« geführt. Nach der Bildung der Großen Koalition stimmte sie für den Bau von neuen Panzerkreuzern. Mitglieder des linken Parteiflügels und der Jungsozialisten traten daraufhin empört aus der Partei aus – darunter auch der junge Herbert Frahm aus Lübeck, der später in Norwegen, in der Illegalität, den Namen Willy Brandt annahm, unter dem er 1969 Bundeskanzler der BRD wurde. Er gehörte für einige Jahre der Sozialistischen Arbeiterpartei (SAP) an, der er sich 1931 – zusammen mit linken Sozialdemokraten und »rechten« Kommunisten« (KPOler) – angeschlossen hatte.

[26] Karl Renner (1870–1950) war von 1918 bis 1920 Staatskanzler und nach 1945 der erste Bundespräsident Österreichs.

tariat«. Der Staat müsse immer mehr Aufgaben der »sozialen Verwaltung ... ausweiten und vertiefen«. Dabei wird er, früher ein »Werkzeug der Klassenherrschaft« der Bourgeoisie »immer mehr mit sozialem Inhalt« erfüllt. »Der Staat wird Hebel des Sozialismus werden und sonnenklar spricht es aus der Lehre von Karl Marx, dass der geschichtliche Umschlag vom Kapitalismus zum Sozialismus sich vollziehen muss in der Form, dass dieses Werkzeug aus der einen in die andere Hand übergeht... Eroberung der politischen Gewalt durch das Proletariat – das ist identisch mit der Befreiung der Staatsgewalt von der Herrschaft des Kapitals.« (Renner 1970: 280f.)

Während Renner nach 1918 dazu tendierte, die soziale Demokratie eher im Sinne einer »Klassenharmonie« (»Sozialpartnerschaft«) zu interpretieren, ging der Parteivorsitzende Otto Bauer, der maßgeblich das Linzer Programm der SPÖ von 1926 geprägt hatte, davon aus, dass mit der Etablierung der Republik 1918 der Weg für Sozialreform und Sozialismus im Interesse der Arbeiterklasse geöffnet wurde. Die kapitalistischen Eigentumsverhältnisse wurden allerdings nicht angetastet. Daher – so Bauer – existiert der Klassenkampf weiterhin. Auf der Grundlage der Verfassung bildet sich ein »Gleichgewicht der Klassenkräfte« heraus, sodass »die Bourgeoisie nicht mehr und die Arbeiterklasse noch nicht stark genug ist, allein die Republik zu beherrschen« (zitiert nach SDAP 1926) Im Klassenkampf versuche die Bourgeoisie, dieses Gleichgewicht zu ihren Gunsten zu verändern, d.h. die sozialen Errungenschaften der Republik zurückzufahren – auf der anderen Seite strebe die Arbeiterklasse danach, die Eigentumsverhältnisse zugunsten einer sozialistischen Wirtschaft zu verändern. Sollte die Bourgeoisie in diesem Kampf auch die Errungenschaften der Republik infrage stellen (was tatsächlich 1933 in Deutschland und 1934 in Österreich geschah), müsse das Proletariat seinen Kampf auf die Erringung der Staatsmacht und die Errichtung einer »Diktatur des Proletariats« konzentrieren.

In diesen frühen Debatten über das Verhältnis von Demokratie und Sozialismus und die Rolle des Staates im Prozess der Transformation zum Sozialismus kommt der Auseinandersetzung um Rechtspositionen eine zentrale Bedeutung zu. Das Verfassungsrecht enthält neben den klassischen Menschenrechten auch soziale Grundrechte (Schutz der Arbeitskraft, sozialstaatliche Bindung des Staatshandelns, Mitbestimmungsrechte von Betriebsvertretungen usw.). Mit dem Ausbau des Sozial- und Versorgungsstaates entsteht ein (de-kommodifizierter) Sektor von Arbeiten, die nicht den Gesetzen der Mehrwertproduktion und der Ausbeutung der Lohnarbeit im privaten Sektor der Wirtschaft ausgeliefert sind. Allerdings unterliegt der staatliche Sektor – ökonomisch und ideologisch – nach wie vor dem Primat der Sicherung der kapitalistischen Eigentumsordnung und den Gesetzen der Kapitalakkumulation. Das kollektive Arbeitsrecht (Anerkennung der Gewerkschaften, Tarifvertragsrecht, Mitbestimmungsrechte) wird dabei zum Terrain der

Regulierung der Kräfteverhältnisse zwischen Kapital und Arbeit im Kernbereich der Wirtschaft. Für Otto Bauer war das Fortbestehen des Klassenkampfes (im Gegensatz zur Klassenharmonie) entscheidend, um die Dynamik der Transformation zum Sozialismus in der Übergangsperiode zwischen dem Kampf um die Demokratie und dem Ziel des Sozialismus zu bestimmen. Nach 1933 und 1934, also nach dem Sieg des deutschen wie des Austro-Faschismus, war jedoch deutlich geworden, dass die Elemente der sozialen Demokratie in der Verfassung und der Politik des Staates nicht stark genug gewesen waren, um die Republik zu verteidigen. Dennoch haben nach 1945 Theoretiker der Sozialdemokratie die Geschichte seit der Französischen Revolution als einen Stufenprozess verstanden, in dem zunächst individuelle Freiheitsrechte (Erklärung der Menschenrechte), danach politische Partizipationsrechte (Kampf um Koalitionsfreiheit und das allgemeine Wahlrecht) und schließlich nach 1918 »soziale Grundrechte« (Welfare State) von den sozialen Bewegungen der Unterklassen erkämpft wurden (Marshall 1950).

Die staatstheoretischen Debatten dieser Periode lassen jedoch einen Wandel in der Beziehung zwischen Gesellschaft und Staat erkennen, der die Politik des Sozialismus zentral berührt. Die Erfolge der Sowjetunion bei der – planwirtschaftlich gesteuerten – Industrialisierungspolitik hatten die Rolle des Staates unterstrichen, ebenso wie die faschistischen Diktaturen in Italien und Deutschland, die mit massiven Interventionen in die Wirtschaft (vor allem im Bereich der militärischen Aufrüstung) verbunden waren. Die Massenarbeitslosigkeit im Gefolge der Weltwirtschaftskrise nach 1929 erzwang neue Überlegungen zu einer staatlichen Beschäftigungspolitik. Die mit der Kapitalakkumulation verbundenen Krisen- und Vergesellschaftungsprozesse auf der einen, der Klassenkampf der Arbeiterbewegung auf der anderen Seite erzwingen zunehmend die Intervention des Staates in den Bereich der ökonomischen Entwicklung selbst und der Regulierung der Klassenbeziehungen. Der Staat muss ökonomisch intervenieren, um (über staatliche Investitionen und Nachfragesteigerung) die Konjunktur anzuregen; er greift über die Steuer- und Zollpolitik in die Einkommens- und Verteilungsverhältnisse ein; er muss der Kapitalakkumulation eine günstige Infrastruktur (Bildung, Verkehr, Wissenschaft, Kommunikation) zur Verfügung stellen; er muss mit sozialpolitischen Reformen auf die Forderungen der Arbeiterbewegung reagieren; er ist mit seinen Ausgaben für das Militär und die Rüstung zu einem mächtigen ökonomischen Faktor geworden; er muss mit seiner Außenpolitik die Position der nationalen Wirtschaft auf den Weltmärkten stärken. Mit anderen Worten: Der moderne Interventionsstaat greift dauerhaft und nachhaltig in die Wirtschaft ein und muss die Klassenbeziehungen zwischen Kapital und Arbeit – als von den gesellschaftlichen Akteuren umkämpftes Kräftegleichgewicht – regulieren. Er bleibt ein kapitalistischer Staat, ist jedoch immer wieder zu einer Politik der »Klassenkompromisse« gezwungen. Der sich darin durchsetzende, durch die Kapitalakkumulation und deren Krisen angetriebene widersprüchliche Vergesellschaftungsprozess erfordert über die Staatsintervention zunehmend gesellschaftliche Lösungen für die Krisen, die dem Primat der Kapitalverwertung und den Gesetzen des freien Marktes entspringen. Dieser Bedeutungszuwachs des Staates reflektiert sich u.a. in der beständigen Zunahme der Zahl der Staatsbediensteten sowie einer steigenden Steuerquote, über die sich der Staat Teile der gesellschaftlichen Wertschöpfung (Sozialprodukt) aneignet, um diese neuen Funktionen zu finanzieren (Deppe 2015: 71ff.).

Aus der Sicht der konservativen Staatsdenker dieser Periode (z.B. Carl Schmitt) besteht die Krise der Zeit gerade im Souveränitätsverlust des Staates, der seine klassischen Ordnungsfunktionen der Herrschaftssicherung (im Sinne des Hobbesschen »Leviathan«) verliert und mehr und mehr Funktionen der gesellschaftlichen Reproduktion und Integration übernimmt. Der Interventionsstaat wird aus dieser Sicht zur Beute der »organisierten« gesellschaftlichen Interessen, wobei sie in erster Linie an den zunehmenden Einfluss der reformistischen Arbeiterbewegung (vor allem der Gewerkschaften und anderer Verbände) denken. In dieser Krise, in der die Gefahr des Sozialismus bzw. Kommunismus im Hintergrund lauert, manifestiert sich zugleich eine Krise des ökonomischen und politischen Liberalismus, der die individuellen Freiheitsrechte und die liberalen Marktordnungen sichern will und dabei hilflos gegenüber dem Aufstieg des Sozialismus agiert. Daraus leitet sich schließlich die Unterstützung des totalen (faschistischen) Staates ab, der sich dieser Tendenz mit Gewalt und Terror sowie mit der Vorbereitung eines neuen Krieges entgegenstellt.

Weltwirtschaftskrise und Faschismus hatten zunächst einmal die Grenzen der sozialdemokratischen Transformationskonzepte der Nachkriegszeit aufgezeigt. Die angelsächsischen Demokratien erwiesen sich allerdings auch unter diesem Druck als relativ stabil. Hier waren es Politiker und Ideologen der Bourgeoisie, die die Forderungen unterstützten, dass dem Staat erweiterte Funktionen auf dem Gebiet der Wirtschafts- und Beschäftigungspolitik übertragen werden müssen. Die Politik des »New Deal« unter Präsident Roosevelt in den Jahren von 1933 bis 1938 stellte einen großen Umbruch in der Wirtschafts-, Sozial- und Politikgeschichte der USA dar. Diese zielte kurzfristig auf die Linderung der Not der Arbeitslosen und Armen und die Erhöhung der Beschäftigung. Gleichzeitig kam es zu einer Änderung der Geldpolitik, zu einer scharfen Regulierung der Finanzmärkte und zur Einführung von Sozialversicherungen (Lehndorff 2020). In Großbritannien veröffentlichte der Ökonom John Maynard Keynes (1883–1946) im Jahr 1936 seine »Allgemeine Theorie der Beschäftigung, des Zinses und des Geldes«, die einen Bruch mit der bis dahin vorherrschenden neoklassischen Wirtschaftstheorie vollzog, die in der Weltwirtschaftskrise versagt hatte. Das letzte Kapitel seiner »Allgemeinen Theorie« beginnt mit dem Satz: »Die hervorstechenden Fehler der wirtschaftlichen Gesellschaft, in der wir leben, sind ihr Versagen, für Vollbeschäftigung Vorkehrung zu treffen und ihre willkürliche und unbillige Verteilung des Reichtums und der Einkommen.« (Keynes 1936: 314) Keynes war davon überzeugt, dass der Sozialismus bzw. der Bolschewismus auch in den entwickelten kapitalistischen Staaten siegen werden, falls es nicht gelingen sollte, diese Defizite zu beseitigen. Daher muss der Staat eingreifen: durch die Geldpolitik sowie durch staatliche Investitionen, die für Beschäftigung und Nachfrage sorgen. Für solche antizyklischen Maßnahmen darf der Staat sich auch verschulden (»deficit spending«). Diese These erregte die Neoklassiker ebenso wie die Überzeugung von Keynes, dass es zur Stärkung der Nachfrage (über die Löhne) auch starker Gewerkschaften bedarf. Keynes, der kein Sozialist, sondern ein Liberaler war, spricht offen aus, dass die Ausweitung der Staatstätigkeit notwendig ist, um »die Zerstörung der bestehenden wirtschaftlichen Formen in ihrer Gesamtheit zu vermeiden« (ebd.: 321). Er vermutete sogar, »dass eine ziemlich umfassende Verstaatlichung der Investition sich als das einzige Mittel zur Erreichung einer Annäherung an Vollbeschäftigung erweisen wird« (ebd.: 319).[27]

Keynes war ein »weißer Revolutionär«; denn es ging ihm um die Rettung des Kapitalismus und der bürgerlichen Ordnung. Gleichwohl konfrontierte der Siegeszug des Keynesianismus – vor allem nach 1945 – die sozialistische Arbeiterbewegung nicht nur mit einer neuen Variante der Systemsicherung, sondern auch mit einer neuen Perspektive der Systemtransformation. Zwischen dem »rechten Keynesianismus«, der die Staatsintervention z.B. auf den Rüstungssektor oder auf die direkte Förderung der großen Unternehmen konzentriert, und einem »linken Keynesianismus«, der dem Kampf gegen die Armut und dem Ausbau der Infrastruktur, des Bildungs- und Gesundheitssystems usw. gewidmet ist, entstand die – nach dem Kriege – vorherrschende Konfliktkonstellation im Klassenkampf zwischen Kapital und Arbeit.[28] Schließlich war Keynes auch davon überzeugt, dass die erfolgreiche Anwen-

[27] Ein Freund und Kollege von Keynes, ebenfalls Mitglied der liberalen Partei, war der Ökonom William Beveridge, Direktor der London School of Economics und während des Krieges Staatssekretär in der Regierung von Winston Churchill. Er war vom Denken der Fabians (Sidney und Beatrice Webb) beeinflusst. 1942 verfasste er für die Regierung einen »Report«. Darin schlug er vor, dass alle Einwohner im arbeitsfähigen Alter einen wöchentlichen Beitrag an eine »nationale Versicherung« einzahlen sollten. Als Ausgleich sollte Kranken, Arbeitslosen, Rentnern und Witwen Unterstützung gewährt werden. Beveridge wollte damit ein Existenzminimum für alle sichern. Er empfahl, die Regierung sollte sich vor allem der Bekämpfung der »fünf großen Übel« – Not, Krankheit, Unwissen, Elend und Untätigkeit – widmen. Dies führte nach 1945 zum Aufbau eines modernen Wohlfahrtsstaates mit einem staatlichen Gesundheitsdienst, dem National Health Service (NHS). Wie Keynes plädierte Beveridge für eine Politik der Vollbeschäftigung.

[28] Unter den Schülern von Keynes war Joan Robinson die bedeutendste Vertreterin dieses »Linkskeynesianismus« (vgl. Reiner 1998).

dung seines wirtschaftspolitischen Programms einen Beitrag zur Sicherung des Friedens leisten könnte. Damit öffnete sich eine Linie des bürgerlichen Denkens für die von der sozialistischen Arbeiterbewegung seit Anfang des Jahrhunderts vertretene Friedenspolitik; denn Keynes machte Vorschläge, wie die ungleiche Entwicklung zwischen den kapitalistischen Staaten (und die daraus abgeleitete »beggar-my-neighbour-Politik«) , die er als die letzte ökonomische Ursache der Kriege zwischen ihnen erkannte, durch internationale Verträge und Institutionen für einen Saldenausgleich zwischen Überschuss- und Defizitländern überwunden werden kann. »Wenn aber die Nationen lernen können, sich durch ihre Inlandpolitik Vollbeschäftigung zu verschaffen, ... braucht es keine wichtigen wirtschaftlichen Kräfte zu geben, die bestimmt sind, das Interesse eines Landes demjenigen seiner Nachbarn entgegenzusetzen. Es würde immer noch Raum für internationale Arbeitsteilung und für internationale Anleihen zu geeigneten Bedingungen geben.« (Ebd.: 322; zu Keynes vgl. Deppe 2016/2c: 392-402).

Die Lehre von Keynes richtete sich gegen die »herrschende Lehre« der ökonomischen Neoklassik, die den Kapitalismus – sofern die Kräfte des freien Marktes nicht durch externe Einflüsse (z.B. Staatseingriffe oder starke Gewerkschaften) gestört werden, als ein Gleichgewichtsmodell begriff. Darin stimmte er mit der Marxschen Kritik des sogenannten »Sayschen Theorems« und seiner Krisendiagnose überein, obwohl sein Ansatz nichts mit der Theorie des Wertes und des Mehrwerts im »Kapital« zu tun hatte.[29] Seine neoliberalen Gegner betrachten ihn jedoch bis heute als einen gefährlichen »Marx im Schafspelz«.[30] Das »Zeitalter der Katastrophen«, das ja auch ein Zeitalter des »realen Sozialismus« war, forderte allerdings das bürgerliche Denken heraus, sich mit den strukturellen Widersprüchen des Kapitalismus zu befassen und über Möglichkeiten der politischen Korrektur nachzudenken. Damit wurde die Frage der politischen Regulation von Wirtschaft und Gesellschaft auf die Ebene der politischen Auseinandersetzungen zwischen Kapital und Arbeit gehoben.

[29] Keynes bezeichnete die Theorien von Marx als »unlogisch, überholt, wissenschaftlich falsch und für die heutige Welt ohne Interesse oder Anwendungsmöglichkeit« (zit. nach Mattick 1973: 29).

[30] Keynes schrieb 1938 einen Brief an den US-amerikanischen Präsidenten Franklin D. Roosevelt, um dessen Politik des New Deal zu unterstützen. Er kritisierte darin u.a., dass die Ziele des New Deal im Hinblick auf den Wohnungsbau und den Ausbau der öffentlichen Infrastruktur zu wenig ambitioniert seien. Er riet »zu massiven Investitionen in den Wohnungsbau und gibt zur Eisenbahn den Rat: ›Verstaatlichen Sie sie, wenn die Zeit dafür reif ist‹ und spricht sich für öffentliches Eigentum an allen Versorgungsunternehmen aus. Keynes bezeichnet sich in diesem Brief als jemand, der Roosevelt und dessen Politik enthusiastisch alles Gute wünscht und lobt insbesondere die Einführung des Mindestlohnes, die Begrenzung der Arbeitszeit und die Stärkung von Tarifverhandlungen.« (Lehndorff 2020: 80) Auch Roosevelt war kein »roter«, sondern ein »weißer« Revolutionär. Er bekannte: »Mein Wunsch ist, die Revolution zu verhindern ...« (ebd.: 89).

Die Erweiterung der Funktionen des Staates zog eine Veränderung im System der Staatsapparate nach sich. Neben den »klassischen« repressiven Apparaten (Polizei, Justiz und Militär) nahm die Bedeutung der integrativen und ideologischen Staatsapparate quantitativ und qualitativ zu. Der totale Staat des Faschismus hatte diese Tendenz noch einmal enorm verstärkt, aber die demokratische und sozialistische Opposition ausgeschaltet. Wenn sich der Keynesianismus auch erst in der Periode des »Golden Age of Capitalism« nach dem Zweiten Weltkrieg voll entfalten konnte, so war doch schon in den entwickelten kapitalistischen Staaten in der Zwischenkriegsperiode deutlich geworden, dass sich die marxistische Staatsanalyse nicht mehr auf jenes Modell der Beziehungen zwischen Staat und Gesellschaft beziehen konnte, das Marx z.B. in den »Frankreich-Schriften« analysiert hatte und auf das sich Lenin in »Staat und Revolution« bezog. Die Formen der Regulation wurden zu Feldern des Klassenkampfes, der damit auf der Ebene des Systems der Staatsapparate ausgetragen wurde – z.B. im Kampf um die Inhalte der Wirtschaftsregulierung oder um die kulturelle Hegemonie und die Deutungsmacht über die Geschichte. Dabei bestand der Gegensatz zwischen der sozialreformistischen Linie, die eine Politik der Klassenpartnerschaft verfolgte, und einer sozialistischen Programmatik und Politik fort, die den Kampf um Reformen auf der Ebene des Staates mit der grundsätzlichen Kritik kapitalistischer Produktions- und Eigentumsverhältnisse sowie mit einer Strategie der Transformation zum Sozialismus verbindet.

Keynes war Professor an der Universität von Cambridge, an der auch marxistische Ökonomen wie Maurice Dobb und Pietro Sraffa und der Biologe John Desmond Bernal (auch als Mitglieder der Kommunistischen Partei) tätig waren. In Frankreich wirkten bedeutende Intellektuelle, die sich zum Marxismus bzw. zur Kommunistischen Partei bekannten: z.B. der Philosoph Henri Lefebvre, der Schriftsteller Louis Aragon oder Historiker aus dem Forschungszusammenhang der »Annales«-Schule. In der kapitalistischen Welt hatten sich nach dem Ersten Weltkrieg und der Oktoberrevolution zahlreiche Wissenschaftler, Schriftsteller, Intellektuelle und Künstler der sozialistischen Bewegung angeschlossen. Viele von ihnen wurden von den Faschisten verfolgt, vertrieben und ermordet; andere nahmen z.B. während des Zweiten Weltkrieges unter deutscher Besatzung am Kampf der Résistance z.B. in Frankreich und Italien teil. Andere – wie die führenden Köpfe der »kritischen Theorie« aus dem Frankfurter Institut für Sozialforschung – hielten an den Grundbegriffen der Marxschen Kritik des Warentausches fest. Sie ergänzten die Verdinglichungsthese von Georg Lukács durch die Freudsche Psychoanalyse (»autoritäre Persönlichkeit«), um die subjektiven Dimensionen eines universellen – durch das Kapital und den Warentausch bestimmten – Herrschaftszusammenhangs zu erfassen. Frühe Sympathien für den Kommunismus verwandelten sich jedoch bald in eine Distanz zur Arbeiterbewegung und zum Sozialismus. Perry Anderson hat den Kreis der »Frankfurter« Autoren später zur Gründergeneration eines »westlichen Marxismus« gerechnet, der sich durch die Distanz gegenüber bzw. durch den Bruch mit der Politik aber auch der politischen Kultur der real existierenden Arbeiterbewegung auszeichnet (Anderson 1978). Die »Dialektik der Aufklärung« von Max Horkheimer und Theodor W. Adorno – im US-amerikanischen Exil verfasst – verteidigte die kritische Erkenntnisfähigkeit des Individuums. Bei Adorno wird die Kunst als Medium begriffen, in dem sich die Kritik am Identitätszwang des Systems als eine Möglichkeit des Nichtidentischen eröffnet. Kunst schafft allerdings keine Freiheit oder Kompensation, sondern bestenfalls die Option des Nichtidentischen. Die Mitarbeiter des Instituts haben in der Emigration zahleiche Analysen des Faschismus (unter anderem Franz Neumann: Behemoth) sowie zur Sozialpsychologie der »autoritären Persönlichkeit« (Erich Fromm, »Authoritarian Personality« von T.W. Adorno u.a.) erarbeitet. Herbert Marcuse schrieb während des Krieges im US-amerikanischen Exil unter dem Titel »Vernunft und Revolution« (1941) über den Zusammenhang zwischen der Philosophie Hegels und der Entstehung der kritischen Gesellschaftstheorie von Marx und Engels. In den praktischen Kämpfen der Zeit – bei den Projekten des »realen Sozialismus« oder beim Kampf gegen den Faschismus – haben Horkheimer und Adorno allerdings keine Rolle gespielt. Herbert Marcuse, Franz Neumann und Otto Kirchheimer u.a. dagegen arbeiteten während des Zweiten Weltkrieges für das OSS des US-amerikanischen Geheimdienstes in Washington, wo Analysen über die Kriegführung in Deutschland und die Nachkriegsentwicklung angefertigt wurden. Kritische Theorie blieb ein kulturpessimistischer Diskurs innerhalb der Bourgeoisie, der diese immer wieder an den Umschlag ihrer progressiven Ideen (Aufklärung/Erklärung der Menschenrechte/Fortschrittsdenken) in die totalitären Herrschaftsformen sowie in die Katastrophen des 20. Jahrhunderts erinnern musste. Walter Benjamin hatte in seinen »geschichtsphilosophischen Thesen« diese Dialektik mit einem Bild von Paul Klee, das Angelus Novus heißt, umschrieben: »Ein Engel ist darauf dargestellt, der aussieht, als wäre er im Begriff, sich von etwas zu entfernen, worauf er starrt. Seine Augen sind aufgerissen, sein Mund steht offen, und seine Flügel sind ausgespannt. Der Engel der Geschichte muss so aussehen. Er hat das Antlitz der Vergangenheit zugewendet.« Der Engel wird von einem Sturm, der »vom Paradiese her … weht«, angetrieben. Dieser »treibt ihn unaufhaltsam in die Zukunft, der er den Rücken kehrt, während der Trümmerhaufen vor ihm zum Himmel wächst. Das, was wir den Fortschritt nennen, ist dieser Sturm.« (Benjamin 1965: 84f.)

Der Gegensatz könnte größer nicht sein. Max Horkheimer zog im Juni 1941 von New York in seine Villa in Pacific Palisades im sonnigen Kalifornien, in der Nähe von Hollywood. Dort arbeitete er mit Adorno an der »Dialektik der Aufklärung« (Wiggershaus 2013: 142ff.).[31] Mao Zedong lebte 1937 in den Höhlen des Lössgebirges von Yenan im Norden Chinas, wo sich die Rote Armee nach dem extrem verlustreichen und kraftzehrenden »langen Marsch« neu formierte. Dort verfasste er u.a. zwei philosophische Artikel, die die marxistischen Grundlagen der Politik der KP Chinas unter seiner Führung klären und zugleich als Material für die Schulung der Partei- und Armeekader dienen sollten: »Über die Praxis« (Juli 1937) und »Über den Widerspruch« (August 1937). Die beiden Texte wurden von Mao in den ersten Band seiner »Ausgewählten Schriften« aufgenommen, der im Jahr 1952 erschien. Mao bezieht sich auf Marx (den er freilich selten zitiert); offenbar hat er Lenins »Philosophische Hefte«, darin die Konspekte zur Hegelschen Philosophie, gründlich studiert. Er übernahm die in der Sowjetunion geläufige Unterscheidung zwischen Historischem Materialismus (Histomat) und dialektischem Materialismus (Diamat) als geschichtsphilosophische und erkenntnistheoretische Säulen des Marxschen Denkens. Die Kritik der politischen Ökonomie, die sich bei Marx im »Kapital« auf die entwickelte kapitalistische Produktionsweise bezieht, steht dabei am Rande. Mao übernahm vielmehr Stalins Definition des Marxismus-Leninismus, der für das 20. Jahrhundert mit der Imperialismustheorie Lenins und mit den Erfahrungen der Russischen Revolution die Perspektive des Sozialismus an der Peripherie des kapitalistischen Weltsystems eröffnet habe. Mao variierte die 11. Feuerbachthese von Marx: »Die marxistische Philosophie ist der Ansicht, dass die wichtigste Frage nicht darin besteht, die Gesetzmäßigkeiten der objektiven Welt zu verstehen, um die Welt interpretieren zu können, sondern darin, die Erkenntnis dieser objektiven Gesetzmäßigkeiten auszunutzen, um die Welt aktiv umzugestalten.« Auch darin folgt er der These von Lenin: »Ohne revolutionäre Theorie kann es auch keine revolutionäre Praxis geben.« (Mao 1968: 358) Die Theorie entwickele sich im Begreifen der objektiven Widersprüche und Kämpfe in der Gesellschaft. Sie müsse immer wieder neu – im Begreifen solcher Widerspruchskonstellationen und der Einheit von Erkennen und Handeln im Klassenkampf – angegangen werden; denn immer wieder entstehe ein »Riss zwischen dem Subjektiven und dem Objektiven« (ebd.: 362). In beiden Texten ist die Kategorie des Widerspruchs – auf der Ebene der Erkenntnis- wie der Handlungstheorie – zentral: »Jeder Prozess, ob in Natur oder Gesellschaft, schreitet infolge der inneren Widersprüche und des inneren Kampfes weiter fort und entwickelt sich, und die Bewegung der mensch-

[31] Bertolt Brecht, der in ihrer Nähe wohnte, hat aus den Begegnungen mit den beiden (und Friedrich Pollock) Inspirationen für seinen unvollendeten »Tui-Roman« gewonnen. »Tui« – das ist bei Brecht die Abkürzung für »Tellekt-Uell-In«. Tuis sind für ihn alle jene intellektuellen »Speichellecker«, »Bemäntler« und »Weißwäscher«, die »Meinungen für den kleinen Mann« verkaufen: »Eine Meinung über die politische Lage gefällig? Es kostet nur drei Yen und geht im Stehen.«

lichen Erkenntnis muss, ihm folgend, ebenfalls weiter fortschreiten und sich entwickeln.« (Ebd.: 361) Für die revolutionäre Praxis bedeute das: Die revolutionären Aufgaben müssen mit der beständigen Veränderung der objektiven Bedingungen und Konstellationen in Übereinstimmung gebracht werden: »In einer revolutionären Periode ändert sich die Lage sehr schnell und wenn die Erkenntnis der Revolutionäre mit diesen raschen Veränderungen nicht Schritt hält, werden sie die Revolution nicht zum Sieg führen können.« (Ebd.: 361)

In der Kommunistischen Partei kommt es »zur Gegenüberstellung und zum Kampf verschiedener Ansichten und das ist eine Widerspiegelung der in der Gesellschaft vorhandenen Widersprüche zwischen den Klassen, zwischen dem Alten und dem Neuen in der Partei. Gäbe es in der Partei keine Widersprüche und keinen ideologischen Kampf zur Lösung dieser Widersprüche, dann würde das Leben der Partei aufhören.« (Ebd.: 373) Die Widersprüche in der Partei sind mit der »Methode der Kritik und Selbstkritik zu lösen«. Mao erwähnt die Ausschaltung und Liquidierung der Kritiker Stalins in der KPdSU mit keinem Wort; die Sprache des »Kurzen Lehrgangs« (der etwa um die gleiche Zeit erscheint) ist ihm allerdings fremd. Zusammenfassend zitiert er Lenin – nachdem er die verschiedenen Arten von Widersprüchen (Haupt- und Nebenwidersprüche, antagonistische und nicht-antagonistische Widersprüche) abgehandelt hat: »Antagonismus und Widerspruch sind durchaus nicht dasselbe. Das erstere verschwindet, das zweite bleibt im Sozialismus.« (Ebd.: 405) Um die Komplexität dieser Widerspruchskonstellationen und ihrer Bewegungsformen zu erfassen, bedarf es einer sich stets erneuernden konkreten Analyse. Ohne diese »ist es unmöglich, die Besonderheiten irgendeines Widerspruchs zu erkennen. Wir müssen immer an die Worte Lenins denken: konkrete Analyse einer konkreten Situation.« (Ebd.: 385) Die »Dogmatiker« dagegen sind »faule Kerle, die jede mühselige Forschungsarbeit an konkreten Fragen ablehnen; sie betrachten die allgemeinen Wahrheiten als etwas vom Himmel Gefallenes …« (ebd.: 377).

Die Texte von Mao zeugen – indem sie die Analyse der Widersprüche und den Zusammenhang von Theorie und Praxis in den Mittelpunkt rücken – von der Lebendigkeit eines philosophischen und politisch-strategischen Denkens, das auch die Schriften von Lenin auszeichnete. Erst im Zusammenhang des späteren Personenkultes um Mao und die Reduktion seiner Schriften auf einzelne Lehrsätze (»Mao-Bibel«) musste diese »sich stets erneuernde konkrete Analyse« deutlich eingeschränkt werden. Allerdings war die von Mao initiierte »Kulturrevolution« der 1960er Jahre, die vor allem die Jugend aufrief, die Parteizentralen (das »Hauptquartier«) zu stürmen, um der Verfestigung bürokratischer Herrschaft im Sozialismus entgegenzuwirken, von der Überzeugung geleitet, dass die Entwicklung des Sozialismus einen permanenten Prozess der Auseinandersetzung mit den Widersprüchen bedeutet, die in der Partei ausgetragen werden müssen. Insofern wurde im Zusammenhang der chinesischen Kulturrevolution auch gelegentlich an Leo Trotzkis These von der »permanenten Revolution« erinnert, in der das Proletariat die Herrschaft der Partei-und Staatsbürokratie beenden müsse.[32] Hier wurden jedoch die Differenzen zur Entwicklung in der Sowjetunion unter Stalin und seinen Nachfolgern besonders deutlich. Die chinesische Revolution stützte sich – nicht nur in den befreiten Gebieten – auf die Bauern. Nach 1949 ist es Mao und der Partei gelungen, auch mit der Gründung der Volkskommunen und der Politik des Großen Sprungs nach vorne diesen Rückhalt zu erhalten, während die Sowjetunion bis zu ihrem Ende unter den – ökonomischen und politischen – Folgen der gewaltsamen Kollektivierung der Landwirtschaft in den frühen 1930er Jahren litt. Darüber hinaus waren die großen Kampagnen, um die inneren Entwicklungswidersprüche des Sozialismus in China zu bearbeiten (Aufbau der Industrie, oder die Kulturrevolution der 1960er Jahre) immer auch mit der Mobilisierung der Masseninitiativen von unten verbunden, über die die Ziele erreicht und die Widerstände überwunden werden sollten.

Dabei spielten selbstverständlich immer auch harte Machtkämpfe innerhalb der Partei und ihrer Führung eine wichtige Rolle – und die Verklärung dieses revolutionären Voluntarismus übersah oftmals die enormen Leiden und Verluste, die die Volksmassen zu tragen hatten. Die Stagnation und Lethargie, der die Sowjetunion immer mehr verfiel (Lauterbach 2016), war zunächst ein Ergebnis der Widersprüche, die mit den stagnativen Tendenzen im ökonomischen System der Staatsbetriebe und der zentralen staatlichen Planung verbunden waren. Sie waren aber auch noch Ergebnis jener Folgen des Staatsterrors der 1930er Jahre und danach der Unterdrückung aller Debatten über die Widersprüche der sozialistischen Entwicklung, die in die Lager des Gulags oder in die Illegalität der Dissidentenszene abgedrängt wurden. Mit der gewaltsamen Unterdrückung des »Prager Frühlings« im August 1968 wurde dann die vielleicht letzte Chance vergeben, Prozesse der inneren Reformen in den sozialistischen Staaten einzuleiten. Offene Debatten über die Widersprüche der sozialistischen Entwicklung und über deren Lösung wurden systematisch unterdrückt bzw. nach kurzer Dauer administrativ abgebrochen. In China dagegen entwickelte sich in den Auseinandersetzungen um die Nachfolge von Mao unter der Führung von Deng Xiaoping, einem der engsten Gefährten Maos in der Führung der Partei seit den 1920er Jahren, eine enorme Kraftentfaltung für eine Politik der Reformen, die offenbar von einer großen Massenbegeisterung – vor allem auch auf dem

[32] Die Anhänger von Leo Trotzki haben freilich nie auf ihre Grundsatzkritik an der Politik und Ideologie von Mao verzichtet. Sie betrachten die chinesische Revolution als eine »Bauernrevolution«, was sowohl deren voluntaristische Elemente als auch die Diktatur von Mao und der Partei über die chinesische Arbeiterklasse begründe.

Lande – getragen wurde und die China innerhalb von 25 Jahre ökonomisch und sozial vollständig veränderte. Damit wurde für das 21. Jahrhundert die Frage nach der Rolle der VR Chinas – als sich selbst so bezeichnender sozialistischer Staat, der eine »sozialistische Marktwirtschaft« steuert – sowie als Weltmacht, gegen die sich das niedergehende »American Empire« auf einen Krieg vorbereitet (Solty 2020), praktisch gestellt. Um die Differenzen zwischen dem Niedergang der Sowjetunion und dem Aufstieg der VR China zu begreifen, scheint es daher notwendig, noch einmal an den Ausgangspunkt in den Höhlen von Yenan zurückzukehren.

Ambivalenzen des realen Sozialismus im Zeitalter der Katastrophen

Die Jahre zwischen dem Beginn des Ersten und dem Ende des Zweiten Weltkrieges (1914–1945) gelten als das »Zeitalter der Katastrophen« (Hobsbawm) oder als der »Dreißigjährige Krieg« (Barth 2016) des 20. Jahrhunderts. Der europäische Kapitalismus und mit ihm die bürgerliche Ordnung sowie das entsprechende Weltbild, die im 19. Jahrhundert – nicht nur ökonomisch, sondern auch technisch und kulturell – ihre Blüte erlebt hatten, wurden von den Katastrophen der beiden Weltkriege, von der Weltwirtschaftskrise nach 1929 und schließlich – in einigen Ländern – von den totalitären Regimen des Faschismus erschüttert.

Auch in den Siegerstaaten Großbritannien und Frankreich, die dem Deutschen Reich in Versailles harte Bedingungen diktiert hatten, dominierten in der Zwischenkriegszeit die Anzeichen des Niedergangs, der politischen Instabilität und der Stagnation: Sozialökonomische Krisen, die Intensivierung von Klassenkämpfen, die Anfänge antikolonialer Befreiungsbewegungen und eine Kultur, die von Selbstzweifeln der Bourgeoise an den Leitideen der bürgerlichen Ordnung – Fortschritt und Vernunft – gekennzeichnet waren. Gleichzeitig kämpften die alten, mit den spätfeudalen Formen absolutistischer Herrschaft verbundenen Eliten (z.B. im Militär und im Staatsapparat), gestützt auf die Interessen der Großagrarier oder der Kolonialverwaltungen gegen den Aufstieg von Demokratie, Sozialismus und Selbstbestimmung. Die Prognosen marxistischer Theoretiker aus der Zeit vor 1914 schienen sich zu bestätigen: Der Kapitalismus war offenbar in seinem »letzten« oder »allerletzten« Stadium angekommen.

In der Oktoberrevolution und mit dem Sieg der Bolschewiki hatte der Übergang in eine neue Epoche mit dem Aufbau einer sozialistischen Ordnung (in Wirtschaft, Gesellschaft und Politik) jenseits des kapitalistischen Privateigentums an den Produktionsmitteln und der Freiheit der Märkte begonnen. Die Theoretiker der Kommunistischen Internationale sprachen ab dem Ende der 1920er Jahre von der »Todeskrise« des Kapitalismus und erwarteten einen neuen Aufschwung revolutionärer Umwälzungen in den Zentren der kapitalistischen Welt des Westens. Die »Völker des Ostens« waren in Bewegung geraten.[33] Sozialismus war nicht mehr das ferne Ziel, sondern in einigen Ländern Aufgabe politischer und gesellschaftlicher Praxis – nicht nur in der Sowjetunion, sondern auch dort, wo Sozialdemokraten und Sozialisten auf der kommunalen Ebene wie auf der zentralstaatlichen Ebene die Macht ausübten bzw. an der Ausübung der Macht beteiligt waren. Dennoch war die kommunistische Revolution im Westen nach dem Ende des Ersten Weltkrieges und der Oktoberrevolution 1917 gescheitert.

Gleichzeitig hatte sich in den USA ein äußerst dynamisches Kapitalismusmodell entwickelt, das mit der Massenproduktion von Automobilen im Zentrum sowie mit einem schon global mächtigen Banken- und Finanzsektor (»Wall Street«) den europäischen Konkurrenten überlegen war (Arrighi 1994; Panitch/Gindin 2012). Die Aufstiegsphase des »Fordismus«, der in der Weltwirtschaftskrise ebenfalls schwer getroffen wurde, war immer wieder von heftigen Klassenkämpfen, von Ansätzen sozialistischer Bewegungen und Organisationen begleitet (Sunkara 2019: 159ff.). Die Spezifika der Einwanderergesellschaft und die Wirkungen des Rassismus blockierten allerdings immer wieder die Herausbildung von Klassensolidarität. Der Konsumkapitalismus versprach – kombiniert mit der ideologischen Macht der »Kulturindustrien« – der Arbeiterklasse ein gehobenes Lebensideal der Mittelklassen.[34] Der »Fordismus« hatte auch Grundannahmen der alten Imperialismusanalysen vor 1917 (die sich auf den europäischen Kapitalismus bezogen) widerlegt. Diese waren davon ausgegangen, dass der Kapitalismus expandieren muss, weil im Inneren der Kapitalakkumulation Grenzen gesetzt sind, und weil er die Löhne und das Konsumniveau der Arbeiterklasse nach unten drückt. Der »American Dream« versprach jedoch sozialen Aufstieg und Sicherheit als Ergebnis von harter Arbeit und Glauben! Gleichzeitig wurde mit äußerster Härte und Gewalt gegen sozialistische Bestrebungen – sowohl in den Betrieben als auch auf dem Feld der Politik – vorgegangen. Immer wieder erlebten

[33] Dazu gehörte allerdings nicht allein die Revolution in China, sondern auch der Aufstieg Japans als autoritär geführter Industriestaat seit der sogenannten »Meiji-Restauration« in den letzten Jahrzehnten des 19. Jahrhunderts. Die japanische Militärmacht siegte im Krieg gegen Russland (1904/5), eroberte 1911 Korea als Kolonie und eröffnete schließlich im Jahr 1931 mit dem Überfall auf die Mandschurei den Zweiten Weltkrieg.

[34] Deutsche Gewerkschafter, die in den 1920er Jahren die USA besuchten, waren beeindruckt von den Löhnen, die die Arbeiter bei Ford und anderen Großbetrieben erhielten und ihnen einen gehobenen Lebensstandard ermöglichten. Das Motto von Henry Ford, dass die Arbeiter, die das Auto am Fließband montieren, auch dieses Auto kaufen können müssten, musste in Europa »revolutionär« wirken. Henry Ford war gleichzeitig ein Bewunderer von Adolf Hitler und ein fanatischer Antisemit. Sozialistische oder gar kommunistische Bestrebungen seiner Arbeiter wurden brutal unterdrückt. Fritz Tarnow – Vorsitzender des Deutschen Textilarbeiterverbandes – schrieb ein Buch mit dem Titel »Warum arm sein?« (1928) und bezog sich dabei auf den »Fordismus«. 1932 hielt er vor dem Parteitag der SPD in Leipzig eine berühmte Rede, in der er seine Partei aufforderte, die Rolle als »Arzt am Krankenbett des Kapitalismus« zu akzeptieren.

die USA sogenannte Wellen der Angst vor den »Roten« und dem Bolschewismus (»red scare«), die von der Regierung, den Kirchen, dem Mediensektor usw. geschürt wurden. In der europäischen Arbeiterbewegung gab es immer wieder Solidaritätskundgebungen für die Opfer solcher Kampagnen und Hetzjagden (Sacco und Vanzetti, das Ehepaar Rosenberg). Erst in den 1930er Jahren – im Zeichen der Politik des New Deal unter Präsident Roosevelt – stabilisierten sich Organisationen der Arbeiterbewegung, die sich zu Zielen des Sozialismus bekannten (Lehndorff 2020: 56ff.).

Mit dem Eintritt in das Zeitalter des »realen Sozialismus« veränderten sich allerdings auch die Herrschaftsformen und -strategien der Bourgeoisie. Auf der einen Seite gab es Ansätze zu einer Politik des Sozialliberalismus, die auf ein Bündnis mit der Sozialdemokratie setzten. Das war mit der Bereitschaft verbunden, Forderungen der Arbeiterbewegung vor allem im Bereich der Anerkennung der Gewerkschaften und der sozialen Sicherungssysteme zu akzeptieren. In Großbritannien z.B. gehörten schon vor der Gründung der Labour Party (1900) Vertreter der Gewerkschaften der Parlamentsfraktion der Liberalen Partei an, die sich für einzelne Sozialreformen einsetzte. In den Arbeiten von John Maynard Keynes und Lord Beveridge setzen sich solche Verbindungen später fort. In der Folge der Weltwirtschaftskrise kam es allerdings nur in den USA (»New Deal«) zu Alternativen der Beschäftigungs- und Sozialpolitik. In weiten Teilen Europas dominierte die »harte Linie« der Gegenrevolution zur Abwehr von Bolschewismus und Sozialismus: von den direkten Interventionen gegen die Rätebewegungen am Ende des Krieges über die bewaffneten Interventionen in Sowjetrussland bis hin zu den faschistischen Regimen, die im eigenen Lande die politische und gewerkschaftliche Linke gewaltsam unterdrückten. Im Spanischen Bürgerkrieg der 30er Jahre wurden der Sieg Francos und die Niederlage jener Kräfte, die die Republik und den Sozialismus unterstützten, als ein Triumph dieser Gegenrevolution gefeiert, der sich dann im Jahr 1941 im Überfall der deutschen Wehrmacht auf die Sowjetunion vollenden sollte. Angesichts der Barbarei des Zweiten Weltkrieges und der Bedeutung der Sowjetunion für den militärischen Sieg über den deutschen Faschismus sollten sich dann aber die Fragen des »realen Sozialismus« für die Zeit nach 1945 ganz neu stellen.

Die Kraft und das Selbstbewusstsein der sozialistischen Bewegung beruhte am Anfang des Jahrhunderts auf einem – national unterschiedlich verlaufenden – erfolgreichen Prozess der Klassenformierung, in dem das industrielle Proletariat nicht nur gegen Ausbeutung und politische Unterdrückung bzw. Ausgrenzung kämpfte, sondern im Klassenkampf (mit eigenen Aktionsformen: von den betrieblichen und sektoralen Streiks bis zu nationalen Massenaktionen und Generalstreiks) auf das Kräfteverhältnis zwischen Kapital und Arbeit einwirkte. Die Klasse, so artikulierten es ihre Sprecher, war sich ihrer Rolle als Produzentin des gesellschaftlichen Reichtums bewusst.

Die Erfolge im Klassenkampf fanden (in einem weiteren Schritt) auf der politischen Ebene in den Organisations- und Wahlerfolgen der Arbeiterparteien und der Gewerkschaften ihren Ausdruck. Die »historische Mission« der Arbeiterklasse wurde aus ihrer gesellschaftlichen und politischen Kraft abgeleitet. Diese war aber auch auf die Zukunft gerichtet: gesellschaftliche Arbeit und Solidarität waren als Prinzipien einer neuen Ordnung bewusst, die über den Kapitalismus – über Ausbeutung, Konkurrenz und die Willkür der Märkte – hinauswiesen. Gramsci sprach von der Herausbildung eines »neuen Kollektivwillens«, der notwendig ist, um »gesellschaftliche Aufgaben« zu lösen. Die Arbeit der Parteien im politischen Feld ist nur ein Aspekt des Klassenkampfes – entscheidend bleibt die Dynamik der Klassenkämpfe auf der Ebene der Gesellschaft. Der Antagonismus von Lohnarbeit und Kapital bleibt der entscheidende Bezugspunkt für die Sozialismusperspektive, wobei schon früh begriffen war, dass der »Grundwiderspruch« ein Terrain des Kampfes definiert, auf dem stets verschiedene Widerspruchskonstellationen miteinander vermittelt werden müssen: Regionale Unterschiede, Zentrum – Peripherie, unterschiedliche Interessen von verschiedenen Fraktionen der Arbeiterklasse, Herrschaftsformen, aber auch Geschlechterverhältnisse und patriarchale Herrschaftsformen, die formations- und klassenübergreifend wirken. Mit der Fixierung auf den »Hauptwiderspruch« ging oftmals die Unfähigkeit einher, die Komplexität und Stabilität bürgerlich-kapitalistischer Herrschaftsverhältnisse – auch in den Alltagswelten und -kulturen – zu begreifen. In den Krisen der bürgerlich-kapitalistischen Gesellschaften – so wurde immer wieder angenommen – wirkt langfristig eine historische Tendenz zur Polarisierung und Radikalisierung. Am Horizont standen stets die dramatischen Bilder der proletarischen Revolution als Akt der Befreiung!

Die bedeutenden Theoretiker der Arbeiterbewegung in der Nachfolge von Marx und Engels haben daher die Arbeiterklasse in diesem Sinne stets als ein geschichtswirksames, kollektives Handlungssubjekt begriffen. Rosa Luxemburg z.B. war stets davon überzeugt, dass die Dynamik in den Klassenkämpfen und Massenaktionen der Arbeiterklasse die extrem reformistischen Positionen der »Gewerkschaftsbeamten« (und der Rechten in der Partei) überwinden wird. In der Rätebewegung am Ende des Krieges z.B. waren diese Vorstellungen weit verbreitet. Allerdings zeigte sich mit dem Übergang zum Zeitalter der Katastrophen und des »realen Sozialismus«, dass der Zusammenhang zwischen Klassenkampf und Klassenpolitik doch sehr viel komplizierter war, als es die frühen – vom geschichtsphilosophischen Optimismus geprägten – Thesen der »Klassiker« suggeriert hatten. Auf der politischen Ebene hatte der Prozess der Klassenformierung die Arbeiterparteien der II. Internationale gespalten. Verschiedene Versuche, die politische Einheit – sei's in einer Partei, sei's in einer Einheitsfront proletarischer Parteien – wiederherzustellen, waren nur von kurzer Dauer. In den entwickelten kapitalistischen Staaten bestand die Spaltung zwischen Reformern und Revolutionären, zwischen Sozialdemokraten und Kommunisten fort und wirkte auf die Klasse selbst sowie auf die Durchsetzungsbedingungen sozialistischer Politik zurück. Die Kraft der Klassenaktion selbst – z.B. Streikbewegungen, vor allem aber auch politische Streiks z.B. gegen den Faschismus – waren von Anfang an geschwächt, wenn die Repräsentanten der beiden Richtungen solche Aktionen unterschiedlich oder sogar gegensätzlich bewerteten.

Dazu deuteten sich im neuen Jahrhundert Differenzierungen in der inneren Struktur und Zusammensetzung der Arbeiterklasse an, die das politische Profil der Klasse beeinflussten. Die Zahl der Industriearbeiter (im Bergbau, in der Eisen- und Stahl-, Chemie- und Elektroindustrie, Metallverarbeitung, Textilindustrie, Bauwirtschaft) war im Gefolge der Industrialisierung angestiegen. Allerdings bildeten sie keine Mehrheit, sondern den Kern einer Arbeiterklasse, zu der Lohnabhängige im Handwerk und im Dienstleistungssektor, als Staatsbedienstete oder als Landarbeiter gehörten. Die agrarischen Arbeits- und Lebensverhältnisse außerhalb der großen Industriezentren bildeten z.B. in Deutschland auch nach dem Ersten Weltkrieg das Reservoir für die starken Positionen konservativer, christlicher und faschistischer Parteien. Die verschiedenen Fraktionen der Arbeiterklasse in einen »linken Block« (mit lohnabhängigen Mittelschichten, Landbevölkerung und intellektuellen) zu integrieren, erwies sich angesichts der Kriegsgefahr und der neuen nationalistischen und antisozialistischen Massenbewegungen von rechts als eine ebenso wichtige wie schwierige Aufgabe. Darüber hinaus nahm die Zahl der Büroarbeiterinnen vor allem im privaten und öffentlichen Dienstleistungssektor, aber auch in der Industrie kontinuierlich zu. Die »Angestellten« (»white-collar-workers«) sollten in den hoch entwickelten kapitalistischen Gesellschaften im Laufe des Jahrhunderts zur zahlreichsten Fraktion der Lohnabhängigen werden. Die im 19. Jahrhundert entstandenen Arbeiterbewegungen des industriellen Kapitalismus taten sich schwer, sie gewerkschaftlich zu organisieren bzw. parteipolitisch zu mobilisieren. Der »Proletkult« stieß jene Angestellten ab, die sich als Teil eines Mittelstandes fühlten, der in der Klassenhierarchie über den Arbeitern steht (»Stehkragenproletariat«), aber in der Weltwirtschaftskrise auch von massiver Arbeitslosigkeit betroffen war.

Der Soziologe Theodor Geiger hatte in seiner Studie über »Die soziale Schichtung des deutschen Volkes« im Jahr 1932 sowohl das Wachstum dieser Schichten, als auch deren innere Differenzierung und Hierarchie (von Leitungspositionen im Management bis hin zu den einfachen Bürotätigkeiten und Hilfsjobs im Bereich des Einzelhandels, der Gastronomie und des Hotelwesens) analysiert. Gleichzeitig machte er darauf aufmerksam, dass – vor allem als Folge der Weltwirtschaftskrise und der Massenarbeitslosigkeit – auch unter diesen Gruppen der Lohnabhängigen die faschistischen Bewegungen mehr Anhänger rekrutieren als der radikale linksozialistische und kommunistische Flügel.

Während die Prozesse der inneren Differenzierung und Spaltung der Klasse die Formierung eines kollektiven Willens erschwerten, hatte sich nach dem Ersten Weltkrieg im politischen Feld die Spaltung und Konfrontation zwischen den Parteien und Organisationen der Sozialdemokratie und den Kommunisten verfestigt. SPD und KPD waren noch überwiegend Arbeiterparteien. Der Kampf steigerte sich bis zum offenen Hass und wirkte in die Klasse zurück, wo sich z.B. sozialdemokratische Facharbeiter (als »Arbeiteraristokraten« apostrophiert) und »kommunistische Dauerarbeitslose« (als »Lumpenproletariat«) nach 1929 gegenüberstanden. Das führte zu einer Blockierung der Formierung und praktischen Artikulation eines kollektiven Willens in der Auseinandersetzung mit Kapitalismus und Faschismus. Die Niederlage der so selbstbewusst in das Jahrhundert eingetretenen deutschen Arbeiterbewegung im Jahr 1933 war eine der Konsequenzen dieser Spaltung, die noch lange nach 1945 – auch bis über das Ende der DDR hinaus – fortwirkte, auch wenn es immer wieder Ansätze zur Aktionseinheit punktuell gab.

Die Kämpfe der Parteien um die politische Macht wurden im Namen der Klasse – gleichsam stellvertretend – geführt. Dabei haben schon die Ansätze des realen Sozialismus in dieser Epoche deutlich werden lassen, dass sich ganz verschiedene Gewichtungen herausbildeten, die einerseits den jeweiligen Bedingungen des Kampfes für den Sozialismus entsprachen, aber andererseits mit der Aufwertung der staatlichen Macht die jeweiligen Sozialismuskonzepte stark veränderten.

- Das sozialdemokratische Modell beruhte in den entwickelten kapitalistischen Gesellschaften Europas nach dem Ersten Weltkrieg auf der Ablehnung der gewaltsamen Revolution, der Anerkennung der parlamentarischen Demokratie und der damit verbundenen Anerkennung der kapitalistischen Eigentumsverhältnisse. Im Verfassungskompromiss (als Klassenkompromiss) sollten neben der Anerkennung des Privateigentums soziale Grundrechte im Interesse der Arbeiterklasse verankert werden. Durch die Politik schrittweiser Reformen im Parlament sollten dann Elemente der Sozialstaatlichkeit und der Wirtschaftsdemokratie durchgesetzt werden. Die Klasse musste deshalb für Mehrheiten der Sozialdemokratie in den Parlamenten mobilisiert werden. Allerdings führte deren Bereitschaft zur Bildung von Regierungskoalitionen mit bürgerlichen Parteien immer wieder dazu, dass wesentliche Bestandteile ihres Reformprogramms aufgegeben wurden. Während sich die Partei in der Gründungsperiode als Organ des Klassenkampfes verstand, wirkte sie nun überwiegend als Transmissionsriemen für die Unterstützung der Regierungspolitik in der Arbeiterklasse. In der Zwischenkriegsperiode wurden die Illusionen dieses Weges zum Sozialismus allerdings durch die kapitalistische Weltwirtschaftskrise und den Aufstieg und Sieg des Faschismus offengelegt.[35]

- Das bolschewistische Modell wurde in der Oktoberrevolution von einer nur gering entwickelten Arbeiterklasse in den Großstädten getragen. Es war auf die Eroberung der Staatsmacht und die Errichtung der Diktatur des Proletariats, ab 1924 auf den Aufbau des Sozialismus »in einem Lande« ausgerichtet. Die Diktatur verfestigte sich im Bürgerkrieg und mit der Abwehr der Gegenrevolution bis zum Ende des Zweiten Weltkrieges. Gleichzeitig war die Staatsmacht für die Industrialisierung und den Aufbau einer sozialistischen Wirtschaft (einschließlich der Kollektivierung der Landwirtschaft) verantwortlich. Die Arbeiterklasse der Sowjetunion entstand erst in der Folge dieser Politik. Sie war durch Partei und Staat ständig zu höheren Leistungen aufgerufen und einem strengen quasi-militärischen Regime der Arbeitsdisziplin und der politischen Kontrolle unterworfen (verbunden mit dem System der Zwangsarbeit in den Lagern des »Gulag«). Die Partei (wie die Kommunistische Internationale) wurde unter Stalin zu einem mit dem Staat verschmolzenen monolithischen Macht- und Herrschaftsapparat, der die Kritik und Debatten über Alternativen sowohl in der Partei als auch in der Zivilgesellschaft gewaltsam unterdrückte. Die Arbeiterklasse konnte von einzelnen »Errungenschaften des sozialistischen Staates« profitieren; gleichwohl war sie als eigenständige gesellschaftliche und politische Kraft demobilisiert. In den »heroischen Phasen« – bei der Verteidigung der Revolution und beim Aufbau des Sozialismus – gab es immer wieder kraftvolle Verbindungen zwischen Klasseninitiativen von unten und der »Diktatur des Proletariats« von oben. Mit der Festigung der Macht der Partei musste sich allerdings in weiten Teilen der Gesellschaft ein Klima der Furcht, der Lethargie bzw. der Gleichgültigkeit in der Arbeiterklasse ausbreiten. Damit wurden schon jene späteren Perioden antizipiert, in denen nach dem Zweiten Weltkrieg in den sozialistischen Staaten Arbeiterunruhen, Streikbewegungen bzw. Aufstände gegen das System der Parteiherrschaft gewaltsam niedergeschlagen wurden und so den endgültigen Niedergang dieses Typus des »realen Sozialismus« einleiteten.
- Das Modell der »befreiten Gebiete« in China bezog sich auf das sowjetische Vorbild, folgte aber anderen Anforderungen. Dabei spielte einerseits die Rote Armee als »Volksarmee« (und die Partei in der Armee) eine ent-

[35] Die englische Labour Party folgt bis heute einem Sonderweg. Sie war im Jahr 1900 eine Gründung der britischen Gewerkschaften, die z.T. bis heute »kollektive Mitglieder« der Partei sind. Der Einfluss der Gewerkschaften auf die Partei ist daher sehr viel größer als in anderen Ländern. Dieser Einfluss geht in der Regel mit reformistischen Positionen einher und erklärt auch, warum nach 1918 der Einfluss der Kommunisten in Großbritannien begrenzt blieb.

scheidende Rolle; dazu gehörte auch die Aufgabe der Armee als eine Institution der Erziehung und Bildung der vormals meist analphabetischen Soldaten. Andererseits war mit dem Rückzug aufs Land der bäuerliche Charakter der chinesischen Revolution vorgegeben. In den befreiten Gebieten wurde die Massenbasis der Revolution dadurch gesichert, dass vor allem mit der Landreform Forderungen der Kleinbauern und Landarbeiter berücksichtigt wurden. Ansätze der Selbstverwaltung auf der lokalen Ebene wurden praktiziert. Die Bedeutung von Mao als Parteiführer bestand vor allem darin, dass er in seinen Klassenanalysen der chinesischen Gesellschaft sowie in seinen philosophischen Abhandlungen den Prozess der Revolution als einen der Erkenntnis und der Praxis begriffen hatte, die auf die Auseinandersetzung mit den Widersprüchen gerichtet sein muss, die in diesem Prozess permanent produziert und reproduziert wurden. Auch in China steht die Partei, die sich nach der siegreichen Revolution »zum Staat macht« (Gramsci), immer in der Gefahr, die Hebel der staatlich-bürokratischen und der repressiven Macht zu nutzen, um aufkommende Widersprüche gleichsam einzuebnen bzw. zu unterdrücken. Diese Auseinandersetzung mit den Widersprüchen muss aber – so der junge Mao Zedong – immer im Zusammenhang mit einer Massenmobilisierung stattfinden, die sowohl die Machtverhältnisse in der Partei und im Staatsapparat als auch die Lösung praktischer Fragen der ökonomischen, gesellschaftlichen und politischen Entwicklung betreffen. Die Politik der KP Chinas hat sich nach dem Sieg der Revolution immer wieder – zum Teil in schweren Krisensituationen – zu dieser Politik der Anerkennung und Bearbeitung von Widersprüchen im geschichtlichen Prozess des »realen Sozialismus« bekannt.

Mit den Anfängen des »realen Sozialismus« verschiebt sich das Gewicht in der Achse Klasse – Partei – Staat zugunsten der Verbindung der Partei mit dem Staat. Die »soziale Demokratie« (der »demokratische Sozialismus«) muss über Parlamentswahlen, Mehrheitsbildungen und über den Ausbau des Sozial- und Interventionsstaates realisiert werden. Dabei bleiben jedoch die Eigentumsverhältnisse und der Charakter des kapitalistischen Staates zunächst unverändert, bis über schrittweise Transformationsprozesse ein »point of no return« bzw. ein »Kipppunkt« erreicht sei. Wirtschaftskrisen haben diese Orientierung auf das »Hineinwachsen« in den Sozialismus allerdings immer wieder als Illusion erwiesen. Im sowjetischen Modell wird die Diktatur des Proletariats nicht nur als notwendig erachtet, um die ersten Maßnahmen der Revolution (Veränderung der Eigentumsverhältnisse, Kampf gegen die Gegenrevolution) zu sichern. Gleichzeitig erzwinge die Rückständigkeit des Landes eine Entwicklungsdiktatur, die nicht nur die Industrialisierung (mit einem Schwerpunkt bei der Schwer- und den Investitionsgüterindustrien, zulasten der Konsumgüterproduktion) vorantreiben muss, sondern auch die Lebensverhältnisse durch Bildungsinstitutionen, Kultureinrichtungen,[36] Aufbau eines Gesundheitssystems, Universitäten usw. grundlegend umgestalten muss. Je mehr sich diese Diktatur zu einem System der bürokratischen Herrschaft und der Repression verselbständigt, umso mehr müssen die – von Marx, Engels und Lenin entlehnten – Prämissen über die »Zurücknahme des Staates« in die Gesellschaft durch Selbstverwaltung als Merkmal einer sozialistischen Gesellschaft aufgegeben werden. Das Regime von Partei und Staat verwandelt sich in die Herrschaft über die Klasse, in deren Namen es ausgeübt wird. Die Gründe dafür liegen einerseits im äußeren und inneren Druck der Gegenrevolution. Zum anderen dienen die ehrgeizigen Entwicklungsziele, die z.B. mit den Planvorgaben für die wirtschaftliche Entwicklung, den Lebensstandard der Menschen, die »Kulturrevolution«, aber z.B. auch mit der politischen und materiellen Unterstützung von Revolutionsbewegungen in der ganzen Welt vorgegeben werden, immer wieder als Begründung für die Notwendigkeit einer straffen zentralstaatlichen Leitung und Kontrolle. Sehr früh wird also deutlich, dass für die langfristige und stabile Entwicklung des »realen Sozialismus« die Frage entscheidend wird, über welche Mechanismen der Konfliktaustragung und des öffentlichen Diskurses die für den Sozialismus negativen Folgeerscheinungen der Diktatur von Partei und Staat überwunden werden können und müssen. Je mehr sich diese Diktatur verselbständigt, umso mehr muss die Forderung nach einer sozialistischen Demokratie auf der Basis der neuen Eigentumsordnung und der Erfolge, die mit der Diktatur des Proletariats beim Aufbau des Sozialismus erreicht wurden, von Partei und Staat als Existenzbedrohung für die herrschende Ordnung unterdrückt werden. Mit solchen Argumenten wurden z.B. in der Sowjetunion Arbeiterstreiks mit äußerster Gewalt unterdrückt und vor der Öffentlichkeit geheim gehalten. Im Prozess des Niedergangs der sozialistischen Staaten leiteten dann die großen Streikbewegungen als Ausgangspunkt für politische Reformen im sozialistischen System sowie die Repressionsmaßnahmen zu ihrer Unterdrückung (Ungarn 1956; Tschechoslowakei 1968; Polen 1980) die letzte Phase des Niedergangs dieses Typus des »realen Sozialismus« ein.

---

[36] Die DDR nach 1949 war natürlich weiterentwickelt als die Sowjetunion der 20er Jahre. Gegenüber der BRD verfügte sie allerdings über ein geringeres industrielles Potenzial. Dennoch spielte die Kultur bei den Staatsausgaben eine wichtige Rolle. Das Bühnenwesen der DDR war tief verankert im gesellschaftlichen und politischen System. Es existierten fast 70 Bühnen mit annähernd zweihundert Spielstätten, die ohne Ausnahme durch Subventionen erhalten wurden. In Relation zur Bevölkerungszahl war das mehr als in jedem anderen Land der Welt. Durch die niedrigen Eintrittspreise und das durchorganisierte System der Kartenverteilung über Betriebe, Schulen, Verbände konnten breite Bevölkerungsschichten für das Theater gewonnen werden.

2. Aufschwung und Niedergang des Sozialismus im Zeitalter der Systemkonkurrenz

1945 – das Jahr der großen Hoffnungen

Das »Zeitalter der Katastrophen« war – bezogen auf die Geschichte des Sozialismus – dadurch charakterisiert, dass die erste große Welle des Kampfes für den realen Sozialismus am Ende des Ersten Weltkrieges mit einem Erfolg an der »Peripherie« (in Russland) endete, aber in den entwickelten kapitalistischen Staaten – auch dort, wo die soziale Demokratie Fortschritte gemacht hatte – Gegenbewegungen zur Verteidigung des Kapitalismus und der bürgerlichen Herrschaftsordnung auslöste, die im Faschismus, im Spanischen Bürgerkrieg und schließlich im Krieg gegen die Sowjetunion extreme Formen der Gewalt und der Barbarei annahmen. Die Flugbahn des sozialistischen Projektes erreichte erst nach dem Ende des Zweiten Weltkrieges und dem Sieg der Alliierten über den deutschen Faschismus in Europa sowie über den japanischen Imperialismus in Asien ihren höchsten Punkt.

Die Sowjetunion hatte durch den Krieg gewaltige Verluste erlitten. Weite Teile des Landes waren verwüstet. Die Zahl der Kriegstoten wird auf ca. 26 Millionen geschätzt.[37] Mit dem Sieg der Anti-Hitler-Koalition war die UdSSR – neben den USA – in die Position einer Weltmacht aufgestiegen. Sie sollte von nun an einen entscheidenden Einfluss auf die zukünftige Entwicklung auf dem Gebiet des ehemaligen Deutschen Reiches und auf die Staaten Mittel- und Osteuropas ausüben. Die sowjetische Führung hatte zunächst nicht die Absicht, ihr Sozialismusmodell auf diesen Raum zu übertragen. Ihr Hauptinteresse war auf die Bewältigung der Kriegsschäden und auf die weitere Entwicklung des eigenen Landes sowie auf eine internationale Friedensordnung gerichtet. Die »Volksdemokratien« sollten in erster Linie die Sicherheitsinteressen der Sowjetunion vor einem neuen Angriff aus dem Westen schützen, gleichzeitig aber eigenständig über ihre sozioökonomische und politische Ordnung entscheiden können. Dabei sollten sich die starken sozialistischen/sozialdemokratischen und kommunistischen Parteien und Regierungen der befreiten Staaten für eine »antifaschistisch-demokratische« Neuordnung« von Wirtschaft, Gesellschaft und Staat sowie für eine internationale Friedensordnung einsetzen. Die kommunistische Bewegung vertrat, anders als in den Jahren 1917–1923, nicht Lenins Konzept der Machtergreifung im Zuge eines bewaffneten Aufstandes, sondern unterstützte die Positionen der Sowjetunion hinsichtlich der antifaschistischen und demokratischen Neuordnung im Rahmen von breiten politischen Re-

[37] Darunter 11,4 Millionen Soldaten, von denen 8,4 Millionen durch die Kampfhandlungen und drei Millionen in deutscher Kriegsgefangenschaft starben; den größten Anteil der sowjetischen Opfer bildeten aber etwa 15,2 Millionen getötete Zivilisten.

gierungsbündnissen.[38] Das Programm der Neuordnung enthielt wesentliche Forderungen und Ziele aus den Programmen des Sozialismus: weitreichende Sozialisierungsmaßnahmen im Bereich der Grundstoff- und Schwerindustrien, der Banken, Aufbau von Infrastruktur, Sozialstaatlichkeit und Wirtschaftsdemokratie. Im besetzten Deutschland vertrat z.B. die SPD unter ihrem Vorsitzenden Kurt Schumacher radikalere Positionen hinsichtlich des Kampfes um den unmittelbar bevorstehenden Sozialismus als die Vertreter der KPD. Das ZK der KP Deutschlands veröffentlichte im Juli 1945 einen »Aufruf ... an das deutsche Volk«. Aufgrund der »Lehren aus der Vergangenheit«, so die zentrale Botschaft, »muss ... ein ganz neuer Weg beschritten werden«: »Mit der Vernichtung des Hitlerismus gilt es gleichzeitig die Sache der Demokratisierung Deutschlands, die Sache der bürgerlich-demokratischen Umbildung, die 1848 begonnen wurde, zu Ende zu führen, die feudalen Überreste völlig zu beseitigen und den reaktionären altpreußischen Militarismus mit all seinen ökonomischen und politischen Ablegern zu vernichten. Wir sind der Auffassung, dass der Weg, Deutschland das Sowjetsystem aufzuzwingen, falsch wäre, denn dieser Weg entspricht nicht den gegenwärtigen Entwicklungsbedingungen in Deutschland.« Die KPD unterstützte damit den »Weg der Aufrichtung eines antifaschistischen, demokratischen Regimes, einer parlamentarisch-demokratischen Republik mit allen demokratischen Rechten und Freiheiten für das Volk« (Dokumente der KPD 1965: 5).

Donald Sassoon (1996: 93) zufolge hielten sich die Kommunisten bei der Frage, wie nach dem Krieg die Gesellschaften neu geordnet werden sollten, zunächst zurück. Gleichwohl gab es für sie keinen Zweifel: »Die Zukunft war mit dem Sozialismus verbunden. Faschismus und Nazismus waren der nackte Ausdruck kapitalistischer Gewalt gewesen. Zu ihrer Vernichtung hatte das Mutterland des Sozialismus, die UdSSR, einen entscheidenden und nicht infrage zu stellenden Beitrag geleistet. Zwischen 1945 und 1946 befand sich das Prestige der Sowjetunion auf seinem höchsten Punkt. Planung und

[38] Über die Gründe dafür wurde schon früh und viel gestritten. Die Anhänger linksradikaler Positionen vertraten die Ansicht, dass hier die Interessen der Sowjetunion an erster Stelle standen. Sie musste zunächst das zerstörte Land wieder aufbauen und ihre neue Machtposition (weltpolitisch) absichern. Revolutionäre Bewegungen in Westeuropa, die ein militärisches Eingreifen z.B. der US-Truppen provozieren könnten, würden diese Ziele gefährden. August Thalheimer, führender Kopf der KPO, warnte aus dem kubanischen Exil, dass sich in Osteuropa unter der militärischen Besatzung durch die Rote Armee niemals ein Sozialismus entwickeln könne. In Italien vertrat hingegen Palmiro Togliatti (als Vorsitzender des PCI, der in der Resistenza eine führende Rolle gespielt hatte) mit der »Wende von Salerno« die Politik der antifaschistisch-demokratischen Neuordnung für die entwickelten kapitalistischen Staaten des Westens, während im Rahmen des weltrevolutionären Prozesses zugleich die Position der Sowjetunion gestärkt und die antiimperialistischen Bewegungen des Südens unterstützt werden sollten (vgl. Deppe 2017: 148ff.).

Kollektivierung, kommunistische Führung und Stalins Anleitung hatten die Überlegenheit des sowjetischen Systems demonstriert. Im Rest von Europa hatte die Depression der 30er Jahre bestätigt, dass der Kapitalismus nur Arbeitslosigkeit und Elend bieten konnte, während er in Deutschland und Italien Ungeheuer erzeugte. Für die meisten Kommunisten und viele Sozialisten war daher unvorstellbar, dass die Völker des befreiten Europa, wenn sie frei über ihr Schicksal entscheiden könnten, sich nicht um die rote Fahne versammeln würden.« Die Erfahrungen von Krise, Faschismus und Krieg hatte den Gedanken der Klasseneinheit gestärkt. Die Gründung von Einheitsgewerkschaften und Beratungen über eine Einheitspartei der Arbeiterklasse waren von solchen Hoffnungen erfüllt. Bei den ersten Wahlen im Jahr 1945 erzielten die Parteien der Arbeiterbewegung zusammen in Norwegen 52,9%, in Schweden (1944) 57%, in Dänemark 45,3%, in Finnland 48,9%, in Frankreich 49,8%, in den Niederlanden (1946) 38,9%, in Belgien (1946) 45,1%, in Österreich 50%, in Italien (1946) 39,7%, und in Großbritannien 48,3%. (Ebd.: 95, 118) Die Sozialdemokratie dominierte in fast allen Ländern, in Finnland, Frankreich und Italien hingegen war der Anteil der Stimmen für die KP besonders hoch. Die Kommunisten beteiligten sich in zahlreichen Ländern an Koalitionsregierungen mit sozialistischen und bürgerlichen Kräften aus den Widerstandsbewegungen gegen die deutsche Besatzung, um das Programm der »Neuordnung« durchzusetzen.

Dem Weltgewerkschaftsbund (WGB), der im Jahr 1945 im Geiste der »Anti-Hitler-Koalition« gegründet wurde, gehörten die sowjetischen ebenso wie die US-amerikanischen und westeuropäischen Gewerkschaften an. Sozialisten, Christen und Kommunisten unterstützen in ihren Ländern zunächst die Gründung von Einheitsgewerkschaften, deren Aufgaben Lutz Niethammer (1975: 314) zufolge den politischen Kern des Neuordnungsprogramms der unmittelbaren Nachkriegsperiode ausmachten: »die Beteiligung an der antifaschistischen Säuberung, an der Ingangbringung, Umstellung und Steigerung der Produktion zur Überwindung der ökonomischen Nachkriegskrise durch schnelleres Wachstum und an der Institutionalisierung der Mitwirkung der Arbeiterbewegung an der ökonomischen Leitung durch staatliche Aufbaupläne, staatliche Monopolkontrolle bzw. Nationalisierung von Grundstoff-Industrien durch die Einrichtung von Betriebsräten oder anderer Formen der Mitbestimmung auf Unternehmens- oder überbetrieblicher Ebene«. Diese Initiativen wurden durch die Überzeugung getragen, dass die »europäische Rechte« diskreditiert sei. Dazu kam »die weit verbreitete Ansicht, dass der Sozialismus geschichtlich auf der Tagesordnung stehe und zum Sachzwang für den Wiederaufbau geworden sei, das Vertrauen auf die Unverbrüchlichkeit der Anti-Hitlerkoalition und die sozialistische (und kommunistische, F.D.) Beteiligung an den Regierungen in fast allen europäischen Ländern …« (ebd.: 315).

Im atlantischen Zentrum des Kapitalismus traten jetzt tiefgreifende Veränderungen an die Oberfläche. Während die Schlacht um Stalingrad (Winter 1942/43) den Wendepunkt des Krieges im Osten markierte, veränderte der Eintritt der USA in den Krieg gegen Deutschland im Dezember 1941 die Kräfteverhältnisse an der Westfront. Die Eröffnung der Front in der Normandie wurde allerdings bis zum Juni 1944 verzögert. Das British Empire – fast zwei Jahrhunderte Zentrum der Welt und die ökonomische und militärische Weltmacht Nummer eins – konnte nur durch amerikanische militärische und finanzielle Unterstützung den Krieg überstehen, sah sich aber nach 1945 mit einem hohen Schuldenberg sowie mit dem sich abzeichnenden Verlust wichtiger Kolonialgebiete konfrontiert. Indien erlangte die Unabhängigkeit im Jahr 1948. Winston Churchill, der gefeierte Kriegs-Premier, wurde während der Potsdamer Konferenz durch Clement Attlee von der Labour Party abgelöst. Diese hatte einen triumphalen Wahlsieg mit einer absoluten Mehrheit und einem komfortablen Vorsprung von 145 Sitzen errungen.

Die zweite europäische Siegermacht Frankreich litt unter den Folgen des Krieges und der Besatzung und war in militärische Auseinandersetzungen in seine Kolonien verstrickt – zunächst in Indochina, danach in Nordafrika. Im eigenen Lande war (wie in Italien) die eng mit der KPdSU verbundene Kommunistische Partei (PCF) die stärkste Kraft aufseiten der Linken. Dazu gehörte auch die kampfstarke Gewerkschaft CGT. General De Gaulle war zunächst der Führer des konservativen Lagers, der durch seine Rolle im Widerstand gegen die Deutschen anerkannt war. Die Kultur des Landes wurde von Intellektuellen bestimmt, die sich als Non-Konformisten, Sozialisten oder Fellow-Traveller der KP betrachteten (Jean-Paul Sartre, Simone de Beauvoir, Albert Camus, Maurice Merleau-Ponty u.a.; Bakewell 2018). Die IV. Republik (1946–1958) zeichnete sich durch eine extreme politische Instabilität aus.

Auch Frankreich war in den Nachkriegsjahren auf Finanzhilfen aus den USA angewiesen. Präsident Franklin D. Roosevelt starb kurz vor dem Ende des Krieges; der Schöpfer des New Deal war davon überzeugt, dass nach dem Sieg über den Faschismus eine »neue Weltordnung« (»one world«) möglich sei, die von den USA und der Sowjetunion als Garanten einer antifaschistisch-demokratischen Weltfriedensordnung gelenkt werden sollte. Die Gründung der Vereinten Nationen (UNO) sollte – mit der Unterstützung der Mächte der Anti-Hitler-Koalition und ihrer starken Position im Sicherheitsrat – diese Ziele besser schützen, als dies dem Völkerbund nach dem Ersten Weltkrieg gelungen war. Die USA verfolgten dabei im Eigeninteresse eine Politik der »offenen Märkte« (»open door policy«) und eine Neuregelung der internationalen Währungsbeziehungen auf der Grundlage des US-Dollar (Konferenz von Bretton-Woods, 1944). Die gemeinsame Verabschiedung der »Allgemeinen Erklärung der Menschenrechte« im November 1948, die im Artikel 1 an die Losung der Französischen Revolution von 1789 anschloss (»Freiheit, Gleichheit, Brüderlichkeit«), betonte den inneren Zusammenhang zwischen den individuellen Freiheitsrechten, dem Recht auf Eigentum und den sozialen Grundrechten (Artikel 22-26), obwohl zu dieser Zeit der Kalte Krieg bereits voll entbrannt war. Französische Sozialisten aus dem Umfeld von Pierre Mendès-France setzten sich für die Verabschiedung dieser Deklaration ein (Hessel 1998). Mit dem Tod von Roosevelt hatte sich allerdings die Vision der »One World« als Leitmotiv US-amerikanischer Weltpolitik schnell aufgelöst.

In Asien war nach der Niederlage Japans auch die Position der alten Kolonialmächte (Frankreich, Großbritannien, Niederlande) geschwächt. Nationale Befreiungsbewegungen, in denen Kommunisten eine führende Rolle spielten, hatten sich im Kampf gegen die japanische Besatzung formiert. Nunmehr wurden sie mit dem Anspruch der alten Kolonialmächte auf die Wiederherstellung ihrer Macht konfrontiert. Ho Chi Minh, der das Ende des Ersten Weltkrieges in Frankreich erlebt hatte und in den 1920er Jahren für die Kommunistische Internationale tätig war, proklamierte 1945 in Hanoi die Republik Vietnam. Diese musste sich in einem Krieg gegen französische Truppen verteidigen (bis 1954) und wurde nach der Teilung des Landes (1956) in einen Krieg mit den USA getrieben, der entsetzliche Opfer verlangte und erst Mitte der 1970er gewonnen wurde. In Malaysia kämpften englische Truppen, um einen »kommunistischen Aufstand« niederzuwerfen. In Korea wurde die nationale Befreiungsbewegung – zunächst gegen die Japaner – von dem Kommunisten Kim Il Sung geführt. Nach der Teilung wurde das Land durch einen Krieg verwüstet, in den sowohl US-amerikanische Truppen (mit ihren Verbündeten) als auch chinesische »Freiwillige« einbezogen waren. Schließlich tobte in China bis 1949 der Krieg zwischen den Truppen Chiang Kai-sheks, die massiv von den USA unterstützt wurden, und der Roten Armee. Mao rief 1949 die Volksrepublik China aus, leitete damit einen neuen Abschnitt in der Geschichte des Landes, des Kontinents, vielleicht auch der Weltgeschichte ein.

Die neue Epoche der Weltgeschichte, die nach dem 8. Mai 1945 einsetzte, war also durch eine bedeutende Veränderung der politischen, gesellschaftlichen und ideologischen Kräfteverhältnisse im Weltmaßstab charakterisiert:

- Die Kräfteverhältnisse zwischen Kapitalismus und Sozialismus hatten sich zugunsten des Sozialismus verändert – durch den Aufstieg der Sowjetunion, ihre Herrschaft über Teile von Mittel- und Osteuropa, durch den bevorstehenden Sieg der Roten Armeen in China, Vietnam und Korea, durch die starke Position sozialistischer Kräfte und der Arbeiterbewegung in den entwickelten kapitalistischen Staaten von Nord- und Westeuropa, schließlich auch durch den Aufschwung der antikolonialen Befreiungsbewegungen im Gefolge des Weltkrieges.

- Der Sozialismus hatte sich nicht nur in der Sowjetunion als Staatsmacht etabliert. In den entwickelten kapitalistischen Staaten hatte sich auch innerhalb des bürgerlichen politischen Lagers die Erkenntnis durchgesetzt, dass der Interventionsstaat (im Sinne von John M. Keynes) und der Sozial- bzw. Wohlfahrtsstaat (im Sinne der Forderungen der Arbeiterbewegung) die Basis für einen Klassenkompromiss zwischen Bourgeoisie und Arbeiterbewegung, aber auch für die Sicherung der kapitalistischen Eigentumsverhältnisse bilden können.
- Die Erfahrungen des »dreißigjährigen Krieges« (1914–1945) hatten auch der sozialistischen Linken die Bedeutung der globalen Hegemonialordnung und der internationalen Politik vor Augen geführt. Schon vor 1914 war im Zusammenhang der Imperialismusstudien die Bedeutung des Kampfes für den Frieden erkannt worden. Nach 1917 wurde die Verteidigung der Sowjetunion gegen Interventionen und andere Formen der Diskriminierung zum festen Bestandteil der »Außenpolitik« kommunistischer Parteien, zum Teil aber auch von sozialistischen Parteien in der ganzen Welt – und im Kampf gegen den Faschismus gab es vielfältige Formen internationaler Kooperation und Solidarität. Bald sollte jedoch mit der systemischen Konfrontation zwischen dem kapitalistischen Lager des Westens (unter der Führung der USA, »Erste Welt«) und dem sozialistischen Lager des Ostens unter der Führung der UdSSR (»Zweite Welt«) sowie mit den Befreiungsbewegungen in den ehemaligen Kolonien- und Halbkolonien des »Südens« (»Dritte Welt«) die Verflechtung der verschiedenen Ebenen der Politik (regional, national, global) auf die Programmatik und Politik des Sozialismus zurückwirken. War schon die Klassenpolitik auf dem Wege zur »Verstaatlichung« zahlreichen Modifikationen ausgesetzt, so wurde bald die innere Entwicklung durch den Systemgegensatz überdeterminiert. Die Klassenbewegungen (aus der Gesellschaft) mussten im politischen Feld von den Akteuren der Arbeiterparteien mit dem Kampf um Mehrheiten im Staat (Parlament und Regierung) einerseits und den Einwirkungen der Machtverhältnisse im westlichen Lager (American Empire) sowie des Systemgegensatzes vermittelt und bearbeitet werden.

Das Scheitern des parlamentarischen Sozialismus – »British Road to Socialism«

Am Ende des Krieges befanden sich die Anhänger des »reinen Liberalismus« und der »freien Marktwirtschaft« in einer schwachen Position. »Zwischen 1945 und 1950 schaffte es in Europa keine einzige pro-kapitalistische liberale Partei, im Ergebnis der Wahlen wichtigste Partei in der Regierung zu werden« (Sassoon 1996: 140). Der ultraliberale Friedrich A. Hayek, dessen Kampfschrift (»Der Weg in die Knechtschaft«) gegen den vermeintlich sozialistischen Beveridge-Plan schon 1944 erschienen war, bezeichnete sich selbst als einen einsamen »Rufer in der Wüste« (Cockett 1995: 79ff.). Es gab eine breite Koalition von bürgerlichen Ökonomen (vor allem Keynesianer), Christen, Sozialisten und Kommunisten, die den Zusammenhang zwischen dem Kapitalismus – als einem ungezügelten System der Profitwirtschaft und des Wettbewerbs, das immer wieder zu Krisen tendiert – und den Katastrophen der Zeit anerkannten. Gleichzeitig waren die bürgerlichen Kräfte in ihrer Mehrheit durch die Unterstützung und Zusammenarbeit mit den reaktionären und faschistischen Regimen der Zwischenkriegsperiode diskreditiert. Im Vordergrund standen in den meisten Ländern der Wiederaufbau nach den verheerenden Zerstörungen des Krieges (darin eingeschlossen: die Lösung der »Wohnungsnot«), die Wiedereingliederung der Soldaten (in einigen Ländern, vor allem in Deutschland, der Flüchtlinge) sowie die Umstellung der Produktion von der Kriegs- auf die Friedenswirtschaft. Die Lösung dieser Aufgaben und Probleme sollte keineswegs der »Selbstreinigung« des Marktes überlassen werden. Der Konsens erstreckte sich in der Regel auf die folgenden Bereiche:

- Die Verstaatlichung der Grundstoff- und Schwerindustrie (Bergbau, Eisen- und Stahlindustrie) – zum Teil auch des Bankensektors – sollte die Politik des Staates beim Wiederaufbau der Wirtschaft unterstützten. Gleichzeitig gab es politische Gründe für die Vergesellschaftung, denn die Eigentümer der großen Konzerne in diesen Bereichen gehörten überwiegend jener Fraktion der herrschenden Klasse an, die sowohl das faschistische Regime als auch die Vorbereitung des Krieges und die Unterdrückung von Demokratie und Sozialismus unterstützt hatte. Oft wurde die Sozialisierung der Schwerindustrie mit Gesetzen zur Bodenreform verbunden, durch die auch der Großgrundbesitz enteignet werden sollte.[39]
- Der wirtschaftliche Wiederaufbau nach dem Krieg, aber auch der Aufbau von sozialstaatlichen Institutionen sowie die Reformen im Bildungs- und Gesundheitswesen, die von der politischen Linken gefordert wurden, verlangten von den Regierungen planwirtschaftliche Maßnahmen und den Aufbau entsprechender Institutionen. Der Abbau der Arbeitslosigkeit mit dem Ziel der Vollbeschäftigung, die Verteilung der Ressourcen, die Raumordnung, die Wohnungspolitik erforderten erweiterte Eingriffe des Staates, die sich an Kennziffern des Wachstums, der Entwicklung der Produktivität und der Löhne, der Beschäftigung, des Sozialhaushaltes usw.

[39] Der Art. 41 der – bis heute gültigen – Hessischen Landesverfassung aus dem Jahr 1946 lautet im Absatz 1: »Mit Inkrafttreten der Verfassung werden 1. in Gemeineigentum überführt: der Bergbau (Kohlen, Kali, Erze), die Betriebe der Eisen- und Stahlerzeugung, die Betriebe der Energiewirtschaft und das an Schienen und Oberleitungen gebundene Verkehrswesen, 2. vom Staat beaufsichtigt oder verwaltet, die Großbanken und Versicherungsunternehmen …«. Art. 42 sieht vor, »den Großgrundbesitz, der nach geschichtlicher Erfahrung die Gefahr politischen Missbrauchs oder der Begünstigung militaristischer Bestrebungen in sich birgt, im Rahmen einer Bodenreform einzuziehen«.

orientierten. In Frankreich wurde eine Kommission, später sogar ein Ministerium für »Planification« geschaffen, dessen Tätigkeit auf die Formulierung und Kontrolle solcher makroökonomischen Ziele gerichtet war.[40] Die »Planification« verfügte darüber hinaus über indirekt wirkende Instrumente im Bereich der Steuer- und Zinspolitik. Schließlich konnte der nach 1945 erheblich ausgeweitete staatliche Wirtschaftssektor durch direkte Lenkung vonseiten der Regierung beeinflusst werden.[41] Auch in anderen Ländern waren solche Maßnahmen der Wirtschaftsplanung selbstverständlich. Sie waren nicht allein den Erfahrungen der Kriegswirtschaft und der Not der Nachkriegsjahre geschuldet. Das System der Planwirtschaft in der Sowjetunion genoss zu dieser Zeit noch eine hohe Anerkennung. Die programmatischen Aussagen der politischen Linken zur »antifaschistisch-demokratischen Neuordnung« enthielten daher stets das Bekenntnis zur Planwirtschaft.

- Sozialpolitische Reformen in Teilbereichen (Arbeitslosenversicherung, Alterssicherung, Unfall- und Krankenversicherung, Familienpolitik) waren unter dem Druck des Aufstiegs der Arbeiterbewegung schon seit dem Ende des 19. Jahrhunderts, dann noch einmal nach dem Ende des Weltkrieges angegangen worden. Nunmehr setzten sich die Parteien der politischen Linken dafür ein, dass die sozialen Sicherungssysteme unter staatlicher Aufsicht systematisch zusammengefasst werden und damit die Lohnarbeiter:innen vor den existentiellen Risiken einer kapitalistischen Wirtschaft einen gewissen Schutz bieten. Gleichzeitig wurden Bildungsreformen angegangen, die den Kindern der Arbeiterklasse den Zugang zu den höheren Bildungsinstitutionen ermöglichen sollten; darüber hinaus verstand sich der »Welfare State« auch als Förderer von Kultur- und Freizeiteinrichtungen der Arbeiterklasse. In Westeuropa bildeten sich bei der der Finanzierung der Sozialleistungen zwei Modelle heraus: Beim universalistischen Modell, das zunächst in Großbritannien, dann in den skandinavischen Ländern praktiziert wurde, werden diese Leistungen, die al-

[40] Als Mitte der 1950er Jahre die Verhandlungen zwischen der BRD und Frankreich über eine Europäische Wirtschaftsgemeinschaft (EWG, ab 1957) begannen, wehrte sich der bundesdeutsche Wirtschaftsminister Ludwig Erhard entschieden gegen einen »gemeinsamen Markt« mit Frankreich. Als Anhänger des »Ordoliberalismus« betrachtete er die französische Wirtschaftspolitik als »sozialistisch«. Bundeskanzler Adenauer, für den die politische Kooperation mit Frankreich als Voraussetzung für die europäische Integration und den Aufstieg der BRD im Vordergrund stand, hielt deshalb Erhard nicht für geeignet, seine Nachfolge als Bundeskanzler anzutreten.

[41] Der französische Sozialist Jacques Delors – Minister unter Mitterrand von 1985 bis 1995, Präsident der EU-Kommission – war durch seine Mitarbeit beim »Commissariat Général au Plan« und davor in der christlichen Gewerkschaft CFTC geprägt. »Planification« bedeutete für ihn stets die Suche nach einem Ausgleich zwischen den Kräften des Marktes, Wachstum, Effizienz und den sozialen Bedürfnissen der Gesellschaft (Delors 2004: 60ff.).

len Staatsbürgerinnen und Staatsbürgern zur Verfügung stehen, aus dem Staatshaushalt finanziert; beim »konservativen Modell« (das zum Beispiel in Deutschland und Österreich praktiziert wird) werden solche Leistungen von Arbeitnehmern und Arbeitgebern paritätisch finanziert. Dabei ist die Finanzierung zu dieser Zeit überwiegend an die Arbeit des männlichen »Familienvorstandes« gebunden; dem Modell liegt so ein konservatives Bild der Familie und der Arbeitsgesellschaft zugrunde (Esping-Anderson 1990).

- In fast allen Staaten wurde die Stellung der Gewerkschaften gestärkt: auf der Ebene der Regierungsentscheidungen, bei den Tarifverhandlungen und in den Unternehmen. Das Streikrecht wurde gesetzlich anerkannt. Auf Regierungsebene waren Gewerkschaften bei den Planungen für den Wiederaufbau, die Verteilung von Lebensmitteln, die Wohnungspolitik usw. vertreten. Im System der »Planification« wurden Tarifverhandlungen auf Regierungsebene geführt, bei denen die Einkommenspolitik mit anderen Kennziffern (Sozialausgaben, Wachstum, Produktivität, Regional- und Strukturpolitik, Außenhandel etc.) verbunden war. Auf der betrieblichen Ebene war der Einfluss linker Kräfte in der Regierung auf die Führungen der verstaatlichten Unternehmen beachtlich. Gleichzeitig wurden überall Arbeiterausschüsse (Betriebsräte) legalisiert, die auf unterschiedliche Weise Einfluss auf die Entscheidungen der Unternehmensleitungen sowie auf die politische Kultur der Unternehmen ausübten. Institutionelle Differenzen resultierten dabei aus unterschiedlichen politisch-ideologischen Orientierungen und Kräfteverhältnissen in den Gewerkschaften der jeweiligen Länder. Die sozialdemokratisch dominierten Gewerkschaften setzten sich für Modelle der Mitbestimmung ein, die von den Ideen der Parität zwischen Kapital und Arbeit, bald auch der daraus abgeleiteten »Sozialpartnerschaft« bestimmt wurden. Die kommunistisch dominierten Gewerkschaften hingegen, die eng mit ihren Parteien in der Regierung verbunden waren, lehnten Modelle der »Klassenkollaboration« strikt ab. Für den Wiederaufbau verzichteten sie jedoch auf radikale Streiks und orientierten sich auf die Politik der Transformation, die wesentlich durch die Kommunistischen Parteien ihrer Länder unterstützt wurde. Im Geiste Lenins verstanden sie sich als »Transmissionsriemen« der Parteipolitik. In Großbritannien bestand das System der stark betriebsbezogenen Gewerkschaftsbewegung mit den Shop Stewards als Belegschaftsorganen fort – sie agierten in einem Rechtsraum, in dem das kollektive Arbeitsrecht per Gesetzgebung nur schwach entwickelt war.

Im Juli 1945 fanden in Großbritannien Unterhauswahlen statt. In Potsdam tagten noch Stalin, Churchill und Truman als Nachfolger des inzwischen verstorbenen Franklin D. Roosevelt. Churchill war der Kriegspremierminister und stand auf dem Höhepunkt seines Erfolges. Trotzdem wollte eine klare Mehrheit der Briten einen Wandel. Labour gewann fast 48% der Stimmen (gegenüber 40% für die Konservativen) und verfügte über eine klare Mehrheit bei den Sitzen im Unterhaus. Am Tag des Sieges zog ein Hafenarbeiter aus dem Londoner East End durch die Stadt und trug ein Transparent mit der Aufschrift: Dies ist die Stunde des Triumphes für »the common man«, d.h. »für die einfachen Menschen« bzw. die »kleinen Leute« oder einfacher: »für das Volk«. Die fast 400 MPs der Labour Party sangen bei ihrer konstituierenden Sitzung die Parteihymne: »The People's Flag is Deepest Red« (Bew 2017: 348, 350). Clement Attlee – seit 1935 Parteivorsitzender, stellvertretender Ministerpräsident im Kriegskabinett von Churchill – wurde Premierminister. Seinem Kabinett gehörten sieben ehemalige Bergarbeiter an, einige von ihnen hatten schon als Jugendliche im Bergwerk gearbeitet.[42] Von den 26 Ministern hatten 15 staatliche Schulen besucht, nur zehn die Universität. Zwei der Minister waren Eton-Schüler. Die einzige Frau im Kabinett war »Red« Ellen Wilkinson, die das Ministerium für Erziehung leitete. Der Einfluss der Gewerkschaften auf die Regierungsbildung war deutlich größer als der des intellektuellen Flügels der Partei (ebd.: 356).

Winston Churchill hatte sich zwar schon vor 1945 für Sozialreformen im Sinne des Beveridge-Reports ausgesprochen – im Wahlkampf intonierte er freilich die bis heute von Konservativen immer wieder variierte Parole: »Freiheit statt Sozialismus«: »Ich muss ihnen sagen, dass eine sozialistische Politik mit den britischen Idealen der Freiheit überhaupt nicht vereinbar ist. Da muss es einen Staat geben, dem alle in allen Lebensbereichen gehorchen müssen. Wenn dieser Staat einmal an der Macht ist, wird er jedem vorschreiben: wo er arbeitet, was für eine Arbeit er zu tun hat, wohin er gehen und was er sagen darf, welche Auffassungen er zu vertreten hat, wo seine Frau für die vom Staat verteilten Rationen in der Schlange zu stehen hat und welche Erziehung seine Kinder erhalten werden. Ein sozialistischer Staat könnte keine Opposition ertragen – kein sozialistisches System kann ohne eine politische Polizei etabliert werden. Eine Labour Regierung würde auf eine Art der Gestapo zurückfallen.« (Thomas-Symonds 2015: 200) Im November 1945 sprach Clement Attlee vor dem US-Kongress über die Politik seiner Regierung. »Sie werden sehen, dass wir Projekte der Nationalisierung angehen werden – ebenso weitumfassende Maßnahmen der sozialen Sicherung, die dazu dienen, den gemeinen Menschen Sicherheit zu geben.« Gleichzei-

[42] Darunter auch – als jüngstes Kabinettmitglied – Aneurin Bevan aus Wales, prominenter Sprecher des linken Parteiflügels. Ihm wurde das Ministerium für Wohnen und Gesundheit übertragen. Er hatte 1911 im Alter von 13 Jahren im Bergwerk zu arbeiten begonnen. »Bevan war vor allem ein Mann der Macht«. Er selbst schrieb einmal: Als junger Bergmann aus einer Zeche in Südwales beschäftigte mich die eine praktische Frage: Wo liegt die Macht in diesem praktischen Zustand Großbritanniens, und wie kann sie von den Arbeitern erlangt werden?« (Thomas-Symonds 2015: 4).

tig bekannte er sich zu den britischen Werten der Freiheit: »Wir stehen in der Tradition jener, die für die Magna Charta und für die Habeas Corpus Akte gekämpft haben, wir stehen zu den Pilgrim Fathers und zur Unabhängigkeitserklärung (der USA) ...« (Bew 2017: 382)

1946 wurde – nach der Nationalisierung der Kohleindustrien – der National Insurance Bill verabschiedet, in dem die verschiedenen sozialstaatlichen Reformen zusammengefasst wurden. Allen Personen im arbeitsfähigen Alter wurde von ihrem Arbeitslohn ein Betrag abgezogen, wofür sie Anspruch auf eine Reihe von Sozialleistungen in Zeiten der Arbeitslosigkeit und der Krankheit hatten; ferner gab es Leistungen für Waisen, Witwen und Rentner. Am 5. Juli 1948 wurde das Gesetz für für ein umfassendes Gesundheitssystem, den National Health Service, verabschiedet. Für dieses Projekt »hatte sich vor allem der zuständige Minister Aneurin Bevan eingesetzt, der den Widerstand der Konservativen, der organisierten Ärzte, der privaten Krankenhausbetreiber, der Pharmakonzerne usw. überwinden musste. Dieser Neuaufbau des Gesundheitswesens gilt als wichtigste Errungenschaft, als das »Kronjuwel« der Labour-Regierung unter Attlee. Das Prinzip der allgemeinen Gültigkeit von staatlichen Sozialleistungen begründete noch vor dem Ausbau des schwedischen »Volksheimes« ein neues Konzept der Staatsbürgerschaft, die nunmehr nicht nur über individuelle Freiheitsrechte, sondern auch über soziale Grundrechte definiert wurde. Der Widerspruch zwischen der formellen politischen Gleichheit (allgemeines Wahlrecht) und der realen Ungleichheit (Klassengegensatz von Kapital und Arbeit) sollte auf diesem Wege zwar nicht aufgehoben, aber doch entschärft werden. Sozialleistungen wurden »de-kommodifiziert« (Esping-Anderson),[43] das heißt: die Leistungen unterlagen nicht den Gesetzen der kapitalistischen Warenproduktion, sie dienten nicht der Erzielung von Profit und waren nicht den Regeln des Marktes unterworfen. Und auch die Arbeit derer, die solche Leistungen im öffentlichen Dienst erbrachten, war nicht mit der Lohnarbeit und der Mehrwertproduktion und -aneignung im System der kapitalistischen Warenproduktion vergleichbar. Der Begriff der Gleichheit wurde lebensweltlich fundiert: Die Gesundheit der Bürgerinnen und Bürger ist ebenso wie ein Recht auf Arbeit eine gesellschaftliche Aufgabe, die vom Staat übernommen wird. Sie markiert einen wesentlichen Schritt auf einem Wege der Vergesellschaftung des

[43] Der Soziologe T.H. Marshall hatte 1950 in einem Essay »Citizenship and Social Class« diese qualitative Veränderung der Bürgerrechte – in einem Stufenprozess von den individuellen Freiheitsrechten (Erklärung der Menschenrechte) über die politischen Partizipationsrechte (Koalitionsfreiheit, allgemeines Wahlrecht) zu den sozialen Grundrechten – als ein neues Verhältnis der Bürger zum Staat, als eine neue Definition der Staatsbürgerschaft (»citizenship«) charakterisiert. Das Verhältnis von ökonomischer Ungleichheit und politischer Gleichheit (Wahlrecht) würde damit – so dachte er – jenen Widerspruch überwinden, den die marxistische Kritik des bürgerlichen Staates ins Zentrum gerückt hatte.

Politischen, den die Konservativen als Weg zum Totalitarismus denunzierten, der aber von Sozialisten als ein Prozess von Reformen begriffen war, in denen mit dem Abbau der Klassengegensätze – wie es der alte Friedrich Engels formuliert hatte – zugleich der Staat »in die Gesellschaft« und in ihre Reproduktionsweise der Selbstverwaltung zurückgenommen wird. Die biblische Vision von »New Jerusalem«, das auf die Apokalypse folge, unterstützte solche utopischen Hoffnungen (Bew 2017: 337ff.). Kritiker vom linken Flügel der Labour Party sowie aus den Reihen der kleinen – aber in den Gewerkschaften (damit auch in der Labour Party) recht erfolgreichen Kommunistischen Partei Großbritanniens – wiesen früh auf die mit solchen Visionen verbundenen Illusionen hin, die einerseits mit der Politik eines reformistischen Klassenkompromisses, damit mit dem Fortbestehen der kapitalistischen Produktions- und der damit verbundenen gesellschaftlichen Machtverhältnissen, andererseits mit der nach dem Kriege besonders deutlich zutage tretenden ökonomischen und politischen Abhängigkeit des Landes von den USA und den bald einsetzenden Wirkungen des Kalten Krieges verbunden waren.

Großbritannien befand sich nach dem Ende des Krieges in einer extrem schwierigen Lage. Dem Land drohte der finanzielle Ruin; John M. Keynes warnte aufgrund der hohen Verschuldung gegenüber den USA vor einem »finanziellen Dünkirchen«. »Die Kriegsausgaben hatten das Land fast in den Bankrott geführt und der ganze Apparat der Wirtschaft war auf die Fortführung des Kampfes ausgerichtet... Das Überleben des Landes hing davon ab, dass die Kredite aus den USA auch in Friedenszeiten weiter vergeben wurden.« (Ebd.: 368)

Die Ausgaben für das Militär in den Kolonien waren überproportional; allein in der Region »Mittlerer Osten« waren 200.000 britische Soldaten stationiert, davon 80.000 am Suez Kanal (ebd.: 422). Ein sozialistischer Minister musste die Verteilung von Brot und anderer Güter des täglichen Bedarfes rationieren. Die Löhne wurden eingefroren und die Umsetzung von Teilen des Sozialprogrammes – z.B. die Beschaffung von Wohnraum – verzögerte sich erheblich. Premierminister Attlee und sein Außenminister Ernest Bevin waren so darauf angewiesen, die Probleme ihres Landes durch die enge Kooperation mit den USA zu lösen und diese bestanden auf einer zu begleichenden Schuld in Höhe von fünf Milliarden US-Dollar (ebd.: 384). Sie wollten damit auch den Übergang der Weltherrschaft auf das American Empire demonstrieren. Die Führung der USA – einer ehemaligen Kolonie der Briten – machte klar, dass sie die Kolonialpolitik Großbritanniens keineswegs unterstützen würden. Darüber hinaus waren die Briten auch militärisch auf die Kooperation mit den USA angewiesen. Diese verfügten zu dieser Zeit als einziger Staat über die Atombombe. Nachdem sich die Hoffnung der Briten, dass die USA ihr Atom-Monopol mit ihnen teilen würden, zerschlagen hatte, bereiteten diese im Geheimen die Entwicklung einer eigenen Bombe vor, was wiederum erhebliche Mittel verschlang.[44] Der Verfall des British Empire, der die folgenden Jahrzehnte bestimmen sollte, ging somit seit dem Übergang zum Kalten Krieg – vor allem im Zusammenhang der US-Hilfen für den ökonomischen Wiederaufbau Westeuropas (Marshall 1950) – mit einer zunehmenden Abhängigkeit des Landes von den USA einher. Die Kommunisten sprachen von einer neuen Form der Kolonisierung, die natürlich das Selbstbewusstsein jener Briten zutiefst verletzte, die mit Winston Churchill an den Fortbestand der politischen Rolle ihres Landes als globale Weltmacht – als Siegermacht des Zweiten Weltkriegs, als ständiges Mitglied im Sicherheitsrat der UNO, als Atommacht, als Zentrum des Commonwealth – glauben wollten.

Attlees Außenpolitik wurde von seinem Außenminister Ernest Bevin (1881–1951) vertreten. Beide gehörten seit den 1920er Jahren dem rechten Flügel der Labour Party an, der proletarisch (durch die Gewerkschaften) geprägt war, aber in den beiden Weltkriegen »patriotisch« agierte, die Monarchie nicht infrage stellte und auch die kolonialen Traditionen des Landes verteidigte. Bevin kam aus einer Arbeiterfamilie, musste schon als Jugendlicher arbeiten, kompensierte seine mangelhafte Schulbildung durch autodidaktische Studien und machte ab 1922 eine steile Karriere als Gewerkschaftsfunktionär. Als erster Generalsekretär der TGWU (Transport and General Workers Union) und als Mitglied des Generalrates des TUC (Trades Union Congress) war er zwischen 1925 und 1945 einer der führenden und mächtigsten Gewerkschafter des Landes, dessen starke Position in der Attlee-Regierung auch darauf beruhte, dass er für die Unterstützung der Regierung durch die Gewerkschaften sorgte. Bevin war – auch innerhalb des TUC – ein scharfer Antikommunist. Mit Attlee teilte er schon während der Potsdamer Konferenz das Misstrauen gegenüber der sowjetischen Politik in Osteuropa. Beim Übergang zum Kalten Krieg ab 1947, bei der Gründung des Staates Israel (1948), der NATO und der BRD (1949) agierte er als engster Verbündeter der US-Politik und bezeichnete diese Kooperation als eine – in der gemeinsamen Geschichte wurzelnden – »special relationship«, auf die sich später Margaret Thatcher und heute Boris Johnson bei ihren Versuchen (z.B. beim Brexit) beziehen, um die Bedeutung Großbritanniens auf der Bühne der internationalen Politik aufzuwerten.

Die Labour-Regierung unter Clement Attlee wurde 1951 – im Zeichen des voll entfalteten Kalten Krieges mitten im Korea-Krieg – abgewählt, obwohl die Labour Party fast 49 Prozent der Stimmen erzielte, aber die Mehrheit bei den Parlamentssitzen verlor. Winston Churchill wurde (bis 1953) erneut Ministerpräsident. Im Wahlkampf hatten die Konservativen den Briten eine

[44] »Atlee und Bevin verpflichteten sich, ein unabhängiges später auch atomares Waffensystem zu entwickeln. Die meisten Kabinettsminister wussten nichts davon.« (Sassoon 1996: 172)

Fortführung des staatlichen Wohnungsbauprogramms und anderer Sozialreformen versprochen. Damit wurden die Grenzen und Widersprüche der Reformpolitik offenkundig. Die britischen Sozialisten wollten das Land nach dem Krieg in die Richtung einer sozialistischen Gesellschaft verändern. Das Projekt wurde von der Arbeiterklasse getragen, die ein Ende von Elend, sozialer Unsicherheit, Klassenprivilegien forderte und ihre Interessen und ihre Macht nicht nur im Wahlergebnis, sondern auch in einer starken, streikfähigen Gewerkschaftsbewegung artikulierte. Indem die Sozialreformen auch von Teilen der Konservativen und Liberalen unterstützt wurden, reagierten diese damit auf die Kräfteverschiebungen am Ende des Krieges zugunsten der Sowjetunion im Osten und der sozialistischen Kräfte in den entwickelten kapitalistischen Staaten. Und mit dem Wirtschaftsaufschwung der 1950er Jahre sollte sich in der Bourgeoisie die Erkenntnis verbreitern, dass die Verbesserung der Lage der Arbeiterklasse durch Lohnsteigerungen, soziale Sicherungen und Vollbeschäftigung keineswegs die kapitalistische Eigentumsordnung, die soziale Hierarchie der Klassengesellschaft und den Charakter des Staates als Instrument dieser Klassenherrschaft infrage stellen.

Labour scheiterte an objektiven Bedingungen – an der Überschuldung des Staates am Ende des Krieges, an der Abhängigkeit von den USA, an den immensen militärischen Kosten, die insbesondere mit der Kolonialpolitik verbunden waren. Dazu kamen der Antikommunismus und der »Patriotismus« von relevanten Teilen der Labour-Führung. Das Kabinett von Attlee war angesichts dieser Schwierigkeiten schon 1947 zutiefst gespalten.[45] Die Regierung unternahm allerdings auch keine Anstrengungen, sich aus diesen Zwängen zu befreien. In der Außenpolitik stellte sie sich mit dem Übergang zum Kalten Krieg an die Seite der USA, die unter Truman mit der Politik Roosevelts gebrochen hatte.[46] Linke Kritiker – z.B. Raymond Williams – vertraten später die Auffassung, dass es nach 1945 doch einen »alternativen Pfad« gegeben habe: »dieser hätte die Ablehnung des amerikanischen Darlehens von 1945 und des Marshall-Plans zwei Jahre später bedeutet. Und das hätte Großbritannien der sozialistischen Reinheit einen Schritt näher gebracht.« (Bew 2017: 559) Richard Crossman, Mitarbeiter von Bevin, später Minister unter dem Labour-Premier Harold Wilson, erinnerte sich später daran, dass er 1947 noch einmal die Studie von Robert Michels über die Soziologie des Parteiwesens gelesen habe. »Heute empfehle ich es ohne zu zweifeln als eine Lehrbuchanalyse, wie die komplexe Struktur der internen Demokratie der Arbeiterbewegung fast unbemerkt in ein System der Machterhaltung einer

[45] »Warum konnte Hugh Dalton im dritten Band seiner Memoiren offenbaren, dass 1947 – nur zwei Jahre nach dem Wahlsieg – die Regierung offensichtlich sowohl den Zusammenhalt als auch den Orientierungssinn verlor?« (Crossman 1965: 151).

[46] Als im Juni 1950 der Koreakrieg begann, schloss sich die britische Regierung sofort den US-amerikanischen Truppen an.

sich selbst erhaltenden industriellen und politischen Oligarchie verwandelt wurde.« (Crossman 1965: 157)

Bei der Aufarbeitung der Gründe des Scheiterns wurde immer deutlicher, dass der Wahlsieg und die Eroberung der parlamentarischen Mehrheit zwar wichtige soziale Reformen zur Verbesserung der Lage der Arbeiterklasse ermöglicht hatten, allerdings die Machtstrukturen des britischen Kapitalismus/Imperialismus kaum verändert hatte.[47] Die Klassenmacht des »herrschenden Blocks«, der sich aus Adligen, Kapitalisten, Militärs, Führungskräften im Militär, in Kultur und Wissenschaft zusammensetzte, stützte sich nicht nur auf das Eigentum an den Produktionsmitteln und der Aneignung von Profit sowie das Vermögen, das sie aus Grund- und Immobilienbesitz sowie aus Gewinnen des Finanzkapitals bezogen, das von London aus die Geschäfte im Empire betrieb, bevor es von der Vormacht der Wall Street in New York in eine subalterne Position versetzt wurde. Das System der Klassenhierarchie blieb im Bildungssystem erhalten – die Ausbildungsstätten der Eliten (Eton, »Oxbridge«) wurden nicht angegriffen und auch die führenden Positionen im System der Staatsapparate waren – wie Ralph Miliband einige Jahre später in seiner berühmten Studie über »The State in Capitalist Society« (1969) – mit Angehörigen der Oberschicht besetzt. Miliband hatte 1961 eine Studie über die Geschichte der Labour Party publiziert (»Parliamentary Socialism«), in der er die Vorstellung der Linken, nach der die Partei in ein Instrument sozialistischer Politik umgewandelt werden könnte, als Illusion zurückwies. Der »parlamentarische Sozialismus« beruhe auf drei Konzepten: »Demokratie als Wettstreit zwischen konkurrierenden Teams von Eliten; die außerparlamentarische Partei ... als Dienerin der Parlamentsfraktion und die Bürger in erster Linie als Wähler, nicht als aktive Mitwirkende an der Selbstverwaltung.« (Panitch/Leys 2020: 6) In dieser Kritik wurden bereits ein Jahrzehnt nach dem Ende der Attlee-Regierung Positionen einer Neuen Linken formuliert, die sich kritisch von den sozialdemokratischen und kommunistischen Parteien in Westeuropa absetzte und im Verlaufe der 1960er und 70er Jahre zunehmend an Einfluss gewann.

Die Kommunisten konnten bei der Kritik der strukturellen Schwächen der Reformpolitik von Labour »an der Macht« auf Erkenntnisse der Staatskritik von Marx, Engels und Lenin verweisen. In ihrem Wahlmanifest aus dem Jahr 1951 (»British Road to Socialism«) diffamierten sie die Führer der Labour Party als Knechte des US-Imperialismus und als den linken Flügel der

[47] In einem kritischen Rückblick auf die Geschichte des Sozialismus in Großbritannien hatte Perry Anderson (1965: 41) am Beispiel der Attlee-Regierung auf ein »analytisches Problem« hingewiesen: »Was ist die unsichtbare Barriere zwischen der formalen Kontrolle der unbegrenzten Staatsgewalt (die in der Souveränität des Parlaments verankert ist) und der tatsächlichen Umsetzung eines qualitativen gesellschaftlichen Wandels (die in der Verfassung der Partei verankert ist)?«

Tory-Partei.[48] Allerdings waren die Kommunisten mit der Aufarbeitung des Scheiterns ihrer Politik der »antifaschistisch-demokratischen Neuordnung« und der darin eingeschlossenen breiten »Einheitsfrontpolitik« beschäftigt. In Großbritannien blieb die CP ohnehin eine kleine Partei, die in den Wahlen keine Rolle spielte. In Ländern wie Frankreich und Italien hingegen, in denen kommunistische Massenparteien (1944/45) in die Regierungen eingetreten waren und bei den nationalen Wahlen die stärkste Kraft der politischen Linken bildeten, wurden die Kommunisten ab 1948 in die Opposition gedrängt und mussten sich gegen die ideologischen und politisch repressiven Wellen des Antikommunismus zur Wehr setzen. Jetzt mussten sie ihre eigene Existenz und die Ausweitung des sowjetischen Modells auf die Volksdemokratien in Ost- und Mitteleuropa sowie den Sieg der Revolution in China – als Schritte auf dem Weg des globalen Sozialismus – verteidigen. Stalin reagierte auf die Anfänge des Kalten Krieges mit einer »ultralinken Wende«: Im Westen wurden die USA und die Sozialdemokratie attackiert; im Innern der Sowjetunion und der mit ihr verbündeten Regime wurde die Repression verstärkt. Vor allem in den nun regierenden Kommunistischen Parteien mussten »Reinigungsprozesse« stattfinden, um Kritiker in den eigenen Reihen, mögliche »Verräter« und »Agenten« zu »eliminieren«. Die regierenden jugoslawischen Kommunisten unter der Führung von Joseph B. Tito, der sich schon am Ende des Krieges nicht an die Vereinbarungen zwischen Stalin und Churchill über die Machtverteilung auf dem Balkan gehalten hatte, waren jetzt als Abweichler und »Verräter« markiert, deren Sympathisanten in den Reihen anderer Parteien verfolgt wurden. Bis zum Tod von Stalin im Jahr 1953 wurde diese neue Welle der Repression »nach innen« durch die These marxistisch-leninistischer Ökonomen unterstützt, die nachweisen wollten, dass der Weltkapitalismus nach dem Zweiten Weltkrieg sich in einer tiefen Existenzkrise befinde. Tatsächlich setzte aber ab 1948 in der westlichen Welt ein wirtschaftlicher Aufschwung ein, der das »Goldene Zeitalter« der nationalen »Wirtschaftswunder« in Westeuropa einleitete. Damit kam der historische

[48] Dort heißt es u.a.: »Warum hat die Labour-Regierung die Hoffnungen der Menschen enttäuscht? Denn weit davon entfernt, die Rechte und Privilegien des Großkapitals im In- und Ausland in Frage zu stellen, hat sie sich mit dem Großkapital gegen das Volk verbündet. Sie hat sich mit den Tories und den amerikanischen Großkapitalisten in einer imperialistischen Außenpolitik zusammengetan, die Großbritannien ruiniert. Die Labour-Regierung hat mit dem amerikanischen Imperialismus einen Kriegsblock gegen die Sozialistische Sowjetunion, das Neue China, die Volksdemokratien und die Kolonialvölker gebildet, die für ihre nationale Befreiung und Unabhängigkeit kämpfen... Die dominanten Labour-Parteiführer Attlee, Bevin und Morrison – wie MacDonald, Snowden und Thomas vor ihnen – haben nichts mit dem Sozialismus oder den Interessen der Werktätigen gemein. Ihre Ansichten und Praktiken spiegeln die der Tories und der reichen herrschenden Klasse wider, deren Interessen sie dienen, und nicht die Ziele der Werktätigen. Sie sind in Wirklichkeit nur ein linker Flügel der Tories, wie die alte Liberale Partei.«

»Vorstoß« des Sozialismus nach dem Ende des Zweiten Weltkrieges in den Zentren des Kapitalismus zu seinem Abschluss.

3. Golden Age of Capitalism

Der Kalte Krieg

Als Antwort auf die Krisen des europäischen Kapitalismus und auf den weltweiten Vorstoß des Sozialismus am Ende des Zweiten Weltkrieges bildete sich eine neue Herrschaftskonstellation heraus, die die alten Zentren des kapitalistischen Weltsystems am Rande des nördlichen Atlantiks im American Empire zusammenfasste (Panitch/Gindin 2012; Arrighi 1994; Deppe u.a. 2011). Anders als nach dem Ende des Ersten Weltkrieges waren die USA nunmehr bereit, die Führung innerhalb eines westlichen Systems zu übernehmen. Dabei wurden Institutionen geschaffen, die über die Rolle des US-Dollar im Weltwährungs- und Finanzsystem (Bretton-Woods-Abkommen), über Hilfsprogramme für den Wiederaufbau der Wirtschaft (Marshallplan), über die Öffnung der Ökonomien der verbündeten Staaten für US-amerikanische Investitionen, schließlich durch die Schaffung eines gemeinsamem Militärbündnisses unter der Führung der USA (NATO) sowohl die wirtschaftliche und politische Zusammenarbeit als auch die Führung der USA gewährleisten sollten. Dabei formierte sich ein Block der kapitalistischen Metropolen, der einem Bündnis kommunistisch regierter Staaten unter der Führung der Sowjetunion gegenüberstand. Die ideologische, militärische und ökonomische Konfrontation dieser Blöcke eröffnete – ab etwa 1947 – das Zeitalter der Systemkonkurrenz. Die Logik dieser Konfrontation wurde durch die militärische – genauer: die atomare, auf Langstrecken-Raketen gestützte – Hochrüstung bestimmt, die über die wechselseitige Abschreckung mit der totalen Vernichtung zugleich die Bereitschaft zum Krieg eliminieren sollte. Diese perverse Logik der »Friedenssicherung« wurde von den sogenannten »Realisten« – mit der Losung »lieber tot als rot« – als Überlebensgarantie gefeiert. Die erste sowjetische Atombombe wurde am 29. August 1949 auf einem Testgelände in der Kasachischen SSR gezündet und damit das Atombomben-Monopol der USA gebrochen. Die Logik der wechselseitigen Abschreckung als die Hauptdeterminante der Sicherheitspolitik implizierte jedoch eine fatale Dynamik: Die Steigerung der Effizienz dieser Waffensysteme zwang die Gegner zu einem permanenten Rüstungswettlauf. Die Sowjetunion und ihre Verbündeten, die dem Westen ökonomisch unterlegen waren, waren dadurch gezwungen, die Sozialausgaben sowie die Ausgaben zur Verbesserung des Massenkonsums zu beschränken und den Hochtechnologiesektor der Raketen- und Raumfahrttechnologie sowie der dazu gehörenden modernen Informationstechnologien (Computer) vom Rest der industriellen Produktion abzuschotten. Führende Politiker des Westens erklärten immer wieder (zuletzt der US-amerikanische Präsident Ronald Reagan Anfang der 1980er Jahre), dass sie das »Reich des Bösen«, die Sowjetunion, »totrüsten« werden.

Immer wieder geriet der Kalte Krieg – vor allem an den Nahtstellen der Systemkonfrontation, insbesondere auf deutschem Boden und in Berlin – an die Schwelle von »heißen« Konflikten. Dabei wurden die ideologische Konfrontation zwischen den Systemen und die Unterdrückung der oppositionellen Kräfte im Innern der jeweiligen Systeme zusätzlich angeheizt. Der Kalte Krieg erlebte in den späten 1940er und frühen 50er Jahren erste Höhepunkte – vor dem Hintergrund der Entwicklungen in Ostasien (Sieg der chinesischen Revolution, Koreakrieg) und der Krisen im besetzen Deutschland (Berlinkrise 1948) bzw. der deutschen Spaltung nach 1949. Die Vier-Sektoren-Stadt Berlin (wie auch Wien zwischen 1945 und 1955) war bald der »Hotspot« des Kalten Krieges, Ort der Konfrontation der Militärs, Geheimdienste und zahlreicher persönlicher Schicksale.[49]

Mit der Abkehr von der Rooseveltschen »One-Wold«-Politik bestimmten die Gegner des New Deal und die traditionellen Feinde der Sowjetunion nun wieder die Grundlinien der Innen- und Außenpolitik der USA (Loth 2000: 124ff.). Ab Anfang 1946 verfolgten sie die Strategie der »Eindämmung« des Kommunismus (»Containment«), die sich auf das (inzwischen) berühmte Telegramm des US-Botschafters in Moskau, George F. Kennan, bezog. In diesem wurde das »expansive Wesen« des Kommunismus und der sowjetischen Politik ins Zentrum gestellt, die den »Westen« zu Gegenmaßnahmen herauforderte. Mit dem Marshallplan wurde im Frühjahr 1947 ein Projekt aufgelegt, das den Einfluss von Kommunisten und Sozialisten in den Staaten Westeuropas schwächen sollte und der Open-Door-Politik der USA entsprach. Im März 1945 verkündete Roosevelts Nachfolger Truman ein Programm zur politischen, ideologischen und militärischen Unterstützung von Kräften in der ganzen Welt, die sich gegen »den Kommunismus« zur Wehr setzten. Truman sprach vom weltweiten Krieg zweier antagonistischer »Lebensformen«.[50] Diese Ideologie rechtfertigte nicht nur die Politik des »Con-

[49] Berlin war auch ein Zentrum der Konfrontation zwischen den Kommunisten der SED (angeführt von Walter Ulbricht) im Osten und den Sozialdemokraten (bald unter der Führung u.a. von Willy Brandt), die in Westberlin über die absolute Mehrheit verfügten.

[50] Vor den beiden Häusern des Kongresses erklärte Truman am 12. März 1947 u.a.: »Die eine Lebensform beruht auf dem Willen der Mehrheit und ist gekennzeichnet durch freie Institutionen, ein Repräsentationssystem der Regierung, freie Wahlen, Garantien für die Freiheit des einzelnen, Freiheit der Rede und Religion und Freiheit von politischer Unterdrückung. Die zweite Lebensform beruht auf dem Willen einer Minderheit, der der Mehrheit gewaltsam aufgezwungen wurde. Sie beruht auf Terror und Unterdrückung, kontrolliertem Presse- und Rundfunkwesen, unfreien Wahlen und der Unterdrückung der persönlichen Freiheiten.« Es müsse Politik der USA sein, »die freien Völker zu unter-

tainment« und wenig später die des »Roll-Back«; sie stellte auch Faschismus und Kommunismus auf eine Stufe. Vor dem Hintergrund der Blockkonfrontation wurde die deutsche Spaltung, d.h. die Gründung der BRD, vorbereitet. Die auf Westdeutschland und West-Berlin beschränkte Währungsreform vom Juni 1948 war ein wesentlicher Schritt in diese Richtung, der die Blockade durch die Sowjets provozierte. Die Gründung der BRD, der NATO und der ersten europäischen Institutionen im Jahr 1949 vollendeten diese erste Welle der Konstruktion des American Empire nach dem Ende des Zweiten Weltkrieges.

Bis dahin hatten sich in den Staaten Westeuropas auch die Konflikte zwischen Sozialdemokraten und Kommunisten verschärft. Im Rahmen der Politik des Marshallplans wurden vonseiten der USA – unter Rückgriff auf US-amerikanische Gewerkschafter der AfL/CIO – erhebliche Mittel investiert, um die Spaltung von Einheitsgewerkschaften, die am Ende des Krieges unter anderem auch in Frankreich und Italien gegründet worden waren, voranzutreiben. Sozialdemokratische Gewerkschafter wurden in die USA eingeladen, um die Verhältnisse im »goldenen Westen« zu studieren und sie ideologisch gegen den Kommunismus zu präparieren (vgl. Lademacher 1982). Dass die Gewerkschaften einen prosperierenden Kapitalismus brauchen, »wie der Fisch das Wasser«, war einer der Lehrsätze eines führenden US-Gewerkschafters, die sie mit nach Hause brachten.

Der neue außenpolitische Kurs wurde in der US-Innenpolitik durch eine Welle der »roten Angst« (»red scare«) vor einer kommunistischen Unterwanderung und Machtergreifung unterstützt. Öffentliche Anhörungen (darunter auch die von Bertolt Brecht) und Ermittlungen gegen die KP der USA wurden eingeleitet, ebenso gegen Künstler aus Hollywood und zahlreiche Staatsbedienstete. Der Schriftsteller Arthur Miller, der selbst vorgeladen wurde, hat diese Erfahrungen in seinem Drama »Hexenjagd« verarbeitet. 1951 wurde das Ehepaar Ethel und Julius Rosenberg in einem Prozess wegen angeblicher Atomspionage für die Sowjetunion zum Tode verurteilt und 1953 – trotz heftiger internationaler Proteste gegen diesen »politischen Justizmord« – hingerichtet. Der Terror des McCarthyismus endete erst 1955. Schon 1947 war das Taft-Hartley-Gesetz in Kraft gesetzt worden, das die Macht der Gewerkschaften begrenzen sollte. In Westeuropa wurden bis 1948 Kommunisten aus den Einheitsregierungen entfernt, die am Ende des Krieges gebildet worden waren. Streikwellen z.B. in Italien und Frankreich wurden als Ouvertüre zu einem kommunistischen Aufstand aufgewertet und zur Rechtfertigung des Ausbaus staatlicher Sicherheitsorgane sowie von repressiven Maß-

stützen, die sich der Unterwerfung durch bewaffnete Minderheiten oder durch Druck von außen widersetzen« (zit. n. Loth 2000: 168).

nahmen gegen die politische Linke instrumentalisiert.[51] In Italien spielten der Vatikan und die katholische Kirche unter dem extrem antikommunistischen Papst Pius XII. eine zentrale Rolle im ideologischen Kampf zur Absicherung der lange währenden Vorherrschaft der christlich-demokratischen Partei (DC).

Mit der Gründung der BRD begannen repressive Maßnahmen gegen die KPD. Der sogenannte »Adenauer-Erlass« vom September 1950 verbot öffentlichen Bediensteten die Mitgliedschaft in »verfassungsfeindlichen Organisationen«; im Juni 1951 wurde die Jugendorganisation FDJ verboten und das 1. Strafrechtsänderungsgesetz stellte unter anderem Hochverrat, Landesverrat und Geheimbündelei unter Strafe, was dann auf KPD-Mitglieder angewandt wurde. Am 23. November 1951 stellte die Bundesregierung Antrag auf Feststellung der Verfassungswidrigkeit der KPD durch das Bundesverfassungsgericht. Am 17. August 1956 wurde die Partei verboten – es folgten Verurteilungen zahlreicher Kommunisten, denen vorgeworfen wurde, gegen das Verbot zu verstoßen (von Brünneck 1979). Schon vor der Gründung der BRD hatte Lucius D. Clay, der US-amerikanische Hohe Kommissar, verkündet, dass im Kampf gegen den Kommunismus die Verfolgung und Bestrafung der Kriegs- und Naziverbrecher, vor allem aber die Verurteilung der alten »Wirtschaftsführer«, die mit dem Faschismus kooperiert hatten, eingestellt werden müsse. Das war die Voraussetzung dafür, dass unter der Vorherrschaft der CDU (im Bündnis mit CSU, FDP und DP) Konrad Adenauer für fast zwei Jahrzehnte Kanzler wurde und in dieser Zeit die »alten Eliten« (von vor 1945) in den Staatsapparat integriert wurden bzw. ihre führenden Positionen in der Wirtschaft behielten. Noch früher hatten die Amerikaner sich die Zusammenarbeit mit dem General Gehlen gesichert, der für die Wehrmacht den »Osten« nachrichtendienstlich bearbeitet hatte und der diese Kenntnis später als Chef des Bundesnachrichtendienstes (BND) den neuen Verbündeten zur Verfügung stellte.[52]

Die Führung der Sowjetunion unter Stalin reagierte auf die »Containment«-Politik der USA mit einer erneuten »ultralinken Wende«, die sich von

[51] Der »Oktoberstreik« des Jahres 1950 war die bis dahin größte Streikbewegung der Zweiten Österreichischen Republik. Insgesamt standen knapp 190.000 Beschäftigte aus 769 Betrieben im Streik gegen das 4. Lohn-Preis-Abkommen, das hohe Teuerungen bei den Grundnahrungsmitteln brachte. Von Konservativen, aber auch vom sozialdemokratisch beherrschten ÖGB wurden die Streiks als »Kommunistenputsch« hochgespielt, eine Geschichtslegende von geradezu »bizarrer Absurdität« (Hautmann). Vgl. Manfred Mugrauer: Die Legende vom »Kommunistenputsch«, Junge Welt, 24.9.2020, S. 12f.

[52] »Als Reinhard Gehlen im Juli 1945 im Vernehmungszentrum (der US-Armee in Wiesbaden) eintraf, besaßen er und sein Stab (mit ihren sorgfältig versteckten Arbeitsunterlagen über das taktische Verhalten, die Strategie und das militärische Potenzial der Sowjets) als einzige umfassende Informationsquellen über die Stärke der sowjetischen Militärmacht. Vergleichbares gab es nirgendwo auf der Welt.« (Critchfield 2005: 33)

der Politik der Einheitsfront und der »antifaschistisch-demokratischen Neuordnung« (auch in den Volksdemokratien Mittel- und Osteuropas) verabschiedete. Der neue Linksradikalismus bezog sich auf die Zeitdiagnose von sowjetischen Ökonomen, die dem westlichen Kapitalismus nach dem Kriege eine tiefe Wirtschaftskrise und einen Aufschwung der Klassenkämpfe voraussagten. Der Kampf gegen den US-Imperialismus und seine Verbündeten – darunter auch die westeuropäischen Sozialdemokraten – trat jetzt in der ganzen Welt ins Zentrum der Politik kommunistischer Parteien.[53] Die sogenannte »Zwei-Lager-Theorie«, die Trumans dichotomisches Weltbild übernahm, rückte den Antagonismus von Imperialismus und Sozialismus in den Mittelpunkt aller strategischen Überlegungen. Die jugoslawischen Kommunisten unter der Führung von Josef Broz Tito, die aus »eigener Kraft« die Macht errungen hatten und sich immer wieder Anweisungen aus Moskau widersetzt hatten, wurden 1947 aus dem Kominform-Büro[54] ausgeschlossen, mit einem Bannfluch aus Moskau belegt und gingen von da an einen eigenen Weg. Nunmehr wurden die Regierungen der Volksdemokratien kommunistischer und sowjetischer Kontrolle unterworfen. In den Reihen der kommunistischen Parteien wurde nach »titoistischen Abweichlern und Agenten« gefahndet, die sogleich mit westlichen Agenten unter der Kontrolle der USA gleichgesetzt wurden. Mit der sogenannten Noel-Field-Affaire erreichten die von den Geheimdiensten beider Seiten gesteuerten Verfolgungen ihren Höhepunkt. Noel Field war Amerikaner, Sympathisant der Kommunisten, während des Krieges Mitarbeiter des Roten Kreuzes in der Schweiz. Viele Kommunisten in der Westemigration hatten Kontakte zu ihm. Sie gerieten unter einen Generalverdacht; Field wurde zum Agenten der CIA aufgewertet, dessen Kontaktleute in Ungarn, der Tschechoslowakei, der DDR und in Polen – oft als Parteisekretäre – einen kritischen Kurs gegenüber Stalin und der Sowjetunion verfolgten. Field wurde in Prag verhaftet und nach Ungarn verbracht, wo es zu einem Schauprozess gegen László Rajk kam. Im Zuge der Säuberung wurden alle, die mit ihm Kontakt hatten, mit dem Vorwurf US-amerikanischer Spionage konfrontiert und in vielen Fällen nach Schau-

[53] So rief z.B. die KPD zum »revolutionären Sturz des Adenauer-Regimes auf. In ihrem »Programm der nationalen Wiedervereinigung Deutschlands« vom November 1952 fand sich diese Formulierung: »Es wäre lächerlich, zu erwarten, dass das Regime Adenauer, welches die für die Bevölkerung unerträglichen Verhältnisse geschaffen hat, selbst den Wunsch hätte, dass diese Verhältnisse wieder abgeschafft werden. Deshalb muss das Regime Adenauer gestürzt und auf den Trümmern dieses Regimes ein freies, einheitliches, unabhängiges, demokratisches und friedliebendes Deutschland geschaffen werden.«

[54] Kominform war die Abkürzung für »Kommunistisches Informationsbüro« (offiziell: Informationsbüro der Kommunistischen und Arbeiterparteien), das von 1947 bis 1956 mit Sitz in Warschau ein überstaatliches Bündnis verschiedener kommunistischer Parteien Europas war. Aus Westeuropa gehörten ihm die großen kommunistischen Parteien aus Frankreich und Italien an.

prozessen hingerichtet. Viele der Inhaftierten – darunter Field selbst – gestanden unter Folter (wie die Angeklagten in den Moskauer Prozessen der 1930er Jahre) Taten und Verbindungen, die sie niemals eingegangen waren. 1955 wurde Field aus dem Gefängnis entlassen und entschädigt. Bis zu seinem Tod (1970) lebte er in Ungarn. Die Opfer der Prozesse wurden rehabilitiert.[55] Der »Stalinismus« als Synonym für terroristische »Säuberungen« nach innen erlebte zwischen 1947 und dem Tod von Stalin (1953) verschiedene Neuauflagen. Auch die Lager des Gulag füllten sich in dieser Periode erneut. Schließlich wurde das Ansehen des »realen Sozialismus« durch die militärische Niederschlagung von »Volksaufständen« in der DDR (17. Juni 1953), in Ungarn im Herbst 1956, in der CSSR im August 1968 massiv beschädigt.[56] Dass die kommunistischen Parteien im Westen, die noch 1945 von der Popularität Stalins profitiert hatten, schnell an Ansehen und Wählerstimmen verloren, war nicht allein auf die Containment-Politik, sondern auch auf die negative Ausstrahlung des »realen Sozialismus« zurückzuführen.

Als Antwort auf die Blockbildung im Westen (Marshallplan und die Gründung der OEEC) wurde 1949 der Rat für gegenseitige Wirtschaftshilfe (RGW) gegründet. Nach der Gründung der Bundeswehr und dem Beitritt der Bundesrepublik Deutschland zur NATO im Jahr 1955 wurde das Militärbündnis des Warschauer Paktes gegründet, in dem die Sowjetunion mit den sozialistischen Staaten Ost-, Südost- und Mitteleuropas – einschließlich der DDR – zusammenarbeitete. Diese Organisationen existierten bis zum Ende der Sowjetunion. Nach dem Tod von Stalin (und den Unruhen in der DDR) vollzog sich unter der neuen Führung der KPdSU jedoch ein deutlicher Wandel. Auf dem XX. Parteitag im Jahr 1956 klagte Nikita Chruschtschow (in einer angeblichen Geheimrede, die schnell auch im Westen verbreitet wurde) Feh-

[55] Vgl. Bernd-Rainer Barth u.a. (2007): Der Fall Noel Field, 2 Bände, Berlin. Der britische Journalist Stewart Steven veröffentlichte 1974 eine Schrift mit dem Titel »Operation Splinter Factor« (deutsche Ausgabe 1982). Darin wird die »Affaire« als eine Operation der CIA unter Allen Dulles (in Kooperation mit einem Überläufer aus dem polnischen Geheimdient) dargestellt. Stalin sollte dazu gebracht werden, in seinen »Sattelitenstaaten« diejenigen Kommunisten zu eliminieren, die vor 1945 nach Westen emigriert waren und nicht als Befehlsempfänger Moskaus galten, daher relativ populär waren. Man hoffte, auf diese Weise Volksaufstände gegen die Herrschaft Moskaus zu beschleunigen. Dieser »Kalte-Kriegs-Krimi« wurde jedoch als bloße Spekulation von der »herrschenden Meinung« im Westen zurückgewiesen. Die Schrift von Arthur Köstler »Sonnenfinsternis« – ein Klassiker der Renegaten-und-Antikommunismus-Literatur – war Pflichtlektüre an deutschen Gymnasien der 1950er Jahre.

[56] Die herrschenden Parteien sprachen von der Niederschlagung von »konter-revolutionären Bewegungen«, die von ausländischen Geheimdiensten angefeuert wurden. Das war allerdings nur die halbe Wahrheit. Sie konnte nicht darüber hinwegtäuschen, dass große Teile der Bevölkerung – vor allem auch in der Arbeiterklasse – mit ihren Arbeits- und Lebensbedingungen sowie mit dem herrschenden kommunistischen Regime höchst unzufrieden waren.

ler und Verbrechen Stalins an und kritisierte den »Personenkult« um seine Person. Er bekannte sich zum Prinzip der »kollektiven Führung«, die innenpolitisch eine Periode des »Tauwetters« bzw. der »Entstalinisierung« einleitete.[57] Der XX. Parteitag löste Erschütterungen innerhalb der kommunistischen Weltbewegung aus. Chruschtschow hatte schon vorher den Konflikt mit Tito beigelegt und den eigenen Weg Jugoslawiens (Arbeiterselbstverwaltung, Blockfreiheit) anerkannt. In Polen wurde im Ergebnis von Arbeiterunruhen gegen den Willen der sowjetischen Führung Wladislaw Gomulka zum Parteisekretär der KP ernannt. In Ungarn brach im Oktober ein »Volksaufstand« aus, der sich gegen die Herrschaft »moskautreuer« Kommunisten richtete. Die Bewegung wurde militärisch niedergeschlagen; die Regierung des Kommunisten Imre Nagy, der auch der marxistische Philosoph Georg Lukács angehörte, wurde verhaftet und deportiert.

Die Ereignisse in Ungarn wiederum lösten in den kommunistischen Parteien des Westens z.T. tiefe Krisen aus. In der italienischen KP dachte ihr Generalsekretär Palmiro Togliatti 1956 – unter dem Stichwort des »Polyzentrismus« – über die »Einheit in der Vielfalt« nach und betonte einen eigenen »nationalen Weg zum Sozialismus«. Damit bereitete er den »eurokommunistischen Kurs« des PCI vor, der 1968 zu einer offenen Verurteilung der Militärintervention in der CSSR führte und in den 1970er Jahren unter Enrico Berlinguer (zusammen mit den Kommunistischen Parteien aus Spanien und Frankreich) fortgeführt wurde. Nach 1956 wandten sich zahlreiche Intellektuelle, die sich nach 1945 der kommunistischen Bewegung angeschlossen hatten, von ihren Parteien ab. Eric Hobsbawm (2002: 230ff.) hat diesen Prozess am Beispiel der kleinen britischen KP (und der hoch qualifizierten Gruppe der »kommunistischen Historiker« um die Zeitschrift »Past and Present«) beschrieben. In Dänemark trat der Vorsitzende der KP, Axel Larsen, aus der Partei aus und gründete die Sozialistische Volkspartei, die sich als Teil der Neuen Linken verstand.

Der Zerfall der kommunistischen Weltbewegung wurde aber vor allem dadurch vorangetrieben, dass sich Mao und die Führung der KP Chinas von der Stalin-Kritik Chruschtschows distanzierten und die von der sowjetischen Führung eingeschlagene Politik der »friedlichen Koexistenz« mit dem Westen scharf kritisierten. Es begann die Zeit nicht nur des ideologischen Dissen-

[57] Das Buch »Tauwetter« des russischen Schriftstellers Ilja Grigorjewitsch Ehrenburg war eine Zwischenform zwischen Roman und Erzählung. Es erschien zuerst im Jahr nach Stalins Tod, 1954, in der Literaturzeitschrift Snamja (»Banner«). Das Buch signalisierte den Beginn der nach ihm benannten »Tauwetter«-Periode, einer Phase der Liberalisierung der sowjetischen Kulturpolitik und der Rehabilitation von Opfern der stalinistischen Verfolgungen. Alexander Solschenizyn wurde 1953 aus dem Lager entlassen. 1962 verfasste er eines seiner bekanntesten Werke, die Novelle »Ein Tag im Leben des Iwan Denissowitsch« über den grausamen Lageralltag eines Gefangenen in einem sowjetischen Arbeitslager und eine Auseinandersetzung mit dem stalinistischen System.

ses zwischen Moskau und Peking, sondern auch der offenen Konfrontation, bis hin zu militärischen Grenzkonflikten am Ussuri. In den frühen 1970er Jahren, als die USA (mit Nixon und Kissinger) diplomatische Beziehungen zur VR China herstellten, wurden die UdSSR und ihre Verbündeten als der Hauptfeind definiert. Im Westen sympathisierten nicht wenige Intellektuelle, die seit 1968 in Bewegung geraten waren und sich für ultralinke Revolutionsfantasien begeisterten, mit den Ideen von Mao und der Kulturrevolution in China. Die meisten der von ihnen gegründeten bzw. abgespaltenen maoistischen Parteien überlebten in Westeuropa allerdings die frühen 1980er Jahre nicht, nachdem unter Deng Xiaoping seit 1978 die Politik der Reformen und die Öffnung zum kapitalistischen Weltmarkt vorangetrieben wurde (Koenen 2001). Nach der Spaltung zwischen Moskau und Belgrad war die Spaltung zwischen Moskau und Peking die zweite Einbruchsstelle im Prozess des Niedergangs der (sich auf die Oktoberrevolution beziehenden) kommunistischen Weltbewegung nach 1945. Die dritte Spaltung vollzog sich in den 1970er Jahren mit jenen großen »eurokommunistischen« Parteien in Italien, Frankreich und Spanien.

Die von der KPdSU seit 1956 vertretene Politik der »friedlichen Koexistenz« beruhte auf einer gegenüber den Nachkriegsjahren deutlich modifizierten Einschätzung der weltpolitischen Macht- und Kräftekonstellationen und der Rolle des Sozialismus in der Welt. Angesichts der Blockbildung und der alles überragenden Risiken eines Atomkrieges wurde die Außenpolitik der Sowjetunion und ihrer Verbündeten gegenüber dem Westen nunmehr auf Verhandlungen ausgerichtete, in denen zwischen den Weltmächten Wege der Entspannung und Abrüstung ausgelotet und vereinbart werden konnten. Der Kampf für Frieden und Entspannung, für die Anerkennung der Grenzen in Europa und (darin eingeschlossen) der DDR, trat an die Stelle der revolutionären Appelle zum »Umsturz«, die noch Anfang der 1950er Jahre formuliert worden waren. Das war einerseits eine Antwort auf die inzwischen deutlich geschwächte Position der kommunistischen Parteien im Westen. Auf der anderen Seite war angesichts des wirtschaftlichen Aufschwungs der 1950er Jahre in den entwickelten kapitalistischen Staaten des Westens (»Wirtschaftswunder«) deutlich geworden, dass die Thesen der sowjetischen Ökonomen über die bevorstehende tiefe Wirtschaftskrise des Kapitalismus falsch gewesen waren: Sie waren auf der Linie marxistischer Zusammenbruchstheorien konstruiert und sollten zugleich die neue Offensiv-Strategie der Parteien im Kampf gegen die kapitalistische Restauration und die US-Vorherrschaft nach 1945 begründen.

Gleichwohl waren die Ideologen des »Realsozialismus« davon überzeugt, trotz der zeitweiligen Stabilisierung in den Zentren des Kapitalismus in einer geschichtlichen Epoche des »Übergangs vom Kapitalismus zum Sozialismus« zu leben – so wurde es in den offiziellen Dokumenten der KPdSU vorgegeben. Die Politik der friedlichen Koexistenz wie die Theorie des staatsmonopolistischen Kapitalismus bezogen sich auf Lenin, der den Imperialismus als das »letzte Stadium des Kapitalismus« analysiert hatte. Die zeitweilige Stabilisierung der Herrschaft der Monopole würde weder die dem Kapitalismus immanenten Krisentendenzen noch den Klassenkampf außer Kraft setzen. Der weltrevolutionäre Prozess manifestierte sich dieser Theorie zufolge:

- im Scheitern aller Versuche, die Sowjetunion zu beseitigen sowie in dem praktischen Nachweis, dass das ökonomische System der Sowjetunion (Staatseigentum, zentrale staatliche Planung) sich bis dahin als höchst dynamisch und lebensfähig erwiesen hatte;[58]
- im Aufstieg der Sowjetunion zur Führungsmacht eines sozialistischen Lagers, das sich von Eisenach bis nach Wladiwostok erstreckte und ein Drittel der Menschheit umfasste;
- in den Kämpfen der Arbeiterbewegung und der demokratischen Bewegungen (z.B. der Anti-Atom- und Friedensbewegungen) in den entwickelten kapitalistischen Staaten;[59]
- in dem Aufschwung der antikolonialen und antiimperialistischen Befreiungsbewegungen in der sogenannten »Dritten Welt«, die die weltpolitischen Kräfteverhältnisse (auch in den internationalen Institutionen wie der UNO) zugunsten des sozialistischen Lagers verschiebe; und
- in der Bildung einer internationalen Organisation der »blockfreien« Staaten, die sich im Ost-West-Konflikt neutral verhielten und keinem der beiden Militärblöcke angehörten. Die führenden Vertreter dieser Gruppe setzten sich für die Politik der friedlichen Koexistenz und für die Vermeidung eines Dritten Weltkrieges ein – zu ihnen gehörten Josef Broz Tito (Jugoslawien), Jawharal Nehru (Indien), Gamal Abdel Nasser (Ägypten) und Zhou Enlai (VR China). Sie waren Führer in den nationalen Unabhängigkeitsbewegungen und verstanden sich als Sozialisten. Sukarno, der Staatspräsident von Indonesien, wurde 1965 durch einen Militärputsch unter General Suharto entmachtet, der ebenso wie das anschließende Massaker an Kommunisten und Linken von den USA und den anderen westlichen Staaten unterstützt wurde.[60]

---

[58] Der amerikanische Ökonom Paul A. Baran schrieb 1957 in »The Political Economy of Growth«: »Es steht außer Zweifel, dass ein auf einer umfassenden Wirtschaftsplanung beruhendes sozioökonomisches System funktionieren, wachsen und den schwierigsten historischen Prüfungen standhalten kann – ohne die Vorteile der Privatwirtschaft und ohne die Institution des Privateigentums an den Produktionsmitteln.« (Baran 1962: 11)

[59] Dazu gehörten natürlich auch die starken kommunistischen Massenparteien in Frankreich, Italien und Finnland, später in Griechenland, Spanien und Portugal, die erst in den 1970er Jahren aus der Illegalität heraustreten konnten, aber die Hauptkraft im Kampf gegen die faschistischen Regime ihres Landes bildeten.

[60] Die Massaker in Indonesien 1965 – 1966 waren ein Massenmord an Mitgliedern und Sympathisanten der Kommunistischen Partei Indonesiens (PKI) und chinesisch-stämmi-

In der Dritten Welt war der Sozialismus auf dem Vormarsch (Becker/Weissenbacher 2009: 160ff.), musste allerdings auch mit brutaler Gegenwehr der alten Kolonialmächte, der USA und ihrer Verbündeten rechnen:

- In Vietnam siegte die von der Kommunistischen Partei unter Ho Chi Minh (1890–1969) geführte Volksbefreiungsbewegung (Viet Minh) im Krieg gegen Truppen der französischen Armee und der Fremdenlegion, die nach 1945 den alten Kolonialstatus von Indochina wiederherstellen sollten. Nach der Niederlage in der Schlacht von Dien Bien Phu (1954) zogen sich die Franzosen zurück. Vietnam wurde geteilt – im Süden setzte sich der Befreiungskrieg des Viet Minh fort, bis zum Sieg über die US-Armee 1975. Am 3. April 1995 gab Vietnam bekannt, dass von 1954 bis 1975 im Krieg je zwei Millionen nord- und südvietnamesische Zivilisten (12–13% der Gesamtbevölkerung) und 1,1 Millionen der nordvietnamesischen Armee sowie des FNL im Süden gestorben seien. 600.000 Soldaten seien verwundet worden. Zudem töteten im Krieg verwendete Sprengsätze, etwa Landminen, von 1975 bis 2011 über 42.000 und verletzten über 62.000 Vietnamesen. Weitere 400.000 Vietnamesen verstarben bis 2009 an der zur »Entlaubung« eingesetzten Chemikalie Agent Orange. Die Zahl der im Vietnamkrieg gefallenen US-Soldaten wird mit 58.220 angeben.
- Im Algerienkrieg (1954 bis1963) kämpfte die 1954 gegründete marxistisch-nationalistische Front National de Libération (FNL) für die Befreiung und Unabhängigkeit des Landes, das dem französischen »Mutterland« angeschlossen war und zahlreiche französische Siedler als regionale Elite beherbergte, gegen die französische Armee. Die FLN bekannte sich öffentlich zu einer Republik als Staatsform, in der sozialistische, demokratische und auch islamische Prinzipien respektiert werden sollten. Die Schrift von Frantz Fanon, »Les damnés de la terre«, galt als eine Art Manifest dieser revolutionären Bewegung, gegen die die französische Armee mit unglaublicher Gewalt, Folter, Bombardierung ziviler Ziele, auch mit Repressalien gegen die in Frankreich lebenden Algerier vorging. Ahmed Ben Bella, der

---

gen Bürgern durch Teile der indonesischen Armee und eigens dafür eingespannte Milizen unter dem Kommando des Generals und späteren Präsidenten Suharto. Das systematische Morden begann im Oktober 1965, je nach Schätzung fielen ihm 500.000 bis drei Millionen Menschen zum Opfer. Die Vernichtung der KP folgte auf einen angeblichen Putschversuch der sogenannten Bewegung 30. September mehrere Wochen zuvor, am 1. Oktober 1965. Hierfür wurde die KP in einer medialen Kampagne verantwortlich gemacht und zum Hauptfeind der Nation stilisiert. Eine große Zahl an Zivilisten beteiligte sich an dem Morden. Das Militär stellte für die Vernichtung der Kommunisten eigens paramilitärisch organisierte Todesschwadronen aus den Mitgliedern anderer politischer und auch religiöser Bewegungen zusammen. Eine wesentliche Rolle für den systematischen Massenmord gegen das linke Spektrum Indonesiens spielte die globale Polarisierung und Einflussnahme der Konfliktparteien des Kalten Krieges auf das Indonesische Militär, vor allem seitens der CIA. Heute gilt als gesichert, dass die Putsch-Beschuldigungen gegen die KP falsch waren (nach Wikipedia).

erste Ministerpräsident des freien Algerien, war ein arabischer Sozialist. Die FNL gab 1965 die Zahl der Kriegstoten mit 1,5 Millionen an.

- In der arabischen Welt war Gamal Abdel Nasser (1918–1970) ein gefeierter Held, der die Nationalisierung des Suez-Kanals (gegen eine britisch-französische Militärintervention im Jahre 1956) verteidigt hatte, aber auch in der Auseinandersetzung mit Israel die arabische Welt repräsentierte. Er sprach für die Bewegung der »Blockfreien«, vertrat eine Ideologie des Panarabismus, die Elemente eines Staatssozialismus (im Hinblick auf die wirtschaftliche Entwicklung u und Zusammenarbeit mit der UdSSR und anderen sozialistischen Staaten) enthielt. 1958 gründeten Ägypten und Syrien die Vereinigte Arabische Republik, in die die sozialistische Baath-Partei (die auch im Irak vertreten war) eine führende Rolle spielte. Nach seinem Tod wendete sich sein Nachfolger Sadat zum Westen.
- In Afrika südlich der Sahara entstanden aus den antikolonialen Bewegungen für die nationale Unabhängigkeit zahlreiche Regime, deren Repräsentanten sich als Sozialisten bzw. als Marxisten verstanden. Kwame Nkrumah (1909–1972) war von 1960 bis zu seinem Tode Präsident der Republik Ghana und einer der Sprecher der panafrikanischen Bewegung. 1965 veröffentlichte er ein Buch mit dem Titel »Der Neokolonialismus. Das letzte Stadium des Imperialismus«, das nicht nur im Titel die Nähe zu W.I. Lenins Schrift über den Imperialismus erkennen ließ. Nach der formellen Unabhängigkeit – so Nkrumah – bestehen die Ausbeutungsstrukturen der Kolonialzeit weiter und werden durch die Abhängigkeit vom kapitalistischen Weltmarkt (Rohstoffpreise, Terms-of-Trade etc.) verstärkt. In Afrika manifestieren sich die Macht und der Einfluss von internationalen Öl- und Bergbaukonzernen wie der Anglo-American Corporation oder der American Metal Climax.
- Julius Nyerere (1922–1999) war von 1962 bis 1985 Präsident von Tansania. Der Sozialismus-Begriff (»Ujamaa«) des Katholiken war von den Gedanken der Fabian Society aus England und durch die Sozialenzykliken der Päpste bestimmt. 1962 schrieb er zu den »Grundlagen des afrikanischen Sozialismus«, dass die »traditionelle afrikanische Gesellschaft ... die richtige Einstellung zu ›Gleichheit‹ in Bezug auf Einkommen, Arbeitsleistung und Verfügung über Produktionsmittel (habe). Das ›Recht auf Arbeit‹ muss in einer gerechten Gesellschaft ebenso verankert sein wie die ›Pflicht zu arbeiten‹. Nicht Individualismus, sondern Gemeinschaftsdenken sollen das Handeln bestimmen.« (Schicho 2009: 181)
- Patrice Lumumba (1925–1961) war der Wortführer der Unabhängigkeitsbewegung in der belgischen Kolonie Kongo. Er wurde im Jahr 1960 Ministerpräsent der Demokratischen Republik. Gegen ihn putschte die Armee, die an Rohstoffen reiche Provinz Katanga wurde abgespalten, die ehemalige Kolonialmacht Belgien, die internationalen Konzerne und der

Geheimdienst der USA wirkten bei diesen Aktionen zusammen. Lumumba, der noch die Sowjetunion um Hilfe bat, wurde verhaftet, auf bestialische Weise gefoltert und im Januar 1961 ermordet. Die Hintergründe dieses Verbrechens wurden erst Jahrzehnte später aufgedeckt. Auch der Tod des damaligen UNO-Generalsekretärs Dag Hammarskjöld, gehört in diesen Zusammenhang. Am 18. September 1961 wurde sein Flugzeug abgeschossen, mit dem er auf dem Weg zu einem Treffen in der sezessionistischen Provinz Katanga war, um im Rahmen der UNO-Mission in der Kongo-Krise zu vermitteln. Als Unfallursache wurde ein Abschuss durch ein fremdes Flugzeug, durch katangische Truppen oder durch Söldner mit oder ohne Beteiligung der US-amerikanischen CIA, Großbritanniens oder Belgiens vermutet.

Für diese afrikanischen Politiker der 1950er und 1960er Jahre war der Begriff des »Sozialismus« erstens mit dem Kampf um die nationale Unabhängigkeit und Souveränität, zweitens mit einem Konzept des Herausführens des Landes aus Unterentwicklung und Abhängigkeit von den Kapitalmetropolen und dem Weltmarkt verbunden.[61] Autonomie (= Souveränität) und »Development« waren die übergreifenden Ziele ihrer Politik – der Staat (als Entwicklungsdiktatur) fungiert als Zentrum bei der Umsetzung dieser Ziele; Staatseigentum nicht nur im Bereich der Infrastruktur, sondern auch bei der Industrialisierung und der Aneignung der Bodenschätze stand neben den Genossenschaften in der Landwirtschaft im Mittelpunkt. Dazu kam, dass einige dieser Staaten sowohl ökonomische als auch militärische Kooperationsbeziehungen mit der Sowjetunion und ihren Verbündeten eingingen.

- Schließlich hat die kubanische Revolution von 1958 die Frontlinien des Kalten Krieges durchbrochen. Lateinamerika und speziell Kuba galten (und gelten bis heute) als integraler Bestandteil (»Hinterhof«) des American Empire. Die von Fidel Castro (1926–2016) und Che Guevara (1928–1967) geführte revolutionäre Bewegung, die in der Sierra Maestra ihren ersten Stützpunkt hatte, folgte eher den Lehren Maos über den Partisanen-

[61] Zu den beutenden sozialistischen Politikern Afrikas zählt Nelson Mandela (1918 – 2013), der seit 1944 im ANC, später auch als Mitglied der Kommunistischen Partei Südafrikas gegen das System und die Politik der Apartheid kämpfte, von 1964 bis 1999 inhaftiert war und nach dem Ende des Apartheid-Regimes Präsident seines Landes wurde (1994 – 1999). Südafrika war ein entwickeltes Land mit einer starken schwarzen Arbeiterklasse. Der ANC arbeitete eng mit der Sowjetunion und ihren Verbündeten zusammen. Die Führer der antikolonialen Befreiungsbewegungen in Rhodesien – später Zimbabwe – sowie in den portugiesischen Kolonien Angola, Mozambique und Guinea Bissau bezeichneten sich als Sozialisten oder gar als Marxisten-Leninisten. Die Befreiungsbewegung von Namibia (SWAPO), die 1990 die Macht übernahm, wurde von der Sowjetunion unterstützt und operierte als Guerilla im Kampf gegen Südafrika von Angola aus, in dem seit 1975 die MPLA herrschte.

krieg als den Lehren Lenins über den Gang der proletarischen Revolution. Erstes Ziel der Revolution war der Sturz des Diktators Battista, einer Marionette der USA, die die Insel ökonomisch und politisch in Abhängigkeit hielten.[62] Die USA unternahmen große Anstrengungen, um das Regime in Kuba zu stürzen und die Ausbreitung des »kubanischen Virus der Revolution« in Lateinamerika zu verhindern.[63] In der Kuba-Krise des Jahres 1962 eskalierte der Konflikt: Die Sowjetunion war bereit, Kuba gegen die USA militärisch – auch durch die Stationierung von Raketen – zu unterstützen. Die US-Regierung unter Präsident Kennedy forderte den Abbruch der sowjetischen Hilfsaktion und drohte mit Krieg. Die sowjetische Führung unter Chruschtschow lenkte ein; im Geheimen wurden Vereinbarungen getroffen, um den Konflikt zu entspannen. Fidel Castro protestierte gegen den sowjetischen Rückzug, war aber mehr und mehr – bis zum Ende der Sowjetunion, das Kuba in eine tiefe Krise stürzte – an die politische und ökonomische Kooperation mit den sozialistischen Staaten gebunden.

Die Überzeugung, dass der Sozialismus schließlich siegen werde, beruhte einerseits auf empirisch zu konstatierenden Veränderungen der Kräfteverhältnisse zwischen Kapitalismus und Sozialismus im Weltmaßstab. Andererseits griff sie auf geschichtsphilosophische Prämissen über den »historischen Charakter der kapitalistischen Produktionsweise« sowie auf die propagandistische Instrumentalisierung der Theorien von Marx, Engels und Lenin im Kalten Krieg zurück. Daher wurde den inneren Widersprüchen und Krisenpotenzialen dieser »drei Ströme des weltrevolutionären Prozesses« nur geringe Beachtung geschenkt. Sie sollten sich allerdings bald – in der inneren ökonomischen und politischen Entwicklung in den sozialistischen Staaten, im Zerfall der Bewegung der Blockfreien und in den Grenzen antiimperialistischer Befreiungsbewegungen – entfalten. In den sozialistischen Staaten nahm die Kluft zwischen der ideologischen Selbstbeschreibung des Systems und den Alltagserfahrungen der Menschen, zwischen Herrschenden und Beherrschten zu. Gleichzeitig führte die Blockkonfrontation der Systeme zu weitreichenden Veränderungen der politischen Bedingungen, unter denen sich die Politik des Sozialismus als Klassenpolitik »von unten« entwickeln kann. Die extreme Polarisierung und Konfrontation zwischen den Systemen – dominiert vom atomaren Rüstungswettlauf – hatte zur Konsequenz:

---

[62] Im Süden des Landes befindet sich nach wie vor der Militärstützpunkt der US-Navy in Guantanamo. Dieser wurde 1903 für 100 Jahre an die USA verpachtet (nachdem sie den Kampf um die Unabhängigkeit Kubas von Spanien unterstützt hatten) und im Jahr 1936 auf unbestimmte Zeit verlängert. Die kubanische Regierung erkennt dies nicht an. 2003 – nach »Nine-Eleven« – errichteten die USA dort ein Internierungslager, in dem Gefangene aus dem »Krieg gegen den Terrorismus« festgehalten und gefoltert wurden.

[63] Am 31. März 1964 putschte das brasilianische Militär mit Unterstützung des US-Geheimdienstes CIA. Präsident Joao Goulart wurde ins Exil getrieben. Es war der Beginn einer langen Militärdiktatur.

- Die wechselseitige Stabilisierung der Systeme, die mit dem Hinweis auf die Gefährdung ihrer Macht im Systemwettbewerb die innere Opposition ausschalten konnten. Mary Kaldor (1992: 258f.) hat daher den »imaginären Krieg« als ein »joint venture« bezeichnet: ein »Geschäft auf Gegenseitigkeit zwischen Atlantizismus und Stalinismus … die militärische Konfrontation war eine Form des psychologischen Zwangs, eine Möglichkeit, die innenpolitischen Konflikte des Atlantizismus ebenso wie des Post-Stalinismus nach außen zu kehren«.
- Sozialistische Politik – ob in der Dritten Welt oder in den Kapitalmetropolen – wurde durch den Systemgegensatz und seine militärische Logik überdeterminiert. Der Primat, den die kommunistische Bewegung dort dem Kampf um den Frieden und für Entspannung, für die Unterstützung der Politik der Sowjetunion zuschrieb, führte in vielen Fällen zur Abwertung des Klassenkampfes im eigenen Land, in den Betrieben und für den Sturz reaktionärer Regierungen. In Lateinamerika z.B. kam es – auch unter dem Einfluss der kubanischen Revolution von 1958 – zu Spaltungen innerhalb der kommunistischen Parteien und Bewegungen zwischen denjenigen Kräften, die den Primat der Außenpolitik betonten (für Koexistenz und Frieden, für Bündnisse mit Kräften im eigenen Land, die eine solche Politik gegen den aggressiven US-Imperialismus unterstützen) und denjenigen, die die Mobilisierung der Massen gegen ihre reaktionären Regierungen, die Vorbereitung und Durchführung des revolutionären Kampfes im eigenen Lande als ihre Hauptaufgabe betrachteten.
- Die Konfrontation der »Ersten« und »Zweiten Welt« auf der Nordhälfte des Globus verhinderte einen Dritten (atomaren) Weltkrieg. Allerdings verlagerte sich in der Epoche des Kalten Krieges das Kriegsgeschehen in die »Dritte Welt« der ehemaligen Kolonien und Halbkolonien. Der »Dritte Weltkrieg«[64] wurde nicht allein über den Rüstungswettlauf zwischen Ost und West ausgetragen, sondern forderte in den Kriegen in der Dritten Welt (u.a. Vietnam, Malaysia, Indonesien, Korea, Algerien, im Nahen Osten, in Kolonial- und Bürgerkriegen in Afrika, im Krieg Portugals in seinen afrikanischen Kolonien: Angola, Mozambique, Guinea-Bissau) unendlich hohe Opfer. Von den insgesamt 120 Kriegen zwischen 1945 bis 1976 wurden fünf (4,2%) in Europa ausgetragen, 35 (29,2%) in Asien, 36 (30%) im Nahen Osten (einschließlich Nordafrikas), 21 (17,5%) in Afrika (südlich der Sahara) und 23 (19,2%) in Lateinamerika. Die meisten dieser Kriege wurden als »Stellvertreterkriege« geführt, denn die Parteien wur-

[64] Die Metapher vom »Dritten Weltkrieg« bezeichnet hier nicht die Dystopien eines fiktiven oder gefürchteten atomaren Weltkrieges zwischen den Großmächten, sondern die gesamte Epoche zwischen dem Beginn des Kalten Krieges (1947/48) bis zum Ende der Sowjetunion (1991). Die Kriegstoten und Verwüstungen in der Dritten Welt gehören auf jeden Fall zur Opferbilanz dieser globalen Auseinandersetzung.

den entweder aus dem Westen oder aus dem Osten mit Waffen versorgt. Für die Sowjetunion und andere sozialistische Staaten bedeutete die Hilfe für die revolutionären Bewegungen in der Dritten Welt – bezogen auf die eigene wirtschaftliche, sozialpolitische und kulturelle Leistungsfähigkeit – eine erheblich stärkere Belastung als die »Entwicklungshilfe«, die von den Staaten des Westens geleistet wurde.

Fordismus: Golden Age

Der Kalte Krieg wurde vom »American Empire« als Politik der »Eindämmung« (»Containment«) bzw. des »Roll Back« des Kommunismus betrieben. Bis in die frühen 1950er Jahre dienten die Errichtung von US-amerikanischen Militärstützpunkten in der ganzen Welt,[65] die Schaffung von Militärbündnissen (NATO, SEATO, CENTO), die vom Atlantik bis zum Pazifik die sozialistischen Staaten im Schach halten sollten, diesem Ziel. In den Staaten der westlichen Welt wurden – in unterschiedlichem Ausmaße – Regime installiert, die sich der Führung der USA sowie der Politik und Ideologie des Antikommunismus unterwarfen. Der Rüstungswettlauf zwang der Sowjetunion die Logik der atomaren Abschreckung auf – nicht nur die Rüstungsausgaben, sondern auch die dominante Stellung des Militärs und der Rüstung in der Wirtschaft, der Wissenschaft sowie im Staatsapparat waren Ausdruck dieser Herrschaftskonstellation. In den USA wurde der »militärisch-industrielle Komplex« aus Rüstungsindustrien, Wissenschaftssystem und Regierungsinstitutionen fester Bestandteil eines Warfare Capitalism, der durch den ideologischen Krieg gegen den Kommunismus gestützt und legitimiert wurde.

Unter dem Schutzschirm der Atomraketen entwickelte sich in den drei folgenden Jahrzehnten eine lange Welle der Prosperität und des Wachstums, die als »Golden Age« des Kapitalismus bezeichnet wird (Hobsbawm 1998; Marglin/Schor 1991; Deppe 2016/3.1.: 125ff.). Die sozialistischen Kräfte der Arbeiterbewegung in den entwickelten kapitalistischen Staaten, die sich in der Nachkriegszeit gegen die Einbeziehung in das »American Empire« zur Wehr setzten, wurden durch den Übergang in diese neue Epoche noch stärker herausgefordert als durch die Politik und Ideologie der »Eindämmung« selbst. Unter dem Druck der Systemkonkurrenz und der US-Führung wurde in Westeuropa Frieden geschaffen – die einstigen Kriegsgegner (vor allem die

[65] Die Vereinigten Staaten unterhielten nach eigenen Angaben im Jahr 2008 761 militärische Einrichtungen aller Teilstreitkräfte (Army, Air Force, Navy, Marine Corps) im Ausland. Die Gesamtzahl der Stützpunkte, auf die die USA jederzeit zurückgreifen können, ist jedoch höher, da Basen, für die lediglich Nutzungsrechte vereinbart wurden, auf denen aber derzeit keine amerikanischen Soldaten stationiert sind, sowie etliche Militärbasen, etwa in Afghanistan und im Irak, in dieser Statistik nicht enthalten sind. Experten schätzten im Jahr 2004 die Gesamtzahl der Stützpunkte, auf die die USA jederzeit zurückgreifen können, auf ungefähr 1.000 (nach Wikipedia).

BRD und Frankreich) trieben die »europäische Integration« voran, die mit dem Marshallplan (OEEC) begann und sich über die EGKS (1951) und Europäische Wirtschaftsgemeinschaft (EWG, 1958) bis zur Europäischen Union als »Friedensgemeinschaft« (so die Selbstbezeichnung) fortentwickelte und trotz zahlreicher Rückschritte und Krisen stabilisierte. Im Bündnis mit den USA erwiesen sich auch die Institutionen der parlamentarischen Demokratie über einen langen Zeitraum als relativ stabil. Konservative Parteien und Parteibündnisse erzielten fast in der gesamten Periode bis zum Ende der 1960er Jahre Mehrheiten bei Wahlen und stellten die Regierung – in der BRD die Christdemokraten unter Konrad Adenauer, in Italien ebenfalls die christdemokratische Partei (DC) mit einer starken kommunistischen Opposition (PCI), in Frankreich wurde die 4. Republik, die höchst instabil war, durch die Präsidialverfassung der 5. Republik (1958) abgelöst, die de Gaulle und seinen Nachfolgern gegen eine starke kommunistische Opposition das Regieren erleichterte. In den skandinavischen Ländern bestand eine stabile sozialdemokratische Hegemonie, während sich in Großbritannien und in den Benelux-Staaten überwiegend konservative und christlich-demokratische Mehrheiten gebildet hatten. Sozialdemokratische Regierungsvertreter waren in der Minderheit; sie hatten sich wie schon Ernest Bevin in der Attlee-Regierung auf die Seite der USA und der Containment-Politik gestellt.[66]

Diese Stabilität wurde nicht nur durch die Logik des Kalten Krieges gestützt, sondern beruhte auch auf der materiellen Basis eines enormen Wirtschaftsaufschwunges, der bis Anfang der 1970er Jahre anhielt und die Arbeitslosigkeit auf ein niedriges Niveau reduzierte. Die Arbeitslosenquote sank bis in die 1960er Jahre fast überall in Westeuropa unter die Marke von zwei Prozent. »Vollbeschäftigung« verbesserte die Position der Gewerkschaften, die dennoch oft harte Kämpfe führen mussten, um die Reallöhne zu erhöhen, die Tages-, Wochen- und Lebensarbeitszeit zu verkürzen und die Systeme der sozialen Sicherung auszubauen. Der Wachstumszyklus wurde zunächst durch die Notwendigkeit angeschoben, die Kriegszerstörungen – im Bereich der Produktion, der Infrastruktur, des Wohnungswesens usw. – zu beseitigen und die Versorgung der Bevölkerung sicherzustellen. Diese Politik wurde einerseits durch die US-Kredite im Rahmen des Marshallplans, andererseits durch eine staatliche Politik der Investitionslenkung unterstützt, durch die diese wirtschaftspolitischen Prioritäten gestützt wurden. Früh erholte sich in der BRD die (traditionell starke) Exportwirtschaft (Maschinenbau, Elektroindustrie, pharmazeutische Industrie), die während des Koreakrieges (als sich

[66] Einige der Generalsekretäre der NATO waren führende Sozialdemokraten und Außenminister in ihren Ländern: Paul-Henri Spaak (1957 bis 1961) in Belgien, Javier Solana (1995 bis 1999) in Spanien, seit 2017 der ehemalige Ministerpräsident von Norwegen Jens Stoltenberg, der ein besonders eifriger Verfechter einer neuen Politik des Kalten Krieges gegenüber Russland und China ist.

die US-Wirtschaft auf die Rüstungsproduktion konzentrierte) mit einer stabilen D-Mark schnell auf alten Märkten wieder Fuß fassen konnte.

Ab Ende der 1950er Jahre machte sich das »Wirtschaftswunder« auch auf der Seite des Konsumverhaltens der Arbeiterklasse bemerkbar. Der Bau von Eigenheimen, der Erwerb von Wohnungseinrichtungen, Küchengeraten und Fernsehapparaten, der Kauf eines Automobils sowie Urlaubsreisen ins Ausland wurden durch Ratenkredite vonseiten der Banken sowie durch Steuererleichterungen vonseiten der Regierung gefördert und begünstigt, um die Losung des konservativ-liberalen Wirtschaftsministers Erhard (»Wohlstand für alle«) als Gegenentwurf zur vermeintlichen »kommunistischen Gleichmacherei« attraktiv zu machen. Die Automobilindustrie (mit den Zuliefererindustrien) übernahm seit den 1960er Jahren immer mehr die Rolle einer Schlüsselbranche in der Gesamtwirtschaft. Das Automobil und das dazu passende Verkehrssystem wurde das Medium einer Kultur der individuellen Mobilität und Selbstverwirklichung. Der Westen Deutschlands sollte »Schaufenster« für die Menschen im Osten sein, von denen viele in den Westen abwanderten. Der individuelle Konsum wurde zum Markenzeichen des individuellen Erfolges und zur Manifestation des (subjektiv vorgestellten) sozialen Aufstiegs. Die herrschende Ideologie reproduzierte sich sowohl über die kommerzielle Werbung als auch über die zunehmende Bedeutung des Fernsehens als des wichtigsten Mediums der Massenkommunikation, aber auch durch die sich immer mehr an die kommerzielle Werbung angleichenden Wahlwerbungen der Parteien des herrschenden Blocks. So verkündeten dessen Ideologen nicht nur die Überlegenheit der »offenen« kapitalistischen Gesellschaft gegenüber dem totalitären Kommunismus, sondern sie verkündeten auch eine Tendenz zur Auflösung der Klassengesellschaft und des traditionellen Klassengegensatzes von Kapital und Arbeit. Auf der Ebene der Einkommen, der Lebensstile und der Bewusstseinsformen bilde sich eine »nivellierte Mittelstandsgesellschaft« (Helmut Schelsky) aus. Der alte Klassengegensatz zwischen Kapital und Arbeit werde auf diese Weise entschärft – die nach wie vor bestehenden Interessenkonflikte zwischen Arbeitgebern und Arbeitnehmern könnten durch Verhandlungen auf dem Boden der gemeinsamen Interessen der Sozialpartner an der Erhaltung des »sozialen Friedens« und der Förderung des Wachstums gelöst werden. Auf diese Position hatten sich die meisten sozialdemokratischen Parteien und die von ihnen beeinflussten Gewerkschaftern in den entwickelten kapitalistischen Staaten Westeuropas zubewegt. Die starke ökonomische und ideologische Macht eines Konsumkapitalismus war schon in den USA der 1920er Jahre mit dem Namen des »weißen Revolutionärs« und Automobilkönigs Henry Ford verbunden.[67]

[67] Aus der Sicht europäischer Ökonomen (auch Gewerkschafter) seiner Zeit war Henry Ford ein »Revolutionär«, weil er die Fließbandfertigung (und die entsprechende Ar-

»Fordismus« bezeichnete nach 1945 – im Rahmen des »American Empire« – eine Formation des Kapitalismus, die sich mit unterschiedlichen nationalen Ausprägungen auch in Westeuropa durchsetzte. »Die Durchsetzung der tayloristischen Arbeitsorganisation bewirkte einen enormen Anstieg der Arbeitsproduktivität und die industrielle Massenproduktion von Konsumgütern ermöglichte trotz (oder sogar wegen) steigender Realeinkommen und verbesserter materieller Güterversorgung eine wertmäßige Verbilligung der Arbeitskräftereproduktion mit dem Effekt einer durchgreifenden Steigerung der relativen Mehrwertrate. Die damit verbundene Durchkapitalisierung der Gesellschaft erweiterte zugleich die Anlagesphäre des Kapitals um eine entscheidende Dimension: die Reproduktion der Arbeitskräfte wurde ›kapitalisiert‹« (Hirsch/Roth 1986: 52). Auf der Basis dieser Dynamik und der Disziplinierung der Arbeiterklasse durch den Antikommunismus im Kalten Krieg war die Bourgeoisie in bestimmten Bereichen bereit, eine Politik des »Klassenkompromisses« zu akzeptieren. Die Anerkennung der Gewerkschaften und des Streikrechts sowie von gesetzlichen Regelungen von Tarifverhandlungen, betrieblichen Interessenvertretungen der Lohnabhängigen sowie von Mitbestimmungsregelungen auf der Ebene der Unternehmensleitungen bildete ebenso einen Bestandteil dieses Kompromisses wie die Erweiterung der Staatsinterventionen im Bereich der Sozialpolitik sowie der Ausweitung öffentlichen Eigentums in verschiedenen Wirtschaftsbereichen.

Diese Regelungen und Vereinbarungen waren allerdings stets umkämpft; denn die politischen Repräsentanten der Bourgeoisie und die Unternehmer selbst stemmten sich immer wieder gegen die Forderungen der Gewerkschaften und der politischen Linken – sowohl auf dem Feld der Lohnkämpfe als auch in den Auseinandersetzungen um die gesetzliche Regelung der Betriebsverfassung. Allerdings wurden z.B. in Großbritannien von den konservativen Regierungen nach Attlee weder die Nationalisierungen der Nachkriegsperiode (z.B. des Kohlebergbaus) noch der National Health Service zurückgenommen. Die Konservativen mussten lernen, die Stärke des Sozialismus bzw. der Arbeiterbewegung anzuerkennen, andererseits die Wirtschaftspolitik des Keynesianismus und den Wohlfahrtsstaat als Instrumente zur Stabilisierung des Kapitalismus nutzen. Diese Konstellation förderte in der (sich immer noch zum Sozialismus bekennenden) Sozialdemokratie – wie Donald Sassoon (1996: 241ff.) betont – eine »zweite Welle des Revisionismus«. Für die erste Welle stand Eduard Bernstein, der am Ende des 19. Jahrhunderts den Weg zum Sozialismus nicht über die gewaltsame »proletarische

beitsorganisation am Band, Taylorismus) eines erschwinglichen Automobils einführte (T-Modell) und die Auffassung vertrat, dass seine Arbeiter, die das Auto produzieren, auch einen entsprechenden Lohn erhalten müssen, um es kaufen zu können. Politisch war Henry Ford ein extremer Rechter: Antisemit (der von Adolf Hitler und der NSDAP verehrt wurde), Feind der Gewerkschaften und natürlich des Sozialismus und der Sowjetunion.

Revolution«, sondern über eine Kette und Stufenfolge von sozialen Reformen gehen wollte. Nunmehr wurde in verschiedenen Programmdebatten sozialdemokratischer Parteien das alte Ziel der Aufhebung des Privateigentums an den Produktionsmitteln durch öffentliches Eigentum (»Vergesellschaftung«) aufgegeben. Die Ziele des Sozialismus – »soziale Gleichheit, Wohlfahrt und Glück« (Sassoon) – sollten auf dem Boden einer stabilen demokratischen Ordnung im Kapitalismus selbst realisiert werden. Das Ziel der Vergesellschaftung der Produktionsmittel, also die für den Sozialismus konstitutive Forderung nach der Umwälzung der Eigentumsverhältnisse, wurde aufgegeben. Die SPD wurde mit ihrem »Godesberger Programm« aus dem Jahr 1959, mit dem sie sich zugleich von der proletarischen »Klassenpartei« zur »Volkspartei« fortentwickeln wollte, zum Vorbild dieses neuen »Revisionismus«, der sich freilich in den verschiedenen Parteien in unterschiedlicher Intensität durchsetze. So bildete sich seit dem Ende der der 1950er Jahre eine Strömung der »neuen Linken« heraus, bei der sowohl ehemalige Kommunisten, die nach 1956 (XX. Parteitag, Ungarn/Polen) ihre Partei verlassen hatten, als auch Sozialisten und linke Gewerkschafter, die sich von ihren sozialdemokratischen Parteien getrennt hatten (z.B. die Gründung der PSIUP in Italien mit Lelio Basso u.a.), mit prominenten linken Intellektuellen und marxistischen Wissenschaftlern aus den Universitäten zusammenkamen.

Herbert Marcuse, Mitarbeiter des Frankfurter Instituts für Sozialforschung, der 1933 in die USA emigrierte und dort nach 1945 an verschiedenen Universitäten lehrte, veröffentlichte im Jahr 1964 unter dem Titel »Der eindimensionale Mensch« (»One-Dimensional Man«) »Studien zur Ideologie der fortgeschrittenen Industriegesellschaft«. Diese analysierte er als eine »fortschreitende eindimensionale Gesellschaft« (Marcuse 1994: 258) auf der Basis kapitalistischer Produktionsverhältnisse, die ihrerseits den Charakter der Herrschaftsverhältnisse – als Klassenverhältnisse – determinieren. Die »ehedem antagonistischen Bereiche verschmelzen (allerdings) auf technischem und politischen Boden« (ebd.: 259). Der technische Fortschritt, der Konsumkapitalismus und der Systemgegensatz als permanenter Bezugspunkt der Ideologie des Antikommunismus wirken als Hebel der Integration bzw. der Entschärfung der sozialökonomischen Klassengegensätze. Diese Integration erfasst im politischen Feld nicht nur die Sozialdemokratie, sondern auch die kommunistischen Parteien. Sie »spielen die historische Rolle legaler Oppositionsparteien, die zur Nichtradikalität ›verdammt‹ sind« (ebd.: 41). In den entwickelten kapitalistischen Gesellschaften des Westens – so Marcuse – werden »die früheren Konflikte in der Gesellschaft … unter der doppelten (und auf Wechselseitigkeit) beruhenden Einwirkung von technischem Fortschritt und internationalem Kommunismus modifiziert und geschlichtet. Die Klassenkämpfe werden abgeschwächt, und die ›imperialistischen Widersprüche‹ bleiben angesichts der Bedrohung von außen unausgetragen. Mobilisiert gegen diese Bedrohung, zeigt die kapitalistische Gesellschaft eine innere Einheit und Kohärenz, die sehr materielle Gründe hat; die Mobilisierung gegen den Feind wirkt als mächtiger Antrieb zu Produktion und Beschäftigung und erhält so den hohen Lebensstandard.« (Ebd.: 41) Marcuses Aufruf zur »Großen Weigerung«, die in den Studentenbewegungen des Jahres 1968 aufgegriffen wurde, war durch die Überlegung bestimmt, dass der alte Klassenkampf zwischen Kapital und Arbeit gegen die »zunehmende Irrationalität des Ganzen, Verschwendung und Restriktion der Produktivität, das Bedürfnis nach aggressiver Expansion, die beständige Bedrohung durch Krieg, (gegen) verschärfte Ausbeutung, Entmenschlichung« (ebd.: 263) keine Perspektive der Befreiung vermitteln kann. Nur die »Große Weigerung«, die von gesellschaftlichen Randgruppen, »den Ausgebeuteten und Verfolgten anderer Rassen und anderer Farben, den Arbeitslosen und Arbeitsunfähigen« (ebd.: 267), aber auch von den »Verdammten dieser Erde« in der Dritten Welt (Frantz Fanon) ausgeht, mag noch Hoffnung geben.

Obwohl Marcuse – vor allem nach dem Umbruch, der nach 1968 erfolgte – zu Recht dafür kritisiert wurde, dass er die Integrationspotenziale des »organisierten Kapitalismus« verabsolutierte und die Rolle des technischen Fortschritts von den inneren, krisenhaften Akkumulationsprozessen in der Formation des Fordismus abgetrennt hatte, so hatte er Anfang der 1960er Jahre doch einen wichtigen politischen Einschnitt in der Entwicklung der sozialistischen Arbeiterbewegung in den Kapitalmetropolen begriffen. Vor 1914 hatten Friedrich Engels und W.I. Lenin die »Arbeiteraristokratien«, die durch Qualifikation, Einkommen und durch ihre relativ privilegierte Stellung im Arbeitsprozess – zusätzlich durch »koloniale Exportprofite bestochen« – von der Bourgeoisie als Bündnispartner gewonnen werden, als eine Minderheit angesehen, die von der Masse der Lohnabhängigen verachtet werden. Nunmehr war die Mehrheit der Gewerkschaften und der sozialdemokratischen Parteien, die nach ihrer Mitglieder- und Wählerbasis nach wie vor Arbeiterparteien waren, in den Funktionszusammenhang des kapitalistischen Gesamtsystems positiv einbezogen (»integriert«) und – über die Wirkungen des Antikommunismus – zu aktiven Stützen dieses Systems erhoben. Diese ideologische Bindung trug auch dazu bei, die Realität der Klassenspaltungen und der darin liegenden Herrschaftsformen zu verschleiern. Die proletarischen Klassenmilieus mit ihrer deutlichen Abgrenzung gegenüber den Mittel- und Oberschichten bestanden ebenso fort wie die Klassenspaltungen im Bildungssystem, in der Kultur, im sogenannten Freizeitverhalten. Soziologische Forschungen zum Bewusstsein der Arbeiter, die nicht von den Prämissen der »nivellierten Mittelstandsgesellschaft« ausgingen, stellten in den verschiedenen Staaten stets das »dichotomische Bewusstsein« der Arbeiter heraus, das die Gesellschaft – aber auch die Erfahrungen im Arbeitsprozess und in den Lebenswelten des Alltags – als eine eindeutige Herrschaftspyramide wahrnahm, deren Basis die Arbeiter bilden (Deppe 1971). Die vom herrschenden Denken propagierte »Integration« der Klassen in die herrschende Ordnung (und die daraus abgeleitete Partnerschaft der Klassen) ließ sich daher besser als De-Mobilisierung bzw. als Entwaffnung der Arbeiterklasse in dieser Entwicklungsperiode des Kapitalismus (Golden Age/Kalter Krieg) charakterisieren, die freilich durch die Aussicht auf einen steigenden Lebensstandard »vergoldet« wurde. Auf ganz andere Weise war die Arbeiterklasse in den Regimen des realen Sozialismus im Osten politisch de-mobilisiert. Sie wurde als die »herrschende Klasse« der realsozialistischen Systeme gefeiert; die Erfüllung ihrer »historischen Mission« war jedoch der mit dem Staat verschmolzenen Partei der Arbeiterklasse übertragen. Im System der zentralen Wirtschaftsplanung wurde sie stets zu Höchstleistungen aufgerufen. Als eigenständiger Akteur, der sich in Streiks oder in politischen Protestbewegungen artikulierte, war sie hingegen gefürchtet.

Die politischen Veränderungen innerhalb des sozialistischen Lagers waren jedoch nicht allein dem ideologischen Klima des Kalten Krieges, den Wirkungen einer ungewöhnlichen Prosperitätskonstellation und den – durch Filme aus Hollywood und Musik aus New York untermalten – Konsumreizen des »American Way of Life« geschuldet. In der Blüteperiode des Fordismus vollzogen sich auch Veränderungen in der Zusammensetzung der Arbeiterklasse, die sowohl die Arbeiterbewegung als auch das Projekt des Sozialismus mit ganz neuen Fragestellungen konfrontieren mussten. Seit Friedrich Engels' »Lage der arbeitenden Klasse in England« (1844) hatten sich sozialistische Theorie und Politik auf das industrielle Proletariat als den Kern der Arbeiterklasse bezogen: Der gesellschaftliche Reichtum wird durch das Industrieproletariat produziert, die Klassenherrschaft der Bourgeoisie beruht auf der Verwertung der Lohnarbeit in der Industrie, wie es Marx im »Kapital« analysiert hatte. Das Selbstbewusstsein des industriellen Proletariats beruhte auf dem Wissen, dass seine kollektive Macht die kapitalistische Produktion zum Stillstand zwingen kann (»Alle Räder stehen still, wenn dein starker Arm es will«). Aus den Erfahrungen solidarischer Kooperation sowohl im Arbeitsprozess als auch in den Klassenkämpfen speiste sich zusätzlich die Überzeugung, dass diese Kämpfe die Zukunftsperspektive einer neuen, gesellschaftlichen Ordnung der Freiheit, Gleichheit und Solidarität eröffnen. Die sozialistischen Parteien der II. Internationale, aber auch die kommunistischen Parteien der III. Internationale stützten sich (real oder programmatisch) auf das industrielle Proletariat. Selbst die chinesische KP, deren soziale Basis überwiegend die armen Bauern waren, erkannte programmatisch die führende Rolle der Arbeiterklasse im revolutionären Kampf an. Starke und militante Gewerkschaften repräsentierten bis in die Mitte des Jahrhunderts überwiegend Industriearbeiter verschiedener Branchen (Ausnahmen: Transportarbeiter, Seeleute).

Dass neben der Industriearbeit auch andere Formen der Lohnabhängigkeit (im Handwerk und in der Landwirtschaft, in zunehmendem Maße aber vor allem im Dienstleistungs- sowie im Staatssektor und schließlich auch in Haushalten) existieren, war natürlich bekannt. Die Zunahme der Angestelltentätigkeiten im Bereich der Industrie wurde schon in den 1920er Jahren registriert. Ihre Träger wurden allerdings als Angehörige der Mittelschichten bezeichnet, die offen für antisozialistische bzw. für faschistische Anrufungen waren. In der Blütezeit des Fordismus stand die Industriearbeiterschaft – vor allem in der Automobilindustrie – immer noch im Vordergrund. Die Automobilarbeiter und ihre Gewerkschaften sollten in den 1960er und 1970er Jahren eine führende Rolle in den großen Streikbewegungen dieser Zeit spielen. Die großen Fabriken (Fiat-Mirafiori, Renault-Billancourt, Ford-Dagenham) wurden als »Arbeiterfestungen« beschrieben, in denen auch die kommunistischen Parteien Italiens und Frankreichs, bzw. linke Gewerkschafter aus Großbritannien über großen Einfluss verfügten. VW-Wolfsburg galt – auch aufgrund seiner halb-öffentlichen Unternehmensverfassung und der starken Positionen der IG Metall im Unternehmen – im Unterschied zu den Automobilkonzernen in Süddeutschland – als ein »sozialdemokratischer Betrieb«.[68] Gleichwohl machten sich die Anzeichen eines strukturellen Wandels schon bemerkbar. In der BRD, die aufgrund stark exportorientierter Branchen über einen höheren Anteil der Industriebeschäftigung als ihre Nachbarländer verfügt, nahm die Zahl der Industriearbeiter in den 1950er Jahren noch einmal zu. Allerdings verzeichneten die Angestellten in der Industrie sowie in den privaten und öffentlichen Dienstleistungen einen deutlich höheren Zuwachs, der sich im weiteren Verlauf der Entwicklung noch verstärken sollte. Auch die Gruppe der wissenschaftlich-technischen Intelligenz, deren Angehörige – schon früh als EDV-Spezialisten – im Bereich der Forschung, der Produktion, im Management und bei der Organisierung von Arbeitsprozessen (Taylorisierung der Arbeit, REFA), aber auch in den Bereichen Bildung und Wissenschaft tätig sind, nahm stärker zu als die klassischen Industriearbeiter. Dies wurde von kritischen Industriesoziologen (Serge Mallet: La nouvelle classe ouvrière, 1963; Deppe u.a. 1970) früh zur Kenntnis genommen. Die damit verbundenen Erwartungen einer neuen Dynamik in den Klassenauseinandersetzungen (in den Kämpfen um Arbeiterkontrolle und Mitbestimmung) sollten sich allerdings nicht erfüllen.

In der Industrie sorgten zunächst gewaltige Produktivitätssteigerungen für die »Freisetzung lebendiger Arbeitskraft«. Die heimische Kohleförde-

[68] Ein älterer kommunistischer Betriebsrat bei VW-Braunschweig äußerte noch in den 1990er Jahren in einem Gespräch: »Wir sind der letzte sozialistische Betrieb in Deutschland.« Auf die Frage: »Warum?« antwortete er: »Wir Schmeißen den Laden« und bezog sich dabei auf die Praxis des »Co-Managements«, von der die Belegschaft des Unternehmens profitiert.

rung geriet schon bald unter den Druck sowohl des Erdöls als alternativer Energiequelle als auch von Importen billiger Kohle. Bald wurden die Stahlindustrie und die Werften durch die globale Konkurrenz herausgefordert. Im Bereich der Textilindustrie und der Schuhfertigung setzte früh die Produktionsverlagerung in sogenannte »Billiglohnländer« ein, zunächst in Europa, bald auch nach Nordafrika und Fernost. Mit den Anfängen der Automation bzw. der digitalen Revolution gerieten bald weitere Branchen und Berufsgruppen unter Druck. Viele der Arbeiter in diesen Branchen – u.a. Bergleute, Stahlarbeiter, Textilarbeiter:innen, Drucker – hatten mit ihren Gewerkschaften in der Geschichte der Arbeiterbewegung eine wichtige Rolle gespielt (Raphael 2019). Ihre Abwehrkämpfe gegen Arbeitsplatzverlust und sozialen Abstieg bestimmten oft noch das Profil der gewerkschaftlichen Kämpfe dieser Jahre. Gleichwohl konnte auch der Aufschwung der Klassenkämpfe seit dem Ende der 1960er Jahre nicht darüber hinwegtäuschen, dass mit dieser »Großen Transformation« der Arbeiterklasse, d.h. dem Schrumpfen des industriellen Kerns, zugleich ein tiefgreifender Bruch in der Geschichte des der Arbeiterbewegung und des Sozialismus eingeleitet war.[69]

Sozialistische Theoriearbeit – die Intellektuellen und der Sozialismus[70]

Unter dem Eindruck des Ersten Weltkrieges und der Oktoberrevolution hatten sich zahlreiche Intellektuelle bürgerlicher Herkunft der kommunistischen Bewegung und ihren Organisationen zugewandt. Philosophen wie Georg Lukács (»Geschichte und Klassenbewusstsein«, 1923), Ernst Bloch (»Vom Geist der Utopie«, 1923) und Karl Korsch (»Marxismus und Philosophie«, 1923) begriffen die – von Lenin inspirierte – Praxis der proletarischen Revolution sowie das Projekt des Aufbaus des Sozialismus als eine Erneuerung des revolutionären Marxismus, obgleich sich Korsch bereits seit 1925 von der KPD und der Komintern entfernt und den »realen Sozialismus« unter Stalin scharf kritisiert hatte. Sie überlebten den Faschismus und den Zweiten Weltkrieg in der Emigration – Lukács in Moskau, Bloch und Korsch in den USA. Lukács hatte sich schon früh von »Geschichte und Klassenbewusstsein« distanziert. Er übernahm nach 1945 eine Professur in Budapest, gehörte der Regierung von Imre Nagy an, die 1956 im »Ungarnauf-

[69] Der italienische Politikwissenschaftler Stefano Bartolini (2000) hat in einer umfangreichen, empirisch angelegten Studie nachgewiesen, wie sich am Ende der Periode zwischen 1860 und 1980 aufgrund der sozialökonomischen Strukturveränderungen der Zusammenhang zwischen der politischen Linken (Sozialdemokratie/Kommunisten) und dem industriellen Proletariat der jeweiligen Länder in Europa aufgelöst hat, mit der Folge des bis heute anhaltenden Niedergangs der Parteien der alten Arbeiterbewegung.

[70] Angesichts der Fülle des Materials kann in diesem Abschnitt nur ein sehr grober Überblick gegeben werden. Es geht dabei auch darum, aufzuzeigen, dass es trotz der repressiven Maßnahmen gegen kritisches und zumal kritisch-marxistisches Denken (auch im Osten) doch eine recht lebendige, sozialistische Theoriearbeit gab.

stand« ins Amt kam und von der sowjetischen Militärintervention abgesetzt wurde. Lukács wurde aus der Partei ausgeschlossen und verschwand für einige Jahre aus der Öffentlichkeit; ab 1967 lebte und wirkte er wieder in Budapest. In Gesprächen mit Wolfgang Abendroth, Hans Heinz Holz, Leo Kofler und Theo Pinkus meldete er sich 1967 im Westen zurück. Ernst Bloch kehrte aus den USA an die Universität in Leipzig und in die DDR zurück. Sein Hauptwerk »Prinzip Hoffnung« – in der Emigration geschrieben – erschien zwischen 1954 (in der DDR) und 1959 (im Suhrkamp-Verlag). Seit 1956 wurde er – auch wegen seiner engen Beziehungen zu seinem alten Freund Lukács – isoliert und 1957 zwangsemeritiert. 1961 kehrte von einem Aufenthalt in die Bundesrepublik nicht mehr in die DDR zurück. Bis zu seinem Tod lehrte er an der Universität Tübingen. Beide verbanden ihren Bezug zu Marx mit der Fundamentalkritik der im »Spätkapitalismus« herrschenden ökonomischen, politischen und ideologischen Machtverhältnisse. Angesichts ihrer Erfahrungen in der Welt des »realen Sozialismus« bewegte sich ihr Denken aber auch immer wieder um die »Krise des Marxismus«, die durch den Widerspruch zwischen dem Anspruch einer lebendigen Theorie der Kritik von Herrschaftsverhältnissen einerseits und der realsozialistischen Diktatur im Namen des Marxismus-Leninismus andererseits bestimmt wurde. Sie hatten die Hoffnung auf innere Reformen in den sozialistischen Staaten sowie auf den Aufschwung von Klassenkämpfen und den mit diesen verbundenen sozialistischen Perspektiven in den entwickelten kapitalistischen Ländern nicht aufgegeben.

Perry Anderson hat Lukács und Korsch als die Gründer eines »westlichen Marxismus« hervorgehoben, zu dem er u.a. Antonio Gramsci, Max Horkheimer, Herbert Marcuse, Theodor W. Adorno sowie Jean-Paul Sartre und Louis Althusser zählte (Anderson 1978: 46). Merkmal aller war die »strukturelle Trennung von Theorie und Praxis«, zwischen der theoretischen Kritik der kapitalistischen Herrschaftsverhältnisse und der Praxis des Klassenkampfes. »Das Ergebnis war die Isolierung der Theoretiker in den Universitäten fernab vom Leben des Proletariats ihrer jeweiligen Länder und ein Rückzug der Theorie von Ökonomie und Politik hin zur Philosophie.« (Ebd.: 136)[71] An-

---

[71] Im Westen waren Professoren, die sich zum Marxismus und Kommunismus bekannten, eine verschwindende Minderheit innerhalb der »ideologischen Staatsapparate« kapitalistischer Gesellschaften, zu denen die Universitäten, aber auch das Verlagswesen und die Medien gehören. In Frankreich, Italien und Großbritannien waren jedoch viele von ihnen an den Universitäten anerkannt. In West-Deutschland war der Marxismus fast vollständig unterdrückt, wie auch in autoritär regierten Staaten wie Spanien und Portugal. In den sozialistischen Staaten – z.B. in der DDR – war der Aufbau eines sozialistischen Bildungs- und Wissenschaftssystems, das sich aus seiner bürgerlichen Vor-Geschichte inhaltlich, personell und institutionell (z.B. durch Arbeiter-und-Bauern-Fakultäten) lösen musste, ein gewaltiges Transformationsprojekt, in dem außerordentliche Energien freigesetzt wurden (vgl. die Autobiografien von Historikern aus der DDR, z.B. Kurt Pätzold

derson schrieb dies Ende der 1970er Jahre, als er die Auffassung vertrat, dass in den Klassenkämpfen seit den späteren 1960er Jahren diese Trennung überwunden werden konnte. Dieser Optimismus sollte sich nicht bestätigen. Er verkannte auch die Bedeutung der Differenzen z.B. zwischen einem Antonio Gramsci im Gefängnis Mussolinis, dessen »Philosophie der Praxis« sowie seine »Anmerkungen zur Politik Machiavellis« stets auf Grundfragen des Kampfes und der Politik der kommunistischen Partei, deren Vorsitzender er war, bezogen waren – und der z.B. in der »Dialektik der Aufklärung« von Horkheimer und Adorno (1944) begründeten, kategorischen Distanz zur politischen Praxis. Sartre und Althusser wiederum waren in den 1950er Jahren in der Periode des Kalten Krieges aktiv in den politischen Auseinandersetzungen ihrer Zeit aktiv: Sartre als »Compagnon de Route« der FKP in der Friedensbewegung gegen die USA, im Algerienkrieg und als begeisterter Anhänger der kubanischen Revolution im Jahre 1958. Althusser war als Mitglied der französischen KP ebenfalls in den politischen und sozialen Auseinandersetzungen dieser Jahre, einschließlich der Massenstreikbewegungen, die es in Frankreich und Italien immer wieder gab, involviert. Dass sich die Gruppe der britischen marxistischen Historiker, die der KPGB angehörten und die Zeitschrift »Past and Present« herausgaben, nach dem XX. Parteitag der KPdSU und der gewaltsamen Niederschlagung des »Ungarnaufstandes« auflöste (Hobsbawm 2002: 241ff.), verweist auf die heftigen politischen Auseinandersetzungen innerhalb der Partei, aber auch in der gesamten Öffentlichkeit ihres Landes. Viele von ihnen engagierten sich weiterhin in der Friedensbewegung (»Campaign for Nuclear Disarmament«) und in linkssozialistischen Publikationsprojekten (New Left Review, Socialist Register).

Der Italiener Lelio Basso[72] wurde 1963 aus der Sozialistischen Partei (PSI) ausgeschlossen, weil er gegen deren Koalition mit den regierenden Christdemokraten opponierte. Er gründete 1964 mit anderen die PSIUP,[73] die sich für eine Zusammenarbeit mit den Kommunisten (PCI) einsetzte und 1972 im PCI aufging. Basso gründete 1964 das »International Sozialist Journal« *(ISJ)*, das in mehreren Sprachen erschien und bis 1972 zum renommierten Publikationsorgan einer internationalen Neuen Linken wurde, der sich Intellektuelle, Professoren, aber auch linke Gewerkschafter aus verschiedenen euro-

(2008) und Walter Schmidt (2018) sowie des Politikers Hans Modrow (1998) und natürlich »Die Aula« von Herman Kant.

[72] Lelio Basso (1903–1978) war Anwalt in Mailand, hoch angesehen aufgrund seiner führenden Rolle in der Resistenza in der Lombardei. Basso verfasste wichtige Beiträge zur politischen Theorie des Marxismus, u.a. zu Rosa Luxemburg sowie zur marxistischen Staatstheorie. Die finanziellen Mittel für das ISJ stammten – so berichteten italienische Freunde – aus Verträgen zwischen FIAT und dem sowjetischen Staat über den Bau einer riesigen Automobilfabrik (Lada-Werke) in der sowjetischen Stadt Togliatti, die von Basso als Notar in seiner Kanzlei beglaubigt wurden.

[73] Italienische Sozialistische Partei der Proletarischen Einheit.

päischen Ländern zurechneten. In den Jahren 1963 bis 1974 fanden auf der jugoslawischen Insel Korčula die »Sommerschulen« der sogenannten »Praxis-Gruppe« statt, an der viele Vertreter der Neuen Linken aus dem Westen, die auch im ISJ zu Wort kamen, teilnahmen. Die Gruppe und ihre Tagungen wurden 1974 administrativ aufgelöst und durch die Konferenz »Socialism in the World« ersetzt, die bis 1989 jährlich in Cavtat stattfand.

In den sozialistischen Staaten Ost- und Mitteleuropas waren seit den späten 1950er Jahren – nach dem Abschluss des Wiederaufbaus und der ersten Phase der sozialistischen Transformation von Wirtschaft, Gesellschaft und Politik – Reformdebatten in Gang gekommen, die sich sowohl auf das Wirtschaftsmodell (Staatseigentum, zentrale staatliche Planung) als auch auf das politische System (»Diktatur des Proletariats«, Vorherrschaft der Partei) bezogen, die aber auch die Wissenschaft, die marxistische Theorie und die Kultur von den engen (durch Geheimdienste, Polizei und Justiz abgesicherten) Vorgaben durch die Partei befreien sollten. Im Bereich der Ökonomie sollte einerseits durch eine Aufwertung der Mechanismen des Marktes, durch die Anerkennung von Gewinnorientierung der Unternehmen eine Neuvermessung des Verhältnisses von Markt und zentraler Planung vorgenommen werden, um auf diese Weise die Flexibilität zu erhöhen und die Produktivität zu steigern. Damit war auch die Überlegung verbunden, dass die zentralstaatlichen Lenkungsmethoden den Anforderungen der »extensiv erweiterten Reproduktion« in der Periode der Schaffung der materiellen Grundlagen der sozialistischen Wirtschaft entsprachen. In dieser Periode der sogenannten »ursprünglichen sozialistischen Akkumulation« wurde beim Aufbau der Schwerindustrie und der verarbeitenden Industrie, aber auch bei den gewaltigen Infrastrukturprojekten (Bau von Straßen, Kanälen, Eisenbahnlinien usw.) mit Methoden der politischen Gewalt auf die Massen billiger Arbeitskräfte (überwiegend aus der Landwirtschaft) zurückgegriffen. Mit dem Übergang zur intensiv erweiterten Reproduktion entscheide nicht die Masse billiger Arbeitskräfte, sondern die Steigerung der Arbeitsproduktivität durch den Einsatz moderner Technologien und die wissenschaftlich begleitete Organisation des Arbeitsprozesses über Innovation, Wachstum und die Vermehrung des Wohlstandes. Im Westen wurde zu dieser Zeit unter dem Stichwort der »Automation« bereits über gewaltige Produktivitätssteigerungen bei gleichzeitiger Reduzierung der lebendigen Arbeit durch den Einsatz von Computern bei der Datenverarbeitung wie bei der Steuerung von Produktionsprozessen selbst diskutiert. Diese »wissenschaftlich-technische Revolution« musste die sozialistischen Staaten natürlich im Systemwettbewerb herausfordern, zumal sie sich zunächst in erster Linie auf die Systeme der modernsten Militärtechnik (Raketen, Weltraumforschung etc.) bezogen. Mit diesem Übergang waren gewaltige Anforderungen an das Wissenschaftssystem sowie an die Ausbildung der wissenschaftlich-technischen Intelligenz verbunden. Die Anforderungen an die Arbeitskraft selbst veränderten sich mit steigender Qualifikation: an die Stelle heroischer kollektiver Leistungen bei der disziplinierten Ausführung von Befehlen, waren nunmehr – idealtypisch formuliert – zunehmend individuelle Kreativität, neue Formen der Kooperation in Innovationsprojekten, aber auch neue Formen der Gratifikationen für Erfolge verbunden. Dass viele Teilnehmer an solchen Debatten seit den späten 1960er Jahren in den Westen emigrieren mussten,[74] oder »zu Hause« diszipliniert wurden, war ein Beweis dafür, dass die realsozialistischen Staaten entgegen der offiziellen Propaganda daran scheiterten, die »dritte industrielle Revolution« als Produktivkraftschub und damit als Mittel des Sieges über den Kapitalismus zu nutzen.

In der Tschechoslowakei hatte seit Anfang des Jahrzehnts ein »Forschungskollektiv der Akademie der Wissenschaften« unter der Leitung von Rodovan Richta (Mitglied des ZK der KPC) an einem Projekt mit dem Titel »Zivilisation am Scheideweg« gearbeitet. Dabei wurde nicht nur die Problematik der Wirtschaftsreformen im Zusammenhang der Bewältigung der »wissenschaftlich-technischen Revolution« thematisiert, sondern auch die Frage, wie im Sozialismus Folgen der Industrialisierung – zum Beispiel ökologische Schädigungen – bearbeitet werden. Technologischer Fortschritt bedeutet die Zunahme der qualifizierten geistigen Arbeit gegenüber der körperlichen Arbeit, was zugleich die Frage nach der Rolle der wissenschaftlich-technischen Intelligenz im Verhältnis zu den Kerngruppen der industriellen Arbeiterklasse aufwirft. Die Thesen dieses Forschungskollektivs spielten – zusammen mit konkreten Reformvorschlägen von Ökonomen – in den Bewegungen des »Prager Frühlings« des Jahres 1968 eine zentrale Rolle. Es war die Kommunistische Partei selbst, die die Bewegungen für einen »Sozialismus mit menschlichem Antlitz« anführte, in denen wiederum kulturelle Kräfte stark vertreten waren. Im Juli 1968 veröffentlichte die Gruppe um Richta Thesen, in denen u.a. festgestellt wurde: »Die zehnjährige künstliche Verlängerung der extensiven Entwicklung in unserem Land statt einer Ausrichtung auf die wissenschaftlich-technische Revolution hat zu einer ernsten Verzögerung der technischen Entwicklung geführt, zu einer ungeheuren Vergeudung menschlicher Kräfte in einfacher, mechanischer Arbeit, zu einer katastrophalen Lage der Dienstleistungen und des Lebensmilieus … Im ›Industrialisierungsmodell‹ des Sozialismus ist bereits die bürokratische, antisozialistische Deformation enthalten, und es wäre daher ein aussichtsloses Beginnen, dieses Modell durch Scheinreformen ›verbessern‹ zu wollen, ohne sein Wesen zu verändern« (nach Deppe 2017: 187). Im April 1968 hatte das ZK der KPC ein

[74] Die beiden polnischen Ökonomen Brus und Laski veröffentlichten 1990 beim Metropolis Verlag (Marburg) ein Buch mit dem Titel »Von Marx zum Markt. Der Sozialismus auf der Suche nach einem neuen Wirtschaftssystem«. Nach 1969 waren sie in den Westen emigriert.

»Aktionsprogramm« verabschiedet, in dem die »Entwicklung der sozialistischen Demokratie« als Kernbestand eines politischen Reformprogramms anerkannt wurde. »In unserem ganzen politischen System haben sich die schädlichen Einflüsse der zentralistischen Entscheidung und Leitung erhalten« (Mlynář 1978: 329). Dieses Programm, dessen wichtigste Teile von Zdeněk Mlynář, Sekretär des ZK, verfasst wurden, formulierte Prinzipien einer sozialistischen Demokratie, die in einer neuen Verfassung ausgearbeitet werden sollten. Im Mittelpunkt steht der Gedanke, dass das alte politische System die Selbsttätigkeit und Partizipation der Menschen ausbremst: »Der Sozialismus kann nicht nur die Befreiung des arbeitenden Volkes von der Vorherrschaft der ausbeutenden Klassenbeziehungen bedeuten, sondern muss mehr als jede bürgerliche Demokratie ermöglichen, die Persönlichkeit des einzelnen voll zur Geltung zu bringen.« (Ebd.: 334) Dazu gehören die Meinungsfreiheit, eine »Teilung und Kontrolle der Macht« sowie rechtsstaatliche Sicherungen gegen »politische Willkür« (ebd.: 339ff.).

Die Bewegung des »Prager Frühlings« wurde im August 1968 durch Truppen des Warschauer Pakts niedergeschlagen, die Reformpolitiker wurden zum Rücktritt oder in die Emigration gezwungen. Die CSSR verfiel in eine Periode der »Grabesstille« und der geistig-kulturellen Lethargie. Die Dissidenten der »Charta 77« konfrontierten die Realität in der CSSR mit den Ergebnissen und Dokumenten der Sicherheits- und Friedenskonferenz von Helsinki (KSZE). Der Gruppe gehörten auch ehemals kommunistische Politiker des »Prager Frühlings« (wie Mlynář, der 1977 nach Wien emigrieren musste) sowie prominente Künstler und Schriftsteller wie Václav Havel an, der nach 1989 das Amt des Staatspräsidenten übernehmen sollte. Mit dem Scheitern des »Prager Frühlings« waren die Weichen für das Scheitern des sowjetischen Sozialismusmodells bis zum Jahre 1991 gestellt!

Im »International Socialist Journal« von Basso wurde im Westen Mitte der 1960er Jahre über das Verhältnis von *neo*kapitalistischen zu *anti*kapitalistischen Strukturreformen diskutiert. Darin reflektierte sich eine doppelte Erkenntnis: Auf der einen Seite war in den entwickelten kapitalistischen Staaten die klassisch-revolutionäre Perspektive eines gewaltsamen Bruchs gleichsam stillgestellt; auf der andere Seite hatten sich im Zuge des »Golden Age« aus der Sicht der Gewerkschaften und der linken Parteien zahlreiche Widersprüche und Defizite akkumuliert, die nicht nur die Verteilung von Einkommen und Vermögen zwischen den Klassen, regionale Ungleichheit sowie die Arbeits- und Lebensbedingungen der lohnabhängigen Bevölkerung betrafen, sondern auch gesellschaftspolitische Reformen im Bereich der Bildung, der Wohnverhältnisse, der Kultur erforderten, bei denen auch die Frage der Demokratie im Bereich der Entscheidungen über die Produktion sowie über regionale und städtische Entwicklungsplanungen aufgeworfen wurden. Solche Reformen waren notwendig, um das kapitalistische System zu modernisieren und konkurrenzfähiger zu machen. Gleichzeitig wurde in den Kämpfen für solche Reformen nicht nur die Ausweitung der Demokratie (»Wirtschaftsdemokratie«), sondern immer auch die Notwendigkeit von politischen Eingriffen in die Verfügungsmacht des Kapitals und die freie Bewegung der Märkte gefordert.

Für die Sprecher des linken Flügels der Arbeiterbewegung eröffnete sich in diesen Kämpfen eine Transformationsperspektive moderner kapitalistischer Gesellschaften jenseits der alten Konfrontation zwischen Reform und Revolution (zwischen Reformismus und Leninismus). Für die Gewerkschaften z.B. bedeutete dies, dass anstelle der klassisch-quantitativen Forderungen (Lohnerhöhungen, Arbeitszeitverkürzungen, soziale Sicherungen) mehr qualitative Forderungen (erweitere Mitbestimmung und Arbeiterselbstverwaltung, Überwindung von Entfremdung, kulturelle Selbstbestimmung usw.) in den Vordergrund rückten. Der französische Sozialphilosoph André Gorz (1923–2007) veröffentlichte 1965 einen Text zur »Strategie der Arbeiterbewegung im Neokapitalismus« (deutsch 1967), in dem er diese neuen Herausforderungen einer Politik antikapitalistischer Strukturreformen in den Mittelpunkt rückte. Gorz war Schüler von Jean-Paul Sartre, gehörte der Redaktion der Zeitschrift »Les Temps Modernes« an und schrieb für das Nachrichtenmagazin »Le Nouvel Observateur«. In den Bewegungen des Jahres 1968 und den darauf folgenden Streikbewegungen wurden seine strategischen Überlegungen aufgegriffen und radikalisiert. Er selbst wandte sich im Laufe der 1970er Jahre von der Arbeiterbewegung ab und vertrat einen radikalen ökologischen Sozialismus, verbunden mit der Forderung nach einem allgemeinen Grundeinkommen (siehe weiter unten).

Die Gefahr eines die gesamte Menschheit vernichtenden Atomkrieges zwischen den Systemen umschrieb eine ganz neue Katastrophendimension, die im Kampf zwischen Kapitalismus und Sozialismus – jetzt nicht mehr allein als Kampf zwischen Klassen, sondern auch als Kampf zwischen Staaten und Systemen – das sozialistische Denken herausforderte. Es ist natürlich richtig, dass sich in diesen beiden Jahrzehnten des Kalten Krieges nach 1948 – auch als Konsequenz dieser Systemkonfrontation – in den westlichen Kapitalmetropolen keine revolutionäre Situation mit einer hoch mobilisierten Arbeiterklasse herausgebildet hatte. Gleichwohl bildeten die sozialökonomischen und politischen Klassenauseinandersetzungen dieser Periode den Bezugsrahmen für die Arbeit und das Selbstverständnis von Wissenschaftlern, Intellektuellen und Künstlern, die sich als Marxisten und Sozialisten kritisch mit den herrschenden Verhältnissen ihrer Zeit auseinandersetzten.

In dieser Periode vollzogen sich zugleich soziale und kulturelle Veränderungen, die auf die Konstellationen des Klassenkonfliktes sowie auf den Klassenkampf zurückwirken mussten: neben der Anhebung des Lebensstandards und dem Automobil als Massenkonsumartikel ist vor allem die Anhebung des Bildungsniveaus zu nennen sowie die Ausbreitung des Fernsehens als dem wichtigsten Medium der Massenkommunikation. Hobsbawm (1998: 363) zitiert Regis Debray: »Als General de Gaulle (1958) die Macht übernahm, gab es in Frankreich eine Million Fernsehgeräte... als er ging (1970), gab es zehn Millionen... Der Staat war schon immer ein Showgeschäft. Aber der Theater-Staat von gestern war etwas ganz anderes als der TV-Staat, den es heute gibt.« Gleichwohl gab es in dieser Periode in Westeuropa nach wie vor eine starke Arbeiterbewegung – mit starken kommunistischen Parteien und Gewerkschaften in Frankreich und Italien; mit regierenden sozialdemokratischen Parteien in Skandinavien und mit starken sozialdemokratischen Oppositionsparteien und Gewerkschaften z.B. in der Bundesrepublik Deutschland bzw. in Großbritannien, wo Labour 1964 die Wahl gewann und Harold Wilson das Amt des Premierministers übernahm. Die meisten dieser Parteien waren nach wie vor Klassenparteien, deren Anhänger und Wähler überwiegend aus der Arbeiterklasse stammten; und sie bekannten sich programmatisch weiterhin zum Ziel eines »demokratischen Sozialismus«.

Die lange Welle des Wachstums und der Stabilität zwischen etwa 1948 und Anfang der 70er Jahre wird als das »Golden Age of Capitalism« bezeichnet (Marglin/Schor 1991; Hobsbawm 1998: 285ff.). Nach herrschender Meinung – vor allem in den Sozialwissenschaften – hatte der Kapitalismus, der meist nicht als solcher, sondern als »Marktwirtschaft« bezeichnet wurde, nach den großen Katastrophen in der ersten Hälfte des Jahrhunderts einen Lernprozess vollzogen. Durch staatliche (antizyklische) Regulierung der Konjunktur und des Arbeitsmarktes sowie durch die Anerkennung von sozialstaatlichen Sicherungen (u.a. im Bereich der Gesundheitspolitik, der Alters- und Arbeitslosenversicherung) sei es gelungen, die alten »Krankheiten« des Kapitalismus wie periodische Krisen und Massenarbeitslosigkeit (verbunden mit Massenelend) zu beseitigen. Der Siegeszug des Keynesianismus schien diesen Glauben zu bestätigen. Die rechten Keynesianer verbanden die Ausweitung der Staatsinterventionen mit einer Verbesserung der Kapitalverwertungsbedingungen vor allem im Infrastrukturbereich sowie im Wissenschaftssystem. Gleichzeitig unterstützten sie die steigenden Militärausgaben im Kalten Krieg. In den USA entwickelte sich ein staatlich gestützter »militärisch-industrieller Komplex« als Herrschaftszentrum eines »Warfare Capitalism«. Die linken Keynesianer setzten sich für die Steigerung der Massenkaufkraft sowie für den Ausbau der sozialen Sicherungssysteme, die Verbesserung der Bildung und des Gesundheitswesens ein. Soziologen interpretierten die Verbesserung der Arbeits- und Lebensbedingungen auch der Lohnabhängigen als eine – in den entwickelten kapitalistischen Staaten wirkende – Tendenz zur Überführung der alten Klassengesellschaft in eine »nivellierte Mittelstandsgesellschaft« (Helmut Schelsky), die sich im Lebensstandard des überwiegenden Teils der US-amerikanischen Industriearbeiter in den USA bereits realisiert habe.

Marxistische Ökonomen setzten sich nicht nur mit dem ideologischen Kern solcher Thesen auseinander. Sie versuchten auch, die außergewöhnliche Prosperitätsperiode des Kapitalismus zu erklären und daraus Schlussfolgerungen für den Klassenkampf und die Sozialismusperspektiven abzuleiten. In der DDR befassten sich verschiedene Autorengruppen mit der Theorie sowie – am Beispiel der BRD – der empirischen Analyse des sogenannten »staatsmonopolistischen Kapitalismus«.[75] Die SMK-Theorie bezog sich auf Lenins Schrift über den Imperialismus, in der im Anschluss an Rudolf Hilferding (»Das Finanzkapital«, 1923) – die These vom Übergang des Kapitalismus der freien Konkurrenz zum Monopolkapitalismus – ökonomisch beherrscht durch die Verschmelzung der Macht des Finanzkapitals mit den industriellen Großkonzernen – begründet wurde. Die Erfahrungen der Weltkriege und des Faschismus, aber auch der Siegeszug des Keynesianismus im Westen hatten zudem die Erkenntnis befördert, dass – vor allem im Zeitalter der globalen Systemkonkurrenz und der Hochrüstung – die ökonomische Macht der Monopole mit der Macht des kapitalistischen Staates vereinigt sein muss. Friedrich Engels hatte in seinen späten Schriften sowie in seinen Ergänzungen zum Dritten Band des »Kapital« von Marx schon darauf aufmerksam gemacht, dass mit der Herausbildung der großen Aktiengesellschaften auch zunehmend »Staatseinmischung« herausgefordert wird, um das System gegen seine immanenten Krisentendenzen zu schützen.[76]

Die Bezeichnung eines »staatsmonopolistischen« Entwicklungsstadiums des Kapitalismus hatte sich in den regierenden kommunistischen Parteien – zuerst in der Sowjetunion nach dem XX. Parteitag – durchgesetzt. Es handelte sich um eine Neueinschätzung der Stabilitätspotenziale entwickelter kapitalistischer Gesellschaften – und sie stand auch im Zusammenhang der strategischen Orientierung der Sowjetunion und ihres Lagers auf eine Politik der »friedlichen Koexistenz« mit dem »Westen« im Zeitalter der atomaren Bedrohung. Die programmatischen Dokumente der kommunistischen Parteien bezogen sich nicht mehr – wie noch in der Zeit der KI, also zwischen 1917 und 1928 (VI. Weltkongress der KI), auf den »revolutionären Sturz« des alten Regimes, sondern auf die Bildung von politischen und sozialen Bünd-

[75] Vgl. u.a. Reinhold, Otto u.a. (1965; 1971); Gündel, Rudi u.a. (1967); Wirth, Margarete (1972); für die BRD siehe u.a. Jung/Schleifstein (1978).

[76] Auch Marx hatte in den Vorarbeiten zum »Kapital«, in den »Grundrissen«, diese Tendenz angesprochen: »Solange das Kapital schwach ist, sucht es selbst nach den Krücken vergangner oder mit seinem Erscheinen vergehnder Produktionsweisen. Sobald es sich stark fühlt, wirft es die Krücken weg und bewegt sich seinen eignen Gesetzen gemäß. Sobald es anfängt, sich selbst als Schranke der Entwicklung zu fühlen und gewusst zu werden, nimmt es zu Formen Zuflucht, die, indem sie die Herrschaft des Kapitals zu vollenden scheinen, durch Züglung der freien Konkurrenz, zugleich die Ankündiger seiner Auflösung und der Auflösung der auf ihm beruhenden Produktionsweise sind.« (Marx 1952: 544f.; Reinhold u.a. 1965: 10)

nissen für die Durchsetzung einer »demokratischen Alternative zum staatsmonopolitischen Kapitalismus« (Reinhold u.a. 1965: 969ff.). Dabei sollten Organisationen der Arbeiterbewegung (Parteien und Gewerkschaften) eine zentrale Rolle spielen. Allerdings waren die Autoren solcher Studien nach wie vor davon überzeugt, dass die inneren Widersprüche dieser Formation (ökonomische Krisenprozesse), die Resultate der inneren Klassenkämpfe und die Wirkungen der globalen Systemauseinandersetzung schließlich den Niedergang des Kapitalismus und den Übergang zum Sozialismus vorantreiben werden.

Der belgische Marxist Ernest Mandel (1923–1995) veröffentlichte 1962 in zwei umfangreichen Bänden seinen »Traité d'Économie Marxiste«. Die deutsche Ausgabe erschien 1970 unter dem Titel »Marxistische Wirtschaftstheorie« im Suhrkamp-Verlag.[77] Mandel war einer der führenden Köpfe der trotzkistischen IV. Internationale. In den 1950er Jahren wirkte er in der Sozialistischen Partei Belgiens (PSB), im Gewerkschaftsbund FGTB sowie als Chefredakteur der linken Zeitung »La Gauche«. In den 1970er Jahren wurde ihm eine akademische Karriere an der Freien Universität Brüssel ermöglicht. Die deutsche Regierung verweigerte Mandel jedoch die Einreise in die Bundesrepublik mit der Begründung, dass er einer der Urheber der revolutionären Bewegung des Mai 68 in Paris gewesen sei. Seine erste Schrift in deutscher Sprache (»Einführung in die marxistische Wirtschaftstheorie«) erschien 1967 im Verlag Neue Kritik des Sozialistischen Deutschen Studentenbundes (SDS) und erlebte zahlreiche Auflagen.[78] Dieser kurze Text verstand sich als eine Zusammenfassung des »Traité«, die bei Bildungsveranstaltungen (z.B. in den Gewerkschaften) genutzt werden konnte.

Ernest Mandel wollte mit seinem Werk der im Westen herrschenden Meinung entgegentreten, dass die ökonomische Theorie von Marx die Strukturen und Entwicklungsphasen der modernen kapitalistischen Gesellschaft nicht erklären könne, daher – wenn überhaupt – nur noch von dogmengeschichtlicher Relevanz sei. Darüber hinaus sieht er eine »Unfähigkeit von Marxisten, das Werk von Marx, das im 19.Jahrhundert vollendet wurde, für die zweite Hälfte des 20. Jahrhunderts fortzuschreiben« (Mandel 1962, Band 1: 13). Dieser Rückstand wurde sowohl durch die »Deformationen« der Theorie in der Stalin-Ära als auch durch den Siegeszug des Keynesianismus nach 1945 beeinflusst. Mandel ging es darum, die logische und historische Analyse als auch Theorie und Empirie zu vermitteln, um zu prüfen, ob »die ökonomischen Thesen von Marx gültig bleiben« (ebd.: 15): »Wir wollen zeigen, dass allein die marxistische ökonomische Lehre (Doktrin) eine Synthese der Ge-

[77] Eine Neuauflage erschien 2007 im Kölner isp-Verlag.

[78] Ich gehörte zusammen mit Lothar Böpple, Elisabeth Abendroth und Dieter Boris zum Übersetzerteam, das von Jakob Moneta geleitet wurde.

samtheit der Humanwissenschaften erlaubt – vor allem eine Synthese zwischen der Geschichte der Ökonomie und der ökonomischen Theorie, die dann auch eine harmonische Integration der mikro- und der makroökonomischen Analyse erlaubt.« (Ebd.) Mandel wollte die »erstaunliche Aktualität eines lebendigen Marxismus aufzeigen. Über die kollektive Synthese zwischen den empirischen Tatsachen der universellen Wissenschaft wird dieses Ziel erreicht, viel mehr als durch die bloße Exegese oder die Apologie.« (Ebd.: 19)

Der »Traité« folgt der Struktur des Marxschen »Kapital« sowie der Theoriegeschichte des Marxismus im Zeitalter des Imperialismus und der Epoche des Niedergangs des Kapitalismus (Band 2: 126ff.). Im ersten Band wird bis zur Behandlung der periodischen Krisen dargelegt, dass das kapitalistische Wirtschaftssystem in seinen Grundstrukturen (Warenproduktion, Lohnarbeit, Mehrwertproduktion, Akkumulation) sowie in seinen Widersprüchen (Lohnarbeit und Kapital) und seiner historischen Dynamik (Akkumulation) nach wie vor so funktioniert, wie es Marx im »Kapital« analysiert hat. Mandel trägt eine Fülle von empirischen Befunden zusammen, um diese These zu unterstützen. Im Zweiten Band steht die »historische Tendenz der Kapitalakkumulation« im Zentrum, die sich zunächst auf die »Imperialismus-Analysen« des frühen 20. Jahrhunderts stützt. Der Imperialismus wird eingeordnet in die geschichtliche Periode des »Niedergangs des Kapitalismus« (Band 2: 126ff.). Als »Neoimperialismus« bezeichnet Mandel die ökonomische Ausbeutung und Abhängigkeit der Dritten Welt von den Kapitalmetropolen und dem Weltmarkt. Die sowjetische Ökonomie (ebd.: 208ff.) wird als bürokratisch deformiert beschrieben; hier rekapituliert und konkretisiert Mandel die Kritik von Leo Trotzki. Die entscheidenden Impulse für eine sozialistische Ökonomie werden in einer »Periode des Übergangs« in der entwickelten kapitalistischen Welt vermittelt. Diese steht im Zeichen einer Produktivkraftrevolution[79] und einer zunehmenden Bedeutung der »Planification«, um die anarchischen Kräfte des Marktes zu zügeln. Die Vergesellschaftung der Produktionsmittel und die regulierende Staatsintervention werden Mandel zufolge in dieser Periode des Übergangs weit vorangetrieben. Mandel folgt hier Überlegungen, wie sie Rudolf Hilferding in den 1920er Jahren unter dem Leitwort »organisierter Kapitalismus« vertreten hatte. Die Aufhebung der Lohnarbeit wird dann zum entscheidenden Kriterium für die Qualität einer zukünftigen sozialistischen Ökonomie (ebd.: 336ff.). In diesem frühen Werk von Mandel, das sich auf die Ökonomie konzentriert, spielen der Klassenkampf und die Arbeiterbewegung eine untergeordnete Rolle. In späteren Schriften nach 1968 hat Mandel die »Theorie der langen Wellen« (Kondra-

[79] Mandel gehörte zu den Marxisten, die am Anfang der 1960er Jahre noch die friedliche Nutzung der Kernenergie als einen wissenschaftlich-technologischen Fortschritt betrachteten.

tieff, Schumpeter) zu einer Krisenanalyse des entwickelten Kapitalismus der 1970er Jahre weiterentwickelt, in der aufgrund des Aufschwungs der Klassenkämpfe seit dem »Pariser Mai 68« auch für Mandel – im Unterschied zur strategischen Orientierung der kommunistischen Parteien in Westeuropa – die Aktualität der Revolution auf der Tagesordnung stand (Mandel 1983). Diese Erwartungen wurden freilich im Übergang zu den 1980er Jahren bitter enttäuscht.

Der amerikanische Ökonom Paul M. Sweezy (1910–2004)[80] hatte schon 1942 ein Lehrbuch mit dem Titel »Theorie der kapitalistischen Entwicklung« veröffentlicht, in dem die Marxsche Kritik der poltischen Ökonomie sowie deren Weiterentwicklung durch die Imperialismustheorien im frühen 20. Jahrhundert zusammengefasst und interpretiert wurden. 1949 gründete er in New York mit anderen die bis heute bestehende marxistische Zeitschrift »Monthly Review« (kurz darauf kam der gleichnamige Verlag hinzu). Zusammen mit Paul A. Baran (1909–1964)[81] verfasste er die Studie »Monopolkapital. Ein Essay über die wirtschaftliche und soziale Ordnung der Vereinigten Staaten«, die nach dem Tod von Baran im Jahr 1966 erschien. Wie schon der Titel andeutet, schließen die Autoren an die Imperialismus-Schrift von Lenin an: Der Kapitalismus der freien Konkurrenz ist durch den Monopolkapitalismus abgelöst. Allerdings ist nicht der Verfall der Profitraten, sondern die Steigerung der Monopolprofite Merkmal dieser Formation. Die »Giant Corporations« schränken die Konkurrenz ein und erzielen dabei gewaltige Extraprofite. Daraus folgt: Die »Absorption« dieses gewaltigen (und steigenden) Surplus führt zum Ausbau der Konsumgüterproduktion und Massenmobilität vor allem des Individualverkehrs, der Werbung sowie der Kommerzialisierung der Massenkommunikation. Dabei spielt der amerikanische Staat eine zentrale Rolle; denn die Steigerung der Militärausgaben – sowohl für die Rüstungsindustrie als auch für die Unterhaltung der Armee und der ca. 1.000 Militärstützpunkt der USA in der ganzen Welt – wird von Baran und Sweezy als eine Form der Absorption des Surplus angesehen.

[80] Ich lernte Sweezy persönlich bei der letzten Konferenz »Socialism in the World« im jugoslawischen Cavtat kennen (1989), kurz vor dem Zusammenbruch des sozialistischen Lagers (auch von Jugoslawien). Der Geist des Untergangs beherrschte vor allem die Beiträge aus den »realsozialistischen« Ländern. Diese Tagung wurde kurz auf beeindruckende Weise unterbrochen, als Paul M. Sweezy und Harry Magdoff aus New York ihren Vortrag mit dem Titel »Why the United States of America Need Socialism« hielten.

[81] Paul A. Baran war nach 1933 als Emigrant aus Deutschland in die USA gekommen; er hatte in den späten 1920er Jahren mit dem Frankfurter Institut für Sozialforschung, speziell mit Friedrich Pollock, zusammengearbeitet. Baran berichtete in seinen autobiografischen Notizen: »Als ich im Herbst 1930 nach Breslau ging, drohte die Gefahr des Hitlerismus am politischen Horizont. Ich war sehr aktiv in der sozialdemokratischen Studentenorganisation, sprach oft in sozialdemokratischen und gewerkschaftlichen Versammlungen, schrieb Flugblätter und Artikel für die sozialdemokratische Zeitung und sprach regelmäßig im Radio.«

Die ökonomische und politisch-militärische Macht des US-amerikanischen Monopolkapitalismus/Imperialismus befindet sich – so Baran/Sweezy – in den 1960er Jahren auf ihrem Höhepunkt, obwohl die Gesellschaft durch tiefe Widersprüche bei der Verteilung von Reichtum und Armut, in den Wohnverhältnissen, einer defekten Infrastruktur, im Bildungswesen und natürlich beim Fortwirken des Rassismus zerrissen ist (Baran/Sweezy 1966: 281ff.). Diese Widersprüche verdichten sich allerdings nicht zu einer politischen Polarisierung der Klassen in den USA. Große Teile der Arbeiterklasse bleiben in die internationale Herrschaftskonstellation des Monopolkapitalismus eingebunden. Da aber die USA Führungsmacht einer globalen »Konter-Revolution« gegen Bestrebungen und Bewegungen sind, die sich von dieser Herrschaft befreien wollen, verlagert sich der Klassenantagonismus auf die internationale Ebene: »In unseren Zeiten hat sich der Klassenkampf gründlich internationalisiert. Die revolutionäre Initiative gegen den Kapitalismus, die zu Marx' Zeiten zum Proletariat der entwickelten Länder gehörte, ist in die Hände der verarmten Massen in den unterentwickelten Ländern übergegangen, die darum kämpfen, sich von imperialistischer Beherrschung und Ausbeutung zu befreien. Es sind die Anforderungen dieses internationalen Klassenkampfes, die eine immer wichtigere Rolle spielen bei der Verwendung des Surplus und damit auch für den Charakter der Gesellschaft in der führenden imperialistischen Macht… Das Rassenproblem in den USA ist eine der Verbindungen zwischen dem internationalen Klassenkampf und dem internen Gelichgewicht der sozialen Kräfte in den USA.« (Baran/Sweezy 1966: 9) Dass die Autoren ihr Buch »Che« Guevara widmeten, unterstreicht nur diese Überzeugung von der Verlagerung des revolutionären Klassenantagonismus von den Binnenstrukturen der entwickelten kapitalistischen Staaten auf die Konfrontation zwischen der Ersten und der Dritten Welt.[82] Die revolutionären Bewegungen dieser Jahre – z.B. in Kuba und Algerien – schienen ihnen Recht zu geben.[83]

[82] Diese These wurde auch seit den 1970er Jahren von Autoren aus der Forschergruppe um Immanuel Wallerstein (Weltsystem-Theorie) vertreten (Samir Amin, Giovanni Arrighi, André Gunder Frank), die sich mit Entwicklungen in Afrika und Lateinamerika befassten.

[83] Paul A. Baran hatte schon 1957 in seiner Schrift »The Political Economy of Growth« die These begründet, dass die »Unterentwicklung« der Länder der Dritten Welt bzw. des Südens nur überwunden werden kann, wenn sie sich aus der Abhängigkeit vom Kapitalismus (Handelsbeziehungen, Direktinvestitionen, Ausbeutung der einheimischen Rohstoffe durch internationale Konzerne, Rolle der einheimischen Kompradorenbourgeoisie) befreien. Dazu bedarf es einer politischen Revolution, die immer auch mit der Macht und dem gegenrevolutionären Einfluss der USA konfrontiert sein wird. »Die Errichtung einer sozialistischen Planwirtschaft ist eine wesentliche, ja unabdingbare Voraussetzung für wirtschaftlichen und sozialen Fortschritt in den unterentwickelten Ländern.« (Baran 1962: 261)

So hatte sich in der Epoche des Kalten Krieges die marxistische Imperialismusdebatte von ihrem historischen Ausgangspunkt entfernt. Bis zum Zweiten Weltkrieg stand der Machtkampf zwischen den führenden imperialistischen Staaten im Vordergrund. Nunmehr trat der Konflikt zwischen den entwickelten kapitalistischen Staaten des Westens (unter der Führung der USA) mit der Sowjetunion und ihren Verbündeten ins Zentrum. Dieser wurde durch die wechselseitigen Abschreckungspotenziale der Atomwaffen im Zaume gehalten. Die asymmetrische Beziehung zwischen der Ersten Welt und den ehemaligen Kolonien und Halbkolonien stand nunmehr im Zentrum von theoretischen Analysen, die den Antagonismus von Zentrum und Peripherie – auch im Blick auf die Entwicklungsgeschichte der bürgerlich-kapitalistischen Gesellschaft seit dem Jahr 1500 – als die zentrale Widerspruchsachse zwischen Kapitalismus und Sozialismus betrachteten. Eine neue Theorie des »internationalen Klassenkampfes« sah hierin die Antriebskraft des weltrevolutionären Prozesses (Steinhaus 1967).

Die Kriege der Kolonialmächte (Großbritannien, Frankreich, Niederlande, Belgien, Portugal) nach 1945 waren schon durch diesen Gegensatz bestimmt; denn die Führung der antikolonialen Befreiungsbewegungen in Asien und Afrika bekannten sich zum Sozialismus, orientierten sich meist an der Strategie und Taktik des Partisanenkrieges und waren von den Erfolgen der Revolutionen in Russland bzw. China inspiriert. Die Kriege der USA in Korea und in Vietnam – sowie die zahlreichen militärischen und politischen Interventionen der USA in Lateinamerika waren stets mit der Absicht begründet, den Einfluss des Sozialismus/Kommunismus zu begrenzen bzw. zurückzudrängen. Die Militärdiktaturen, die in der Dritten Welt mit Unterstützung des Westens errichtet wurden, legitimierten die Ausbeutung und Unterdrückung des eigenen Volkes ebenfalls mit dem globalen Kampf gegen den Kommunismus.

Seit 1959 hatte sich allerdings eine folgenreiche Veränderung in den globalen Kräftekonstellationen vollzogen. Der Konflikt zwischen der Sowjetunion und der Volksrepublik China sowie zwischen den beiden regierenden Parteien entwickelte sich zwischen 1959 und 1969 von einer öffentlichen Polemik über Fragen der revolutionären Strategie und Taktik bis hin zu einer Serie militärischer Zusammenstöße am sibirischen Grenzfluss Ussuri, die beinahe einen großen Krieg zwischen beiden Ländern ausgelöst hätten. Der Konflikt war doppelt begründet. Die Führung der KPCh akzeptierte nicht die Ergebnisse des XX. Pateitages der KPdSU; sie lehnte die Verurteilung von Stalin sowie die Politik der friedlichen Koexistenz ab. Die UdSSR weigerte sich umgekehrt, der Volksrepublik China Zugriff auf Atomwaffen zu gewähren, als diese 1962 mit Indien wegen eines Grenzkonflikts in eine militärische Konfrontation geriet. Die chinesische KP beschuldigte in den frühen 60er Jahren auch den Bund der Kommunisten Jugoslawiens (unter Tito) bzw. die italienischen Kommunisten (unter der Führung von Palmiro Togliatti) des »Verrats« an den Zielen der Weltrevolution, weil sie die These vom Primat der Verhinderung des Atomkrieges und im eignen Lande eine Politik der »demokratischen Alternative« verfolgten. Die KPdSU und ihre Verbündeten hingegen kritisierten scharf den neuen Personenkult um Mao und die »Kulturrevolution«, die von Mao eingeleitet wurde, um in der Partei die eigene Position durchzusetzen und gleichzeitig durch die Bewegung der Jugend gegen die alten Machtzentren der Partei und ihrer Repräsentanten eine »permanente Revolution« im Innern des Landes anzustoßen. Die »Worte des Vorsitzenden Mao Zedong« (in der »roten Mao-Bibel«) sollten die jungen Revolutionäre inspirieren. Im Vorwort zur 2. Auflage von 1967 wurde verkündet: »Genosse Mao Zedong ist der größte Marxist-Leninist unserer Zeit... Die Ideen Mao Zedongs sind der Marxismus-Leninismus jener Epoche, in welcher der Imperialismus seinem totalen Zusammenbruch und der Sozialismus seinem weltweiten Sieg entgegengeht. Die Ideen Mao Zedongs sind eine mächtige ideologische Waffe im Kampf gegen den Imperialismus, eine mächtige ideologische Waffe im Kampf gegen Revisionismus und Dogmatismus.«

Verfasser dieses Vorwortes war Lin Biao (1907–1971), General im revolutionären Volkskrieg vor 1949, danach Oberkommandierender der Roten Armee und Verteidigungsminister sowie ab 1969 Stellvertreter Maos. Im September 1965 hatte Lin Biao einen langen Artikel unter dem Titel »Es lebe der Sieg im Volkskrieg!« veröffentlicht. Darin rekonstruierte er die Geschichte und den Sieg der chinesischen Revolution. Seit 1927 und dem Rückzug der Partei und der Roten Armee aufs Land galt als Orientierung: »Stützpunkte auf dem Land zu errichten, die Städte durch Dörfer einzukreisen und schließlich die Städte zu erobern, das war der Weg zum Sieg, den die chinesischen Revolution einschlug«. Dieser Weg wird von Lin Biao zum bestimmenden Merkmal des weltrevolutionären Prozesses der Gegenwart verallgemeinert: »Wenn, im Weltmaßstab gesehen, Nordamerika und Westeuropa als ›Städte der Welt‹ bezeichnet werden können, kann man Asien, Afrika und Lateinamerika die ›ländlichen Gebiete der Welt‹ nennen. Seit dem Ende des Zweiten Weltkrieges ist die proletarische revolutionäre Bewegung in den nordamerikanischen und westeuropäischen kapitalistischen Ländern aus verschiedenen Gründen vorübergehend verzögert worden, während die revolutionäre Bewegung der Völker in Asien, Afrika und Lateinamerika sich kraftvoll entwickelt hat. In einem gewissen Sinne befindet sich die gegenwärtige Weltrevolution in einer Lage, bei der die Städte durch ländliche Gebiete eingekreist sind. Die ganze Sache der Weltrevolution hängt in letzter Analyse von den revolutionären Kämpfen der asiatischen, afrikanischen und lateinamerikanischen Völker ab, welche die überwiegende Mehrheit der Weltbevölkerung sind.« Der Hauptgegner in diesem globalen »Volkskrieg« wird im

US-Imperialismus mit seinen Verbündeten in Westeuropa gesehen. Gegner dieser Politik seien allerdings auch die sowjetischen Kommunisten und ihre Anhänger. Der Verzicht auf den Gebrauch von Atomwaffen bzw. das Ziel, einen Atomkrieg auf jeden Fall zu verhindern, wird als Kapitulation zurückgewiesen. »Der wesentliche Grund, weshalb die chruschtschowschen Revisionisten gegen den Volkskrieg sind, ist der, dass sie nicht an die Volksmassen glauben und vor dem USA-Imperialismus, dem Krieg und der Revolution Angst haben. Wie alle anderen Opportunisten sind sie überhaupt blind für die Kraft der Volksmassen und glauben nicht, dass die revolutionären Völker fähig sind, den Imperialismus zu besiegen.«[84]

Lin Biao kam am 13. September 1971 angeblich bei einem Flugzeugabsturz ums Leben – nach offizieller Darstellung hatte er einen Staatsstreich geplant und wollte in die Sowjetunion flüchten. Offenbar hatte Mao schon vorher den Machtanspruch seines Stellvertreters eingeschränkt. In der Parteiführung kämpften erbittert verschiedene Fraktionen,[85] wobei die Rote Armee, der Lin Biao als General und Verteidigungsminister besonders eng verbunden war, ein Interesse daran hatte, das Chaos zu beenden, das durch die Kulturrevolution angerichtet worden war. Im Juli 1971 war der damalige Sicherheitsberater des US-Präsidenten Richard Nixon, Henry Kissinger, zu seinem ersten, geheimen Besuch in Peking eingetroffen, um mit dem chinesischen Ministerpräsidenten Zhou Enlai den bevorstehenden Besuch des US-Präsidenten Richard Nixon und Begegnungen mit Mao Zedong vorzubereiten. Ziel dieser Gespräche war schließlich eine »Normalisierung« der Beziehungen zwischen der Volksrepublik China und den USA, die nach 1972 mit der Aufnahme diplomatischer Beziehungen die Volksrepublik als die legitime Vertretung Chinas in der UNO anerkannte.[86] Von diesem Zeitpunkt an rückte die Sowjetunion mit ihren Verbündeten an die Spitze der Feinde Chinas, während sich die revolutionäre Phraseologie hinsichtlich des US-Imperialismus deutlich abschwächte. Nach Maos Tod wurde die »Theorie der drei Welten« zu einem bedeutenden Beitrag zum Marxismus-Leninismus erklärt.

Es könnte sein, dass sich Lin Biao diesem Strategiewechsel entgegenstellen wollte und sich gezwungen sah, in die Sowjetunion zu fliehen. Möglich ist aber auch, dass ihm diese »Flucht« nur nachgesagt wurde, um ihn zu diskre-

[84] Lin Biao: Es lebe der Sieg im Volkskrieg (1965) – www.maoistdazibo.files.wordpress.com/2015/07/lin-biao-es-lebe-der-sieg-im-volkskrieg.pdf.

[85] Nach dem angeblichen, gescheiterten Putsch von Lin Biao wurde Deng Xiaoping 1973 in seine alten Positionen zurückgeholt. Während der Kulturrevolution wurde Deng als »kapitalistischer Wegbeschreiter« angegriffen, kam in Hausarrest und wurde nach Jiangxi verbannt, wo er Traktoren reparierte. 1978 hatte er die Führungsposition in der Partei erobert und leitete jene Reformen ein, die den Aufstieg der Volksrepublik zur Weltführungsmacht des 21. Jahrhunderts einleiteten.

[86] Für die USA war diese Normalisierung wichtig, um a) das Ende des Vietnam-Krieges vorzubereiten, und um b) die Sowjetunion zu schwächen (vgl. Greiner 2020: 191ff.).

ditieren. Auf jeden Fall war die von Lin Biao vertretene Theorie des »internationalen Klassenkampfes« schon in den 1970er Jahren entwertet – nicht nur durch den Schwenk von Mao zu den USA und die Politik der »Öffnung zum Weltmarkt« seit 1978, sondern auch durch Niederlagen der antiimperialistischen Befreiungsbewegungen. Nicht wenige der Regime, die in den Befreiungskriegen die Staatsmacht erobert hatten, transformierten sich zu Militärdiktaturen, die die nationalen Bodenschätze unter ihre Kontrolle brachten, aber bei der praktischen Einlösung ihres Befreiungsprogramms – nationale Souveränität, Überwindung der Unterentwicklung, Kampf gegen das Massenelend, Bildungsrevolution usw. – gründlich scheiterten.

4. Das Ende des Großen Zyklus

Die »Revolutionen« von 1968 und die Kämpfe der 1970er Jahre

In der politischen und geistigen Geschichte des Sozialismus zeichnen sich bislang zwei »große Wellen« bzw. »Zyklen« ab (Brie 2016). Beide wurden ausgelöst durch große Revolutionen, d.h. durch gewaltige und gewaltsame Umbrüche der gesellschaftlichen und politischen Ordnungen ihrer Zeit (Deppe 2017: 12-60). Der Zusammenbruch der Alten Ordnung wird von Kräften vollendet, die eine »neuen Welt« aufbauen wollen. Diese Revolutionen »entfesseln« soziale Bewegungen, politische und geistige Kräfte, die auf die post-revolutionären Epochen einwirken. Im »Zeitalter der Revolutionen« (Hobsbawm) – der politischen Revolution von 1789 in Frankreich und der industriellen Evolution in England seit dem letzten Drittel des 18. Jahrhunderts – entstand die erste Welle des Sozialismus zuerst aus einem Geist der Epoche, der die Umwälzung der Alten Ordnung mit dem Fortschreiten der Vernunft und der Freiheit in der Geschichte identifizierte. Sie verband sich mit der Kritik an Verhältnissen und Ideologien, die sich zu den bürgerliche Freiheiten des Individuums gegen den Staat bekannten, diesen Anspruch aber zugleich mit der Ausbeutung der Lohnarbeit, mit unmenschlichen Arbeitsbedingungen und mit den elenden Lebensverhältnissen auf der einen, mit politischer und geistiger Unterdrückung und Unmündigkeit der arbeitenden Klassen auf der anderen Seite negierten. Sozialismus war im 19. Jahrhundert mit der Überzeugung der Notwendigkeit einer »sozialen Revolution« verbunden, in der diese Widersprüche nur durch eine Veränderung der Eigentumsverhältnisse (durch die Vergesellschaftung der Produktionsmittel) als auch durch die »Zerschlagung« des bürgerlichen Klassenstaates und die Verwirklichung umfassender Demokratie aufgehoben werden können. Dies setzte sich im Verlauf des Jahrhunderts in verschiedenen (nationalen) revolutionären Bewegungen, aber auch in der Gründung von Organisationen sowie in einer breiten theoretischen und wissenschaftlichen Fundierung der Bewegungen durch. Die kapitalistischen Produktionsverhältnisse, die sich am Anfang des Jahrhunderts noch auf England konzentrierten, hatten sich bis zum Ende des Jahrhunderts in Westeuropa und Nordamerika verbreitet. In den entwickelten kapitalistischen Gesellschaften (vor allem in Westeuropa) hatte sich auf dieser Basis ein Prozess der Klassenformierung (mit dem Kern des industriellen Proletariats) vollzogen. Ein Teil dieser Formierung bestand in der Gründung von sozialistischen Parteien, Gewerkschaften und Genossenschaften. Diese kämpften einerseits für die Verbesserung der Arbeits- und Lebensbedingungen der Arbeiterklasse, die Verwirklichung und die Verteidigung der Demokratie, andererseits beschworen sie programmatisch die emanzipative Perspektive der Großen Transformation zum Sozialismus.

Mit ersten Erfolgen – z.B. dem Eindringen in die Parlamente, der Reform des Wahlrechts und dem Beginn sozialpolitischer Reformen – begann ein Prozess der Institutionalisierung, in dem sich der Zusammenhang zwischen der Klassenbewegung und der politischen Repräsentanz lockerte. Der Abstand zwischen der »Basis« und ihren Repräsentanten – man könnte auch sagen: zwischen proletarischem Alltag und sozialistischer Politik – nahm zu. Die Regeln und Logiken bei der Bewältigung des proletarischen Alltags erwiesen sich mit den Logiken der Politik zur Erringung von Macht als nicht kongruent. Im Übergang vom 19. ins 20. Jahrhundert traten Widersprüche an die Oberfläche, die nicht nur als eine erste »Krise des Marxismus«, sondern auch als Abschluss der ersten großen Welle des Sozialismus gedeutet wurden. Der Widerspruch zwischen der Perspektive der Großen Transformation und Emanzipation und der reformorientierten Tagespolitik im Interesse der Klasse, der die Programme sozialistischer Parteien am Ende des Jahrhunderts charakterisiert hatte, manifestierte sich jetzt mehr und mehr in der Spaltung zunächst in diesen Organisationen zwischen den »Reformisten« und Pragmatikern, die die bürgerliche Demokratie als Handlungsrahmen anerkannten und zu Koalitionen mit Vertretern der herrschenden Klasse bzw. des »bürgerlichen Lagers« bereit waren, und den Anhängern eines revolutionären Marxismus, die die Tageskämpfe der Arbeiterklasse in der Überzeugung unterstützten, dass das kapitalistische Wirtschaftssystem aufgrund seiner immanenten ökonomischen und politischen Entwicklungsdynamik immer wieder Krisen und Katastrophen reproduziert, in denen durch Massenaktionen von unten (z.B. Generalstreikbewegungen) nicht nur der Zusammenbruch der Alten Ordnung forciert wird, sondern auch die Frage nach einer revolutionären Neuordnung von Wirtschaft, Gesellschaft und Politik praktisch gestellt wird.

Eric Hobsbawm hat in seiner großartigen Geschichte des »kurzen 20. Jahrhunderts« die russische Oktoberrevolution des Jahres 1917 als »eine globale Konstante der Jahrhundertgeschichte« – als den Ausgangspunkt der zweiten Welle, die bis zum Ende der Sowjetunion im Jahre 1991 wirkt – bezeichnet. Am Ende der Menschheitskatastrophe des Ersten Weltkrieges 1917/18 schien die »alte Welt ... ganz offensichtlich ... zum Untergang verdammt... Die Menschheit wartete auf eine Alternative... Sozialistische Parteien, die auf die Unterstützung der sich ausbreitenden Arbeiterklasse in ihren Ländern bauten und vom Glauben an die historische Unvermeidlichkeit ihres Sieges durchdrungen waren, boten in den meisten Ländern Europas diese Alternative an... Und es sah so aus, als brauchten die Völker nur ein Signal, um sich zu erheben und den Kapitalismus durch Sozialismus zu ersetzen und damit die sinnlosen Leiden des Krieges schließlich in etwas Sinnvolleres zu verwandeln: die blutige Geburtswehen und Konvulsionen einer neuen Welt... Die Russische Revolution, genauer: die bolschewistische Revolution vom Oktober 1917 war bereit, der Welt dieses Signal zu geben. Deshalb war sie für dieses Jahrhundert ein ebenso zentrales Ereignis wie es die Französische Revolution von 1789 für das 19. Jahrhundert gewesen war... Die Oktoberrevolution brachte die gewaltigste Revolutionsbewegung der modernen Geschichte hervor. Ihre Ausdehnung über die Welt ist seit dem Siegeszug des Islam in seinem ersten Jahrhundert ohne Parallele geblieben. Bereits dreißig bis vierzig Jahre nach Lenins Ankunft am Finnischen Bahnhof von Petrograd befand sich ein Drittel der Menschheit unter der Herrschaft von Regimen, die unmittelbar aus den ›Zehn Tagen, die die Welt erschütterten‹ (John Reed) und Lenins organisatorischem Modell, der Kommunistischen Partei, hervorgegangen waren.« (Hobsbawm 1998: 78f.)

Die zweite Welle erreichte 1945 mit dem Sieg der Anti-Hitler-Koalition und kurz danach mit dem Sieg der chinesischen Revolution ihren Höhepunkt. Sozialistische Kräfte eroberten die politische Macht in Ländern, in denen die kapitalistische Produktionsweise, damit auch die industrielle Arbeiterklasse, nur gering entwickelt waren, in denen spätfeudale Agrarverhältnisse vorherrschten und die Masse der armen Bauern zu entscheidenden Trägern der Revolution und ihrer Verteidigung gegen den Ansturm der Gegen-Revolution wurden. Der reale Sozialismus (der »Zweiten« und der »Dritten« Welt) entwickelte sich zu einem Staatssozialismus, der stark genug sein musste, um die Feinde der Revolution abzuwehren und die Umwälzung der Eigentumsverhältnisse, den Aufbau einer neuen Wirtschafts- und Gesellschaftsordnung voranzutreiben, in der die Ziele des Sozialismus – Abschaffung des Massenelends und der Arbeitslosigkeit, soziale Sicherungen für alle, eine Bildungs- und Kulturrevolution – verwirklicht werden sollten. Mit dem Übergang zum Kalten Krieg in der zweiten Hälfte des Jahrhunderts war mit der militärischen Konfrontation der Systeme einerseits ein Primat des Sicherheitsdenkens (und der Sicherheitspolitik) im Staatssozialismus gesetzt, der natürlich auch die Realisierung ökonomischer Ziele (vor allem im Bereich der Konsumindustrien) negativ beeinflussen musste. Auf der anderen Seite war mit der Etablierung eines sozialistischen Staatensystems unter der Führung der Sowjetunion in Europa der Sachverhalt verbunden, dass die Truppen der Führungsmächte Sowjetunion und USA im Rahmen der internationalen Militärpakte (NATO und Warschauer Pakt) bis an die Systemgrenzen (in Europa auf deutschem Boden) stationiert waren. In Mittel- und Osteuropa intervenierte die Rote Armee mehrfach (Berlin 1953, Ungarn 1956, Prag 1968), um Protestbewegungen gegen die sozialistischen Regierungen oder für Reformen im sozialistischen System zu unterdrücken. Im Westen war die massive Präsenz von US-amerikanischen Truppen eine wesentliche Stütze für die lange Stabilität der politischen Vorherrschaft von konservativ-liberalen und prokapitalistischen Parteien, an die sich Teile der sozialdemokratischen Parteien mehr und mehr anpassten.

Die Folgen dieser globalen Machtverhältnisse für den Sozialismus waren nachhaltig: In den Staaten des Warschauer Paktes war die Ablehnung der eigenen Regierung oft mit der Ablehnung der Dominanz der Sowjetunion im Bündnissystem verbunden.[87] Die Sowjetunion war hier – im Sinne Gramscis – dominant, aber nicht hegemonial, d.h. von Konsens getragen, während das sowjetische Modell im Westen mehr und mehr diskreditiert war. Die antikommunistische Ideologie (als Staatsideologie) war ganz auf dieses Ziel ausgerichtet. Parteien, die sich darauf positiv bezogen, wurden (wie zum Beispiel die KPD in der BRD) verboten. Auch dort, wo es starke kommunistische Parteien und Gewerkschaften gab, war der positive Bezug auf die Oktoberrevolution nicht mit der Mobilisierung der Volksmassen für die proletarische Revolution, sondern für die Verbesserung der Arbeits- und Lebensbedingungen der Lohnabhängigen sowie für Demokratie und Frieden gerichtet. Im »Golden Age« konnte keine revolutionäre Situation heranreifen! Der Aufbau sozialstaatlicher Institutionen trug dieser Konstellation Rechnung und flankierte die ideologischen Offensiven gegen den Kommunismus. Die zweite Welle flachte in den entwickelten kapitalistischen Staaten des Westens mithin deutlich ab. Der Klassenkampf wird gleichsam in das »stählerne Gehäuse der atomaren Systemkonfrontation« und in die gesetzlich-institutionellen Rahmenbedingungen des »Wohlfahrtskapitalismus« eingezwängt. Der Klassengegensatz besteht fort, aber der Klassenkampf ist entschärft. An der Peripherie schlug die zweite Welle allerdings immer wieder revolutionäre Funken und vermochte auch Wellen der Begeisterung zu erzeugen.

[87] August Thalheimer (1884–1948) war Anfang der 1920er Jahre (mit Heinrich Brandler) Vorsitzender der KPD, später theoretischer und politischer Kopf der sogenannten »rechten Opposition«, die 1929/1930 die KPD-Opposition gründete. Im kubanischen Exil verfasste er kurz vor seinem Tod Schriften zur Nachkriegsordnung, in denen er mit Blick auf die Rolle der Roten Armee (in Ostdeutschland und Osteuropa) darauf hinwies, dass der Weg zum Sozialismus in der Nachkriegszeit nur durch die selbständige Aktion der je nationalen Arbeiterklasse, nicht aber unter dem dauerhaften Schutz der Roten Armee beschritten werden kann. Die dauernde Unterordnung eines selbständigen Staates verhöhne die Methoden der proletarischen Demokratie. Der Weg der Fremdherrschaft könne nur in einer Katastrophe enden, einer Katastrophe für das eroberte Land und einer andauernden Schwächung des Kommunismus (Thalheimer 1992).

Immanuel Wallerstein (1930–2019) war der Kopf einer Gruppe von Soziologen und Ökonomen, die in den 1970er Jahren Analysen nicht nur zur Geschichte und Entwicklung des »kapitalistischen Weltsystems«, sondern auch zur Problematik der Unterentwicklung z.B. in Afrika bzw. zu neuen Formen der postkolonialen Abhängigkeit dieser Länder vom Weltmarkt veröffentlichten. Das 20. Jahrhunderts war durch den Übergang vom British zum American Empire als Zentrum des kapitalistischen Weltsystems, die zwischenimperialistische Konkurrenz mit dem Deutschen Reich, durch die Festigung einer Semiperipherie um die Sowjetunion und die Peripherie des »Südens« bzw. der »Dritten Welt« charakterisiert. Zum Ende des Jahrhunderts registrierten sie eine Krise des kapitalistischen Weltsystems (Wallerstein u.a. 1982), die von verschiedenen Logiken in den einzelnen Abteilungen (Zentrum/Semiperipherie/Peripherie) angetrieben wurde und schließlich am Anfang des 21. Jahrhunderts in einen »politischen Kampf um das Nachfolgesystem« überging (Wallerstein u.a. 2014: 44ff.). Die Grundzüge des bestehenden Systems sind: »Hierarchie, Ausbeutung und Polarisierung ... Die strategische Alternative ist ein System, das relativ demokratisch und egalitär ist... Das moderne Weltsystem kann nicht weiterbestehen, ... weil es sich vom Gleichgewicht zu weit entfernt hat und den Kapitalisten nicht mehr die Möglichkeit gibt, unablässig Kapital anzuhäufen. Auch haben die Unterschichten den Glauben verloren, dass die Geschichte auf ihrer Seite steht und die Welt ihren Enkeln gehört.« (Ebd.)

Aus dieser Perspektive bezeichnet Wallerstein »1968 als Weltrevolution«, die »ein ungeheurer politischer Erfolg«, aber auch ein »ungeheurer politischer Misserfolg« war: »schon Mitte der 70er Jahre war sie fast überall ausgebrannt. Was wurde durch dieses Strohfeuer erreicht? ... Genau besehen, nicht wenig. Der zentristische Liberalismus (damit ist die Hegemonie der USA gemeint, F.D.) war als herrschende Ideologie des Weltsystems ... entthront. Auch waren die Bewegungen der Alten Linken als Triebkräfte grundlegender Veränderung ausgeschaltet.« (Ebd.: 39) Die Veränderungen innerhalb des kapitalistischen Weltsystems, die durch »1968« symbolisch artikuliert wurden, manifestierten sich einerseits im Niedergang des American Empire (das bezieht sich zunächst vor allem auf den Krieg und die Niederlage der USA in Vietnam), andererseits vermittels des Endes der »Alten Linken«, also der sozialistischen (und kommunistischen) Arbeiterbewegung in den entwickelten kapitalistischen Staaten Westeuropas und Nordamerikas. Wallersteins Deutung von »1968« beinhaltet die These vom Ende der zweiten Welle des Sozialismus, die mit der Oktoberevolution aufschlug.

Es wäre freilich mit Blick auf die Rolle des Sozialismus genauer zu fragen, wie sich zwischen 1968 und 1991 diese beiden Tendenzen bis zur Eröffnung einer neuen Epoche der Weltgeschichte (und des kapitalistischen Weltsystems) durchgesetzt und verstärkt haben; denn die 1970er Jahre – in der Folge von »1968« – waren ja ein Jahrzehnt der Intensivierung des Klassenkampfes und des Aufschwungs der Arbeiterbewegung, der zeitweiligen Siege linker Bewegungen und der Verschiebung der politischen Kräfteverhältnisse in den Kapitalmetropolen nach links. Trotzdem vollzog sich – gleichsam unter der Oberfläche – ein Prozess, der mit dem Übergang zu den 1980er Jahren einen Siegeszug des Neoliberalismus eröffnete, aus dessen Perspektive »1968« doch als eine kurze Periode erscheint, in der das »Ende der Nachkriegszeit« bzw. der »Übergang« in eine neue Formation des globalen Finanzmarktkapitalismus vollzogen wird (Deppe 2018). Diese Phase des Übergangs endet 1991 schließlich mit den globalen und nationalen Niederlagen des Sozialismus. Dazu wäre schließlich auch die Frage zu beantworten, ob in dieser Übergangsperiode nicht auch die Keimformen einer »dritten Welle« des Sozialismus zu suchen sind, deren Konturen und Wirksamkeit freilich erst in den Krisen des frühen 20. Jahrhunderts zu erkennen sind.

- In den USA hatte sich – mit einem Schwerpunkt an den Universitäten des Landes – eine breite Friedensbewegung gegen den Vietnamkrieg entwickelt. Ihre Aktionen des »gewaltlosen Widerstandes« (Sit-in, Teach-in etc.) inspirierten die Studierenden in der ganzen Welt. Die Bewegung der Schwarzen gegen den Rassismus in den USA hatte seit Anfang der 1960er Jahre an Kraft gewonnen. Auf die Ermordung von Martin Luther King am 4. April 1968 (nach den Morden an John F. Kennedy und seinen Bruder Robert Kennedy) folgten gewaltsame Aufstände in den großen Städten; die Politisierung ihres Protestes führte zur Solidarisierung mit revolutionären Führungsgruppen in der Dritten Welt bzw. auf Kuba. Die neuen Bewegungen fanden prominente Unterstützer unter den älteren Intellektuellen.[88] Ihre Aktionen waren begleitet von der »neuen Musik« der Rockbands aus Großbritannien und den USA, deren musikalische Revolution schon seit Ende der 1950er Jahre mit den Konventionen der alten Pop-Kultur gebrochen hatten. In Woodstock fand im April 1969 ein Festival statt, bei dem ca. 400.000 junge Menschen zusammenkamen, um unter der Losung »Make Love not War!« 32 Folk-, Rock-, Blues- und Country-Bands zu hören, darunter Jimmy Hendrix, Janis Joplin und The Who. Die »antiautoritäre Revolution« – gegen den Krieg führenden Staat, gegen die Autoritäten im Erziehungs- und Wissenschaftssystem, gegen die eigenen Eltern und gegen religiöse Bevormundung, sexuelle Unterdrückung und rassistisch unterlegte Diskriminierung – strahlte in die ganze Welt aus. Die Träger dieser »Kulturrevolution« waren überwiegend Kinder der Mittelklassen (als Studierende) sowie linke Intellektuelle, Schriftsteller, Künstler, die unter dem repressiven politischen Klima des Kalten Krieges und dem

[88] Howard Zinn, der Verfasser der großartigen »People's History of the United States« (1980) berichtet in seiner Autobiographie von den Kämpfen dieser Bewegungen und seinem Engagement als politischer Aktivist (Zinn 2009: 31ff.).

Siegeszug des Konsumkapitalismus in der Periode des »Golden Age« gelitten hatten.

- In der Bundesrepublik Deutschland explodierten die Aktionen der Studentenbewegung nach dem Attentat auf Rudi Dutschke in Westberlin am 11. April 1968. Die außerparlamentarische Opposition (APO), die Friedensbewegung (»Ostermarsch«) und die Protestbewegungen gegen den Vietnamkrieg sowie gegen die geplanten Notstandsgesetze hatten seit Mitte der 1960er Jahre einen Aufschwung erlebt. Eine führende Rolle spielte dabei der Sozialistische Deutsche Studentenbund (SDS), der in der Antinotstandsbewegung eng mit den Gewerkschaften zusammenarbeitete und in den Hochschulen Kampagnen für demokratische Reformen anführte. An Ostern 1968 wurde gegen den Springer-Konzern (»Bild-Zeitung«) protestiert, der eine Hasskampagne (im Stile des Kalten Krieges) gegen die linken Studenten (vor allem in Westberlin) inszeniert hatte und deshalb auch für die Schüsse auf Rudi Dutschke verantwortlich gemacht wurde. In zahlreichen Städten kam es zu gewaltsamen Auseinandersetzungen mit der Polizei. Die Demonstrierenden skandierten »Ho-Ho-Hoch-Chi-Minh«, um ihrer Solidarität mit dem »Kampf des vietnamesischen Volkes« gegen den US-Imperialismus auszudrücken. Viele der Teilnehmer:innen trugen Bilder von Ernesto »Che« Guevara, der am 9. Oktober 1967 in Bolivien als Anführer einer Guerillatruppe erschossen wurde. Der revolutionäre Flügel dieser Bewegung, der durch den charismatischen Studenten Rudi Dutschke personifiziert wurde, verstand sich als Teil der von der »Dritten Welt« ausgehenden revolutionären Kämpfe gegen die »Erste Welt«. Die Sowjetunion und die kommunistischen Parteien wurden als »revisionistisch«, als »nicht-revolutionär« angesehen; die DDR (aus der Dutschke geflohen war) wurde als post-stalinistische Diktatur abgelehnt. Die Arbeiterklasse in den Kapitalmetropolen (vor allem in den USA) galt ihnen als entmobilisiert, d.h. in das kapitalistische Herrschaftssystem integriert. Beim Vietnam-Kongress (Februar 1868 in Westberlin) wurde diese Position, die sich positiv auf Lin Biao (s.o.), aber auch auf ein revolutionäres Manifest von Che Guevara (»Schaffen wir zwei, drei, viele Vietnam«) aus dem Jahr 1967 bezog, gefeiert. Hier verband sich die Kulturrevolution, die in Westberlin von der »Kommune 1« zelebriert wurde, mit dem »Pathos des revolutionären Volkskrieges« an der Peripherie des kapitalistischen Weltsystems. Aus diesem revolutionären Flügel gingen dann auch Gruppierungen wie die »Rote Armee Fraktion« (RAF) hervor, die sich legitimiert fühlten, im eigenen Lande den bewaffneten Kampf (als linken Terrorismus) gegen den sich zunehmend »faschisierenden« Imperialismus zu eröffnen. Die linken Kräfte aus der Arbeiterbewegung (Sozialdemokraten, Kommunisten, Gewerkschafter) verfolgten diesen Aufbruch zunächst in einer deutlich skeptischen Distanz. Sie folgten aber auch nicht dem Urteil des konservativen Raymond Aron, der den »Aufstand« der Pariser Studenten als ein »Psychodrama oder Straßentheater« abgewertet hatte (vgl. Hobsbawm 1998: 376).

- Im Frühjahr 1968 gab es in Polen – vor allem in Warschau und in Krakau – Studentendemonstrationen. Ausgangspunkt waren Proteste, die sich gegen eine Welle von Antisemitismus wandten. Seit dem 6-Tage-Krieg im Nahen Osten (1967) hatte die Regierung die arabischen Staaten gegen Israel unterstützt. In Polen nahmen allerdings die mächtige katholische Kirche sowie Intellektuelle an den Universitäten eine pro-israelische Position ein. Kundgebungen gegen den Antisemitismus wurden von den Sicherheitsorganen gewaltsam unterdrückt. Daraufhin verließen viele polnische Juden das Land. Anfang 1968 demonstrierten Studenten gegen diese Repression und forderten gleichzeitig Meinungsfreiheit und weitere politische Reformen. Auch diese Bewegungen wurden gewaltsam unterdrückt. Damit reihten sie sich in die Welle der Studentenbewegungen in den westeuropäischen Ländern ein. Der bedeutendste marxistische Philosoph des Landes, Leszek Kolakowski (1927–2009), soldarisierte sich mit den Protesten der Studierenden und wurde gezwungen, das Land zu verlassen. Bis zu seinem Tode lehrte und lebte er in Oxford.[89]
- In der Tschechoslowakei spielten die Universitäten – sowohl die Studierenden als auch die Professoren – eine wichtige Rolle in der Bewegung des »Prager Frühlings«, die darauf gerichtet war, eine grundlegende Reform der sozialistischen Wirtschaft und des politischen Systems einschließlich der Rolle der kommunistischen Partei einzuleiten. Im Unterschied zu den Ereignissen in Polen ging hier der Impuls zur Schaffung eines »humanen Sozialismus« von der Partei und ihrer Spitze selbst aus. Nach der gewaltsamen Niederschlagung dieser Bewegung durch Truppen des Warschauer Paktes im August 1968 verließen ca. 100.000 Menschen – darunter viele Professoren, Künstler und Schriftsteller – das Land. Das Ansehen der Sowjetunion (und ihrer Verbündeten im Westen) wurde extrem beschädigt. In den großen kommunistischen Parteien Westeuropas – vor allem in der italienischen KP, die sich öffentlich von der Niederschlagung des Prager Frühlings distanzierte – nahm die Distanz nicht nur gegenüber der Politik der Sowjetunion, sondern auch gegenüber dem sowjetischen Modell des Sozialismus zu. Die Suche nach eigenständigen Wegen der Transformation in den entwickelten Gesellschaften des Westens mit einer eigenen demokratischen Tradition intensivierte sich und artikulierte sich im nachfolgenden Jahrzehnt in der Programmatik des »Eurokommunismus«. Die Ein-

[89] Dort verfasse er u.a. drei Bände zu den »Hauptströmungen des Marxismus. Entstehung, Entwicklung, Zerfall (München 1977/78). Als er starb, organisierte die polnische Regierung für ihn in Warschau ein Staatsbegräbnis.

heit der sogenannten »kommunistischen Weltbewegung«, die schon durch die Konflikte mit dem Bund der Kommunisten Jugoslawiens und der KP Chinas beschädigt war, löste sich mehr und mehr auf. Internationale Konferenzen der kommunistischen und Arbeiterparteien, die nach Moskau einberufen wurden, konnten sich nur noch auf allgemeine Formulierungen zur Sicherung des Friedens verständigen, die schnell erkennen ließen, dass inzwischen tiefgreifende Meinungsverschiedenheiten vorherrschten.

Dieser kurze Überblick ist natürlich nicht vollständig. Auch in Italien, Großbritannien, in den skandinavischen Ländern ebenso wie in Japan und Mexico wurden die Hochschulen zum Brennpunkt von Auseinandersetzungen, in denen gegen den Vietnamkrieg und den US-Imperialismus demonstriert wurde, militante revolutionäre Gruppen entstanden, die Schriften von Marx, Engels, Lenin und Mao, aber auch Klassiker aus der Theoriegeschichte des Marxismus neu herausgegeben und gelesen wurden. Die Kulturrevolution umgab diesen »harten Kern« der revolutionären (jugendlichen) Ungeduld einer intellektuellen Minderheit mit den Träumen von »freier Liebe« und dem lauten Sound von »Sex, Drugs and Rock 'n' Roll«. Im Süden Europas beflügelten die weltweiten Ereignisse des Jahres 1968 den Widerstand gegen autoritäre Diktaturen. In Griechenland gilt der »Aufstand der Studenten« im Athener Polytechnikum am 17. November 1973 als Höhepunkt des Widerstandes gegen die Militärregierung unter Georgios Papadopoulos, der unmittelbar danach vom Diktator Dimitrios Ioannidis abgelöst wurde. Dieser wurde endlich 1974 durch eine breite Bewegung, die durch Massenstreiks der Studenten wie der Arbeiter angetrieben wurde, gestürzt. Bei der Niederschlagung des Aufstandes wurden zahlreiche Menschen getötet und hunderte verletzt. In Spanien und Portugal formierte sich an den Hochschulen und in den Betrieben der Widerstand gegen die rechten Diktaturen von Franco und Salazar – hier entwickelten sich bis Anfang der 1970er Jahre Massenproteste an den Hochschulen sowie Generalstreiks, die von den illegalen Gewerkschaften und Parteien der Linken vorbereitet und angeführt wurden. Im Jahr 1968 waren in zahlreichen lateinamerikanischen Ländern Militärjuntas an der Macht. Die prominentesten Beispiele waren die Diktatur in Argentinien, die Militärherrschaft von Stroessner in Paraguay sowie die Diktaturen in Brasilien und Peru, die alle von den USA (und ihren Verbündeten unterstützt) wurden, um die Ausbreitung der kubanischen Revolution und das Übergreifen der Bewegungen aus Westeuropa und Nordamerika auf den Süden Amerikas zu verhindern, wobei die Hochschulen einer besonderen Kontrolle unterworfen wurden. Viele kritische Wissenschaftler und Intellektuelle mussten ihre Heimatländer verlassen. In Chile war im September 1970 der Marxist Salvador Allende (1908–1973) zum Präsidenten gewählt worden und von einer »Volksfront« (Unidad Popular) aus Sozialisten, Kommunsten und linken Christdemokraten unterstützt. Er wurde im September 1973 während des von Augusto Pinochet geführten Militärputsches ermordet. Die repressiven Maßnahmen der Junta wandten sich danach nicht nur gegen die politische Linke und die Gewerkschaften, sondern ebenso gegen kritische Wissenschaftler und Intellektuelle. Die Hochschulen unterwarf man einem System rigider Kontrollen, wobei die »Chicago Boys« aus der neoliberalen Schule des Ökonomen Milton Friedman eine herausgehobene, die Wirtschaftspolitik der Junta prägende Rolle spielten. Diejenigen linken und revolutionären Kräfte, die nicht fliehen konnten, wurden u.a. in den Kerkern der »Colonia Dignidad« von der Geheimpolizei gefoltert.

Paris war im Jahr 1968 das Epizentrum der großen »Revolte«. Seit Anfang des Jahres gab es Unruhe an den französischen Hochschulen – im Zentrum stand die Pariser Vorortuniversität von Nanterre, wo sich unter der Führung von »Danny le Rouge« (Daniel Cohn-Bendit) eine »Bewegung des 22. März« formierte. Diese forderte mit Streiks, Teach-ins, Sit-ins, Demos, Wandzeitungen etc. nicht nur Studienreformen, sondern attackierte den Charakter der Universität und des Wissens als Institution und Ideologie der »Klassengesellschaft«. Die Proteste weiteten sich auf die Sorbonne und andere Universitäten aus. Als der Rektor die besetzte Sorbonne räumen ließ, entwickelte sich das Quartier Latin in den folgenden Tagen zu einem Kampfplatz zwischen den Studenten, die Barrikaden errichteten, und der Polizei sowie der Nationalgarde CRS, die brutal gegen die Demonstranten vorging. Zahlreiche Professoren, Journalisten und Intellektuelle solidarisierten sich mit den Studenten; Reporter verschiedener Rundfunkanstalten übertrugen die Kämpfe »live«. In der »Nacht der Barrikaden« (vom 10. auf den 11. Mai) wurden mehr als 300 Polizisten und Studenten verletzt. Wegen des rabiaten Vorgehens der Polizei solidarisierten sich viele Franzosen mit den Studenten. Die Gewerkschaften riefen für den 13. Mai zu einem Generalstreik auf, um gegen den »Polizeiterror« zu protestieren. Im ganzen Land kam es zu Fabrikbesetzungen; Ende Mai 1968 befanden sich fast zehn Millionen Arbeiter in einem Generalstreik. Erst Mitte Juni flaute die Bewegung ab. Die Linke war gespalten. Cohn-Bendit propagierte den revolutionären »Sturz der Regierung« als Ziel und wurde dabei von zahlreichen linksradikalen Intellektuellen (z.B. Jean Paul Sartre) unterstützt. Der Kommunistischen Partei (PCF) und ihrer Gewerkschaft CGT warfen sie vor, die Revolution zu verhindern, indem sie sich auf »reformistische« Forderungen (z.B. Lohnerhöhungen und Sozialreformen) beschränkten. Staatspräsident Charles de Gaulle traf sich (in Baden-Baden) auf dem Höhepunkt der Streikwelle mit seiner Armeeführung, um sich deren Unterstützung für die gewaltsame Niederwerfung einer »Revolution« zu versichern. Gleichzeitig verkündete er für den 13. Juni 1968 Wahlen zur Nationalversammlung an. Deren Ergebnisse spiegelten die wirklichen Stimmungen und Kräfteverhältnisse im Land wider: Die Gaullisten errangen schon in der ersten Runde der Wahlen eine absolute Mehrheit. De Gaulle trat zwar 1969 als Staatspräsident zurück; der konservative Gaullist George Pompidou wurde zu seinem Nachfolger gewählt.

Der Funke einer antiautoritären, linkskommunistischen Revolution[90] verglühte schnell. Anfang der 1970er Jahre gründeten Führer der Studentenbewegung in Westberlin und in der Bundesrepublik kommunistische Parteien bzw. Bünde, die sich ideologisch auf den Maoismus und politisch auf das Vorbild der KP Chinas bzw. auf die »Kulturrevolution« bezogen.[91] Die noch im Anschluss an Herbert Marcuse vertretene Auffassung von der Integration der Arbeiterklasse in das kapitalistische Herrschaftssystem wurde durch abstrakte Beschwörungen der »revolutionären Arbeiterklasse« ersetzt. Studentenführer ließen sich als Vorsitzende ihrer Partei nach Ritualen stalinistischer Parteitage feiern. Andere schlossen sich den alten« kommunistischen Parteien ihrer Länder (PCF, PCI, PSE) an. Auch in den sozialistischen und sozialdemokratischen Parteien Westeuropas – vor allem in ihren Jugendorganisationen – wurden die Themen und Ideen von »'68« aufgegriffen.

An den Hochschulen kam es zu einer Renaissance des Marxismus. Im Zuge von Hochschulreformen, die die Macht der alten Ordinarien begrenzten, bekamen junge Wissenschaftler:innen, die sich auf Marx (und den Marxismus) bezogen, die Chance, auf Professuren berufen zu werden. Fächerübergreifend wurden »Kapital«-Lesekreise organisiert. Die neue Marx-Lektüre, die sich auf die Aneignung des ersten Bandes des »Kapital« (MEW 23) konzentrierte, sollte einerseits den Kern des wissenschaftlichen Werkes von Marx von den Dogmatisierungen befreien, die ihm in der Geschichte des Marxismus-Leninismus zugefügt wurden. Die Rekonstruktion der Politischen Ökonomie wurde von der Erkenntnistheorie (»dialektischer Materialismus«) und der Geschichtsphilosophie (»Historischer Materialismus«) getrennt. Die Entdeckung des Mehrwerts im Zusammenhang des Systems der kapitalistischen Warenproduktion kritisierte zugleich jene »revisionistischen« Varianten der politischen Ökonomie, die als Theorien des »Monopolkapitalismus« bzw. des »staatsmonopolitischen Kapitalismus« (mit Bezug auf Lenins Impe-

[90] Daniel Cohn-Bendit veröffentlich 1968 mit seinem Bruder Gabriel eine Schrift mit dem programmatischen Titel: »Linksradikalismus. Gewaltkultur gegen die Alterskrankheit des Kommunismus«, Reinbek bei Hamburg; für die BRD vgl. Uwe Bergmann/Rudi Dutschke/Wolfgang Lefèvre/Bernd Rabehl: Rebellion der Studenten oder Die neue Opposition. Eine Analyse. Reinbek bei Hamburg 1968. Darin finden sich Passagen, in denen das »befreite Westberlin« als eine Art Räterepublik vorgestellt wird.

[91] Gerd Koenen hat unter dem Titel »Das rote Jahrzehnt. Unsere kleine deutsche Kulturrevolution 1967–1977« (Köln 2001) diese K-Gruppen-Bewegung sehr kenntnisreich dargestellt. Als ehemaliger Spitzenfunktionär des Kommunistischen Bundes Westdeutschland (KBW) war er wie viele seiner alten Genossen »gereift«, um junge Menschen vor den Gefahren des Kommunismus zu warnen. Vgl. auch Michael Steffen: Geschichten vom Trüffelschwein. Politik und Organisation des Kommunistischen Bundes 1971 bis 1991, Berlin 2002.

rialismusanalyse) Stadien des Kapitalismus – und darin eingebettet erweiterte Funktionen des kapitalistischen Staates und damit der Bedingungen des Klassenkampfes – unterschieden. Dabei wurden auch die Folgen der Oktoberrevolution und der Systemgegensatz zwischen Kapitalismus und Sozialismus in die Kapitalismusanalyse einbezogen. Auf diese Weise war die Theoriearbeit mit der Politik der Sowjetunion und der kommunistischen Parteien der einzelnen Länder verbunden. Die neue Marx-Lektüre hingegen stellte zunächst den Gegenwartsbezug von Marx' Bemerkungen über die »geschichtliche Tendenz der kapitalistischen Akkumulation« in den Vordergrund – sie wähnte sich noch in einer Zeit, in der »die kapitalistische Produktion ... mit der Notwendigkeit eines Naturprozesses ihre eigene Negation ... erzeugt« (MEW 23: 791). Gleichzeitig entwickelte sich (mit einem Schwerpunkt in der BRD) eine Staatsdebatte, die mit der Arbeit an der »richtigen Ableitung« des bürgerlichen Staates aus den Erkenntnissen der Marxschen Kritik der politischen Ökonomie zugleich den Reformismus der »Sozialstaatsillusionen« kritisieren und überwinden wollte (Jessop 1982: 78-141). Mit dem Schwinden der revolutionären Hoffnungen traten freilich jene Passagen des Marxschen »Kapital« in den Vordergrund, die dem »Geheimnis ... des Fetischcharakters der Ware« gewidmet sind (MEW 23: 85ff.). Schon Georg Lukács hatte sich 1923 mit seiner Arbeit über »Die Verdinglichung und das Bewusstsein des Proletariats« auf diese Passagen bezogen, um zu erklären, warum das System des Äquivalententauschs in den Köpfen der Warenproduzenten selbst Vorstellungen von Gerechtigkeit, Gleichheit und individueller Freiheit reproduziert, die für die Stabilität kapitalistischer Herrschaft unabdingbar sind. Lukács war freilich 1923 davon überzeugt, dass diese »Verdinglichung« durch den Kampf für die proletarische Revolution aufgelöst wird.

Die Spezifik dieses Jahrzehnts, das dem »Aufruhr« von 1968 folgte, bestand allerdings darin, dass sich die Kritik an den herrschenden Verhältnissen aus unterschiedlichen sozialen Erfahrungszusammenhängen ableitete. Die revolutionären Studenten waren in ihrer Mehrheit Kinder des Kleinbürgertums bzw. der Mittelklasse; einige Führungsgestalten kamen aus reichen bürgerlichen Häusern. Ihre Kritik der herrschenden Ideologien und Institutionen – ebenso wie ihre Utopien vom befreiten Leben – bezogen sich zwar auf die Kapitalismuskritik von Marx und die Programme des Sozialismus, die die »Befreiung der Arbeiterklasse« vom Joch der Lohnarbeit und der staatlichen Repression proklamierten. Diese Kritik war jedoch von den realen Arbeits- und Lebenserfahrungen der Lohnarbeiter:innen im Spätkapitalismus weit entfernt. Die individuelle Befreiung von Konventionen, die Infragestellung von Hierarchien und von deren Wertvorstellungen, die Lust an Provokationen gegenüber den alten Autoritäten usw. stand für die jungen Rebellen im Vordergrund. Die Ideologiekritik der Frankfurter Schule kam solchen Bedürfnissen entgegen; Adornos »Minima Moralia« lieferten immer neue Zitate, um die Kritik an herrschenden Konventionen und Werten zu bestätigen. Das war einer der Gründe dafür, dass die Arbeiter in ihrer Mehrheit, auch linke Funktionäre der Arbeiter- und Gewerkschaftsbewegung, den radikalen Parolen der Studenten zunächst eher misstrauisch begegneten – auch als einige Gruppen Anfang der 1970er Jahre ihre studentischen Mitglieder in die Betriebe entsandten, um dort an der Politisierung und revolutionären Mobilisierung der Arbeiterklasse mitzuwirken. Solche Initiativen scheiterten in der Regel schnell.

Luc Boltanski und Ève Chiapello (2003: 81ff.) unterscheiden in ihrer Arbeit über den »neuen Geist des Kapitalismus« zwei Varianten einer Kapitalismuskritik, die in der Geschichte der bürgerlichen Gesellschaft, vor allem aber in den Bewegungen nach 1968 von unterschiedlichen sozialen Akteuren vertreten wurden. Die »Künstlerkritik« betont die individuelle Freiheit. Sie »wurzelt ... in der Lebensform der Bohème«. Sie kritisiert den »Sinnverlust und insbesondere das verlorengegangene Bewusstsein für das Schöne und Große als Folge der Standardisierung und der triumphierenden Warengesellschaft«. Intellektuelle und Künstler streben danach, Entfremdung durch Selbstfindung zu überwinden (politische Aktion als Psychotherapie). Demgegenüber bezieht sich die Sozialkritik moralisch auf das Ideal der Gleichheit und der sozialen Gerechtigkeit. Sie wird von den Organisationen der sozialistischen und kommunistischen Arbeiterbewegung vertreten. Die Ausbeutung der Lohnarbeit und die »Verarmung der unteren Klassen in einer Gesellschaft mit ungeheuren Reichtümern« (ebd.: 82) stehen im Mittelpunkt dieser Kritik. Aus der Sicht der »Künstlerkritik« tendiert der Kollektivismus der Arbeiterbewegung, also die Beschwörung der kollektiven Macht der Organisation, der Massenaktion und der Solidarität dazu, die Freiheit des Individuums zu beschränken bzw. aufzuheben. Zwischen den beiden »Linien« gibt es immer wieder Berührungspunkte und Überschneidungen, die in den politischen und sozialen Kämpfen der 1970er Jahre besonders stark waren. Dabei entstand zunächst im politischen Feld ein enormer Reformdruck, der vor allem von den sozialdemokratischen bzw. sozialistischen Parteien, die aufgrund von Wahlerfolgen in die Regierungen einzogen, aufgegriffen wurde. Gleichwohl gelang es in diesem Jahrzehnt nicht, die beiden Linien der Kapitalismuskritik so zusammenzuführen, dass auf diesem Wege die Kraft für eine sozialistischen Transformation entwickelt werden konnte. Vor dem Hintergrund der Weltwirtschaftskrise 1975/76 mit den nun ansteigenden Arbeitslosenzahlen erlahmten die Kräfte des Reformismus in den entwickelten kapitalistischen Staaten. Der scheinbar unaufhaltsame Aufstieg der neoliberalen »Gegen-Revolution« setzte ein.

Die Ideologen der sich in den 1970er Jahren herausbildenden »neuen sozialen Bewegungen« waren davon überzeugt, das Erbe der 68er »Kulturrevolution« einzulösen und fortzuführen. Sie verkündeten, dass diese »Revolution« deshalb erfolgreich sei, weil sie sich nicht auf die Eroberung der politischen Macht sowie auf den Kampf um materielle Ziele richtete, sondern auf die Emanzipation von Herrschaftsverhältnissen, Hierarchien und Konventionen in den zwischenmenschlichen Beziehungen im Alltag, in der Familie, in den Institutionen der Erziehung, aber auch bei der Artikulation von politischen Zielen und Forderungen. »Antiautoritäre Erziehung« in der Familie, Bildung von Wohngemeinschaften, Gründung von Genossenschaften/Kommunen auf dem Land, um dem Konsumkapitalismus das »einfache Leben« entgegenzusetzen, folgten stets den Idealen basisdemokratischer Selbstverwaltung und nahmen dabei auch Traditionen des Anarchismus auf. Die »neue Frauenbewegung«, die die Forderung nach Gleichberechtigung mit einer neuen Radikalität der Kritik am Patriarchat verband, konstituierte sich als politische Bewegung, da sie nicht nur Herrschaftsverhältnisse im Alltag kritisierte, sondern auch früh politische Forderungen nach gesetzlichen Regelungen zur Gleichberechtigung und Selbstbestimmung der Frauen erhob. Die Umwelt- und Ökologiebewegung setzte sich nicht nur für eine ressourcensparende Lebens- und gesunde Ernährungsweise ein, sondern formierte sich u.a. in machtvollen Bewegungen des Widerstandes gegen den Bau von Kernkraftwerken (»Brokdorf«) und gegen Projekte des Ausbaus von Flughäfen und Autobahnen, die nicht nur mit Beeinträchtigungen der Lebensbedingungen und Naturzerstörung, sondern auch mit weiterer Belastung des Klimas durch erhöhte Emissionen einhergehen (»Startbahn West«). Dabei kam es immer wieder zu gewaltsamen und symbolträchtigen Auseinandersetzungen mit der staatlichen Gewalt. Der Aufschwung der Friedensbewegung am Ende der 1970er Jahre gegen die atomare Hochrüstung und die Zunahme der Kriegsgefahr war nicht nur von der mit der Arbeiterbewegung (und den Kirchen) verbundenen älteren Friedensbewegung (»Ostermärsche«) getragen, sondern wurde auch von den Idealen der alternativen Bewegungen neu inspiriert.

Der Übergang zur Parteibildung sowie zur Institutionalisierung der Bewegungen vollzog sich in der Bundesrepublik Deutschland relativ schnell mit der Gründung der Partei Die Grünen in den Jahren 1979/80. Schon bald wurde eine erste Regierungskoalition (in Hessen mit der SPD, 1985) eingegangen, der 1998 die erste Regierungskoalition auf Bundesebene folgen sollte. Die Partei integrierte sich schnell ins politische System; am Anfang fielen grüne Fraktionen in den Parlamenten noch durch kleinere Provokationen auf, in denen sich Reste ihrer antiautoritären Vor-Geschichte erhalten hatten. Als Koalitionspartner wurde die Partei jedoch Teil der bestehenden Herrschaftsverhältnisse – auf Bundesebene führte die rot-grüne Regierung mit ihrem Außenminister Joseph Fischer die Bundesrepublik in den verfassungswidrigen Krieg im ehemaligen Jugoslawien, und mit der »Agenda 2010« wurde die neoliberale Modernisierung des Landes durch die Stärkung des Finanzkapitals, den Abbau von sozialstaatlichen Leistungen und die Flexibilisierung der Arbeitsmärkte vorangetrieben. Die inneren Auseinandersetzungen in der Partei wurden schnell von den sogenannten »Realos« (gegen die »Fundis«) gewonnen. An ihrer Spitze standen meist ehemalige linksradikale, antiautoritäre Führer der Studentenbewegung bzw. der K-Gruppen (neben Daniel Cohn-Bendith und Joseph Fischer auch Joscha Schmierer, Winfried Kretschmann, Ralf Fücks). Die Anhänger:innen und Wähler:innen der Partei haben den »Verrat« an den alten Idealen nicht abgestraft. Sie betrachten die Grünen als eine sehr erfolgreiche bürgerliche Partei der Mitte, deren Erfolg darauf beruhe, dass sie das Thema des Umwelt- und Klimaschutzes sowie die Option für basisdemokratische Ergänzungen des Systems der repräsentativen Demokratie über Jahrzehnte hinweg vertreten habe. Auch in der Auseinandersetzung mit dem rechten Populismus und Neonazismus vertreten die Grünen klare Positionen auf der Basis des Grundgesetzes. Der radikale Antikapitalismus (und Antiimperialismus), der von einem Teil der Gründer der Grünen anfänglich vertreten wurde, ist längst in Vergessenheit geraten. Die Grünen sind Teil jener Herrschaftsordnung des American Empire geworden, die im 21. Jahrhundert in eine tiefe und systemische Krise geraten ist.

Gleichwohl lassen sich diese Wendungen nicht hinreichend durch subjektiven »Verrat« bzw. durch die korrumpierenden Wirkungen der Beteiligung an der staatlichen Macht erklären. In der Krise der Universitäten reflektierte sich eine Krise des Modells der Elitenrekrutierung in der kapitalistischen Gesellschaft, das mehr als ein Jahrhundert funktioniert hatte. 1968 rebellierten jungen Menschen gegen die Werte und die Leistungsorientierung ihrer Eltern und Lehrer – in Deutschland wurde dieser Generationenkonflikt durch die Auseinandersetzung mit dem Faschismus, den Kriegsverbrechen und dem Holocaust verschärft. Die gewaltigen Bildungsinvestitionen und der damit verbundene Ausbau der Universitäten sowie die steigende Zahl der Studierenden reflektierten die Notwendigkeit, die Wettbewerbsfähigkeit der deutschen Wirtschaft auf den Weltmärkten zu halten bzw. auszubauen – und dabei der Notwendigkeit Rechnung zu tragen, dass dies im Rahmen der Bewältigung der »wissenschaftlich-technischen Revolution« nur durch die Erweiterung der wissenschaftlich-technischen Intelligenz und damit durch den Ausbau des Bildungswesens erreicht werden konnte.[92] Die Zahl der Studie-

[92] Eric Hobsbawm (1998: 372ff.) hat im »Zeitalter der Extreme« neben dem »Rückgang des Bauerntums« die »Bildungsrevolution« als weiteren wichtigen Bestandteil einer »sozialen Revolution« in den entwickelten kapitalistischen Ländern für die Zeit nach 1945 bezeichnet. Er bezieht sich dabei u.a. auf die schnell steigende Zahl der Universitäten sowie der Studierenden. »Zwischen 1960 und 1980 erhöhte sich ihre Zahl im europäischen Durchschnitt um das Drei- bis Vierfache; in der Bundesrepublik Deutschland, Irland und Griechenland um das Vier- bis Fünffache; in Finnland, Island, Schweden und Italien um das Fünf- bis Siebenfache und in Spanien um das Sieben- bis Neunfache … 1968 sprachen

renden an Hoch- und Fachhochschulen stieg ab Mitte der 1960er Jahre – bis heute – kontinuierlich an, um den Bedarf an qualifizierter Arbeitskraft in der Industrie, im Dienstleistungssektor sowie den stark expandierenden Bereichen der staatlichen Tätigkeit (Bildungs- und Wissenschaftssystem, Gesundheitswesen, Rechtswesen usw.) zu befriedigen. Auch in der »alten Mittelklasse« (Handwerk, Handel) nimmt in den sogenannten freien Berufen (Ärzte, Psychotherapeuten, Anwälte, Architekten) die Zahl der »Akademiker« zu. Zusammen mit den Angehörigen der neuen lohnabhängigen Mittelklasse verfügen sie – umso mehr, wenn Mann und Frau als Akademiker beruflich tätig sind – über einen relativ privilegierten Lebensstandard. Viele von ihnen gestalten ihr Leben – was die Ernährung, die Erziehung der Kinder, das Freizeit- und Kulturverhalten betrifft – nach Werteorientierungen, die das »gute Leben« im Geiste der »silent revolution« ausmachen. Diese neue Mittelklasse formierte sich in den Bewegungen von 1968 und in den Auseinandersetzungen der 70er Jahre. Es bildeten sich »alternative Milieus« in bestimmten Stadtteilen der Großstädte, die sich bei den Wahlen als Hochburgen der Grünen zu erkennen geben. Die »alte Mittelklasse« im Handwerk und im Handel verliert quantitativ und als Machtfaktor im politischen System an Bedeutung. In der Folge der Verlagerung von arbeitsintensiven Produktionsbereichen an die Peripherie des kapitalistischen Weltmarktes sowie durch Rationalisierungsschübe im Kernbereich der materiellen Produktion werden auch Teile der industriellen Arbeiterklasse allmählich in einen Prozess des sozialen Abstiegs und der Schwächung ihrer gewerkschaftlichen Interessenvertretungen hineingezogen.[93] Zusammen mit der Oberschicht der industriellen Arbeiterklasse (Facharbeiter mit starken Gewerkschaften) und mit Intellektuellen aus Medien und Wissenschaft bildet diese neue lohnabhängige Mittelklasse einen »Block«, von dem erwartet wird, dass er für die Stabilität der entwickelten kapitalistischen Gesellschaften ein Teil des Fundaments darstellt.

Mit dem Siegeszug der neo-liberalen Politik und Ideologie seit den frühen 1980er Jahren wurden den antiautoritären Kämpfern von 68 zugleich attraktive Angebote unterbreitet. Neben der Akzeptanz der Umweltpolitik sowie der Gleichstellungspolitik auf der politischen Agenda fast aller Parteien schließt der Anti-Etatismus sowie die Beschwörung von individueller Freiheit, Flexibilität und Kreativität durch die Liberalen an Versatzstücke der 68er Ideologie an – jetzt allerdings als Ideologie zur Stärkung und Erneuerung des globalen, möglichst grenzenlosen bzw. entgrenzten Kapitalismus. Auf der Ebene der Unternehmenspolitik und der Arbeitsorganisation werden Forderungen nach Autonomie und Enthierarchisierung, nach »der An-

die weltweiten radikalen Studentenerhebungen eine deutlichere Sprache als alle Statistiken.« (Ebd.: 373)

[93] Diese Tendenz wirkt auch in Deutschland, hier allerdings abgebremst durch die starke Position der Exportindustrien.

erkennung größerer Eigenständigkeit und individueller Vergünstigungen« als Instrumente zur Steigerung der Arbeitsproduktivität sowie zum »Kampf gegen die Gewerkschaften« eingesetzt (Boltanski/Chiapello 2003: 243).

Radikale Studenten, die noch 1968 die Arbeiterklasse und die Arbeiterbewegungen als Relikte der Vergangenheit bzw. als integralen Bestandteil des kapitalistischen Herrschaftssystems verabschiedet hatten, wurden schon im Mai 1968 durch die Massenstreiks der französischen Arbeiter verunsichert. Das war jedoch nur der Auftakt zu einer Welle von gewerkschaftlichen Klassenkämpfen in Westeuropa (Albers/Oehlke/Goldschmidt 1971; Deppe 1985), die das folgende Jahrzehnt bestimmen sollten und auch auf die politischen Kräfteverhältnisse zurückwirkten. Auf den französischen Generalstreik vom Mai/Juni 1968 folgte 1969 der »heiße Herbst« in Italien, wo im folgenden Jahrzehnt die Streiktätigkeit auf hohem Niveau blieb und die Kommunistische Partei bei den Parlamentswahlen von 1976 ihr bestes Wahlergebnis mit einem Stimmenanteil von 34,4% erzielte. Politische Massenstreiks leiteten in der ersten Hälfte der 1970er Jahre den Sturz autoritärer Regime in Portugal, Spanien und Griechenland ein. In allen westeuropäischen Ländern – selbst in der »streikarmen« Bundesrepublik Deutschland[94] oder in den Niederlanden – zog die Streiktätigkeit (auch der spontanen Streiks) deutlich an; die Zahl der Gewerkschaftsmitglieder erhöhte sich. Göran Therborn (1984: 50ff.) – ein marxistischer Soziologe aus Schweden – charakterisierte das Jahrzehnt zwischen 1965 und 1975 als eine Periode des qualitativen und quantitativen Wachstums der Arbeiterbewegung, die einige Parallelen zum Wachstum der Arbeiterbewegung zwischen dem Ende des 19. Jahrhunderts und dem Beginn des Ersten Weltkrieges erkennen ließ. Hauptsächlicher Träger der Bewegungen war das industrielle Proletariat. Die Großbetriebe der Automobilindustrie galten als Bastionen einer militanten Gewerkschaftsbewegung, die – unterschiedlich nach Ländern – nicht nur für bessere Entlohnung und Arbeitszeitregelungen, sondern auch für die Stärkung innerbetrieblicher Machtpositionen der Beschäftigten (Mitbestimmung, Arbeiterkontrolle) und der Gewerkschaften eintraten.[95] Darüber hinaus engagierten sich Gewerkschaften (zusammen mit kommunalen Basisbewegungen und linken Parteien) in den Kämpfen für die Verbesserung der Wohnverhältnisse der Arbeiter sowie für deren Bildungschancen und für die Entfaltungsmöglichkeiten ei-

[94] Im September 1969 kam es im Bergbau sowie in der Eisen- und Stahlindustrie zu spontanen (»wilden«) Streiks, mit denen gegen Arbeitgeber, Gewerkschaft und Regierung Lohnzuschläge durchgesetzt wurden.

[95] In der BRD waren schon damals die Großbetriebe der Automobilindustrie in Baden-Württemberg, Bayern und Niedersachsen Hochburgen der IG Metall, die unter den Gewerkschaften des DGB zum linken Flügel gehörte und 1984 in einem sechswöchigen Streik einen Einstieg in die »35-Stunden-Woche« erkämpfte. Lucio Lama, Vorsitzender der dem PCI nahestanden Gewerkschaft CGIL in Italien, sagte damals in einem Interview, dass die IG Metall die »Avantgarde« der westeuropäischen Arbeiterbewegung sei.

ner Arbeiterkultur, die von solchen Kämpfen inspiriert wurde (Deppe 1979). In den Streikbewegungen dieser Jahre artikulierten vielfach Migrant:innen (im Norden Italiens aus dem Mezzogiorno, in der BRD aus Italien, Spanien, Griechenland, Jugoslawien und der Türkei) Widerstand gegen Ausbeutung in der Arbeit und Diskriminierung außerhalb der Arbeit. Schließlich radikalisierten sich die Gewerkschaften der Lohnabhängigen im Staatssektor – vor allem die Lehrer:innen im Erziehungswesen und die Mitarbeiter:innen an den Hochschulen waren von den Ideen von »68« und von den »neuen sozialen Bewegungen« der 1970er Jahre beeinflusst.

Seit den späten 1960er Jahren gab es Abwehrkämpfe gegen den Abbau von Arbeitsplätzen als Folge der Betriebsschließungen in den sogenannten Krisenbranchen (Bergbau, bald auch in der Eisen- und Stahlindustrie). Durch die Öffnung und Liberalisierung der Weltmärkte (für Kohle), aber auch durch die wachsende Bedeutung des Erdöls als Energieträger, schließlich auch durch technische Rationalisierungsmaßnahmen kam es hier zu einem Anstieg der Arbeitslosigkeit; in einst blühenden Industrieregionen der Schwerindustrie setzte der Verfall und Niedergang ein. Einst stolze und kampferprobte Fraktionen der industriellen Arbeiterklasse wurden in diesen Niedergang hineingezogen. Sozialpläne und staatliche Interventionen zur »Abfederung« waren Teilerfolge; sie trugen aber nicht dazu bei, das Selbstbewusstsein dieser Fraktionen der Arbeiterklasse zu stärken.[96] In den 1970er Jahren wurden auch andere Branchen durch die Weltmarktkonkurrenz (Verlagerung von arbeitsintensiven Produktionsbereichen an die ostasiatische Peripherie der Billiglohnländer (z.B. Radio- und TV-Geräte, Fotoapparate) sowie durch technologische Innovationen (z.B. in der Druckindustrie/Digitalisisierung) herausgefordert. Dieser Druck sollte sich in den nachfolgenden Jahrzehnten noch verstärken.

In Großbritannien spielten die Gewerkschaft der Bergleute (National Union of Mineworkers) eine führende Rolle in den Streikbewegungen. Diese waren immer auch gegen Pläne der Regierung gerichtet, Teile der Kohleförderung stillzulegen. Der Bergbau war nach 1945 nationalisiert worden. In den Jahren 1984/85 entwickelte sich ein heftiger, teils gewaltsamer »Krieg« zwischen den Bergleuten und der von Margret Thatcher geführten konservativen Regierung. Der Streik dauerte ein Jahr und endete mit der Niederlage der Bergleute und ihrer Gewerkschaft. Thatcher bekannte, dass sie nach dem »Falkland-Krieg« (1982) diesen inneren »Krieg« bewusst geführt habe, um die Macht der britischen Gewerkschaften zu brechen. Diese hatten in den 1970er Jahren noch einmal in einer langen Serie von Streiks im

[96] Otto König (Bevollmächtigter der IG Metall in Hattingen) hat die lokalen Kämpfe gegen den Niedergang der Stahlindustrie nachgezeichnet (König 2012), ebenso wie der Historiker Karl Lauschke (2017), der die Kämpfe um die Erhaltung der Klöckner-Hütte in Bremen ausführlich analysiert hat.

Winter 1978/79 (bekannt als »Winter of Discontent«) die Labour-Regierung von James Callaghan (1976–1979) gezwungen, ihre Pläne für eine restriktive Lohn- und Sozialpolitik als Teil einer Austeritätspolitik, die auf die steigende Staatsverschuldung reagieren sollte, zurückzunehmen. Thatchers Wahlsieg im Jahr 1979 war auch eine Reaktion auf die mit diesen Streiks verbundenen Belastungen für die Bevölkerung. Für die Konservativen war der Sieg über die Bergleute und ihre Gewerkschaft (sowie deren Vorsitzendenden Arthur Scargill) ein Sieg für die Wende zu einer neoliberalen Wirtschafts- und Gesellschaftspolitik, die den Strukturwandels der Wirtschaft nicht dem Staat, sondern dem Markt bzw. den globalen Märkten überlassen wollte.

Das Jahrzehnt war mithin durch den starken Druck sozialer Bewegungen geprägt. Die »Sozialkritik« der Arbeiterklasse und der großen Streikbewegungen konzentrierte sich auf die Verbesserung der Arbeits- und Lebensbedingungen (Löhne, Arbeitszeit, Arbeiterkontrolle/Mitbestimmung), griff aber auch auf Bereiche der Gesellschaftspolitik über (Reformen im Bildungsbereich, Wohnverhältnisse, Gesundheitssystem, Regional- und Strukturpolitik, Gleichstellungsfragen etc.). Die »Künstlerkritik« fokussierte sich auf Themen der »neuen sozialen Bewegungen«: Neben der Kritik an autoritären lebensweltlichen Herrschaftsformen und Konventionen politisierte sie sich in Kämpfen um die Gleichberechtigung der Geschlechter sowie im Bereich der Umweltpolitik – mit einem Schwerpunkt im Kampf gegen den Bau von Kernkraftwerken. Dieser gesellschaftliche Druck wirkte im politischen System auf die Parteien und die Regierungen. Neben der grünen Partei, die aus der »Künstlerkritik« hervorging, waren es die sozialdemokratischen bzw. sozialistischen Parteien in Westeuropa, die durch die Massenstreiks und den Machtzuwachs der Gewerkschaften unter Druck gerieten. Dieser Druck sorgte zugleich für ein Reformklima, in dem die lange Vorherrschaft liberalkonservativer Parteien beendet wurde und die Sozialdemokraten Regierungsverantwortung übernahmen. Der Ausbau des Sozialstaates, Bildungsreformen, die Übernahme einer linkskeynesianischen Vollbeschäftigungspolitik und die Erweiterung der Mitbestimmungsrechte der Lohnabhängigen und der Gewerkschaften standen im Zentrum sozialdemokratischer Wahl- und Regierungsprogramme. Gleichzeitig versprachen führende Politiker – wie Willy Brandt (BRD), Olof Palme (Schweden), Bruno Kreisky (Österreich), François Mitterrand (Frankreich), aber auch der Führer der italienischen Kommunisten Enrico Berlinguer sowie die Führer der neuen sozialistischen Parteien in Spanien und Portugal – neue Initiativen auf dem Gebiet der Entspannungspolitik zwischen den Blöcken. Sie bekannten sich zu einer globalen Politik, die Abrüstung und Friedenssicherung, den Kampf gegen Armut und Unterentwicklung, mehr und mehr auch den Kampf gegen die Zerstörung der Natur und des Klimas in den Mittelpunkt rückt. Die Bewegungen im Geiste der »Künstlerkritik schwächten die (überwiegend sozialdemokratischen) Parteien der Arbeiterbewegung, allein schon dadurch, dass mit der Gründung grüner Parteien Wähler:innen abgezogen wurden. Dieser Verlust konnte machtpolitisch zunächst noch durch neue Koalitionsbildungen (»rot-grün«) abgewehrt werden. Neben dem Druck von außen bewirkte das Erbe von »'68« innerhalb der sozialdemokratischen Parteien – vor allem bei den Jugendorganisationen – eine Öffnung für neue Varianten einer Sozialismusdiskussion, die von der Renaissance des Marxismus an den Universitäten sowie von den Debatten der »neuen Linken« beeinflusst war. Die Bedeutung der kommunistischen Massenparteien in Italien, Frankreich, Spanien, Portugal und Griechenland nahm zu. Drei von ihnen schlossen sich im Block des »Eurokommunismus« zusammen. Auf diese Weise sollte die Perspektive eines eigenständigen Transformationsprozesses in entwickelten kapitalistischen Gesellschaften des Westens mit einer stabilen demokratischen Tradition eröffnet werden. Diese Perspektive war als möglicher Übergang zum Sozialismus begriffen. Zum ersten Mal seit dem Ende des Zweiten Weltkrieges wurde also von der Möglichkeit oder auch der Gefahr einer solchen Transformation gesprochen. Vor allem die Ideologen des alten konservativ-liberalen Blocks an der Macht und besonders die Vertreter der Kapitalinteressen aus der Wirtschaft waren mehr und mehr davon überzeugt, dass die Umsetzung der Programme der Kräfte der Gewerkschaften, der Parteien der Linken und der »neuen sozialen Bewegungen« zwangsläufig eine Perspektive »über den Kapitalismus hinaus« eröffnen würde. Immerhin waren zwei der bedeutendsten Köpfe des westlichen Marxismus noch 1978 davon überzeugt, dass in dieser neuen Verbindung von Klassenkämpfen in der Gesellschaft und der Veränderung von politischen Kräfteverhältnissen auf der Ebene des Staates nicht nur die »Krise des Marxismus« überwunden werden kann, sondern auch Schritte in die Richtung einer sozialistischen Transformation gegangen werden können. Der Philosoph Louis Althusser (1978: 68) war davon überzeugt, dass die »Krise des Marxismus« (darunter verstand er die Unfähigkeit der kommunistischen Parteien, auf die Krise des Kapitalismus eine revolutionäre Antwort zu geben) »durch die Arbeiter- und Volksbewegungen in der Praxis« überwunden wird. Perry Anderson (1978: 135) war in seiner Schrift über den »westlichen Marxismus« ebenfalls der Auffassung, dass durch den Aufbruch der proletarischen Massenbewegungen die »Chance« gegeben sei, »das ein neuer revolutionärer Stromkreis zwischen der marxistischen Theorie und der Praxis der Massen durch die Kämpfe der Arbeiterklasse geschlossen wird«.

Im letzten Drittel des 20. Jahrhunderts musste eine solche Übergangsperspektive für die entwickelten kapitalistischen Gesellschaften ganz anders konzipiert werden als noch in den Katastrophen des Zusammenbruchs der alten Ordnungen und der alten Regime am Ende des Ersten bzw. des Zweiten Weltkrieges. Gleichwohl bestätigten sich in einigen Ländern, in denen sich ein Machtwechsel nach links abzeichnete, auch wiederum einige der Gesetzmäßigkeiten, die den Verlauf der klassischen Revolutionen der Neuzeit, dabei insbesondere die in diesen sich entfaltende Widerspruchskonstellation von Revolution und Gegenrevolution, charakterisieren. Die Linke setzte nirgendwo auf den bewaffneten Kampf um die Macht und akzeptierte den »Weg eines friedlichen und legalen (auf dem Boden einer demokratischen Verfassung sich vollziehenden) Übergangs zum Sozialismus«. Die Niederlagen, die die Linke schließlich bis zum Ende der 1970er Jahre hinnehmen musste, bestätigten freilich auch die Erkenntnis, dass sie sich Illusionen über die Möglichkeiten eines solchen Weges hingegeben hatte. Vor allem hatte sie die Kraft der Gegen-Revolution im eigenen Lande sowie deren Unterstützung durch die herrschenden Mächte im American Empire (in Nordamerika wie in Westeuropa) unterschätzt. Dabei wurden auch Erfahrungen aus der Geschichte des Kampfes für den Sozialismus ignoriert. In verschiedenen Ländern ergaben sich allerdings sehr spezifische historisch-politische Konstellationen, die auf die Kämpfe um die Eroberung der Staatsmacht und auf die Formen der Auseinandersetzung zwischen Revolution und Gegenrevolution einwirkten.

■ Chile war in Lateinamerika eines der entwickelten kapitalistischen Staaten mit einer eigenen demokratischen Tradition. Der Sozialist Salvador Allende wurde 1970 zum Präsidenten gewählt (s.o.). Im Parlament sowie in der Regierung wurde er von der Unidad Popular, einem Bündnis von Sozialisten und Kommunisten, unterstützt, das bis 1972 auch von den Christdemokraten mitgetragen wurde. Gleichzeitig hatte sich die Armeeführung an die Seite der sozialistischen Regierung und des Präsidenten gestellt. Deren Programm zielte auf die Verstaatlichung von Niederlassungen internationaler Konzerne – besonders im Bereich der nationalen Rohstoffe und Ressourcen (vor allem Kupfer) sowie auf eine Agrarreform, die den Großgrundbesitz enteignen sollte. Durch Gesetz sollten die Mieten kontrolliert, die Bildung, die Versorgung mit Grundnahrungsmitteln sowie die Gesundheitsversorgung für das »Volk« verbessert werden. Bald stieß die Regierung auf Widerstand vor allem voseiten der privilegierten und besitzenden Oberklasse, der alten Staatseliten, aber auch von Teilen der Mittelschicht. Protestbewegungen, Streiks und Terrorakte gegen die Regierung und ihre Politik wurden dazu aus dem Ausland – vor allem aus den USA – gefördert und finanziert. Dazu kamen Meinungsverschiedenheiten in der Linken über das Tempo und die Radikalität der durchzusetzenden Reformen, schließlich auch im Hinblick auf die Bewertung der Bedeutung des bewaffneten Kampfes für die Sicherung der revolutionären Errungenschaften und für die Unterdrückung des Widerstandes der Gegen-Revolution. Ab 1972 wendete sich im Militär die Stimmung gegen Allende und die UP. Am 11. September 1973 putschte das Militär unter der Führung von General Pinochet, der Präsidentenpalast wurde bombardiert. Allende hielt eine letzte Rede an das chilenische Volk und seine Werktätigen (»trabajadores«). Darin prangerte er den »Verrat« der Militärs an und zeigte sich überzeugt, dass auch nach seinem Tod an diesem Tag die Erinnerung an das sozialistische Projekt der Unidad Popular nicht ausgelöscht werden kann. Die Diktatur von Pinochet dauerte bis zum Jahre 1990.

■ In Portugal erhoben sich am 24. April 1974 Teile der Armee, die sich zum Sturz des Regimes verschworen hatten. Dieses war nach 1926 nach dem Vorbild der Diktatur von Benito Mussolini in Italien unter Antonio Oliveira de Salazar (1889–1970) errichtet worden. Das NATO-Mittglied Portugal – einst neben Spanien mächtige Kolonialmacht (vor allem in Südamerika) – führte in Afrika (Angola, Mozambique, Guinea-Bissau) seit Anfang der 1960er Jahre Kriege gegen die antiimperialistischen, nationalen Befreiungsbewegungen. Unter den jüngeren Offizieren der Armee hatte sich die Position entwickelt, dass das Ende der Kriege und die Befreiung der Kolonien nur mit einem Sturz des Regimes im eigenen Lande zu verwirklichen sei – und dass dabei auch die mit der langen Kolonialherrschaft verbundene Herrschafts- und Klassenstruktur im eigenen Lande (geringe Industrialisierung, agrarischer Großgrundbesitz im Süden des Landes, starke Stellung der katholischen Kirche und der konservativen Staatseliten) durch eine sozialistische Politik zugunsten des »Volkes«, d.h. der Unterschichten der Arbeiterklasse und der armen Landarbeiter auf den Latifundien, aber auch der Kleinbauern im Norden des Landes umgewälzt werden muss. Die progressive Rolle der Armee, wie sie Frantz Fanon in seiner Schrift »Die Verdammten dieser Erde« (1961) beschrieben hatte, wirkte hier auf den revolutionären Prozess in einem Staat an der Peripherie Europas zurück.

Der Putsch der linken Offiziere und ihrer Einheiten wurde von einer breiten Volksbewegung unterstützt. Dabei wurde schnell offenkundig, dass die lange im Untergrund operierende Kommunistische Partei (PCP) unter der Führung von Alvaro Cunhal (1913–2005) unter den Arbeitern der Werften und der Industrien um Lissabon sowie unter dem Landproletariat im Süden des Landes (Alentejo), die bereits im Widerstand gegen das Salazar-Regime illegale Gewerkschaften (»Arbeiterkommissionen«) gebildet hatten, über einen erheblichen Einfluss verfügte. Die Macht der Arbeiterklasse artikulierte sich durch Streiks und Demonstrationen, durch erste Land- und Betriebsbesetzungen, aber auch durch die Präsenz der PCP im politischen Prozess. Die linken Offiziere hatten sich in der »Bewegung der Streitkräfte« (MFA) organisiert, die sich neben den Arbeiterkämpfen als ein eigenes Machtzentrum im revolutionären Prozess des folgenden Jahres etablierte. Zunächst wurde eine provisorische Regierung gebildet, deren Hauptaufgabe darin bestand, erste Maßnahmen der Umgestaltung durchzuführen und eine neue Verfassung zu erarbeiten, um auf deren Basis nationale Wahlen durchzuführen. Der Oberst Vasco Gonçalves amtierte vom 18. Juli 1974 bis zum 19. September 1975 als Ministerpräsident der provisorischen Regierung. Kernpunkte seiner politischen Agenda waren die Bodenreform, die Nationalisierung der wichtigsten privaten Produktionsmittel, der Banken und Versicherungen, die Einführung von Mindestlöhnen und eines 13. Monatsgehalts. Unter seiner Regierung löste Portugal sein Kolonialreich auf und entließ die afrikanischen Kolonien in die Unabhängigkeit.

Als sich der Druck der Klassenbewegungen (in den Betrieben und auf den Latifundien) für die Umsetzung dieser Forderungen verstärkte, begann das politische Bündnis, das die »Nelkenrevolution« getragen hatte, auseinanderzubrechen. Hier spielte Mário Soares, der Vorsitzende der Sozialistischen Partei,[97] Außenminister in mehreren von Gonçalves geführten Regierungen, eine zentrale Rolle. Soares wandte sich gegen das Bündnis MFA/PCP und beschwor die Gefahr einer kommunistischen Machtergreifung. Jetzt wurden auch die Partner aus der NATO aufmerksam; denn die PCP mit Cunhal galt unter den europäischen kommunistischen Parteien als engster Bündnispartner (bzw. als »Satellit«) Moskaus. Auch die »eurokommunistischen Parteien« (allen voran im Nachbarland Spanien, wo Santiago Carillo großen Wert auf die Distanz zu Cunhal legte) solidarisierten sich nicht mit den Genossen in Portugal. »Die Sozialisten erhöhten im Laufe des Jahres 1975 sukzessive den Druck auf den Revolutionsrat und den MFA, indem sie behaupteten, Ministerpräsident Vasco Gonçalves und die Vierte Provisorische Regierung seien von den Kommunisten manipuliert und diese verfolgten das Ziel, Portugal in eine Volksdemokratie östlichen Typs zu verwandeln.« (Sperling 2019: 97) Diese Propaganda wurde von den bürgerlichen Parteien und der katholischen Kirche, deren Zentrum im Norden des Landes liegt, unterstützt. So gelang es, bis Anfang 1976 die Weichen für die Ausschaltung des MFA sowie der besonders radikalen Offiziere (um Carvalho) zu stellen. Bei den Wahlen vom 25. April 1975 siegte die Sozialistische Partei von Soares mit 39%; das bürgerliche Lager um die Demokratische Partei (PPD) erreichte 22%, die KP blieb bei 12% (im Alentejo sowie in der Industrieregion um Lissabon erzielte sie wesentlich bessere Ergebnisse). Dieses Wahlergebnis war Ausgangspunkt für eine Gegenoffensive der bürgerlichen Kräfte und der Sozialistischen Partei, die von den NATO-Staaten unterstützt wurde. Gleichzeitig intensivierten sich Aktionen linksradikaler Kräfte, die dem PCP wegen der Unterstützung der provisorischen Regierung »Verrat an der Revolution« vorwarfen. In der Verfassunggebenden Versammlung, die am 2. Juni 1975 eröffnet wurde, setzte sich die Auseinandersetzung fort. Die Linke (Gonçalves als Repräsentant der linken Offiziere, PCP, linke Gewerkschaften, jetzt partiell im Bündnis mit ultralinken Kräften), setzte auf die Radikalisierung des revolutionären Prozesses. Die Sozialisten und die politische Rechte verfolgten – mit massi-

[97] Am 19. April 1973 wurde mit Unterstützung der Sozialistischen Internationale, der SPD und der Friedrich-Ebert-Stiftung im Weinhaus »An der Rauschen« im deutschen Bad Münstereifel die Sozialistische Partei Portugals gegründet. Ihr Vorsitzender wurde Mário Soares. Die Partei wurde in Millionenhöhe durch die SPD finanziert.

ver finanzieller und politischer Unterstützung aus dem Ausland[98] – die Entmachtung des MFA und von Gonçalves[99] sowie die »Zähmung« der Bewegungen der Industrie- und Landarbeiter. Im November 1975 kam es zu einer bürgerkriegsähnlichen Konfrontation zwischen den antagonistischen Kräften, die mit der Entmachtung des MFA und seiner linken Führungsgruppe endeten.

Als am 2. April 1976 die neue Verfassung beschlossen wurde, waren die Kräfteverhältnisse zugunsten der Gegner der sozialen Revolution entschieden. Bei den Wahlen vom 25. April 1976 blieb die Sozialistische Partei mit 34,8% stärkste Kraft, die PCP erreichte 14,3%. Die bürgerlichen Parteien PPD und CDU brachten es auf ca. 40%. Mário Soares wurde Ministerpräsident und blieb dies mit kurzen Unterbrechungen bis 1985. Der Weg für die »recuperacao capitalista« (kapitalistische Restauration) unter der Obhut der EU-Mitgliedschaft (seit 1986) war frei. Allerdings kam es nicht zu einem bonapartistischen Gegenschlag. Die PCP blieb die stärkste Partei der Arbeiterbewegung, die freilich in den folgenden Jahren durch den Niedergang der Stahl- und Werftindustrie sowie durch Wellen der Entindustrialisierung (bei gleichzeitigem Aufschwung des Tourismus) geschwächt wurde.

■ In Italien wurde 1975 die Regierungsbeteiligung des PCI als eine realistische Option diskutiert. Bei den nationalen Wahlen von 1976 verbesserte sich die Partei von 27,2% (1972) auf 34,4% der Wählerstimmen (s.o.). Die seit dem Kriegsende regierende christdemokratische Partei (DC) erreichte 38,7%. Die Kommunisten unter Enrico Berlinguer (1922–1984) schlugen eine Regierung des – in der Tradition der antifaschistischen »Resistenza« und der Verfassung der Republik von 1947 begründeten – »historischen Kompromisses« mit dem politischen Katholizismus, also mit den Christdemokraten, für eine »demokratische Wende« vor.

Der Aufschwung des PCI wurde von einer Welle großer Streikbewegungen seit den späten 1960er Jahren (vor allem im Norden Italiens) getragen, in denen die mit dem PCI verbundene Gewerkschaft CGIL eine führende Rolle spielte. Die Gewerkschaften begriffen sich mehr und mehr als autonome politische Kraft, die auf der Ebene der Betriebe für die Durchsetzung von »Arbeiterdemokratie« (Trentin) kämpften und über ihre politischen Interventionen (auch durch politische Generalstreiks) auf die staatliche Sozial- und Wirtschaftspolitik einwirkten. Der PCI war auch im Bereich der Wis-

---

[98] »Die Sozialistische Internationale gründete Anfang August 1975 ein Komitee der Freundschaft und Solidarität mit dem portugiesischen Volk, dem die sozialdemokratischen Spitzenpolitiker Olof Palme, Willy Brandt und Bruno Kreisky angehörten, um Mário Soares und den Kurs der Sozialistischen Partei aktiv zu unterstützen« (Sperling 2019: 108)

[99] Im November 75 wurde Otelo de Carvalho, Chef der Militärregion, seines Postens enthoben, später verhaftet.

senschaft und Kultur einflussreich – bedeutende Professoren, Schriftsteller und Filmregisseure waren seit der Resistenza mit der Kommunistischen Partei verbunden.

In der Folge von 68 bildeten die Universitäten Zentren linksradikaler Strömungen (Potere Operaio, Autonomia, Prima Linea), die sich an die Arbeiterklasse wandten und ihre Kämpfe unterstützten. Einige von ihnen entschlossen sich nach 1973 – wie die RAF in der BRD – zum bewaffneten Kampf. Gleichzeitig eröffneten rechte (vom Geheimdienst unterstütze) Terroristen eine Serie von Anschlägen, die am Morgen des 2. August 1980 mit einem Bombenanschlag auf den Hauptbahnhof von Bologna ihren Höhepunkt erreichte. Bei diesem Anschlag starben 85 Menschen, mehr als 200 wurden verletzt. Angesichts der wirtschaftlichen Krisen- und Stagnationsprozesse der 1970er Jahre, angesichts der Krise des – von der Christdemokratin geführten – alten »Blocks an der Macht« und angesichts des Aufstiegs der Linken sollten Chaos und Unsicherheit, ein Klima der Angst vor dem Kommunismus erzeugt werden, um – wie in Griechenland 1967 – einen Eingriff des Militärs und der NATO zu provozieren.

Der PCI war die bei Weitem stärkste Formation der italienischen Linken. Bei einem Besuch in der DDR im Jahre 1973 sagte Enrico Berlinguer: »Wir sind eine Partei, die mehr als 1.600.000 Mitglieder zählt, die mehr als 9 Millionen Wähler zählt und die (1972) 27% der Stimmen erzielt hat. Zusammen mit der Sozialistischen Partei Italien verwalten wir drei größere Regionen unsers Landes, die die ›roten Regionen‹ genannt werden. Und wir verwalten 2.000 von insgesamt 7.000 Gemeinden. Nicht weniger wichtig ist, dass wir die Vorhut einer großen Arbeiter- und Volkskraft darstellen, die reich ist an Kampferfahrungen und Kraft, an Energie und Fähigkeiten, die grundsätzlich geeint ist und in der das sozialistische Bewusstsein zutiefst verwurzelt und verbreitet ist.« (Berlinguer 1975: 394)

Die Kritische Ausgabe der »Gefängnishefte« von Antonio Gramsci durch Valentino Gerratana im Jahre 1975 löste eine breite internationale Debatte zur politischen Theorie des Marxismus, besonders aber zur Frage der sozialistischen Transformation entwickelter kapitalistischer Gesellschaften aus. Gramscis Hegemonietheorie vermittelte die Erkenntnis, dass die Kräfte der sozialistischen Transformation schon vor der politischen Machtergreifung in der Zivilgesellschaft »führend« bei der Kritik der alten Ordnung und bei der Mobilisierung von Konsens und Koalitionen für eine »neue Ordnung« sein müssen. Eine solche Hegemonie kann nur im Rahmen einer demokratischen Verfassung – einschließlich der Sicherung der Grundrechte und Freiheiten – errungen werden. Die Kommunistische Partei (die sich mehr als 50 Jahre lang zum Leninismus bekannte) versprach damit, diesen Weg friedlich und legal (d.h. nicht durch einen bewaffneten Aufstand) zu beschreiten. Damit waren zugleich die Distanzierung zum Weg der Oktoberrevolution und zunehmend auch die Kritik an den inneren Verhältnissen und der Politik der Sowjetunion verbunden. Berlinguer erklärte 1977: »Über eine Einschätzung der bis jetzt realisierten sozialistischen Gesellschaften hinaus (haben wir) vor allem eine weitere Aufgabe: diejenige nämlich, den Sozialismus in den Hochburgen des Kapitalismus zu verwirklichen sowie die ›Revolution im Westen‹ zu machen und dabei zu zeigen, dass der Sozialismus mit allen zivilen, kulturellen und religiösen Freiheiten unlösbar verbunden werden kann und muss. Nicht eine regionale Abkapselung, sondern eine historische Sicht der Welt und ein authentischer Internationalismus inspiriert daher diese Geistesbewegung, die heute Eurokommunismus genannt wird.« (Zit. n. Timmermann 1978: 181) Eine gemeinsame Erklärung des PCI und der französischen Kommunistischen Partei im Jahre 1975 betonte, »dass der Marsch zum Sozialismus und die Errichtung der sozialistischen Gesellschaft, die die beiden Parteien als Perspektive für ihr Land vorschlagen, im Rahmen einer kontinuierlichen Demokratisierung des ökonomischen, sozialen und politischen Lebens realisiert werden muss. Der Sozialismus wird eine höhere Phase der Demokratie bilden; die Demokratie in vollkommenster Weise (nel modo più completo)« (Berlinguer 1975: 195).

Berlinguer (1975: 360ff.) schrieb im September/Oktober 1973 eine Artikelserie mit »Gedanken zu Italien nach den Ereignissen in Chile«. Er fragte, welche Strategie und Taktik der PCI verfolgen müsse, um in Italien, wo sich die Möglichkeit einer Veränderung der Machtverhältnisse zugunsten der Linken abzeichnete, einen reaktionären Gegenschlag zu verhindern. Es war abzusehen, dass die extreme Rechte (unterstützt von Geheimdiensten, Regierungskreisen der Democrazia Cristiana [DC], NATO etc.) auf den Vormarsch der Linken mit einer Strategie der gewaltsamen Destabilisierung des Landes (durch ›faschistische Provokationen‹, terroristische Anschläge) reagieren würde. Die Abwehr dieser »chilenischen Perspektive« im Prozess der »demokratischen, antifaschistischen Revolution« konnte Berlinguer zufolge nur gelingen, wenn der PCI in der Lage sei, an der Konstitution eines »geschichtlichen Blocks« politischer und sozialer Kräfte mitzuwirken, die – als Mehrheit des Volkes – diesen Weg unterstützen. Natürlich knüpfte diese Strategie auch an die Politik der »demokratischen Erneuung« an, die Palmiro Togliatti in den Jahren 1944/1945 (»Wende von Salerno«) verkündet hatte. In der historisch-politischen Situation der frühen 1970er Jahre bestand das Neue dieses Vorschlages darin, dass der PCI für den Weg zum Sozialismus nicht allein ein Bündnis der Linksparteien (PCI/PSI) forderte, sondern den Einschluss von Kräften der »katholischen Welt«, d.h. auch von Teilen der DC, vorschlug.

Der christdemokratische Politiker Aldo Moro, bis zu den Wahlen von 1976 Ministerpräsent einer Minderheitsregierung, befürwortete den »Historischen Kompromiss« (»compromesso storico«), einen Solidaritätspakt zwischen den Eurokommunisten der PCI und der DC, um die Wirtschaftskrise zu bekämpfen. Im Ergebnis der Wahlen kam es zu einer »Regierung der nationalen Solidarität« unter Giulio Andreotti (DC), dessen Kabinett nur aus DC-Ministern bestand. Damit hatte Berlinguer das Ziel der Regierungsbeteiligung nicht erreicht. Er scheiterte am Widerstand derjenigen Kräfte in der DC, die – unter extremen Druck der NATO-Verbündeten – von den USA bis zur deutschen Bundesregierung unter dem Kanzler Helmut Schmidt (SPD) – die Regierungsbeteiligung einer kommunistischen Partei im westlichen Bündnis kategorisch ablehnten.[100] Berlinguer und andere Sprecher des PCI gaben sich freilich große Mühe, um den Sorgen der NATO-Partner entgegenzuwirken. In einem Interview mit der italienischen Tageszeitung *Corriere della Sera* erklärte Berlinguer mit Hinweis auf die sowjetischen Interventionen z.B. in Prag 1968, er fühle sich unter dem Schirm der NATO sicherer.

Die Politik des »Historischen Kompromisses« scheiterte endgültig mit der Entführung und Ermordung von Aldo Moro zwischen März und Mai 1978 durch die Roten Brigaden. Die Position von DC und PCI, auf keinen Fall mit den Entführern über eine Freilassung von Moro zu verhandeln, war in der Öffentlichkeit umstritten. Bis heute gibt es zahlreiche Spekulationen über die Beteiligung in- und ausländischer Geheimdienste an dem »Fall Moro«. Berlinguer erklärte im Januar 1979 – gegen Widerstand aus dem rechten Flügel der Partei – die parlamentarische Kooperation für beendet. Kurz nach dem plötzlichen Tod ihres Vorsitzenden Anfang 1984 wurde der PCI bei den Eu-

[100] Eine mögliche Regierungsbeteiligung des PCI alarmierte insbesondere die Regierungen der USA und Großbritanniens; denn der PCI hätte in den NATO-Gremien mitentscheiden können und dazu über Informationen zur Nuklearwaffenstrategie der NATO verfügt. Angesichts der Radikalisierung der Revolution in Portugal (ebenfalls NATO-Mitglied) nahmen solche Befürchtungen zu. Italien war militärstrategisch von erheblicher Bedeutung. Dort waren zahlreiche NATO- und US-Institutionen und Basen stationiert; Italien verfügte über eine große Armee mit zahlreichen Spezialeinheiten, die für die NATO wichtig waren. Nach dem Ausscheiden Frankreichs aus der militärischen Integration der NATO und angesichts der nach links verschobenen Kräfteverhältnisse in den ehemaligen Diktaturen Spanien, Portugal und Griechenland, angesichts der Krisen im Nahen Osten, der Spannungen zwischen Griechenland und der Türkei, angesichts der Krisen um Zypern und der hohen Wahlergebnisse der dortigen Kommunistischen Partei, angesichts der Popularität des arabischen Sozialismus in Nordafrika und schließlich angesichts der zunehmenden Präsenz der sowjetischen Flotte im Mittelmeer schien Italien der einzige sichere Posten der NATO in diesem strategisch zentralen Raum zu sein, der einst – von Gibraltar bis Suez – von Großbritannien beherrscht wurde (Seeweg nach Indien). Vor den nationalen italienischen Wahlen 1976 schrieb »Der Spiegel« (17.5. 1976): »Nun dringt der Feind auch noch ganz legal und ohne Waffengewalt in das Bündnis ein – Kommunisten könnten in der nächsten Regierung des Nato-Partners Italien sitzen. So sieht es jedenfalls Amerikas Außenminister Henry Kissinger. Sein Alptraum: Italiens Wähler sind enttäuscht von den nach über 30 Jahren Regierungsverantwortung erschöpften Parteien und wählen Mitte Juni die Kommunisten als stärkste Partei ins Parlament. Für den Historiker Kissinger, der seine Maßstäbe aus der Vergangenheit bezieht, wäre das ein Fall, der für die USA ›inakzeptabel‹ ist und ernste Folgen für ganz Westeuropa nach sich zieht.«

ropawahlen mit 33,3% der Stimmen (DC: 32,9%, PSI 11,2%) stärkste Partei. Danach begann ein schneller Abstieg der Partei.[101]

Enrico Berlinguer hatte 1981 in einem Rundfunkinterview erklärt: »Die lange Zeit wirkende Triebkraft, die aus der Oktoberrevolution, dem größten revolutionären Ereignis unserer Epoche hervorgegangen ist, hat sich erschöpft. Wir sind jetzt an einem Punkt angelangt, da diese Phase zu Ende geht.« (Zit. nach Magri 2015: 358) Der Aufschwung der Jugend- und Intellektuellenbewegungen nach 1968 sowie der Klassenkämpfe in den westlichen Kapitalmetropolen, die auch von breiten Kulturbewegungen begleitet wurde, hatten in den 1970er Jahren noch einmal Hoffnungen auf weitere Siege des Sozialismus geweckt. Doch der Aufschwung zwischen 1965 und 1975 verwandelte sich in der zweiten Hälfte der 70er Jahre in schwere Niederlagen der sozialistischen bzw. kommunistischen Arbeiterbewegung.

Die von der Arbeiterklasse und ihren Gewerkschaften getragenen Kämpfe der 1970er Jahre forderten überwiegend den Anteil der Loharbeit an den Früchten des kapitalistischen »Golden Age« der Nachkriegszeit ein – bei den Löhnen ebenso wie bei den sozialstaatlichen Leistungen. Nur militante Minderheiten waren davon überzeugt, dass die Durchsetzung der Lohnforderungen durch Streiks den Kapitalismus ins Wanken bringen könnte (»profit-squeeze«).

Der PCI forderte keinen politischen »Riss« oder Umbruch und vertrat auch kein Programm einer grundlegenden gesellschaftlichen und ökonomischen Umgestaltung Italiens. Er forderte keine Machtergreifung des Staates, um die Klassenmacht der Bourgeoisie zu brechen. Er war längst selbst Teil des Staates geworden – in den Institutionen der Repräsentation (Parlamente, Parteien, Verbände, Kommunalverwaltungen) sowie in den verschiedenen Staatsapparaten selbst. Er brachte die »Disziplinierung« der kommu-

[101] Bis zu ihrer Auflösung verlor sie etwa ein Drittel ihrer Mitglieder und 8% ihrer Wähler. Auf ihrem letzten Parteitag im Februar 1991 – mitten im Auflösungsprozess des sozialistischen Staatensystems um die Sowjetunion – benannte sich die Partei unter Achille Occhetto in »Partito Democratico della Sinistra« (»Demokratische Linkspartei«) um. Im September 1992 wurde der PDS in die Sozialistische Internationale aufgenommen. Zwei Monate später beteiligte er sich an der Gründung der Sozialdemokratischen Partei Europas (SPE). Der Zusatz »di sinistra« wurde ebenfalls schnell abgestoßen. Auch der PSI (Partito Socialista Italiano), die zweite große Partei der italienischen Arbeiterbewegung, die lange von dem legendären Pietro Nenni (1891–1980) geführt wurde, löste sich 1994 auf. Ihr letzter Vorsitzender, Benito Craxi, der in den 1980er Jahren Ministerpräsent gewesen war, starb im Jahr 2000 im tunesischen Exil: Er entzog sich der Justiz, die ihn in den Jahren zuvor zu insgesamt ca. 25 Jahren Gefängnis wegen »Schmiergeld«-Affären und Korruption verurteilt hatte. In solche Affären war auch die DC verwickelt. Anfang 1994 beschloss die Führung eine Namensänderung der Partei, die sich faktisch auflöste. Alle Versuche, Nachfolgeorganisationen von PCI, PSI oder CD zu gründen, endeten ohne Erfolg. Mit dem Ende des Kalten Krieges und der Systemkonkurrenz hatte sich auch das politische System erledigt.

nistisch geführten Gewerkschaften, also der Reduzierung der Streiktätigkeit, damit auch das Angebot für eine »Lohnpause« als Angebot in mögliche Koalitionsvereinbarungen ein (Lama 1976: 127 ff.) und war auch bereit, angesichts der steigenden Staatsverschuldung sowie steigender Inflationsraten über Maßnahmen einer Austeritätspolitik zu diskutieren. Über seinen Einfluss auf die Gewerkschaft CGIL sorgte der PCI selbst dafür, dass die Dynamik der Klassenkämpfe, die sich in der ersten Hälfte der 70er Jahre entfaltet hatte, abgebremst wurde und bald erlahmte. 1978/79 mussten die italienischen Gewerkschaften bei Fiat in Turin eine schwere Niederlage hinnehmen. Schließlich signalisierten die außenpolitischen Experten der Partei immer wieder, dass die Zugehörigkeit zu den Bündnisorganisationen des Westens (einschließlich der NATO) nicht infrage gestellt werde. Der Appell an eine »Große Koalition« als Antwort auf die möglichen Gefahren der internationalen Gegenrevolution aus dem »American Empire« war – wie der »Fall Moro« schließlich bewies –hilflos. Die italienischen Kommunisten wollten eine Modernisierung, auch »Säuberung« des Staates im Sinne seiner rechts- und sozialstaatlichen Reform zur Sicherung seiner demokratischen Funktionsfähigkeit. Die Klassendimension des Politischen – bezogen auf die gesellschaftlichen wie die politischen Machtverhältnisse – wurde dabei ausgeblendet.

Der schnelle Niedergang, bald der Verfall der Partei nach der Ermordung von Aldo Moro und nach dem Tod von Enrico Berlinguer machte deutlich, dass sie sich schon lange aus dem geschichtlichen Zusammenhang des Wirkens der Oktoberrevolution entfernt hatte, dass sie aber zu schwach bzw. inhaltlich überhaupt nicht gerüstet war, eine neue »kommunistische« Perspektive für die entwickelten kapitalistischen Gesellschaften des Westens nach 1968, vor allem aber nach 1991 zu entwickeln und in die politische Praxis umzusetzen. Lucio Magri (2015: 405ff.) ergriff noch 1987 die Initiative für eine »neue kommunistische Identität«; der Nachfolger Berlinguers, Achille Occhetto, hatte allerdings schon eine radikale Wende vollzogen, indem er die Partei nicht mehr auf das Jahr 1917, sondern auf das Jahr 1789 verpflichtete (ebd. 390). Daher sprach die Geschichte – wie auch bei der Sowjetunion – ein hartes Urteil, als sich die Partei Anfang der 90er Jahre auflöste. Das Verschwinden der Partei von Antonio Gramsci und Palmiro Togliatti, der Partei der Resistenza und des Widerstandes im Kalten Krieg war neben dem Zusammenbruch der staatsozialistischen Systeme der nachhaltigste Beleg für die These, dass sich die sozialistische Arbeiterbewegung in der Tradition der Klassenkämpfe des 19. und 20. Jahrhunderts – vor allem aber der Oktoberrevolution – bis zum Ende des 20. Jahrhunderts von der Bühne der Geschichte verabschiedet hatte. Reste wurden von einer Sozialdemokratie absorbiert, die sich freilich schon längst nicht mehr als Partei der Arbeiterbewegung, sondern als Kraft der politischen »Mitte« begriff.

Der Gegenstoß: Globalisierung und Neoliberalismus

Am Beispiel der Entwicklungen in Portugal und Italien lässt sich zeigen, dass – trotz der unterschiedlichen, ja gegensätzlichen strategischen Orientierung der Politik der kommunistischen Parteien in den Umbrüchen der 1970er Jahre – die zunächst aufkeimenden Hoffnungen auf sozialistische Veränderungen bis zum Übergang in die 1980er Jahre aufgegeben werden mussten. Die Niederlagen der beiden Parteien waren Bestandteil eines weltweiten Prozesses: a) des Niedergangs der realsozialistischen Systeme um die Sowjetunion, b) der Krise der sich sozialistisch nennenden Regime in der Dritten Welt und des Aufstiegs des islamischen Fundamentalismus und c) des Abstiegs der sozialistischen und kommunistischen Arbeiterbewegung (ihrer Parteien, Gewerkschaften und Genossenschaften) in Westeuropa.[102] Göran Therborn konstatierte rückblickend: »Die 70er Jahre bezeugten den Höhepunkt der Arbeiterbewegung des 20. Jahrhunderts auf dem Feld der gewerkschaftlichen Organisierung und Militanz. Das waren die Jahre, in denen die britische Gewerkschaft der Bergleute die Regierung von Edward Heath stürzen konnte. In ihrer Mehrheit war die Arbeiterbewegung von radikalen Ideen inspiriert – von dem ›Lohnfonds‹, den die schwedischen Sozialdemokraten vorschlugen, bis zum gemeinsamen Regierungsprogramm von Sozialisten und Kommunsten in Frankreich mit seinen Forderungen nach weitreichenden Nationalisierungen und einem ›Bruch mit dem Kapitalismus‹. Davon wurde nur wenig realisiert, aber nur wenige erkannten, dass dies der Gipfel vor dem Niedergang war. Eric Hobsbawm war einer der wenigen unter den bedeutenden Analytikern, der dies in 1978 in einem Vortrag mit dem Titel ›Kommt der Vorwärtsmarsch der Arbeiterbewegung zum Stillstand?‹ problematisierte.« (Therborn 2012: 11)

Die weltgeschichtlich vielleicht bedeutendste Veränderung vollzog sich in der Volksrepublik China. Deng Xiaoping, der sich nach den Wirren der Kulturrevolution in den Auseinandersetzungen um die Nachfolge Maos durchgesetzt hatte, verkündete 1978 Strukturreformen für die chinesische Wirtschaft, die eine Abkehr von den Prinzipien der kommunistischen Umgestaltung nach dem Sieg der Revolution bedeuteten: die schrittweise Verabschiedung von der Kollektivierung der Landwirtschaft (»Volkskommunen«), die Öffnung für private Eigentumsformen, die Re-Regulierung des Verhältnisses von Marktprozessen und zentralstaatlicher Planung sowie die Öffnung zum Weltmarkt.

[102] Frankreich schien eine Ausnahme zu bilden; denn der Sozialist François Mitterand wurde 1981 zum Präsidenten Frankreichs gewählt und regierte bis 1983 mit einer Koalitionsregierung aus Sozialisten und Kommunisten. Das Scheitern dieser Regierung bis 1983 bereitete freilich den Übergang zur Anpassung an die neuen Verhältnisse vor. Der PCF schrumpft immer mehr; die Sozialisten (die erst Anfang der 1970er Jahre neu gegründet waren) verstanden sich nicht als Partei der Arbeiterklasse, sondern eher der lohnabhängigen Mittelklassen.

Diese Reformen sollten unter der Kontrolle der politischen Macht der Partei und des Staates durchgeführt werden. Oberstes Ziel war die Überwindung der Massenarmut im volkreichsten Land der Erde. Deng vertrat die Auffassung, dass die Ziele des Sozialismus und Kommunismus – wie Marx im Vorwort zur Kritik der politischen Ökonomie formuliert hatte (MEW 13: 9f.) – nur erreicht werden können, wenn die Produktivkräfte von den Fesseln befreit werden, die ihnen durch Staatseigentum und zentralistische Planung auferlegt wurden. Deng bezog sich dabei auch immer wieder auf den Niedergang der Sowjetunion, der in den 1980er Jahren durch die Politik von Michail Gorbatschow noch beschleunigt wurde. Der Aufstieg der Volksrepublik China in die Reihe der weltwirtschaftlichen und politischen Großmächte des 21. Jahrhunderts warf inmitten der tiefen Krise des Sozialismus in der Sowjetunion sowie in den westlichen Kapitalmetropolen ganz neue Fragen für die Entwicklung des Sozialismus im 21. Jahrhundert auf (vgl. dazu Kapitel 3).

In den entwickelten kapitalistischen Staaten deuteten sich in der zweiten Hälfte der 1970er Jahre bereits tiefgreifende sozialökonomische und politische Veränderungen an, die sich dann auf der politischen Ebene mit dem Siegeszug der Politik und Ideologie des Neoliberalismus im Übergang zu den 80er Jahren vollendeten. Die Wahlsiege von Margaret Thatcher in England (1979) und von Ronald Reagan in den USA (1980) markierten den Beginn einer neuen Epoche in der Entwicklungsgeschichte der bürgerlich-kapitalistischen Gesellschaften. Die Krise und der Niedergang der sozialistischen Arbeiterbewegung im letzten Viertel des 20. Jahrhunderts waren insofern nicht allein durch falsche strategische Optionen, sondern auch durch objektive Faktoren bestimmt, deren Bedeutung allerdings – auch auf der Seite der Linken – zunächst nicht wahrgenommen wurde:

- Der Aufschwung der Streikbewegungen in der ersten Hälfte der 1970er Jahre verdeckte einen bereits erwähnten längerfristigen sozialen Strukturwandel.[103] Dieser implizierte den Bedeutungsverlust des industriellen Kerns der Arbeiterklasse im Verhältnis zur Zunahme der Angestellten und der wissenschaftlich-technischen Intelligenz im industriellen Sektor, vor allem aber im öffentlichen und privaten Dienstleistungssektor.[104] Auch der

[103] »Mitte der 70er Jahre bildete die Gruppe der Industriebeschäftigten in den meisten Ländern Westeuropas die größte Statuskategorie in den amtlichen Statistiken. Zwischen 1975 und 2012 schrumpfte in Großbritannien und Frankreich die Zahl der industriellen Arbeitsplätze um die Hälfte und in der Bundesrepublik Deutschland um ein Viertel. Der Anteil der Industriebeschäftigten an der erwerbstätigen Bevölkerung sank auf Werte zwischen 20 und 28 Prozent… Die Deindustrialisierung in Westeuropa ging Hand in Hand mit dem Aufstieg anderer industrieller Standorte (vor allem in Ost- und Südostasien).« (Raphael 2019: 35 u. 38)

[104] Nach Klaus Dörre (2020: 309-312) bilden »akademisch gebildete Lohnabhängige ohne Kontrollmacht … eine expandierende Klasse von Lohnabhängigen. Diese Klasse verfügt über Positionen am Arbeitsmarkt und im (Re-)Produktionsprozess, die von der

steigende Anteil weiblicher Beschäftigung – überwiegend in Niedriglohnsektoren – schwächte traditionelle Organisations- und Kampfformen der Arbeiterbewegung. Eric Hobsbawm (2010: 118) hatte die politische Bedeutung dieser Tendenz früh erkannt: »Seit den 70er Jahren schrumpft die alte Arbeiterklasse in den Industrieländern der ersten Welt sowohl relativ wie absolut, und sie hat viel vom einigenden Klassenbewusstsein verloren ... nämlich die alte Überzeugung, dass wirkliche Besserung für den einzelnen nur durch oder wenigstens mit Solidarität und kollektivem Handeln zu erreichen ist.« Seine früh formulierte These (1978), dass der Vormarsch der Arbeiterbewegung zum Ende der 1970er Jahren zum Stillstand gekommen sei, bezog sich auf diese Veränderung. Dazu kam, dass die englischen Bergarbeiter nicht nur ihren Kampf verloren, sondern auch als traditionell militante Fraktion der Arbeiterbewegung von der Bildfläche verschwanden.

- Mit dem Ende des »Golden Age« gingen die Wachstumsraten in den entwickelten kapitalistischen Staaten zurück. In der Folge von Konjunkturkrisen (z.B. der Weltwirtschaftskrise 1974/75), durch Rationalisierung sowie als Folge der Verlagerung der Produktion an die Peripherie der Billiglohnländer in Asien stieg seit Mitte der 1970er Jahre die Massenarbeitslosigkeit kontinuierlich an. Die Epoche der »Vollbeschäftigung« ging zu Ende. Die Angst vor Arbeitslosigkeit ist in der Regel eine der schärfsten Waffen des Kapitals, um die Lohnabhängigen zu entsolidarisieren und zu disziplinieren. In den prosperierenden Bereichen der mit der Digitalisierung verbundenen »New Economy« dominierten dagegen Unternehmenskonzepte, die auf die Kreativität der Individuen setzte und diese auch mit Gratifikationen belohnte (Boltanski/Chiapello 2003). Über die Flexibilisierung des Arbeitsmarktes wurden die Gewerkschaften zusätzlich geschwächt, denn es gelang ihnen lange Zeit nicht, auf dem neu entstehenden Niedriglohnsektor (der nicht durch Tarifverträge geschützt ist) Fuß zu fassen. Die »Krise des Normalarbeitsverhältnisses«, die seit den 1980er Jahren konstatiert wird, beschleunigte (vor allem in Großbritannien und in den USA) den Niedergang der Gewerkschaften.
- Das Ende des Golden Age wurde auch durch die krisenhafte Dynamik auf den Weltmärkten einschließlich der Währungsturbulenzen bestimmt. Die

alltäglichen Sorge um Einkommen und Beschäftigungssicherheit dauerhaft entlasten. Im Zuge der Digitalisierung dürfte die quantitative und qualitative Bedeutung dieser Klasse noch wachsen. Der Zugang zu dieser Klasse erfolgt teilweise über Formen akademischer Prekarität. Kennzeichnend sind Berufsstolz, Fachkenntnisse und teilweise ein ausgeprägtes Expertentum. In ihrer sozialen Positionierung entsprechen diese sehr gut qualifizierten und überwiegend akademisch gebildeten Arbeitskräfte jener expandierenden Gruppe, die vor Jahrzehnten als ›neue Arbeiterklasse‹ von sich reden machte und der teilweise eine besondere Militanz attestiert wurde.«

USA lösten Anfang 1973 den Dollar aus dem System der festen Wechselkurse und den Bezug zum Goldpreis (Bretton-Wood-System). Im gleichen Jahr erhöhten die arabischen Staaten (in der Folge des »Oktoberkrieges« mit Israel) den Preis des Erdöls (ein zweiter »Ölschock« folgte 1980). Gleichzeitig wurden Öllieferungen an Staaten gedrosselt, die Israel unterstützten. Die Weltwirtschaftskrise von 1974/75 und der Anstieg der Arbeitslosigkeit in den Kapitalmetropolen waren durch diese Maßnahmen beeinflusst. Vor allem diejenigen Staaten, die über eine negative Außenhandelsbilanz, aber auch nicht über eigene Energiequellen verfügten, wurden durch diese Krisen hart getroffen. Das betraf vor allem Staaten der Dritten Welt, die nunmehr ihre Schulden erhöhen mussten, um die gestiegenen Kosten von Ölimporten zu begleichen. Viele dieser Staaten, in denen Sozialisten an der Macht waren, hatten in der UNO antiimperialistische Positionen unterstützt und sich für das Projekt einer »neuen Weltwirtschaftsordnung« eingesetzt, das den Einfluss der USA und ihrer Verbündeten sowie der Transnationalen Konzerne einschränken sollte. Auch die Ökonomien der sozialistischen Staaten Osteuropas wurden seit den 1970er Jahren zunehmend in die Krisenprozesse der Weltwirtschaft (Währungskrisen, Verfall des Wechselkurses ihrer Währungen, Preisverfall bei Rohstoffen etc.) einbezogen und gerieten ebenfalls in die »Schuldenfalle«. 1979 folgte der »Volcker-Schock«: Paul Volcker war Chef der US-Notenbank und setzte den Kampf gegen die Inflation in den USA und gegen den damals fallenden Dollar-Kurs an die erste Stelle. Er verfügte eine drastische Erhöhung der Kreditzinsen. In den USA löste das eine Wirtschaftskrise mit steigender Arbeitslosigkeit aus, die Ronald Reagan 1980 ins Amt des US-Präsidenten führte. Allerdings drängten jetzt Anlieger aus der ganzen Welt in die USA (genauer: an die Wall Street), um von den hohen Zinsen zu profitieren. Dadurch stieg der Kurs des Dollars wieder an. Hauptopfer dieser Politik wurden die sogenannten Entwicklungsländer, deren Schuldenlast (in Dollar) sich drastisch erhöhte und sie an den Rand des Bankrotts führte. Gleichzeitig unterwarfen sich diese Länder dem Schuldenmanagement durch die Weltbank und den IWF. Weitere Kredite wurden ihnen nur unter der Voraussetzung zur Verfügung gestellte, dass die einheimischen Märkte für die Transnationalen Konzerne geöffnet, dass öffentliche Unternehmen privatisiert und die öffentlichen Ausgaben – vor allem im Bildungs- und Sozialbereich – reduziert wurden. Die »sozialistische Welle« in der Dritten Welt (als Ergebnis der antikolonialen und antiimperialistischen Befreiungsbewegungen) war damit bis in die 1980er Jahre weitgehend abgeklungen. Nur diejenigen Staaten wie die Volksrepublik China, die sich bis dahin vom Weltmarkt abgeschottet hatten, konnten sich vor diesen zerstörerischen Wirkungen der externen »Schocks« schützen.

- Mit der Liberalisierung der Güter- und Finanzmärkte nimmt die Macht der Transnationalen Konzerne sowie der Träger des Finanzmarktkapitalismus beständig zu, während die Macht der Gewerkschaften und der Institutionen der Interessenvertretung der Lohnabhänggien (z.B. der Betriebsräte) geschwächt wird. Der neue Wettbewerbskorporatismus erzwingt Bündnisse zwischen Kapital und Arbeit, um zum Zwecke der »Standortsicherung« in der globalen Konkurrenz Kosten zu senken, die Produktivität und die Gewinne zu steigern. Die Löhne und die betrieblichen Sozialleistungen, aber auch die Steuern und gesetzliche Auflagen im Bereich der Mitbestimmung, der Umweltpolitik und des Gesundheitsschutzes sind allemal Kosten, die unter der Peitsche des globalen Wettbewerbs reduziert werden müssen. Der Erfolg des Managements wird über den Aktienkurs definiert (Shareholder-Value). Dieser steigt in der Regel, wenn Forderungen der Gewerkschaften abgewehrt werden oder im Zuge der Neustrukturierung von Unternehmen (durch Investment-Banking) ganze Betriebsbereiche – zum Beispiel in der Stahlproduktion – stillgelegt und die Belegschaften ausgedünnt werden. Die auf den globalen Märkten agierenden Akteure setzen zugleich die nationalen Regierungen untern Druck, um die Politik auf die Sicherung der Wettbewerbsfähigkeit der Konzerne – insgesamt der nationalen Volkswirtschaft – auf dem Weltmarkt sowie die dafür notwendige Stabilität der Währung (u.a. durch die Zinspolitik der nationalen Notenbanken) zu verpflichten. Der Nationalstaat muss diese Interessen auch in den internationalen Organisationen (IWF, Weltbank, EU) vertreten. Der kapitalistische Staat wandelt sich vom »nationalen keynesianischen Wohlfahrtsstaat« zum »Wettbewerbsstaat« (Jessop), der freilich seinen Platz in der Staatenhierarchie des American Empire (Panitch/Gindin) finden muss.
- Der Aufschwung der Klassenkämpfe, der Gewerkschaften und der politischen Linken im Übergang zu den 1970er Jahren führte einerseits zu Reallohnsteigerungen, andererseits zur Erweiterung der Staatsausgaben als Folge der Umsetzung von Reformpolitik durch sozialdemokratisch geführte Regierungen, die sich den Ausbau von Demokratie und sozialer Gerechtigkeit zum Ziel gesetzt hatten. Sinkende Wachstumsraten und Kriseneinbrüche führen nicht nur zum Anwachsen der Arbeitslosigkeit, sondern auch der Inflation. Während der Krise 1974/75 verzeichnete die Staatsverschuldung einen deutlichen Anstieg (Glyn u.a. 1991: 62). Für die politische Linke an (oder – wie in Italien – vor) der Macht stellte sich die Frage, ob sie auf diesen Widerspruch mit Steuererhöhungen oder mit einer Politik der Investitionslenkung (im Sinne von Keynes, der die »Vergesellschaftung der Investitionen« gefordert hatte), antworten könnte – oder, ob sie darauf mit Maßnahmen der Austeritätspolitik (Reduzierung der Staatausgaben und der Inflation) reagieren musste. Liberale und kon-

servative Interessenvertreter des Kapitals forderten eine radikale Wende in der staatlichen Wirtschafts- und Sozialpolitik. Diese müsse sich auf die Verbesserung nicht der Nachfrageseite (durch höhere Löhne und Staatsausgaben), sondern auf die Angebotsseite (»supply side«) konzentrieren, d.h. auf Steuersenkungen für die Unternehmen und die Vermögenden sowie auf die Stärkung der Kräfte des Marktes durch Privatisierung (von Staatsunternehmen), durch Deregulierung (d.h. Entlastung der Unternehmen von staatlichen Auflagen) und vor allem durch die Flexibilisierung des Arbeitsmarktes (jenseits tarifvertraglicher und sozialstaatlicher Regulierungen). Dieses Programm war eindeutig darauf ausgerichtet, mit der Stärkung der Marktkräfte zugleich die »Klassenmacht der Bourgeoisie« (David Harvey) zu stärken.

Die sozialdemokratischen Kräfte (einschließlich der italienischen Kommunisten) waren nicht bereit bzw. in der Lage, einen zweiten Schritt zur Ausweitung öffentlichen Eigentums sowie zur Investitionslenkung zu gehen. Helmut Schmidt (SPD) leitete als Kanzler der BRD (1974 bis 1982) selbst erste Schritte einer Politik der Austerität ein. Die konservativen und liberalen Kräfte gruppierten sich nunmehr um dieses Programm der neoliberalen Gegenrevolution. Die Niederlagen der Linken bei den Wahlen waren jetzt auch Ausdruck von Enttäuschungen bei ihrer eigenen Wählerbasis: Enttäuschungen über gescheiterte Mobilisierung in den Arbeitskämpfen, zunehmende Angst vor Arbeitslosigkeit und sozialem Abstieg, Unzufriedenheit mit der hohen Belastung durch Steuern und Sozialabgaben usw. Anfang der 1980er Jahre hatte sich die »Wende« – in unterschiedlicher Radikalität in den entwickelten kapitalistischen Staaten des Westens – durchgesetzt. Die Kräfte des Sozialismus und der Arbeiterbewegung waren geschlagen. Das Projekt eines demokratisch »regulierten Kapitalismus« war nicht nur an den eigenen Schwächen gescheitert, sondern vor allem an den objektiven Entwicklungsgesetzen der kapitalistischen Produktionsweise und den Herausforderungen, die sich den politischen Akteuren in Form von Krisen stellen.

Donald Sassoon (1996: 446) bemerkt im letzten Abschnitt seines Buches über die westeuropäische Linke im 20. Jahrhundert: »Bis zu den frühen 90er Jahren war die Linke im Westen umfassend geschlagen, während im Osten die glimmenden Ruinen des kommunistischen Experiments den offensichtlichen globalen Triumph des Systems der privatkapitalistischen Akkumulation markierten.« Dabei benennt er einen fundamentalen Widerspruch, der sich in der Zukunft noch verstärken sollte: »Um das Jahr 1995 war das Erdöl billiger als in den vorangegangenen 20 Jahren, die Gewerkschaften waren überall in Europa eine verbrauchte Kraft; 18 Millionen Arbeitslose hielten den Arbeitsmarkt locker und flexibel, das ging weit über die Hoffnungen vieler Konservativer in den siebziger Jahren hinaus; Streiks gab es nur noch selten und meist nicht für Lohnerhöhungen, sondern beschränkt auf die Verteidigung von Arbeitsplätzen im öffentlichen Dienst.« Und doch, so schließt Sassoon, bleibt es »unerklärlich«, warum die fortgeschrittenen Länder »mit einer Zukunft konfrontiert werden, die durch Massenarbeitslosigkeit und geringes Wachstum bestimmt sein wird« (ebd.: 456). In den zeitdiagnostischen Debatten der Linken und der neuen sozialen Bewegungen dieser Jahre artikulierte André Gorz mit seiner Schrift »Abschied vom Proletariat« (1980) diese Erfahrungen der Niederlagen und des Umbruchs, in dem die für das 20. Jahrhundert so mächtige sozialistische Arbeiterbewegung von der Bühne der Geschichte abtrat. Gorz vertrat die Auffassung, dass in der Folge der wissenschaftlich-technischen Revolution eine neue Klassenspaltung zwischen einer Minderheit von »vollzeitbeschäftigten Arbeitern und Angestellten« auf der einen und einem Heer von Arbeitslosen und prekär Beschäftigten auf der anderen Seite entsteht. Gegen den »Arbeiterkonservatismus« der Vollbeschäftigten »ist die Masse der ›gegen die Arbeit Gleichgültigen‹ das mögliche gesellschaftliche Subjekt des Kampfes um die Aufteilung der Arbeit, die allgemeine Verkürzung der Arbeitszeit, die tendenzielle Abschaffung der Lohnabhängigkeit durch Ausweitung der Eigenproduktion sowie ein allen garantiertes Lebenseinkommen« (Gorz 1980: 65). Wenig später entwarf Gorz in seiner Schrift »Wege ins Paradies« (1983) die Realutopie einer vom Zwang der Lohnarbeit befreiten Gesellschaft, in der die notwendige Arbeitszeit radikal verkürzt ist, ein Grundeinkommen für alle zur Verfügung steht und frei gewordene Zeit für selbstbestimmte Tätigkeiten und soziale Beziehungen genutzt werden kann. Das »Paradies« zeichnet sich durch ein Leben im Einklang mit der Natur und der Umwelt aus. Damit entwarf André Gorz Elemente eines Programms für den Sozialismus des 21. Jahrhunderts.

Kapitel 3
Sozialismus im 21. Jahrhundert

Milos Nikolic war einer der Organisatoren der Konferenz »Sozialismus in der Welt«, die bis 1988 jährlich in Cavtat/Jugoslawiens stattfand.[1] Der Bund der Kommunisten Jugoslawiens wollte mit dieser Konferenz die Eigenständigkeit des »jugoslawischen Sozialismusmodells« (Arbeiterselbstverwaltung, Blockfreiheit), die Offenheit gegenüber anderen Sozialismusmodellen (in der UdSSR, der VR China, Algerien, Kuba etc.), aber auch gegenüber den Sozialdemokraten und »Eurokommunisten« aus Westeuropa und schließlich seine intellektuelle Offenheit demonstrieren.[2] Im Jahr 1985 gab Nikolic einen Band mit dem Titel »Der Sozialismus an der Schwelle zum 21. Jahrhundert« heraus, in dem prominente Teilnehmer:innen der Konferenzen – überwiegend Vertreter:innen des sogenannten »westlichen Marxismus« – über die Gegenwart und Zukunft des Sozialismus in der Welt schrieben.

Einer der Autoren war der bereits erwähnte Ökonom Ernest Mandel (1923 – 1995). Sein Beitrag handelte von der »Aktualität des Sozialismus«. Der »Sozialismus ist (nach Marx und Engels) die erste und niedere Stufe der kommunistischen Gesellschaft. Er bedeutet eine Gesellschaft der assoziierten Produzenten, charakterisiert durch das kollektive Eigentum an den Produktionsmitteln, der unmittelbar gesellschaftlichen Natur der Arbeit und der Planung der Produktion zur Bedürfnisbefriedigung (Produktion von Gebrauchswerten und nicht von Waren). Er bedeutet eine klassenlose Gesellschaft ohne Staat, d.h. ohne besondere Organe oder Apparate für Zwecke der Verwaltung, der Leitung oder gemeinsamer Entscheidungen, die von der Masse der Bürger getrennt sind.« Der Sozialismus wird – so Mandel – weder ein »Paradies auf Erden« sein, noch eine »perfekte Harmonie zwischen dem Individuum und der Gesellschaft sowie zwischen Mensch und Natur«. Er bedeutet weder ein »Ende der Geschichte« noch das »Ende von Widersprüchen, die die menschliche Existenz charakterisieren«. Die Ziele, die die Anhänger des Sozialismus verfolgen, sind dagegen »bescheidener: sechs oder sieben Widersprüche, die über Jahrhunderte massenhaftes menschliches Lei-

[1] Er war auch einer der Herausgeber der Zeitschrift »Socialism in the World«, in der seit 1977 Beiträge zu diesen Konferenzen veröffentlicht wurden.

[2] 1975 waren die Zeitschrift »Praxis« und die von der »Praxis-Gruppe« zwischen 1963 und 1974 veranstalteten jährlichen Sommerschulen auf der Insel Korcula verboten worden.

den verursacht haben, sollen gelöst werden. Der Ausbeutung und der Unterdrückung von Menschen muss ebenso wie den Kriegen und der Gewalt (im großen Umfang zwischen Menschen) ein Ende bereitet werden. Hunger und Ungleichheit müssen für immer verbannt sein. Institutionalisierte und systematische Diskriminierung von Frauen, Rassen sowie von ethnischen Gruppen und nationalen oder religiösen Minderheiten, die als ›minderwertig‹ betrachtet werden, muss beendet werden.« (Mandel 1985: 146f.) Am Schluss des Artikels schrieb er: »Der Sozialismus ist immer noch eine Möglichkeit. Die Hürden (stakes) sind jedoch außerordentlich hoch und die Schwierigkeiten dürfen nicht unterschätzt werden. Aber, wenn man sein Leben dem Kampf für die Emanzipation aller Unterdrückten und Ausgebeuteten und der Verwirklichung einer klassenlosen Gesellschaft widmet, so ist dieses Streben das einzige, das der Menschheit würdig ist.« (Ebd.: 162) Die Selbstgewissheit, mit der Ernest Mandel 1985 die »Aktualität« des Sozialismus beschwor, wurde nur wenige Jahre später durch den Zusammenbruch des »realen Sozialismus« in Osteuropa, vor allem aber durch die Gewaltexzesse, die durch die Zerstörung der sozialistischen Republik Jugoslawien ausgelöst wurden, erschüttert.[3]

Das letzte Buch von Ralph Miliband (1924–1994) mit dem Titel »Sozialismus für ein skeptisches Zeitalter« wurde erst kurz nach seinem Tod veröffentlicht. Darin setzte er sich kritisch mit den Siegen und Niederlagen des modernen Sozialismus auseinander. In all seinen Schriften hatte der Marxist Miliband die Perspektiven des Sozialismus aus der Analyse der Struktur und Bewegung der kapitalistischen Produktionsweise und der auf ihr beruhenden Klassengesellschaft abgeleitet. Dabei betonte er immer wieder die eigenständige Rolle des kapitalistischen Staates sowohl für die Stabilisierung der alten Ordnung als auch als Zentrum des Kampfes um die politischen Kräfteverhältnisse zwischen den Klassen. Nach der Großen Wende von 1990/91 ging er von einer durchaus realistischen Einschätzung dieser Kräfteverhältnisse aus: »Die Befreiung vom Kapital steht nirgends auf der Tagesordnung der Politik. Die neue Weltordnung wird für eine lange Zeit eine kapitalistisch dominierte Weltordnung sein, die von der Macht der Konzerne und von Regierungen gestaltet wird, die – soweit das möglich ist – in deren Interessen agieren; und diese düstere Aussicht gilt nicht nur für die ehemals kom-

[3] Für Mandel bedeutete als einer der führenden Vordenker der IV. Internationale der Niedergang des bürokratisch-deformierten Staatssozialismus in den Jahren 1990/91 die Eröffnung einer historischen Chance für die Erneuerung des sozialistischen Projekes. Allerdings wurden die Hoffnungen auf eine aktive Rolle der Arbeiterklasse im Prozess der Erneuerung des Sozialismus zutiefst enttäuscht. Schon ihre positive Bewertung der polnischen Gewerkschaft Solidarność, die die Streikbewegungen des Jahres 1980 angeführt hatte, erwies sich als Fehleinschätzung. Deren Anführer – von Lech Walesa bis zu den Kaczynski-Brüdern – hatten mit Sozialismus wenig im Sinn. Wichtigster Anhänger und Berater von Solidarność war der reaktionäre polnische Papst Johannes II. (Woytila).

munistischen Länder und die Länder von Asien, Afrika und Lateinamerika, sondern auch für die Länder des fortgeschrittenen Kapitalismus.« (Miliband 1994: 188) Allerdings, so fügt er hinzu: »Die Aussichten sind doch nicht so düster, wie oft behauptet wird – und der Grund dafür liegt einfach im Wesen des Kapitalismus und seinen Defekten... Die Mehrheit der Weltbevölkerung lebt in Ländern, wo ein wilder Kapitalismus vorherrscht, wo soziale Sicherungen nur minimal oder nicht-existent sind, wo Trinkwasser ein Luxus ist, der der Masse des Volkes verweigert wird, und wo die medizinische Versorgung erschreckend niedrig ist, wo ein großer Teil der Bevölkerung unter Arbeitslosigkeit leidet, wo eine hohe Anzahl der Kinder im Alter von 6 oder 7 Jahren zur Arbeit gezwungen wird, wo Kinderprostitution üblich ist usw. usf.« (Ebd.: 193) Miliband war davon überzeugt, dass eine »solche Situation nicht andauern kann. Es macht einfach keinen Sinn zu glauben, dass Männer und Frauen, die – auch aufgrund der Revolution der Kommunikation – darum wissen, dass es ein anderes Leben gibt, dass diese nicht danach streben werden, dieses andere und bessere Leben auch zu erreichen... Es gibt nicht das *eine* Modell für einen fortschrittlichen oder revolutionären Wandel. Aber überall gibt es gemeinsame Ziele und Erwartungen in Bezug auf die demokratischen Formen des Wandels ... und für die Verwirklichung einer sozialen Ordnung, in der die Verbesserung der Lage der am meisten Benachteiligten ... das vorrangige Anliegen der Regierungen bildet; für die Unterordnung der Ökonomie unter die Erfüllung gesellschaftlicher Bedürfnisse.« (Ebd.: 194) Für Miliband entsteht die Notwendigkeit des Sozialismus immer auch aus der krisenhaften und widersprüchlichen Geschichte des Kapitalismus selbst. Für ihn bedeutet Sozialismus die Realisierung zweier Ziele, die eng miteinander verwoben sind: »eine Demokratisierung, die weit über das hinausgeht, was die kapitalistische Demokratie zugestehen kann – und Egalitarismus, d.h. die radikale Dämpfung der immensen Ungleichheiten jeder Art, die Bestandteil der kapitalistischen Demokratie bilden« (ebd.). Um diese Ziele zu erreichen, bedarf es der »Vergesellschaftung des vorherrschenden Teils der Mittel wirtschaftlicher Aktivität« (ebd.: 3).

1. Die historische Tendenz der kapitalistischen Produktionsweise

Sozialisten, die sich auf Marx und Engels beziehen, haben ihre Analysen und Kämpfe stets in dem Bewusstsein des historischen Charakters der bürgerlich-kapitalistischen Gesellschaftsformation bestritten. Marx selbst hatte im »Vorwort zur Kritik der politischen Ökonomie« von 1859 (MEW 13: 8f.) sowie im ersten Band des »Kapital« (MEW 23: 789 – 791) die »geschichtliche Tendenz der kapitalistischen Akkumulation« als einen Prozess der progressiven Selbstaufhebung dieser Formation begriffen, der durch die zwanghafte und krisenhafte Dynamik der Akkumulation auf der einen und durch die Dynamik des Klassenkampfes (in dem sich die Arbeiterklasse »schult, vereint und organisiert«) (MEW 23: 791) auf der anderen Seite angetrieben wird. Er hatte den Zwang zur Kapitalverwertung (Profitproduktion) und den über die Konkurrenz auf dem Markt vermittelten Zwang zur Ausdehnung der Produktion und zur Entwicklung der Produktivkräfte durch technologische Innovation (und damit der Anwendung der Wissenschaft auf die Produktion) als einen Prozess bezeichnet, in dem »auf einer gewissen Stufe ihrer Entwicklung« die »materiellen Produktivkräfte der Gesellschaft in Widerspruch geraten mit den vorhandenen Produktionsverhältnissen, oder, was nur ein juristischer Ausdruck dafür ist, mit den Eigentumsverhältnissen«. Es tritt dann – so folgert Marx – eine »Epoche sozialer Revolution« ein (MEW 13: 9). Marx war sicher davon überzeugt, dass mit der Entwicklung der sozialistischen Arbeiterbewegung, die den Sturz des Kapitalismus als Ziel propagierte, diese Epoche eröffnet war. Friedrich Engels hat 1880 (noch zu Lebzeiten von Marx) in seiner populären Schrift »Die Entwicklung des Sozialismus von der Utopie zur Wissenschaft« diese Auffassung bekräftigt. Die »Abschaffung der Klassen«, die auf dem Privateigentum an den Produktionsmitteln beruhen, hat »zur Voraussetzung einen Höhepunkt der Entwicklung der Produktion, auf dem Aneignung der Produktionsmittel und Produkte und damit der politischen Herrschaft, des Monopols der Bildung und der geistigen Leitung durch eine besondere Gesellschaftsklasse nicht nur überflüssig, sondern auch ökonomisch, politisch und intellektuell ein Hindernis der Entwicklung geworden ist« (MEW 19: 225).

Marx hatte jedoch im Vorwort von 1859 seinen Anhängern auch Aufgaben und Botschaften hinterlassen, die keineswegs mit der Beschwörung der Aktualität der sozialen Revolution im Einklang standen. So wies er auf die komplexen Prozesse der Vermittlung hin, in denen sich der Grundwiderspruch zwischen Produktionsverhältnissen und Produktivkräften in den »juristischen, politischen, religiösen, künstlerischen und philosophischen Formen« reflektiert und verarbeitet wird, »worin sich die Menschen dieses Konfliktes bewusst werden« (MEW 13: 9). Antonio Gramsci hatte in seinen »Gefängnisheften« diese Passage immer wieder zitiert, um deterministische Auffassungen von den Basis-Überbau-Beziehungen zurückzuweisen, sodass der politischen Theorie des Marxismus die Aufgabe gestellt ist, in der Analyse den komplexen und widersprüchlichen Vermittlungsformen zugleich eine Strategie der kommunistischen Partei im Hinblick auf die Auseinandersetzung mit dem Faschismus und den besonderen Widerspruchskonstellationen der italienischen Gesellschaft und ihrer Geschichte zu erarbeiten. Die Spannung zwischen den objektiven Bedingungen (z.B. Krise und Massenarbeitslosigkeit, imperialistische Kriege) und den subjektiven Bedingungen für eine solche Transformation (Klassenbewusstsein, Stärke und Kohäsion der politischen Kräfte, politische und kulturelle Krise des »herrschenden Blocks«) muss immer wieder neu in verschiedenen historischen und nationalen zw. regionalen Konstellationen analysiert und ausgetragen werden.

Außerdem hatte Marx die geschichtlichen Voraussetzungen für den Übergang zu einer neuen Gesellschaftsformation allgemeiner formuliert, als es seine Anhänger sich wünschten: »Eine Gesellschaftsformation geht nie unter, bevor alle Produktivkräfte entwickelt sind, für die sie weit genug ist, und neue höhere Produktionsverhältnisse treten nie an die Stelle, bevor die materiellen Existenzbedingungen derselben im Schoß der alten Gesellschaft selbst ausgebrütet worden sind. Daher stellt sich die Menschheit immer nur Aufgaben, die sie lösen kann, denn genauer betrachtet wird sich stets finden, dass die Aufgabe selbst nur entspringt, wo die materiellen Bedingungen ihrer Lösung schon vorhanden oder wenigstens im Prozess ihres Werdens begriffen sind.« (Ebd.) Der Zeitpunkt, zu dem diese Bedingungen erfüllt sind, kann nicht mathematisch berechnet werden; die Veränderung der Machtverhältnisse ist ein politischer Prozess, der durch unzählige Faktoren beeinflusst wird. Vor allem die Reaktionen der alten herrschenden Klassen und ihres Staates auf die »politische Krise« des Ancien Régime stellt immer wieder neue Anforderungen an die Politik der sozialistischen Kräfte, die eben nicht mit dem Glauben an die Leitsätze des Historischen Materialismus – z.B. zur »historischen Mission« der Arbeiterklasse – und der politischen Ökonomie zu lösen sind.

Marx hatte sich mit diesen Bemerkungen eindeutig auf die Position festgelegt, dass der Übergang zum Sozialismus nur in entwickelten kapitalistischen Gesellschaften vollzogen werden kann. Lenin akzeptierte diese Position, da er die russische Oktoberrevolution als Teil (oder als Initiator) der »Weltrevolution« begriff, die von der Peripherie auf die Zentren des Kapitalismus übergreifen würde. Erst 1924, als Stalin die Macht ergriff, den »Sozialismus in einem Lande« proklamierte und die weltrevolutionären Prozesse auf den Primat der Verteidigung der Sowjetunion verpflichtete, wurde die Marxsche Erkenntnis über den Zusammenhang zwischen dem Entwicklungsgrad der kapitalistischen Produktionsweise und der Möglichkeit bzw. »Notwendigkeit« des Übergangs zum Sozialismus aufgegeben. Der Zusammenbruch der Sowjetunion im Jahr 1991 erinnerte noch einmal an die bittere Wahrheit der Marxschen These, der zufolge der Sozialismus nur dort verwirklicht werden kann, wo die Produktivkräfte ihr höchstes Niveau erreicht haben.[4]

[4] Deng Xiaoping, der 1978 unter der Überschrift »Wir können eine Marktwirtschaft unter dem Sozialismus entwickeln« eine Politik der Reformen einleitete, sprach von einer »Revolution der Modernisierung«: »Das Ziel unserer Revolution ist es, die Produktivkräfte zu befreien und voranzutreiben. Ohne diese Entwicklung der Produktivkräfte, die unser Land reich und mächtig machen und den Lebensstandard des Volkes verbessern, ist unsere Revolution nur leeres Geschwätz... Wir haben gegen die alte Gesellschaft und

Aussagen zur Zukunft von Kapitalismus und Sozialismus mussten auch deshalb höchst widersprüchlich und defizitär bleiben, weil Marx und Engels nicht ahnen bzw. voraussagen konnten, wie der Kapitalismus auf die doppelte Herausforderung durch seine immanenten Krisentendenzen und den Klassenkampf reagieren würde. Als Beispiel für solche Defizite mag die Einstellung von Marx und Engels zur Entwicklung von Kapitalismus und Sozialismus in den Vereinigten Staaten von Amerika gelten. Schon in der »Deutschen Ideologie« (1845/46) bezeichneten sie »Nordamerika« als »das vollendete Beispiel des modernen Staates« (MEW 3: 61). Sie kannten die Schrift des Liberalen Alexis de Tocqueville über die Demokratie in Amerika (1835/40), in der der Zusammenhang von politischer und ökonomischer Gleichheit als Merkmal einer neuen Ordnung, die auch Europa herausfordern würde, in den Mittelpunkt gestellt worden war. Marx und Engels schrieben für amerikanische Zeitungen, hatten Kontakt zu Genossen, die nach 1848 bzw. während der Sozialistengesetze im Deutschen Reich nach 1878 in die USA emigriert waren. Die »Internationale« (IAA), deren Sitz schließlich nach New York verlegt wurde, engagierte sich im amerikanischen Bürgerkrieg für die Sklavenbefreiung und die Politik von Abraham Lincoln. Gleichzeitig war ihnen in ihren letzten Lebensjahren – also zum Ende des Jahrhunderts hin – bewusst, dass sich in den USA eine Form des modernen, nicht durch feudale Traditionen belasteten Kapitalismus entwickelt, der seinen Konkurrenten im »alten Europa« überlegen ist: durch die Ausdehnung des einheimischen Marktes und die Größe und Macht der Konzerne, aber auch durch die Anwendung neuer Technologien und durch die Macht eines Staates, der die Kapitalinteressen auch mit militärischer Gewalt nach außen (zunächst vor allem nach Mittel- und Südamerika) vertritt.[5] Friedrich Engels unternahm schließlich 1888 eine Reise in und durch die USA, das »gelobte Land der kapitalistischen Produktion« (MEW 37: 103; MEW 21: 466-468).

In der Vorrede zur amerikanischen Ausgabe der »Lage der arbeitenden Klasse in England« (1888) war Engels – offenbar unter dem Eindruck der Arbeiterdemonstrationen für den Achtstundentag in Chicago im Jahr 1986, die brutal von der Polizei zusammengeschlagen wurden (»Haymarket Massacre«) – von einem Aufschwung der amerikanischen Arbeiterbewegung überzeugt gewesen. Die Zeit, in der der Sozialismus als »ausländischer Ein-

---

das alte System gekämpft, weil sie die Menschen unterdrückten und die Produktivkräfte fesselten... Wir wollen keinen Kapitalismus, aber ebenso wenig wollen wir unter dem Sozialismus arm sein... Wir glauben, dass der Sozialismus dem Kapitalismus überlegen ist. Aber diese Überlegenheit sollte dadurch demonstriert werden, dass der Sozialismus bessere Bedingungen als der Kapitalismus für die Entwicklung d er Produktivkräfte bereitstellt« (Deng 1994: 235).

[5] Zum Charakter und Aufstieg des US-Kapitalismus im letzten Drittel des 20. Jahrhunderts vgl. Arrighi 1994: 269ff.

fuhrartikel« diskreditiert war, »der auf amerikanischem Boden niemals Wurzeln schlagen werde« (MEW 2: 629), schien ihm beendet. Er bezog sich dabei auf Anfänge der Gewerkschaftsbewegung (»Knights of Labour«) sowie auf eine Sozialistische Arbeiterpartei, von der er allerdings wusste, »dass sie sich bis vor kurzem fast ausschließlich aus deutschen Einwanderern rekrutierte« (MEW 2: 634). Anfang 1890 war Engels in einem Schreiben an F.A. Sorge in New York davon überzeugt, dass die sozialistische Bewegung – angetrieben durch Industrialisierung, Ausbeutung und Elend sowie durch die Erfahrungen der Klassenkämpfe selbst – in den USA schnell voranschreiten wird. »Also mit Trade Unions etc. muss es anfangen, wenn's Massenbewegung sein soll, und jeder weitere Schritt muss ihnen durch eine Niederlage aufgezwungen werden. Ist aber einmal der erste Schritt über die bürgerliche Anschauung hinaus getan, dann wird's rasch gehen…« (MEW 37: 353) Marx und Engels waren überzeugt, dass auf dem Boden einer sich rasch entwickelnden modernen kapitalistische Produktionsweise sich auch ein industrielles Proletariat und damit auch eine sozialistische Arbeiterbewegung entwickeln werde.

Der ökonomische Determinismus, der diese Vorstellung vom Zusammenhang zwischen kapitalistischer Industrialisierung und Klassenformierung leitete, war auch noch bei dem Wirtschaftshistoriker Werner Sombart (1863–1941) gegenwärtig, der – als prominenter Autor des dreibändigen Werkes »Der moderne Kapitalismus« (1902) – im Jahre 1906 mit einem Buch die Frage stellte: »Warum gibt es in den Vereinigten Staaten keinen Sozialismus?« Er wies auf Besonderheiten des Landes als Einwanderungsgesellschaft hin, dessen Arbeiterklasse sich durch interne Mobilität (Wanderung nach Westen), Immigration und ethnische Segregation (nach Herkunftsländern und -regionen) in einem beständigen Prozess der Neuzusammensetzung und -formierung befinde. Sombart war davon überzeugt, dass es in den USA erst dann Sozialismus geben werde, wenn diese Sonderfaktoren – vor allem die Binnenwanderung vom industriellen Nordosten (wo die Migranten ankommen) in den agrarischen mittleren Westen (wo sie sich als Farmer niederlassen wollen) zum Stillstand gekommen sei. Er konnte nicht voraussehen, welche Veränderungen des US-Kapitalismus und der amerikanischen Arbeiterklasse im Laufe des 20. Jahrhunderts mit dem Aufstieg der Automobilindustrie, der Massenproduktion am Fließband und neuen Verfahren der Intensivierung der Arbeit, mit der Verbesserung des Lebensstandards für Teile der Arbeiterklasse sowie mit der Herausbildung der modernen Film- und Kulturindustrien (Hollywood) verbunden waren. Es gab immer eine Arbeiterbewegung mit sozialistischen, kommunistischen und anarchistischen Strömungen. Es gab Perioden des Aufschwungs, denen immer wieder Perioden der gewaltsamen Niederschlagung, Repression und Marginalisierung folgten, begleitet von Wellen antisozialistischer Propaganda (Red Scare, McCarthyismus, Wahlkampagne von Donald Trump im Jahr 2020). Darüber hinaus wird die Klassenformierung bis heute nicht nur durch die sozialen und kulturellen Spaltungsprozesse zwischen den Einwanderungsgesellschaften, sondern auch durch den Rassismus gegenüber einer schwarzen Unterklasse – zuerst auf den Plantagen des Südens und in den Fabriken des Nordens, dann immer mehr als Dienstleistungsproletariat und Prekariat – beeinträchtigt.[6]

Die Renaissance sozialistischen Denkens, die sich in den USA seit dem Eintritt in das 21. Jahrhundert entwickelt hat, muss daher nicht nur die oftmals verblassten Erinnerungen an die Kontinuität (wie an die Konjunkturen) einer sozialistischen Arbeiterbewegung im eigenen Lande auffrischen, sondern auch über ihre Programmatik, ihre Führungsgruppen und -persönlichkeiten sowie über ihre intellektuelle Ausstrahlung die Bearbeitung jener Widersprüche ins Zentrum rücken, die mehr als ein Jahrhundert die Prozesse der Klassenformierung blockiert oder die Organisationen der Arbeiterbewegung in die Politik und Legitimation des American Empire einbezogen haben. Die jungen schwarzen Frauen (mit Migrationshintergrund aus der Karibik und Afrika), die als »democratic socialists« ins Repräsentantenhaus gewählt wurden und die Kampagne von Bernie Sanders unterstützten, personifizieren – neben den zahlreichen Intellektuellen und Sozialwissenschaftler:innen, die sich auf die Marxsche Kapitalismuskritik beziehen – diese neue Entwicklungsetappe des Sozialismus in den USA. Das »Socialist Manifesto« von Bashkar Sunkara (2019: 159ff.) rekonstruiert diese Traditionen und fragt schließlich, »ob wir mit einer bösartigen herrschenden Klasse, die alles versucht, um die Kluft zwischen den Besitzenden und den Nichtbesitzenden zu vergrößern, eine dauerhaftere sozialistische Politik in Amerika schaffen können. Die Popularität des demokratischen Sozialisten Bernie Sanders und der inspirierende Aktivismus der letzten Jahre lassen selbst … Pessimisten diese Frage mit Ja beantworten.« (Ebd.: 186)

Die historische Tendenz der kapitalistischen Produktionsweise läuft also nicht linear bzw. zielstrebig auf einen »großen Kladderadatsch« (August Bebel) zu, auf den Zusammenbruch der bürgerlichen Gesellschaft, in dem das Proletariat und seine Partei gefordert sind, mit der politischen Machtergreifung die ersten Schritte des Übergangs zu einer neuen, sozialistischen Wirtschafts- und Gesellschaftsordnung einzuleiten. Solche Vorstellungen waren in den Parteien der II. Internationale – vor allem in der deutschen Sozialdemokratie um die Jahrhundertwende – weit verbreitet. Die »historische Tendenz« manifestiert sich hingegen in einer wellenförmigen Entwicklungsgeschichte der kapitalistischen Produktionsweise, die – auch in den Zentren des westli-

[6] »The nation remained exceptional … in the extreme level of private and state violence directed at the workers' movement. Sectarianism, failed unionization strategies, ethnic and racial divisions – all played a role in the disorganization of the country's working class, but the threat of violent repression seems paramount.« (Sunkara 2019: 166)

chen Kapitalismus – durch verschiedene Epochen bzw. Stufen charakterisiert sind. Die Wirtschaftshistoriker unterscheiden den »Frühkapitalismus« vor der industriellen Revolution (mit der Existenz von Warenproduktion in Manufakturen zum Zwecke der Profiterzielung, von Handels- und Geldkapital) vom »Kapitalismus der freien Konkurrenz«, der im 19. Jahrhundert in Großbritannien – vor allem nach 1848 – seine Blüte erlebte (Hobsbawm 1980) und den Marx im Ersten Band des »Kapital« (1867) analysierte. Im letzten Drittel des Jahrhunderts vollzieht sich der Übergang zum »Imperialismus«, als dessen Merkmale (in den führenden kapitalistischen Staaten) eine neue Stufe der Kapitalkonzentration (»Monopolbildung/Finanzkapital«), der Drang zur Beherrschung von Kolonien und zur Sicherung einer starken Position auf den Weltmärkten, Militarisierung und Hochrüstung, aber auch erste Reaktionen auf die zunehmende Macht der Arbeiterbewegung, sei es durch Repression (Sozialistengesetze im Deutschen Reich) oder durch sozialpolitische Reformen. Die führende Weltmacht, das British Empire, wird durch die aufsteigenden Herausfordererstaaten (»contender states«) – das Deutsche Reich seit 1871 und die USA – herausgefordert.

W.I. Lenin verfasste seine Schrift »Der Imperialismus als höchstes Stadium des Kapitalismus« im Frühjahr 1916 im Züricher Exil. Bei der Übersetzung aus dem russischen Original wurde schon gestritten, ob es sich um das »letzte« oder »jüngste Stadium« des Kapitalismus handele. Auf jeden Fall sprach Lenin vom »Übergangskapitalismus, oder richtiger, [...] sterbende[m] Kapitalismus« (LW 1917d: 307). Er war davon überzeugt, dass sich der Kapitalismus im Imperialismus am »Vorabend der sozialistischen Revolution des Proletariats« befinde, und sah sich im Vorwort von 1920 durch die Ereignisse seit 1917 bestätigt (ebd.: 770). An anderer Stelle sprach er von einem »parasitären oder in Fäulnis begriffenen Kapitalismus«; denn: »als eine Tendenz des Imperialismus tritt immer plastischer die Bildung des ›Rentnerstaates‹, des Wucherstaates, hervor, dessen Bourgeoisie in steigendem Maße von Kapitalexport und ›Kouponschneiden‹ (d.h. Gewinnen aus Aktiengeschäften, F.D.) lebt«. Aber: »Es wäre ein Fehler zu glauben, dass diese Fäulnistendenz einfaches Wachstum des Kapitalismus ausschließt; durchaus nicht, einzelne Industriezweige, einzelne Schichten der Bourgeoisie, einzelne Länder offenbaren in der Epoche des Imperialismus mehr oder minder stark bald die eine, bald die andere dieser Tendenzen. Im Großen und Ganzen wächst der Kapitalismus bedeutend schneller als früher, aber dieses Wachstum wird nicht nur im allgemeinen immer ungleichmäßiger, sondern die Ungleichmäßigkeit äußert sich auch im Besonderen in der Fäulnis der kapitalkräftigsten Länder (England).« (Ebd.: 870)

Marxistische Ökonomen, die sich auf Lenin beziehen, waren herausgefordert, gegen Lenins These vom »sterbenden Kapitalismus« die Gründe für dessen Überlebensfähigkeit im 20. Jahrhundert zu ergründen. Ernest Mandel verwendete den Begriff »Spätkapitalismus« (1972), um auf diese Weise nicht nur Lenins These, sondern auch die Marxsche Langzeitprognose von der »historischen Tendenz des Kapitalismus« zu verifizieren. Nunmehr bezog sich der Begriff allerdings auf das American Empire und den Gegensatz der Systeme nach 1945, aber auch auf die Befreiungsbewegungen in der Dritten Welt. Im kapitalistischen Weltsystem vollzieht sich also eine Dialektik von Expansion und innerer Krisendynamik, in der sich – so wurde vermutet – erneut die geschichtlichen Grenzen der kapitalistischen Produktionsweise manifestieren.

Die historische Tendenz der Kapitalakkumulation wird durch die Analyse der »langen Wellen« der Konjunktur besser erfasst als durch den Streit über die Frage, welches nun seine »letzte« (oder nur »vorletzte«) Phase sei. Die durch den russischen Ökonomen Kondratieff, vor allem aber durch Joseph Schumpeter begründete Theorie unterteilt die Entwicklungsgeschichte des Kapitalismus seit dem 19. Jahrhundert in längere Wellen der Prosperität (also mit expansiver Tendenz) auf der einen und ebenso langen Perioden mit geringerem Wachstum und mit der Häufung von Kriseneinbrüchen (und stagnativer Grundtendenz) auf der anderen Seite. Nach Schumpeter werden diese Wellen, die sich über mehrere Jahrzehnte erstrecken, durch technologische Basisinnovationen geprägt. Marxistische Autoren betonen die jeweilige Erschließung neuer Felder für profitable Kapitalanlagen auf dem nationalen wie auf dem Weltmarkt und arbeiten die krisenhafte Tendenz zur Überakkumulation von Kapital im Übergang von den prosperierenden zu den stagnierenden Wellen, also den Fall der Profitrate und die Gegenstrategien vonseiten des Kapitals und des kapitalistischen Staates heraus.[7] Auf die-

[7] Ernest Mandel veröffentlichte Ende der 1970er Jahre eine Arbeit mit dem Titel » Die Langen Wellen im Kapitalismus. Eine marxistische Analyse«. Er führte die langen Wellen auf die langfristigen Schwankungen der Profitrate zurück. Dabei machte er acht lange Wellen mit abwechselnd stagnativ-depressiver und expansiver Tendenz aus (ebd.: 10):

- 1793–1825: Lange Welle mit expansiver Tendenz, Zeitalter der industriellen Revolution. Ersetzung der Handarbeit durch Maschinen in Abteilung II (Weben, Spinnen) v.a. in Großbritannien. Sinkende Löhne bei steigender Mehrwertrate. Ausdehnung des Weltmarktes (Südamerika).
- 1826–1847: Lange Welle mit stagnativ-depressiver Tendenz, Surplusprofite rückläufig durch Verbreitung der Maschinenproduktion in Abteilung II. Ausbreitung der kapitalistischen Produktionsweise nach Westeuropa (Belgien, Frankreich, Rheinland).
- 1848–1873: Lange Welle mit expansiver Tendenz, Surplusprofite durch Mechanisierung der Abteilung I, dort »gigantische Maschinen« (Marx), sprunghaftes Ansteigen des benötigten Kapitals in Abteilung I. Revolutionen, Eroberungen und die Entdeckung der kalifornischen Goldfelder ermöglichten eine qualitative Erweiterung des kapitalistischen Weltmarkts.
- 1874–1893: Lange Welle mit stagnativ-depressiver Tendenz, Surplusprofite rückläufig, da maschinell hergestellte Maschinen (Abteilung I) verbreitet.
- 1894–1913: Lange Welle mit expansiver Tendenz, Monopolkapitalismus und klassischer Imperialismus: Aufteilung der Welt unter den entwickelten kapitalistischen In-

se Weise wird deutlich, dass in dieser Wellenbewegung nicht nur eine Dynamik zur Erschließung neuer Anlagesphären für das Kapital wirkt, sondern dass sich dabei auch Formen der gesellschaftlichen und politischen Regulation der Kapitalakkumulation entwickeln, die gerade nicht mehr dem Idealtypus eines nicht von außerökonomischen Kräften (z.B. durch Staatsgesetze, Zollgrenzen oder Gewerkschaftsmacht) beschränkten Kapitalverhältnisses und der Konkurrenz auf freien Märkten entspricht. Nach liberalem Denken entstehen Krisen durch außerökonomische Einflüsse – die Reinigungsfunktion von Krisen bewirkt über Unternehmenszusammenbrüche, Arbeitslosigkeit, Preisverfall etc., dass sowohl auf der Ebene des einzelnen Unternehmens als auch auf der Ebene der Gesamtwirtschaft wieder ein Gleichgewicht – und damit die Voraussetzungen für einen erneuten Aufschwung – hergestellt wird. Krisen der Akkumulation (also z.B. Überakkumulation als Folge von Absatzeinbrüchen) müssen – bei Strafe des Untergangs – durch privatkapitalistische Lösungen (also z.B. durch Entlassungen, durch Erhöhung der Mehrwertrate, durch Entwicklung neuer Produkte und die Einführung neuer Technologien) gelöst werden. Die Kapitalakkumulation unterliegt dabei aber gleichzeitig dem Zwang zur Konzentration und Zentralisation, um den Anforderungen der erweiterten Reproduktion, der Erschließung neuer Anlagesphären, der internationalen Konkurrenz gerecht zu werden. Gleichzeitig muss auf die Herausforderungen durch den Klassenkampf und die sozialistische Arbeiterbewegung reagiert werden. Dazu bedarf es stabilisierender »Krücken««, die durch Staatsintervention bereitgestellt werden.

---

dustriestaaten, Anwachsen der Kapitalexporte in die unterentwickelten Länder. Die technologische Revolution durch Verallgemeinerung der Elektrifizierung in den reichen Industrieländern ermöglichte wiederum die gesteigerte Produktion von relativem Mehrwert.

- 1914–1939: Lange Welle mit stagnativ-depressiver Tendenz, Ursachen: Zerrüttung des Welthandels durch den Ersten Weltkrieg, weitere Einengung des kapitalistischen Weltmarktes durch die Oktoberrevolution in Russland. Tiefpunkt: Weltwirtschaftskrise nach 1929.
- Ab 1948–1967: Lange Welle mit expansiver Tendenz. Der Zweite Weltkrieg, der darauf folgende »Kalte Krieg« und die McCarthy-Ära in den USA bedeuteten weitere gewaltige Rückschläge für die organisierte Arbeiterbewegung. Es verlangsamte sich die organische Zusammensetzung des Kapitals – bedingt durch den verbilligten Zugang zu Nahostöl, ein weiteres Sinken der Rohstoffpreise und die Verbilligung von Elementen des fixen Kapitals. Dennoch zunehmender Lebensstandard der Arbeiter. Verbilligung von Konsumgütern wie Auto, Fernseher, Küchengeräten wie Kühlschränken etc. durch Massenproduktion. Beginn der Dritten Industriellen Revolution (Kernenergie, Halbautomation, Computer). Surplusprofite auch durch halbautomatische Produktion langlebiger Konsumgüter (Abteilung II) bei massiv steigendem Mindestkapitalbedarf. Zunehmende Bedeutung von Forschung und Entwicklung für die Profitrealisierung in der Industrie.
- Seit 1968: Lange Welle mit stagnativ-depressiver Tendenz (entnommen aus dem Wikipedia-Eintrag zu Ernest Mandel).

In der krisenhaften Gesamtentwicklung der Kapitalakkumulation wirkt – gleichsam als »List der Vernunft« im hegelschen Sinne – eine objektive Tendenz zur Vergesellschaftung als Bedingung sozialistischer Umgestaltung. Diese wird auf der einen Seite vorangetrieben, wenn das Kapital auf die Schranken der Investitionskraft der Einzelkapitale (die noch von dem besitzenden Eigentümer geführt werden) durch die Bildung von Aktiengesellschaften sowie durch die Zentralisation zu Großkonzernen – also durch die Bildung von Gesellschaftskapital und dabei durch die zunehmende Bedeutung des Finanzkapitals – reagiert. Damit wird auch auf der Ebene der Konzerne eine – dem Primat der Profiterzielung unterworfene – rationale Planung des Arbeits- und Produktionsprozesses sowie der Distribution (und der Marktbeherrschung) vorangetrieben, während die Monopolmacht auch dazu benutzt wird, auf den Rohstoff- wie den Absatzmärkten die Risiken der Konkurrenz einzuschränken. Auf der anderen Seite müssen über den Staat mehr und mehr gesellschaftliche Lösungen entwickelt werden, um den kapitalistischen Reproduktionsprozess als Ganzen zu sichern und diesen sowohl vor den Herausforderungen durch den Klassenkampf als auch durch die zwischenimperialistische Konkurrenz zu schützen. Der Staat muss dafür nicht nur durch eine starke Armee und – was den inneren Feind betrifft – durch Polizei und Justiz für Sicherheit sorgen, sondern auch immer mehr materielle Ressourcen für das Bildungs- und Wissenschaftssystem, für eine entwickelte materielle Infrastruktur (Straßen und Bahnen, Wasserwege, Kommunikation) sowie für eine soziale Infrastruktur mobilisieren, die das Wohnungs- und Gesundheitswesen, die Alterssicherung und die Arbeitslosenversicherung betrifft. Insgesamt bildet sich mit der Entwicklung der Großstädte seit dem späten 19. Jahrhundert – bei den Verkehrsbetrieben, Wohnungsbaugesellschaften, Wasser- und Energieversorgung, etc. – ein breiter Sektor öffentlichen und meist kommunalen Eigentums heraus. Hier muss der Staat nicht nur auf die Forderungen der Unternehmen, sondern vor allem auch auf die Forderungen von Gewerkschaften und Parteien der sozialistischen Arbeiterbewegung reagieren. Vor allem in Großbritannien hatte sich in diesem Zusammenhang schon früh die Programmatik eines kommunalen Sozialismus entwickelt.

Diese Tendenz zur Vergesellschaftung unter dem Primat der Sicherung nicht nur der privaten Eigentumsverhältnisse, sondern des gesamten kapitalistischen Reproduktionsprozesses hat dessen immanente Krisentendenzen jedoch nicht aufgehoben, sondern im Gegenteil in den nachfolgenden stagnativen Phasen noch dramatisch zugespitzt. Nach der expansiven Welle vor 1913 vollzog sich der Übergang in ein »Zeitalter der Katastrophen« (Hobsbawm). Der Begriff der ökonomischen Krise, der mit Wachstumseinbrüchen, Massenarbeitslosigkeit und Elend verbunden ist, wird allerdings dem »furchtbaren 20. Jahrhundert« nicht mehr gerecht; die stagnative Welle zwischen 1914 und 1939 wird durch die beiden Weltkriege begrenzt und in der Mitte durch die große Weltwirtschaftskrise nach 1929 durchschnitten. Selbst der Begriff der politischen Krise, der ja das Übergreifen der ökonomischen Krise auf das »politische Feld« – als Krise der Demokratie, aber auch als Versagen staatlicher Krisenbewältigungspolitik – vermag jene Entfesselung der Gewalt nicht zu begreifen, die in der Zwischenkriegsperiode sowohl die innenpolitischen Auseinandersetzungen und Klassenkämpfe als auch die internationalen Beziehungen und die Vorbereitung eines neuen Krieges bestimmte. Mit den Verbrechen des Faschismus im Zweiten Weltkrieg mit dem Vernichtungskrieg gegen die Sowjetunion und dem Holocaust erreichte die Barbarei eine neue Stufe. Zur gleichen Zeit wütete der japanische Imperialismus in Ost- und Südostasien, vor allem in China. In diesem Zusammenhang stand schließlich auch die Entfesselung der Gewalt in der Sowjetunion bei der Abwehr der Gegenrevolution im Bürgerkrieg, bei der Durchsetzung der Industrialisierung sowie der Kollektivierung der Landwirtschaft, als auch – seit Mitte der 1930er Jahre – beim Stalinschen Terror in der eigenen Partei und in der Kommunistischen Internationale.

Der Umschlag in die Katastrophen hatte nach 1917 auch mit der »Aktualität des Sozialismus« im Gefolge der Oktoberrevolution und des Ersten Weltkrieges zu tun. Vor dem Hintergrund der ökonomischen Folgen des Krieges (bis hin zur Inflation und den Wirkungen des Versailler Vertrages, die vor allem das Deutsche Reich betrafen) und schließlich der Weltwirtschaftskrise war das Ansehen des Kapitalismus (vor allem der liberalen Ideologie) zerfallen. Sozialistische Alternativen (durch Vergesellschaftung, Planung und Wirtschaftsdemokratie) waren zum Teil schon durchgesetzt. Der herrschende Block in den entwickelten kapitalistischen Staaten stemmte sich dieser Entwicklung entgegen. Das »Zeitalter der Katastrophen« war ein Ergebnis dieser Reaktion. Allerdings ging auch innerhalb des herrschenden Blocks – unter Unternehmern, Ökonomen und Politikern – angesichts der strukturellen Massenarbeitslosigkeit in der gesamten Periode die Erkenntnis über das Versagen der kapitalistischen Wirtschaft mit der Forderung nach einer neuen Wirtschaftspolitik einher, die sich auf das Ziel der Vollbeschäftigung auch durch die Ausweitung staatlicher Investitionen und Transfereinkommen sowie durch die Ausweitung eines öffentlichen Beschäftigungssektors zu konzentrieren habe. Dabei wären dann auch dem reformistischen Flügel der Arbeiterbewegung sozialpolitische Zugeständnisse zu machen.

Nach dem Ende des Zweiten Weltkriegs wurden solche Forderungen im Rahmen einer Politik des Klassenkompromisses umgesetzt – in Großbritannien von einer Labour-Regierung (s. o.) und in anderen Staaten von Koalitionsregierungen, in denen Sozialisten und Kommunisten vertreten waren. Im Übergang in das »Golden Age« einer neuen expansiven Welle der Kapitalakkumulation nach 1948 setzte sich ein wohlfahrtsstaatlich gestütztes Kapitalismusmodell durch, das nach dem Wiederaufbau der Kriegszerstörungen vor allem im Bereich der industriellen Massenfertigung und mit der Ausweitung des staatlichen wie privaten Dienstleistungssektors außerordentliche Wachstumsraten erzielte. Die »Katastrophen« schienen gebannt – obgleich sich ökonomische und soziale Prosperität im Zeitalter der Systemkonkurrenz unter dem Schutzschirm der atomaren Hochrüstung vollzog, die das Potenzial einer menschheitsvernichtenden Katastrophe beinhaltete.

Das letzte Viertel des 20. Jahrhunderts wurde durch die Erschöpfung jener Wachstumsressourcen eingeleitet, die das Golden Age bestimmt hatten. Die fordistische Formation des Kapitalismus geriet an ihre Grenzen, die durch Überakkumulation und Profitratenfall gekennzeichnet waren. Gleichzeitig erlebte die sozialistische Arbeiterbewegung (Gewerkschaften, sozialdemokratische und kommunistische Parteien) in den 1970er Jahren zusammen mit den neuen sozialen Bewegungen in der Folge von »'68« einen Aufschwung (s.o.). Deren Reformpolitik erforderte höhere Staatsausgaben und Beschränkungen der Kapitalmacht (z.B. über die Sozialpolitik oder über die Erweiterung von Mitbestimmungsrechten von Gewerkschaften und Betriebsräten). Aus der Sicht der Ideologen des »herrschenden Blocks« drohte die Gefahr eines »Kipppunktes« in Richtung sozialistischer Veränderungen. Daher wurde – zunächst im politischen Lager der konservativen und liberalen Kräfte – eine »Gegen-Revolution« in Gang gesetzt, die die »Errungenschaften« des »demokratischen Kapitalismus« (Streeck) der Golden-Age-Periode als die Ursache der Wachstumskrisen, der steigenden Arbeitslosigkeit, der Inflation und der Staatsverschuldung denunzierten und zugleich die gestiegene Macht der Gewerkschaften als das Haupthindernis für eine »Bereinigung« des Arbeitsmarktes und der Lohnquote attackierten. Die Politik des Neoliberalismus griff dabei auf die Lehren von F.A. von Hayek und seiner Schüler (Chicago School um Milton Friedman) zurück. Die ideologische »Konter-Revolution« richtete sich gegen das Werk von John Maynard Keynes und die Wirtschafts- und Finanzpolitik seiner Schüler. Der Kapitalismus sollte »entfesselt« (Glyn 2006), also von jenen Schranken befreit werden, die ihm in der Periode des Golden Age und der Systemkonkurrenz mit dem Sozialismus auferlegt wurden. An die Stelle staatlicher Regulierung sollten die Kräfte freier Märkte – national wie global – treten, mit denen das Prinzip der Wettbewerbsfähigkeit den ökonomischen und politischen Akteuren als Handlungsmaxime aufgezwungen wird. Der Überakkumulation von Kapital – als dem letzten Grund der sinkenden Wachstums- und Profitraten – musste durch die Erschließung neuer Anlagesphären für das Kapital begegnet werden. Mit der Liberalisierung der nationalen und internationalen Finanzmärkte und der Öffnung von Spekulationsoptionen u.a. durch Ausnutzung der Wechselkursschwankungen der Währungen als auch der Rohstoffpreise (vor allem Erdöl) wurden Schleusen für gewaltige Kapitalbewegungen im Rahmen des »Dollar-Wall-Street-Regimes«, bzw. des »American Empire« (Gowan 1999; Panitch/Gindin 2012) geöffnet. Sie standen unter der Kontrolle der US-Notenbank (Fed) und der riesigen US-Banken und Finanzinstitute, die die globalen Finanzmärkte beherrschen. Auch die globale Expansion der Transnationalen Konzerne, die weite Teile ihrer arbeitsintensiven Produktion in die Billiglohnländer an die ost- und südostasiatische Peripherie verlagerten, eröffnete einen neuen Wachstumsschub, der nach 1978 durch die Öffnung Chinas zum Weltmarkt sowie die damit verbundene rasante Industrialisierung, vor allem aber auch durch die Öffnung der ex-sozialistischen Staaten um die Sowjetunion nach 1991 angefeuert wurde. Die Vision von der »Einen Welt« (»One World«) des Kapitals, die ja fast 70 Jahre durch die Existenz des nicht-kapitalistischen Lagers (RGW, »Warschauer Pakt«) beschränkt war, schien sich zu erfüllen. Einige wenige marxistische Ökonomen (z.B. David Harvey 2003) erinnerten sich an die Imperialismus-Analyse von Rosa Luxemburg, die am Anfang des 20. Jahrhunderts noch die historischen Grenzen der kapitalistischen Produktionsweise mit der kapitalistischen Durchdringung der gesamten Weltwirtschaft – damit auch der Auflösung aller vor- und nicht-kapitalistischen Produktionsweisen – verbunden hatte.

Die »Entfesselung« einer neuen Marktdynamik, in der sich die neue Formation des globalen Finanzmarktkapitalismus unter US-amerikanischer Führung konsolidierte, wurde durch den politischen und ideologischen Siegeszug des Neoliberalismus seit dem Ende der 1970er Jahre begleitet und vorangertrieben. Voraussetzung für die Wahlsiege von Margret Thatcher in Großbritannien (1978) und Ronald Reagan in den USA (1979) waren die Niederlagen der sozialistischen Linken und die Krisenerfahrungen im Zusammenhang von steigender Arbeitslosigkeit, Inflation und Staatsverschuldung, die auch von den sozialdemokratischen Regierungen in eine Politik der Einschränkung öffentlicher Ausgaben sowie der Verbesserung der Wettbewerbsfähigkeit auf dem Weltmarkt umgesetzt wurden. Die politische Philosophie einer »Marktdemokratie« erkennt den objektiven Zwang eines »neuen Konstitutionalismus« (Gill) an, nach dem den politischen Akteuren (auch den Regierungen selbst) durch die Märkte die Gesetze ihres Handelns vorgegeben werden. »Die neoliberale Idee, dass jedes menschliche Wesen ein Unternehmer im Wettbewerb ist oder sein sollte ... ist überall zu finden: von der Schulpolitik bis zum Reality TV und zu Dating Webseiten.« (Gilbert 2020: 65)

Die Innenpolitik im Geiste des Neoliberalismus folgte nicht nur einer Fiskalpolitik mit dem Ziel, Inflation zu verhindern und die Staatsverschuldung zu reduzieren. Gleichzeitig betrieben die Regierungen umfassende Privatisierungsmaßnahmen – vor allem im Bereich von Post und Bahn sowie der Telekommunikation, aber auch im Gesundheitswesen, im Bildungs-

und Wissenschaftssystem sowie in der Wohnungswirtschaft, wo der soziale Wohnungsbau reduziert und öffentliche Wohnungsgesellschaften an private Investoren verkauft wurden.[8] Die »Reformen« im Bereich der Alterssicherungssysteme liefen allesamt darauf hinaus, den Anteil der staatlich gesicherten Rentenzahlungen abzusenken (u.a. durch die Verlängerung der Lebensarbeitszeit) und die Lohnabhängigen zu zwingen, diese Lücke durch private Versicherungen oder durch die Beteiligung an Aktienfonds zu schließen. Damit wurde den großen Versicherungskonzernen, aber auch den Banken ein riesiges Geschäftsfeld neu eröffnet (Beckmann 2007). Einen weiteren Schwerpunkt der neoliberalen Politik im Interesse des Kapitals bildete die Deregulierung und Flexibilisierung des Arbeitsmarktes, die nicht nur auf eine Verringerung der Lohnkosten, sondern mehr noch auf eine Schwächung der strukturellen und institutionellen Macht der Gewerkschaften zielte, die sie über Tarifverträge und Gesetze zur Regelung der betrieblichen Mitbestimmung ausüben.

So breitete sich seit den 1990er Jahren des vergangenen Jahrhunderts ein prekärer Sektor mit Niedrig- und flexiblen Beschäftigungsverhältnissen (mit einem Schwerpunkt im Dienstleistungssektor, aber auch in Randbereichen der industriellen Fertigung) aus, der vor allem Arbeiternehmerinnen und migrantische Arbeitskräfte traf. Die Gewerkschaften in den entwickelten kapitalistischen Metropolen, die in den 1970er Jahren noch einmal einen enormen Aufschwung erlebt hatten, traten nunmehr in eine Periode von Krisen und Niederlagen ein. Massive Mitgliederverluste mit der Folge von schwindender Finanzmacht, sinkender Streiktätigkeit, Niederlagen in den Auseinandersetzungen mit der Regierungspolitik auf der einen und die Schwäche der Gewerkschaften sowohl in den neuen dynamischen Wirtschaftssektoren (Hightech/Finanzwesen) als auch im Bereich des neuen Dienstleistungsproletariats trieben sie in die Defensive oder zwangen sie zur Fusion mit anderen Gewerkschaften (Deppe 2012). Auch in den großen Industriekonzernen verschob sich das Kräfteverhältnis zwischen Kapital und Arbeit zugunsten einer Politik der Unternehmensführungen, die das »Überleben« im globalen Wettbewerb als Voraussetzung für die »Standortsicherung« angaben und von den Belegschaften wie ihren Betriebsräten die Anerkennung dieser Handlungszwänge verlangten. Die Gewerkschaften waren in diesen Bereichen immer wieder bereit, sich dieser Logik und Herrschaftskonstellation zu unterwerfen (»Wettbewerbskorporatismus«). Schließlich wurden solche Prozesse durch die Internationalisierung der Arbeitsmärkte – vor allem in den unteren Segmenten – noch verstärkt. Sowohl im Rahmen des europäischen Bin-

[8] Für die Entwicklung des Kapitalismus in Deutschland kam natürlich die Zerstörung und Privatisierung der einstigen volkseigenen Betriebe in der DDR sowie der Umbau der sozialen Sicherungssysteme für die Bevölkerung der ehemaligen DDR dazu.

nenmarktes, der seit den 1990er Jahren die Wanderung von Arbeitskräften aus Ost- und Südosteuropa in die »reichen« EU-Staaten beförderte, als auch die Einwanderung aus den Armutsregionen des Südens haben Spaltungen in der Arbeiterklasse verstärkt, die zum Teil von – nationalistischen und rassistischen rechtspopulistischen Bewegungen aufgegriffen und politisch instrumentalisiert werden.

Im letzten Jahrzehnt vor der Jahrtausendwende erreichte der Siegeszug der neoliberalen Politik und Ideologie seinen Höhepunkt. Im Jahr 2000 wurden von den Teilnehmern des Weltwirtschaftsforums in Davos ebenso wie anlässlich des Gipfeltreffens der Regierungschefs der EU-Staaten in Lissabon optimistische Zukunftsszenarien entworfen. Innerhalb des herrschenden Blocks wurden jene Fraktionen führend, die einerseits die modernen Industrien und die digitale Revolution repräsentierten, andererseits mit den mächtigen Institutionen des globalen Dollar-Wall-Street-Regimes verbunden waren. Ebenso rückten diejenigen innerhalb der Kapitalistenklasse nach oben, die die Konzerne der weltweit operierenden Unterhaltungsindustrien (Film, Fernsehen, Internet, Musik- und Sportgeschäft) beherrschen. Sie spielen neben den Helden der IT-Branche mit ihren Film-, Pop- und Sportstars eine wichtige Rolle für die Ausübung von Hegemonie gegenüber den subalternen Klassen. In dieser expansiven Dynamik manifestierte sich zugleich eine grundlegende Verschiebung der Kräfteverhältnisse zwischen Kapital und Arbeit, die sich nicht nur im Wirtschaftsleben in der Schwäche der Gewerkschaften gegenüber den Kapitalinteressen manifestierte, sondern auch in der Programmatik der großen Parteien und in den Wahlergebnissen dieser Jahre ausdrückte. Am deutlichsten noch war dies in den 1990er Jahren in der Programmatik von New Labour unter Tony Blair und in der von Gerhard Schröder geführten sozialdemokratisch-grünen Bundesregierung nach 1998 zu verfolgen. Die Orientierung auf Wettbewerbsfähigkeit nach außen, attraktive Finanzmärkte und flexible Arbeitsmärkte wurde als Voraussetzung für sozialpolitische Flankierungsmaßnahmen anerkannt (Nachtwey 2009).

Die sogenannte »zweite Welt« um die Sowjetunion bestand nicht mehr. Sie geriet in eine tiefe Transformationskrise als Folge verschiedener Schock-Therapien (Naomi Klein 2007). In den ex-sozialistischen Staaten wie Georgien und Jugoslawien brachen infolge des Staatsverfalls Kriege aus. Die Nachfolgestaaten zeichnen sich durch extreme innere sozialökonomische und politische Instabilität aus. Die NATO und westliche Geheimdienste rückte nach der Auflösung des Warschauer Paktes an die Grenzen Russlands heran.

Auch die Beziehungen zwischen dem »Norden« und dem »Süden« (der einstigen »Dritten Welt«) waren durch den Rückzug jener Positionen charakterisiert, die die antiimperialistischen und antikolonialistischen Befreiungsbewegungen angeführt hatten. Noch in den späten 1970er Jahren hatten diese über die UNO Forderungen nach einer neuen, gerechten Weltwirtschaftsordnung erhoben, die von den »reichen Ländern« sowie von den Transnationalen Konzernen strikt abgelehnt wurden. Seit den 1980er Jahren wurde im Rahmen des Washington Konsensus den hoch verschuldeten Staaten der Dritten Welt – über die Kreditvergabe durch den Internationalen Währungsfonds (IWF) und die Weltbank – ein Krisenmanagement aufgezwungen, das sie zur Anerkennung von Prinzipien neoliberaler Wirtschaftspolitik verpflichtete. Die Implementierung dieser Politik war vor allem in Lateinamerika durch die zahlreichen Militärdiktaturen gewährleistet, die sich seit den 1970er Jahren – auch als Reaktion auf das Erstarken von linken Bewegungen – etabliert hatten.

2. Jahrhundertbilanzen für den Sozialismus

Nach 100 Jahren existiert das sozialistische Projekt gesellschaftlicher Umgestaltung im Sinne der klassischen Forderungen nach der Vergesellschaftung der Produktionsmittel und der »Zurücknahem des Staates in die Gesellschaft« als entwickelte Form der sozialistischen Demokratie und Selbstverwaltung nicht mehr als Projekt einer proletarischen Klassenbewegung sowie von Massenparteien der Arbeiterbewegung. Ob sich aus dem »großen Chaos« im Übergang ins 21. Jahrhundert eine neue Zukunftsperspektive für dieses Projekt eröffnen wird, ist offen. Donald Sassoon hat sich in seiner Geschichte der westeuropäischen Linken im 20. Jahrhundert vor allem mit den sozialdemokratischen Parteien und Regierungen auseinandergesetzt. »Diejenigen, die mit dem sozialistischen Projekt sympathisiert hatten, seine Hoffnungen und seine Werte teilten und die ungeduldig waren wegen der endlosen Vorwürfe, der nicht endenden Kompromisse und wegen des lähmenden Zögerns der Parteien, mögen dann, wenn alles gesagt und getan ist, daran erinnert werden, dass diese Parteien vielleicht das Einzige sind, was von der Linken übrig geblieben ist« (Sassoon 1996: 777). Immerhin belegt das Werk von Sassoon recht genau, welchen Einfluss sowohl die sozialdemokratisch dominierte Arbeiterbewegung als auch die Existenz kommunistisch regierter Staaten auf die entwickelten kapitalistischen Gesellschaften Westeuropas ausübten. Sozialisten kämpften für die Demokratie und gegen autoritäre Regime. Auch wenn sie die imperialistische Politik und Ideologie des Kolonialismus kritisieren, waren sie nicht immer (z.B. in Großbritannien) unbedingte Gegner des Kolonialsystems, unterstützten aber Wege in die Unabhängigkeit (z.B. für Indien im Jahr 1949). Sozialisten kämpften für die Verbesserung der Arbeits- und Lebensbedingungen der arbeitenden Menschen, für sozialpolitische Reformen, für die Gleichstellung der Geschlechter, für gleiche Bildungschancen und für erweiterte Mitbestimmungsrechte der Lohnabhängigen und der Gewerkschaften. Im Ergebnis der langen Periode des Friedens nach 1945 setzten die reformistischen Kräfte einen Teil ihrer Forderungen – sowohl in der Wirtschaft als auch auf dem Felde der Politik – durch die Kooperation mit Parteien und Verbänden durch, die die Interessen der Kapitaleigner repräsentierten. Der dabei erreichte »Klassenkompromiss« erstreckte sich auf die Bereitschaft der Kapitalseite, die Gewerkschaften anzuerkennen und sozial- und gesellschaftspolitische Reformen zu akzeptieren. Diese wurden freilich immer daran gemessen, ob sie der Wettbewerbsfähigkeit des nationalen Kapitalismus zuträglich waren und die auf Profitabilität ausgerichtete Verfügungsmacht des Kapitals nicht wesentlich einschränkten.

Die Erfolge dieser Politik in den Zeiten des »Wirtschaftswunders« und der Vollbeschäftigung waren zweifellos eine der Voraussetzungen für die »politische De-Mobilisierung« der Arbeiterklasse« (Dörre). Gleichzeitig leistete diese Politik einen wichtigen Beitrag zur Zivilisierung des Kapitalismus.[9] Für die CEOs US-amerikanischer Konzerne, die in Westeuropa investieren, erscheinen solche Verhältnisse (zu denen auch Tarifverträge und starke gewerkschaftliche Gegenmacht auf der Ebene der Betriebe) gehören, als reiner »Sozialismus«.[10] Mit dem Übergang in die Krisenprozesse der »Großen Transformation« wurde freilich deutlich, dass der »Klassenkompromiss« des »demokratischen Kapitalismus« vonseiten der herrschenden Klasse aufgekündigt wurde.

Zur Bilanz des demokratischen Sozialismus gehört in diesem Zusammenhang auch das Scheitern der Illusionen vom »parlamentarischen Sozialismus« (Miliband). Leo Panitch eröffnete einen Beitrag zur Suche nach dem Sozialismus des 21. Jahrhunderts mit einem Satz, in dem sich noch einmal die Erfahrungen des Reformsozialismus zusammenfassten: »Die erste große Wirtschaftskrise des 21. Jahrhunderts (2008ff.) hat überall die sozialdemokratischen Parteien destabilisiert: Die Annahme, dass der Kapitalismus mit Regierungen koexistieren, diese sogar unterstützen könne, die dem sozialen Fortschritt und einer weit gefassten ökonomischer Gleichheit verpflichtet sind, hat sich schließlich als Illusion erwiesen.« (Panitch/Leys 2020: 5)

---

[9] Auf das Argument der Konservativen und Liberalen, dass Sozialismus – im Gegensatz zu den Erfolgen des Kapitalismus – »immer scheitern« müsse, antwortet Jeremy Gilbert (2020: 115): »Alle modernen Gesellschaften enthalten Elemente des Kapitalismus und des Sozialismus – es sind aber allein die Elemente des Sozialismus, die für die meisten Menschen das Leben in diesen Gesellschaften überhaupt erträglich gemacht haben.«

[10] Die britische Premierministerin Margaret Thatcher, Ikone des Neoliberalismus begründete Ende der 1980er Jahre ihre Ablehnung der Pläne des EU-Kommissionspräsidenten Jacques Delors (Mitglied der Sozialistischen Partei in Frankreich) für einen gemeinsamen Binnenmarkt, der auch moderate soziale Sicherungen für Arbeitnehmer garantieren sollte, mit dem Satz, dass sie nicht den Sozialismus in Großbritannien besiegt habe, damit er über die EU wieder eingeführt werde. Solche Argumente werden bis heute von den Brexit-Anhängern wiederholt.

Die Bilanz des Kommunismus ist äußerst zwiespältig. Die Oktoberrevolution löste Wellen der Begeisterung und der Hingabe aus und entfesselte doch zugleich die Gewaltpotenziale einer Gegenrevolution, die schließlich am Ende des 20. Jahrhunderts siegte. Die Sowjetunion behauptete sich lange gegen massiven Druck, gegen die schrecklichen Verwüstungen des Zweiten Weltkrieges und stieg nach 1945 zur Führungsmacht eines Systems sozialistischer Staaten auf. Die 1949 siegreiche chinesische Revolution war zunächst noch von der Oktoberrevolution inspiriert und wurde durch die Sowjetunion (und die Kommunistische Internationale) unterstützt. Und schließlich waren die Erfolge des nicht-kapitalistischen Entwicklungsweges bei der ökonomischen Entwicklung Vorbild für zahlreiche Parteien und Führungsgruppen der antikolonialen und antiimperialistischen Befreiungsbewegungen in der »Dritten Welt«, die die Staatsmacht erobert hatten. Sie waren mit enormen Entwicklungsaufgaben konfrontiert: Industrialisierung, Transformation der Landwirtschaft, Kultur- und Bildungsrevolution und (später) Bewältigung der »wissenschaftlich-technischen Revolution«. In den Betrieben wurden große Teile der Arbeiterklasse durch die Teilnahme an der Bewältigung der Produktionsaufgaben wie auch der Organisation des Lebensalltags qualifiziert.[11] In den sozialistischen Staaten gab es keine Arbeitslosigkeit.[12] Millionen von Menschen wurden aus Massenelend, Analphabetismus, Krankheit befreit.

[11] Nach der »Wende« suchte ein Unternehmer aus einer benachbarten Stadt, mit dem ich als Musiker befreundet war, das Gespräch mit mir. Er war in Erfurt gewesen und wollte über die Treuhand einen Betrieb (für einen Euro) kaufen. Dabei machte er die »Entdeckung«, dass DDR-Betriebe u.a. einen Kindergarten, eine Bibliothek, ein Ferienheim, Sportanlagen, verschiedene Kultureinrichtungen usw. betrieben. Dazu kam Frauenförderung, Qualifizierung von Mitarbeitern und andere gesellschaftliche und kulturelle Verpflichtungen. Er war darüber völlig überrascht und fügte hinzu: »Kein Wunder, dass dieses System ökonomisch zusammengebrochen ist.« Das war genau die Logik des Profitmachens als erstem Zweck der Produktion, die im Westen (und bei ihm als Unternehmer) als quasi-Naturverhältnis und Naturgesetz anerkannt war.

[12] Es gab im sozialistischen Wirtschaftssystem eine »verdeckte Arbeitslosigkeit«, die mit der kapitalistischen Schock-Therapie offen zutage trat. Die niedrige Arbeitsproduktivität war oft auch Ausdruck der Tatsache, dass es in den Betrieben zum Teil eine zu hohe Beschäftigung gab. Dazu kam das Problem, dass aufgrund von Mängeln in der zentralen Planung oftmals die Produktion unterbrochen werden musste, weil z.B. die Zulieferung von Rohstoffen und Ersatzteilen für defekte Maschinen stockte. Oftmals mussten Betriebsleiter mit illegalen Geschäften auf solche Krisen reagieren. Bei den Arbeitern in den Betrieben setzte sich der verletzte Produzentenstolz nicht selten in Unzufriedenheit mit dem System bzw. der Regierung um. Allerdings galt auch für diese Widersprüche bzw. Mängel des sozialistischen Systems, dass diese in letzter Instanz nicht auf dem Rücken der Arbeiter – in Form von Massenarbeitslosigkeit – ausgetragen wurden. Die verschiedenen Reformprogramme der 1960er Jahre wollten solche Mängel durch die Einführung von markt- und gewinnorientierten Elementen bei der Erreichung der Planziele überwinden.

Die Verteidigung des Sozialismus war aber mit enormen Widersprüchen verbunden, die schließlich auch den Niedergang dieser Systeme einleiteten. Der wirtschaftliche Rückstand gegenüber den entwickelten kapitalistischen Staaten wurde nie überwunden. Die Leistungen, die nach den Prinzipien der Egalität erbracht wurden, blieben oft auf einem niedrigen Niveau. Die Diktatur der Partei war mit einem System von Privilegien verbunden, die insbesondere leitenden Angestellten der Staatsklasse vorbehalten waren. Das System machte sich nie von jenen Methoden der Repression, Überwachung und Unterdrückung von Kräften der Zivilgesellschaft frei, die notwendig gewesen wären, um die Produktivkräfte – als Entfaltung individueller und kollektiver Kreativität – zu entwickeln. Auf diese Weise wurde auch die notwendige Modernisierung der Methoden der starren zentralistischen Wirtschaftsplanung, die in der Epoche der extensiv erweiterten Reproduktion durchaus Erfolge aufweisen konnten, blockiert.

Kommunistische Massenparteien im Westen wie in Italien und Frankreich waren im Kalten Krieg Objekte antikommunistischer Propaganda und Repression. Ihre Stärke beruhte darauf, dass sie in der Arbeiterklasse ihres Landes verankert waren. Im Kampf gegen die deutsche Besatzung während des Zweiten Weltkrieges (Résistance, Resistenza) hatten sie auch unter Intellektuellen und bürgerlich-demokratischen Kräften ein hohes Ansehen erworben. Ihre Treue zur Sowjetunion wurde freilich in dem Maße zur Belastung, wie das Ansehen der Sowjetunion und ihrer Verbündeten verfiel, als Folge der Attraktivität eines Konsumkapitalismus (»American Way of Life«) und der gewaltsamen Inventionen der sowjetischen Armee gegen Proteste und Reformbewegungen in den sozialistischen Ländern (Berlin 1953, Ungarn 1956, Prag 1968, Warschau 1980). Die Überzeugung, dass die Menschheit sich in einer Epoche des Übergangs vom Kapitalismus zum Sozialismus im Weltmaßstab befinde, musste mit der zunehmenden Krise der Sowjetunion zerfallen. Relativ früh – seit 1956, nach dem XX. Parteitag der KPdSU – hatte sich die Kommunistische Partei Chinas von der Führung durch die Sowjetunion und die KPdSU abgekoppelt und war eigene – höchst widersprüchliche – Wege gegangen. Im Ergebnis tiefer Krisen und heftiger innerer Auseinandersetzungen setzte sich schließlich seit 1978 die Reformpolitik des alten Kommunisten Deng Xiaoping[13] durch und ebnete den Weg des Landes zu einer führenden Macht auf dem Weltmarkt und in der Weltpolitik.

[13] Deng (geboren 1904) nahm als Schüler an der »Bewegung des 4. Mai« 1919 teil, von der wesentliche Impulse für die Gründung der KP Chinas ausgegangen waren. 1920 ging er – zunächst als Schüler – nach Frankreich. Dort wurde er Mitglied der KP, arbeitete in verschiedenen Industriebetrieben (u.a. bei Renault), Zusammenarbeit mit Zhou Enlai. 1926 Besuch der Parteischule in Moskau. Ab 1927 in China als führender Funktionär der KP; Politischer Kommissar der Roten Armee. Teilnehmer des Langen Marsches 1934/1935, danach politischer Kommissar der Roten Armee im Kampf gegen die Japaner.

Die Geschichte des Sozialismus des 20. Jahrhunderts vermittelt schließlich die Lehre, dass die Wege zum Sozialismus nicht auf ein einheitliches und allemal gültiges Modell reduziert werden können. Die Impulse einer starken Klassen- bzw. Volksbewegung entstehen in den Kämpfen um Arbeit, Leben und Anerkennung. Sie werden inspiriert von epochenspezifischen Großereignissen wie zum Bespiel den großen Revolutionen von 1789 und 1917, die die Botschaften der universellen Menschenrechte verkündeten und den Verhältnissen des Ancien Régime den Kampf ansagten. Um den Forderungen und Programmen dieser Kämpfe – von den Alltagsproblemen der subalternen bis hin zur Durchsetzung der Demokratie und der Umwälzung der Eigentums- und Aneignungsverhältnisse – Geltung zu verschaffen, bedarf es der politischen Macht. Zur Klassenformierung gehört deshalb auch notwendig die Gründung von Organisationen (Parteien, Gewerkschaften), die sich für die Eroberung der Staatsmacht oder von Mehrheiten in den Institutionen demokratischer Systeme einsetzen. In autoritären Regimen, die die sozialistischen Organisationen verbieten und Klassenbewegungen mit Gewalt unterdrücken, wird andererseits der Zugang zur Staatsmacht erst im Ergebnis eines Zusammenbruchs der Alten Ordnung (wie in Russland), im Ergebnis eines langen Bürgerkrieges (wie in China) oder auch eines langen Krieges gegen die Kolonialmacht (wie z.B. in Vietnam) möglich. Daraus wiederum entstehen gegensätzliche Vorstellungen von Politik und von der Rolle der Gewalt. Auf dem Felde politischer Entscheidungen wiederum polarisieren sich innerhalb der Organisationen (und dann auch zwischen ihnen) die Positionen jener, die sich auf konkrete Problemlösungen im Interesse ihrer Anhänger (und Wähler) konzentrieren und jenen, die mit Blick auf die Erwartungen revolutionärer Zusammenbrüche und Zuspitzungen im Klassenkampf eine konsequente Opposition gegen die herrschende Politik sowie die Vorbereitung auf die revolutionäre Eroberung der Staatsmacht ins Zentrum stellen. Die Konflikte zwischen Reformisten und Revolutionären, zwischen Theoretikern und Pragmatikern führen immer wieder zu heftigen innerparteilichen Konflikten und zu Spaltungen. Sie reflektieren den Sachverhalt, dass es niemals nur eine gültige Antwort auf die Frage gibt, welches die »richtigen« Lösungen für die gesellschaftlichen und politischen Herausforderungen und die »richtigen« Entscheidungen im Hinblick auf die Perspektiven und Hand-

1945 Mitglied im ZK der KP China; nach 1949 stellvertretender Ministerpräsident und Finanzminister; 1956 Mitglied der chinesischen Delegation beim XX. Parteitag der KPdSU; Befürworter der Politik des großen Sprungs nach vorne 1958. Während der Kulturrevolution nach 1965 entmachtet und in die Provinz verbannt; Arbeit in einem Traktorenwerk. 1973 wird er (von Mao) nach Peking zurückgeholt: Vizepremierminister, Mitglied des ZK und Politbüros und der Zentralen Militärkommission, 1974 Generalstabschef. 1976 in den Auseinandersetzungen um die Mao-Nachfolge erneut kritisiert und entmachtet. 1977 kehrte er in seine alten Funktionen zurück; 1978 übernahm Deng die Führung der Partei – er starb im Jahr 1997.

lungsebenen der Systemkritik und der Systemtransformation sind. Auch die Spaltungen, die daraus erwachsen, sind unvermeidlich. Entscheidend ist die Frage, wie in den sozialistischen Bewegungen und Organisationen mit solchen objektiven Widersprüchen im politischen Prozess umgegangen wird, ob sie überhaupt zur Kenntnis genommen und anerkannt werden. Solche Erkenntnisse beziehen sich dann auch auf Prozesse der Integration und Anpassung an die herrschenden Verhältnisse, die mit der »Institutionalisierung des Klassenkampfes« verbunden sind. Dabei löst sich der Zusammenhang zwischen Klassenformierung und parteipolitischer Repräsentanz bzw. Staatsmacht, aber auch der Zusammenhang zwischen Tagespolitik und Endziel, zunehmend auf. »Vollständige innerparteiliche Demokratie« war eine Forderung, um solche Tendenzen zu begrenzen. Dagegen pochten die Bolschewiki unter Lenin auf das Prinzip eines »demokratischen Zentralismus«, der mit der Verschmelzung der Macht der Partei mit der des Staates mehr und mehr die gewaltsame Unterdrückung abweichender Meinungen in Partei und Gesellschaft legitimierte.

Es ist also richtig, von »Sozialismen« als verschiedenen Entwicklungsmodellen zu sprechen (Becker/Weissenbacher 2009; Albritton et al. 2004). Diese verfolgen eine Reihe von gemeinsamen Zielen, die sich auf die Interessen der subalternen Klassen beziehen und gegen die Kräfte des jeweils »herrschenden Blocks« durchgesetzt werden müssen. Die Methoden des Kampfes, die Vorstellungen über die Demokratie, über das Tempo der Transformation usw. unterscheiden sich allerdings erheblich – dabei spielen nicht allein die politisch-ideologischen Überzeugungen, sondern die Geschichte, die religiösen Traditionen und die politischen Kulturen in den jeweiligen Regionen der Welt eine wichtige Rolle. Die »Kunst der politischen Führung« besteht gerade darin, die allgemeinen Ziele mit der »genauen Erkundung des Terrains« (Gramsci) zu vermitteln.

Dabei folgt aus der Geschichte des modernen Sozialismus eine weitere Lehre. Dessen Weg führt durch verschiedene Länder und Kontinente. Seine Entwicklungsepochen sind dadurch gekennzeichnet, dass bestimmte Länder bzw. Regionen jeweils als Zentren der Kämpfe für Sozialismus wirken, auch Orientierungspunkte für die sozialistischen Bewegungen im Weltmaßstab bilden. Das »Socialist Manifesto« von Bashkar Sunkara (2019) verfolgt daher die Entwicklung des Sozialismus seit der industriellen Revolution in Großbritannien und Frankreich, über die am Marxismus orientierte Massenpartei SPD, die Russische Revolution und die Entwicklung der Sowjetunion nach dem Ersten Weltkrieg, die Politik der Sozialdemokratie in Westeuropa nach 1945 (am Beispiel *Schweden*). Dann wendet sich sein Interesse den »Dritte-Welt-Revolutionen« zu, womit die Revolution vom Westen nach Osten und dann in den »Süden« wanderte. Letztlich sieht er die These von Marx bestätigt, dass der Sozialismus dort siegen würde, wo die Entwicklung der

Produktivkräfte auf dem Boden der kapitalistischen Produktionsweise ihr höchstes Niveau erreicht hat.

3. Von der Krise zur Katastrophe

Verdichtung von Krisenprozessen

Der Soziologe Ulrich Beck hatte im Vorwort zu seinem Buch über die »Risikogesellschaft«, das die zeitdiagnostischen Debatten in den letzten beiden Jahrzehnten des vergangenen Jahrhunderts erheblich beeinflusste (Dörre 1988; Dörre 2019: 15ff.), darauf aufmerksam gemacht, dass der Geist der »neuen Unübersichtlichkeit« (Habermas) sich sprachlich darin reflektiere, dass die »unscheinbare Vorsilbe *›post‹* … (zum) … Schlüsselwort unserer Zeit« avanciert sei. »›Post‹ ist das Codewort für Ratlosigkeit, die sich im Modischen verfängt. Es deutet auf ein Darüber-hinaus, das es nicht benennen kann, und verbleibt in den Inhalten, die es nennt und negiert, in der Erstarrung des Bekannten.« (Beck 1986: 12) Er bezog sich dabei auf die damalige Konjunktur postmoderner Diskurse von der »postindustriellen Gesellschaft« bis zum »Post-Marxismus«. Diese hatten nicht nur in der Philosophie, sondern auch in den Sozialwissenschaften die aufsteigende Welle des marxistischen Denkens seit 1968 zurückgeworfen. Die Postmoderne feierte den Sieg der »Individualisierung« gegen den Geist des Kollektivismus/Etatismus und trug damit zur Stabilisierung der neoliberalen Hegemonie bzw. des »neuen Geistes des Kapitalismus« (Boltanski/Chiapello 2003) bei.

Gut drei Jahrzehnte später verfasste Werner Goldschmidt einen Literaturbericht über »Varianten des Postkapitalismus«. Dessen erster Satz lautet: »Die Spatzen pfeifen es von den Dächern: Das Ende des Kapitalismus ist nah.« Als eine erste Begründung gab er an: »Die Zahl der entsprechenden Publikationen mit z.T. wissenschaftlichen, z.T. aufklärerisch populärem Anspruch ist inzwischen Legion.« (Goldschmidt 2019: 3; vgl. auch Klein 2019) Die Prognosen über das »Ende des Kapitalismus« versichern durchgängig, das dieses »Ende« sich nicht so gestalten wird, wie es die Anhänger des Marxismus und der sozialistischen Arbeiterbewegung der II. wie der III. Internationale sich vorgestellt hatten: als ein gewaltsamer Zusammenbruch der alten Ordnung, der mit der Übernahme der Macht durch die politische Führung der revolutionären Klassenbewegung zur Umwälzung der Eigentumsverhältnisse fortschreitet. Am Anfang der 21. Jahrhunderts zwingt die Realität zur Erkenntnis, dass die Gegenkräfte, die der Kapitalismus in seiner Geschichte stets erzeugt hat, in den Zentren des Kapitalismus weitgehend neutralisiert, de-mobilisiert sind. Daher folgert der ehemalige Direktor des Max-Planck-Instituts für Gesellschaftsforschung in Köln, Wolfgang Streeck, dass der Kapitalismus in einen Prozess der »Selbstzerstörung« eingetreten ist. Er »scheitert unter unseren Augen, nachdem er alle Gegenkräfte ausgeschaltet hat – er stirbt an einer Überdosis seiner selbst« (Streeck 2015b: 113). Nancy Fraser variiert die These von der Selbstzerstörung: »Der Kapitalismus neigt dazu, seine eigenen Voraussetzungen auszuhöhlen, zu zerstören oder zu schwächen (auf jeden Fall zu destabilisieren). Er sägt an dem Ast, auf dem er sitzt.«[14] (Fraser 2019: 290) Emmanuel Wallerstein hatte allerdings schon früh daran erinnert, dass die mit der herrschenden Produktions- und Aneignungsweise verbundenen Klassen ihre Privilegien niemals freiwillig aufgeben, sondern sich – in letzter Instanz – gegen ihre Enteignung und Entmachtung mit Gewalt widersetzen werden.

Seit der großen Finanzkrise nach 2008 (Tooze 2018) haben Thesen wie die der Selbstzerstörung des Kapitalismus Konjunktur, meist auch mit der zeitdiagnostischen Klage verbunden, dass »die Welt … aus den Fugen geraten« sei. Auf jeden Fall stimmen sie darin überein, dass mit der Großen Transformation im letzten Viertel des 20. Jahrhunderts der Übergang in eine neue Epoche kapitalistischer Entwicklung eingeleitet wurde, die sich durch die Permanenz und Zuspitzung von sozialökonomischen und politischen Krisentendenzen sowie durch die Verbindungen und Wechselwirkungen verschiedener (ökonomischer, ökologischer, sozialer, kultureller, politischer) Krisenprozesse auszeichnet. Dazu gehört dann auch die Erkenntnis, dass diese Krisen der »alten Welt« des Kapitals eingebettet sind in einen Prozess des Wandels der ökonomischen und politischen Kräfteverhältnisse im Weltmaßstab zwischen den USA und China. Der Aufstieg neuer Mächte im Osten – an der Spitze die Volksrepublik China – steht dabei im Mittelpunkt.

Die Entwicklung des Kapitalismus im letzten Viertel des 20. Jahrhunderts stützte sich vor allem auf die Erschließung neuer Räume der Kapitalexpansion. Klaus Dörre (2019: 15) zufolge ist mit »der ökonomisch-ökologischen Zangenkrise der Gegenwart ein … Umschlagspunkt erreicht. Diese Krise signalisiert das vorläufige Ende einer Phase ›intensivierter Globalisierung‹ (Giddens), die bis zur Jahrtausendwende eines der erfolgreichsten Wachstumsprojekte in der Geschichte des globalen Kapitalismus war.« Im reichen Norden wandelte sich der Zeitgeist: »der Optimismus der wilden 90er wurde weggeblasen. Ein langfristig orientierter Katastrophismus im sozialen und wissenschaftlichen Denken war seit 2003 in zahlreichen Texten bestimmend.« (Urry 2016: 35) In der Folge erodierte im Bewusstsein breiter Bevölkerungsschichten auch schrittweise die Legitimation der herrschenden Wirtschafts- und Gesellschaftsordnung. Schließlich erfasste diese Krise das politische System der parlamentarisch-repräsentativen Demokratie. Im Begriff der »multiplen Krise« fasst sich seitdem die Erkenntnis zusammen, dass der krisenhafte Charakter dieser Entwicklung durch das Ineinandergreifen

[14] Im englischen Orginal: »to eat its own tail«.

verschiedener Krisentendenzen und -logiken bestimmt wird, die sich gegenseitig verstärken und daher auch die neuere Debatte über das »Ende des Kapitalismus« inspirieren.

Instabilität und Volatilität sowie ungleiche Entwicklung charakterisieren die ökonomische Entwicklung – im globalen und nationalen Rahmen ebenso wie auf der Ebene der Alltagserfahrungen der Individuen, wo sie für die Lohnabhängigen Angst und Unsicherheit erzeugen. Seit den 1980er Jahren waren die Wachstumsraten in den alten Zentren des Kapitalismus deutlich zurückgegangen. Ökonomen prognostizierten eine Epoche der »säkularen Stagnation«. Diese wurde darauf zurückgeführt, dass mit der massiven Deindustrialisierung (Verlagerung arbeitsintensiver Produktion an die Peripherie) das Wachstum immer mehr vom Finanz- und Dienstleistungssektor bestimmt wird, der eine niedrigere Arbeitsproduktivität – vor allem in den stark wachsenden Sektoren mit prekärer Beschäftigung – aufweist. Gleichzeitig öffnete sich innerhalb der Europäischen Union vor allem nach der Einführung des Euro um 2000 die Wachstumsschere zwischen den reichen, exportstarken Staaten um die Bundessrepublik Deutschland und den Mitgliedstaaten im Süden und im Osten bzw. Südosten der EU. Die Weltwirtschaft war durch die ungleiche Entwicklung des BIP-Wachstums zwischen den alten Zentren (G-7-Staaten) und dem rasanten Aufstieg der Volkswirtschaften in Asien bestimmt, mit jahresdurchschnittlichen Wachstumsraten in der VR China von ca. zehn und in Indien von sechs bis sieben Prozent. »Das Ergebnis ist eine unbestreitbare Verschiebung der Schwerkraft der Weltwirtschaft, eine Verschiebung, die nunmehr auf soliden Grundlagen zu stehen scheint und nicht nur eine vorübergehende Phase darstellt.« (Dicken 2015: 36)

Die Pandemie

Ein Jahrzehnt nach dem Großen Crash hat die Pandemie von 2020/2021 eine ganz neue Dimension von Krisen im System des globalen Kapitalismus offengelegt. Globalisierung wird reflexiv. Das heißt: Angesichts der globalen Interdependenz von Handels-, Produktions- und Kommunikationsstrukturen breiten sich Infektionen schnell in globalen Dimensionen aus und der Kampf gegen die Pandemie verlangt Formen eines globalen Krisenmanagements, das allerdings durch den Primat der nationalstaatlichen Reaktionen auf die Seuche nur begrenzt wirksam werden kann und auch durch zwischenstaatliche Konkurrenz, inzwischen auch durch die Konflikte zwischen den weltpolitischen Machtblöcken (USA, Westeuropa, Russland, China) beeinträchtigt wird. Die sozialen und ökonomischen Folgen der Krise sind derzeit nur zu erahnen. Sie betreffen den Einbruch der Produktion als Folge der Unterbrechung globaler Lieferketten, des Lockdowns von Teilen der Wirtschaft vor allem im Dienstleistungssektor, des damit verbundenen Einbruchs der Nachfrage, des Anstieges von Kurzarbeit und Arbeitslosigkeit sowie der

Ausweitung der öffentlichen und privaten Schulden. Die alte und die neue Mittelklasse (von den Einzelhändlern, Restaurantbetreibern bis hin zu den selbständigen Musikern und Künstlern) sind von dieser Krise in besonderer Weise betroffen.

Der Kampf gegen eine globale Seuche hat bereits unzählige Todesopfer gefordert; ihr Bedrohungspotenzial wird trotz der Entwicklung von Medikamenten und dem staatlichen Krisenmanagement anhalten. Daher kommt dieser Krise im Rahmen der Wechselwirkungen der multiplen Krisentendenzen des gegenwärtigen Kapitalismus – damit auch den Spekulationen über sein mögliches Ende – eine besondere Bedeutung zu. Sie markiert sehr viel deutlicher den Übergang von den ökonomischen und politischen Krisenprozessen in allgemeine Krisen bzw. Katastrophen der Zivilisation.

Die neue ökonomische Instabilität, die im Zusammenhang der These vom »Ende des Kapitalismus« in den Blick gerät, hat mit zwei Widerspruchskomplexen zu tun, die in der Tat manche Überlegungen zur historischen Tendenz der kapitalistischen Produktionsweise zu bestätigen scheinen. Die Krisen des »Fordismus« in den 1970er Jahren waren Ausdruck der Überakkumulation des Kapitals als Folge sinkender Profitraten in den industriellen Kernsektoren der einwickelten kapitalistischen Staaten. Der Übergang zum globalen Finanzmarktkapitalismus, der die Entgrenzung und Liberalisierung des Kapitalverkehrs einschloss, war eine Reaktion auf diese Entwicklung. »Anfang der 1970er Jahre wurde die Geldschöpfung … von ihren Warengeld-Einschränkungen befreit, also just zu dem Zeitpunkt, als die Profitaussichten im Produktionssektor zurückgingen und das exponentielle Wachstum einzubrechen drohte… Seitdem leben wir in einer Welt, die von der potenziellen Grenzenlosigkeit der Geldschöpfung bestimmt wird.« (Harvey 2015: 55f.) Kapitalanlagen flossen weniger in die Produktion, sondern in den »Kauf von Assets (Immobilien, Rohstoffe, Kunstgegenstände usw.) oder Vermögenswerte (Aktien, Investmentfonds, viele neue Anlagemärkte innerhalb des Finanzsystems). Das war fiktives Kapital, das noch mehr fiktives Kapital erzeugt und von ihm profitierte, ohne sich um die gesellschaftliche Wertbasis des Handelns zu kümmern. Diese Entkoppelung war möglich, weil die Wertrepräsentation (Geld) sich immer weiter von dem Wert der gesellschaftlichen Arbeit entfernte.« (Ebd.: 56) Im »Akkumulationsregime der Vermögensbesitzer« (Aglietta) wird »mehr und mehr Kapital in die Aussicht auf Renten, Zinsen und Lizenzgebühren investiert, statt in die Produktion. Dieser Trend wird noch verstärkt durch die enormen Einnahmen, die durch geistige Eigentumsrechte an genetischem Material, Saatgut, Patenten und dergleichen zu erzielen sind.« (Ebd.: 57) David Harvey (ebd.: 51) ist davon überzeugt, dass »die ständige exponentielle Kapitalakkumulation mit Hilfe exponentieller Geldschöpfung … fast mit Sicherheit in einer Katastrophe enden« wird. In der Kette der Finanz- und Währungskrisen seit den 1980er Jahren zeichnet sich eine deutliche Tendenz zur Steigerung des Umfangs des dabei vernichteten Kapitals und der Rückwirkung dieser Entwertung auf die Gesamtwirtschaft, die Gesellschaft und die Politik ab.

Das Krisenmanagement nach 2008 und 2020 hat diese Tendenzen noch bekräftigt. In der Corona-Krise haben sich die Staatsschulden mit der enormen Ausweitung von Stützungsmaßnahmen für die Wirtschaft sowie für die soziale Abfederung von Einkommensverlusten, Kurzarbeit, Arbeitslosigkeit usw. noch einmal enorm erhöht – und auch der Kampf der Regierungen gegen die Pandemie selbst verschlingt noch einmal enorme Summen. Die damit verbundenen Gefahren der Entschuldung durch einen wirtschaftlichen und finanziellen Zusammenbruch, der eine Staatskrise nach sich zieht (z.B. in Italien), stehen im Zentrum zahlreicher, eher pessimistischer Prognosen über die Zukunft des Kapitalismus. Forderungen nach einer Re-Regulation der globalen Finanzmärkte unter Einschluss der Wiedereinführung von Kontrollen des Kapitalverkehrs, aber auch nach Verstaatlichung im Bankensektor werden daher nicht nur von Vertretern sozialistischer Parteien diskutiert, sondern auch von Wissenschaftlern unterstützt. Dem stehen freilich Positionen einer modernen Geldtheorie (»Modern Monetary Theory«) entgegen, die – in der Tradition eines eher links orientierten Monetärkeynesianismus – postulieren, dass die Notenbank über unbegrenzte finanzielle Mittel verfüge, um diese für die Infrastruktur und für ein gut ausgebautes Bildungs-, Sozial- und Gesundheitssystem zu nutzen. Die Verfechter neoliberaler Wirtschaftspolitik beharren hingegen auf den Prinzipien der Austeritätspolitik und der Inflationsbekämpfung, während marxistische Kritiker vor dem Wunschtraum bzw. vor der Illusion warnen, es gäbe ein »Wundermittel…, das die Krankheiten des Kapitalismus heilt und ihm ewiges Leben verleiht« (Klaus Müller 2021: 56).

Das »Maschinenfragment« in den »Grundrissen« von Marx – digitale Revolution

Die Große Transformation seit dem Ende des 20. Jahrhunderts wird auch durch die Produktivkraftrevolution im Kontext der »digitalen Revolution« angetrieben. Über die »vierte industrielle Revolution« vollzieht sich der Übergang zur »Informationsgesellschaft« (Dicken 2015: 74-113). Mit der Durchsetzung der modernen Informations- und Kommunikationstechnologien (PC, Internet)[15] haben sich die Wirtschaftsstrukturen, die Arbeitswelten sowie die Alltagkulturen der Menschen radikal verändert. Die Entfesselung der globalen Finanzmärkte wäre ohne die neuen Informationstechnologien, ohne den globalen Austausch von Daten und Informationen in kürzester Zeit

[15] Dicken (2015: 79) nennt die folgenden Branchen als Träger: »Computer; Digital Information Technology; Internet; Software; Telecommunications; Optical fibres; Robotics; Ceramics; Nanotechnology; Biotechnology«.

undenkbar gewesen. Die neuen Geschäftsmodelle haben mit der Verlagerung der arbeitsintensiven Produktion an die Peripherie des Weltmarktes einen Prozess der Ent-Industrialisierung in den alten Industriegesellschaften vorangetrieben, aber auch die verbleibende Industrieproduktion, die Büroarbeit sowie die wissenschaftliche Arbeit und alle Formen des Lernens radikal verändert. Über Smartphone und Internet erschließen sich schier grenzenlose Möglichkeiten der Informationsbeschaffung, der sozialen Kommunikation sowie der Teilhaben an einer hoch kommerzialisierten, globalen Unterhaltungskultur. Der Siegeszug des Neoliberalismus auf der politischen Ebene ging also mit der Beschwörung eines neuen Zeitalters der Individualisierung, der Freiheit der Wahl von Lebenschancen und Konsumgütern einher. Gleichzeitig wurde erkannt, dass diese Freiheit Teil eines unerbittlichen Wettbewerbssystems ist, das das Individuum einem enormen Erfolgsdruck aussetzt. Als »Arbeitskraftunternehmer« muss sich »der individualisierte Arbeiter und Konsument jeden Morgen erneut als ›Humankapital‹ erfinden und mit anderen in einen heftigen Wettbewerb eintreten« (Mason 2015: 24). Die neue »Governance« – als Regime der Kontrolle und Disziplinierung der Individuen – realisiert sich über diesen Zwang, sich – um erfolgreich zu sein – den Anforderungen der Märkte und des Wettbewerbs zu unterwerfen.

Paul Mason bezieht sich in seiner Schrift »Postkapitalismus« (ebd.: 137ff.) auch auf das sogenannte »Maschinenfragment« von Karl Marx in den »Grundrissen der Kritik der Politischen Ökonomie« (1857/58). Darin hatte er die Frage nach den Folgen des »Fortschritts der Technologie oder der Anwendung der Wissenschaft auf die Produktion« aufgeworfen. »Es ist nicht mehr der Arbeiter, der modifizierten Naturgegenstand als Mittelglied zwischen das Objekt und sich schiebt, sondern den Naturprozess, den er in einen industriellen umwandelt, schiebt er als ein Mittel zwischen sich und die unorganische Natur, deren er sich bemeistert. Er tritt neben den Produktionsprozess, statt sein Hauptagent zu sein.« Er wird »Wächter und Regulator« des Produktionsprozesses. Diese Stufe der Entwicklung der Produktivkräfte impliziert eine Steigerung der Produktivkraft der gesellschaftlichen Arbeit, die die Zeit für die materielle Reproduktion der Gesellschaft auf ein Minimum reduziert. Diese »Freisetzung lebendiger Arbeit« reduziert für das Kapital den Mehrwert als der Aneignung. Marx spricht sogar davon, dass »damit … die auf dem Tauschwert ruhende Produktion zusammenbricht«. Auf jeden Fall entsteht mit der Vorherrschaft des »general intellect« eine neue Widerspruchskonstellation, in der das »Kapital als prozessierender Widerspruch«, als »Schranke seiner selbst« wirkt: »Nach der einen Seite hin ruft es also alle Mächte der Wissenschaft und der Natur, wie der gesellschaftlichen Kombination und des gesellschaftlichen Verkehrs ins Leben, um die Schöpfung des Reichtums unabhängig (relativ) zu machen von der auf sie angewandten Arbeitszeit. Nach der anderen Seite will es diese so geschaffenen riesigen Gesellschaftskräfte messen an der Arbeitszeit und sie einbannen in die Grenzen, die erheischt sind, um den schon geschaffenen Wert als Wert zu erhalten.« (Marx 1953: 593)

Die Verminderung der Arbeitszeit – durch die Verwissenschaftlichung der Produktion bzw. durch die gewaltige Steigerung der Arbeitsproduktivität – bedeutet die Schaffung von »disposable time«, und diese wiederum ist höchst umkämpft. Auf der einen Seite eröffnet sich die realutopische Dimension einer Befreiung der Arbeit vom Naturzwang der schweren körperlichen Arbeit, die Aufhebung der »Notdürftigkeit« des »unmittelbaren materiellen Produktionsprozesses«: »Die freie Entwicklung der Individualitäten und daher nicht das Reduzieren der notwendigen Arbeitszeit, um Surplusarbeit zu setzen, sondern überhaupt die Reduktion der notwendigen Arbeit der Gesellschaft zu einem Minimum, der dann die künstlerische, wissenschaftliche etc. Ausbildung der Individuen durch die für sie alle freigewordene Zeit und geschaffenen Mittel entspricht.« (Ebd.) Die »Schöpfung von disposable time außer der notwenigen Arbeitszeit für die Gesellschaft überhaupt und jedes Glied derselben (d.h. Raum für die Entwicklung der vollen Produktivkräfte des einzelnen, daher auch der Gesellschaft), diese Schöpfung von Nicht-Arbeitszeit erscheint auf dem Standpunkt des Kapitals ... als Nicht-Arbeitszeit, freie Zeit für einige« (ebd.: 595). Der Grundwiderspruch manifestiert sich darin, dass das Kapital »disposable time« schafft, diese aber in »Surplusarbeit« verwandelt, während der Kampf zwischen Kapital und Arbeit darauf gerichtet ist, »die Arbeitszeit für die ganze Gesellschaft auf ein fallendes Minimum zu reduzieren« (ebd.: 696).

Dieser Kampf wird vor allem von den Gewerkschaften geführt und nimmt verschiedene Formen an. Er treibt aber auch immer neue Schübe der Produktivitätssteigerungen durch technologische und wissenschaftliche Innovationen an. Gleichzeitig zeichnet sich die Geschichte des Kapitalismus dadurch aus, dass diese Prozesse der »Freisetzung« von lebendiger Arbeit durch die Entwicklung neuer Anlagesphären für das Kapital, damit auch die Schaffung neuer (auch höher qualifizierter) Arbeitsplätze kompensiert werden: Dem Übergang von der Agrar- zu Industriegesellschaft in der ersten Hälfte des 20. Jahrhunderts folgte der Übergang von der Industrie- zur Dienstleistungsgesellschaft bis zum Ende des Jahrhunderts. Dem entsprach zugleich eine deutliche Reduzierung der Wochenarbeitszeiten für die lohnabhängig Beschäftigten von einer 6-Tage-Woche mit 60 Stunden (1900) auf unter 40 Stunden bis zum Ende des Jahrhunderts. Gleichzeitig ist in denjenigen Bereichen des Arbeitsmarktes, die nicht durch Tarifverträge und starke Gewerkschaften gesichert sind, die Arbeitszeit angestiegen. Im Zeitalter der »digitalen Revolution« bestätigt sich die Marxsche These, dass – unter dem Zwang der Kapitalverwertung – die Entwicklung des »general intellect« für eine privilegierte Minderheit die Arbeitszeit verkürzt und doch auf der anderen Seite –

für die Unterschichten der Arbeiterklasse – die Not der »Überflüssigen« erhöht.

Dass Marx im »Kapital« (also zehn Jahre nach der Arbeit an den »Grundrissen«) nicht mehr den Zusammenhang zwischen der Herrschaft des »general intellect« (also der Automatisierung der Produktion) und dem »Zusammenbruch der auf dem Tauschwert ruhenden Produktion«) angesprochen hat, mag einerseits darauf zurückzuführen sein, dass er in den 1850er Jahren noch auf eine bevorstehende Wirtschaftskrise und einen erneuten Aufschwung revolutionärer Bewegungen fixiert war.[16] Im ersten Band des »Kapital« verknüpft er die Tendenz der kapitalistischen Akkumulation ebenfalls mit einer Vision des Zusammenbruchs, war sich aber offenbar gleichzeitig bewusst, dass der Prozess der Produktivkraftentwicklung bis zur Automatisierung und zur Freisetzung der »lebendigen Arbeit« aus dem Produktionsprozess selbst nur als langfristige Tendenz begriffen werden kann. Allerdings hat er im Dritten Band des »Kapital« noch einmal an den Grundgedanken des »Maschinenfragments« angeknüpft. »Das Reich der Freiheit beginnt in der Tat erst da, wo das Arbeiten, das durch Not und äußere Zweckmäßigkeit bestimmt ist, aufhört; es liegt also der Natur der Sache nach jenseits der Sphäre der eigentlichen materiellen Produktion.« Das »Reich der Naturnotwendigkeit« besteht auch dann fort, wenn die Produktivkräfte ein hohes Niveau erreicht haben, also »disposable time« geschaffen wird. Daraus leitet Marx eine zentrale Bestimmung der sozialistischen Perspektive ab: »Die Freiheit auf diesem Gebiet kann nur darin bestehen, dass der vergesellschaftete Mensch, die assoziierten Produzenten, diesen ihren Stoffwechsel mit der Natur rationell regeln, unter ihre gemeinschaftliche Kontrolle bringen, statt von ihm als von einer blinden Macht beherrscht zu werden; ihn mit dem geringsten Kraftaufwand und unter den, ihrer menschlichen Natur würdigsten und adäquatesten Bedingungen vollziehen. Aber es bleibt dies immer ein Bereich der Notwendigkeit. Jenseits desselben beginnt die menschliche Kraftentwicklung, die sich als Selbstzweck gilt, das wahre Reich der Freiheit, das aber nur auf jedem Reich der Notwendigkeit als seiner Basis aufblühen kann.« Relativ nüchtern und knapp fügt Marx hinzu: »Die Verkürzung des Arbeitstages ist die Grundbedingung.« (MEW 25: 828) Mit der Formie-

[16] Marx hielt im April 1856 in London eine Rede auf der Jahresfeier des »People's Paper«, einer Zeitung der Chartistenbewegung. Darin sprach er vom »Antagonismus zwischen moderner Industrie und Wissenschaft auf der einen Seite und modernem Elend und Verfall auf der anderen Seite, dieser Antagonismus zwischen den Produktivkräften und den gesellschaftlichen Beziehungen unserer Epoche ist eine handgreifliche, überwältigende und unbestreitbare Tatsache«. In diesem Antagonismus, so fuhr er fort, »erkennen wir unsern wackern Freund Robin Goodfellow, den alten Maulwurf, der so hurtig wühlen kann, den trefflichen Minierer – die Revolution. Die englischen Arbeiter ... werden also gewiss nicht die letzten sein, der durch diese Industrie erzeugten sozialen Revolution zu helfen... « (MEW 12: 4; vgl. auch Klein 2019: 295f.).

rung der sozialistischen Arbeiterbewegung zum Ende des 19. Jahrhunderts trat dann auch die Forderung nach dem »8-Stunden-Tag« ins Zentrum ihrer Programmatik und Politik. Der Sozialistenkongress in Paris, der sich 1889 in die Tradition der Großen Französischen Revolution von 1789 stellte, erhob die Forderung nach dem 8-Stunden-Tag in den Mittelpunkt des Programms einer neuen Internationale sozialistischer Arbeiterparteien.

Es war kein Zufall, dass die »Entdeckung« des »Maschinenfragments« mit dem Übergang in die Epoche der digitalen Revolution und der Krise der sozialistischen Arbeiterbewegung zusammenfiel. André Gorz veröffentlichte 1984 eine Schrift mit dem Titel »Wege ins Paradies«. Seine Realutopie geht davon aus, dass aufgrund der »mikroelektronischen Revolution« die »Arbeitsgesellschaft« an ihr Ende gerät. Die notwendige (heterodoxe) Arbeit kann auf ein »Minimum« reduziert werden; die Entlohnung erledigt sich durch ein »allgemeines Grundeinkommen«. Dadurch öffnet sich zugleich der Freiraum für – genossenschaftlich organisierte – selbstbestimmte Tätigkeiten jenseits des Arbeitszwanges. So werden neue Lebensformen wie soziale Interaktionen ermöglicht. Die »Utopia« des Thomas Morus aus dem Jahr 1513, die jenseits eines Arbeitstages von 6 Stunden freie Zeit für Kultur, Bildung und Erziehung, Sport, gemeinschaftliche Beratungen usw. vorsah, wurde so für das Zeitalter der Automation erneuert. Der Philosoph Robert Kurz vertrat mitten in den Jahren des großen Umbruchs in seiner Schrift »Der Kollaps der Modernisierung« (1991) die Auffassung, dass der Kapitalismus mit der »mikroelektronischen Revolution« in eine Phase eingetreten sei, in der der Fortschritt der Produktivkräfte selbst den Weg zum Kommunismus eröffne. Solche Überlegungen, die den objektiven Entwicklungsgesetzen der kapitalistischen Produktionsweise den Primat gegenüber den historisch-politischen Kämpfen und Kräfteverhältnissen zuschreiben, stützen sich immer wieder auf den folgenden Satz aus den »Grundrissen«, in dem sich noch einmal eine Basisprämisse des Historischen Materialismus zusammenfasst: »Wenn wir nicht in der Gesellschaft, wie sie ist, die materiellen Produktionsbedingungen und ihnen entsprechenden Verkehrsverhältnisse für eine klassenlose Gesellschaft verhüllt vorfänden, wären alle Sprengversuche Donquichotterie.« (Marx 1953: 77) Auch Antonio Negri, der im Jahr 2000 mit Michael Hardt den Bestseller »Empire« veröffentlichte und darin eine neue kommunistische Perspektive eröffnen wollte, geht davon aus, dass in unserer Zeit »immaterielle Arbeit, oder allgemeiner: der kognitive Aspekt der Arbeit bestimmend wird…« und dass dieser Übergang »das ökonomistische Verständnis der Wirklichkeit hinter sich« lasse (Negri/Scelsi 2009: 40).

Denjenigen Utopien, die die »mikroelektronische Revolution« als wissenschaftlich-technologische Basis einer vom Zwang der schweren körperlichen und abhängigen Lohnarbeit befreiten Gesellschaft verstehen, treten jedoch – auf der Ebene der populären Massenliteratur – mannigfaltige Dystopien entgegen, in denen sich auch der zunehmend pessimistische Zeitgeist artikulierte. In deren Zukunftsszenarien verbindet sich mit der Durchsetzung der »digitalen Revolution« die Herrschaft einer schrumpfenden Elite von Bankern, Kapitalisten (u.a. Microsoft, Facebook und Amazon), IT-Entwicklern und Programmierern sowie von Politikern, die mehr und mehr das Problem haben, ihre Macht und ihren immensen Reichtum gegen die anschwellende Masse der »Überflüssigen« und »Freigesetzten« durch mediale Unterhaltung, aber auch durch Gewalt gegen die aufkommende Barbarei (Verbrechen, Bürgerkriege, Drogenkonsum, Diskriminierung und Verfolgung von Minderheiten usw.) zu sichern. Die zerfallende US-Gesellschaft bietet sich solchen Horrorvisionen als Quelle der Inspiration, als ein reichhaltiges Anschauungsmaterial an.

Die Wiederentdeckung der Klassengesellschaft

Die Tendenz zur »Selbstzerstörung« (Streeck) des Kapitalismus manifestiert sich nicht nur in der scheinbar ununterbrochenen Kette von »Krisen«, die weltweit – mit mobilen Zentren – die Stabilität der westlichen Ordnung und deren moralisch-politische Legitimation aus der Geschichte der Demokratie und der Menschenrechte erschüttern. »Wir leben jedoch längst nicht mehr in einer Zeit bloßer ›Krisen‹, sondern (wir haben) eine Katastrophenzeit erreicht, in der ein Kollaps der ökologischen, ökonomischen und gesellschaftlichen Systeme nicht unwahrscheinlich erscheint.« (Neckel 2021: 51) Es ist gerade das Ineinandergreifen (und damit die wechselseitige Verstärkung) verschiedener Krisenlogiken, die solche Diagnosen begründen. Im Hinblick auf die Bedeutung und die mögliche Rolle des Sozialismus im 21. Jahrhundert sind dabei zwei Widerspruchs- und Krisenkomplexe von vorrangiger Relevanz: 1. die »Wiederkehr der Klassengesellschaft« in den alten Zentren des Kapitalismus und 2. die Globalisierung als »Katalysator und Beschleuniger ökologischer Großgefahren.« (Dörre 2019: 23)

Nach vier Jahrzehnten liegt eine breite (auch empirische) Literatur vor, die den Zusammenhang zwischen dem Siegeszug des Neoliberalismus und dem deutlichen Ansteigen der sozialen Ungleichheit – in globalen Dimensionen ebenso wie im nationalen Rahmen – nachweist.[17] Die »Entfesselung«

---

[17] Nach Atkinson (2015: 65) ist der Rückgang der sozialen Ungleichheit nach dem Ende des Zweiten Weltkrieges in Westeuropa darauf zurückzuführen, dass »dies eine Periode war, in der der Wohlfahrtsstaat und die sozialen Leistungen expandierten, die zumindest zum Teil durch eine progressive Einkommensteuer finanziert wurden«. Der Sozialhistoriker Hartmut Kaelble (2017: 172) fasst die Ergebnisse seiner Studie über die Entwicklung der sozialen Ungleichheit in Europa vom 20. Jahrhundert bis zu Gegenwart wie folgt zusammen: »Soziale Ungleichheit wurde weniger durch Kriege und Katastrophen mit schrecklichen Kosten in einer Art schöpferischer Zerstörung abgebaut, sondern durch politisch Intervention, durch Steuern, Wohlfahrtsstaat und Bildung, abgemildert und hängt daneben in hohem Maße von der Art des Kapitalismus und der wirtschaftli-

des Kapitalismus – mit dem Zentrum der Freisetzung und Verselbständigung der globalen Finanzmärkte (mit der Bewegung G – G') – spielt dabei ebenso eine Rolle wie der Zusammenbruch des »Realsozialismus« in der Sowjetunion, wo sich in der Transformationskrise der 1990er Jahre die riesigen Vermögen der Oligarchen bildeten. In den entwickelten kapitalistischen Staaten haben die Prozesse der De-Industrialisierung die Spaltung zwischen den Reichen und Superreichen (0,1 bzw. 1% der oberen Einkommen und Vermögen) und dem wachsenden Sektor prekäre Arbeits- und Lebensverhältnisse vertieft. Die durchschnittliche Lohnquote ist in den wichtigsten Industriestaaten zwischen 1980 und 2013 kontinuierlich gesunken. Diese Entwicklung folgte nicht objektiven ökonomischen Zwangsgesetzen, sondern war politisch »gemacht«:[18] Die »neue historische Konstellation« (seit den frühen 1980er Jahren) war »eine gewollte oder zumindest in Kauf genommene Folge der neuen Wirtschaftspolitik, aber auch eine Folge der Strukturveränderungen der europäischen Wirtschaft und des Siegeszuges des Finanzkapitalismus seit den 1980er Jahren, der freilich aus der Finanz- und Schuldenkrise (von 2008ff.) schwer angeschlagen herauskam« (Kaelble 2017: 173).

Thomas Piketty hat in seinen umfangreichen Studien die These bestätigt, dass – nach dem relativen Abbau von Ungleichheit nach dem Ersten und dem Zweiten Weltkrieg – seit den 1980er Jahren die Ungleichheit zwischen den verschiedenen Einkommensgruppen (zwischen den reichsten 10% und den ärmsten 50%) und bei der Verteilung der Vermögenswerte deutlich zugenommen hat (Piketty 2014: 326f.). Auch die Analyse der Entwicklung der größten Einzelvermögen nach der Forbes-Rangliste (ebd.: 578) bestätigt diese Tendenz, die das »Kapital im 21. Jahrhundert« bestimmt. Dabei gibt es Unterschiede zwischen Regionen und Staaten. Nach wie vor wird die Tendenz zur Ungleichheit in denjenigen Staaten abgeschwächt, in denen die sozialdemokratische Arbeiterbewegung im 20. Jahrhundert sozialstaatliche Sicherungen Tarifverträge, Bildungsreformen etc. durchgesetzt hatte. Das betrifft die Staaten in Skandinavien sowie die Bundesrepublik Deutschland, Österreich und die Benelux-Staaten. Auch in diesen Staaten hat sich inzwischen ein Niedriglohnsektor herausgebildet, der beinahe ein Viertel der Beschäftigteen umfasst. Im globalen Maßstab ist der Anteil der Ärmsten (die nach Angaben des Human–Development Report mit täglich 1,25 US-$ auskommen müssen) an der Weltbevölkerung von 1990 bis 2010 um ca. 20% gesunken. Dabei

---

chen Entwicklung ab.« Auch Joseph Stiglitz (Der Preis der Ungleichheit, München 2012, S. 124) betont: »Ungleichheit ... (ist) kein Naturgesetz, sie ist nicht abstrakten Marktkräften geschuldet... (sie) geht in sehr hohem Maße auf politische Entscheidungen zurück.«

[18] Die beiden US.-amerikanischen Politikwissenschaftler Jacob S. Hacker und Paul Pierson haben in ihrer Studie »Winner-Take-All-Politics« (New York/London 2010) empirisch sehr genau herausgearbeitet, »How Washington Made the Rich Richer and Turned Its Back on the Middle Class.«

geht dieser Rückgang überwiegend auf die Erfolge der Volksrepublik China und anderer ostasiatischer Staaten im Kampf gegen die Armut zurück. Im subsaharischen Afrika sowie in Südasien sind die Armutszahlen immer noch sehr hoch. Allerdings hat auch die Zahl der Ärmsten in den reicheren Ländern des Nordens zugenommen, wo sich in den Armenghettos der Großstädte Verhältnisse der »Dritten Welt« etabliert haben. Der Einkommensabstand zwischen den reichsten und den ärmsten Ländern betrug 1913: 11 zu 1, 1950: 35 zu 1, 1973: 44 zu 1, 1992: 72 zu 1 und 2007: 92 zu 1 (Dicken 2015: 308-313).[19] Zusammenfassend kommt Piketty zu dem Schluss: »Zu Beginn des 21. Jahrhunderts scheinen längst vergangen geglaubte Vermögensungleichheiten sich anzuschicken, ihre historischen Höchststände wieder zu erreichen, ja zu übertreffen – im Rahmen einer neuen Weltökonomie, an die sich ungeheure Hoffnungen knüpfen (das Ende der Armut), aber auch die Aussicht auf Ungleichgewichte, die nicht minder ungeheuer sind (Individuen, die so reich wie ganze Länder sind).« Er schließt Fragen an, die auf die politischen Implikationen dieser Widersprüche abzielen: »Lässt sich für das 21. Jahrhundert eine Überwindung des Kapitalismus denken, die weniger gewaltsam und zugleich nachhaltiger wäre – oder muss man auf die nächsten, diesmal wahrhaft globalen Weltkrisen oder Weltkriege warten?« (Piketty 2014: 627)

Die wesentlichen Veränderungen der Klassenstruktur »spielen sich nicht im Zentrum, vielmehr an den Rändern unserer Gesellschaft ab. An dem einen Pol gewinnen die Übermacht des Großkapitals und der mit ihr wachsende Reichtum einer kleinen Minderheit dadurch eine neue Qualität, dass sich im Digitalzeitalter gigantische Vermögenskomplexe sowie Finanz- und Machtkonglomerate herausbilden. An dem anderen Pol sinken abhängig Beschäftigte durch massenhaftes Lohn- und Sozialdumping der Unternehmen sowie die fortschreitende Prekarisierung der Lohnarbeit aber auch durch die Stigmatisierung, Marginalisierung und sozialräumliche Segregation von Geringverdiener:innen mit und ohne Migrationshintergrund auf das Niveau eines Subproletariats des Computerzeitalters herab.« (Butterwegge 2020: 111) In seiner Studie »The Killing fields of Inequality« ergänzt Göran Therborn: »Die gegenwärtigen gesellschaftlichen Entwicklungstendenzen treiben neue Formen existentieller Ungleichheit voran: De-Industrialisierung, Auslagerung, Immigration der Armen und Marginalisierung auf dem Arbeitsmarkt.

[19] Das World Inequality Lab beschäftigt sich mit der Erforschung der globalen Ungleichheitsdynamik. Sein 2018 erstellter Bericht zur weltweiten Ungleichheit – eine Arbeit von mehr als hundert Forschern aus der ganzen Welt – zeigt, dass die Ungleichheit zwischen Arm und Reich seit 1980 rund um den Globus zugenommen hat. Das reichste Prozent der Weltbevölkerung konnte in dieser Zeit mehr als ein Viertel des Vermögenszuwachses auf der Welt für sich sichern. Das reichste 0,1 Prozent hat sein Vermögen in diesen fast vierzig Jahren um dieselbe Summe gesteigert wie die unteren fünfzig Prozent.« (Göpel 2020: 166)

Diese Tendenzen richten sich jetzt gegen eine ›Unterklasse‹ von marginalisierten oder vom Arbeitsmarkt ausgeschlossenen Menschen, gegen die zweite Generation der industriellen Migranten, arme alleinerziehende Mütter, gegen die Kinder von freigesetzten Industriearbeitern… Ein US-amerikanischer, konservativer Bestseller portraitiert die Angehörigen der ›neuen Unterklassen‹ als unverheiratet, faul, unehrlich und gottlos.« (Therborn 2013: 88f.) Daraus werden wichtige Aufgaben für die politische Linke abgeleitet: »die Mobilisierung der neuen Dienstleisterklasse im tertiären Sektor, die Inklusion des migrantischen Sub-Proletariats und die Gewinnung eines beträchtlichen Teils der neuen lohnabhängigen Mittelklassen« (ebd.: 161).[20]

Die soziale Polarisierung vollzieht sich allerdings nicht als soziale und politische Konfrontation zwischen zwei großen Blöcken (Bourgeoisie – Proletariat). In der Mitte der Gesellschaft (und der Pyramide der Sozialstruktur) vollziehen sich unter dem Druck der bestimmenden gesellschaftlichen Entwicklungstendenzen sozialstrukturelle und politische Veränderungen. Die alte Mittelklasse (Kleinunternehmer, Gewerbetreibende, Bauern, Beamte) sieht sich oftmals von der Macht des großen Kapitals sowie von der (damit verbundenen) Globalisierung und von sozialem Abstieg bedroht; ihre Angehörigen neigen eher zu pessimistisch-nationalistischen Diskursen. Demgegenüber gehören die freien Berufe (Ärzte, Rechtsanwälte, Architekten, erfolgreiche Künstler), aber auch Professoren, leitende Angestellte und Beamte in Spitzenpositionen überwiegend nach wie vor zu den sogenannten »Besserverdienenden« und damit zu den eher zufriedenen Stützen der herrschenden Ordnung. Unter diesen Gruppen hat allerdings auch die Kritik an der sozialen Polarisierung sowie an den Folgen und Gefahren der ökologischen Krise zugenommen. Bei den »Lohnabhängigen und ihren Familien, die noch immer die große Mehrheit der Gesellschaft ausmachen«, unterscheidet Klaus Dörre »drei Klassen (bzw. Klassenfraktionen), die sich hinsichtlich der Ausbeutungsformen, der Verfügung über Machtressourcen und Sozialeigentum, ihrer Stellung in Unternehmenshierarchien und gesellschaftlicher Arbeitstei-

---

[20] Cinzia Arruzza, Tithi Bhattacharya und Nancy Fraser beschreiben in ihrem Manifest »Feminismus für die 99%« (2020) einen Politikansatz, der ein kritisches Verhältnis zu allen Formen von Ausbeutung und Unterdrückung einschließt: »Der Feminismus, der uns vorschwebt, verzichtet auf halbherzige Maßnahmen und ist bestrebt, die kapitalistischen Ursachen einer metastasierenden Barbarei anzugehen. Indem er sich weigert, das Wohlergehen der vielen der Freiheit der wenigen zu opfern, verteidigt er die Bedürfnisse und Rechte der vielen – von armen Frauen und Frauen aus der Arbeiterklasse, von rassifizierten und migrantischen Frauen, von Queer-, Trans- und körperbehinderten Frauen, von Frauen, die man ermutigt, sich zur Mittelschicht zu zählen, obgleich das Kapital sie ausbeutet. Doch damit nicht genug. Dieser Feminismus beschränkt sich nicht auf Frauenthemen, wie man sie traditionell definiert hat. Er vertritt die Sache aller, die ausgebeutet, beherrscht und unterdrückt werden, und hofft, eine Hoffnungsquelle für die gesamte Menschheit zu sein. Deswegen sprechen wir von einem Feminismus für die 99 Prozent.«

lung sowie den daraus resultierenden Chancen am Arbeitsmarkt gravierend unterscheiden« (Dörre 2020: 309). Die »konventionelle Arbeiterklasse« besteht überwiegend aus den Facharbeitern und Angelernten aus der Industrie, aber auch kleine Angestellte und Arbeiter im privaten und öffentlichen Dienstleistungssektor. Für diese Klasse sind die Globalisierung und der Abbau des Sozialstaates mit der Gefahr des sozialen Abstieges verbunden, die sich im Ansteigen der Prekarität manifestiert, oft schon den eigenen Nachwuchs betrifft. In den USA hat Donald Trump erhebliche Teile der »weißen, männlichen Arbeiterklasse« aus den altindustriellen Krisenregionen des Landes (vom Bergbau bis zur Stahlindustrie, aber auch im Bereich der Automobilindustrie) mit seiner Kritik an der Globalisierung als Ursache der Jobvernichtung im eigenen Lande und dem Versprechen »Make America Great Again« als Unterstützer in Wahlkämpfen gewonnen.[21]

Zur expandierenden »neuen Arbeiterklasse« zählt Dörre »akademisch gebildete Lohnabhängige ohne Kontrollmacht«, was ihre Stellung in der betrieblichen Hierarchie betrifft. »Diese Klasse verfügt über Positionen am Arbeitsmarkt und im (Re-)Produktionsprozess, die von der alltäglichen Sorge um Einkommens- und Beschäftigungssicherheit dauerhaft entlasten. Im Zuge der Digitalisierung dürfte die quantitative und qualitative Bedeutung dieser Klasse noch wachsen. Zugleich wird sie aber auch zum Objekt von Rationalisierung und Kommodifizierung. Der Zugang zu dieser Klasse erfolgt teilweise über Formen akademischer Prekarität.« (Ebd.: 309) Die »neue Unterklasse« nimmt ebenfalls zu – zu ihr gehören »teils prekär, teils informell Beschäftigte Langzeiterwerbslose, illegale Migrant:innen, Obdachlose und andere Außenseiter. Für sie alle ist charakteristisch, dass sie sich in sozialer Nähe zu einem Fürsorgestatus bewegen, der zugleich die Schwelle gesellschaftlicher Respektabilität darstellt.« (Ebd.: 310)

[21] Auch in Großbritannien haben die Konservativen die »alte Arbeiterklasse«, die sich von der »Globalisierung« bedroht fühlt, als Adressaten für einen neuen post-liberalen Nationalismus (z.B. in der Brexit-Kampagne) entdeckt. Theresa May, Premierministerin von 2016–2019, sprach in einer Rede mehrfach von der »Arbeiterklasse« und meinte damit diejenigen, die »gegen brennende Ungerechtigkeit« kämpfen. »Falls du arm geboren bist, wirst du im Durchschnitt neun Jahre früher als die anderen sterben. Falls du in einer normalen Arbeiterklassenfamilie geboren bist, ist das Leben viel härter, als viele Leute in Westminster das wahrnehmen… Ich werde die Macht der Regierung wieder deutlich in den Dienst von einfachen Menschen aus der Arbeiterklasse stellen.« (Zit. n. Umney 2018: 12f.) Unter Boris Johnson haben die Konservativen die Politik fortgesetzt. Je mehr in der Labour-Party die akademisch gebildete, urbane Mittelklasse (vorwiegend im Süden des Landes) dominiert, umso mehr hoffen die Konservativen, die »alte, weiße Arbeiterklasse« des Nordens als Wähler:innen zu gewinnen. Bei den Nachwahlen zum Unterhaus (Anfang Mai 2021) erlitt die britische Labour-Party in Hartlepool (einer heruntergekommenen Hafenstadt im Nordwesten von Großbritannien) eine »krachende Niederlage«. Der Wahlkreis war seit 100 Jahren eine Hochburg von Labour.

Im Unterschied zu Klaus Dörre, der die Klassen nach ihrer Stellung im Produktionsprozess sowie nach Kontrollmacht im Arbeitsprozess sowie nach der Verfügung über Eigentum definiert, hat sich für den Soziologen Andreas Reckwitz in der Bundesrepublik und anderen entwickelten Gesellschaften des Westens eine »Drei-Drittel-Gesellschaft« etabliert. Sie besteht aus drei umfangreichen »Großgruppen«: einer aufsteigenden neuen »Akademikerklasse« als einer neuen Mittelklasse, einer stagnierenden alten oder traditionellen Mittelklasse und einer absteigenden neuen Unterklasse oder prekären Klasse. »Diese Klassen unterscheiden sich in ihrer kulturellen Lebensführung, ihrer Ressourcenausstattung und ihrem Ort im sozialen Machtgefüge deutlich voneinander – bis hin zur Polarisierung« (Reckwitz 2017: 273ff.). Daraus leitet Reckwitz zugleich eine neue Konfliktlinie zwischen den Aufsteigern aus den urbanen, akademisch qualifizierten Mittelschichten und den Absteigern aus dem alten industriellen Proletariat ab. »Während die neue akademische Mittelklasse häufig für Mitte-links votiert, tendiert die (neue weiße) Unterklasse nur noch teilweise zur Linken, sondern häufig zum Protest von rechts: zu einem neuen Populismus, der mit Elitenkritik und Anti-Globalismus verknüpft ist.« (Ebd.: 359) Klaus Dörre fragt hingegen danach, wie sich ein Block progressiver Kräfte bilden kann, in dem Teile der neuen sozialen Bewegungen (aus der neuen Arbeiterklasse) und linke Kräfte aus den Gewerkschaften (und damit von Teilen der industriellen Arbeiterklasse) für die Ziele einer Nachhaltigkeitsrevolution zusammenwirken (Dörre 2020a).[22]

Mainstream-Soziologen wie Reckwitz erkennen zwar Zusammenhänge zwischen Globalisierung, Finanzmarktkapitalismus, Wettbewerbsstaat und dem sozialen Wandel. Sie interessieren sich jedoch nicht allzu sehr für die mit den Akkumulations- und Krisentendenzen der kapitalistischen Produktionsweise verbundenen Klassenverhältnisse, die mit asymmetrischen Machtverhältnissen nicht nur in der Ökonomie, sondern in allen gesellschaftlichen Bereichen sowie in der Politik und im Staat einhergehen. Für den »kulturalistischen« Zugang zur Sozialstrukturanalyse stehen Fragen nach den Bildungsbiografien auf der einen, nach der Lebensführung, der Identität, des Konsumverhaltens, der Freizeitgestaltung und der subjektiven Einstellungen zur Lebensführung wie auch zum Gemeinwesen sowie zu moralischen Grundwerten auf der anderen Seite im Zentrum. Die Konjunktur, die dieser Ansatz derzeit vor allem als Selbstbeschreibung einer neuen akademisch qualifizierten Mittelklasse, die kosmopolitisch, ökologisch und liberal orientiert ist, er-

[22] »Es fehlt ... eine glaubwürdige Alternative zum Bestehenden. Ein ›climate turn‹ der arbeitsorientierten Akteure und ein labour turn in den ökologlogischen Bewegungen als Voraussetzung von Nachhaltigkeitskoalitionen, die im sozial-ökologischen Transformationskonflikt aus der Zivilgesellschaft heraus wirkmächtig sind, werden von der Pandemie und deren Folgen zusätzlich erschwert.« (Dörre 2020a: 19)

lebt, reflektiert allerdings Prozesse einer Veränderung der politischen Kultur, die vor allem die mit der Tradition der sozialistischen Arbeiterbewegung und des Marxismus verbundenen Kräfte mit neuen Fragen konfrontiert. Die Wahlsiege der Partei Die Grünen in Deutschland sind politischer Ausdruck dieser neuen politischen Kultur.

Seit der Großen Krise nach 2008 befinden sich rechtspopulistische Bewegungen und Parteien im Aufwind, die gegen die Globalisierung und ihre Folgen (zu denen Migration und Flüchtlingswellen gerechnet werden) ein Primat eines – völkisch begründeten – Nationalstaates einfordern. Die Kette der Krisen – von der Finanz-, zur Flüchtlings- und schließlich zur Corona-Krise – wird von den neuen Nationalisten und Kulturrassisten (Antiislamisten) als Beweis für die Unfähigkeit der »politischen Klasse« gedeutet, sich von internationalistischen und humanitaristischen Ideologien (die die Gleichheit der Menschen ins Zentrum stellen) zu lösen. Die Wahlforschung hatte schon vor der Krise von 2008 festgestellt, dass die Tendenz zur sinkenden Wahlbeteiligung in den entwickelten kapitalistischen Staaten mit der Zunahme der Ungleichheit und mit realen bzw. imaginierten Ängsten vor sozialem Abstieg einhergeht (Schäfer 2013; Schäfer 2015). Die Rechtspopulisten, Nationalisten und Neofaschisten rekrutieren ihre Anhänger vor allem aus den absteigenden Sozialgruppen (aus der alten Mittelklasse, aus der alten Arbeiterklasse sowie aus dem Prekariat). Neben den klassischen Gegnern der Demokratie aus dem alten konservativen und rechtsradikalen Lager, die noch heute Carl Schmitt als einen der großen politischen Denker des 20. Jahrhunderts verehren und die Anerkennung der Menschenrechte im Sinne universeller Gleichheit für den »Sündenfall der Moderne« halten, unterstützen nicht wenige »Verlierer« der Globalisierung diese Wende nach rechts. Solche Einstellungen mischen sich mit rassistischen Vorurteilen und reagieren auf die Gleichstellung von Frauen bzw. von sexuellen Minderheiten, in der sie die Infragestellung der quasi-naturgesetzlichen Vorherrschaft des »weißen Mannes« zu erkennen glauben.

Eine weitere Spaltungs- und Konfliktlinie, die mit der Restrukturierung der Sozialstruktur und den neuen Tendenzen der sozialen Polarisierung sowie mit den großen politischen Umwälzungen am Ende des 20. Jahrhunderts verbunden ist, betrifft die Rekonstruktion sozialistischer Politik als Reaktion auf die Kette der ökonomischen, ökologischen, sozialen und kulturellen Krisen des Gegenwartskapitalismus. Der Kampf gegen die Klimakrise, für eine ökologische Lebensweise, für die Gleichheit der Geschlechter, für die Menschenrechte (Flüchtlinge, offene Grenzen) und (darin eingeschlossen) für die Anerkennung von »Differenz« (deviantem Verhalten) wird vor allem von Angehörigen der neuen, akademisch gebildeten Mittelklasse getragen, die sich politisch eher durch »grüne« oder liberale Parteien vertreten fühlen als durch die traditionellen Organisationen der Arbeiterbewegung.

Auf der anderen Seite formiert sich der Widerstand gegen die neoliberale Politik und die Herrschaftsordnung des globalen Finanzmarktkapitalismus in Kämpfen ums soziale Überleben, in gewerkschaftlichen Kämpfen für höhere Tarif- und Mindestlöhne, Schutz von Arbeitsplätzen, in breiten Bewegungen gegen Mietsteigerungen, die eine Ausweitung des öffentlichen Eigentums im Wohnungssektor fordern. Es sind überwiegend defensiv orientierte Kämpfe, die gelegentlich auch mit der Forderung einhergehen, Finanzspekulationen in diesen Sektoren zu unterbinden, also private, profitorientierte Unternehmen im Bereich der öffentlichen Daseinsvorsorge zu enteignen. Hier wirken Aktivisten aus den Gewerkschaften und der politischen Linken. Während in den neuen sozialen Bewegungen die Vertreter der Arbeiterbewegung oftmals als eher konservative »Dinosaurier des Industriezeitalters« wahrgenommen werden, neigen diese dazu, den neuen sozialen Bewegung deren Konzentration auf »grüne Themen« und Identitätspolitik (gender, race) kritisch vorzuhalten.

Die traditionelle Linke unterstützt viele der Forderungen, die heute als Identitätspolitik charakterisiert werden (Gleichstellung der Geschlechter, der Schutz von sexuellen Minderheiten, die Anerkennung kultureller Eigenständigkeit etc.). Sie setzt sich allerdings dafür ein, diese mit den »Klassenfragen« zu vermitteln. Auf jeden Fall blockiert diese Konfrontation »Identität gegen Klasse« (aber auch: »Klasse gegen Identität«) die Formierung eines Blockes sozialer, politischer und kultureller Kräfte, die in der Lage sind, die Herrschaftsordnung des globalen Finanzmarktkapitalismus als System infrage zu stellen und Perspektiven seiner Überwindung in die praktischen politischen Auseinandersetzungen einzubringen.

Klimakatastrophe und Weltkrieg

Die ökonomische Instabilität und die Prozesse der sozialen Polarisierung verbinden sich mit einer fundamentalen Störung der Mensch-Natur-Beziehungen in globalen Dimensionen. Bereits seit der industriellen Revolution vollzieht sich die Kapitalakkumulation als Zerstörung von Natur und als Folge der Nutzung fossiler Energiequellen und des damit verbundenen Schadstoffausstoßes. Lange Zeit jedoch – vor allem im Zeitalter der automobilen Massenkultur und der scheinbar unbegrenzten Mobilität des Flugverkehrs und des Massentourismus – wurde der Begriff des wissenschaftlich-technischen Fortschritts mit der progressiven Beherrschung der Natur durch den Menschen identifiziert. Erst im letzten Drittel des 20. Jahrhunderts entstand – mit Warnungen aus dem Bereich der Wissenschaft und mit den Anfängen der Umweltbewegung – ein Bewusstsein über die Gefahren der »Risikotechnologien«, damit von den »Grenzen des Wachstums« als Folge der Erschöpfung der Ressourcen (Club of Rome 1972) sowie von den Schäden, die durch die Emission von CO_2 in der Atmosphäre, die Steigerung des Energieverbrauchs, durch die riesigen Abfall- und Müllberge sowie durch die Verseuchung von Böden, Wasser und Luft erzeugt werden.

Gleichzeitig war der Prozess der »Globalisierung« »bis zur Jahrtausendwende eines der erfolgreichsten Wachstumsprojekte in der Geschichte des globalen Kapitalismus« (Dörre 2019: 15). In dieser Zeit kam es zu einer beschleunigten Industrialisierung, vor allem in Ostasien. Mit dem Übergang ins neue Jahrhundert näherte sich das Zusammenwirken der langfristigen Tendenz des Anstiegs der CO_2-Konzentration mit der Klimaerwärmung (Rahmstorf/Schellhuber 2020: 29-52) einem »Kipppunkt«, einem »Point of no Return«, von dem aus die Folgen des Klimawandels als Katastrophen auf die Entwicklung des Planeten und der menschlichen Zivilisation zurückwirken. Die Klimaforscher warnen: »Die Gebirgsgletscher und das arktische Meereis schrumpfen, die Kontinentaleismassen in Grönland und der Antarktis schmelzen immer schneller, Permafrost-Boden taut auf, der Meeresspiegel steigt immer rascher (derzeit um 3cm/Jahrzehnt), die Vegetationsperiode verlängert sich, und viele Tier- und Pflanzenarten verändern ihr Verbreitungsgebiet... Zudem werden viele Menschen unter Extremereignissen wie Dürren, Fluten und Stürmen (insbesondere tropischen Wirbelstürmen) zu leiden haben.« (Ebd.: 77f.) Diese Katastrophen betreffen die Armutssektoren der Weltgesellschaft wesentlich stärker als die »reichen« Länder des Nordens bzw. des Westens, deren Produktions- und Lebensverhältnisse allerdings in wesentlich höherem Maße zur Klimakrise beitragen.[23] Katastrophenszenarien schließen daher stets die Zuspitzung von Konflikten und Kriegen um die knapper werdenden Ressourcen sowie die Zunahme von Massenmigration von der Peripherie in die Zentren des globalen Kapitalismus ein.

Angesichts solcher Herausforderungen hat sich auch die herrschende Politik schon lange dem Thema der Umweltpolitik, vor allem aber dem Kampf gegen den Klimawandel zugewandt. »Die Klimakrise stellt eine globale Bedrohung dar, die – und das ist inzwischen allen wichtigen Kapitalfraktionen und herrschenden kapitalistischen Kräften mehr oder weniger klar – einschneidende Veränderungen des Akkumulationsmodells erfordert.« (Goldberg 2021: 13) Auf diesem Feld wirken allerdings auch mächtige Politiker (wie der Ex-US-Präsident Donald Trump und der brasilianische Präsident Bolsonaro), die die wissenschaftlichen Erkenntnisse über den Klimawandel infrage stellen und dabei z.B. die Interessen mächtiger Energiekonzerne vertreten. Dennoch werden seit geraumer Zeit in fast allen Industriestaaten Maßnahmen zur Reduzierung der Abgase, zur Reinigung der Luft und der Gewässer

[23] »Die USA sind für den Zeitraum von 1850 bis 2011 für insgesamt 27 Prozent der weltweiten kumulativen Kohlendioxyd-Emissionen verantwortlich, gefolgt von den Staaten der Europäischen Union, einschließlich Großbritanniens, die bislang für 25 Prozent der Emissionen verantwortlich waren. Staaten wie China, Russland oder Indien folgen erst im großen Abstand.« (Göpel 2020: 171)

ergriffen. Ausgangspunkt für eine Politik des Climate Change war »die sog. Klimarahmenkonvention der Vereinten Nationen ... Diese wurde während der legendären Rio-Konferenz im Juni 1992 von insgesamt 166 Staaten unterzeichnet... Mit heutzutage 197 Mitgliedern hat (diese Konvention) praktisch universelle Akzeptanz erreicht.« Die Unterzeichner wollen »die Stabilisierung der Treibhausgaskonzentrationen in der Atmosphäre auf einem Niveau erreichen, auf dem eine gefährliche anthropogene Störung des Klimasystems verhindert wird« (Rahmstorf/Schellhuber 2020: 95).[24] Um diese Ziele zu erreichen, soll die nationale wirtschaftliche Entwicklung am Gebot der Nachhaltigkeit ausgerichtet werden. Das heißt z.B.: Steigerung der Produktivität beim Rohstoff- und Energieeinsatz, Absenkung des Primärenergieverbrauchs, Reduzierung der Treibhausgase, Abschied von der Braunkohle und Steigerung des Anteils erneuerbarer Energien, Reduzierung des Flächenverbrauchs und Schutz der Artenvielfalt. Gleichzeitig umfasst dieses Programm eine radikale Umgestaltung des Energiesektors sowie der gesamten Verkehrs- und Mobilitätssysteme – darin eingeschlossen der Umstieg auf die E-Motorisierung der Automobile. Damit sind gewaltige Veränderungen in der Energiegewinnung sowie in den Produktionsstrukturen, aber auch massive »Freisetzungsprozesse« bei den Belegschaften und Veränderungen individueller Lebensweisen verbunden.

Die Apologeten des Kapitals und die Profiteure des Finanzmarktkapitalismus wittern hier neue Felder für profitable Geldanlagen.[25] Andere beschwören die neuen Technologien und Informationsnetzwerke im Kontext der digitalen Revolution (sich selbst steuernde Mobilitätsysteme, Roboteri-

---

[24] Im Pariser Klimavertrag von 2015 wurde das »Ziel, die menschengemachte Erderwärmung auf deutlich unter 2°C zu begrenzen, völkerrechtlich bestätigt. Gleichzeitig werden Anstrengungen eingefordert, die sogar eine Begrenzung auf 1.5°C erlauben.« (Rahmstorf/Schellhuber 2020: 123)

[25] Larry Fink, der Gründer, Aufsichtsrats- und Vorstandsvorsitzende des weltgrößten Vermögensverwalters BlackRock, schrieb 2020 in einem »Letter to CEOs« u.a.: »Der Klimawandel ist zu einem bestimmenden Faktor für die langfristigen Perspektiven von Unternehmen geworden. Als im vergangenen September Millionen von Menschen auf die Straße gingen und Maßnahmen gegen den Klimawandel forderten, betonten viele von ihnen die erheblichen und dauerhaften Auswirkungen, die der Klimawandel auf Wirtschaftswachstum und Wohlstand haben wird – eine Gefahr, über die die Märkte bisher nur langsam nachgedacht haben. Aber das Bewusstsein verändert sich rasch, und ich glaube, wir stehen an der Schwelle zu einer grundlegenden Umformung des Finanzwesens. Investoren rechnen zunehmend mit diesen Fragen und erkennen, dass Klimarisiko auch Investitionsrisiko ist. Tatsächlich ist der Klimawandel fast ausnahmslos das Top-Thema, das Kunden auf der ganzen Welt mit BlackRock ansprechen. Von Europa bis Australien, von Südamerika bis China, von Florida bis Oregon fragen sich die Anleger, wie sie ihre Portfolios verändern sollen. Sie wollen sowohl die physikalischen Risiken des Klimawandels als auch die Auswirkungen der Klimapolitik auf Preise, Kosten und Nachfrage in der gesamten Wirtschaft verstehen.«

sierung, Plattform-Kapitalismus),[26] die nicht nur neue Arbeitsplätze schaffen sollen, sondern auch die Anforderungen an das Bildungsniveau steigern, die Arbeitszeit verkürzen und flexibilisieren, insgesamt den Wohlstand steigern sollen. Mit der politischen Umsetzung solcher Maßnahmen manifestieren sich jedoch Widersprüche, die ihrerseits systemischen Charakter haben, d.h. sie sind mit der grundlegenden Funktionslogik der kapitalistischen Produktionsweise verbunden, die auf Privateigentum, Profitproduktion und Wettbewerb beruht. Marx fasst im ersten Band des »Kapital« den darin liegenden Zwang zum Wachstum in der Formel zusammen »Akkumuliert, Akkumuliert! Das ist Moses und die Propheten!« (MEW 23: 621) Er ergänzt: »Die Konkurrenz herrscht jedem individuellen Kapitalisten die immanenten Gesetze der kapitalistischen Produktionsweise als äußere Zwangsgesetze auf. Sie zwingt ihn, sein Kapital fortwährend auszudehnen, um es zu erhalten, und ausdehnen kann er es nur vermittelst progressiver Akkumulation.« (Ebd.: 618) Diese Ausdehnung geht nach innen und – als »Landnahme« (Dörre 2019: 5ff.) – nach außen als Erschließung neuer Anlagesphären und Verwertungsmöglichkeiten auf den Weltmärkten. Eben diese Bewegung charakterisierte die jüngste Wachstumsperiode des globalen Kapitalismus seit dem letzten Viertel des 20. Jahrhunderts. Nach Klaus Dörre (ebd.: 4) erwächst aus jenem – systemisch determinierten – Zwangsmechanismus die für die gegenwärtige Konstellation bereits erwähnte »ökonomisch-ökologische Zangenkrise: Weil das wichtigste Mittel zur Überwindung ökonomischer Krisen, die Generierung von Wirtschaftswachstum, ökologisch zunehmend destruktiv und deshalb gesellschaftszerstörend wirkt, stehen vor allem die alten kapitalistischen Zentren vor einer grundlegenden Richtungsentscheidung. Entweder gelingt es ihnen, das Wirtschaftswachstum ökologisch und sozial nachhaltig zu gestalten, oder sie müssen Wege finden, Stabilität ohne rasches Wachstum zu gewährleisten.«

Im frühen 21. Jahrhundert ist die »ökonomisch-ökologische Zangenkrise« einbettet in Prozesse einer tiefgreifenden Veränderung der Macht- und Kräfteverhältnisse im internationalen System. Dem Niedergang des »American Empire« bzw. des »westlichen Kapitalismus« korrespondiert der Aufstieg der Volksrepublik China, deren ökonomisches und politisches System dem der westlichen – vor allem der angelsächsischen – Demokratien entgegen-

[26] Nach Christian Fuchs (2021: 460ff.) hat der Begriff »Plattform« in »jüngerer Zeit mit dem Aufkommen von Apps und sozialen Medien auch die Bedeutung von Software-Anwendungen angenommen, die soziales Handeln online ermöglichen. Mit Ausnahme von Wikipedia sind die dominanten Internetplattformen kapitalistische Unternehmen, die Kapital akkumulieren und sich im Privatbesitz von Plattform-Kapitalisten befinden. In der kapitalistischen Gesellschaft müssen wir dem Plattform-Kapitalismus unsere Aufmerksamkeit widmen, wenn wir das heutige Internet und die sozialen Medien kritisch verstehen wollen.«

steht. Je mehr dieser weltpolitische Konflikt in den Vordergrund tritt, umso mehr Anstrengungen unternehmen die beteiligten Großmächte, um ihre Rüstungsausgaben zu steigern und ihre Armeen – auf dem Niveau der digitalen Revolution – zu modernisieren. Die riesigen Geldsummen, die von den Staaten für die Rüstung ausgegeben werden, stehen in der Konsequenz für soziale und ökologische Reformprogramme nicht zur Verfügung. Dazu kommt, dass das Militär nicht nur riesige Mengen von fossilen Brennstoffen verbraucht, sondern auch enorme Mengen von CO_2 ausstößt. Das Militär der USA steht dabei einsam an der Spitze aller Klima- und Umweltsünder[27] – ganz zu schweigen von den Verwüstungen und Katastrophen, die die Kriege der jüngsten Zeit im Nahen Osten (Afghanistan, Irak, Syrien, Libanon, Jemen, Eritrea, Sudan) nach der Zahl der Kriegstoten, der Verletzten und der Flüchtlinge, bei der Vernichtung von Wohn- und Lebensräumen, bei der Zerstörung der Natur und den daraus resultierenden sozialökonomischen Krisen und Verelendungsprozessen breiter Volksmassen angerichtet haben.

Im Kampf gegen die Klimakrise stehen verschiedene Konzepte neben- und gegeneinander. Das Programm eines »grünen Kapitalismus« wird zwar noch von Ideologen im Dienst der Energiewirtschaft und der Automobilindustrie – natürlich auch von den Anhängern neoliberaler Wirtschaftspolitik im politischen und wissenschaftlichen Feld – vertreten. Jede neue Umwelt- und Klimakatastrophe zerstört allerdings dessen Glaubwürdigkeit und Attraktivität. Davon wiederum profitieren Parteien und Koalitionen, die die Klimaziele durch einen radikalen Umbau der Wirtschaft zugunsten erneuerbarer Energien, zur E-Mobilität und einer Verkehrswende zugunsten des öffentlichen Nahverkehrs erreichen wollen. Die Forderungen nach einem »Green

[27] »Fast 800 Stützpunkte in 70 Ländern, zahlreiche offizielle Einsätze und verdeckte Operationen, Flottenverbände im Mittelmeer, Atlantik, Pazifik, dem Persischen Golf, dem Roten Meer und dem Indischen Ozean: Das US-Militär ist global präsent. Es gibt kaum einen wichtigen Konflikt, an dem es nicht in irgendeiner Weise beteiligt ist. Das kostet viel Geld und ist mit einem gewaltigen logistischen Aufwand verbunden. Die USA haben mit 700 Milliarden Dollar das mit Abstand größte Militärbudget der Welt. Fast die Hälfte der Ausgaben verschlingt der Unterhalt der Infrastruktur. Um die Operationen rund um den Globus zu versorgen, sind Containerschiffe, Frachtflugzeuge und Lastwagen permanent im Einsatz – und verbrauchen Unmengen an Treibstoff.« So ist das US-Militär einer der größten Umweltsünder der Geschichte. »Der CO2-Ausstoß des US-Militärs ist deshalb enorm. 2017 kaufte es täglich rund 269.000 Barrel Öl und stieß durch die Verbrennung dieser Brennstoffe mehr als 25.000 Kilotonnen Kohlenstoffdioxid in die Atmosphäre. Das zeigt eine neue Untersuchung von Forschern der Universitäten Durham und Lancaster, die in der Fachzeitschrift ›Transactions of the Institute of British Geographers‹ veröffentlicht wurde. Die US-Armee …verbraucht pro Jahr mehr Brennstoffe und verursacht mehr Treibhausgase als die meisten mittelgroßen Länder. Wäre das US-Militär selbst ein Land, würde es auf Platz 52 der größten Verschmutzer durch flüssigen Treibstoffverbrauch liegen – direkt hinter der Schweiz und vor mehr als 140 anderen Staaten« (www.blogs.taz.de/bewegung/2019/09/16/us-militaer-ist-weltweit-groesster-umweltverschmutzer).

New Deal«, die in den USA zuerst vom linken Flügel der Demokratischen Partei (dessen Vertreter sich als »demokratische Sozialisten« bezeichnen) in den Kongress eingebracht wurden, erweiterte dieses Programm um sozioökonomische Forderungen: »einen garantierten Arbeitsplatz mit fairer Entlohnung, aber auch Familien- und Krankheitsurlaub, bezahltem Urlaub und Rentenversicherung. Hinzu kommen eine universelle, qualitativ hochwertige Gesundheitsversorgung, kostenlose Hochschulbildung und der Zugang zu bezahlbarem, sicherem und angemessenem Wohnraum« (Smith 2021: 13). Die Realisierung eines solchen Programms würde für die USA eine tiefgreifende gesellschaftliche und politische Umwälzung bedeuten. Bernie Sanders, der bei den Vorwahlen der Demokraten als Kandidat für die Präsidentschaft wiederholt nur knapp scheiterte, vertrat die Forderungen des Green New Deal und sprach von »unserer Revolution« (Sanders 2017). In seinem Programm vertritt er zudem eine Politik der »Umverteilung von oben nach unten« vor allem über die Steuerpolitik und die Ausweitung der Staatsausgaben. Diese Politik wird von mächtigen Gruppen aus der Industrie und der Finanzwirtschaft attackiert; sie bricht sich aber auch an den Machtverhältnissen in der Demokratischen Partei selbst. Die Politik des Präsidenten Biden, die sich zwar zu den Zielen des Kampfes gegen die Klimakrise bekennt, bleibt weit hinter den Zielen des Green New Deal – vor allen seines Programms für soziale Gerechtigkeit – zurück. Sowohl die Förderung des Wirtschaftswachstums als auch das Bekenntnis zur militärischen Sicherung der Führungsrolle der USA in der Welt stärken jene inneren Widerspruchsdynamiken der kapitalistischen Produktionsweise, die über den Kipppunkt der Klima- und Naturzerstörung hinaustreiben. Die dritte Option einer »systemverändernden Transformations- und Nachhaltigkeitsstrategie« bzw. einer »Nachhaltigkeitsrevolution« (Dörre) wird derzeit von linken Minderheiten in sozialen Bewegungen, Gewerkschaften und der politischen Linken vertreten. »Der Kapitalismus mit seinen systemischen Zwängen zur Akkumulation und Marktexpansion« ist hier als »das entscheidende Hemmnis erkannt, welches der Realisierung einer Nachhaltigkeitsrevolution im Wege steht« (Dörre 2019: 28). Aus den Auseinandersetzungen um den Green New Deal – aber auch aus den Krisen der »reflexiven Globalisierung« und den Wirkungen der Klimakrise selbst – können sich allerdings auch Chancen für Schritte einer systemischen Transformation eröffnen, z.B. durch Enteignung von »Umweltsündern«, durch Marktregulierung und die Stärkung des öffentlichen Sektors im Bereich der Bildung und Wissenschaft, der Gesundheit und der Daseinsvorsorge, schließlich auch durch die Demokratisierung wirtschaftlicher Entscheidungsmacht.

Rückkehr des Nationalstaates

Nach 2008 hatte der Finanzcrash Schockwellen über die Welt ausgesendet. Die schnelle Erholung der Konjunktur seit 2009 verdeckte jedoch die ungleiche Entwicklung zwischen denjenigen Staaten bzw. Regionen, die schnell in einen neuen Wachstumszyklus (mit deutlich sinkenden Arbeitslosenzahlen) übergingen (z.B. China, USA, Bundesrepublik Deutschland, Niederlande, Österreich) denjenigen Staaten, die sich nicht aus Stagnation, sozialem Elend und politischen Krisen befreien konnten. Dazu gehörten sog. »Schwellenländer« (wie z.B. Brasilien, Südafrika, Russland), die im vorangegangen Zyklus Wachstumslokomotiven waren, aber auch – innerhalb der Europäischen Union – viele der neuen Mitglieder im Ost- und Südosten Europas sowie Griechenland, Italien und Spanien. Auch für Frankreich hat der Abstand gegenüber der ökonomischen Macht Deutschlands zugenommen. Die Krise der EU, die sich mit dem Austritt Großbritanniens bis 2019 sowie mit den Kontroversen über die Flüchtlingspolitik zuspitzte, war in letzter Instanz durch die mit der ungleichen (nationalen und regionalen) Entwicklung im Gemeinsamen Markt sowie im Euroraum verbundenen Widersprüche determiniert.

Seit 2020 befindet sich die Welt in der Corona-Krise, durch die der Begriff der Katastrophe ganz neue Betroffenheit erzeugt und Sprengkraft gewonnen hat. Der »Kollapsologie« als neuer Denkrichtung wurden in der ganzen Welt neue Anhänger zugetrieben (Neckel 2021: 55 ff.). Seit Januar 2020 ist die Zahl der Infizierten auf ca. 120 Millionen Menschen angestiegen; die Zahl der Todesopfer erhöhte sich (bis zum Frühjahr 2021) auf 2,5 Millionen – davon allein 535.000 Todesopfer in den USA, 400.000 in der EU, 126.000 in Großbritannien, 104.000 in Italien, mehr als 70.000 in Deutschland, 280.000 in Brasilien. Das Virus wurde im Januar 2020 in Wuhan, in der Volksrepublik China entdeckt Die Regierung des Landes reduzierte die Zahl der Infektionen und der Todesfällt (insgesamt 4.636) ab Ende Februar 2020 durch einen harten Lockdown bis Anfang 2021 auf fast null. Ähnliche Erfolge wurden in Taiwan, in Süd-Korea (mit einer neuen Welle im Dezember 2020) und in Singapur (ab August 2020) erreicht.

Seuchen, die sich international ausbreiten, gehören zur Geschichte der menschlichen Zivilisation und fordern jeweils die Medizin im Kampf gegen Seuchen als auch die jeweils vorherrschenden sozialen und politischen Ordnungssysteme heraus. Im Spätmittelalter raffte die Pest, der »schwarze Tod«, zwischen 1348 und 1351 ein Viertel bis ein Drittel der Bevölkerung Europas hinweg; die Bevölkerung wurde von 80 Millionen auf ca. 55 Millionen reduziert. Diese Seuche wurde durch die Entwicklung der Städte (und der Stadtarmut, verbunden mit mangelhaften hygienischen Verhältnissen), aber auch durch die Zunahme von Handel und Verkehr angetrieben. Im 19. Jahrhundert wüteten in Europa – ausgehend von Asien – Cholera-Epidemien. In Hamburg – überwiegend in den Arbeiter- und Armenvierteln der Stadt –

starben 1892 fast 9.000 Menschen an der Seuche. Am Ende des Ersten Weltkrieges – zwischen 1918 und 1920 – breitete sich die Spanische Grippe aus und forderte – nach Angaben der WHO – zwischen 20 und 50 Mio. Menschenleben. Bis in die Gegenwart wird die medizinische Wissenschaft, aber auch die Gesundheitspolitik immer wieder mit neuen Epidemien konfrontiert, deren Ursprünge und Charakter zu erforschen sind, um die entsprechenden Gegenmaßnahmen zu ergreifen.

Die Corona-Krise gehört in den Katastrophenzusammenhang der »reflexiven Globalisierung«. Die neuen Pandemien sind »mit einer komplexen Reihe von Faktoren verbunden: 1. Die Entwicklung der globalen Agrarindustrie mit ihren zunehmenden genetischen Monokulturen, die die Anfälligkeit für die Ansteckung mit Zoonosen (d.h. der Übertragung von Krankheitserregern) von Wildtieren über Haustiere bis zum Menschen erhöhen; 2.) die Zerstörung wilder Lebensräume und die Störung der Aktivitäten wilder Spezies sowie 3.) die immer näher rückenden menschlichen Siedlungen.« (Foster/Suwandi 2020-II: 64) Die Folgen der Klimakrise und des Verlustes der Biodiversität greifen also ineinander. Die «miteinander verbundenen globalen Warenketten der Agrarindustrie, die die Grundlage für das Auftreten neuartiger Zoonosen bilden, sorge dafür, dass die Krankheitserreger rasch von einem Ort zum andern wandern« (ebd. 19). Die ökonomischen Folgen der Epidemie wirken aber auch durch die Unterbrechung der globalen Warenketten: »Die Effekte des Lockdowns und der Maßnahmen der sozialen Distanzierung mit der Folge der (zeitweiligen) Schließung der Produktion in globalen Schlüsselsektoren haben weltweit Versorgungs- und Wertschöpfungsketten erschüttert … Überall geht die Produktion zurück und Arbeitslosigkeit sowie Unterbeschäftigung steigen, Firmen entlassen ihre Beschäftigten …« (ebd.: 21 u. 26).

Die wirtschaftlichen und sozialen Folgen der Pandemie in den entwickelten kapitalistischen Staaten des Westens sind gewaltig. Weltweit ist das BIP im Jahre 2020 um 3,5 % eingebrochen, deutlich mehr als im Jahre 2009 – dabei bestehen deutliche Unterschiede zwischen den alten Zentren des Kapitalismus im Norden und den dynamischen Volkswirtschaften in Ostasien. In Italien fiel das BIP 2020 um 10,68%, in Spanien um 12,83% sowie in Griechenland um mehr als 10%. Einige Wirtschaftsbereiche und Berufsgruppen – vor allem im Dienstleistungssektor sowie im Bereich der Kultur sind vom Lockdown in besonderer Weise betroffen. Hier sind viele Existenzen betroffen. Soziale und politische Beziehungen sind erheblich eingeschränkt; die Familien sind über die Schließung von Schulen, Kurzarbeit und Homeoffice mit gewaltigen Belastungen und psychischem Stress konfrontiert. Der Frust entlädt sich – vor allem bei jungen Menschen – immer wieder in illegalen Ansammlungen und Gelagen, die von der Polizei mit Gewalt aufgelöst werden müssen. Für viele sind die Beschränkungen individueller Freiheit und Mobilität unerträglich geworden. In den USA hat sich – im Vorfeld der Präsidentschaftswahlen 2020 – der Protest gegen den Rassismus der Polizei (»Black Lives Matter«) mit der Wut darüber vermischt, dass die Folgen der Corona-Krise die arme – überwiegend schwarze und migrantische – Bevölkerung des Landes sehr viel härter trifft als die Reichen und Superreichen. Noch ist nicht abzusehen, wie und ob sich mit dem Abklingen der Infektionen und dem Ende des Lockdowns die wirtschaftliche und soziale Entwicklung zum Positiven wenden wird und ob damit auch Manifestationen kollektiver Erleichterung und Befreiung oder – im Gegenteil – kollektiver Wut und Verzweiflung zum Ausbruch kommen werden. Die Armutssektoren der modernen Gesellschaft (und des Globus) sind auf jeden Fall stärker von der Corona-Pandemie, d.h. vom »Virus der Ungleichheit« (Butterwegge 2021) betroffen.

Die Corona-Krise hat auf der politischen Ebene Grundpositionen neoliberaler Politik und Ideologie erschüttert. Auf der einen Seite wurden Mängel im Gesundheitssystem aufgedeckt, die auch eine Folge der Privatisierung und Kosteneinsparung im Gesundheitssystem sind, mit der Folge, dass die Zahl der öffentlichen Krankhäuser (und damit die medizinische Versorgung in der Fläche) stark zurückgegangen ist.[28] Die großen Klinikkonzerne, die auf Profitproduktion ausgerichtet sind, konzentrieren sich auf das Geschäft mit kostspieligen Operationen, während die Betreuung von Patienten, die auf Intensivstationen überwacht werden müssen, eingeschränkt wurde. Dies hat in einigen Ländern dazu geführt, dass die Kliniken bald nicht mehr in der Lage waren, Corona-Patienten aufzunehmen. Mit der Privatisierung wurden aber auch Kosten beim Personal und bei der Pflege – vor allem im Bereich der Altenpflege – eingespart. Die Pflegekräfte wurden schlecht bezahlt, ihre Beschäftigungsverhältnisse waren und sind bis heute oft prekär. Die Losung kritischer Mediziner, dass »Gesundheit keine Ware« sein dürfe, war in den 1980er Jahren ein starker Warnruf gegen die Privatisierung im Gesundheitswesen. Heute muss sie als bitterer Kommentar zur herrschenden Gefährdungslage wie zum partiellen Chaos im Gesundheitssystem wahrgenommen werden.[29]

Die neoliberale Ideologie, der zufolge der Markt alles besser vermöge als der Staat, wird durch die Pandemie und die damit verbundenen Herausfor-

---

[28] Für die USA konstatiert Mike Davis (2020): »Im neuen Jahrhundert wird die US-Notmedizin im Privatsektor weiter heruntergefahren. Dieser wird durch das Gebot des Shareholder-Value bestimmt, kurzfristig höhere Dividenden und Profite zu erzielen, und im öffentlichen Sektor durch Sparmaßnahmen und Kürzungen der Bereitschaftsbudgets weiter verkleinert. Infolgedessen stehen nur 45. 000 Betten für die prognostizierte Flut kritischer Coronavirus-Fälle zur Verfügung. (Zum Vergleich: Südkoreaner haben mehr als dreimal mehr Betten pro 1. 000 Einwohner als Amerikaner).«

[29] Vgl. dazu u. a. die Schrift von Hans-Ulrich Deppe: Zur sozialen Anatomie des Gesundheitssystems, Neoliberalismus und Gesundheitspolitik in Deutschland, Frankfurt a.M. 2005.

derungen an die Regierungspolitik ziemlich deutlich falsifiziert. Im »Notstand« schlägt die Stunde der Exekutive! Selbstverständlich bestehen gewaltige Unterschiede zwischen autoritären Regimen, die ihre Maßnahmen direkt verkünden und ggf. mit polizeilicher oder militärischer Gewalt durchsetzen, und demokratischen Regimen, die die Freiheits- und Verfassungsrechte immer nur zeitweilig und partiell einschränken dürfen. Dabei sind sie der öffentlichen Kritik durch Parteien, Verbände und Medien ausgesetzt.

In den frühen Perioden des Globalisierungsschubes hatten nicht nur die Ideologen des Neoliberalismus, sondern auch kritische Sozialwissenschaftler einen tiefgreifenden Funktionsverlust des Nationalstaates konstatieren wollen.[30] Internationale Organisationen, neue Akteure (NGOs) und Bewegungen wurden als Subjekte einer »Global Governance« mit eigenen Politikfeldern (»globale Probleme«) entdeckt. Leo Panitch (1994) hatte schon früh darauf hingewiesen, dass die Nationalstaaten im Zuge der Globalisierung keineswegs entwertet sind, sondern dass ihre Funktionen transformiert werden und eine aktive Rolle im System des American Empire spielen.[31] Außerdem wurde die These vom Bedeutungsverlust des Nationalstaates durch den Aufstieg der ostasiatischen Staaten und anderer »Schwellenländer« widerlegt. Die Krisen der vergangenen Jahre und der damit verbundene Aufschwung des Nationalismus – nunmehr verstärkt durch die Corona-Krise – haben auch den einschlägigen Politikwissenschaftlern und Soziologen die Erkenntnis aufgezwungen, dass der Nationalstaat als zentrale Institution der Politik und als Feld, auf dem sich die Kräfteverhältnisse der Klassen konfiguriert, »zurück« sei (»Bringing the state back in«).

Diese Erkenntnis wird zusätzlich durch die Tatsache gestützt, dass die Staaten als Reaktion auf die Pandemie und ihre sozialökonomischen Folgen dazu übergegangen sind, massive Hilfsprogramme für die Wirtschaft und die Bevölkerung aufzulegen und dabei die Staatsverschuldung enorm zu erhöhen. Die Reduzierung der Staatsausgaben insgesamt war die zentrale Botschaft der neoliberalen Fiskalpolitik. Die verschiedenen Regime der Austeritätspolitik, die auf der nationalen Ebene – aber auch über die EU-Politik

[30] Vgl. u.a. Jürgen Habermas: Die postnationale Konstellation. Politische Essays. Frankfurt a.M. 1998.

[31] In »The Making of Global Capitalism« (Panitch/Gindin 2012: 1) wurde diese Position bekräftigt: »Im Gegensatz zu denen, die die Marginalisierung der Staaten betont haben, argumentieren wir, dass die Staaten in den Mittelpunkt der Suche nach einer Erklärung für die Entstehung des globalen Kapitalismus gestellt werden müssen. Die Rolle der Staaten bei der Aufrechterhaltung von Eigentumsrechten, der Überwachung von Verträgen, der Stabilisierung von Währungen, der Reproduktion von Klassenbeziehungen und der Eindämmung von Krisen war immer von zentraler Bedeutung für das Funktionieren des Kapitalismus.... Der amerikanische Staat hat eine außergewöhnliche Rolle bei der Schaffung eines vollständig globalen Kapitalismus und bei der Koordinierung seines Managements sowie bei der Umstrukturierung anderer Staaten zu diesem Zweck gespielt.«

sowie durch die Kreditvergabe der Weltbank im Rahmen des Washington Consensus – durchgesetzt wurden, schwächten wichtige sozialpolitische Bereiche und förderten Privatisierung, Deregulierung und Flexibilisierung des Arbeitsmarktes sowie der Arbeitsverhältnisse. Seit dem Crash von 2009 sind die Notenbanken (an der Spitze die US-amerikanische Fed sowie die EZB) zur Politik des niedrigen Zinses und des »billigen Geldes« übergegangen, in der Hoffnung, die Investitionen und das Wirtschaftswachstum zu beleben. Dieses »billige Geld« erhitzt allerdings die globalen Geldmärkte, vorwiegend an den Börsen und auf den Immobilienmärkten. Nunmehr wird mit den gewaltigen Hilfsprogrammen der Bereich der staatlichen Wirtschaftsregulierung enorm ausgeweitet. Kritiker beschwören die Gefahren einer Inflation bzw. das Platzen verschiedener spekulativer »Blasen«. Gleichzeitig hat der politische Kampf um den Umfang und die Inhalte des Staatsinterventionismus längst begonnen. Dabei steht wiederum die Auseinandersetzung um die Klimapolitik, die soziale Ungleichheit sowie um den notwendigen Umbau der Verkehrs- und Mobilitätssysteme im Zentrum. Während die Anhänger eines »Green New Deal« darauf hoffen, dass mit dieser Politik die Ära der neoliberalen Hegemonie endgültig abgeschlossen werden kann, setzt die nationalistische Rechte auf den Ausbau der Rüstungs- und Militärausgaben sowie auf die Senkung der Unternehmens- und Vermögenssteuern, um auf diese Weise sowohl die Investitionen als auch den Konsum zu beleben. Damit verkünden auch Spitzenpolitiker konservativer und liberaler Parteien, die 2020/21 nationale Wahlen gewonnen haben, wie Boris Johnson in Großbritannien, Joe Biden in den USA und Mark Rutte in den Niederlanden,[32] dass die Ära der »Austerität« beendet sei.

Von der ökonomisch-ökologischen Zangenkrise zur politischen Krise

Historiker und Sozialwissenschaftler, die sich mit den Großen Revolutionen der Moderne seit 1789 befasst haben, sind immer wieder auf die Frage gestoßen, wie sich in der vorrevolutionären Periode die Wechselwirkungen zwischen Krisen in der Wirtschaft und der Gesellschaft auf der einen und des politischen Systems auf der anderen Seite beeinflussen und sich bis zur Explosion von Volksbewegungen steigern, die den Sturz des Alten Regimes her-

[32] In der FAZ vom 18.3.2021 war zum Ergebnis der Wahlen vom März 2021 in den Niederlanden zu lesen: »Mit der Sparsamkeit ist es aber auch in den Niederlanden vorbei – auf lange Sicht. Zwar ist das Land bei der Parlamentswahl parteipolitisch weiter nach rechts gerückt; doch Rutte ist mit einem Programm gewählt worden, das jedem Sozialdemokraten gut zu Gesicht stünde. Es vollzieht die entschiedene Abkehr vom Kurs des ›Neoliberalismus‹. Sein Programm kreist um den Begriff ›starke Regierung‹: Gemeint ist der starke Staat, der seine Bürger ›beschützt‹. Der Kapitalismus müsse ›angepasst‹ werden, ›damit er für die Menschen funktioniert‹. Mit diesem Programm und mit dem profiliertesten Politiker des Landes haben die Rechtsliberalen es geschafft, als einzige Volkspartei im zersplitterten politischen System zu überleben – mit 22 Prozent der Stimmen.«

beiführen. Auf jeden Fall hat stets das Übergreifen der sozialökonomischen Krisenprozesse (Massenarmut, Missernten, Kriegsfolgen) auf die politische Ebene den Weg zur Entstehung einer »revolutionären Situation« beschleunigt.

Die politische Krise des Systems zeichnet sich durch zwei miteinander verbundene, aber ungleichzeitig verlaufende Tendenzen aus. Sie beginnt damit, dass der »herrschende Block« des Alten Regimes zunehmend unfähig wird, die sozialökonomische und ökologische Krise zu lösen, seine politischen Ziele (nach innen und außen) zu erreichen und dabei für gesellschaftliche und politische Stabilität zu sorgen. Der herrschende Block zerfällt; seine Fraktionen verfolgen (auch im Umgang mit Protest und zivilgesellschaftlichem Widerstand) divergierende Strategien bzw. Taktiken. Für Antonio Gramsci ging der Verfall von Hegemonie einer herrschenden Klasse nicht nur mit dem Scheitern ihrer Politik, sondern immer auch mit dem Verfall der Legitimation ihrer gesellschaftlichen und politischen Herrschaft, d.h. der »Zustimmung von unten«, durch die Beherrschten, einher (Deppe 2019). Die Krise des alten Staatsapparates manifestiert sich nicht allein in Skandalen, Korruptionsfällen, Willkür vonseiten der Justiz, der Polizei und des Militärs, in provozierenden Inszenierungen der Verschwendungssucht der nicht-arbeitenden, parasitären Klassen. Sie steigert sich zum Staatsverfall in der Folge von militärischen Niederlagen, die mit der Auflösung der Armee und der Heimkehr der geschlagenen Soldaten einhergeht. Dieser Verfall der Macht von oben wird jedoch durch Massenbewegungen und die Ergreifung der Macht »von unten« (z.B. im Bereich der Produktion durch Massenstreiks und die Bildung von Arbeiterräten) vorangetrieben. Der Zeitpunkt für den »Ausbruch« revolutionärer Volksbewegungen (z.B. der Sturm auf die Bastille oder das Winterpalais) kann jedoch niemals exakt kalkuliert werden, denn er ist von einer Vielzahl von – auch massenpsychologisch konditionierten oder durch politische Tagesereignisse provozierten – Faktoren abhängig. Außerdem haben sich solche Übergänge von gesellschaftlichen Krisenprozessen auf die politische Ebene oftmals über längere Perioden erstreckt. Der Druck im Dampfkassel steigt, aber niemand weiß genau, wann der Deckel des Kessels abgesprengt wird. Die konservativen Theoretiker der Gegen-Revolution haben das Volk stets misstrauisch als den »schlafenden Riesen« beobachtet.

Auch in der Corona-Krise ist dieser Punkt nicht erreicht. Die »multiple Krise« der entwickelten kapitalistischen Gesellschaften des Westens ergreift jedoch zunehmend den Bereich der Politik, d.h. die Institutionen der parlamentarischen Demokratie sowie die Machtstrukturen im politischen System, die von den großen Parteien der Mitte beherrscht werden. Die Angst vor sozialem Abstieg und Katastrophen verbindet sich mit der negativen Bewertung der »Globalisierung« sowie der vermeintlichen Hilflosigkeit der »politischen Klasse« bzw. ihrer Komplizenschaft mit der Katastrophe. Daraus folgt das Bedürfnis nach Führerfiguren, die die »Systemparteien« und den »tiefen Staat« (die vermeintliche Macht der Staatsbürokratie) angreifen. Dabei bestätigt sich die Erkenntnis, dass die Krise der Politik in letzter Instanz durch die Krise der Gesellschaft, durch den Zerfall ihres inneren (sozialen, kulturellen und ideologischen) Zusammenhalts bestimmt wird. Wiederum war es der konservative Premier von Großbritannien, Boris Johnson, der öffentlich mit Glaubensbekenntnissen neoliberaler Ideologie brach. Margaret Thatcher, Premierministerin von 1979 bis 1990, hatte das Erste Gebot der Neoliberalen in dem Satz zusammengefasst: »Ich kenne keine Gesellschaft, ich kenne nur Individuen« – und so das Hayeksche Prinzip des »methodologischen Individualismus«[33] auf die Politik übertragen. Nun muss ihr Nachfolger im Amt (nach 20 Jahren) feststellen: Diese Überzeugung war falsch! Auch konservative Politik im 21. Jahrhundert ist herausgefordert, die Folgen der aus diesem Bekenntnis abgeleiteten Politik – die »Zerstörung der Gesellschaft« und des daraus folgenden »Zerfalls der sozialen Kohäsion« – aufzuhalten; denn der Zerfall der sozialen Kohäsion erzeugt Risiken, die einerseits den ökonomischen Niedergang des Landes in der Weltmarktkonkurrenz beschleunigen sowie den Staatshaushalt mit Ausgaben für die Folgen der Armut (z.B. Kriminalität, Drogenkonsum, Krankheiten) belasten. Andererseits werden neue Formen eines rechten – antidemokratischen und völkischen – Nationalismus und Rassismus erzeugt. Diesem wiederum treten linke Bewegungen entgegen, die aus den Forderungen nach sozialer Gerechtigkeit, aus Kämpfen um die Menschenrechte und die universelle Gleichheit, aber auch aus Abwehrkämpfen der Arbeiterklasse gegen Ausbeutung und Fremdbestimmung, gegen Arbeitslosigkeit und soziale Unsicherheit hervorgehen und schließlich auch die Frage nach der Veränderung der kapitalistischen Eigentumsverhältnisse – also nach Kernelementen einer sozialistischen Programmatik – wiederbeleben.

Die USA sind in besonderer Weise dafür prädestiniert, dass die multiple Krise auch als politische Krise wirksam wird und dass gerade am Beispiel der USA mit dem Blick auf diese Verschränkung ebenfalls von einer Katastrophe gesprochen wird. Die tiefe politische Spaltung des Landes, die bei der Präsidentschaftswahl um die Nachfolge von Donald Trump konstatiert wurde, ist Ausdruck der Krise bzw. des Zerfalls sozialer und kultureller Kohäsion, nicht nur von sozialökonomischen Spaltungen, die durch den Rassismus gegenüber Afroamerikanern und Migranten, aber auch durch regionale Unterschiede, Stadt-Land-Gegensätze und nicht zuletzt durch »Gender Gaps«

[33] Die bürgerliche Wirtschaftswissenschaft geht vom Idealtypus des rational handelnden, seinen subjektiven Nutzen verfolgenden Individuums aus. Die Figur des »Robinson Crusoe« aus dem Roman von Daniel Defoe aus dem Jahre 1716 dient dabei als Vorbild! Marx kam immer wieder kritisch auf die »Robinsonaden« der klassischen bürgerlichen Ökonomie zurück (MEW 23: 90ff.).

überformt werden. Diese haben eine lange Vorgeschichte. Sie sind von Anfang an konstitutiv für den Charakter des US-amerikanischen Kapitalismus. Seit den späten 60er Jahren des vergangenen Jahrhunderts vollzieht sich ein Wandel der republikanischen Partei, die seit 1999 von der Tea-Party-Bewegung und von rechtspopulistischen Kräften und Medien (FoxTV) erobert wurde. Sie bildete nach 2010 den Kern der rechtspopulistischen Opposition gegen Präsident Barack Obama. Die Gesundheitsreform Obamas wurde als »sozialistische Übernahme« bekämpft. Zugleich fokussierte sich die Kritik auf den angeblich wachsenden Einfluss von Afroamerikanern, Hispanics und Homosexuellen. Die Grenzen zwischen rechtspopulistischen und rechtsextremen, neofaschistischen Kreisen wurden durchlässig. Das Sterben der Demokratie, so Levistky und Ziblatt (2018) ist daher auch eine Folge der Zerstörung einer politischen Kultur, die von Toleranz und Respekt zwischen den verschiedenen Denkschulen, politischen Richtungen und Organisationen geprägt war.[34]

Während der Präsidentschaft von Donald Trump haben sich diese Tendenzen auf dramatische Weise verschärft. Mit der Kampagne gegen die vermeintlich gefälschten Wahlergebnisse zugunsten von Joe Biden und dem Sturm seiner Anhänger auf das Capitol am 6. Januar 2021 erreichten sie ihren vorläufigen Höhepunkt. Als Tiefpunkt in der Geschichte der der US-amerikanischen Demokratie muss allerdings gelten, dass Trump im November 2020 von mehr als 71 Millionen Wähler:innen unterstützt wurde. George Packer hat den Zerfall der US-amerikanischen Gesellschaft und die daraus resultierende politische Polarisierung (als Krise der Demokratie) in verschiedenen Publikationen kritisch analysiert (z.B. Packer 2014). Er sieht auf der einen Seite eine neue Generation (»Millenials«), die den Verfall und Niedergang aufhalten und verändern wollen. Er denkt dabei wahrscheinlich an die vielen jungen Menschen, die dem Präsidentschaftskandidaten Bernie Sanders ihre Stimme gegeben haben. Sie sind »mit gescheiterten Kriegen, geschwächten Institutionen und verdorbenen wirtschaftlichen Zukunftsaussichten aufgewachsen, was sie sowohl zynischer als auch utopischer als ihre Eltern machte«. Ihr Protest richtet sich gegen »gesellschaftliche Übel, die Jahr für Jahr unbehandelt bleiben und Amerika so tief in den Knochen sitzen, so chronisch erscheinen, dass wir sie für unabänderlich halten – von der Einkommensungleichheit, von inkompetenter Regierung und Polizeigewalt bis zum

[34] »Solange die amerikanische Demokratie funktionierte, stützte sie sich auf zwei Normen, die wir oft als selbstverständlich ansehen – gegenseitige Toleranz und institutionelle Nachsicht. Rivalen als legitime Anwärter auf die Macht zu behandeln und die eigenen institutionellen Vorrechte im Sinne des Fairplay zurückzustellen, ist nicht in der amerikanischen Verfassung verankert. Aber ohne sie werden unsere verfassungsrechtlichen Kontrollen nicht so funktionieren, wie wir es von ihnen erwarten.« (Levitsky/Ziblatt 2018: 212).

Zerreisen des gesellschaftlichen Zusammenhalts und einem giftigen öffentlichen Diskurs, der an den kognitiven Verfall einer ganzen Nation grenzt« (Packer 2020: 59f.).[35] Die Anrufung des Mobs durch den Führer und die Disziplinierung der Republikaner durch Donald Trump auch nach seiner Abwahl signalisiert eine neue (bonapartistische) Herrschaftsvariante, die die Herrschaft des Kapitals – einschließlich des »militärisch-industriellen Komplexes« und der Wall Street – jenseits der Spielregeln der parlamentarischen Demokratie stützt.

Der »Katastrophenkapitalismus« geht auch in anderen Staaten des Westens mit einer Legitimationskrise der repräsentativen Demokratie einher. Diese reflektiert sich – als Krise der Repräsentation – im Niedergang der »Altparteien« (von rechts auch als »Systemparteien« diskreditiert) und im Aufstieg rechtspopulistischer Bewegungen und Parteien. Die Ergebnisse der Wahlen sowie eine hohe Wahlenthaltung bestätigen diese Tendenzen. Die Unzufriedenheit breiter Bevölkerungsgruppen mit der Politik der Regierungen im Kampf gegen die Pandemie verbindet sich mit Empörung über Fälle von Bereicherung und Korruption von Parlamentsabgeordneten.

Der Verfall der politischen Kultur drückt sich auch darin aus, dass mit den »sozialen Medien« neue Möglichkeiten geschaffen wurden, Hassbotschaften und zügellose Gewaltphantasien im Umgang mit dem politischen Gegner – zusammen mit Verschwörungstheorien und Falschbehauptungen – millionenfach zu verbreiten. Die Verherrlichung der Gewalt tritt hier an die Stelle demokratischer Auseinandersetzungen, die sich im Rahmen des Rechts und der Verfassung bewegen müssen. Der Mythos des Führers, dem »sein Volk« akklamiert, erscheint als Gegenentwurf zur parlamentarischen Demokratie mit den um die Macht konkurrierenden Parteien. Die Zerstörung des rationalen Kerns politischer Auseinandersetzungen – nämlich der Realitäts- und damit Rationalitätsbezug des politischen Argumentes – wurde von Donald

[35] Diese Katastrophendiagnose von Packer wird unterstrichen durch eine Studie, die in den USA im Jahr 2020 unter dem Titel »Tod durch Verzweiflung und die Zukunft des Kapitalismus« erschienen ist. Die beiden Autoren – Anne Case und Angus Deaton (Nobelpreisträger des Jahres 2015) sind Ökonomen und haben die Entwicklung der Todesfälle durch »Verzweiflung« – durch Selbstmord, Drogen/Alkohol und Kriminalität – empirisch analysiert. In den vergangenen 30 Jahren sind diese Todesfälle dramatisch angestiegen – und zwar vor allem in den unteren Gesellschaftsklassen, also bei denjenigen, deren Bildungsgrad unterhalb eines Bachelor-Abschlusses liegt. Dabei steht der Abstieg der weißen Industriearbeiter als Folge von Rationalisierung und Globalisierung im Mittelpunkt. »Verzweiflung« entsteht nicht allein aus den damit verbundenen materiellen Verlusten (Lohn); denn »Jobs dienen nicht allein dem Gelderwerb, sie bilden auch die Basis für die Rituale, Gewohnheiten und Routinen des Lebens der Arbeiterklasse. Wenn die Arbeit zerstört wird, dann kann letztlich das Arbeiterklassen-Leben nicht überleben. Es ist der Verlust von Bedeutung, von Würde, von Selbstrespekt, der sich mit der Zerstörung von Familien und Lebensgemeinschaften verbindet, der Verzweiflung hervorbringt – und eben nicht allein der Verlust von Geld.« (Case/Deaton 2020: 8)

Trump und seinem Umfeld, mit der Aufwertung einer politischen Kultur der Lüge (»Fake-News«) auf die Spitze getrieben: als Abwertung der Argumente der politischen Gegner ebenso wie als Legitimation politischen Instruments zur Verteidigung der Politik des Präsidenten selbst (Brinkbäumer/Lamby 2020).

Schließlich verbindet sich die Kultur der Gewalt im Inneren mit der fortschreitenden Konstruktion politischer Gegner auf der Bühne der Weltwirtschaft und der Weltpolitik. Darin reflektiert sich einerseits die verschärfte Konkurrenz zwischen den Großmächten im Ringen um wissenschaftlich-technische Innovationen, in letzter Instanz um marktbeherrschende Positionen der weltweit führenden Konzerne des Landes sowie der führenden Rolle des US-Dollars in den weltweiten Währungsbeziehungen und im globalen Finanzsystem. Diese Fragen stehen im Zentrum des Ringens um eine neue Weltordnung im 21. Jahrhundert. Mit der Konstruktion der äußeren Gegner und eines neuen Kalten Kriegs (mit Russland und China als den Hauptgegnern) sollen nicht nur die steigenden Rüstungsausgaben gerechtfertigt, sondern auch ein nationalistischer Konsens nach innen gestärkt werden. So tendiert der »Katastrophenkapitalismus« auch dazu, mit der Vorbereitung von großen Kriegen Erinnerungen an das »Zeitalter der Katastrophen« im 20. Jahrhundert zu wecken. Der »Warfare Capitalism« der USA ist eine Säule des globalen »Katastrophenkapitalismus«, der seit dem Angriff auf das World Trade Center 2001 eine Kette von Kriegen zur Festigung dieser Führungsrolle ausgelöst (und verloren) hat. Die Anhänger der Schule des »harten Realismus« (z.B. John Mearsheimer 2001) sind ohnehin davon überzeugt, dass in der neueren Geschichte der Konflikt zwischen absteigenden und aufsteigenden Großmächten auf dem Feld der Weltpolitik immer – mit der Gewalt eines Naturgesetzes – zu Kriegen geführt hat.[36]

[36] »Seit dem Angriff auf das World Trade Center am 11. September 2001 hat die Regierung insgesamt geschätzte zwei Billionen Dollar in ›Overseas Contingency Operations‹ für ihren ›War on Terror‹ ausgegeben. Dazu kommt ein immer weiter steigendes reguläres Verteidigungsbudget, das sich seit dem Haushaltsjahr 2000 um 343 Milliarden auf die (Un-)Summe von 633 Milliarden für 2021 erhöht hat. … die Militärausgaben der US-Regierung sind so groß wie die kombinierten Ausgaben der nächsten zehn Länder auf der globalen Rangliste.« Dazu kommen gewaltig gestiegene Ausgaben für die Kriegsveteranen. Diese wiederum sind »überdurchschnittlich in gewaltbereiten Milizen und ultrarechten Bewegungen vertreten«. Diese Kosten des »Warfare Capitalism« stehen in «keiner Relation zu den Ausgaben für das Gesundheits-, Bildungs- und Sozialwesen« (Schulz 2021: 43).

4. Von den Katastrophen zum Sozialismus – neue Fragen, alte Fragen

Eric Hobsbawm (1998: 37ff.). hat in seinem großen Werk über das »Zeitalter der Extreme«, die Periode zwischen dem Beginn des Ersten Weltkrieges (1914) und dem Ende des Zweiten Weltkrieges« (1945) wie bereits erwähnt als »Zeitalter der Katastrophen« bezeichnet. Am Ende der beiden Weltkriege gab es Revolutionen, die allerdings sehr unterschiedlich verliefen: »Die Revolutionen nach dem Ersten Weltkrieg wurzelten ... in der Auflehnung gegen das, was die meisten Menschen durchlebt und zunehmend als sinnlose Schlachterei begriffen hatten. Es waren Revolutionen gegen den Krieg. Die Revolutionen nach dem Zweiten Weltkrieg entstanden aus der Teilnahme ganzer Völker an einem Kampf der ganzen Welt gegen ihre Feinde – Deutschland, Japan – oder allgemeiner gesagt: gegen den Imperialismus. Es war ein Kampf, den alle, die an ihm teilnahmen, als gerecht empfanden, wie schrecklich er auch gewesen sein mochte.« (Ebd.: 77) Zwischen 1917 und 1923 war die Revolution als politischer Bruch mit dem Ancien Regime und der Errichtung einer Diktatur der Arbeiterklasse zur Durchsetzung der ökonomischen und gesellschaftlichen Umwälzungen sowie der Abwehr der Konterrevolution begriffen. Nach 1945 sollte die Neuordnung von Wirtschaft und Gesellschaft durch Verfassungen geregelt werden, die sowohl die Grundrechte, die Institutionen einer parlamentarischen Demokratie als auch Institutionen der Wirtschaftsdemokratie als Klassenkompromiss festschrieben. Auf diese Linie sollten sich nicht nur die einst zerstrittenen Kräfte des rechten und linken Flügels der sozialistischen Arbeiterbewegung, sondern auch maßgebende Kräfte aus dem bürgerlichen Lager einigen. Gemeinsam war diesen Revolutionen, dass es starke proletarische Klassenbewegungen gab, die dem politischen Umsturz vorausgingen (die Rätebewegung am Ende des Ersten Weltkrieges sowie die Arbeiterkämpfe im Zusammenhang der Widerstandsbewegungen gegen den Faschismus und die deutsche Besatzung im Zweiten Weltkrieg). Dazu gab es sozialistische und kommunistische Parteien, die in der Arbeiterklasse ihres Landes verwurzelt waren und die Interessen der Klasse in den Auseinandersetzungen um die »antifaschistisch-demokratische Neuordnung« vertraten.

Am Anfang des 21. Jahrhunderts sieht sich die These vom »Katastrophenkapitalismus« mit neuen Widersprüchen und Anforderungen konfrontiert. Auf der einen Seite sind die Verhältnisse in den reichen Staaten und Gesellschaften des Westens nach wie davon geprägt, dass sie eine relativ lange Periode des Friedens, des Wachstums und der relativen Prosperität durchlaufen haben, die die Lebensbedingungen weiter Teile der Arbeiterklasse geprägt hat. Besitzstandwahrung wird daher zum konservativen Grundmotiv auch von Formen des Widerstandes gegen die Gefahren und die Ängste, die mit dem Näherrücken der »Abstiegsgesellschaft« (Nachtwey) und der Klimakatastrophe verbunden sind. Um den eigenen Arbeitsplatz sowie das damit verbundene Eigentum (vom Eigenheim, über das eigene Auto bis zum Ferienhaus und den Urlaubsreisen bis zur Lebensversicherung, die im Alter die Rente erhöht) zu erhalten bzw. zu schützen, wächst in Krisenperioden zunächst einmal die Bereitschaft zu Konzessionen (Lohnverzicht, Erhöhung der Arbeitsleistung, Einschränkungen beim Konsum usw). Kurzarbeit, Sozialpläne und Frühverrentung sind für ältere Lohnabhängige oftmals staatlich geförderte Instrument, die zumindest einen sozialen Absturz beim Ausscheiden aus dem Wirtschaftsleben abbremsen.

Vom »American Empire« sind auf der anderen Seite jedoch sozialökonomische, ökologische und kulturelle Widersprüche und Katastrophen des kapitalistischen Weltsystems an die Peripherie bzw. in den »Süden« externalisiert worden. Durch den Schub der Globalisierung am Ende des 20. Jahrhunderts sind die Formen der internationalen Arbeitsteilung und der wechselseitigen Abhängigkeit noch einmal enger geknüpft worden. Dabei haben sich – über Kriege, Naturkatastrophen, Massenelend, politische Diktaturen im Interesse des Westens usw. – Verhältnisse stabilisiert, die mit dem Elend in der Welt, mit den damit verbundenen Gewaltverhältnissen und Kriegsverwüstungen, mit Hunger und Kindersterblichkeit, Massenmigration und Fluchtbewegungen den Katastrophen des 21. Jahrhunderts einen konkreten Ausdruck verleihen.

Die spürbare, gleichwohl noch in ersten Ansätzen steckende Wiederbelebung sozialistischer Diskurse ist Ausdruck einer neuen Delegitimierung der kapitalistischen Wirtschaftsordnung und insbesondere neoliberaler Politik. Unter einem Teil von Intellektuellen haben kapitalismuskritische oder gar antikapitalistische Positionen Konjunktur; renommierte Verlage publizieren ihre Schriften. Die Krisen der kapitalistischen Wirtschaft haben – so Leo Panitch und Sam Gindin (2018: 11f.) – auch »die Glaubwürdigkeit eines radikalen Sozialismus wiederhergestellt, der das Überschreiten des Kapitalismus für notwendig hält, um die kollektiven, egalitären und ökologischen Bestrebungen der Menschheit zu realisieren«. Für Thomas Piketty (2020/I: 47) erzeugt vor allem die »moderne Ungleichheit« die Voraussetzungen für eine »ausgewogenere Erzählung…, um die Umrisse eines partizipativen Sozialismus für das 21. Jahrhundert zu zeichnen und den universellen Horizont einer neuen Ideologie der Gleichheit, des gesellschaftlichen Eigentums, der Bildung, der Wissens- und Machtverteilung zu erschließen«. Dazu vermutet Piketty, dass mit dem Ende der Sowjetunion auch die abschreckende Wirkung des Sozialismus/Kommunismus nachgelassen hat. »Das neue Narrativ des Sozialismus ist optimistisch. Es setzt größeres Vertrauen in die menschliche Natur. Aber es ist auch genauer und plausibler als die überkommenen Erzählungen, weil sie die Lehren berücksichtig, die »wir aus der globalen Geschichte ziehen können« (ebd.). Nach Raul Zelik (2020: 38f.) stehen wir vor einem »Epochenbruch ... Klimawandel, Digitalisierung und Veränderungen im geopolitischen Machtgefüge werden die Welt in den kommenden Jahren radikal verändern«. Offen ist, ob dieser Bruch als Katastrophe bzw. als Desaster oder als »geplante Transformation« verlaufen wird. Das Ergebnis ist nicht vorherbestimmt, sondern hängt in letzter Instanz von den Kämpfen der Subalternen ab, die die »Verknüpfung von Eigentum, Macht und politischer Unfreiheit« als Grundmerkmal des liberalen Kapitalismus aufheben wollen.

Noam Chomsky (2021: 104), prominenter Sprecher der globalisierungskritischen Bewegung und scharfer Kritiker des US-Imperialismus, spitzt die Alternative, die der »Katastrophenkapitalismus« erzeugt, zu: »Rebellion oder Untergang!« Zur Verhinderung des Untergangs bedarf es weltweiter Bewegungen »von unten«, die sich dafür einsetzen, die »Umweltkrise« abzuwenden, den »Wettlauf zu einem Atomkrieg zu stoppen und dem rasenden Niedergang funktionierender demokratischer Prozesse ein Ende zu setzen«. Chomsky weiß, dass Veränderungen in den gesellschaftlichen und politischen Kräfte- und Machtverhältnissen nur durch einen Stimmungsumbruch sowie durch Massenbewegungen herbeigeführt werden können, die von der moralischen Kritik an Ungleichheit, politischer Unterdrückung sowie an der Korruption der herrschenden Eliten getragen werden. Die Verbindung der intellektuellen Kritik mit diesem politisch-moralischen Element von Massenaktionen ist eine der entscheidenden Voraussetzungen für die Wiederbelebung einer sozialistischen Alternative. Der französische Sozialist Stéphane Hessel hatte schon nach der Finanz- und Wirtschaftskrise von 2008/09 ein Manifest mit dem Titel »Empört Euch!« veröffentlicht, das die neoliberale Politik und ihre Folgen scharf kritisierte und an die Ideen wie die Politik der Sozialisten in der Zeit nach dem Zweiten Weltkrieg erinnerte, die sich in der »Allgemeinen Erklärung der Menschenrechte« der UNO aus dem Jahr 1948 artikulierten (Hessel 1998). Die Schrift (mit dem französischen Titel »Indignez-Vous!«) erlebte eine millionenfache Auflage und wurde in unzählige Sprachen übersetzte. Seit 2011 beriefen sich Protestbewegungen gegen den Neoliberalismus und die neue Klassenspaltung (99% gegen 1%) auf diese Schrift, u.a. die als Partei agierende (und regierende) Bewegung der »Indignados« in Spanien.

In den intellektuellen Debatten über die Aktualität des Sozialismus bildet die kritische Auseinandersetzung mit den gescheiterten Sozialismus-Modellen des 20. Jahrhunderts meist den Ausgangspunkt. Der »Staatssozialismus« formierte sich (historisch) unter dem Druck der nationalen und globalen Gegen-Revolution. Er erlebte »heroische Phasen« und beeindruckte zeitweise durch Erfolge bei der wirtschaftlichen und gesellschaftlichen Entwicklung der Sowjetunion. Die mit der Übermacht des Staates (des Staatseigentums und der Staatspartei) verbundene zentralistische Steuerung der Wirtschaft sowie die Unterdrückung politischer und individueller Freiheiten führte zur

»Überdehnung« (over-stretch) der staatlichen Sicherheitsapparate (vom Militär bis zur »Staatssicherheit«) und zur zunehmenden Distanz im Volke gegenüber den herrschenden Verhältnissen. Früh klagten Intellektuelle über die Erstarrung marxistischer Theorie und Wissenschaft zu von der Parteiführung sanktionierten Leerformeln. Westliche Intellektuelle heben immer wieder die Zerstörung der Freiheit und einen »Ökonomismus« als Grund für das Scheitern des »realen Sozialismus« hervor, kommen dabei allerdings nicht über Positionen eines sozialen Liberalismus hinaus (Honneth 2015). Einige Anhänger des Sozialismus in der marxistischen Tradition beziehen sich auf die Kritik von Leo Trotzki an den Entartungen der Stalin-Herrschaft oder auf die kritischen Bemerkungen von Rosa Luxemburg über die Unterdrückung der politischen und individuellen Freiheiten in der Oktoberrevolution durch die Politik von Lenin und Trotzki. Die Entwicklung von Klassenbewegungen, die sich im 21. Jahrhundert zu Zielen des Sozialismus bekennen, wird einerseits durch den Kampf um Formen der gesellschaftlichen Selbstbestimmung und Selbstverwaltung sowie durch eine qualitative Erweiterung der politischen Demokratie um die Wirtschaftsdemokratie bestimmt werden. Auf der anderen Seite wird sich diese Bewegung im Kampf gegen Rechtspopulismus und Faschismus immer auch auf den Anspruch und die Verwirklichung der allgemeinen Menschenrechte und Freiheiten sowie auf die Verteidigung rechtsstaatlicher Normen beziehen müssen.

Während sich die Anhänger eines »westlichen Marxismus« überwiegend negativ auf den Staatssozialismus beziehen, gibt es im frühen 21. Jahrhundert immer noch Staaten, die sich als »Volksrepubliken« bezeichnen und sich positiv auf das Erbe der Oktoberrevolution und ideologisch auf den Marxismus-Leninismus beziehen. Neben Vietnam, Laos, Nord-Korea und Cuba steht die Volksrepublik China an der Spitze dieser Staatengruppe. Der wirtschaftliche und politische Aufstieg Chinas und der damit verbundene wachsende Einfluss auf die internationale Politik wirft die Frage auf, wie sich sozialistische Theorie und Praxis im Spannungsverhältnis zwischen den Werten der westlichen Demokratien und dem Sozialismusverständnis der Kommunistischen Partei Chinas entwickeln werden. Dieser Konflikt verschärft sich gerade durch die Konstruktion neuer Fronten eines Kalten Krieges zwischen dem »Westen« und der Volksrepublik China (in einem durchaus fragilen Bündnis u.a. mit Russland und dem Iran). Bei einem Treffen führender Politiker der USA und der VR China im Frühjahr 2021 warf der Außenminister der USA China vor, durch ihre Expansionspolitik und die Unterdrückung der Menschenrechte im eigenen Lande die internationale »Stabilität« zu gefährden. Nach Presseberichten soll der höchste Verantwortliche der Kommunistischen Partei Chinas für die Außenpolitik, Yang Jiechi, dazu aufgerufen haben, die »Kalte-Krieg-Mentalität« und die »Nullsummenspiel-Einstellung« im Verhältnis beider Länder aufzugeben. Die Vereinigten Staaten müssten

»aufhören, ihre eigene Demokratie im Rest der Welt voranzutreiben«, sagte Yang weiter. Die »große Mehrheit der Länder der Welt erkennt die amerikanischen Werte nicht als globale Werte an«, betonte er laut der staatlichen chinesischen Nachrichtenagentur Xinhua.

Auf jeden Fall werden die Auseinandersetzungen um die konkrete Ausgestaltung des Verhältnisses von individuellen Freiheitsrechten und sozialen Grundrechten auf der einen und der Rolle des Staates bei der Bewältigung der gesellschaftlichen Entwicklungsprobleme und Krisen auf der anderen Seite eine zentrale Rolle bei den zukünftigen Auseinandersetzungen um den Sozialismus spielen. Die Menschenrechtskampagnen des Westens sind stets gegen Regime geführt worden, die im eigenen Lande durch Eingriffe in die Eigentumsordnung (durch Agrarreformen, Enteignung und Beschränkung der Macht transnationaler Konzerne usw.) die materiellen und kulturellen Lebensbedingungen der Volksmassen verbessern wollten, Bildungs- und Gesundheitsreformen einleiteten und die politischen Rechte des Volkes erweiterten. Die USA (und ihre Verbündeten) haben darauf (nicht nur in Lateinamerika) mit militärischen Interventionen, ökonomischem Druck und ideologischer Kriegsführung geantwortet. Das sozialistische Cuba muss bis heute diesem Druck widerstehen.

Im 21. Jahrhundert muss der Sozialismusbegriff deutlich erweitert werden. Der Weg »von Marx und Engels zu einem anti-rassistischen, feministischen Ökosozialismus«[37] scheint klar vorgegeben, wobei solche Entwürfe oftmals die Bedeutung der sozialen und ökonomischen Transformationsprozesse unterschätzen. Diese Erweiterung bezieht sich nicht allein auf die sozialistische Kritik an den herrschenden Verhältnissen, sondern auch auf den Begriff und die Programmatik einer zukünftigen Gesellschaft als einer »Assoziation, in der die freie Entwicklung eines jeden die Bedingung für die freie Entwicklung aller ist«, so Marx und Engels im »Manifest« (MEW 4: 482). Schon früh wurden in den Debatten des »westlichen Marxismus« seit den 1970er Jahren – auch mit Bezug auf die »Kerkerhefte« von Antonio Gramsci – auf Defizite in der politischen Theorie des Marxismus-Leninismus hingewiesen (Miliband 1977). Diese wurden mit den Begriffen »Ökonomismus« und »Klassenreduktionismus«[38] zusammengefasst. Komplexe Gesellschaf-

[37] So im April 2021 in der Ankündigung eines Vortrages von Mike Cole (Lincoln) an der Freien Universität Berlin.

[38] Stuart Hall, britischer Marxist, hat mit seinen Schriften in den 1970er und 80er Jahren (Das »Politische« und das »Ökonomische« in der Marxschen Klassentheorie, sowie: Gramscis Erneuerung des Marxismus und ihre Bedeutung für die Erforschung von »Rasse« und Ethnizität, in: Hall 1989: 11-91). Zur Kritik des »Klassenreduktionismus schreibt er u.a.: »... die Konstituierung der Klassen ist ein komplexer Vorgang, der auf allen Ebenen der Gesellschaftsformation stattfindet – auf der ökonomischen, der politischen, der ideologischen. In der spezifischen Situation einer konkreten historischen Formation den ›Stand‹ des Kräfteverhältnisses zwischen den Klassen zu erfassen, bedeutet, die notwendi-

ten, die eigene Regulierungsinstrumente zur Steuerung von Krisenprozessen entwickeln, aber auch über die Fähigkeit zur sozialstaatlichen Abfederung der sozialen Ungleichheit und zur politischen Integration der Arbeiterbewegung verfügen, können nicht nach Maßgabe von Theorien transformiert werden, die den ökonomischen Zusammenbruch und den bürgerkriegsähnlichen Zusammenstoß von Bourgeoisie und Proletariat als Zielpunkt des Kampfes um die politische Machtergreifung fixieren.

Die neueren Beiträge zur Sozialismus-Debatte im 21. Jahrhundert gehen über diese frühen Erkenntnisse hinaus, indem sie nicht nur die Anforderungen einer komplexen Gesellschaft anerkennen, sondern den Sozialismus auch als Antwort und deren spezifische Widerspruchskomplexe begreifen, die nicht auf den Klassenantagonismus von Bourgeoisie und Proletariat reduziert werden können. Die amerikanische Philosophin Nancy Fraser (2019: 282) fasst ihre Antworten auf die Frage, was Sozialismus im 21. Jahrhundert bedeuten sollte, in diesem Sinne wie folgt zusammen: »Ich stelle dazu einige Überlegungen an, die noch keine fertigen Antworten sind. So wie ich eine weitgefasste Analyse des Kapitalismus vertrete, so schlage ich auch für den Sozialismus ein umfassendes Verständnis vor, das mit dem gängigen Ökonomismus früherer Ansätze bricht. Da ich die kapitalistische Wirtschaftsweise nicht losgelöst, sondern im Zusammenhang mit ihrem widersprüchlichen und zerstörerischen Verhältnis zu ihren ›nicht-ökonomischen‹ Voraussetzungen betrachte, steht für mich fest, dass Sozialismus mehr leisten muss, als nur die Sphäre der Produktion zu verändern. Er muss darüber hinaus einen grundlegenden Wandel in Bezug auf die Bereiche und Bedingungen herbeiführen, die die kapitalistische Produktion erst ermöglichen. Ich spreche hier von der Reproduktionssphäre, der Staatsmacht, der nicht-menschlichen Natur und von Formen des Reichtums, die außerhalb des formalen Zugriffs des Kapitals und trotzdem in seiner Reichweite liegen. Oder anders ausgedrückt: Ich bin der Auffassung, ein zeitgemäßer Sozialismus muss nicht nur die kapitalistische Ausbeutung der Lohnarbeit abschaffen. Er muss genauso die Ausnutzung von unbezahlter Care-Arbeit sowie von öffentlichen Gütern überwinden, und die Aneignung des Reichtums, der auf der Enteignung von rassifizierten Menschen und Naturressourcen beruht, beenden.« Es geht Nancy Fraser darum, »unsere Sichtweisen sowohl des Kapitalismus als auch des Sozialismus zu revidieren, indem wir strukturelle Analysen von Aspekten in sie einarbeiten, die üblicherweise als zweitrangig angesehen werden: insbesondere Gender/Sexualität, Race/Ethnizität/Nationalität/

ge Komplexität und die notwendigen Verschiebungen in dieser ›Einheit‹ zu erfassen. Nur in der einzigartigen Ausnahmesituation eines revolutionären Bruchs werden die Instanzen auf diesen verschiedenen Ebenen einander entsprechen. Man kann also die ›Einheit‹ des so konstituierten Klassenkampfes nur dann erfassen, wenn man die Klassenfrage in ihrer widersprüchlichen Form begreift.« (Ebd.: 47)

Empire/Ökologie und Demokratie. Wenn wir dies tun, dann erscheinen viele der klassischen Topoi sozialistischen Denkens auf einmal in einem anderen Licht: Herrschaft und Emanzipation, Klasse und Krise, Eigentum, Märkte und Planwirtschaft, gesellschaftlich notwendige Arbeit, freie Zeit und gesellschaftlicher Mehrwert.« (Ebd.)

Die Erweiterung des Sozialismusbegriffs bezieht sich zunächst darauf, dass mit der Konzentration auf die industrielle Produktion und die Ausbeutung der Lohnarbeit wichtige Bereiche ignoriert wurden, die für das Funktionieren dieser Ausbeutung und für die Herrschaft des Mannes über die Frau in der Familie sowie in der Gesellschaft wesentlich sind. Die Arbeiten zur Versorgung der Familie, der Aufzucht des Nachwuchses, der Sorge um die Alten sowie private Pflegedienstleistungen usw. waren »billig«. Sie wurden nicht entlohnt, gingen aber in den Gebrauchswert der männlichen Lohnarbeit ein. Gleichzeitig zementierte die Rolle der unbezahlten Frauenarbeit deren subalterne Position und Abhängigkeit vom Einkommen des Mannes, die durch die Unterwerfung unter dessen sexuelle Bedürfnisse noch verstärkt wurde. Im modernen Kapitalismus werden diese Dienstleistungstätigkeiten (von der Zubereitung des Essens über die Aufzucht der Kinder bis in den Gesundheits- und Pflegebereich und zur Befriedigung sexueller Bedürfnisse) mit dem Ansteigen der Erwerbstätigkeit von Frauen kommodifiziert. Die kommerzialisierten Dienste werden wiederum überwiegend durch weibliche Lohnarbeit erbracht, die in der Regel unterdurchschnittlich bezahlt werden und vielfach im Bereich der prekären (ungeschützten) Tätigkeiten (z.B. von Migrant:innen) geleistet werden.

Die sozialistische Arbeiterbewegung (in ihren verschiedenen Richtungen) hatte sich im 20. Jahrhundert dafür eingesetzt, dass diese Leistungen der Reproduktionsarbeit vergesellschaftet werden, d.h. durch den Sozial- bzw. Wohlfahrtsstaat getragen werden müssen. Daher werden im Bereich der öffentlichen Dienste (auch durch starke Gewerkschaften, aber auch durch die starke Position linker Parteien in den Parlamenten) gesicherte und angemessen entlohnte Beschäftigungsverhältnisse für Frauen entstehen. In den skandinavischen Ländern z.B. ist der Anteil von Frauen – mit einer qualifizierten Ausbildung – im Bildungs-, Gesundheits- und Pflegebereich besonders hoch und bildet die Voraussetzung für deren Unabhängigkeit. Die Merkmale von Class, Race und Gender, die den subalternen gesellschaftlichen Status definieren, wirken hingegen zusammen und verstärken sich gegenseitig. Die sozialistische Überwindung solcher Verhältnisse wird also einerseits die Daseinsvorsorge, die Bildung und die Gesundheit als öffentliche Aufgaben wiederherstellen und aufwerten und deren Ausführung demokratisieren. Über die Gesetzgebung, aber auch über den Einfluss von Gewerkschaften und Parlamenten kann dieser Bereich zugleich als Modell für die Überwindung des Rassismus bzw. der Ausländerfeindlichkeit gestaltet werden.

Der erweiterte Sozialismusbegriff berührt natürlich auch das traditionelle Verständnis der Arbeiterbewegung hinsichtlich des Fortschrittsbegriffs. Der Sozialismus des 21. Jahrhunderts kann auf die Zunahme des »Elends in der Welt« und der sozialen Ungleichheit nicht mit einem Programm unbegrenzter Reichtumsvermehrung durch Industrialisierung und Wachstum antworten. Er ist mit der Frage konfrontiert, »wie der Energie- und Ressourcenverbrauch und damit der Stoffwechsel mit der Natur beschränkt werden kann« (Zelik 2020: 177). Nach Raul Zelik geht eine »ökosozialistische Position davon aus, »dass sich die Naturzerstörung weder durch Bewusstseinsänderung und kollektive Bescheidenheit (Konsumverzicht) noch durch neue technische Verfahren (erneuerbare Energien, Recycling etc.) stoppen lassen wird; auch eine neue Eigentumsordnung und eine gesellschaftliche Kontrolle über Produktion und Konsum werden nicht ausreichend sein. Erst ein politisches Projekt, das alle drei Komponenten dieser ›Kongruenz‹ im Blick hat, wird der destruktiven Dynamik des kapitalistischen Weltsystems etwas entgegensetzen können.« (Ebd.: 198f.)

Nach wie vor besteht eine enorme Kluft zwischen der intellektuellen Kritik an den herrschenden Verhältnissen, die für sozialistische Alternativen plädiert, und dem realen Entwicklungsstand von sozialen und politischen Bewegungen, die in der Zivilgesellschaft sowie im politischen System Veränderungen zugunsten solcher Alternativen herbeiführen könnten. Daher ist es unvermeidlich, dass das Projekt des Sozialismus im 21. Jahrhundert mit zahlreichen offenen Fragen und Widersprüchen konfrontiert wird, die einerseits in theoretischen Debatten und Analysen geklärt werden müssen, aber andererseits nur in der politischen Praxis und in den Kämpfen um Veränderung von Machtverhältnissen (vom Arbeits- und Produktionsprozess über die Zivilgesellschaft bis zur politisch-staatlichen Sphäre) aufgelöst werden können. Zu den Lehren des 20. Jahrhunderts gehört der Abschied von »Modellen«, die allgemeine Gültigkeit beanspruchen und dazu noch geschichtsphilosophisch legitimiert werden. Die Vielfalt der Verhältnisse im globalen Maßstab wird eine Vielfalt von Wegen, Experimenten und Erfahrungen im Kampf für sozialistische Veränderungen hervorbringen. Diese sind mit den je spezifischen Bedingungen des Landes und der Region verbunden. In den intellektuellen Debatten der letzten Jahrzehnte gab es – wie vorstehend bereits angedeutet – eine starke Tendenz, angesichts der Globalisierung des Kapitalismus, angesichts der Weltmarktbewegungen und der Macht der Finanzmärkte eine Abwertung der Souveränität und Macht der Nationalstaaten zu diagnostizieren. Die Transformation über den Kapitalismus hinaus (also die »kommunistische Perspektive«) wurde so schon als ein globales Projekt gedacht. Im Jahr 2000 veröffentlichten Antonio Negri und Michael Hardt ihr Buch »Empire« und vertraten dabei auch die These, dass die »Multitude« als »politisch-biologische Selbst-Organisation … auf der globalen Szene zu erscheinen beginnt« (Hardt/Negri 2000: 411). Für viele Teilnehmer:innen der großen Veranstaltungen der globalisierungskritischen Bewegungen nach Seattle und in Porto Alegre wurde mit »Empire« das »Kommunistische Manifest« von Marx und Engels (1847/48) auf der Höhe des 21. Jahrhunderts erneuert. Mit der These vom Souveränitätsverlust des Nationalstaates (aber auch vom Niedergang des »Imperialismus«) konnten sich viele Anhänger:innen sozialistischen Denkens befreunden, die zwar die gesellschaftlichen Widersprüche und Krisen des Kapitalismus – auch die Kämpfe, die daraus hervorgehen – begreifen, aber den Übergang von der kritischen Analyse und dem sozialen Protest auf die Ebene der Klassenformierung, der Partei und der politisch-staatlichen Machtverhältnisse und Entscheidungen systematisch ausblenden oder gar als Schritt zur Deformation des Sozialismus kritisieren. Die These vom Bedeutungsverlust des Nationalstaates und der Konstituierung globaler Subjekte einer emanzipatorischen Transformation erwies sich als falsch und befindet sich angesichts des derzeitigen Aufschwungs nationalistischer Ideologie und Politik in der westlichen Welt auf dem Rückzug.[39] Ihre Anhänger hatten die ökonomisch-politischen Machtverhältnisse im »American Empire« ebenso ignoriert wie die veränderte Rolle des nationalen Wettbewerbsstaates (Joachim Hirsch) im Prozess der Globalisierung und bei der Durchsetzung neoliberaler Politik. Im Mehrebenensystem der Politik (von der lokalen bis zur globalen Ebene) bleibt der Nationalstaat der Rahmen, in dem Reformen und Veränderungen in einer sozialistischen Perspektive erkämpft und durchgesetzt werden müssen. Diese Erkenntnis hat nichts mit einer Öffnung für nationalistische Ideologien zu tun, sondern ist Ergebnis einer realistischen Analyse. Sie ist auch Voraussetzung dafür, die Rolle des kapitalistischen Staates im Globalisierungsprozess und den Internationalismus als wesentlichen Bestandteil linker Politik richtig zu bestimmen. Die Anhänger der These vom »Souveränitätsverlust des Nationalstaates« leiten aus dieser meist auch die Forderung nach »offenen Grenzen« ab. Angesichts der Probleme der modernen Massenmigration – in den Herkunfts- wie in den Ankunftsländern – müsste eine sozialistische Linke sich jedoch für eine Kontrolle der Einwanderungspolitik einsetzen, die die humanitären Zielsetzungen mit einer Politik verbindet, die die Ursachen für die Auswanderung (Armut, Bürgerkriege und Kriege, ökologische Schäden, Wasserknappheit usw.)

[39] »Während im ersten Jahrzehnt des Jahrtausends die kapitalistische Globalisierung den Schwerpunkt der oppositionellen Kräfte bildete, begann das zweite Jahrzehnt mit ›Occupy‹ und den Anti-Austeritätsbewegungen in Griechenland und Spanien, die dramatisch auf die Ungleichheit zwischen den Klassen im Kapitalismus aufmerksam machten. Damit offenbarte der aufständische Schein des Protests ohne revolutionäre Wirkung schnell die Grenzen einer Politik außerhalb des Staates.« (Panitch/Gindin 2018: 12)

in den Herkunftsländern bekämpft.[40] Ohne starke Positionen der sozialistischen Linken auf der Ebene ihrer Nationalstaaten wird es keine Veränderungen in den Machtstrukturen des globalen Kapitalismus – zu denen auch die Europäische Union oder die NATO gehören – geben können. Das Elend des Internationalismus, das sich z.B. im rückläufigen Einfluss von Attac manifestiert, ist der Spiegel der Schwäche der Linken in den einzelnen Staaten der westlichen Allianz.

Die Kämpfe im nationalen Raum werden allerdings durch den Drang zur ökonomischen Globalisierung und deren Widersprüche sowie durch die Kämpfe um eine neue Weltordnung überdeterminiert. Die nationalen Regierungen geraten unter den Druck der internationalen Finanzmärkte, die über die Wechselkurse der Währungen, Zinssätze und Börsenkurse Einfluss auf die wirtschafts- und fiskalpolitischen Entscheidungen ausüben. Die Macht der transnationalen Konzernzentralen schwächt die nationalen Gewerkschaften und Belegschaftsvertretungen. Die Konstruktion neuer Fronten eines globalen Kalten Krieges bindet nicht nur ideologisch Teile der Arbeiterklasse ein, die sich in ihrer sozialen Existenz durch Produktionsverlagerungen und die Konkurrenz aus Ostasien bedroht fühlen. Diese vormals relativ privilegierten Fraktionen der Arbeiterklasse werden sich – wie Teile der Anhängerschaft von Donald Trump in den USA gezeigt haben – wahrscheinlich eher rechtspopulistischen, nationalistischen Anrufungen zuwenden. Falls sich die neuen Kriege um die Weltordnung ausweiten und sich im Inneren der kapitalistischen Staaten autoritäre Tendenzen noch verstärken, werden die Bewegungen für Demokratie, für soziale Gerechtigkeit, gegen den Klimawandel und für den Frieden immer enger zusammenarbeiten müssen (Chomsky 2021). Ihre Stärke ist eine Voraussetzung dafür, dass das sozialistische Projekt von der Ebene der intellektuellen Kritik auf die Ebene der Politik übergreifen und wirksam werden kann.

Mit der Problematik des Übergangs vom Protest zur Politik sind weitere, sehr kontrovers diskutierte Fragestellungen verbunden. In den neueren Sozialismusdebatten der Intellektuellen gibt es – im Hinblick auf die entwickelten kapitalistischen Gesellschaften – einen relativ breiten Konsens. Dieser bezieht sich auf die »Unmöglichkeit eines auf den gewaltsamen Aufstand gerichteten Weges zur politischen Macht in Staaten, die tief in kapita-

[40] Dieter Klein (2019: 280) fasst die Komplexität dieser Herausforderung, die nicht nur moralisch beantwortet werden kann, zusammen: »Eine linke Migrationspolitik muss eine Balance herstellen zwischen 1. dem kategorischen Gebot der Solidarität mit Menschen, die in den reichen Ländern des Kapitalismus Zuflucht und ein besseres Leben suchen, und 2. der bisher nur unzureichend gelösten Aufgabe, die materiellen und kulturellen Bedingungen ihrer Integration in die Gesellschaft der Aufnahmeländer zu schaffen… Eine Balance ist aber auch 3. zwischen der Bearbeitung der Migrationsproblematik und einer viel weiter reichenden Politik globaler Gerechtigkeit zu erstreben, die auf die Überwindung von Hunger und Armut in den Herkunftsländern der Migrant:innen zielt.«

listische Gesellschaften eingebettet sind« (Panitch/Gindin 2016: 37). Die mit dem Leninismus verbundene Strategie des »revolutionären Bruchs«, die die Notwendigkeit des bewaffneten Kampfes für die Eroberung der politischen Macht sowie die Errichtung einer »Diktatur des Proletariats« in den Mittelpunkt stellt, wird dabei einerseits als Transformationsmodell unterentwickelter Gesellschaften sowie als eine der Quellen der autoritären Deformationen des Staatssozialismus sowjetischen Typs kritisiert. Auf der anderen Seite soll mit dem Rekurs auf Gramscis Konzept des Stellungskrieges und des notwendigen Kampfes um die Hegemonie in der Zivilgesellschaft – vor der Eroberung der politischen Macht – eine Strategie begründet werden, die den Erfolgen des Kampfes der Arbeiterbewegung in den entwickelten kapitalistischen Gesellschaften sowie deren komplexen Charakter im Hinblick auf die institutionellen und rechtlichen Sicherungen von Grundrechten und der Ausbalancierung von sozialen Interessensgegensätzen Rechnung trägt. Allerdings hat das Scheitern der Politik der Kommunistischen Partei Italiens eher die Erfahrung bestätigt, dass sich die Politik der »Symbiose« (E. O. Wright),[41] also die Politik der Sozialdemokratie (bzw. die »Symbiose« des »Historischen Kompromisses«) vor dem Anspruch einer sozialistischen Transformation gründlich desavouiert hat. Die (theoretische und praktische) Aufarbeitung dieses Scheiterns steht immer noch aus – und der beklagenswerte Zustand der italienischen Linken zeugt noch Jahrzehnte später von den Folgen dieses Zusammenbruchs.

Der erweiterte Sozialismusbegriff weist auch da deutliche Lücken auf, wo es darauf ankommt, den Übergang von der Kritik und vom Protest zur Veränderung der Kräfte- und Machtverhältnisse – also zur Politik und zur Transformation des Staates – strategisch genauer zu bestimmen. Das ist zunächst einmal darauf zurückzuführen, dass, wie bereits ausgeführt, die Kritik an der quasi-selbstverständlichen Achse Klasse – Partei – Staat im Kontext der Aufarbeitung des Scheiterns der Sozialismusmodelle des 20. Jahrhunderts völlig berechtigt ist. Dazu kommt, dass in den entwickelten kapitalistischen Staaten derzeit keine proletarischen Massenparteien existieren, die über klare

[41] Der US-amerikanische Soziologe Eric Olin Wright unterscheidet in seinem Buch »Envisioning Real Utopias« (2010) drei Linien bzw. Strategien der Transformation in der Geschichte des Sozialismus – den »Bruch« (ruptural transformation), die »Symbiose« (symbiotic transformation) und »Freiraum« (interstitial transformation). Er rekonstruiert dabei das Scheitern und die Widersprüche der leninistischen, der sozialdemokratischen und der anarchistischen Politik und votiert für eine neue Form der Verschränkung von Freiraum, Symbiose und Bruch: »Anstatt den Kapitalismus durch Reformen ›von oben‹ zu zähmen oder mittels eines revolutionären Bruchs zu zerschlagen, sollte, so der Kerngedanke, der Kapitalismus dadurch erodiert werden, dass in den Räumen und Rissen innerhalb kapitalistischer Wirtschaften emanzipatorische Alternativen aufgebaut werden und zugleich um die Verteidigung und Ausweitung dieser Räume gekämpft wird.« Diese dritte Linie bewegt sich in der Tradition des Anarchismus.

Vorstellungen vom »Weg zur Macht« (so Karl Kautsky im Jahr 1909) verfügen. Die »Wiedergeburt des Sozialismus« im frühen 21. Jahrhundert begründet sich eher aus den Tendenzen zur sozialen Polarisierung und Ungleichheit sowie zum »Katastrophenkapitalismus«, die immer neue Formen des Protestes und der moralischen Kritik an den herrschenden Verhältnissen hervorbringen. Viele Beiträge zur intellektuellen Debatte beziehen sich auf Hannah Arendts Warnung vor der »Akkumulation von Macht« als Merkmal jener gescheiterten Versuche, die als Diktaturen – auch mit dem Instrumentarium des Terrors und der Gewalt – schließlich die Ziele der Revolution und des Sozialismus diskreditierten.

Die Kritik an der Fixierung auf Macht ist einerseits berechtigt, wenn es um die Aufarbeitung der Gründe für das Scheitern der staatssozialistischen Experimente geht. Auf der anderen Seite ignoriert diese Kritik allerdings wesentliche Fragen und Herausforderungen, mit denen seit 1789 alle revolutionären Bewegungen und Kräfte konfrontiert wurden: das Verhältnis von Massenbewegung und organisierter Führung, und die Rolle der revolutionären wie der gegenrevolutionären Gewalt im Prozess der Durchsetzung von Forderungen der Transformation. Selbstverständlich wandeln sich die Formen, in denen diese Widersprüche ausgetragen werden. Gleichwohl wird jede von außerparlamentarischen Massenbewegungen getragene Politik der Transformation der bestehenden ökonomischen, gesellschaftlichen und politischen Machtverhältnisse, die zu einer Aufhebung bzw. zu einer deutlichen Beschränkung der materiellen und sozialen Privilegien der herrschenden Klasse führt, mit einem enormen Widerstand rechnen müssen. Dabei spielen nicht nur die »ideologischen Staatsapparate« (Medien), sondern auch die staatlichen Sicherheitsapparate des alten Regimes (Polizei, Militär, Justiz) eine wichtige Rolle.

Im 20. Jahrhundert reichten die Aktionen der Gegenrevolution vom Militärputsch gegen eine gewählte linke Regierung über Blockaden und Sanktionen sowie über militärische Interventionen von außen bis hin zu massiven Propagandafeldzügen über die Medien bis zur Sabotage von sozialökonomischen Strukturreformen bzw. Widerstand gegen die Enteignung von Großgrundbesitzern und die Ankündigung der Vergesellschaftung von transnationalen Konzernen. Im 21. Jahrhundert wird neben solchen Formen der direkten Gewalt auch der Cyber-War zur Störung der Funktionsbedingungen moderner Gesellschaften und staatlicher Apparate eine zunehmende Bedeutung gewinnen. Die rechtspopulistischen Bewegungen, die weltweit mit ihrer Option für einen »autoritären« – ideologisch durch Nationalismus und Rassismus gestützten – Kapitalismus zugleich einen gewaltbereiten Antisozialismus und Antikommunismus vertreten, vermitteln bereits einen Vorgeschmack auf kommende Gewaltakte eines rechtsradikalen Mobs, der seine Gegner ebenso wie die demokratischen Institutionen angreift.

In der Geschichte des modernen Sozialismus standen die vielgestaltigen Übergänge von betrieblichen und zivilgesellschaftlichen Massenprotesten auf die Ebene der Politik und des Staates immer wieder im Zentrum von strategischen Debatten. In Perioden, in denen der Druck von Klassenbewegungen »von unten« besonders stark ist, stellt sich die Frage der politischen Organisation, die an Wahlkämpfen teilnimmt und Träger von Kampagnen für demokratische Reformen (Wahlrecht, Koalitionsfreiheit) ist. In der sozialistischen Arbeiterbewegung war dieser Zusammenhang von Basisbewegung und »Empowerment« (»Ermächtigung«) auf der politischen Ebene selbstverständlich. Die proletarischen Massenparteien wurden in die Ordnung der parlamentarischen Demokratie integriert, sie strebten nach der Übernahme der Regierung oder nach der Beteiligung an Regierungskoalitionen, um Forderungen im Interesse der Arbeiterbewegung durchzusetzen. Dort, wo sozialistische Parteien verboten waren und verfolgt wurden, haben sich in der Illegalität (und in der Emigration) kleine Parteien gebildet, die sich als »Avantgarde« der Arbeiterklasse begriffen und sich auf eine revolutionäre Krise des alten Regimes vorbereiteten. In den antikolonialen und antiimperialistischen Befreiungsbewegungen waren solche Parteien meist eng mit dem Aufbau und den Aktivitäten einer Befreiungsarmee verbunden.

In den aktuellen Sozialismusdebatten steht die Parteifrage nicht an erster Stelle. Das ist vorab dem Sachverhalt zu verdanken, dass – vor allem in den entwickelten kapitalistischen Staaten – der Druck von sozialen Bewegungen und deren Übersetzung in politische Kraft auf der Ebene des Staates nach wie vor schwach ist. Dazu kommt, dass das Scheitern der alten Parteikonzepte (und der Einparteien-Regime im »realen Sozialismus« sowjetischer Prägung) die traditionellen Avantgardekonzepte politischer Parteien zutiefst diskreditiert hat. Der – im Mexiko lehrende – linke britische Politikwissenschaftler John Holloway (2018) hatte schon 2002 im Titel seines Buches »Die Welt verändern, ohne die Macht zu übernehmen« den Anspruch auf eine neue Strategie und Politik der Transformation erhoben. Die Bewegung der Zapatistas im Süden Mexikos übernahm diese Losung und wurde zum Vorbild von zahlreichen Anhänger:innen der globalisierungskritischen Bewegung um die Jahrtausendwende. Inzwischen haben allerdings die Auseinandersetzungen um die Linksregierungen in Lateinamerika (Boris 2014) die Erinnerung an die Zapatistas in den Hintergrund gedrängt.

Zwischen der Stärke von sozialen und kulturellen Basisbewegungen und der Erkenntnis über die Notwendigkeit einer politischen Organisation als unverzichtbare Elemente des »Empowerment« der Subalternen besteht eine – jeweils neu sich reproduzierende – Wechselwirkung. Die Bewegungen – auch spontane Streikbewegungen – unterliegen Schwankungen und Zyklen. Der Enthusiasmus der Massenaktionen flacht schnell ab. Der Verlauf der antiautoritären Jugend- und Studentenbewegungen nach 1968 hatte die Schwächen des Spontaneismus ebenso belegt wie zahlreiche Bewegungen im Zeichen des »Arabischen Frühlings« nach dem Dezember 2010 (Mason 2013). Die Parteiorganisation (auch mit ihren Funktionären und Kommunikationsnetzwerken) garantiert auch unter schwierigen Bedingungen Kontinuität und kann strategische Erkenntnisse über die Veränderung der Kampfbedingungen vermitteln. Parteien sind auch wichtig für die Auswahl von Führungsgruppen und deren Bildung. Alle dieser Funktionen, aus denen sich die Notwendigkeit der politischen Organisation ableitet, sind immer wieder höchst umstritten, nicht zuletzt, weil sie auch immer wieder genutzt werden, um in den Parteiapparaten neue Herrschaftsformen zu etablieren, um die eigene Anhängerschaft wie eine folgsame Herde zu behandeln. Spaltungen sind die Folge, nicht immer verbunden mit organisatorischen Neugründungen, oft auch als Aufkündigung von Mitgliedschaften und politischem Rückzug, mitunter aber auch in einem Prozess der »Selbst-Reinigung« in demokratischen Verfahren, die zur Ablösung alter Führungsgruppen und zur Öffnung innerparteilichen Debatten und Auseinandersetzungen führen. Die US-amerikanischen Philosophin Jodi Dean hat in einer gründlichen Auseinandersetzung mit diesen Widersprüchen (auch mit den Thesen von John Holloway) die Anhänger:innen der neuen sozialen Bewegungen davon zu überzeugen versucht, dass die Parteifrage auch für die Kontinuität sozialer Basisbewegungen, vor allem aber auch für die Perspektive sozialistischer Transformation von zentraler Bedeutung bleibt. »Die Kapitalisten werden die Akkumulationsprozesse nicht freiwillig neu organisieren, um der Proletarisierung ein Ende zu setzen. Sie werden nicht einfach die Kontrolle und das Eigentum an den Produktionsmitteln abgeben. Staaten werden nicht einfach aufhören, diejenigen zu unterdrücken, zu verhaften und einzusperren, die sich ihnen widersetzen. Solche grundlegenden Veränderungen werden nur durch politischen Kampf zustande kommen, der international geführt wird. Eine Linke, die es ablehnt, sich für politische Macht zu organisieren, wird machtlos bleiben. Deshalb sprechen wir wieder über die Partei.« (Dean 2016: 207)

Der erweiterte Sozialismusbegriff wird auch von kritischen Intellektuellen vertreten, für die die Transformation zu einer freien Gesellschaft – über den Kapitalismus hinaus – mit einer grundlegenden Veränderung der »Beziehungsweise« (nicht nur der Produktionsweise) verbunden sein muss. Sie fordern die Überwindung von partikularer Herrschaft und von Ungleichheit, die mit patriarchalischer Herrschaft, Rassismus, mit der Diskriminierung von abweichenden sexuellen Orientierungen verbunden sind.[42] Da sich ihr So-

[42] Bini Adamczak (2017: 110ff.) hat in ihrem Beitrag zum 100-jährigen Jubiläum der Oktoberrevolution das Scheitern der »alten Revolution« darauf zurückführen wollen, dass sie – aufgrund ihres ökonomistischen Bias – daran gescheitert sei, eine Gesellschaft der Freien und Gleichen zu verwirklichen. Man muss »die Überweidung von Kapitalismus anders konzipieren als in Begriffen der Negation, der Reform oder der Subversi-

zialismuskonzept von der »historischen Mission« der Arbeiterklasse verabschiedet hat, übernehmen sie die poststrukturalistische Wende vom Klassenkampf zur Anerkennung der Differenz von Lebensweisen und zum Schutz von Minderheiten. Die berechtigte Kritik an Ökonomismus und Klassenreduktionismus wird dabei zugespitzt. Die damit verbundene Radikalität der Kritik an Homophobie und Rassismus verkennt freilich, dass die Erfolge in solchen Kämpfen um Anerkennung der Differenz und Gleichstellung bruchlos in Konzepte der Modernisierung des Kapitalismus und seiner Herrschaftsformen eingepasst werden können, ohne die ökonomische Basis der Klassengesellschaft zu verändern. Aber auch diejenigen linken Kräfte, die sich z.B. mit dem Blick auf Lateinamerika für den Schutz des Regenwaldes und der indigenen Kulturen einsetzen, sind oftmals erstaunlich gleichgültig gegenüber der Frage, welche Maßnahmen eine sich als sozialistisch bezeichnende Regierung unternehmen muss, um das Massenelend in den Großstädten oder im Bereich der bäuerlichen Subsistenzwirtschaften, aber auch den Notstand im Bildungs- und Gesundheitswesen, zu bekämpfen und wie die dafür erforderlichen Ressourcen mobilisiert werden können.

Sozialistische Politik wird solche Bewegungen gegen die Diskriminierung von Minderheiten unterstützen. Sie muss jedoch ihre Legitimation – damit auch die Bestimmung ihrer Praxisfelder – aus den immanenten Widersprüchen und Krisentendenzen der kapitalistischen Gesellschaftsformation sowie aus den daraus hervorgehenden Formen der Kritik, des Widerstandes und der Kämpfe um die Interessen der subalternen Klassen ableiten. Die Zuspitzung der Krisen- und Katastrophentendenzen des Kapitalismus im 21. Jahrhundert muss in Theorie und Praxis Ausgangspunkt und zentraler Bezugspunkt eines erneuerten Sozialismuskonzeptes sein. Im 21. Jahrhundert werden die damit verbundenen Kämpfe um Menschheitsfragen ausgetragen. Diese sind – als Überlebensfragen – eng mit der Klimakrise, mit der Zerstörung von Natur und Umwelt, mit Armut und Massenelend, aber auch mit den Gefahren und Folgen von Kriegen und Bürgerkriegen im globalen Kapitalismus verknüpft. In den Zentren des Kapitalismus stehen der Kampf gegen soziale Ungleichheit und deren Wirkungen auf die Erosion der Demokratie, die Auseinandersetzungen um die Durchsetzung der informationellen Revolution und eine sozial-ökologische Transformationsperspektive im Mittelpunkt. Dabei eröffnet sich die Perspektive einer drastischen Reduzierung der Arbeitszeit im Kernbereich der materiellen Produktion und gleichzeitig der Notwendigkeit, außerhalb der Sektoren der Profitproduktion Beschäftigungsverhältnisse zu erweitern, die nicht der Verfügungsmacht des Kapi-

on… Aus einer beziehungstheoretischen Perspektive erscheint Kapitalismus weder als geschlossenes System noch als Antagonismus unverbundener Klassenblöcke, sondern als Gefüge von ineinandergreifenden Beziehungsweisen, lebendiger wie dinglicher.« (Ebd.: 248).

tals und den Gesetzen freier Arbeitsmärkte unterworfen sind. Darüber hinaus wird der Sozialismus Antworten geben müssen, wie nicht nur im Bereich der Kultur, sondern auch im Bereich des Wohnens, der Gesundheit, des Körpers den totalitären Tendenzen der Kommodifizierung aller Lebensbereiche Schranken gesetzt werden können. Dabei geht es um demokratische Formen des Arbeitens, eines »guten Lebens« (und Zusammenlebens), verbunden mit den Aufgaben der Sicherung des Friedens.

Der moderne Sozialismus hatte sich seit seiner Entstehung im frühen 19. Jahrhundert auf die Erklärungen der allgemeinen Menschenrechte bezogen, die von den bürgerlichen Revolutionen verkündet worden waren. Er setzte sich zum Ziel, die strukturelle Abhängigkeit, die Ausbeutung der Arbeitskraft, das Massenelend des Proletariats und dessen politische Rechtlosigkeit zu bekämpfen und durch Reformgesetze sowie die Veränderung der Eigentumsordnung zu überwinden. Der Sozialismus entwickelte sich zu einer gesellschaftlichen und politischen Macht in dem Maße, wie die Ausgebeuteten und Entrechteten es lernten, ihre Interessen kollektiv und solidarisch zu vertreten und Organisationen zu schaffen, die Klassenpolitik – über den Betrieb und die Gesellschaft hinaus – auf der Ebene der Politik und des Staates durch den Kampf für Demokratisierung in die Lage versetzte, das Kräfteverhältnis zwischen Kapital und Arbeit in Staat und Gesellschaft zu verändern.

Die Tendenz zur antagonistischen Vergesellschaftung hat mit den Krisen und Katastrophen – und der gleichzeitigen sozialen Polarisierung – seit dem frühen 21. Jahrhundert einen Prozess der reflexiven Globalisierung eingeleitet, in dem – zusammen mit dem Klimawandel und den Machtverschiebungen in der Weltordnung – deren Widersprüche auf die entwickelten kapitalistischen Zentren zurückwirken. Antagonistische Vergesellschaftung hat ein Niveau erreicht, auf dem politische Lösungen für die durch den Kapitalismus reproduzierten Krisen und Katastrophen notwendig geworden sind. Um die inhaltliche Ausgestaltung dieser Lösungen wird zwischen den verschiedenen gesellschaftlichen und politischen Kräften gerungen. Das Kräfteverhältnis der Klassen sowie die Intensität der Klassenauseinandersetzungen entscheiden dabei in letzter Instanz über den Inhalt dieser Lösungen, die immer auch die (oft noch von Minoritäten artikulierten) Forderungen nach Vergesellschaftung, der Enteignung von Privateigentum (z.B. in Bereichen Wohnen, Verkehr, Gesundheit), nach einer gesellschaftlich-politischen Kontrolle des Finanzsektors und nach einem qualitativen Ausbau der Wirtschaftsdemokratie beinhalten. Die Neubegründung des Sozialismus im 21. Jahrhundert wird sich auf diesen Feldern bewähren müssen.

5. »Socialism is Back«?

Der Wirtschaftshistoriker Adam Tooze veröffentlichte 2018 seine umfangreiche Studie über die Finanzkrise von 2008 und deren Folgen unter dem Titel: »Crashed. Wie zehn Jahre Finanzkrise die Welt verändert haben«. Das System des globalen Finanzmarktkapitalismus stand am »Rand des Abgrundes«, so der »Economist«. In den USA war die spekulative »Blase« im Immobiliensektor geplatzt. Die Krise erfasste sofort den gesamten Bank- und Versicherungssektor; Wachstumseinbrüche begleitet von Unternehmenszusammenbrüchen und steigender Arbeitslosigkeit folgten. Infolge der maßgeblich auch aus Deutschland erzwungenen Austeritätspolitik verschärfte sich die Krise in den schwächeren EU-Mitgliedstaaten im Süden und Südosten. Das Krisenmanagement der EU und der Europäischen Zentralbank (EZB) konzentrierte sich auf die Rettung der Banken und auf die Rückzahlung von Krediten, verband die Gewährung von Hilfen allerdings an eine strikte Deregulierungspolitik, die die sozialen Probleme in den am meisten von der Krise betroffenen Ländern noch verstärken musste.

In Griechenland wurde die linke Syriza-Regierung, die mit der Kritik an dieser Politik der EU ins Amt gewählt worden war, zur Unterwerfung unter die Regeln des EU-Regimes gezwungen. »Im Winter 2015–2016 drohte der Weltwirtschaft in den Worten des *Economist* nichts weniger als eine ›Katastrophe‹. Der Boom in den Schwellenländern, der das Globalisierungsnarrativ so lange untermauert hatte, war jäh zum Erliegen gekommen. Russland, Zentralasien, Brasilien und Südafrika steckten bereits in einer Rezession.« (Tooze 2018: 697) Zu diesem Zeitpunkt gab es auch für China Anzeichen einer Rezession. Mit einem gewaltigen Konjunkturprogramm, das der Stärkung der inneren Nachfrage diente, wurde eine Wende eingeleitet: »Das Jahr 2009 war das erste Jahr der Moderne, in dem die Entwicklung der chinesischen Wirtschaft ... in Verbindung mit einem riesigen Liquiditätsprogramm der Federal Reserve ... die gesamte Weltwirtschaft vor einem Absturz bewahrte.« (Ebd.: 293) Davon profitierte insbesondere die exportorientierte deutsche Wirtschaft, die nach 2010 eine Wachstumsperiode erlebte, die schließlich mit dem Eintritt in die Corona-Krise ab 2020 beendet wurde, woraufhin das System der kapitalistischen Weltwirtschaft erneut in eine tiefe Krise geriet. Die ungleiche Entwicklung zwischen Staaten und Regionen – als die materielle Basis für die sozialen Proteste im Inneren sowie für die Zunahme der politischen Spannungen auf der Ebene der internationalen Politik – wird sich im Gefolge der Pandemie noch verstärken. Als Reaktion auf das Krisenjahrzehnt nach 2008/09[43] ist in der westlichen Welt der Ruf »Socialism

[43] Es gab natürlich auch linke Intellektuelle, die schon vor der Krise von 2008 über die Aktualität der »Idee des Kommunismus« diskutierten – vgl. dazu die Beiträge zu einer

is Back« lauter geworden.[44] Auf der politischen Ebene ist das Jahrzehnt nach 2008/09 durch vielfältige Protestbewegungen, Aufstände (Riots), auch durch punktuelle Erfolge von linken Parteien charakterisiert, die mit sozialistischen Programmelementen und Zielen Massenzustimmung mobilisieren konnten. Diese Ansätze sind gescheitert, sofern sie auf die Verwirklichung eines sozialistischen Regierungsprogramms ausgerichtet waren. Viele Bewegungen haben ihre Kraft verloren. Nach der Überwindung der Corona-Pandemie werden die Beteiligten der Kämpfe möglicherweise aus den Fehlern lernen, die in der ersten Phase der »Rückkehr« des Sozialismus im 21. Jahhundert begangen wurden. Die Geschichte des Sozialismus vermittelt dabei die Erkenntnis, dass die Durchsetzung seiner Ziele stets von einer qualitativen Veränderung der Kräfteverhältnisse zwischen den Klassen im Gefolge von wirtschaftlichen und politischen Krisen sowie eines deutlichen Aufschwunges der Klassenkämpfe selbst abhängig war. Eben diese Voraussetzungen sind in der gegenwärtigen geschichtlichen Konstellation noch nicht herangereift.

Unter Ökonomen gibt es weltweit eine starke Fraktion von »linken Keynesianern«, die sich der marktradikalen Wende schon in den späten 1970er Jahren entgegengestellt hat. Der Nobelpreisträger Joseph Stiglitz ist einer der prominentesten Kritiker der Ideologie und Politik des Neoliberalismus: Die Entfesselung der Märkte habe zur Krise von 2008 sowie zur Spaltung der Gesellschaft geführt. Er ist davon überzeugt, dass »die Krise von 2008 eine neue Sicht der langjährigen Kontroverse um die Frage, welches Wirtschaftssystem dem Gemeinwohl am dienlichsten ist, mit sich bringen wird; denn es gibt unterschiedliche Spielarten der Marktwirtschaft, und der Wettbewerb zwischen ihnen geht weiter« (Stiglitz 2010: 10). Er ist weiterhin davon überzeugt, dass »eine andere Welt möglich (ist). Wir können eine Gesellschaft verwirklichen, die eher im Einklang mit unseren Grundwerten steht, mehr Chancengerechtigkeit bietet, wirtschaftlich leistungsfähiger ist, demokratischere Strukturen schafft und den Lebensstandard der meisten Bürger deutlich anhebt.« (Stiglitz 2012: 344) In der Bundesrepublik Deutschland veröffentlichen kritische

gut besuchten Konferenz in London im Jahre 2009: Alain Badiou/Slavoij Zizek: L'Idée du Communisme, Clamecy 2010 (mit weiteren Beiträgen von Toni Negri, Michael Hardt, Wang Hui, Jacques Rancière u.a.). Auch das von Bahskar Sunkara herausgegebene »ABC of Socialism« (London/Brooklyn 2016) bestimmt den Sozialismus als Gegenentwurf zu den allgemeinen Strukturmerkmalen der kapitalistischen Ausbeutung, der Klassengesellschaft und des kapitalistischen Staates. Slavoy Zizek hatte schon zu Beginn des Jahrhunderts unter dem Titel »Die Revolution steht bevor« (Frankfurt a.M. 2002) für die »Rückkehr zu Lenin« geworben.

[44] Vgl. dazu u.a. die Entwicklung der kapitalismuskritischen Debatten im Bereich der akademischen Soziologie von der Erstveröffentlichung der Arbeit von Klaus Dörre/Stephan Lessenich/Hartmut Rosa: Soziologie – Kapitalismus – Kritik, Frankfurt a.M. 2009 – bis zum Sonderband des Berliner Journals für Soziologie: Klaus Dörre u.a. (Hrsg.): Große Transformation. Zur Zukunft moderner Gesellschaften, Wiesbaden 2019.

Ökonomen seit fast 50 jedes Jahr zum 1. Mai ein »Memorandum« zur »alternativen Wirtschaftspolitik«, dessen Forderungen von vielen Wissenschaftler:innen, Betriebsrät:innen und Gewerkschaftsfunktionär:innen öffentlich unterstützt werden. Die Verfasser und Unterstützer wenden sich gegen die herrschende Austeritätspolitik und argumentieren gegen »Markt- und Politikversagen«. Dabei befürworten sie einen erweiterten Staatsinterventionismus, der sich insbesondere auf die Bereiche einer aktiven Beschäftigungspolitik konzentriert. Sie entwickeln Vorschläge für nachhaltig wirksame Reformen im Bereich der Verkehrs-, Energie- und Wohnungspolitik sowie für den Ausbau öffentlicher sozial-kultureller Dienstleistungen. Sie unterstützen nicht zuletzt gewerkschaftliche Forderungen nach einer Verkürzung der Arbeitszeit und nachfragewirksamen Lohnsteigerungen.

Lange Zeit mussten sich die Anhänger eines linken Keynesianismus wie »Rufer in der Wüste« vorkommen, denn auch die sozialdemokratisch geführten Regierungen begründeten ihre Anpassung an die Maximen neoliberaler Politik mit den Zwängen des Wettbewerbs im globalen Finanzmarktkapitalismus. In der Corona-Krise, und vor allem nach dem Sieg des Demokraten Joe Biden bei den Präsidentschaftswahlen in den USA, hat sich jedoch 2020/2021 eine Wende vollzogen. In den USA und in der EU werden staatliche Programme zum Kampf gegen die Wirtschaftskrise, aber auch für den Kampf gegen die Klimakrise sowie für die Bewältigung der »digitalen Revolution« mit gigantischen (kreditfinanzierten) Summen ausgestattet. In den USA spielt dabei auch der Kampf gegen die Armut sowie gegen die rassistische Diskriminierung der schwarzen Bevölkerung sowie von Migrant:innen eine besondere Rolle. Gewaltige Summen sollen für die Sanierung der Infrastruktur (Straßenbau, Brücken, Erneuerung der Stromnetze usw.) sowie für Sozialprogramme ausgegeben werden: »Subventionen für die Kinderbetreuung in der Vorschule, gebührenfreie staatliche Fachhochschulen, Steuervergünstigungen für Familien, bezahlte Auszeiten, um kranke und alte Familienmitglieder zu pflegen«. Die konservative FAZ (31.4.2021: 6) stellt fest, dass dieses Programm eine Wende im Hinblick auf die Rolle des Staates für die Überwindung der wirtschaftlichen und sozialen Krise, aber auch für die Orientierung auf Bereiche der sozialen Daseinsvorsorge markiert (vgl. auch Smith 2021): »Biden sagte, es gebe gewiss gute Leute an der Wall Street… Das Land sei aber nicht von der Wall Street aufgebaut worden, sondern von der Mittelschicht. Und die Mittelschicht sei von den Gewerkschaften geschaffen worden.[45] Mitunter klang er wie ein Arbeiterführer, wurde offensiv und geißelte den Neoliberalismus: Die wirtschaftswissenschaftliche ›Trickle-

[45] Biden sagte: »Unions built the middle class« – er bezog sich dabei auf die gewerkschaftlich organisierten Industriearbeiter, die in der Periode des Fordismus die stärkste Fraktion der US-amerikanischen Arbeiterklasse bildeten. Jacobin korrigierte: »Class struggle built the welfare state.«

Down‹-Theorie habe nie funktioniert. Es sei Zeit, die Wirtschaft von unten und der Mitte aus wachsen zu lassen.«

Der vorstehend wiederholt erwähnte französische Ökonom Thomas Piketty befasst sich im letzten Kapitel seines Buches »Kapital und Ideologie« mit »Elemente(n) eines partizipativen Sozialismus für das 21. Jahrhundert« (Piketty 2020: 1185ff.). Diesen begreift er als eine mögliche (und notwendige) Antwort auf die Zunahme der Ungleichheit der Einkommen und Vermögen in der entwickelten kapitalistischen Welt seit dem Ende des 20. Jahrhunderts. In der Periode des »Golden Age« (Hobsbawm) bzw. des »demokratischen Kapitalismus« (Streeck) – zwischen 1950 und 1980 – herrschte eine Tendenz zum Abbau der Ungleichheit vor allem in den Staaten des »sozialdemokratischen Wohlfahrtstaates«, z.B. in Skandinavien (ebd.: 532-536). In den darauffolgenden Jahren steigen die Indikatoren der Ungleichheit erneut an und erreichen – z.B. in den USA – wieder das Niveau der Zeit vor dem Zweiten Weltkrieg. Piketty fasst zusammen: »Die Rückkehr einer sehr starken Eigentumskonzentration und dazu die höhere Intransparenz in Finanzangelegenheiten sind wesentliche Merkmale der proprietaristischen[46] inegalitären Weltordnung zu Beginn des 21. Jahrhunderts. ... Der Anteil, der in den Händen der reichsten 10% liegt, ist immer größer geworden, besonders in den Vereinigten Staaten, und das bedeutet, dass der Anteil der übrigen Bevölkerung in beunruhigender Weise abbröckelt. Dass es keine breite Streuung von Eigentum gibt, ist ein zentrales Problem des 21. Jahrhunderts und könnte dazu beitragen, das Vertrauen der unteren Schichten in das Wirtschaftssystem auszuhöhlen – in den reichen Ländern genauso wie in den armen und den Schwellenländern.« (Ebd.: 860f.)

Jedes Regime der Ungleichheit ruft Gerechtigkeitsdiskurse hervor, die das Schicksal der Unterklassen im Namen der Menschenrechte oder auch der christlichen Gebote kritisieren und – als Ausdruck des »Prinzips Hoffnung« (Ernst Bloch) – die Utopien vom »guten Leben« jenseits der herrschenden Verhältnisse inspirieren. Im Spätmittelalter waren die Bauernbewegungen ebenso wie die städtischen, plebejischen Volksbewegungen von solchen Gerechtigkeitsdiskursen getragen. Im frühen 19. Jahrhundert war die Entwicklung des Frühsozialismus, dann – wie Engels einmal formulierte – die »Entwicklung des Sozialismus von der Utopie zur Wissenschaft« und die Herausbildung der Massenorganisationen der sozialistischen Arbeiterbewegung eine Antwort auf das Ungleichheitsregime, das im Gefolge der industriellen Revolution den Klassengegensatz und den Kampf zwischen Bourgeoisie und Arbeiterklasse ins Zentrum der gesellschaftlichen und politischen Konflikte gerückt hatte. Für den Anfang des 21. Jahrhunderts schlägt Piketty die fol-

[46] Der Begriff Proprietarismus bezeichnet Ideologien und Politiken zur Legitimation und Förderung des Privateigentums sowie der damit verbundenen Macht und Privilegien.

gende Definition einer »gerechten Gesellschaft« vor: »Sie gewährt allen, die ihr angehören, möglichst umfänglichen Zugang zu grundlegenden Gütern… Zu solchen Grundgütern zählen namentlich Bildung, Gesundheit, aber auch das Wahlrecht und, allgemein gesprochen, Partizipation, also Mitbestimmung und möglichst umfassende Teilhabe an den verschiedenen Formen gesellschaftlichen, kulturellen, wirtschaftlichen, staatbürgerlichen, politischen Lebens. Die gerechte Gesellschaft organisiert soziale und wirtschaftliche Beziehungen, Eigentumsverhältnisse und Vermögensverteilung derart, dass sie ihren am wenigsten begünstigten Mitgliedern die bestmöglichen Existenzbedingungen bietet.« (Ebd.: 1187f.) Das Modell eines »partizipativen Sozialismus« setzt auf »Sozialeigentum und Aufteilung von Stimmrechten in Unternehmen« (ebd.: 1214). Piketty lobt hier die gesetzlichen Regelungen über die Unternehmensmitbestimmung durch Arbeitnehmer und Gewerkschaften in Deutschland und in Schweden sowie die in den Verfassungen dieser Länder festgeschriebene Sozialbindung des Eigentums. Auch die Verbreitung von Belegschaftsaktien soll zum »Sozialeigentum« gehören. Die Frage der notwendigen und möglichen Arbeitszeitverkürzung – als Kampffeld wie als unverzichtbares Element einer sozialistischen Programmatik – spielt bei Piketty keine Rolle. Daneben – als zweite Säule – soll das »Steuersystem der gerechten Gesellschaft auf drei großen Progressivsteuern beruhen: jährliche progressive Eigentumssteuer, progressive Erbschaftsteuer und progressive Einkommensteuer.« (Ebd.: 1205f.) Vor allem die Eingriffe in das Erbrecht sollen der Festschreibung von Ungleichheit entgegenwirken. Piketty schlägt u.a. eine soziale Erbschaft für alle vor: Jeder EU-Bürger soll an seinem 25. Geburtstag 120.000 Euro erhalten – was durch hohe Steuern für die Reichen mühelos zu finanzieren wäre. Aus erhöhten Steuereinnahmen sind auch die Projekte der dritten Säule zu finanzieren: ein Grund- bzw. Mindesteinkommen sowie der Ausbau des Bildungs- und Gesundheitssystems. Schließlich schlägt er verschiedene Maßnahmen vor, um den Zusammenhang von Ungleichheit und politischer Macht aufzubrechen z.B. für ein gegen die private Parteienfinanzierung gerichtetes System zur Finanzierung des politischen Lebens.[47] Da die Gerechtigkeit in der heutigen Welt transnational gedacht werden muss, befürwortet Piketty – allerdings höchst allgemein – Formen eines transnationalen »Sozialföderalismus«. Etwas konkreter sind seine Vorschläge, wie die Gewinne der transnationalen Konzerne durch die Körperschaftssteuer für die Finanzierung des partizipativen Sozialismus-Modells abgeschöpft werden könnten (ebd.: 1269).

[47] Etwas naiv: »Jeder Bürger erhält jährlich einen Gutschein mit demselben Beitrag, zum Beispiel 5 Euro, die er einer Partei oder einer politischen Bewegung seiner Wahl spenden kann.«

Pikettys »Modell« orientiert sich an den Erfolgen der west- und vor allem der nordeuropäischen Sozialdemokratie in der Periode des »Golden Age«. Die Rolle der kommunistisch geführten Staaten um die Sowjetunion wird nur im Hinblick auf deren Zusammenbruch in den Jahren 1989/91 gewürdigt. Das negative Beispiel des »realen Sozialismus« in Osteuropa sei einer der Hauptgründe dafür, dass bis in die Gegenwart die Forderung nach Sozialismus – vor allem in den unteren Gesellschaftsklassen – eine eher abschreckende Wirkung erzeuge. Der Ökonom Piketty stellt sich freilich nicht der Frage, wie und unter welchen Bedingungen die Elemente seines »Modells des partizipativen Sozialismus« durchgesetzt werden könnten. Und er stellt sich auch nicht einer Auseinandersetzung über die Gründe des Scheiterns sozialdemokratischer Politik im 20. Jahrhundert. Gerade die französischen Sozialisten verabschiedeten sich unter François Mitterand und Jacques Delors in den 1980er Jahren von radikalen Programmen, die sie gemeinsam mit den Kommunisten in dem Jahrzehnt zuvor vertreten hatten. Und er reflektiert auch nicht näher die Tatsache, dass sowohl das westdeutsche Modell der Unternehmensmitbestimmung als auch der »schwedische Wohlfahrtsstaat« in den vergangenen Jahrzehnten einem tiefgreifenden Funktionswandel ausgesetzt waren. Ihr universalistischer Anspruch wurde deutlich reduziert. Die bundesdeutsche »Mitbestimmung« transformierte sich vom Bestandteil eines Programms der Wirtschaftsdemokratie zu einem Konzept der sozialpartnerschaftlichen Unternehmensführung in Branchen und Unternehmen (Ausgangspunkt: Kohle und Stahl), die sich seit den späten 1950er Jahren bereits im Niedergang befanden (Deppe 2018a; Raphael 2019). Die Erweiterung der Mitbestimmung auf die neuen expandierenden Sektoren der IT-Branche sowie auf weite Teile des Dienstleistungssektors wird mit einem massiven Widerstand vonseiten der Kapitalinteressen konfrontiert. Die starken Mitbestimmungspositionen in den alten Staatsbetrieben (Post, Bahn, Energieversorgung etc.) wurden zum Zuge der Privatisierung geschleift. Ökonomen wie Piketty erarbeiten komplexe Modelle; sie betrachten es aber oftmals nicht als ihre Aufgabe, deren politische Umsetzung mit in ihre Betrachtungen einzubeziehen.[48] Der Soziologe Wolfgang Streeck gehörte als Direktor des Kölner Max-Planck-Instituts für Gesellschaftsforschung zu den prominenten Politikberatern von Führungsgruppen der SPD und der Gewerkschaften. Seine Hoffnung, dass über eine Politik des »Wettbewerbskorporatismus«[49] Errungenschaften des »demokratischen Kapitalismus« unter den Bedingungen der Globalisierung und der neoliberalen Offensive erhalten werden könnten, wurde im ersten Jahrzehnt nach 2000 enttäuscht. Mit der Schrift »Gekauf-

[48] Piketty (2020: 1187) rechtfertigt das so: »Geschichte ist das Resultat von Krisen – nichts, was in den Büchern geschrieben steht.«

[49] Zur kritischen Auseinandersetzung mit dieser Position vgl. Bieling/Deppe 1999.

te Zeit. Die vertagte Krise des demokratischen Kapitalismus« (2013) reihte sich Streeck in die Reihe der intellektuellen Kritiker des Kapitalismus ein, die seit den 1970er Jahren eine Epochenwende diagnostizieren, in der die »Reparaturmaßnahmen« zur Überwindung der strukturellen Überakkumulation eine »Abwärtsspirale« in Gang gesetzt haben: »abnehmendes Wachstum, zunehmende Ungleichheit und steigende Gesamtverschuldung« (Streeck 2015a: 30). Inzwischen hat Streeck sich als Kritiker der herrschenden Politik – vor allem der Europa-Politik von Angela Merkel – radikalisiert und in den Diskurszusammenhang der angelsächsischen linken Intellektuellen um die Zeitschrift »New Left Review« eingefügt. Dazu gehört auch das lange Vorwort, das er zur deutschen Ausgabe eines – überwiegend von englischen Ökonomen verfassten – Manifestes über die »Ökonomie des Alltagslebens. Für eine neue Infrastrukturpolitik« (Foundational Economy Collective 2019: 7-32) verfasst hat. Eine »kommunale Fundamentalökonomie«, so Streeck, könnte »als Grundlage und Ausgangspunkt einer neosozialistischen Programmatik fungieren, die wieder an reale Produktions- und Reproduktionsprozesse anknüpft, nachdem man diese so lange den neoliberalen Marktfetischisten überlassen und sich auf (anti)identitäre Symbolpolitik beschränkt hat« (ebd.: 19).

Als »Fundamentalökonomie« bezeichnen die Autoren »jene Güter und Dienstleistungen, welche die soziale und materielle Infrastruktur des zivilisierten Lebens ausmachen, weil sie allen Haushalten einer Volkswirtschaft unverzichtbare Alltagsgüter zur Verfügung stellen. Dazu zählen materielle Dienstleistungen, erbracht mithilfe von Rohrleitungen und Kabeln, über die Wasser und Strom verteilt werden, über Filialnetze bereitgestellte Bankdienstleistungen und Lebensmittel sowie providentielle Leistungen wie Bildung, medizinische Versorgung, Pflege und Einkommensbeihilfen.« (Ebd.: 35f.) Etwa 40% der Beschäftigten in Europa sind in diesen Bereichen tätig. Diese »Infrastruktur für ein sicheres und zivilisiertes Leben« (ebd.: 79) wurde seit dem Ende des 19. Jahrhunderts in den Großstädten aufgebaut und nach dem Zweiten Weltkrieg als eine tragende Säule moderner (sozialdemokratischer) Wohlfahrtsstaaten erweitert. Seit 1980 war die Fundamentalökonomie den Angriffen des Finanzmarktkapitalismus, der Globalisierung und der neoliberalen Politik ausgesetzt. »Heute stehen wir daher vor einer angeschlagenen Fundamentalökonomie, die von räuberischen Akteuren beherrscht wird.« (Ebd.: 183)

Die »Erneuerung der Fundamentalökonomie« wird einerseits durch die gravierenden Mängel und Defizite infolge von Privatisierung, Out-Sourcing und Sparpolitik im Infrastrukturbereich, aber auch im Bereich der städtischen Ökonomie (Energieversorgung, Müllentsorgung, städtische Verkehrsbetriebe usw.) erforderlich. Andererseits konzentrieren sich vor allem in den großstädtischen Räumen die spezifischen Widersprüche und sozialen Konflikte des heutigen Kapitalismus (Harvey 2013): soziale Ungleichheit, Armut, Migration sowie die damit verbundenen Probleme der Kriminalität. Dazu kommt die »Gentrifizierung« ganzer Wohngebiete durch Finanzinvestoren sowie die damit einhergehenden Mietsteigerungen. Der soziale Wohnungsbau muss belebt und erweitert werden, verbunden mit gesetzlichen Regelungen zur »Deckelung« der Mieten. Die Umstellung der Verkehrs- und Energiesysteme, kostenlose Beförderung im öffentlichen Nahverkehr stehen dabei ebenso auf der Agenda wie Verbesserungen im Pflege- und Bildungsbereich, Verbesserung in der Aus- und Weiterbildung und schließlich die Förderungen einer breiten Kulturszene, die ohne öffentliche Förderung nicht zu existieren vermag. Die Durchsetzung dieses Programms verlangt Eingriffe in Marktgesetze und die Eigentumsordnung, dabei eine tiefgreifende Reform der städtischen Finanzen. Dabei müssen neue Formen der Bürger:innen-Beteiligung, der Selbstverwaltung von Projekten sowie der Förderung von Genossenschaften erprobt werden.

Insgesamt fügen sich diese Vorschläge durchaus in das von Piketty skizzierte Projekt eines »partizipativen Sozialismus« ein. Die Sozialismusperspektive ist in die zahlreichen Konflikte und Kämpfe eingeschrieben, die schon heute um eine Verbesserung der »Fundamentalökonomie« weltweit geführt werden. Die Autoren berufen sich gerne auf die Vorbilder des »roten Wien« der 1920er Jahre und des »roten Bologna« der 1970er Jahre. Allerdings wissen sie, dass eine wesentliche Bedingung für diese »Modelle« nicht mehr besteht: eine starke sozialistische bzw. kommunistische Partei, die über lange Zeiträume die beiden Städte politisch dominierte. Die Verbindung zwischen den lokalen und regionalen Räumen mit den Machtverhältnissen auf der zentralstaatlichen Ebene ist daher eine Voraussetzung für die Entwicklung der sozialistischen Perspektive in den lokalen Kämpfen. Allerdings wissen wir aus der Geschichte der sozialistischen und kommunistischen Massenparteien, dass die Kommunalpolitiker meist zu den (problemlösungsorientierten) Pragmatikern, daher eher zum rechten Flügel dieser Parteien gehörten. Das ist auch heute der Fall: Die schärfsten Gegner von Jeremy Corbyn befanden sich nicht nur in der Unterhausfraktion seiner Partei, sondern vor allem unter den Bürgermeistern und Stadträten jener Städte, die von Labour regiert wurden (Seymour 2016: 179f.). Zu verweisen ist allerdings dem entgegenstehend auf zahlreiche Großstädte, in denen im vergangenen Jahrzehnt – z.B. bei der Wasserversorgung – die Privatisierung rückgängig gemacht wurde.

Der Jenaer Soziologe Klaus Dörre leitet sein Plädoyer für eine sozialistische »Nachhaltigkeitsrevolution« aus der von ihm näher analysierten »ökonomisch-ökologischen Zangenkrise« ab (Dörre 2019: 20ff.). Sie wird einerseits angetrieben durch die wachsende Asymmetrie zwischen den Einkommen und Vermögen – andererseits erzeugt der Zwang zu Akkumulation, Profitproduktion und Wachstum den steigenden Energie- und Ressourcenverbrauch. Der Ausweg aus diesem Dilemma heißt: »make growth sustainable« und »make de-growth stable« (Dörre 2019a: 22). Dörre stützt sich u.a. auf Positionen des britischen Naturwissenschaftlers Tim Jackson, der am Center for Environment and Sustainability an der University of Surrey lehrt. Die Titel seiner neueren Schriften lauten: »Wohlstand ohne Wachstum« (München 2017) und »Post-Growth. Life after Capitalism« (Jackson 2021).[50] Die sozialistische Dimension der Nachhaltigkeitsrevolution werde deutlich, wenn die Antworten auf die Ungleichheit (also die klassischen Verteilungsfragen sowie die Steuerpolitik und die Veränderung der Eigentumsverhältnisse) und der »ökologische Gesellschaftskonflikt« mitsamt der »Zerstörung öffentlicher Güter« (Wasser, Boden, saubere Luft), der Klimakrise zusammengeführt werden. Für die »neosozialistische« Gestaltung der Nachhaltigkeitsrevolution benennt Dörre fünf Kernprojekte: 1. Das Recht auf ein »gutes Leben«, 2. eine »Politik der substanziellen Gleichheit«, 3. eine radikale Demokratisierung der Wirtschaft, 4. neue kollektive Eigentumsformen, und 5. ein »neues europäisches Projekt«. Dazu bedarf es einer »handlungsfähigen sozialistischen Linken« (Dörre 2019a: 24-28). Dörre ist sich bewusst, dass diese »Utopie eines nachhaltigen Sozialismus« sich noch in einem frühen Entwicklungsstadium befindet. Er hat aber verstanden, dass die weltweit geführten Debatten über einen »Green New Deal«, vor allem aber die Bewegungen junger Menschen gegen die Klimakrise genau jene Felder markieren, auf denen die Themen der alten und der neuen Linken zusammengeführt werden müssen und auf denen eine neue Generation lernt, den Begriff des Sozialismus (gerade wegen seiner antikapitalistischen Stoßrichtung) positiv zu besetzen (Dörre 2021).

Bei diesen Beiträgen zur internationalen Sozialismus-Debatte und den darin enthaltenen konkreten Vorschlägen für die Politik der Linken handelt es sich nur um einen kleinen Ausschnitt aus einer äußerst lebendigen und vielfältigen Debatte, die von den Widersprüchen, Krisen und Katastrophentendenzen des globalen Finanzmarktkapitalismus inspiriert wurde. Sie bewegt sich nach wie vor überwiegend auf einer Ebene der allgemeinen Kapitalismuskritik und der Beschwörung einer notwendigen Alternative, die den Prinzipien der Demokratie und der Gleichheit verpflichtet ist. Sie leidet jedoch gleichzeitig an dem Widerspruch, dass in den Kapitalmetropolen nach wie vor die Radikalität der Kapitalismuskritik mit der Schwäche jener sozialen und politischen Kräfte einhergeht, die im Mehrebenen-System der Politik – von der lokalen über die nationalstaatliche bis zur europäischen und globalen Ebene – für Ziele sozialistischer Politik wirken. Sie wird zugleich mit der

[50] In seinem Buch »Prosperity without Growth« (Jackson 2011: 171 ff.) hat Jackson konkrete Schritte und Entscheidungen für den »Übergang zu einer nachhaltigen Ökonomie« ausgearbeitet.

schmerzhaften Tatsache konfrontiert, dass eine politische Rechte erfolgreich in der Lage ist, das Modell eines »autoritären Kapitalismus« mit nationalistischen und rassistischen Argumenten zu propagieren. Gleichwohl klärt ein Blick auf die Rückkehr sozialistischer Akteure im politischen Feld seit Anfang des 21. Jahrhunderts darüber auf, dass der Sozialismus mit dem Untergang der Sowjetunion keineswegs von der Tagesordnung der Geschichte verschwunden ist, sondern sich im Zusammenhang äußerst vielfältiger und auch verschiedener Versuche reorganisiert und Alternativen zu den herrschenden Verhältnissen vertritt – in sozialen Bewegungen, über den Kampf von Parteien um Positionen und Mehrheiten in den Parlamenten sowie schließlich durch die Übernahme oder Beteiligung an sogenannten Linksregierungen.

Seit Anfang des Jahrhunderts gab es in Lateinamerika eine deutliche Linksverschiebung, die auf die Folgen der Militärdiktaturen und der neoliberalen Politik des Washington Konsensus reagierte. »Der durch Massenbewegungen erzwungene Sturz von Präsidenten neoliberaler Provenienz (z.B. Argentinien 2001, Ecuador 2000), erdrutschartige Siege linker Kandidaten in Präsidentschaftswahlen (Venezuela 1998, Bolivien 2005)« sind hier zu nennen (Boris 2014: 10). Linke Parteien und Bewegungen (die »Arbeiterpartei« in Brasilien oder die »Bewegung für den Sozialismus« in Bolivien) wurden von Persönlichkeiten angeführt, die aus den subalternen Klassenfraktionen stammten: der Metallarbeiter und Gewerkschafter Lula da Silva in Brasilien und der Führer der Gewerkschaft der Coca-Bauern in Bolivien, Evo Morales. Dazu kam der linke Populist Hugo Chavez in Venezuela, ein Armeeoffizier, der 1998 zum Präsidenten gewählt wurde und der bis zu seinem Tode (2013) Venezuela durch eine »bolivarische Revolution« in eine sozialistische Zukunft führen wollte.[51]

Die Popularität linker Politik[52] beruhte zunächst darauf, dass ihre Repräsentanten einen entschlossenen Kampf gegen die Armut in den Städten und

[51] Chavez stützte sich (nach einem gescheiterten Putsch gegen ihn) auf die Armee sowie auf eine sozialistische Partei, die ihn in einem Bündnis mit der kommunistischen Partei bei den Wahlen des Jahres 2006 unterstützte. Er erhielt dabei 65% der Stimmen; seine Wählerbasis konzentrierte sich in den Armutsbezirken der großen Städte sowie bei den armen Bauern auf dem Lande. Die neue Verfassung des Jahres 2000 bezog sich auf das Erbe von Simon Bolivar und bekannte sich zum Ziel »einer demokratischen, partizipativen und vorrangigen (protagónica), multiethnischen und multikulturellen Gesellschaft in einem föderalen und dezentralisierten Rechtsstaat«. 2005 setzte Chavez eine Verfassungsreform durch, in der die sozialistischen Ziele deutlicher benannt wurden. Der Staat wird z.B. nicht länger auf den Schutz des Privateigentums verpflichtet, sondern erkennt fünf verschiedene Formen des Eigentums an: öffentliches Eigentum, direktes gesellschaftliches Eigentum, indirektes gesellschaftliches Eigentum, kollektives Eigentum und gemischtes Eigentum (Art. 115). Die tägliche Arbeitszeit wird von acht auf sechs Stunden reduziert (Art. 90).

[52] Auch in anderen Ländern (z.B. in Uruguay, Chile, Paraguay) wurden zwischen 2000 und 2010 sozialistische bzw. sozialdemokratische Kandidaten zu Präsidenten gewählt

auf dem Lande versprachen. Das »Volk« der Subalternen sollte als Subjekt der Politik und der Souveränität anerkannt sein. Dabei müssen die Eigentumsrechte und die Macht der Großgrundbesitzer wie der städtischen Eliten beschränkt werden. Im Kampf gegen die Armut sollte nicht nur direkte finanzielle Unterstützung gewährt werden. Über die Belebung der Wirtschaft und sozialpolitische Programme im Bereich der Bildung/Ausbildung, der Gesundheitspflege sowie der Alterssicherung sollte die Arbeitslosigkeit reduziert und dauerhafte Strukturen sozialstaatlicher Sicherung aufgebaut werden. Der Zugriff auf die nationalen Ressourcen, die von ausländischen Konzernen ausgebeutet und verwertet werden, sollte diese Politik ermöglichen und zugleich die Souveränität des Landes gegen die Übermacht der USA und ihrer Verbündeten in Lateinamerika stärken. Für die Außenwirtschaftsbeziehungen, den Export von Agrarprodukten und Rohstoffen (z.B. aus Brasilien und Argentinien) spielte der Handel mit der Volksrepublik China eine immer wichtigere Rolle. Durch die engere Zusammenarbeit einiger Staaten mit dem sozialistischen Kuba sollte zugleich der Blockade- und Sanktionspolitik des US-Imperialismus gegenüber linken Regierungen in Lateinamerika entgegengewirkt werden.[53] Das Jahrzehnt zwischen 2000 und 2010 war aufseiten der Linken von einer optimistischen Grundstimmung charakterisiert. Die Große Wirtschafts- und Finanzkrise nach 2008 schien um Lateinamerika einen Boden zu schlagen.[54] In diesem optimistischen Überschwang wurde die Linkswende in Lateinamerika schon als Eröffnung eines »Sozialismus des 21. Jahrhunderts« gefeiert (Dieterich 2006).

Zehn Jahre später ist dieser Optimismus längst eher negativen Einschätzungen gewichen. Die linken Präsidenten (in Brasilien, Argentinien, Ecuador) und ihre Regierungen wurden abgewählt. Neoliberale Vertreter der einheimischen Oligarchien sowie der transnationalen Konzerne übernahmen die Macht. In Brasilien wurde der Faschist Bolsonaro zum Präsidenten gewählt, in Bolivien Evo Morales 2019 durch einen Putsch von rechts aus dem Amt gejagt. Auch linke Politiker gerieten in den Zusammenhang von Korruptionsaffären. Die Unterstützung der Linken durch die subalternen Klassenfraktionen ging zurück; Apathie kehrte als traditionelle Einstellung von Teilen indigener Bevölkerungsgruppen zurück. Weltwirtschaftliche Krisen-

(vgl. die Übersicht bei Boris 2014: 27).

[53] Im Projekt ALBA (2004) - von Hugo Chavez inspiriert - sollte die Zusammenarbeit zwischen Kuba, Venezuela, Bolivien, Ecuador, Nicaragua und einigen karibischen Inselstaaten intensiviert und organisiert werden.

[54] 2010 hielt ich bei der Friedrich-Ebert-Stiftung in São Paulo einen Vortrag über die Krise des Kapitalismus. Der brasilianische Co-Referent eröffnete seinen Vortrag mit der folgenden Bemerkung: Bisher habe er stets darauf hingewiesen, dass die Krisen im Zentrum des Kapitalismus in seinem Lande, also an der Peripherie, besonders dramatisch verlaufen. Dieses Mal allerdings sei es anders: Brasilien werde von der Krise noch nicht betroffen – im Gegenteil (vgl. auch Boris 2014: 27).

tendenzen (wie der Verfall der Rohstoffpreise) schränkten die Ressourcen der Regierungen für die Sozialpolitik ein. Vor allem für Venezuela hatte die Abhängigkeit vom Erdölexport als wichtigste Quelle der Staatseinnahmen verheerende Konsequenzen. Zudem wurde in zahlreichen Ländern deutlich, dass die Linke die realen Machtverhältnisse in Wirtschaft und Gesellschaft, auch in den Sicherheitsorganen des Staates, kaum verändert hatte Die Medien – überwiegend in Privatbesitz – spielten bei der Mobilisierung der antisozialistischen Kampagnen eine zentrale Rolle.

Allerdings scheint die Vorherrschaft der politischen Rechten schon wieder zu Ende zu gehen. Seit 2020 fordern Massenbewegungen u.a. durch Streiks in zahlreichen lateinamerikanischen Ländern Verbesserungen der sozialen Lage der subalternen Klassen, Reformen im Bildungs- und Gesundheitssystem, Schutz der indigenen Bevölkerung vor der Zerstörung der Regenwälder und vor dem Raubbau der Rohstoffe. In Bolivien hat die »Bewegung für den Sozialismus« die Wahlen des Jahres 2020 klar gewonnen. Evo Morales konnte aus dem Exil zurückkehren. In Ecuador verfehlte die Linke, die sich auf den vormaligen Präsidenten Correa berief, bei der jüngsten Präsidentenwahl (2021) nur knapp die Mehrheit. In Chile wurde nach Massenprotesten gegen soziale Ungleichheit ein Konvent für eine neue Verfassung (die die alte »Pinochet-Verfassung ablösen soll) gewählt. Die Vertreter der Linken und Unabhängigen Kandidat:innen aus den sozialen Bewegungen errangen dabei eine Mehrheit. In Kolumbien erlebte der Massenprotest gegen die Politik des rechten Präsidenten 2021 einen Aufschwung. In Peru siegte bei den Präsidentschaftswahlen 2021 knapp Pedro Castillo als Kandidat der Partei »Freies Peru«, die sich auf den »Marxismus-Leninismus« beruft und vor allem von der indigenen Bevölkerung unterstützt wird. Die Schlacht zwischen dem Sozialismus und den alten Regimen, die sich auf die Latifundistas, die Vertreter der transnationalen Konzerne sowie auf die Führung der Armee und auf die USA stützen, ist also noch lange nicht zu Ende.[55]

In Griechenland siegte 2015 die linke Partei Syriza bei den Parlamentswahlen. Ihr Vorsitzender Alexis Tsipras wurde (bis 2019) Ministerpräsident. Syriza war 2004 aus dem Zusammenschluss verschiedener linker Organisationen entstanden, die stark von politischen und intellektuellen Auseinandersetzungen der 1970er Jahre – vor allem auch mit der Kommunistischen Par-

[55] Dieter Boris (2020: 34-41) nennt vier mittelfristig wirksame Entwicklungstendenzen, um diese »Pendelbewegung« zwischen rechten und linken »Wellen« zu erklären: 1. Die Entwicklung der sozialen Ungleichheit und der Binnenmarktkonjunktur; 2. die »Verselbständigung der herrschenden Parteien des politischen Systems durch Bürokratisierung, Korruption, Klientelismus etc.«, 3. die Rückkehr des Militärs, das angesichts der Krise des politischen Systems und der zunehmenden Kriminalität und Gewalt in der Gesellschaft als Stabilisierungsfaktor anerkannt wird, und 4. »das Wachstum evangelikaler Gruppierungen in vielen Ländern Lateinamerikas seit Mitte der 80er Jahre«. Siehe dort auch die Länderanalysen zu Bolivien, Chile, Brasilien und Ecuador.

tei Griechenlands (KKE) – bestimmt waren. Tsipras war Vorsitzender von Synaspismos, einer »Koalition der Linken, der Bewegungen und der Ökologie«. Sie verstand sich als eine »postkommunistische« bzw. »postmoderne« und reformistische Partei der »Neuen Linken«. Anfangs der 2000er Jahre engagierte sie sich in der globalisierungskritischen Bewegung. Ihr Programm war auf demokratischen Sozialismus, Schutz von Minderheitenrechten und Ökologie ausgerichtet. Sie bekannte sich zur EU, wollte diese allerdings demokratischer und egalitärer gestalten. Syzira war (wie viele Organisationen der Neuen Linken, die nach 1968 entstanden) keine Partei der Arbeiterbewegung, sondern überwiegend der akademisch gebildeten intellektuellen Mittelklasse. Das Programm von Syriza für die Wahlen des Jahres 2015 beruhte auf vier Säulen: 1. die humanitäre Katastrophe abzuwenden (das war der Bezug zur globalisierungskritischen Bewegung); 2. die Wirtschaft wieder in Gang zu setzen und für Steuergerechtigkeit zu sorgen; 3. ein nationaler Plan für Beschäftigung und 4. Transformation des politischen Systems, um die Demokratie zu vertiefen. Zudem wurde die Forderung nach einer Änderung des Schuldenmanagements (»Schuldenerlass«) und der Austeritätspolitik der EU nach 2010 erhoben.[56] Angesichts der Staatsschuldenkrise in Griechenland versprach Syriza einen Kampf gegen die Korruption im eigenen Lande. Bei der Europawahl 2014 kandidierte Tsipras als Spitzenkandidat der Europäischen Linken für das Amt des Präsidenten der EU-Kommission.

Mit dem Regierungsantritt wurde Syriza aufgrund des riesigen Schuldenberges, den die Vorgängerregierungen – auch als Reaktion auf die Folgen der großen Finanz- und Wirtschaftskrise nach 2008 – aufgeschichtet hatten, mit der Gefahr eines Staatsbankrottes (und natürlich auch mit der Gefahr der Zahlungsunfähigkeit gegenüber den ausländischen Gläubigerbanken) konfrontiert. Zwischen 2008 und 2013 hatte sich das (reale) BIP um 25% vermindert. Der Schuldenstand hatte sich dagegen von 107,2% des BIP auf 177,1% erhöht. Die Arbeitslosigkeit lag 2014 bei 26%. Tsipras forderte einen Schuldenerlass. Die EU hatte auf die Eurokrise seit 2010 jedoch mit der Politik des »Stabilitätsmechanismus« reagiert. Die sogenannte Troika (Europäische Zentralbank, Internationaler Währungsfonds und die EU-Kommission) sollte die »Rettungsmaßnahmen« für die überschuldeten Mitgliedstaaten mit einem harten Austeritätsprogramm verknüpfen, das die nationalen

[56] Der Ökonom Janis Varoufakis, der von Tsipras als Finanzminister in das Kabinett aufgenommen wurde, sagte 2015 in einem Interview: »Der Euro ist nicht zukunftsfähig. Die Art und Weise, wie die EU diese Krise anging, war monumental idiotisch. Die Europäische Zentralbank (EZB) hat die Situation nicht unter Kontrolle, Europas Bankensystem bleibt weiterhin fragmentiert, und wir bewegen uns eher in Richtung Nationalisierung der Politik als in Richtung Fiskalunion. Wenn wir Europas Probleme weiterhin so behandeln wie bisher, wird es in ein paar Jahren keinen Euro mehr geben.« (Zit. nach Wikipedia)

Regierungen zu einem strikten Sparkurs und radikalen Privatisierungsmaßnahmen zwang. Kredite dienten hauptsächlich dazu, die Schulden bei den europäischen (vor allem deutschen und französischen) Banken zu bezahlen. Als die Forderungen von Tsipras und der neuen Regierung von der EU abgelehnt wurden, trat er als Regierungschef zurück und bereitete eine Volksabstimmung vor. Darin sprachen sich 61% für die Ablehnung der Forderungen aus Brüssel aus. Bei den anschließenden Parlamentswahlen baute Syriza seine Mehrheit aus. Doch dann begann ein rapider Niedergang von Syriza. Die EU beharrte auf ihrer Position. Die Regierung hatte keine Alternativstrategie – also z.B. den Austritt aus dem Euro oder aus der EU. Sie musste sich schließlich dem EU-Diktat unterwerfen und auch ihre Außenpolitik (z.B. die Beziehungen mit der Türkei oder im Konflikt um Nordmazedonien) mit der NATO und den Interessen der USA in Einklang bringen. Das Argument, dass die Mehrheit der Griechen wie auch die führenden Syriza-Politiker keinen Austritt aus der EU wollten und deshalb zur Unterwerfung bereit sein mussten, unterstrich die Hilflosigkeit dieser linken Regierung.[57] Einige Köpfe des linken Flügels verließen die Partei, die schnell Rückhalt bei der Bevölkerung verlor und schließlich die Wahlen des Jahres 2019 an die rechte Partei der Neuen Demokratie verlor.

Die Gründe für das Scheitern dieses Projektes verweisen einerseits darauf, dass innerhalb der EU (und des Euroraumes) die Mitgliedstaaten einen Teil ihrer fiskalpolitischen Souveränität verloren haben; linke Reformpolitik ist mit dem Druck aus der EU-Kommission und der EZB konfrontiert, der von den starken Mitgliedstaaten – an der Spitze von der deutschen Bundesregierung – ausgeübt wird. Auf der Seite von Syriza war offensichtlich, dass die Partei und die Regierung nach dem Referendum über keinen »Plan B« für die Verhandlungen mit Brüssel und über keine Strategie für die Mobilisierung der griechischen Bevölkerung für eine Auseinandersetzung mit der Politik der EU verfügte – einschließlich einer Mobilisierung von Teilen der Arbeiterklasse und der Gewerkschaften gegen die Privatisierung von Staatsbetrieben und gegen die katastrophale Lage im Gesundheitswesen als Folge der Sparpolitik (Panitch/Gindin 2018: 53ff.).[58] Diese Hilflosigkeit wurde noch

---

[57] Immerhin war seit 2015 in Großbritannien die Brexit-Debatte schon in vollem Gange. Der Austrittsprozess wurde offiziell durch das EU-Mitgliedschaftsreferendum am 23. Juni 2016 eingeleitet; 51,89% der Teilnehmer stimmten für den EU-Austritt.

[58] In ihrer Studie über die britische Linke unter Corbyn haben Leo Panitch und Colin Leys (2020: 220) noch einmal dieses Argument unterstrichen: »Die Syriza-Regierung rief 2015 bei ihrer Wahl eine solche sozialistische Begeisterung hervor, und eine solche Enttäuschung weniger als sechs Monate später ... dies war auch ein Versagen der strategischen Planung, die nicht nur die Regierung einbeziehen darf, sondern Methoden der sozialen und politischen Mobilisierung auf verschiedenen Ebenen, die anders geartet sind als Bewegungen des sozialen Widerstands und Aktionen zur Erlangung der Regierungsmacht. Die vielleicht schwerwiegendste Folge des Versäumnisses war, dass sich die Basisbeteili-

dadurch verstärkt, dass die griechische Kommunistische Partei (KKE) von Anfang an einen harten Oppositionskurs gegen die Politik der Syriza-Regierung fuhr und damit zumindest Teile der Bevölkerung von der notwendigen Mobilisierung gegen das externe Diktat abgehalten hat.

Ein Vergleich mit der Entwicklung in Portugal mag verdeutlichen, dass sich die Syriza-Regierung keineswegs in einer ausweglosen Situation befand. Dort wurde nach den Parlamentswahlen des Jahres 2015 eine linke Minderheitsregierung unter dem Sozialisten Antonio Costa etabliert, die von den anderen linken Parteien im Parlament, dem Linksblock und dem Bündnis aus Kommunisten und Grünen, gestützt wurde. Der Staatspräsident Silva (von der rechten PSD) versuchte noch, diese Regierung zu verhindern, indem er auf die notwendige Rücksichtnahme auf die Europäische Union und auf die »Finanzinstitutionen, Investoren und die Märkte« verwies. In Portugal hatten 2012 Massenproteste gegen die Folgen der Krise und die Austeritätspolitik der EU stattgefunden. Diese stärkten bei den Wahlen die Linke. Costa versprach ein Ende der unsozialen Politik durch eine Erhöhung des Mindestlohnes, der Beamtengehälter und der Renten – er versprach jedoch gleichzeitig, den Regeln der Euro-Zone zu folgen und den internationalen Verpflichtungen Portugals nachzukommen. Costas Politik bewegte sich also in einem fundamentalen Widerspruch; denn er akzeptierte gleichzeitig ein hartes Sanierungsprogramm, das Portugal vom IWF auferlegt wurde. Gleichwohl gewann die Sozialistische Partei mit fast 40% die Parlamentswahlen des Jahres 2019, bei denen die politische Rechte deutlich verlor.

In Großbritannien wurde Jeremy Corbyn 2015 zum Vorsitzenden der Labour Party gewählt. Er war seit den 1960er Jahren aktives Parteimitglied und arbeitete für verschiedene Gewerkschaften. 1984 wurde er zum ersten Mal für den Londoner Wahlkreis Islington-Nord zum Mitglied des Unterhauses gewählt. Seit Anfang des Jahrzehnts hatte er sich für Tony Benn (1925–2014) engagiert. Dieser war seit den 1970er Jahren der bedeutendste Sprecher des linken Flügels der Partei und entschiedener Kritiker der Politik und Ideologie von New Labour unter Tony Blair. Benn hob zugleich die Notwendigkeit der innerparteilichen Demokratisierung, der Beschränkung der Macht der Parlamentsfraktion sowie der Aufwertung der sozialen Bewegungen hervor.[59] Ab Mitte der 1990er Jahre war Corbyn – neben Benn – »die prominenteste Stimme der Socialist Campaign Group in der Unterhausfraktion. Corbyn behauptete sich standhaft als Dissident in der Fraktion und war eng mit den radikalen außer-parlamentarischen Kampagnen verbunden. Alle Versuche der von Blair kontrollierten »Parteimaschine, Corbyn zu er-

---

gung erschöpfte – weniger durch Protest- oder Unterstützungsdemonstrationen als durch substanzielles und produktives Engagement.«

[59] Benn erkannte 1973: »Einer sozialistischen Partei ohne Marxismus fehlt ein grundlegendes analytisches Zentrum.« (Zit. n. Panitch/Leys 2020: 49)

sticken, machten diesem daher nur wenig aus« (Panitch/Leys 2020: 161). Er kandidierte bei den Wahlen zum Parteivorsitzenden[60] im Jahr 2015 als Vertreter der Socialist Campaign Group. Es gelang ihm, den Wahlkampf zu einer Kampagne zu entwickeln, in deren Verlauf mehr als 400.000 neue Mitglieder – vor allem junge Menschen – in die Labour Party eintraten.[61] Er wurde mit 61% zum Vorsitzenden gewählt. Schon ein Jahr später musste er erneut antreten; denn sowohl seine Wahl, danach seine Rolle als Schattenkanzler in der Fraktion, die mehrheitlich gegen ihn war, aber auch die erfolgreiche Brexit-Abstimmung des Jahres 2015 hatten Unruhen in der Fraktion und Partei ausgelöst. Erneut erreichte er knapp 62% der Stimmen. Bei den Unterhauswahlen des Jahres 2017 verlor Labour gegen die Konservativen, erreichte aber mit ca. 40% einen Stimmenzuwachs von 9,5% gegenüber den vorangegangenen Wahlen und gewann 30 Sitze im Parlament hinzu. Die Popularität von Corbyn und seines sozialistischen Wahlprogramms (»For the Many, not the Few«) erreichte zu dieser Zeit ihren Höhepunkt. Sein engster Mitarbeiter und Schatzkanzler im Schattenkabinett war John McDonnell, der als Ökonom sowie als Mitarbeiter linker Gewerkschaften ein Programm zur Entwicklung der Wirtschaftsdemokratie und der Vergesellschaftung relevanter Teile der britischen Industrie vertrat. Zwei Jahre später musste die von Corbyn geführte Partei eine herbe Niederlage bei den Parlamentswahlen hinnehmen, die zum Rücktritt von Corbyn führte. Diese Niederlage war auf der einen Seite auf eine massive Kampagne der Medien gegen den Sozialisten, »Antisemiten« und »Terroristenfreund« Jeremy Corbyn zurückzuführen; andererseits war die Partei in der Brexit-Frage gespalten und unklar. Im Süden dominierten die EU-Anhänger, während in den altindustriellen Krisenregionen des Nordens, die stets eine sichere Bastion von Labour (Red-Brick-Wall) gewesen waren, die Brexit-Befürworter aus der Konservativen Partei ehemals linke Wahlkreise eroberten (Deppe 2020). Der Politik von Corbyn und seiner Anhänger wurde die bittere Lektion erteilt, dass ihre Politik mehr »klassenorientiert« (class-focused) als »klassenfundiert« (class-rooted) war (Panitch/Gindin 2018: 13).

Corbyn bezeichnet sich als demokratischen Sozialisten. Er bekennt sich als Republikaner, plädiert für den NATO-Austritt und gegen die britische Nuklearpolitik. Er verteidigte die PKK gegen die Angriffe des türkischen Mili-

[60] Seit 2010 wurde der Vorsitzende (als erster Ed Miliband) nicht mehr durch die Unterhausfraktion, sondern von allen Parteimitgliedern (damit auch von den Gewerkschaftsmitgliedern) gewählt!

[61] Zur Unterstützung von Jeremy Corbyn wurde 2015 die Organisation »Momentum« gegründet. Als Ziel gaben die Gründer an, Graswurzelinitiativen wie Kindergärten oder Mietervereinigungen zu unterstützen und zu vernetzen, um neue Anhänger und Wähler für Jeremy Corbyn zu gewinnen. Die Organisation hatte 2017 über 20.000 Mitglieder, die in 150 lokalen Gruppen organisiert waren.

tärs und kritisiert Israel scharf wegen seiner Apartheid-Politik gegenüber den Palästinensern. Im Umfeld der Wahlen von 2019 wurde er zum Objekt einer Antisemitismus-Kampagne, die auch sein Nachfolger als Labour-Vorsitzender, Keir Starmer, fortführt. Corbyn tritt für die Verstaatlichung öffentlicher Versorgungsunternehmen ein, fordert die Abschaffung von Studiengebühren und eine höhere Einkommenssteuer. Er wendet sich gegen die Austeritätspolitik sowie gegen öffentlich-private Partnerschaften bei Infrastruktur-Projekten. Er identifiziert sich mit jenen Partei- und Gewerkschaftsmilieus, in denen die alte Parteihymne »Red Flag. Stand Up For Socialism« noch mit Leidenschaft gesungen wird. Im Vorwort zum Wahlmanifest 2017 sprach er die Menschen an, die zunehmend Angst und Frustration – wegen eines sinkenden Lebensstandards, wegen Job-Unsicherheit und wegen schrumpfender öffentlicher Dienstleistungen – erfahren: junge Menschen, die Schulden haben und unter hohen Mieten leiden, Beschäftigte im öffentlichen Dienst (Polizisten, Krankenschwestern, Ärzte, Lehrer und andere Mitarbeiter der öffentlichen Verwaltung), schließlich Arbeiter, deren Reallöhne sinken. Daraus folgert er: »Bei jeder Wahl kann man zwischen Alternativen wählen. Diese Wahl unterscheidet sich von den andern darin, dass sich diesmal diese Alternative stärker als je zuvor stellt. Du kannst dafür stimmen, dass mehr Kinder in Armut leben, dass unser Nationales Gesundheitssystem (NHS) kaputt geht und dass unsere Schulen und die sozialen Einrichtungen weiter in der Krise bleiben. Oder, du kannst für die Partei stimmen, die einen Plan hat, dies alles zu verändern – die Labour Party.« Im Manifest von 2017 bekannte sich Labour ebenso zum Kampf für die Rechte der Frauen und für LGTB-Equality. Im Wahlmanifest von 2019 stand die Forderung nach einer »Green Industrial Revolution« im Vordergrund, »ein staatliches Investitions- und Regulierungsprogramm zur Dekarbonisierung und Transformation unserer Wirtschaft, das auf öffentlichem Eigentum und demokratischer Kontrolle basiert«.

Selbst die Wahlniederlage von 2019 mit 32,2% der Stimmen (minus 7,5%), die den Rücktritt von Corbyn einleitete, lag im Vergleich zu den Wahlergebnissen anderer sozialdemokratischer Parteien in Europa (z.B. mit der deutschen SPD, der französischen PS oder der spanischen PSOE) immer noch auf einem relativ hohen Niveau. Die neue Führung von Labour unter Keir Starmer grenzt sich allerdings scharf von den Positionen von Corbyn ab und macht ihn für Wahlniederlagen verantwortlich; Ende 2019 wurde er kurzfristig aus Partei und Fraktion ausgeschlossen.[62] Inzwischen werben Corbyn und

[62] Tariq Ali schrieb am 20. Dezember 2020 in SIDECAR unter dem Titel. »Starmer's War«: »Am 17. November wurde Corbyn von einem Unterausschuss der Labour National Executive, der sich der Kontrolle Starmers entzogen hatte, wieder als Mitglied aufgenommen. Starmer erklärte am nächsten Tag wütend, Corbyn werde immer noch aus der Parlamentsfraktion ausgeschlossen und könne nicht auf den Sitzbänken der Labour

McDonnell mit der Socialist Campaign Group für eine Linkswende in der Partei. Sie fordern ihre Anhänger:innen auf, die Partei nicht zu verlassen. Die Überlegungen zur Neugründung einer Partei links von Labour, die seit den 60er Jahren des vergangenen Jahrhunderts immer wieder aufkommen, werden durch das britische Wahlsystem (Direktwahl nach Wahlkreisen) unterdrückt. Die deutliche Wahlniederlage von Labour bei den Kommunalwahlen 2021 – und vor allem bei der Nachwahl zum Unterhaus in der alten Labour-Hochburg Hartlepool, einer Industrie- und Hafenstadt im Nordwesten des Landes – könnte die Position der Linken in der Partei möglicherweise wieder stärken. Die Niederlage von Corbyn hat freilich deutlich werden lassen, dass die Krise des Landes auf der einen, das Niveau des Widerstandes und des Protestes eines breiten Bündnisses von »popularen« bzw. subalternen Klassenkräften auf der anderen Seite noch längst nicht eine politische Krise ausgelöst hat, in der tatsächlich um reale Macht sowie um gesellschaftliche Strukturveränderungen gerungen wird. Dennoch: the battle will go on!

Senator Bernie Sanders bewarb sich 2016 zum ersten Mal um die Präsidentschaftskandidatur bei der Demokratischen Partei, deren Mitglied er nicht ist. Obwohl er anfangs in einigen Staaten erfolgreich war, unterlag er schließlich gegen Hillary Clinton, die vom Parteiestablishment massiv gestützt wurde, aber schließlich gegen Donald Trump bei der Präsidentenwahl selbst unterlag. Wie Corbyn kam auch Sanders, der sich als »demokratischen Sozialisten« bezeichnet, vor allem bei jungen Menschen gut an. Im Jahr 2020 kandierte er erneut in den Auswahlverfahren für den Präsidentschaftskandidaten der Demokraten, unterlag schließlich Joe Biden, der dann knapp gegen Trump gewann. Die Erfolge von Sanders sowie die Linksverschiebung bei den Demokraten veranlassten Donald Trump, seinen Wahlkampf als Feldzug gegen die drohende Machtübernahme durch Sozialisten, Kommunisten und schwarze Anarchisten zu inszenieren.

Die Biografie von Sanders ist eng mit der neueren Geschichte des Sozialismus in den USA verbunden. Er wuchs im proletarischen Milieu jüdischer Immigranten in Brooklyn auf. Dort lebten die Traditionen und Strömungen des europäischen Sozialismus (vor allem auch aus Osteuropa) fort.[63] Als

---

Party sitzen. Das Ergebnis war eine weitere Welle von Protesten lokaler Parteien – Liverpool, London, Edinburgh, Penrith, Newcastle, Bolton, Cardiff, Hastings, Hull, Carlisle. Bis heute haben sich Parteigruppen aus insgesamt 80 Wahlkreisen dem Diskussionsverbot über Corbyns Suspendierung widersetzt, Resolutionen zur Solidarität mit ihm verabschiedet oder gegen ›Diktate‹ des Zentralbüros über Parteiversammlungen protestiert. Darunter sind 30 Wahlkreisparteien, die Starmer Anfang des Jahres nominiert haben. Vierzehn Mitglieder des Nationalen Exekutivkomitees haben einen Brief unterzeichnet, in dem sie Starmer kritisieren, und Gewerkschaftsführer von UNITE, der Kommunikationsarbeiter und der Feuerwehren debattieren über die Einbehaltung von Geldern.«

[63] Norman Birnbaum, (1926–2019), Professor für Politikwissenschaft in Washington DC und bekannter linkssozialistischer Intellektueller, Verfasser der Studie: »Nach dem

Student war er Anfang der 1960er Jahre Aktivist in der Socialist League, die sich vor allem im Kampf gegen die Rassendiskriminierung engagierte. »Im August 1963 nahmen ich und einige Kommilitonen eine lange Busfahrt auf uns, um an dem von Martin Luther King angeführten ›Marsch auf Washington für Arbeit und Freiheit‹ teilzunehmen.« Dieser habe verstanden, »dass in diesem Land nur dann echte Gerechtigkeit für die Menschen aller Hautfarben erreicht werde, wenn wir ein Wirtschaftssystem schüfen, das allen und nicht nur einigen wenigen nutzt« (Sanders 2017: 31f.). Seit 1968 lebt Sanders in Vermont. Ende der 1970er Jahre produzierte er einen Film über Eugene V. Debs (1855–1926), den Gründer der Sozialistischen Partei Amerikas. »1920 erhielt dieser als Präsidentschaftskandidat fast eine Million Stimmen, nachdem er seinen Wahlkampf von einer Gefängniszelle aus geleitet hatte, in die er wegen seines Widerstandes gegen den Ersten Weltkrieg gesteckt worden war.« (Ebd.: 43)[64] In Vermont wurde Sanders 1981 zum Bürgermeister der Stadt Burlington gewählt und kandidierte seit dieser Zeit für politische Ämter in Washington: 1991 bis 2007 war er Mitglied des Repräsentantenhauses; seit 2007 vertrat er Vermont als Senator. Am 10. Dezember 2010 wurde er wegen einer achteinhalbstündigen Filibuster-Rede im Senat berühmt. Er wandte sich dabei gegen die Absicht von Präsident Obama, die »von Bush eingeführten Steuererleichterungen für die reichsten Amerikaner« zu verlängern. »In Zeiten riesiger Vermögen, großer Einkommensungleichheit und gewaltiger Staatsschulden war es absurd, dass weiterhin Hunderte Milliarden Dollar umfassende Steuererleichterungen den Millionären und Milliardären zugutekommen sollten.« (Ebd.: 59)

In seinem »Socialist Manifesto« hat Baskar Sunkara (2019: 200f.) anerkennend darauf hingewiesen, dass sich die Botschaften von Bernie Sanders seit seinen Auseinandersetzungen mit der Politik von Richard Nixon oder Ronald Reagan nicht verändert haben: »Die Ungleichheit in Amerika bildet eine gähnende Kluft, und nur eine Koalition der arbeitenden Menschen kann diese schließen. In seiner Kampagne für die Präsidentschaft im Jahr 2016 verband er diese Botschaft mit einem konkreten Programm: Medicare für alle,

---

Fortschritt. Vorletzte Anmerkungen zum Sozialismus«, Stuttgart/München 2003 – erzählte bei einer Veranstaltung zum 100. Geburtstag von Wolfgang Abendroth folgende Geschichte als Joke: Er sei in einer Straße in Brooklyn aufgewachsen, in der er bis zum Beginn seines Studiums davon überzeugt war, dass es nur zwei Gruppen von Sozialisten gab: Stalinisten und Trotzkisten.

[64] Howard Zinn (2015: 340) schreibt in seiner großartigen »A People's History of the United States«: »Eugene Debs war während des Pullman-Streiks Sozialist geworden. Nun war er Sprecher einer Partei, die ihn fünfmal zu ihrem Präsidentschaftskandidaten machte. Die Partei hatte einst 100.000 Mitglieder und 1200 Amtsträger in 340 Gemeinden... Etwa eine Million Menschen lasen die sozialistische Presse. Der Sozialismus trat aus den kleinen Kreisen der Großstädte – jüdische und deutsche Sozialisten, die ihre eigene Sprache sprachen – heraus und wurde amerikanisch«; vgl. auch Sunkara (2019: 167ff.).

gebührenfreies Studium und ein nationaler Mindestlohn von 15 Dollar. Damit gewann er die Zustimmung von Millionen. Die meisten von ihnen hatten noch nie viel über Sozialismus gehört, waren aber bereit, eine Politik zu unterstützen, die ihren Bedürfnissen entsprach.« Sanders agierte in seinen Kampagnen als linker Populist. Der Weg zu sozialen Reformen muss durch die »Konfrontation mit den Eliten« geöffnet werden. Er sprach von »unserer Revolution« (so der Titel seines 2016 erschienenen Buches) und entwickelte darin eine sozialistische Perspektive über den Wahltag hinaus: »Die politische Revolution, unsere Revolution, muss weitergehen. Der Kampf für ökonomische, soziale, ethnische und ökologische Gerechtigkeit darf nicht aufhören. Der Kampf gegen die Habgier der Milliardärskaste muss weitergehen« (Sanders 2016: 453). Nach Sunkara (2019: 201) gab Sanders »dem amerikanischen Sozialismus eine Lebenslinie, indem er ihn auf seine Wurzeln zurückführte: auf den Klassenkampf und auf seine Klassenbasis«.

Wie auch Jeremy Corbyn ist Bernie Sanders ein alter (weißer) Mann, der in den Traditionen der sozialistischen Bewegungen seines Landes verwurzelt ist. Vor allem in den USA war diese Traditionslinie stets eine Minderheitenposition, die dazu noch – unterschiedlich in verschiedenen Perioden der neueren amerikanischen Geschichte – mit Repressionsmaßnahmen (vonseiten des Staates sowie vonseiten privater Akteure) zu rechnen hatte.[65] Mit den Kandidaturen von Sanders war allerdings ein für die Geschichte der USA durchaus ungewöhnlicher Aufschwung linker Politik (mit dem Namen »demokratischer Sozialismus«) verbunden. Die Sympathien seiner Wähler:innen erstreckten sich auch auf eine Gruppe von jungen Frauen, die als Anhänger:innen von Sanders ins Repräsentantenhaus gewählt wurden. Die Gruppe (»The Squad«) besteht inzwischen aus fünf Frauen und einem Mann: Alexandria Ocasio-Cortez aus New York, Ilhan Omar aus Minnesota, Ayanna Pressley aus Massachusetts, Rashida Tlaib aus Michigan sowie (seit 2020) Jamaal Bowman aus New York und Cori Bush aus Missouri. Die fünf Frauen kommen aus Migrantenfamilien, die aus der Karibik, Afrika oder Palästina stammen. Sie wurden gewählt, weil sie sich in ihren Wahlkreisen und Wohngebieten in Auseinandersetzungen und Kampagnen engagieren, die mit den Problemen der Arbeitslosigkeit und Armut (vor allem von alleinerziehenden, schwarzen Frauen), mit teuren Mieten und Obdachlosigkeit, mit Problemen im Bildungs- und Gesundheitsbereich vor Ort, mit Rassismus (nicht nur vonseiten der Polizei) zu tun haben. Antirassismus, Feminismus und Klassenpolitik – als Kampf für die Interessen der arbeitenden Menschen, aber auch der Arbeitslosen und der prekär Beschäftigten – bilden für sie eine Einheit.

---

[65] Dazu gehörten nicht nur bewaffnete Banden von weißen Rassisten, sondern auch Big Bosses der Automobilindustrie wie z.B. Henry Ford, die in den 1920er Jahren mit Gangsterbanden zusammenarbeiteten, um Ansätze von Gewerkschaftsgründungen, Streiks oder auch linken politischen Aktivitäten in ihren Betrieben gewaltsam niederzuhalten.

Alexandria Octavio-Cortez (AOC) brachte im Februar 2019 eine Resolution im Repräsentantenhaus ein (H.Res.109), die »die Pflicht der Föderalen Regierung, einen Green New Deal zu schaffen«, anerkennen soll. Immerhin wurde diese Resolution von 72 Abgeordneten der Demokraten unterschrieben. Sie geht aus vom Klimawandel und der Erderwärmung, benennt die bereits eingetretenen und möglichen Folgen (Migration, Brände, Zerstörung von Infrastruktur usw.) und entwickelt einen Katalog von Zielen der Klimapolitik. Anschließend wird auf den Zusammenhang zwischen der ökologischen und der sozialen Krise in den USA eingegangen: eine »sinkende Lebenserwartung während gleichzeitig grundlegende Bedürfnisse wie sauberes Wasser, gesunde Nahrung, angemessene Gesundheitspflege, Wohnen, Verkehr und Bildung für einen bedeutenden Teil der Bevölkerung der USA nicht zugänglich sind«. De-Industrialisierung und eine Anti-Gewerkschaftspolitik führen u.a. zu stagnierenden Stundenlöhnen, sinkender Mobilität, Machtverlust der Arbeiter und »zur größten Ungleichheit der Einkommen seit den 1920er Jahren«. Der Green New Deal böte die Gelegenheit, 1. »Millionen gut bezahlte Jobs in den USA zu schaffen, 2. für alle Menschen in den USA ein bislang unerreichtes Niveau der Prosperität und der wirtschaftlichen Sicherheit zu erreichen und 3. der systemischen Ungerechtigkeit entgegenzuwirken«. Dieser Vorschlag eines Green New Deal erinnert nicht nur an die Politik von Franklin D. Roosevelt in den 1930er Jahren; er wurde aber auch zum Vorbild für zahlreiche Programme gegen den »Klimawandel«, die z.B. in der Europäischen Union inzwischen verfolgt werden. Dort ist allerdings der Zusammenhang zwischen den ökologischen und den sozialen Forderungen aufgegeben. Nach der Wahl zum Präsidenten der USA hat Joe Biden einen Plan vorgestellt, mit mehr als 2 Billionen Dollar die Infrastruktur und die Energieversorgung des Landes zu erneuern. Dabei sollen Millionen Jobs geschaffen und ein wesentlicher Beitrag zum Klimaschutz geleistet werden.

Dieser unvollständige Überblick über einige Ansätze sozialistischer Politik vermittelt zunächst die Erkenntnis, dass sich der Hinweis »Socialism is Back« nicht allein auf die intellektuellen Debatten seit der Jahrtausendwende bzw. seit dem Big Crash von 2008/09 bezieht. Sie deuten auf eine Rekonstruktion sozialistischer Theorie und Praxis hin, die die Krisen- und Katastrophenprozesse des globalen Finanzmarktkapitalismus, aber gleichzeitig auch die Krisen des Kommunismus und der sozialistischen Arbeiterbewegung am Ende des 20. Jahrhunderts reflektiert. Es handelt sich um erste Versuche auf einem langen Weg der Erneuerung, die aufgrund der eigenen Unzulänglichkeiten sowie aufgrund des Widerstandes des »Blockes an der Macht« immer wieder gezwungen werden, »sich selbst (zu) kritisieren, sich fortwährend in ihrem eigenen Lauf (zu) unterbrechen« – so Marx in einer berühmten Passage am Anfang des »18. Brumaire des Louis Bonaparte« (MEW 8: 118). Sozialistische Politik, die erfolgreich Massenzustimmung zu mobilisieren vermag, appelliert nicht an ein abstraktes Modell einer Gesellschaftsordnung jenseits des Kapitalismus, sondern konzentriert sich auf einige wenige Forderungen, die die negativen Arbeits- und Lebenserfahrungen der Unterklassen, der »labouring poor«, zur Sprache bringen und deren Aufhebung einfordern. Es handelt sich dabei um Forderungen, die auf den ersten Blick als »sozialdemokratisch« bezeichnet werden müssen: Kampf gegen die Armut, Aufbau sozialstaatlicher Sicherungen, Arbeitsplatzsicherheit, Maßnahmen zum Schutz der Umwelt und des Klimas. Die Umverteilung des gesellschaftlich produzierten Reichtums soll von »oben nach unten« – vor allem über das Instrument der Steuerpolitik – erfolgen. Die Eigentumsordnung soll durch einen Mix an Eigentumsformen modifiziert werden: Neben dem Privateigentum an den Produktionsmitteln sollen Formen des genossenschaftlichen Eigentums sowie ein breiter Sektor des öffentlichen Eigentums im Bereich der Daseinsvorsorge und der Infrastruktur ausgebaut werden. Auch bescheidene Reformschritte im Hinblick auf die Kontrolle der Finanzmärkte würden gewaltige Veränderungen bewirken können. Gegen eine solche Reformpolitik – sofern sie denn die Chance hätte, auf die Ebene der Regierungsmacht vorzustoßen – formiert sich heftiger Widerstand vonseiten der Kapitaleigner und der führenden Kräfte der Finanzwirtschaft. Diese können sich wohl auf eine Klimapolitik im Sinne eines »grünen Kapitalismus« und auf eine Ausweitung der Staatsverschuldung für die Wiederbelebung der Konjunktur verständigen. Sollte diese Politik – angetrieben durch soziale Bewegungen und den Klassenkampf – jedoch mit einer Erneuerung der Demokratie i.S. der Mobilisierung der subalternen Klassen, der Ausweitung von Elementen der demokratischen Selbstverwaltung in der Gesellschaft und der Wirtschaftsdemokratie einhergehen, so wird jene Dialektik von Revolution und Gegenrevolution einsetzen, die in der bisherigen Geschichte der bürgerlich-kapitalistischen Gesellschaften stets Schleusen der Gewalt – einschließlich der Etablierung autoritärer Staatsformen – geöffnet hat. Der Aufschwung des Rechtspopulismus, der auf die Krisen des globalen Finanzmarktkapitalismus mit nationalistischen und rassistischen Losungen antwortet, markiert dabei jene Rückzugsposition kapitalistischer Interessenspolitik, die nach dem Scheitern demokratischer Herrschaftsvarianten und angesichts einer möglichen Veränderung der gesellschaftlichen und politischen Kräfteverhältnisse der Klassen zugunsten sozialistischer Politik den »bonapartistischen« Weg zur Errichtung autoritärer Regime im Interesse des Kapitals einschlägt und dabei neue Kriege vorbereitet.

Vier Merkmale zeichnen die hier knapp dargestellten Ansätze auf dem Wege der Erneuerung sozialistischer Politik aus:

- Die zunehmende Unterstützung sozialistischer Politik signalisiert zweierlei: a) Mit den Krisenprozessen des Kapitalismus wächst die Angst und die Unsicherheit bei weiten Bevölkerungsteilen. Selbst wenn die Menschen noch nicht direkt von Arbeitslosigkeit, Armut, Vertreibung oder durch Naturkatastrophen bedroht sind, so neigen sie doch mehr und mehr zu pessimistischen Zukunftsorientierungen. In dem Maße, wie sich diese Krisen b) als dauerhafte Arbeits- und Lebenserfahrungen konsolidieren, nimmt die kritische Haltung bzw. die Verachtung gegenüber der »politischen Klasse« bzw. den staatstragenden Parteien der alten Ordnung zu, denen die Fähigkeit und Bereitschaft zur Krisenlösung abgesprochen wird. In den westlichen Kapitalmetropolen erstreckt sich diese Verachtung nicht allein auf die Parteien, sondern auf das demokratische System insgesamt. Hier setzen die Anrufungen der Neuen Rechten ein, die die Identität von »Volk« (als Bluts- und Kulturgemeinschaft) und Führer(n) als Gegenmodell zum »Parteienstreit« (und damit zur Entscheidungsunfähigkeit) in der Demokratie propagieren, aber auch deren Abhängigkeit von den ökonomisch Mächtigen, vor allem im System der Finanzwirtschaft, kritisieren. Die Präsidentschaft von Donald Trump hat freilich gezeigt, dass dessen Kritik an der Wall Street ihn nicht davon abgehalten hat, deren Interessenvertreter in seine Regierung aufzunehmen.

- Die Erneuerung des Sozialismus hat in den USA (und in Großbritannien), also im Zentrum des kapitalistischen Weltsystems, neue Anstöße erhalten. Die innere Kolonisierung des riesigen Landes (nach Westen), der Siegeszug des Fordismus und die globale US-Hegemonie im Zeitalter des Kalten Krieges haben über einen langen Zeitraum sozialistische Positionen erfolgreich unterdrückt. Diese Bedingungen für die Marginalisierung des Sozialismus lösen sich mit dem Verfall der US-Hegemonie auf dem Feld der internationalen Politik sowie mit der Aktualisierung der inneren Klassen- und Rassengegensätze zunehmend auf. Die Stärkung sozialistischer Positionen kann derzeit nur in geringem Maße auf der Ebene der Kongress- und Präsidentschaftswahlen erfolgen. Vielmehr müssen sich demokratische Sozialisten auf der lokalen Ebene sowie im betrieblichen Bereich über die Stärkung der Gewerkschaften sowie in alltäglichen Kämpfen um die Verbesserung der Arbeits- und Lebensbedingungen der »working people«, die stets Kämpfe gegen Rassismus und Diskriminierung einschließen, bewähren. Progressive Veränderungen im politischen System müssen aus Kämpfen um die Verschiebung der Kräfteverhältnisse zwischen den Klassen von unten hervorgehen. Der linke Populismus eines Bernie Sanders, der mit seiner Wahlkampagne die gesellschaftliche Linke stärken wollte, forderte zugleich zum Kampf der großen Mehrheit des amerikanischen Volkes gegen die winzige Schicht der Eliten und Milliardäre auf.
- Siege bei Wahlen oder sogar die Regierungsübernahme (wie in einigen Ländern Lateinamerikas oder in Griechenland) zeigen schnell die Grenzen einer sozialistischen Regierungspolitik (mit ihrem Ziel der Umgestaltung

der Ökonomie und der gesellschaftlichen Machtverhältnisse) auf. Dabei wirken Schranken, die sowohl durch die Rechtsverhältnisse und die Verfassung als auch durch die Funktionsweise des politischen Systems (z.B. Koalitionsbildung im Parlament) sowie durch Druck von außen (über die Konjunkturen des Weltmarktes, aber auch über die Zugehörigkeit zu internationalen Organisationen) aufgebaut sind. Linke Regierungen werden massiv mit solchen Schranken und dazu mit dem Widerstand der liberalen wie konservativen Kräfte und der Medien konfrontiert. Nur starke soziale und politische Bewegungen aus der Gesellschaft zur Unterstützung einer linken Regierungspolitik können die Wirkung dieser Schranken eindämmen.

- Im Block der progressiven sozialen Kräfte, die die Programmatik und Politik sozialistischer Massenparteien unterstützt haben, spielte seit dem 19. Jahrhundert die Fraktion des industriellen Proletariats (mit ihren Gewerkschaften) eine entscheidende Rolle. Dieser Zusammenhang hat sich bis zum Ende des 20. Jahrhunderts weitgehend aufgelöst. Damit war der Bedeutungsverlust der alten (sozialdemokratischen wie kommunistischen) Arbeiterparteien verbunden. In den Ländern des Südens stützte sich die Kritik an den herrschenden Klassen- und Machtverhältnissen immer auch auf das Landproletariat und die Kleinbauern sowie auf ein breites städtisches Prekariat. Dem Block progressiver, populärer Kräfte, an dessen Konstruktion linke Parteien und Intellektuelle arbeiteten, gehörten auch Vertreter der industriellen Arbeiterklasse und ihrer Gewerkschaften an. In Brasilien der 1990er Jahre spielte dabei die neu gegründete »Partido dos Trabalhadores« eine wichtige Rolle. In den Kapitalmetropolen des Westens nahmen Teile der industriellen Arbeiterklasse – vor allem über ihre Gewerkschaften – einst starke Positionen ein. Als Folge von Rationalisierung und Globalisierung sind sie durch sozialen Abstieg und den Verlust relativer Privilegien (z.B. Arbeitsplatzsicherheit, Schutz durch Tarifverträge) bedroht. Dies stärkte konservative Positionen, die die alten Privilegien durch Kooperation mit Kapital und Staat verteidigen wollen. Teile von ihnen öffnen sich für rechtspopulistisch-nationalistische Anrufungen. Gleichzeitig hat die Zahl der Lohnarbeiter:innen im Dienstleistungssektor (von der Pflege bis zur Bildung) enorm zugenommen. Programm und Politik der Linken wenden sich auch an Studierende und Universitätsangehörige sowie an eine akademisch gebildete, urbane Mittelklasse. Diese genießt einerseits relative Privilegien. Andererseits müssen deren Angehörige auch die Katastrophendimension des globalen Kapitalismus zur Kenntnis nehmen. Viele engagieren sich in sozialen Bewegungen (z.B. in der Klimabewegung bzw. im Bereich der Umwelt- und der Gesundheitspolitik, auch in der Friedensbewegung). Zur Formierung eines Blockes progressiver Klassenkräfte beizutragen, gehört wohl zu den wichtigsten Aufgaben der sozialistischen Linken. Die Vermittlung zwischen den alten Klassenfragen, die an die Funktion der Lohnarbeit im kapitalistischen Verwertungsprozess gebunden sind, mit jenem Typus der Kapitalismus- und Wachstumskritik herzustellen, die eine Wende in der Klimapolitik einfordert, gleichzeitig die Kritik des Konsumkapitalismus teilt sowie mit einem allgemeinen Grundeinkommen sympathisiert, darf nicht als unlösbares Problem angesehen werden. Die US-amerikanischen Linken machen vor, welche Wege eingeschlagen werden können.

Dabei wird auch um die Rolle der politischen Parteien gestritten und gerungen werden. Merkmal der gegenwärtigen Ansätze einer Renaissance des theoretischen und praktischen Sozialismus im frühen 21. Jahrhundert ist das Fehlen bzw. die Schwäche von politischen Organisationen, die in den Bewegungen strategische Ziele der Transformation diskutieren, die über die unmittelbare Vertretung der Tagesinteressen als »system change« hinausgehen. Solche Organisationen treten nicht einfach aus dem Schatten der Geschichte heraus, sondern werden selbst durch die Klassenbewegungen und -kämpfe erzeugt.

6. Ausblick: eine »Welt aus den Fugen« oder »im Aufruhr« – Wege des »Re-Set«

Im Vergleich zu der Kraft und Reichweite revolutionärer Klassenbewegungen des 20. Jahrhunderts erscheinen die Ansätze einer Erneuerung des Sozialismus im frühen 21. Jahrhundert als schwach. Die neue »Welle« des Sozialismus ist überschaubar, obgleich sie sich in vielen, unterschiedlichen Varianten manifestiert. Allerdings sind die triumphalistischen Beerdigungsreden der Liberalen im Gefolge der Zeitenwende von 1989-1991 weitgehend verstummt. Und jene pessimistische Grundeinstellung von kritischen Intellektuellen, die sich gerne auf maßgebliche Repräsentanten der »Frankfurter Schule« beziehen und die Möglichkeiten einer emanzipatorischen Systemveränderung durch politische Praxis weitgehend negieren, werden mit einer Welle von kapitalismuskritischen Diskursen ebenso konfrontiert wie mit zahlreichen Ansätzen, die diese Kritik praktisch umzusetzen suchen. Im Jahrzehnt nach der Großen Krise von 2008/09 haben diese Tendenzen auch in den Kapitalmetropolen des Westens deutlich zugenommen. Bezogen auf die Herrschaftsverhältnisse des globalen Finanzmarktkapitalismus (und des nach wie vor starken American Empire) artikulieren sie sich als linke Opposition im politischen und ideologischen Raum.

Erste Versuche, eine Alternative zur neoliberalen Politik auf der Regierungsebene durchsetzen, sind gescheitert; nachfolgende Rechtsregierungen haben allerdings Massenproteste ausgelöst. In einigen Ländern haben sich dabei Diskursverschiebungen durchgesetzt, in denen die Frage des »Systemwechsels« – bezogen auf die Wachstumsproblematik, als auch auf den Kampf gegen soziale Ungleichheit und die Krise des politischen Systems der repräsentativen Demokratie – zwischen den Parteien, in den sozialen Bewegungen, aber auch in den Medien neu thematisiert wird.

Die Energie und Kraft, die die sozialistischen Bewegungen und Organisationen des 19. Jahrhunderts angetrieben hatte, resultierte einerseits aus den Klassenkonflikten, die die kapitalistische Industrialisierung in einem spätfeudalen Umfeld erzeugte. Gleichzeitig waren diese Bewegungen von einem außerordentlich starken moralischen Impuls angetrieben, der sich aus dem Protest und Widerstand gegen die unmenschlichen Arbeits- und Lebensbedingungen des Proletariats sowie aus dem übergreifenden Anspruch der bürgerlichen Revolution, der durch die Losungen von 1789 (Freiheit, Gleichheit, Brüderlichkeit) in die Welt getragen wurden, speiste. Die großen Revolutionen der Neuzeit von 1789 und 1917 wirkten wie Vulkane, die die Botschaft der Befreiung der Ausgebeuteten und Unterdrückten auf der ganzen Welt verbreiteten.

Der chinesische Weg: Erfolge und Ambivalenzen

Im frühen 21. Jahrhundert sind diese Kräfte geschwächt, während Verflechtung und Interdependenz im kapitalistischen Weltsystem zugenommen haben. In der Finanzkrise nach 2008 – vor allem in der Corona-Krise der Jahre 2020/2021 – sind solche Interdependenzen als Krisenverstärker (»reflexive Globalisierung«) wirksam geworden. Gleichzeitig vollziehen sich tiefgreifende (ökonomische und machtpolitische) Veränderungen im kapitalistischen Weltsystem. Der Niedergang des »Westens« (Westeuropa und USA) und der Aufstieg Asiens – mit der Volksrepublik China – steht im Zentrum dieser Wende. Der Realist Zbigniew Brzezinski (2012: 23), strategischer Vordenker republikanischer US-Präsidenten, der stets Antworten auf die Frage suchte, wie die USA ihre Position als »Nummer Eins« in der Welt halten können, ging auf diese veränderte Weltlage ein: »Chinas bemerkenswerte wirtschaftliche Dynamik, seine Fähigkeit zu wichtigen politischen Entscheidungen, die von rationalen und selbstbezogenen nationalen Interessen bestimmt sind, seine relative Freiheit von schwächenden äußeren Verpflichtungen und sein beständig wachsendes militärisches Potential, verbunden mit der weltweiten Erwartung, dass das Land bald den führenden globalen Status der USA herausfordern werde, rechtfertigen es schon heute, China knapp hinter den USA auf Platz 2 der gegenwärtigen Hierarchie im internationalen System zu positionieren.«

Dieser Prozess der Machtverschiebungen im internationalen System hat sich im nachfolgenden Jahrzehnt noch einmal verstärkt: Die EU ist kaum aus dem Krisenmodus herausgekommen, in den USA hat Donald Trump mit der Losung »Make America Great Again« eingestanden, dass der Abstieg der USA bereits ein fortgeschrittenes Stadium erreicht hat. Sein Nachfolger Biden bemüht sich, die Führungsposition der USA in den alten Bündnisbeziehungen und über die Konfrontation mit China und Russland zu reparieren. Das fällt nicht leicht. Bereits auf die Krise nach 2008 hatte der chinesische Staat mit einem gewaltigen Investitionsprogramm für die Entwicklung der Infrastruktur und die Steigerung der inneren Nachfrage reagiert. Damit wurde die chinesische Wirtschaft zu einer Konjunkturlokomotive der Weltwirtschaft. Gleichzeitig entwickelte die VR, deren Industrie auf Rohstoffe und Energieimporte angewiesen ist, wirtschaftliche und politische Beziehungen zu zahlreichen Ländern in der Welt, die auf wechselseitigen Geschäftsbeziehungen ohne Anspruch auf Vorherrschaft oder Eingriffen in die inneren politischen Verhältnisse des Partnerlandes beruhen. Seit 2013 wird die Zusammenarbeit zwischen der VR China und über 60 weiteren Ländern Afrikas, Asiens und Europas im Projektzusammenhang der »Neuen Seidenstraße« vorangetrieben – mit gewaltigen Investitionssummen für den Ausbau von Verkehrswegen. Der Westen reagiert auf den Aufstieg des Landes zur Großmacht bzw. zur »Weltherrschaft« (»When China rules the World«, Jacques 2009) zunehmend mit einem Wirtschaftskrieg, mit der Umstellung der Sicherheitspolitik auf den pazifischen Raum sowie mit einer ideologischen Offensive, die im Namen der Menschenrechte und der Demokratie die kommunistische Diktatur in China zum Feind erklärt. Auseinandersetzungen in Honkong (2020) sowie um Taiwan, die Politik gegenüber den Juguren in Xinjiang werden zu Kampagnen in den Medien, zu Forderungen nach Sanktionen und nach erhöhten Rüstungsanstrengungen des Westens genutzt. In diesem neuen Kalten Krieg rücken China und Russland enger aneinander – in den internationalen Organisationen ebenso wie auf der Ebene der zwischenstaatlichen wirtschaftlichen Beziehungen.

In der Präambel der Verfassung der Volksrepublik China aus dem Jahre 1982 wird diese als sozialistischer Staat definiert. Die Transformation Chinas ging allerdings mit gesellschaftlichen Strukturveränderungen einher, die sich einerseits durch den erfolgreichen Kampf gegen die Armut und damit auch durch das Entstehen einer breiten städtischen Mittelschicht, andererseits durch das Explodieren der Ungleichheit und durch extreme soziale Gegensätze zwischen Milliardären an der Spitze und armen Wanderarbeitern am unteren Ende der Gesellschaftspyramide auszeichnet (Wolfgang Müller 2021: 31-54). Die Partei spricht von einer gelungenen Verbindung von Marktwirtschaft und Sozialismus – dem Ziel einer »harmonischen Gesellschaft«, also einer Überwindung der sozialen Spaltungen durch die Ausweitung der Mittelschicht und ihres Lebensstandards. Diese Vorgabe erinnert zum Teil an jene durch und durch ideologische Umschreibung der westdeutschen Nachkriegsgesellschaft als »nivellierte Mittelstandsgesellschaft« (Helmut Schelsky). Dabei fällt dem Staat eine entscheidende Rolle zu: nicht nur über die Kontrolle der wirtschaftlichen Entwicklung über Staatsunternehmen, über den Staatseinfluss auf die Privatunternehmen sowie die Kontrolle des Finanz- und Geldwesens, sondern auch durch die schrittweise Entwicklung sozialstaatlicher Sicherungen. Dennoch: »Privatunternehmen ... erwirtschaften ... heute den größten Anteil des Bruttoinlandsprodukts und stellen auch die meisten Beschäftigten unter allen Eigentumsformen... Die Entwicklung der Privatwirtschaft brachte auch eine enorme Ausdehnung des Dienstleistungssektors mit sich. Der Anteil der in diesem Sektor Beschäftigten in der Volkswirtschaft stieg von 20 Prozent 1992 auf über 40 Prozent 2016.« (Wemheuer 2019: 215f.)

Auch wenn die politische Führung des Landes immer wieder den sozialistischen Charakter des »chinesischen Weges« betont, bleibt die Bewertung dieses Sozialismus-Typs und seiner weltweiten Ausstrahlung sowohl in den Debatten der internationalen Linken als auch innerhalb der KPCh selbst umstritten. Dass China aufgrund seiner wirtschaftlichen Macht zu den Großmächten des 21. Jahrhunderts gehört, ist unbestritten. Ob und wie allerdings diese Position die Auseinandersetzungen um den Sozialismus in den Kapitalmetropolen und in den Staaten des »Südens« beeinflussen wird, ist eine offene Frage. In China wird die Polarisierung der Klassenverhältnisse selbst zu Spannungen und Krisen führen, die sich durch die Einbeziehung der chinesischen Wirtschaft in den Weltmarktzusammenhang – damit auch in den Zusammenhang der Weltmarktkrisen des Kapitalismus – zuspitzen können. Mit der wachsenden Bedeutung von Privatunternehmen ist eine Bourgeoisie entstanden, die neben der Staatsklasse im »Block an der Macht« (vor allem aber in der Partei) eine wichtige Rolle spielt. So sind Szenarien denkbar, dass in Krisenperioden, in denen sich auch die Unzufriedenheit in der Bevölkerung – vor allem bei den unteren Klassenfraktionen – artikuliert, vonseiten der Bourgeoisie auch innerhalb des Staates die »Machtfrage« gestellt wird, um über Veränderungen im politischen und ökonomischen System den Einfluss der Partei und des Militärs zurückzudrängen und die Außenpolitik des Landes für die engere Kooperation mit den USA und Westeuropa zu öffnen. Dem steht freilich entgegen, dass die Eröffnung eines neuen Kalten Krieges durch die USA die nationalistische Linie der Politik der Partei stärkt und die eurasische Achse (China/Russland) sowie Bündnisse mit Staaten des »Südens« stärken werden. Der Primat der Geopolitik, der sich inzwischen in den internationalen Beziehungen immer deutlicher durchsetzt, ist stets mit einem ideologischen Aufschwung des Nationalismus verbunden. Dabei wird auch die Position der Armee gestärkt.

Der neue Kalte Krieg wirkt auf die ideologischen Verhältnisse in den Kapitalmetropolen zurück. Dabei wird die Verletzung der Menschenrechte in China zum zentralen ideologischen Hebel, um die westliche liberale Demokratie mit der kommunistischen Diktatur zu konfrontieren. Der American Way of Life wird immer noch von vielen Armen in der Welt als eine Art Konsumparadies angesehen. Die meisten dieser Produkte werden allerdings inzwischen in China produziert.

Im globalen Kontext bleibt der Bezug auf Chinas Erfolge ambivalent. Die Linke betont die aktive Rolle des Staates bei der Entwicklung des Landes und insbesondere im erfolgreichen Kampf gegen die Armut. Auch die Bewältigung der Corona-Pandemie durch einen schnellen und harten Lockdown im Jahr 2020 (sowie in der Folge die schnelle ökonomische Erholung) hat dem Ansehen des Landes genutzt. Die stärker werdende anti-demokratische Rechte im Westen, die das Ziel eines autoritären Staates verfolgt, könnte durchaus Sympathien für dieses Modell eines »Staatskapitalismus« entwickeln. Auch innerhalb der Bourgeoisie, die ertragreiche Geschäfte mit China betreibt, nimmt die Zahl der Sympathisanten des chinesischen Modells und seiner Leistungsfähigkeit zu, während der Unmut über die Instabilität und mangelnde Entscheidungsfähigkeit im demokratischen System ebenfalls anwächst. Im »Süden« wird anerkannt, dass China »aus eigener Kraft« den Aufstieg an die Spitze geschafft hat. Außerdem erweist sich die wirtschaftliche und politische Kooperation mit China – nicht nur im Rahmen des Projektes der »neuen Seidenstraße« – als durchaus vorteilhaft. Solche Bündnisse können die Macht des Westens schwächen und die Tendenzen zu einer multipolaren Weltordnung verstärken, die die seit 500 Jahren bestehende Vorherrschaft »des Westens« infrage stellen könnte. Welche Wirkungen daraus für die Entwicklung des Sozialismus in den einzelnen Ländern folgen, wird auf jeden Fall widersprüchlich bleiben. Für die sozialistische Linke im 21. Jahrhundert ist ein unhintergehbarer Grundsatz, dass sie ihre Ziele stets mit der Verteidigung der Demokratie und der Menschenrechte, mit der Ausweitung der Wirtschaftsdemokratie und der Schaffung von sozialen Räumen der Selbstverwaltung und der Autonomie (d.h. mit der Rücknahme des Staates in die Gesellschaft) verbinden muss.

»Schwellenzeit«

Wenn Chinas Parteichef Xi über die neue Rolle Chinas in der Welt und über das Projekt der »neuen Seidenstraße« spricht, bezieht er sich auch auf eine »Zeitenwende« als Merkmal unserer Epoche. Im Januar 2021 sprach er vor dem Parteinachwuchs von »grundlegenden und beispiellosen Veränderungen« in der Welt. Das auffallendste Merkmal der heutigen Welt könne mit einem Wort zusammengefasst werden: »Aufruhr«. Dieser Zeitdiagnose zufolge befindet sich die Welt in einer krisenhaften Transformationsperiode, in einer »Schwellenzeit«, in der – so Antonio Gramsci (1991: 354) im Blick auf die Katastrophen der Zwischenkriegsperiode – »das Alte stirbt und das Neue nicht zur Welt kommen kann: in diesem Interregnum kommt es zu den unterschiedlichsten Krankheitserscheinungen«.[66] Das Jahrzehnt nach dem Big Crash (2008) ist nicht nur durch die sozialökonomischen und ökologischen Krisenprozesse, sondern durch einen Aufschwung von sozialen und politischen Protestbewegungen, durch Aufstände und Bürgerkriege und Krawalle charakterisiert. Paul Mason (2013) schrieb ein Buch mit dem Titel »Why It's Still Kicking Off everywhre. The New Global Revolution« (»Warum es überall losgeht. Die neue globale Revolution«). Darin berichtete er von den Bewegungen des Arabischen Frühlings in Tunesien und Ägypten. Diese griffen auf den Süden Europas (Griechenland, Spanien, Portugal) und schließlich im Herbst 2011 auf die USA, genauer auf New York (»Occupy Wall Street«) über. Trotz großer Unterschiede zwischen diesen Bewegungen einte sie der gemeinsame Protest gegen soziale Ungerechtigkeit und korrupte (autoritäre) Regime bzw. gegen demokratische Regime, die für die soziale Ungleichheit sowie für die Herrschaft der Eliten und Oligarchien verantwortlich gemacht wurden (vgl. Kraushaar 2012; Castells 2012; Birke/Henninger 2012). Zweifelsohne: Der Überschwang revolutionärer Hoffnungen wurde schnell enttäuscht. Die Bewegungen des »Arabischen Frühlings« wurden brutal zusammengeschlagen, lösten Bürgerkriege aus, öffneten den Raum für den Terror des Islamischen Staates und die Kriege in Syrien und Libyen. 2011 ereignete sich aber auch die Nuklearkatastrophe von Fukushima, die den Forderungen der Antiatombewegung in der ganzen Welt Nachdruck verschaffte.

Die Impulse der ersten Reaktionen auf die Krise des globalen Finanzmarktkapitalismus wirkten jedoch fort. Jörg Nowak u.a. stellten 2018 – in einer »globalen Perspektive« – Forschungsergebnisse über »Arbeiterbewegungen und Streiks im 21. Jahrhundert« vor und bestätigten dabei zunächst die These, dass mit dem Beginn des 21. Jahrhunderts »a comeback of labour strikes and working-class struggles« zu konstatieren sei. Sie betonen allerdings auch die Ambivalenz dieses Befundes: »In den ersten beiden Jahrzehnten des neuen Jahrhunderts haben Arbeitsunruhen, Streikbewegungen und soziale Bewegungen massiv zugenommen. Aber während diese Bewegungen eine wichtige Rolle bei den Rebellionen und Revolutionen der letzten Jahre gespielt haben, werden sie immer wieder geschwächt und verschwinden wieder unter dem dreifachen Druck der Fragmentierung (wie in Deutschland), der Institutionalisierung (wie in Griechenland) und der Repression (wie in der Türkei, Brasilien, Argentinien, Indien und China). Und schlimmer noch: Konterrevolutionen wie in Ägypten und Bürgerkriege wie in Syrien (bei denen die Weltmächte mitmischen) scheinen viele alte Erinnerungen ebenso wie

[66] Gramsci sprach in diesem Zusammenhang von einer »Autoritätskrise«: »Wenn die herrschende Klasse den Konsens verloren hat, das heißt, nicht mehr ›führend‹, sondern einzig ›herrschend‹ ist, Inhaberin der reinen Zwangsgewalt, bedeutet das gerade, dass die großen Massen sich von den traditionellen Ideologien entfernt habe, nicht mehr an das glauben, woran sie zuvor glaubten«.

neue Hoffnungen zu zerstören.« (Nowak et al. 2018: 5; vgl. auch Azzellini/Kraft 2018; Gallas u.a. 2012). Indien ist zum Zentrum gewaltiger Streikbewegungen geworden – in Industriezenten wie Mumbai (Bombay) als auch auf dem Lande, wo Ende 2020 von angeblich 250 Millionen Streikenden berichtet wurde, die sich gegen liberale »Reformprojekte« der Regierung im Bereich des Landwirtschaftsrechtes sowie des Arbeitsschutzrechtes richteten.

Die »Süddeutsche Zeitung« stellte Ende Dezember 2019 ihren Jahresrückblick unter die Überschrift: »Die Welt im Aufruhr. Warum 2019 so viele Menschen auf die Straße gehen«, bevor 2020 die zivilgesellschaftliche Protestkultur pandemiebedingt lahmgelegt wurde. Die Proteste zeichneten sich durch eine große Vielfalt aus: gegen Armut und soziale Ungerechtigkeit, gegen autoritäre und/oder korrupte politische Regime, gegen den Klimawandel, gegen Sexismus und Rassismus. »Explosiv wird es», so die SZ, »wenn soziale Ungerechtigkeit herrscht, durch Machtverhältnisse zementiert, die großen Teilen der Bevölkerung keine Chance zum wirtschaftlichen Aufschwung lassen. Wenn die Menschen der Hoffnung beraubt werden, dass ihre Kinder es einmal besser haben. Wenn Arbeitslosigkeit selbst gut ausgebildete junge Leute in das Gefühl der Perspektivlosigkeit stürzt…« (SZ 2019: 6). Merkmale dieser Bewegungen sind, dass sie von einer neuen jungen Generation (oft mit einem relativ hohen Ausbildungsniveau) getragen werden und dass sich ihre politische Kritik und Wut gegen eine alteingesessene Elite richtet, die sich den Reichtum des Landes aneignet bzw. von der Ausbeutung des Landes durch Transnationale Konzerne und internationale Institutionen (wie den IWF und durch die Politik des »Washington Consensus«) profitiert. Auf diese Konstellation bezieht sich auch der amerikanische Soziologe und Historiker Mike Davis bei seiner Analyse der US-Wahlen des Jahres 2020: »Zeiten großer gesellschaftlicher Umwälzungen und menschlicher Bedrohungen bringen ebenso dramatische politische Reaktionen hervor: Aufstände, Konterrevolutionen, New Deals und Bürgerkriege. Das Einzige, worüber sich die meisten US-Amerikaner:innen einig sind, ist, dass wir in einer solchen Zeit leben: in der größten nationalen Krise seit 1932 oder gar 1860.« (Davis 2021: 201)

Prognosen zur Entwicklung von Protestbewegungen und Explosionen von sozialen und politischen Konflikten nach dem Ende der Corona-Pandemie rechnen eher mit der Zunahme solcher Konflikte und Bewegungen; denn während der Pandemie haben sich die Verhältnisse der Ungleichheit zwischen den Klassen in den einzelnen Staaten sowie zwischen armen und reichen Staaten im internationalen System noch einmal verschärft.

Die Wellen des Protestes und des Aufruhrs zeugen von Unzufriedenheit, Angst und Wut vor allem unter den von der neoliberalen Politik, den Krisen und Katastrophen des globalen Finanzmarktkapitalismus am meisten betroffenen Teilen der Bevölkerung. Das sind die Massen der Armen und des Prekariats; es sind Kleinbauern, die ihre Subsistenzwirtschaften unter dem

Druck der großen Agrar- und Lebensmittelkonzerne aufgeben müssen; es sind Teile der industriellen Arbeiterklasse, die durch Produktionsverlagerungen in Billiglohnländer ihren Arbeitsplatz verloren haben; es sind Teile der Mittelklassen, die mit sozialem Abstieg konfrontiert werden; und es sind Teile der auch akademisch qualifizierten Jugend, die mit Arbeitslosigkeit, prekären Arbeitsverhältnissen und Überschuldung kämpfen. Die soziale Basis dieser Volksbewegungen geht somit über das industrielle Proletariat hinaus – wobei auch die revolutionären Bewegungen des 19. und 20. Jahrhunderts niemals allein von den Kernen der industriellen Arbeiterschaft, sondern von Bündnissen zwischen verschiedenen Klassenfraktionen getragen wurden (eben von Volksbewegungen). Allerdings reflektiert sich darin auch die neue Zusammensetzung eines Blocks von subalternen Klassenkräften im globalen Finanzmarktkapitalismus, in dem in den alten Zentren des Kapitalismus der Dienstleistungssektor enorm zugenommen hat (Therborn 2012).

Strategien und Klasseninteressen

Die jeweiligen Konfigurationen der determinierenden Faktoren des Protestes variieren. In den »reichen« Ländern vor allem in Westeuropa, wo im »Golden Age of Capitalism« sozialstaatliche Reformen durchgeführt wurden und die industrielle Arbeiterklasse mit starken Gewerkschaften auch ein relativ hohes Lohnniveau erreichte, manifestiert sich die weitverbreitete Unzufriedenheit auch in der Hinwendung von Teilen der Arbeiterklasse zu nationalistischen und rechtspopulistischen Parteien. Massive Bewegungen (Generalstreiks, politische Mobilisierung) zur Kritik der neoliberalen Politik und zur Unterstützung sozialistischer, antikapitalistischer Positionen blieben jedoch – anders als noch in den 70er Jahren des vergangenen Jahrhunderts – auf niedrigem Niveau. Die »De-Mobilisierung« der Arbeiterklasse (Dörre 2021), die auch ein Ergebnis des Golden Age und der sozialdemokratischen Reformpolitik war, wirkt bei Teilen der Arbeiterklasse (vor allem in Deutschland mit seiner exportorientierten Industrie) nach. Sie wird dadurch verstärkt und fortgeschrieben, dass mit der Krise der großen sozialdemokratischen und kommunistischen Parteien in Europa die Arbeiterklasse nicht länger als Handlungssubjekt progressiver Politik adressiert und mobilisiert wird. Die Gewerkschaften sind im Zuge dieser Entwicklung im politischen Raum aktiver geworden, aber sie können diesen neuen politischen Anforderungen an die Mobilisierung der Klasse nicht gerecht werden.

Die Zunahme des Reichtums an der Spitze der Gesellschaft und die Erfahrung des Lebens in einer »Abstiegsgesellschaft« (Nachtwey 2016) in den mittleren und unteren Rängen der Klassenverhältnisse, ohne dass im politischen Raum eine mehrheitsfähige sozialistische Alternative erkennbar wäre, führt auf der Ebene der Ideologie, der Kultur und des Alltagslebens zu zahlreichen Varianten von Zynismus, politischer Apathie und Dekadenz. Eine Jeunesse dorée der Reichen und Superreichen schwelgt im Luxus, während in den unteren Gesellschaftsklassen der Genuss von Massenkultur, Privatfernsehen, Sportereignissen sowie der Konsum von Alkohol und anderen Drogen nach wie vor als mächtige Waffen der De-Mobilisierung der Klasse wirken. In den »armen« Staaten und Regionen hingegen artikuliert sich die Unzufriedenheit mit den herrschenden Verhältnissen oftmals spontan und unorganisiert. Aufruhr (von Myanmar bis Kolumbien) wird dabei oft durch gewaltförmige Eingriffe von Polizei und Militär angefacht.

Die sehr unterschiedlichen Formen des weltweiten Protestes lassen auch die Vielfalt und die Spezifik der Prozesse sozialistischer Erneuerung erkennen. Diese verlaufen oftmals in kurzen Zyklen und ungleichzeitig, wobei Erfolge der Linken mit dem Aufstieg der populistischen und extremen Rechten konfrontiert werden. Wann und wie sich diese » Unübersichtlichkeit« (so Jürgen Habermas 1985 im Bewusstsein des Übergangs in die Post-Golden-Age-Epoche) auflösen wird, vermag niemand vorauszusagen. Es wird sich in den Kämpfen entscheiden, die auf die Krisen des globalen Finanzmarktkapitalismus und der neoliberalen Politik reagieren, in denen um gesellschaftliche und politische Antworten auf die Krisen und Katastrophen sowie um politische Macht gerungen wird, um solche Antworten durchzusetzen. Dabei zeichnen sich in den entwickelten kapitalistischen Staaten drei strategische Varianten ab, die zugleich unterschiedliche Klasseninteressen vertreten.

Erstens: Eine rückwärtsgewandte Politik, die gegen die »Globalisierung«, vor allem aber gegen Migration als Folge von Kriegen, Umweltkrisen und Massenarmut gerichtet ist, fordert die Rückkehr zum Primat der nationalen Interessenvertretung (auch der »völkischen Reinhaltung«) und befürwortet dabei autoritäre Formen des Regierens (»Bonapartismus«). Verschwörungstheoretische Varianten dieser Weltanschauung mobilisieren gegen die Weltherrschaft von extrem reichen Konzernlenkern aus dem IT-Bereich (Bill Gates, Mark Zuckerberg, Jeff Bezos u.a.), von Investmentbankern und informellen Elitennetzwerken (Bilderberg Conference, Weltwirtschaftsform Davos). Gleichzeitig idealisieren sie den nationalen Kapitalismus und das Kleineigentum. Ihre wirtschafts- und gesellschaftspolitischen Programme sind in der Regel neoliberal geprägt; starke Gewerkschaften sind ihre Feinde und sozialpolitische Regulierung im Interesse der Lohnabhängigen wollen sie strikt auf die jeweiligen nationalen Klassen beschränkt wissen. Ihre Massenbasis rekrutiert sich aus vom Abstieg bedrohten Kleinbürgern und Industriearbeitern sowie aus Unterschichten der Arbeiterklasse; Empfänger:innen niedriger Renten gehören ebenfalls zu ihren Anhängern. Die Vertreter der Kapitalinteressen, die fest in die Globalisierung eingebunden sind, distanzieren sich hingegen vom rechten Populismus. Falls sich jedoch die Krisen zuspitzen, könnte ein Regime der »neuen Rechten« (wie nach der Weltwirtschaftskrise von 1929) durchaus als Rückzugsposition für den Schutz der Kapitalinteressen an Bedeutung gewinnen. Die autoritären Regime in Ost- und Mitteleuropa sind bereits erste Vorposten einer politischen Wende nach rechts – dort als Antwort auf die doppelte Transformationskrise dieser Gesellschaften im Gefolge des Zusammenbruchs der sozialistischen Ordnung und der Einbeziehung in den europäischen Binnenmarkt und in die Wirkungen der Eurokrisen nach 2008.

Zweitens: Klaus Schwab, ein Schweizer Unternehmer, ist der Gründer und Organisator des Weltwirtschaftsforums von Davos, wo sich seit 1971 die Reichen und Mächtigen dieser Welt treffen, um über den Zustand des globalen Kapitalismus sowie über Fragen einer »Gobal Governance« zu diskutieren. Im zurückliegenden halben Jahrhundert ist das Forum zu einer Art transstaatlicher Institution geworden, die der Sicherung der Herrschaft der transnationalen Konzerne und des globalen Finanzkapitals dient und informelle Verfahren der Konfliktregulierung und Interessenwahrnehmung jenseits der traditionellen zwischenstaatlichen Beziehungen anbietet. Schwab hatte schon früh vor den Risiken und Gefahren einer »reflexiven Globalisierung« gewarnt.

Im Jahr 2020 veröffentlichte er ein Memorandum unter dem Titel »Covid-19: der große Umbruch«. Darin fordert er einen Neustart (»Re-Set«) für die Welt (Schwab/Malleret 2020: 292), in der Überzeugung, dass die Corona-Krise eine Zuspitzung der Krisentendenzen im Wirtschafts- und Gesellschaftssystem bedeutet, die mit langfristigen geopolitischen, ökologischen und technologischen Umbrüchen (»digitale Transformation«) einhergehen. In diesen Umbruchskrisen nehmen einerseits die Unzufriedenheit der Menschen, die Handlungsschwächen der Regierungen und die Konflikte um die Verteilung der Macht zwischen den Großmächten (vor allem zwischen den USA und China) zu. Die Regierungen werden angesichts der sozialen und wirtschaftlichen Folgen der Pandemie mit neuen Aufgaben eines Krisenmanagements konfrontiert, das einen erweiterten Staatsinterventionismus, aber auch eine Aufblähung der Staatsschulden erfordert. Dabei vergrößert die Pandemie die »Bruchlinien, die unsere Volkswirtschaften und Gesellschaften bereits seit langem belasten. Zunehmende soziale Ungleichheiten, ein weit verbreitetes Gefühl der Ungerechtigkeit, sich vertiefende geopolitische Gräben, politische Polarisierung, wachsende Haushaltsdefizite, eine ineffektive oder nicht vorhandene globale Ordnungspolitik, exzessiver Finanzmarkt-Kapitalismus, Umweltzerstörungen – das sind nur einige der größten Herausforderungen, die bereits vor der Pandemie bestanden. Die Corona-Krise hat sie alle noch verschärft.« (Ebd.: 291) Diese Krisentendenzen enthalten erhebliche Gefahrenpotenziale: »Wenn es uns nicht gelingt, die tief verwurzelten Missstände in unseren Gesellschaften und Wirtschaftssystemen anzugehen und zu beheben, könnte das Risiko zunehmen, dass wie so häufig in der

Geschichte letztlich ein Umbruch durch gewaltsame Erschütterungen wie Kriege oder gar Revolutionen erzwungen wird.« (Ebd.: 292) Schwab ist davon überzeugt, dass »in der Welt nach der Corona-Pandemie … Fragen der Gerechtigkeit und Fairness in den Vordergrund rücken werden, die von stagnierenden Realeinkommen bis zur Neudefinition unseres Gesellschaftsvertrages reichen« (ebd.: 297). Eine »unabdingbare Voraussetzung« für die Bewältigung dieser Krisen ist eine »stärkere Zusammenarbeit und Kooperation in und zwischen den Ländern« (ebd.). Die größte Gefahr für den globalen Kapitalismus wäre also neben den sozialen Unruhen in der Welt ein Rückfall auf Positionen eines wirtschaftlichen und politischen Nationalismus.

Der Re-Set verlangt freilich einen New Deal, der sowohl auf die soziale Ungleichheit als auch auf die ökologischen Herausforderungen und dabei vor allem auf die Klimakrise zu reagieren vermag. Ein neuer Gesellschaftsvertrag z.B. sollte enthalten: »1. Ein breiterer, wenn nicht universeller Zugang zu Sozialhilfe, Sozialversicherung, Gesundheitsversorgung und hochwertiger Grundversorgung; 2. Bemühungen für einen besseren sozialen Schutz von Arbeitnehmern und den derzeit am meisten Betroffenen (wie zum Beispiel jene, die in der Gig Economy beschäftigt sind und diese befeuern, in der Vollangestellte durch unabhängige Auftragnehmer und Selbständige ersetzt werden).« (Ebd.: 112f.) Zu einem solchen Programm des Re-Set gehören auch umfangreiche Maßnahmen auf dem Gebiet der Umwelt- und Klimapolitik – auf der lokalen, nationalen und globalen Ebene. Stets entscheidet aber die Bereitschaft zur transnationalen Kooperation – auf der Ebene der Konzerne, der Staaten wie der internationalen Organisationen – darüber, ob die Welt noch zu retten sei. Klaus Schwab ist der Exponent eines durch Reformen systemerhaltenden globalen Kapitalismus, der sich für die Kooperation mit den linksliberalen und sozialdemokratischen Parteien, aber auch mit sozialen Bewegungen (vor allem der Klimabewegung) öffnen muss. Da Schwab den systemischen Ursachen der zahlreichen Krisen und Protestbewegungen nicht auf den Grund geht, wird er die Gründe für das Scheitern seines Programms stets auch irrationalen Kräften (die dem Nationalismus anhängen) oder den sozialistischen Gegnern des Kapitalismus zuschreiben. Die Politikerin, die seinen Visionen eines guten globalen Kapitalismus am nächsten steht, ist wohl die deutsche Altkanzlerin Angela Merkel. Ihre Anhänger fürchten, dass nach ihrer Ära eine Periode der politischen Instabilität mit einer deutlichen Rechtsverschiebung anbricht.

3. Die Perspektiven sozialistischer Antworten auf die Krisen- und Katastrophentendenzen des globalen Kapitalismus sowie auf die weltweiten Protestbewegungen werden zunächst einmal davon abhängen, wie sich der Protest von unten mit der intellektuellen und wissenschaftlichen Kapitalismuskritik und der daraus abgeleiteten Sozialismusprogrammatik verbinden wird. Die Geschichte des Sozialismus ist von der Erkenntnis (bzw. von dem

Lernprozess) geprägt, dass diese Vermittlung eines »kollektiven In ellen« (Gramsci), einer organisierenden Kraft bedarf, die nicht nur (tinuität von Klassenpolitik gewährleistet, sondern die auch im po Raum für die Veränderung der Kräfteverhältnisse zugunsten der subalternen Klassen (und ihren Bewegungen), schließlich auch für die Veränderung der Verteilungs- und Eigentumsverhältnisse zu wirken vermag. Diese organisierende (politische) Kraft entsteht freilich nicht in den Köpfen der Intellektuellen, sondern sie muss aus den realen Bewegungen entstehen. Aus diesen bilden sich auch Führungsgruppen und charismatische Führungspersönlichkeiten, mit denen sich die Subalternen identifizieren. (...) Am Anfang des 21. Jahrhunderts bewegt sich die Rekonstruktion/Erneuerung des Sozialismus in einer weltgeschichtlichen Konstellation, die David Harvey wie folgt charakterisiert: »Das Kapital wird weder mit einem großen Knall noch einem großen Wimmern enden, sondern zum Geräusch zahlloser platzender Blasen in der ungleichen geographischen Landschaft eines müde akkumulierenden Kapitals. Hinzu kommt eine allgemeine Unzufriedenheit, die direkt unter der Oberfläche der kapitalistischen Gesellschaft brodelt. Immer häufiger sind episodische Ausbrüche des Volkszorns zu beobachten... Eine solche Wirtschaft wird, bevor sie sich endgültig auflöst, in regelmäßigen Abständen von vulkanischen Eruptionen und Zusammenbrüchen erschüttert werden.« Die systemspezifische Antriebskraft dieser Widersprüche sieht Harvey in der »Notwendigkeit eines ewigen exponentiellen Wirtschaftswachstums ohne eine erkennbare materielle Basis« (Harvey 2015: 58).

Wege des Sozialismus

Die Wege, die der Sozialismus beschreiten wird, sind nicht voraussehbar. Sie werden auf jeweils sehr unterschiedlichen Terrains beschritten, die in ihrer Spezifik immer wieder neu erkundet werden müssen. Sie werden durch die Verhältnisse selbst vorgegeben werden. Aus der Geschichte des Sozialismus sind sie gleichwohl bekannt und bilden eine äußerst widersprüchliche Einheit. Die Widersprüche, mit denen diese Wege immer wieder konfrontiert werden, sollten den »Weggefährten« bewusst sein.

Der erste Weg beginnt mit der Kritik und dem Widerstand gegen Herrschaftsverhältnisse, die mit Fremdbestimmung, Ausbeutung und politisch-kultureller Unterdrückung verbunden sind, und gewinnt seine Kraft und moralische Legitimation aus der Konfrontation dieser Verhältnisse mit dem Anspruch der universellen Menschenrechte und den Menschheitsinteressen an der Erhaltung eines lebenswerten Planeten, der vor Atomkriegen und vor der Klimakatastrophe beschützt werden muss. Aus dieser Kritik folgt die Forderung sowohl nach sozialen und politischen Reformen z.B. als Kampf der Gewerkschaften um Anerkennung, als Kampf für die Durchsetzung, aber auch für die Verteidigung der Demokratie gegen autoritäre Bestrebungen (Bonapartismus, Herrschaft der Oligarchen) und schließlich als Kampf um Sozialstaatlichkeit, Wirtschaftsdemokratie und ein nachhaltiges Wachstum. Dieser Weg führt ins politische Feld der parlamentarischen Demokratie; denn ohne Mehrheiten in den Parlamenten und Regierungen sind solche Reformen nicht durchsetzbar. Auf dem Wege kann der Kapitalismus zivilisiert werden; Krisen und reaktionäre Gegenschläge stellen die Erfolge von Reformen allerdings immer wieder infrage. Auf der anderen Seite verlieren die sozialistischen Kräfte ihre Ziele einer Systemveränderung aus den Augen, wenn sie – mit Erfolgen auf dem Gebiet der Reformpolitik – in die Institutionen des politischen Systems, aber auch bei der Regulation der Arbeitsbeziehungen (z.B. durch Sozialpartnerschaft) eingebunden werden. Die Dialektik von Reform und Revolution setzt voraus (so sah es z.B. Rosa Luxemburg), dass die Reformpolitik von einer starken Klassen- und Volksbewegung vorangetrieben wird und deshalb – auch vermittelt über gewaltsame Gegenreaktionen des »Blocks an der Macht« – notwendig auf das Feld der Auseinandersetzungen um strukturelle Veränderungen der bestehenden Macht- und Eigentumsverhältnisse gerät. Diese Dialektik ist jedoch durch die Integrationspotenziale moderner kapitalistischer Gesellschaften weitgehend außer Kraft gesetzt worden. Die neuen Formen des weltweiten Aufruhrs stellen neue Verbindungen zwischen kapitalismuskritischen sozialen Bewegungen und der sozialistischen Kräfte im politischen Raum her.

Der zweite Weg folgt den Spuren des Anarchismus und Anarchosyndikalismus. Er setzt auf die Kraft von Basisbewegungen, die sich mit Formen von Herrschaft, Gewalt und Unterdrückung auseinandersetzen, für die Freiheit des Individuums kämpfen und dabei ein doppeltes Ziel verfolgen: a) »befreite Gebiete« bzw. Zonen oder Lebenswelten zu schaffen, die autonom und selbstverwaltet gestaltet werden sollen. Dabei verändern sich b) Kräfteverhältnisse in der Zivilgesellschaft, die dann auch im politischen Feld wirksam werden und das Verhalten der politischen Akteure notwendig beeinflussen. Zahlreiche der sozialen Bewegungen, die im Gefolge der »Kulturrevolution von ’68« entstanden waren – von der neuen Frauen- und Umweltbewegung bis zur Antirassismus- und Klimabewegung der Gegenwart – folgen diesen Überzeugungen, mussten aber immer auch die Erfahrung machen, dass der Übergang ins politische System (durch Parteineugründungen bzw. durch verstärktes Engagement in bestehenden Parteien) die radikalen systemkritischen Impulse auflöst und die Repräsentanten einst radikaler Basisbewegung in »Modernisierer« des Kapitalismus verwandelt, die sich dazu noch als »Menschenrechtsbellizisten« zu Propagandisten neoimperialistischer Politik transformiert haben.

Der dritte Weg wird durch Gewaltverhältnisse erzwungen, die durch Militärdiktaturen im eigenen Lande, durch die Gewaltverhältnisse von Kriegen und Bürgerkriegen sowie durch den gewaltsamen Widerstand gegen externe

Interventionen gegen progressive Regierungen charakterisiert sind. In weiten Teilen des »Südens« herrschen solche Verhältnisse vor – und deshalb ist es besonders schwierig, hier strategisch die richtige Mischung zwischen den drei Wegen zu finden. Die Geschichte der neuzeitlichen Revolutionen lehrt zumindest, dass die Dialektik von Revolution und Gegenrevolution zur zentralen Herausforderung jener sozialistischen Kräfte wird, die die Eroberung der Staatsmacht dazu benutzen, um durch Landreformen, Nationalisierung von großen Konzernen, staatlichen Zugriff auf nationale Rohstoffreserven, Ausweitung von Genossenschaften das alte Regime umbauen und gleichzeitig den Kampf gegen Armut, Analphabetismus und für universellen Gesundheitsschutz, für die Anerkennung von Rechten der indigenen Bevölkerung usw. aufgenommen haben. Dieser Weg würde in der Welt des entwickelten Kapitalismus zur Schreckensvision der dort herrschenden Eliten werden.

Den Verlauf dieser Wege können wir nicht voraussagen. Die Dogmatiker, die die reale Analyse durch den Glauben an geschichtliche Gesetzmäßigkeiten ersetzen wollen, werden immer wieder enttäuscht. Eric Hobsbawm hat 1978 in einem wegweisenden Essay, in dem er die Frage nach einem möglichen Ende der sozialistischen Massenorganisationen der Arbeiterbewegung aufwarf, die Aufgaben der Wissenschaft und der Intellektuellen eher nüchtern umrissen: »›Die Menschen machen‹, wie Marx einmal sagte, ›ihre eigene Geschichte, aber sie machen sie nicht aus freien Stücken, nicht aus selbstgewählten, sondern unter unmittelbar vorgefundenen, gegebenen und überlieferten Umständen‹ (MEW 8: 115) und innerhalb ihrer Grenzen. Falls jedoch die sozialistische Arbeiterbewegung wieder ihre Seele, ihre Dynamik und ihre historische Initiative zurückgewinnen sollte, dann müssen wir als Marxisten das tun, was Marx ebenfalls getan hätte: die neue Situation anzuerkennen, in der wir uns befinden, diese realistisch und konkret (und auch als historisch spezifisch) analysieren, dabei auch die Gründe für das Scheitern wie für die Erfolge der Arbeiterbewegung erkunden – und nicht zu formulieren, was wir gerne getan hätten, sondern was unter diesen Umständen getan werden kann.«

Literatur

Abendroth, Wolfgang (1964): Aufstieg und Krise der deutschen Sozialdemokratie. Frankfurt a.M.

Abendroth, Wolfgang (1965): Sozialgeschichte der europäischen Arbeiterbewegung. Frankfurt a.M.

Abendroth, Wolfgang (1967): Antagonistische Gesellschaft und politische Demokratie. Aufsätze zur politischen Soziologie. Neuwied.

Adamek, Karl (2013): Lieder der Arbeiterbewegung. Hamburg.

Adamczak, Bini (2017): Beziehungsweise Revolution. 1917, 1968 und kommende. Berlin.

Albers, Detlev (1983): Versuch über Otto Bauer und Antonio Gramsci. Zur politischen Theorie des Marxismus. Westberlin.

Albers, Detlev/Oehlke, Paul/Goldschmidt, Werner (1971): Klassenkämpfe in Westeuropa. Frankreich – Großbritannien – Italien. Reinbek bei Hamburg.

Albritton, Robert/Bell, Shannon/Bell, John/Westra, Richard (2004): New Socialisms. Futures beyond Globalization. London/New York.

Althusser, Louis (1978): Die Krise des Marxismus. Hamburg.

Anderson, Perry (1965): Origins of the Present Crisis. In: Ders. u.a. (Hrsg.): Towards Socialism. London, S. 11-52.

Anderson, Perry (1978): Über den westlichen Marxismus. Frankfurt/New York.

Anderson, Perry (1993): Zum Ende der Geschichte. Berlin.

Anderson, Perry (2010): Two Revolutions. Rough Notes. In: New Left Review, 61/2010, S. 59-96.

Arias, José R. H. (1998): Donoso Cortés und Carl Schmitt. Paderborn/München/Wien/Zürich.

Arrighi, Giovanni (1994): The Long Twentieth Century. Money, Power. And the Origins of Our Times. London/New York.

Askani, Bernhard/Wagener, Elmar (Hrsg.) (1996): ANNO 3: Von der Französischen Revolution bis zum Ersten Weltkrieg. Braunschweig.

Atkinson, Anthony B. (2015): Inequality. What Can Be Done? Cambridge(MA)/London.

Azzellini, Dario/Kraft Michael G. (2018): The Class Strikes Back. Self Organized Workers' Struggles in the 21st Century. Leiden/Boston.

Bakewell, Sarah (2018): Das Café der Existentialisten. München.

Baran, Paul A. (1962 [1957]): The Political Economy of Growth. New York.

Baran, Paul A./Sweezy, Paul M. (1966): Monopoly Capital. An Essay on the American Economic and Social order. New York/London.

Barth, Boris (2016): Europa nach dem Großen Krieg. Die Krise der Demokratie in der Zwischenkriegszeit 1918–1938. Frankfurt a.M./New York.

Bartolini, Stefano (2000): La mobilisation politique de la gauche européenne (1860–1980). Brüssel.

Bauer, Otto (1976): Zwischen zwei Weltkriegen (1936). In: Ders. (Hrsg.): Werkausgabe, Band 4. Wien, S. 49-324.

Bauer, Otto/Marcuse, Herbert u.a. (1967): Faschismus und Kapitalismus. Theorien über die sozialen Ursprünge und die Funktion des Faschismus. Frankfurt a.M./Wien.

Beck, Ulrich (1986): Risikogesellschaft. Auf dem Weg in eine andere Moderne. Frankfurt a.M.
Becker, Joachim/Weissenbacher, Rudy (Hrsg.) (2009): Sozialismen. Entwicklungsmodelle von Lenin bis Nyerere. Wien.
Beckmann, Martin (2007): Das Finanzkapital in der Transformation der europäischen Ökonomie. Münster.
Bédarida, François (1975): Der englische Sozialismus von 1848 bis 1875. In: Droz, Jacques (Hrsg.): Geschichte des Sozialismus, Band III. Frankfurt a.M. – Berlin – Wien, S. 116-152.
Beer, Max (1931): Allgemeine Geschichte des Sozialismus und der sozialen Kämpfe. Berlin.
Benjamin, Walter (1965): Geschichtsphilosophische Thesen. In: Ders. (Hrsg.): Zur Kritik der Gewalt und andere Aufsätze. Frankfurt a.M., S. 78-94.
Berlinguer, Enrico (1975): Für eine demokratische Wende. Ausgewählte Reden und Schriften 1969–1974. Berlin.
Bew, John (2017): Citizen Clem. A Biography of Atlee. London.
Bieling, Hans-Jürgen/Deppe, Frank (1999): Europäische Integration und industrielle Beziehungen. Zur Kritik des Konzepts des »Wettbewerbskorporatismus«. In: Schmitthenner, Horst/Urban, Hans-Jürgen (Hrsg.): Sozialstaat als Reformprojekt. Optionen für eine andere Politik. Hamburg, S. 275-300.
Birke, Peter/Henninger, Max (2012): Krisen Proteste. Berlin/Hamburg.
Boltanski, Luc/Chiapello, Ève (2003 [1999]): Der neue Geist des Kapitalismus. Konstanz.
Boris, Dieter (2014): Bolivars Erben. Linksregierungen in Lateinamerika. Köln.
Boris, Dieter (2020): Rechts- und Linkstendenzen in Lateinamerika. Zur »sozialen Grammatik« beständiger Pendelausschläge. In: Eser, Patrick/Witthaus, Henrik (Hrsg.): Rechtswende in Lateinamerika. Wien, S. 32-67.
Bourdieu, Pierre (1997): Das Elend der Welt. Konstanz.
Braunthal, Julius (1974): Geschichte der Internationale, 3 Bände. Berlin/Bonn.
Brie, Michael (2014): Wie der Sozialismus praktisch wurde: Robert Owen – Reformer, Visionär, Experimentator. Berlin.
Brie, Michael (2016): Die dritte Welle des Sozialismus. Eine Skizze. In: Sozialismus, 12/2016, S. 56-61.
Brie, Michael (2016): Revolutionärer Kommunismus und kommunistische Gemeinschaftsbildung – zwei Linien in der ersten Hälfte des 19. Jahrhunderts. In: Brangsch, Lutz/Brie, Michael (Hrsg.): Das Kommunistische Hamburg, S. 31-45.
Brinkbäumer, Klaus/Lamby, Stephan (2020): Im Wahn. Die amerikanische Katastrophe. Bonn.
Brunkhorst, Hauke (2018): Das revolutionäre Potenzial des Parlamentarismus. Überlegungen zum Bonapartismuskonzept von Marx. In: Beck, Martin/Stützle, Ingo (Hrsg.): Die neuen Bonapartisten. Mit Marx den Aufstieg von Trump & Co. Verstehen. Berlin, S. 18-37.
Brzezinski, Zbigniew (2012): Strategic Vision. America and the Crisis of Global Power. New York.
Butterwegge, Christoph (2020): Ungleichheit in der Klassengesellschaft. Köln.
Butterwegge, Christoph (2021): Das Virus der Ungleichheit. In: Blätter für deutsche und internationale Politik, 6/2021, S. 13-16.
Case, Anne/Deaton, Angus (2020): Deaths of Dispair and the Future of Capitalism. Princeton/Oxford.

Castells, Manuel (2012): Networks of Outrage and Hope. Social Movements in the Internet Age. Cambridge.

Chomsky, Noam (2021): Rebellion oder Niedergang! Ein Aufruf zu globalem Ungehorsam zur Rettung unserer Zivilisation. Frankfurt a.M.

Cockett, Richard (1995): Thinking the Unthinkable. Think-Tanks and the Economic Counter-Revolution. London.

Cox, Robert W. (1987): Production, Power, and World order. Social Forces in the Making of History. New York.

Critchfield, James H. (2005): Auftrag Pullach. Die Organisation Gehlen 1948–1956. Hamburg/Berlin/Bonn.

Crossman, Richard (1965): The Lessons of 1945. In: Anderson, Perry u.a. (Hrsg.): Towards Socialism. London, S. 114-145.

Davis, Mike (2017 [2001]): Late Victorian Holocausts. London/New York.

Davis, Mike (2020): The Monster Enters. In: New Left Review, 122/2020.

Davis, Mike (2021): Grabenkämpfe. Anmerkungen zu den US-Wahlen 2020. In: Prokla, 51(2)/2021, S. 201-220.

Dean, Jodi (2016): Crowd and Party. London/New York.

Debouzy, Marianne (1976): Die sozialistische Bewegung in den Vereinigten Staaten bis 1918. In: Droz, Jacques (Hrsg.): Geschichte des Sozialismus, Band VIII, S. 7-68.

Delors, Jacques (2004): Mémoires. Paris.

Deng Xiaoping (1994): Selected Works, Vol. II. Beijing.

Deng Xiaoping (1994): Selected Works, Vol. III. Beijing.

Deppe, Frank (1970): Verschwörung, Aufstand und Revolution. Auguste Blanqui und das Problem der sozialen Revolution im 19. Jahrhundert. Frankfurt a.M./Wien.

Deppe, Frank (1971): Das Bewusstsein der Arbeiter. Studien zur politischen Soziologie des Arbeiterbewusstseins. Köln.

Deppe, Frank (1979): Autonomie und Integration. Materialien zur Gewerkschaftsanalyse. Marburg.

Deppe, Frank (1981): Einheit und Spaltung der Arbeiterklasse. Überlegungen zu einer politischen Geschichte der Arbeiterbewegung. Marburg.

Deppe, Frank (1985): Arbeiterbewegung in Westeuropa 1945–1985: von der Bewegung zur Stagnation? In: Marxistische Studien. Jahrbuch des IMSF 8, 1/1985. Frankfurt a.M., S. 58-91.

Deppe, Frank (1991): Jenseits der Systemkonkurrenz. Marburg.

Deppe, Frank (2007): Antonio Gramsci. Gefängnishefte. In: Brocker, Manfred (Hrsg.): Geschichte des politischen Denkens. Ein Handbuch. Frankfurt a.M.

Deppe, Frank (2012): Gewerkschaften in der großen Transformation. Von den 70er Jahren bis heute. Eine Einführung. Köln.

Deppe, Frank (2014 [1987]): Niccolò Machiavelli. Zur Kritik der reinen Politik. Köln.

Deppe, Frank (2015): Der Staat. Reihe Basiswissen. Köln.

Deppe, Frank (2016): Kapitalismus und Demokratie im neoliberalen Hegemoniezyklus. In: Eberl, Oliver/Salomon, David (Hrsg.): Perspektiven sozialer Demokratie in der Postdemokratie. Wiesbaden, S. 43-64.

Deppe, Frank (2016): Politisches Denken im 20. Jahrhundert, Band 1: Die Anfänge. Hamburg.

Deppe, Frank (2016/1): Imperialismus und Revolution: Lenin. In: Ders. (Hrsg.): Politisches Denken im 20. Jahrhundert, Band 1. Hamburg, S. 255-322.

Deppe, Frank (2016/1a): Vom Sozialismus über den Syndikalismus zur nationalen Rechten: Georges Sorel; in: Ders. (Hrsg.): Politisches Denken im 20. Jahrhundert, Band 1. Hamburg, S. 216-228.
Deppe, Frank (2016/2): Ziviler Ungehorsam und revolutionäre Gewalt: Mahatma Gandhi und Mao Zedong. In: Ders. (Hrsg.): Politisches Denken im 20. Jahrhundert, Band 2: Zwischen den Weltkriegen. Hamburg, S. 467-514.
Deppe, Frank (2016/2c): Massenarbeitslosigkeit und das Ende des Laissez-Faire – John Maynard Keynes und die politische Theorie des »Sozialliberalismus«. In: Ders. (Hrsg.): Politisches Denken im 20. Jahrhundert, Band 2, S. 367-410.
Deppe, Frank (2016/3.1.): Politisches Denken im Kalten Krieg – Konfrontation der Systeme. Hamburg.
Deppe, Frank (2016/3.2): Ernesto Che Guevara – der Held der antiimperialistischen Revolution in Lateinamerika. In: Ders. (Hrsg.): Politisches Denken im 20. Jahrhundert, Band 3:2: Im Kalten Krieg – Befreiungsbewegungen. Hamburg, S. 285-348.
Deppe, Frank (2016a): Antonio Gramsci – das Scheitern der bolschewistischen Revolution im Westen. In: Ders. (Hrsg.): Politisches Denken im 20. Jahrhundert, Band 2: Zwischen den Weltkriegen. Hamburg, S. 207-276.
Deppe, Frank (2016b): Organisierter Kapitalismus und Wirtschaftsdemokratie – Rudolf Hilferding und die Sozialdemokratie zwischen den Kriegen. In: Ders. (Hrsg.): Politisches Denken im 20. Jahrhundert, Band 2, S. 277-322.
Deppe, Frank (2017): 1917/2017. Revolution und Gegenrevolution. Hamburg.
Deppe, Frank (2018): 1968: Zeiten des Übergangs. Hamburg.
Deppe, Frank (2018a): Mitbestimmung. In: Rüdiger Voigt (Hrsg.): Handbuch Staat, Band 2. Wiesbaden, S. 1547-1557.
Deppe, Frank (2019): Überlegungen zum Charakter der politischen Krise. In: Z. Zeitschrift Marxistische Erneuerung, 117/2019, S. 15-35.
Deppe, Frank (2020): Brexit schlägt Sozialismus. In: Z. Zeitschrift marxistische Erneuerung, 121/2020, S. 52-59.
Deppe, Frank/Heidbrink, Stefan/Salomon, David/Schmalz, Stefan/Schoppengerd, Stefan/Solty, Ingar (2004): Der neue Imperialismus. Heilbronn.
Deppe, Frank/König, Otto (2018): Kein Anlass zum Feiern. 100 Jahre Stinnes-Legien-Abkommen – 100 Jahre Sozialpartnerschaft. In: Sozialismus, 12/2018, S. 46-49.
Deppe, Frank/Lange, Hellmuth/Peter, Lothar (Hrsg.) (1970): Die neue Arbeiterklasse. Technische Intelligenz und Gewerkschaften im organisierten Kapitalismus. Mit Beiträgen von Manuel Bridier, Serge Mallet u.a. Frankfurt a.M.
Deppe, Frank/Salomon, David/Solty, Ingar (2011): Imperialismus. Köln.
Dicken, Peter (2015): Global Shift. Mapping the Changing Contours of the World Economy. London/New Delhi.
Dieterich, Heinz (2006): Der Sozialismus des 21. Jahrhunderts, Werder (Havel).
Dokumente der KPD 1945–1956 (1965): Berlin.
Dörre, Klaus (1988): Risikokapitalismus. Zur Kritik von Ulrich Becks »Weg in eine andere Moderne«. Marburg.
Dörre, Klaus (2019): Risiko Kapitalismus. Landnahme, Zangenkrise, Nachhaltigkeitsrevolution. In: Ders. u. a. (Hrsg.): Große Transformation? Zur Zukunft moderner Gesellschaften. Sonderband des Berliner Journals für Soziologie. Wiesbaden, S. 3-34.
Dörre, Klaus (2019a): Neosozialismus oder 8 Thesen zu einer überfälligen Diskussion. In: Ders./Schickert, Christine (Hrsg.): Neosozialismus. München, S. 17-32.

Dörre, Klaus (2020): In der Warteschlange. Arbeiter*innen und die radikale Rechte. Münster.
Dörre, Klaus (2020a): Die Corona-Pandemie – eine Katastrophe mit Sprengkraft, Berliner Journal für Soziologie, 30(7).
Dörre, Klaus (2021): Kapitalismus, Natur und die Utopie eines nachhaltigen Sozialismus. In: Sozialismus, 5/2021, S. 45-51.
Dörre, Klaus/Schickert, Christine (Hrsg.) (2019): Neosozialismus. Solidarität, Demokratie und Ökologie vs. Kapitalismus. München.
Droz, Jacques (Hrsg.) (1972 ff.): Geschichte des Sozialismus, Band I bis XVII. Frankfurt a.M./Berlin/Wien.
Esping-Anderson, Gösta (1990): The Three Worlds of Welfare Capitalism. Princeton/New Jersey.
Fanon, Frantz (1961): Les damnés de la terre. Paris.
Fest, Joachim (1991): Der zerstörte Traum. Das Ende des utopischen Zeitalters. Berlin.
Fischer, Fritz (1979): Bündnis der Eliten. Zur Kontinuität der Machtstrukturen in Deutschland 1871–1945. Düsseldorf.
Foster, John Bellamy/Suwandi, Intan (2020): Covid-19 und der Katastrophenkapitalismus, I und II. In: Z. Zeitschrift Marxistische Erneuerung, 123/2020, S. 14-27 sowie 124/2020, S. 64-72.
Foundational Economy Collective (2019): Die Ökonomie des Alltagslebens. Für eine neue Infrastrukturpolitik. Berlin.
Franks, Peter/Nolan, Melanie (Hrsg.) (2011): Unions in Common Cause. The New Zealand Federation of Labour 1937–88. Wellington.
Fraser, Nancy (2019): What should Socialism mean in the Twenty-First Century? In: Panitch, Leo/Albo, Greg (Hrsg.): Socialist Register 2020. London/New York, S. 282-294.
Fricke, Dieter Hrsg. (1987): Handbuch zur Geschichte der deutschen Arbeiterbewegung 1869 bis 1917, 2 Bände. Berlin.
Fuchs, Christian (2021): Soziale Medien und Kritische Theorie. Eine Einführung. Tübingen.
Fukuyama, Francis (1990): Das Ende der Geschichte? In: Europäische Rundschau, Winter 1990, S. 1 ff.
Fülberth, Georg (1985): Die Beziehungen zwischen SPD und KPD in der Kommunalpolitik der Weimarer Republik. Köln.
Fülberth, Georg (2010): Sozialismus. Köln.
Gallas, Alexander/Nowak, Jörg/Wilde, Florian (Hrsg.) (2012): Politische Streiks im Europa der Krise. Hamburg.
Gerwarth, Robert u.a. (Hrsg.) (2012): War in Peace. Paramilitary Violence in Europe after the Great War. Oxford.
Gietinger, Klaus (2018): Eine Leiche im Landwehrkanal. Die Ermordung Rosa Luxemburgs. Hamburg.
Gilbert, Jeremy (2020): Twenty-First Century Socialism. Cambridge.
Glyn, Andrew u.a. (1991): The Rise and Fall of the Golden Age. In: Marglin, Stephen/Schor, Juliet (Hrsg.): The Golden Age of capitalism. Oxford, S. 39-125.
Glyn, Andrew (2006): Capitalism Unleashed. Finance Globalization and Welfare. Oxford.
Goldberg, Jörg (2021): Der Formwandedler. Der Kapitalismus als historische und veränderliche Produktionsweise. In: Junge Welt, 12. März 2021, S. 12f.

Goldschmidt, Werner (2019): Varianten des »Postkapitalismus«, Masch-Skripte. Essen.
Göpel, Maja (2020): Unsere Welt neu denken. Eine Einladung. Berlin.
Gorz, André (1980): Abschied vom Proletariat. Reinbek bei Hamburg.
Gowan, Peter (1999): The Global Gamble. Washington's Faustian Bid for world dominance. London/New York.
Gramsci, Antonio (1991 ff.): Gefängnishefte. Kritische Gesamtausgabe. In: Bochmann, Klaus/Haug, Wolfgang Fritz. Hamburg/Berlin.
Greiner, Bernd (2020): Henry Kissinger. Wächter des Imperiums. Eine Biografie. München.
Guérin, Daniel (1967): Anarchismus. Frankfurt a.M.
Gündel, Rudi u.a. (1967): Zur Theorie des staatsmonopolistischen Kapitalismus. Berlin.
Habermas, Jürgen (1985): Die Neue Unübersichtlichkeit. Frankfurt a.M.
Hall, Stuart (1989): Ausgewählte Schriften. Hamburg.
Hardt; Michael/Negri, Antonio (2000): Empire, Cambridge(MA)/London.
Harvey, David (2003): The New Imperialism. Oxford.
Harvey, David (2013): Rebellische Städte. Berlin.
Harvey, David (2015): Katastrophenkapitalismus: Wachstum bis zum Untergang, I/II. In: Blätter für deutsche und internationale Politik, 7, S. 47-59 sowie 8, S. 56-67.
Hegel, Georg Wilhelm Friedrich (1952 [1807]): Phänomenologie des Geistes. Hamburg.
Hessel, Stéphane (1998): Tanz mit dem Jahrhundert. Erinnerungen. Zürich.
Hirsch, Joachim/Roth, Roland (1986): Das neue Gesicht des Kapitalismus. Vom Fordismus zum Post-Fordismus. Hamburg.
Hobsbawm, Eric (1962): The Age of Revolution. Europe 1789–1848. London.
Hobsbawm, Eric (1978): The Forward March of Labour Halted? In: Marxism Today, 9/1978, S. 279-286.
Hobsbawm, Eric (1980): Die Blütezeit des Kapitals. Kulturgeschichte der Jahre 1948–1875, Frankfurt a.M.
Hobsbawm, Eric (1989): Das imperiale Zeitalter 1875–1914. Frankfurt a.M./New York.
Hobsbawm, Eric (1998): Das Manifest – heute. 150 Jahre Kapitalismuskritik. Hamburg.
Hobsbawm, Eric (1998 [1994]): Das Zeitalter der Extreme. Weltgeschichte des 20. Jahrhunderts. München.
Hobsbawm, Eric (2003): Gefährliche Zeiten. Ein Leben im 20. Jahrhundert. München.
Hobsbawm, Eric (2010): Das Jahrhundert der Arbeiterbewegung. In: Ders.: Zwischenwelten und Übergangszeiten. Herausgegeben von Balzer, F.M./Fülberth, G. Köln, S. 105-121.
Hobsbawm, Eric (2002): Interesting Times. A Twentieth-Century Life. London/New York.
Hobson, John A. (1902): Imperialism – A Study. www.marxists.org/archive/hobson/1902/imperialism/index.htm.
Holloway, John (2018 [2002]): Die Welt verändern, ohne die Macht zu übernehmen. Münster.
Honneth, Axel (2015): Die Idee des Sozialismus. Versuch einer Aktualisierung. Berlin.
Hunt, Tristam (2009): The Frock-Coated Communist. The Life and Times of the Original Champagne Socialist. London.
Jackson, Tim (2011): Prosperity Without Growth. Economics for a Finite Planet. London/Washington.
Jackson, Tim (2021): Post-Growth: Life after Capitalism. London.

Jacques, Martin (2009): When China rules the World. The End of the Western World and the Birth of a New Global Order. New York.
Jahoda, Marie (2002): Ich habe die Welt nicht verändert«. Weinheim.
Jessop, Bob (1982): The Capitalist State. Marxist Theories and Methods. Oxford.
Jung, Heinz/Schleifstein, Josef (1978): Die Theorie des staatsmonopolistischen Kapitalismus und ihre Kritiker in der Bundesrepublik Deutschland. Frankfurt a.M.
Kaelble, Hartmut (2017): Mehr Reichtum. Mehr Armut. Soziale Ungleichheit in Europa vom 20. Jahrhundert bis zur Gegenwart. Frankfurt a.M./New York.
Kaldor, Mary (1992): Der imaginäre Krieg. Eine Geschichte des Ost-West-Konfliktes. Hamburg/Berlin.
Kautsky, Karl (1909): Der Weg zur Macht. Berlin.
Kennedy, Paul (1989 [1997]): Aufstieg und Fall der großen Mächte. Ökonomischer Wandel und militärischer Konflikt zwischen 1500 und 2000. Frankfurt a.M.
Ketterer, Hanna/Becker, Karina (Hrsg.) (2019): Was stimmt nicht mit der Demokratie? Eine Debatte mit Klaus Dörre u.a. Berlin.
Keynes, John M. (1936): Allgemeine Theorie der Beschäftigung, des Zinses und des Geldes. Berlin.
Klare, Michael T. (2021): USA versus China: Stolpert die Welt in einen großen Krieg? In: Blätter für deutsche und internationale Politik, 5/2021, S. 50-56.
Klein, Dieter (2019): Zukunft oder Ende des Kapitalismus? Eine kritische Diskursanalyse in turbulenten Zeiten. Hamburg.
Klein, Naomi (2007): Die Schock-Strategie: Der Aufstieg des Katastrophen-Kapitalismus. Frankfurt a.M.
Klenner, Hermann (1983): »Ich spreche im Namen aller Armen«, oder: Die gute alte Sache der Kommunisten. In: Ders. (Hrsg.): Winstanley. Gleichheit im Reich der Freiheit. Leipzig, S. 301-376.
Koenen, Gerd (2001): Das rote Jahrzehnt. Unsere kleine deutsche Kulturrevolution. 1967–1977. Köln.
König, Otto (2012): Band der Solidarität. Die IG Metall Verwaltungsstelle Hattingen 1945–2010. Hamburg.
Korsch, Karl (1967): Karl Marx. Herausgegeben von Götz Langkau. Frankfurt/Wien.
Kraushaar, Wolfgang (2012): Der Aufruhr der Ausgebildeten. Vom Arabischen Frühling zur Occupy-Bewegung. Hamburg
Kriegel, Annie (1976): Die II. Internationale (1889–1914). In: Droz (1974 ff.): Band IX, S. 7-44.
Kühnl, Reinhard (1990): Faschismustheorien. Ein Leitfaden. Heilbronn.
Kurzer Lehrgang (1945 [1938]): Geschichte der kommunistischen Partei der Sowjetunion (Bolschewiki). Berlin.
Lademacher, Horst (Hrsg.) (1982): Gewerkschaften im Ost-West-Konflikt. Die Politik der American Federation of Labor nach dem II. Weltkrieg. Melsungen.
Lama, Lucio (1976): Intervista sul Sindicato. Bari.
Lauschke, Karl (2017): Widerstand lohnt sich. Die Geschichte der Bremer Hütte – oder: wieso wird heute noch Stahl in Bremen produziert? Hamburg.
Lauterbach, Reinhard (2016): Das lange Sterben der Sowjetunion. Schicksalsjahre 1985–1999. Berlin.
Lehndorff, Steffen (2020): New Deal heißt Mut zum Konflikt. Was wir von Roosevelts Reformpolitik der 1930er Jahre heute lernen können. Hamburg.
Lenin, W.I. (1902): Was tun? In: Lenin-Werke (LW): Berlin 1956ff., Bd. 5.

Lenin, W.I. (1917a): Über die Aufgaben des Proletariats in der gegenwärtigen Revolution. In: Lenin-Werke (LW): Berlin 1956ff., Bd. 24.
Lenin, W.I. (1917b): Staat und Revolution. In: Lenin-Werke (LW): Berlin 1956ff., Bd. 25.
Lenin, W.I. (1917c): Brief an das Zentralkomitee der SDAPR. In: Lenin-Werke (LW): Berlin 1956ff., Bd. 26.
Lenin, W.I. (1917d): Der Imperialismus als höchstes Studium des Kapitalismus. In: Lenin-Werke (LW): Berlin 1956ff., Bd. 22.
Levitsky, Steven/Ziblatt, Daniel (2018): How Democracies Die. New York.
Lorenz, Richard (1972): Die Sowjetunion (1917–1941). In: Fischer Weltgeschichte Band 31: Russland. Herausgegeben von Carsten Goehrke u.a. Frankfurt Main, S. 271-353.
Loth, Wilfried (2000): Die Teilung der Welt. Geschichte des Kalten Krieges 1941–1955. München.
Luxemburg, Rosa (1904): Organisationsfragen der russischen Sozialdemokratie. In: Gesammelte Werke (GW): Berlin 1979ff., Band 1-2.
Luxemburg, Rosa (1906): Massenstreik, Partei und Gewerkschaften. In: Gesammelte Werke (GW): Berlin 1979ff., Band 2.
Luxemburg, Rosa (1913): Die Akkumulation des Kapitals. In: Gesammelte Werke (GW): Berlin 1979ff., Band 5.
Luxemburg, Rosa (1916): Entwurf zu den Junius-Thesen. Krise der Sozialdemokratie. In: Gesammelte Werke (GW): Berlin 1979ff., Band 4.
Luxemburg, Rosa (1918): Gründungsparteitag der KPD 1918/1919. In: Gesammelte Werke (GW): Berlin 1979ff., Band 4.
Magri, Lucio (2015 [2009]): Der Schneider von Ulm. Eine mögliche Geschichte der KPI. Berlin.
Mandel, Ernest (1962): Traité d'économie marxiste. 2 Bände. Paris.
Mandel, Ernest (1972): Der Spätkapitalismus. Versuch einer marxistischen Erklärung. Frankfurt a.M.
Mandel, Ernest (1983): Die langen Wellen im Kapitalismus. Eine marxistische Erklärung, Frankfurt a.M.
Mandel, Ernest (1985): The Actuality of Socialism. In: Nikolic, Milos (Hrsg.): Socialism on the Threshold of the Twenty-First Century. London, S. 146-162.
Mao Zedong (1968): Ausgewählte Werke, Band I. Peking.
Marcuse, Herbert (1994 [1964]): Der eindimensionale Mensch. Studien zur Ideologie der fortgeschrittenen Industriegesellschaft. München.
Marglin, Stephen A./Schor, Juliet B. (1991): The Golden Age of Capitalism. Reinterpreting the Postwar Experience. Oxford.
Marshall, Thomas H. (1950): Citizenship and Social Class. Cambridge.
Marx, Karl (1953): Grundrisse der Kritik der politischen Ökonomie. Rohentwurf, 1857–1858. Berlin.
Marx, Karl/Engels, Friedrich (1962ff.): Marx-Engels-Werke (MEW). 42 Bände. Berlin.
Mason, Paul (2013): Why It's Still Kicking Off Everywhere. The New Global Revolution. London/New York.
Mason, Paul (2015): PostCapitalism. A guide to Our Future. London.
Mattick, Paul (1973): Marx und Keynes. Wien.
Mearsheimer, John J. (1990): Back to the Future. Instability in Europe after the cold War. In: International Security, 15(1), S. 5-56.
Mearsheimer, John (2001): The Tragedy of Great Power Politics. New York.

Michels, Robert (1957 [1911]): Zur Soziologie des Parteiwesens in der modernen Demokratie. Stuttgart.
Miliband, Ralph (1977): Marxism and Politics. London.
Miliband, Ralph (1994): Socialism for a Sceptical Age. Cambridge.
Mlynář, Zdeněk (1978): Nachtfrost. Erfahrungen auf dem Weg vom realen zum menschlichen Sozialismus. Köln/Frankfurt a.M.
Modrow, Hans (1998): Ich wollte ein neues Deutschland. Berlin.
Mommsen, Hans (1963): Sozialdemokratie und die Nationalitätenfrage im habsburgischen Vielvölkerstaat, Teil 1. Wien.
Morus, Thomas (1964 [1513]): Utopia. Stuttgart.
Müller, Klaus (2021): Marxistische Kritik der modernen Geldtheorie. In: Sozialismus 2/2021, S. 56-61.
Müller, Wolfgang (2021): Die Rätsel Chinas – Wiederaufstieg einer Weltmacht. Digitale Diktatur, Staatskapitalsimus oder sozialistische Marktwirtschaft. Hamburg.
Münster, Arno (2004): Ernst Bloch. Eine politische Biographie. Wien.
Nachtwey, Oliver (2009): Marktsozialdemokratie. Die Transformation von SPD und Labour Party. Wiesbaden.
Nachtwey, Oliver (2016): Die Abstiegsgesellschaft. Über das Aufbegehren in der regressiven Moderne. Frankfurt a.M.
Neckel, Sighard (2021): Im Angesicht der Katastrophe. In: Blätter für deutsche und internationale Politik, 2/2021, S. 51-58.
Negri, Antonio /Scelsi, Ral Valvola (2009): Goodbye Mr. Socialism. Das Ungeheuer und die globale Linke. Berlin.
Nenni, Pietro (1977): Intervista sul Socialismo Italiano, A cura di Giuseppe Tamburrano. Bari.
Neumann, Franz (1978 [1935]): Die Gewerkschaften in der Demokratie und der Diktatur. In: Ders.: Wirtschaft, Staat, Demokratie, Aufsätze 1930–1945. Herausgegeben von Alfons Söllner. Frankfurt a.M., S. 145-222.
Newman, Michael (2002): Ralph Miliband and the Politics of the New Left. Pontypool.
Niethammer, Lutz (1975): Strukturreform und Wachstumspakt. Westeuropäische Bedingungen einer einheitsgewerkschaftlichen Bewegung nach dem Zusammenbruch des Faschismus. In: Borsdorf, Ulrich/Hemmer, Hans Otto (Hrsg.): Vom Sozialistengesetz zur Mitbestimmung. Zum 100. Geburtstag von Hans Böckler. Köln, S. 303-358.
Nolte, Ernst (2011): Späte Reflexionen über den Weltbürgerkrieg des 20. Jahrhunderts. Wien.
Nowak,Jörg/Dutta, Madhumita/Birke, Peter (2018): Workers' Movements and Strikes in the Twenty-First-Century. London/New York.
Nye, Joseph S. (2002): The Paradox of American Power. Why the World's Only Superpower can't go it alone. Oxford.
Packer, George (2014): Die Abwicklung. Eine andere Geschichte des neuen Amerika Frankfurt a.M.
Packer, George (2020): Make America again. Unsere letzte Chance, die Demokratie von den Toten aufzuerwecken. In: Blätter für deutsche und internationale Politik, 11/2020, S. 59-70.
Panitch, Leo/Gindin, Sam (2012): The Making of Global Capitalism. The Political Economy of the American Empire. London/New York.
Panitch, Leo/Gindin, Sam (2016): Class, Party and the Challenge of State Transformation. In: Panitch, Leo/Albo, Greg (Hrsg.): Socialist Register 2017. London, S. 35-58.

Panitch, Leo/Gindin, Sam (2018): The Socialist Challenge. Syriza, Sanders, Corbyn, London.
Panitch, Leo/Leys, Colin (2020): Searching for Socialism. The Project of the Labour New Left from Benn to Corbyn. London/New York.
Pätzold, Kurt (2008): Die Geschichte kennt kein Pardon. Erinnerungen eines deutschen Historikers. Berlin.
Piketty, Thomas (2014): Das Kapital im 21. Jahrhundert. München.
Piketty, Thomas (2020): Kapital und Ideologie. München.
Piketty, Thomas (2020/I und II): Die Ideologie der Ungleichheit. Elemente eines partizipativen Sozialismus. In: Blätter für deutsche und internationale Politik, 4/2020, S. 45-52; sowie: Eigentum auf Zeit. In: Ders., 5/2020, S. 113-120.
Rahmstorf, Stefan/Schellhuber, Hans Joachim (2020): Der Klimawandel. Bonn.
Raphael, Lutz (2019): Jenseits von Kohle und Stahl. Berlin.
Reckwitz, Andreas (2017): Die Gesellschaft der Singularitäten. Zum Strukturwandel der Moderne. Berlin.
Reiner, Sabine (1998): Was ist politisch an der politischen Ökonomie? Joan Robinsons Beiträge zur Politisierung der politischen Ökonomie. Baden-Baden.
Reinhold, Otto u.a. (1965): Imperialismus heute. Der staatsmonopolistische Kapitalismus in Westdeutschland. Berlin.
Reinhold, Otto u.a. (1971): Der Imperialismus der BRD. Frankfurt a.M.
Renner, Karl (1970 [1916]): Probleme des Marxismus. In: Sandkühler, Hans-Jörg/de la Vega, Rafael (Hrsg.): Austromarxismus. Frankfurt/Wien, S. 263-301.
Richta, Radovan u.a. (1968): Zivilisation am Scheideweg. Soziale und menschliche Zusammenhänge der wissenschaftlich-technischen Revolution (Richta-Report). Prag.
Ritter, Gerhard A./Tenfelde, Klaus (1975): Der Durchbruch der Freien Gewerkschaften Deutschlands zur Massenbewegung im letzten Viertel des 19. Jahrhunderts. In: Vetter, Heinz Oskar (Hrsg.): Vom Sozialistengesetz zur Mitbestimmung. Köln, S. 61-120.
Rosenberg, Arthur (1962 [1937]): Demokratie und Sozialismus. Zur politischen Geschichte der letzten 150 Jahre. Frankfurt a.M.
Rousseau, Jean-Jacques (1960): Du Contrat Social ou Principes du Droit Politique. Paris.
Ruge, Eugen (2011): In Zeiten des abnehmenden Lichts, Roman einer Familie. Berlin.
Safranski, Rüdiger (2001 [1987]): Schopenhauer und die wilden Jahre der Philosophie. Frankfurt a.M.
Sanders, Bernie (2017): Unsere Revolution: Wir brauchen eine gerechte Gesellschaft. Berlin.
Sassoon, Donald (1996): One Hundred Years of Socialism. The West European Left in the Twentieth Century. London.
Schäfer, Armin (2013): Liberalization, Inequality and Democracy's Discontent. In: Ders./ Streeck, Wolfgang (Hrsg.): Politics in the Age of Austerity. Cambridge, S. 169-195.
Schäfer, Armin (2015): Der Verlust politischer Gleichheit. Warum die sinkende Wahlbeteiligung der Demokratie schadet. Frankfurt/New York.
Schicho, Walter (2009): Ujamaa: Sozialismus und/oder Entwicklung. In: Becker, Joachim/ Weissenbacher, Rudy (Hrsg.): Sozialismen. Wien, S. 175-188.
Schieder, Wolfgang (1984): Sozialismus. In: Geschichtliche Grundbegriffe. Herausgegeben von Reinhard Koselleck u.a., Band 5. Stuttgart, S. 923-996.
Schmidt, Walter (2018): Erinnerungen eines deutschen Historikers. Berlin.
Schuhler, Conrad (2021): Das neue Amerika von Biden/Harris, ISW-Report, 124. München.

Schulz, Brigitte (2021): Sind die USA mit Biden »wieder da«. In: Sozialismus, 3/2021, S. 41-44.
Schwab, Klaus/Malleret, Thierry (2020): Covid-19: der große Umbruch. Köln/Genf.
SDAP – Sozialdemokratische Arbeiterpartei Deutschösterreichs (1926): Das Linzer Programm. www.marxists.org/deutsch/geschichte/oesterreich/spoe/1926/linzerprog.htm
Seymour, Richard (2016): Corbyn. The strange Rebirth of Radical Politics. London/New York.
Silver, Beverly (2003): Forces of Labor. Workers' Movements and Globalization since 1870. Cambridge.
Smith, Noah (2021): Bidenomics: Ein neues Paradigma für eine neue Zeit. In: Blätter für deutsche und internationale Politik, 5/2021, S. 57-64.
Smith, Tone (2021): Wie radikal ist der Green New Deal? In: Prokla, 202, 3/2021, S. 9-30.
Solty, Ingar (2020): Der kommende Krieg. Der USA-China-Konflikt und seine industrie- und klimapolitischen Konsequenzen. Berlin.
Sperling, Urte (2019): Die Nelkenrevolution in Portugal. Köln.
Spriano, Paolo (1976 [1967]): Storia del Partito communista italiano. I. Da Bordiga a Gramsci. Turin.
Steinhaus, Kurt (1967): Zur Theorie des internationalen Klassenkampfes. Frankfurt a.M.
Stiglitz, Joseph (2010): Im freien Fall. Vom Versagen der Märkte und zur Neuordnung der Weltwirtschaft. München.
Stiglitz, Joseph (2012): Der Preis der Ungleichheit. Wie die Spaltung der Gesellschaft unsere Zukunft bedroht. München.
Streeck, Wolfgang (2013): Gekaufte Zeit. Die vertagte Krise des demokratischen Kapitalismus. Berlin.
Streeck, Wolfgang (2015a): Gekaufte Zeit. Die vertagte Krise des demokratischen Kapitalismus. Erweiterte Ausgabe. Berlin.
Streeck, Wolfgang (2015b): Wie wird der Kapitalismus enden? In: Blätter für deutsche und internationale Politik, 3, S. 99-111 sowie 4, S. 109-120.
Streeck, Wolfgang (2019): Der alltägliche Kommunismus. Eine neue Ökonomie für eine neue Linke. In: Blätter für deutsche und internationale Politik, 64(6), S. 93-105.
Studer, Brigitte (2020): Reisende der Weltrevolution. Eine Globalgeschichte der Kommunistischen Internationale. Berlin.
Sunkara, Bashkar (2019): The Socialist Manifesto. The Case for Radical Politics in an Era of Extreme Inequality. London/New York.
SZ (Süddeutsche Zeitung) (2019): Die Welt im Aufruhr. Warum 2019 so viele Menschen auf die Straße gehen, 28./29. Dezember 2019, S. 6/7.
Tenfelde, Klaus (1977): Sozialgeschichte der Bergarbeiterschaft an der Ruhr im 19. Jahrhundert. Bonn-Bad Godesberg.
Thalheimer, August (1992): Westblock – Ostblock. Welt- und Deutschlandpolitik nach dem Zweiten Weltkrieg. Internationale monatliche Übersichten 1945–1948. Erweitert durch Briefe und Dokumente, Gruppe Arbeiterpolitik. Bremen.
Therborn, Göran (1984): The Prospects of Labour and the Transformation of Developed Capitalism. In: Socialism in the World (Beograd, Yug.): 44/1984, S. 50 ff.
Therborn, Göran (2012): Class in the 21st Century. In: New Left Review 78, 11-12/2012, S. 5-29.
Therborn, Göran (2013): The Killing Fields of Inequality. Cambridge.
Thomas-Symonds, Nicklaus (2015): Nye. The Political Life of Aneurin Bevan. London.
Thompson, E. P. (1968): The Making of the English Working Class. Harmondsworth.

Timmermann, Heinz (1978): Eurokommunismus. Frankfurt a.M.
Togliatti, Palmiro (1977 [1962]): Die Bildung der führenden Gruppe der italienischen kommunistischen Partei in den Jahren 1923/1924. In: Ders.: Ausgewählte Reden und Aufsätze. Frankfurt a.M., S. 17-42.
Tooze, Adam (2015): The Deluge. The Great War and the Remaking of Global Order 1916– 1931. London/New York.
Tooze, Adam (2018): Crashed. Wie zehn Jahre Finanzkrise die Welt verändert haben. München.
Trotzki, Leo (1915): Das Zimmerwalder Manifest. www.marxists.org/deutsch/archiv/trotzki/1915/09/zimmerwald.htm
Trotzki, Leo (1957 [1936]): Die verratene Revolution. Zürich.
Umney, Charles (2018): Class Matters. Inequality and Exploitation in Twenty-First Century Britain. London.
Urry, John (2016): What is the Future? Cambridge.
Vester, Michael (1970): Die Entstehung des Proletariats als Lernprozess. Zur Soziologie der Arbeiterbewegung. Frankfurt a.M.
Vester, Michael (2008): Klasse an sich/für sich. In: Historisch-kritisches Wörterbuch des Marxismus. Herausgegeben von Wolfgang F. Haug u.a., Band 7.1. Berlin, S. 736-775.
Von Brünneck, Alexander (1979): Politische Justiz gegen Kommunisten in der Bundesrepublik Deutschland 1949–1968. Frankfurt a.M.
Wallerstein, Immanuel (1982): mit Samir Amin, Giovanni Arrighi und Andre Gunder Frank: Dynamics of Global Crisis. London.
Wallerstein, Immanuel u.a. (2014): Stirbt der Kapitalismus? Fünf Szenarien für das 21. Jahrhundert. Frankfurt/New York.
Webb, Sidney und Beatrice (1935): Is Soviet Communism a New Civilization? In: Left Review Pamphlet. London.
Wehler, Hans-Ulrich (1995): Deutsche Gesellschaftsgeschichte. Dritter Band, 1848–1914. München.
Wemheuer, Felix (2019): Chinas große Umwälzung. Soziale Konflikte und Aufstieg im Weltsystem. Köln.
Wiggershaus, Rolf (2013): Max Horkheimer. Unternehmer in Sachen »Kritische Theorie«. Frankfurt a.M.
Wirth, Margarete (1972): Kapitalismustheorie in der DDR. Entstehung und Entwicklung der Theorie des staatsmonopolistischen Kapitalismus. Frankfurt a.M.
Wright, Erik Olin (2010): Envisioning Real Utopias. London/New York.
Zelik, Raul (2020): Wir Untoten des Kapitals. Über politische Monster und einen grünen Sozialismus. Berlin.
Zinn, Howard (2009): Schweigen heißt Lügen. Autobiographie. Hamburg.
Zinn, Howard (2015 [1980]): A People's History of the United States. New York.
Z-Redaktion (2020): Die Bundesrepublik am Beginn der zwanziger Jahre – »Kontrollverlust«, Krisenfelder, schwache Akteure. In: Z. Zeitschrift Marxistische Erneuerung, 121, 3/2020, S. 21-37.

Notizen

Notizen

Notizen